BRENNEN FÜR DEN GLAUBEN

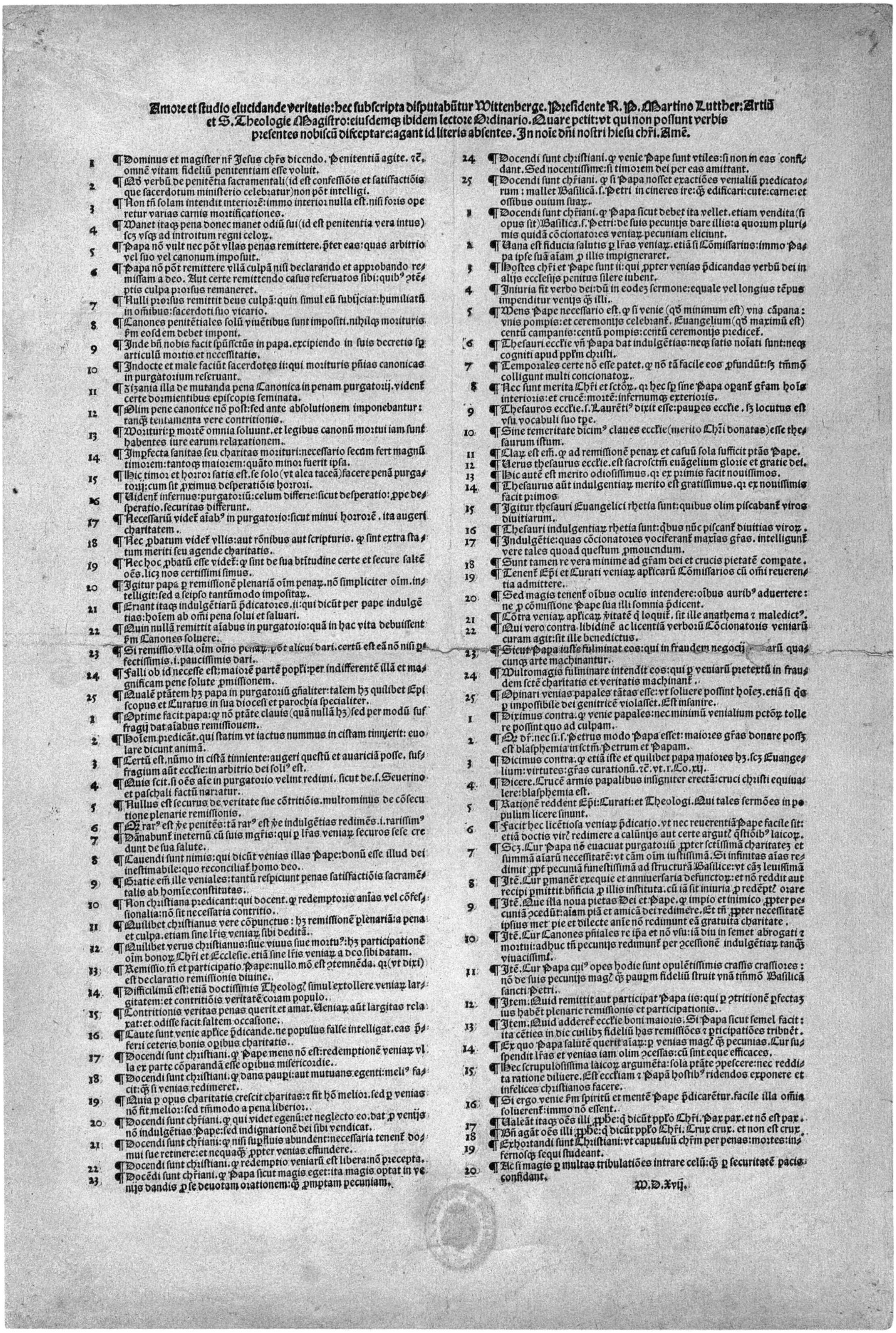

Amore et studio elucidande veritatis: hec subscripta disputabūtur Wittenberge. Presidente R. P. Martino Luther: Artiū et S. Theologie Magistro: eiusdemq; ibidem lectore Ordinario. Quare petit: vt qui non possunt verbis presentes nobiscū disceptare: agant id literis absentes. In noīe dn̄i nostri hiesu chr̄i. Amē.

1 ¶ Dominus et magister nr̄ Jesus chr̄s dicendo. Penitentiā agite. &c. omnē vitam fideliū penitentiam esse voluit.
2 ¶ Qd̄ verbū de penitētia sacramentali (id est confessiōis et satisfactiōis que sacerdotum ministerio celebratur) non pōt intelligi.
3 ¶ Non tn̄ solam intendit interiorē: immo interior nulla est. nisi foris operetur varias carnis mortificationes.
4 ¶ Manet itaq; pena donec manet odiū sui (id est penitentia vera intus) scz vsq; ad introitum regni celorum.
5 ¶ Papa nō vult nec pōt vllas penas remittere. pter eas: quas arbitrio vel suo vel canonum imposuit.
6 ¶ Papa nō pōt remittere vllā culpā nisi declarando et approbando remissam a deo. Aut certe remittendo casus reseruatos sibi: quib⁹ ptēptis culpa prorsus remaneret.
7 ¶ Nulli prorsus remittit deus culpā: quin simul eū subijciat: humiliatū in oībus: sacerdoti suo vicario.
8 ¶ Canones penitētiales solū viuētibus sunt impositi. nihilq; morituris sm̄ eosdem debet imponi.
9 ¶ Inde bn̄ nobis facit spūsctūs in papa. excipiendo in suis decretis sp articulū mortis et necessitatis.
10 ¶ Indocte et male faciūt sacerdotes ii: qui morituris pn̄ias canonicas in purgatorium reseruant.
11 ¶ Zizania illa de mutanda pena Canonica in penam purgatorij. videnť certe dormientibus episcopis seminata.
12 ¶ Olim pene canonice nō post: sed ante absolutionem imponebantur: tanq; tentamenta vere contritionis.
13 ¶ Morituri: p mortē omnia soluunt. et legibus canonū mortui iam sunt habentes iure earum relaxationem.
14 ¶ Impfecta sanitas seu charitas morituri: necessario secum fert magnū timorem: tantoq; maiorem: quāto minor fuerit ipsa.
15 ¶ Hic timor et horror satis est. se solo (vt alia taceā) facere penā purgatorij: cum sit primus desperatiōis horrori.
16 ¶ Videnť infernus: purgatoriū: celum differre: sicut desperatio: ppe desperatio. securitas differunt.
17 ¶ Necessariū videť aīab⁹ in purgatorio: sicut minui horrorē. ita augeri charitatem.
18 ¶ Nec pbatum videť vllis: aut rōnibus aut scripturis. q sint extra statum meriti seu agende charitatis.
19 ¶ Nec hoc pbatū esse videť: q sint de sua btitudine certe et secure saltē oēs. licz nos certissimi simus.
20 ¶ Igitur papa p remissionē plenariā oīm penarum. nō simpliciter oīm. intelligit: sed a seipso tantūmodo impositarum.
21 ¶ Errant itaq; indulgētiarū pdicatores. ii: qui dicūt per pape indulgētias: hoīem ab omī pena solui et saluari.
22 ¶ Quin nullā remittit aīabus in purgatorio: quā in hac vita debuissent sm̄ Canones soluere.
23 ¶ Si remissio vlla oīm oīno penarum. pōt alicui dari. certū est eā nō nisi pfectissimis. i. paucissimis dari.
24 ¶ Falli ob id necesse est: maiorē partē poplī: per indifferentē illā et magnificam pene solute pmissionem.
25 ¶ Qualē ptātem hz papa in purgatoriū gn̄aliter: talem hz quilibet Episcopus et Curatus in sua diocesi et parochia specialiter.
1 ¶ Optime facit papa: q nō ptāte clauis (quā nullā hz) sed per modū suffragij dat aīabus remissionem.
2 ¶ Hoīem predicāt. qui statim vt iactus nummus in cistam tinnierit: euolare dicunt animā.
3 ¶ Certū est. nūmo in cistā tinniente: augeri questū et auariciā posse. suffragium aūt ecclīe: in arbitrio dei soli⁹ est.
4 ¶ Quis scit. si oēs aīe in purgatorio velint redimi. sicut de. s. Seuerino et paschali factū narratur.
5 ¶ Nullus est securus de veritate sue cōtritiōis. multominus de cōsecutione plenarie remissionis.
6 ¶ Qz rar⁹ est vere penitēs: tā rar⁹ est vere indulgētias redimēs. i. rarissim⁹
7 ¶ Dānabunť ineternū cū suis mgr̄is: qui p lr̄as veniarum securos sese credunt de sua salute.
8 ¶ Cauendi sunt nimis: qui dicūt venias illas Pape: donū esse illud dei inestimabile: quo reconciliať homo deo.
9 ¶ Gratie em̄ ille veniales: tantū respiciunt penas satisfactiōis sacramētalis ab homīe constitutas.
10 ¶ Non christiana predicant: qui docent. q redemptoris anīas vel cōfessionalia: nō sit necessaria contritio.
11 ¶ Quilibet christianus vere cōpunctus: hz remissionē plenariā: a pena et culpa. etiam sine lr̄is veniarum sibi deditā.
12 ¶ Quilibet verus christianus: siue viuus siue mortu⁹: hz participationē oīm bonorum Chr̄i et Ecclesie. etiā sine lr̄is veniarum a deo sibi datam.
13 ¶ Remissio tn̄ et participatio Pape: nullo mō est ɔtemnēda. qz (vt dixi) est declaratio remissionis diuine.
14 ¶ Difficilimū est: etiā doctissimis Theolog⁹ simul extollere veniarum largitatem: et contritiōis veritatē coram populo.
15 ¶ Contritionis veritas penas querit et amat. Veniarum aūt largitas relaxat: et odisse facit saltem occasione.
16 ¶ Caute sunt venie aplīce pdicande. ne populus false intelligat. eas pferri ceteris bonis opibus charitatis.
17 ¶ Docendi sunt christiani. q Pape mens nō est: redemptionē veniarum vlla ex parte cōparandā esse opibus misericordie.
18 ¶ Docendi sunt christiani. q dans paupi: aut mutuans egenti: meli⁹ facit: q̄ si venias redimeret.
19 ¶ Quia p opus charitatis crescit charitas: & fit hō melior. sed p venias nō fit melior: sed tm̄modo a pena liberior.
20 ¶ Docendi sunt chr̄iani. q qui videt egenū: et neglecto eo. dat p venijs nō indulgētias Pape: sed indignationē dei sibi vendicat.
21 ¶ Docendi sunt chr̄iani: q nisi supfluis abundent: necessaria teneňť domui sue retinere: et nequaq; ppter venias effundere.
22 ¶ Docendi sunt christiani. q redemptio veniarū est libera: nō precepta.
23 ¶ Docēdi sunt chr̄iani. q Papa sicut magis eget: ita magis optat in venijs dandis p se deuotam orationem: q̄ pmptam pecuniam.
24 ¶ Docendi sunt christiani. q venie Pape sunt vtiles: si non in eas confidant. Sed nocentissime: si timorem dei per eas amittant.
25 ¶ Docendi sunt chr̄iani. q si Papa nosset exactiōes venialiū predicatorum: mallet Basilicā. s. Petri in cineres ire: q̄ edificari: cute: carne: et ossibus ouium suarum.
1 ¶ Docendi sunt chr̄iani. q Papa sicut debet ita vellet. etiam vendita (si opus sit) Basilica. s. Petri: de suis pecunijs dare illis: a quorum plurimis quidā cōcionatores veniarum pecuniam eliciunt.
2 ¶ Vana est fiducia salutis p lr̄as veniarum. etiā si Cōmissarius: immo Papa ipse suā aīam p illis impigneraret.
3 ¶ Hostes chr̄i et Pape sunt ii: qui ppter venias pdicandas verbū dei in alijs ecclesijs penitus silere iubent.
4 ¶ Iniuria fit verbo dei: dū in eodez sermone: equale vel longius tēpus impenditur venijs q̄ illi.
5 ¶ Mens Pape necessario est. q si venie (qd̄ minimum est) vna cāpana: vnis pompis: et ceremonijs celebranť. Euangelium (qd̄ maximū est) centū campanis: centū pompis: centū ceremonijs predicetur.
6 ¶ Thesauri ecclīe vn̄ Papa dat indulgētias: neq; satis noīati sunt: neq; cogniti apud pplm christi.
7 ¶ Temporales certe nō esse patet. q nō tā facile eos pfundūt: sz tm̄mō colligunt multi concionatorum.
8 ¶ Nec sunt merita Chr̄i et sctōrum. qz hec sp sine Papa opanť grām hoīs interioris: et crucē: mortē: infernumq; exterioris.
9 ¶ Thesauros ecclīe. s. Laurēti⁹ dixit esse: paupes ecclīe. sz locutus est vsu vocabuli suo tpe.
10 ¶ Sine temeritate dicim⁹ claues ecclīe (merito Chr̄i donatas) esse thesaurum istum.
11 ¶ Clarum est em̄. q ad remissionē penarum et casuū sola sufficit ptās Pape.
12 ¶ Verus thesaurus ecclīe. est sacrosctm̄ euāgelium glorie et gratie dei.
13 ¶ Hic autē est merito odiosissimus. qz ex primis facit nouissimos.
14 ¶ Thesaurus aūt indulgentiarum merito est gratissimus. qz ex nouissimis facit primos
15 ¶ Igitur thesauri Euangelici rhetia sunt: quibus olim piscabanť viros diuitiarum.
16 ¶ Thesauri indulgentiarum rhetia sunt: q̄bus nūc piscanť diuitias virorum.
17 ¶ Indulgētie: quas cōcionatores vociferanť maxias grās. intelliguntur vere tales quoad questum pmouendum.
18 ¶ Sunt tamen re vera minime ad grām dei et crucis pietatē compate.
19 ¶ Tenenť Ep̄i et Curati veniarum aplīcarū Cōmissarios cū omī reuerentia admittere.
20 ¶ Sed magis tenenť oībus oculis intendere: oībus aurib⁹ aduertere: ne p cōmissione Pape sua illi somnia pdicent.
21 ¶ Cōtra veniarum aplīcarum vitatē q loquiť. sit ille anathema & maledict⁹.
22 ¶ Qui vero contra libidinē ac licentiā verborū Cōcionatoris veniarū curam agit: sit ille benedictus.
23 ¶ Sicut Papa iuste fulminat eos: qui in fraudem negocij [illegible] arū quacunq; arte machinantur.
24 ¶ Multomagis fulminare intendit eos: qui p veniarū pretextū in fraudem sctē charitatis et veritatis machinanť.
25 ¶ Opinari venias papales tātas esse: vt soluere possint hoīez. etiā si q̄s p impossibile dei genitricē violasset. Est insanire.
1 ¶ Diximus contra. q venie papales: nec minimū venialium pctōrum tollere possint quo ad culpam.
2 ¶ Qz dr̄. nec si. s. Petrus modo Papa esset: maiores grās donare posset est blasphemia in sctm̄ Petrum et Papam.
3 ¶ Dicimus contra. q etiā iste et quilibet papa maiores hz. scz Euangelium: virtutes: grās curationū. &c. vt. 1. Co. xij.
4 ¶ Dicere. Crucē armis papalibus insigniter erectā: cruci christi equiualere: blasphemia est.
5 ¶ Rationē reddent Ep̄i: Curati: et Theologi. Qui tales sermōes in populum licere sinunt.
6 ¶ Facit hec licētiosa veniarum pdicatio. vt nec reuerentiā Pape facile sit: etiā doctis vir⁹ redimere a calūnijs aut certe argut⁹ q̄stioib⁹ laicorum.
7 ¶ Scz. Cur Papa nō euacuat purgatoriū ppter sctissimā charitatez et summā aīarū necessitatē: vt cām oīm iustissimā. Si infinitas aīas redimit ppť pecuniā funestissimā ad structurā Basilice: vt cāz leuissimā
8 ¶ Itē. Cur pmanēt exequie et anniuersaria defunctorum: et nō reddit aut recipi pmittit bn̄ficia p illis instituta. cū iā sit iniuria p redēpt⁹ orare
9 ¶ Itē. Que illa noua pietas Dei et Pape. q impio et inimico ppter pecuniā ɔcedūt: aīam piā et amicā dei redimere. Et tn̄ ppter necessitatē ipsius met pie et dilecte anīe nō redimunt eā gratuita charitate.
10 ¶ Itē. Cur Canones pn̄iales re ipā et nō vsu: iā diu in semet abrogati & mortui: adhuc tn̄ pecunijs redimunť per ɔcessionē indulgētiarum tanq; viuacissimi.
11 ¶ Itē. Cur Papa cui⁹ opes hodie sunt opulētissimis crassis crassiores: nō de suis pecunijs mag⁹ q̄ paupm fideliū struit vnā tm̄mō Basilicā sancti Petri.
12 ¶ Item: Quid remittit aut participat Papa iis: qui p ɔtritionē pfectaz ius habēt plenarie remissionis et participationis.
13 ¶ Item: Quid addereť ecclīe boni maioris. Si Papa sicut semel facit: ita cēties in die cuilibz fideliū has remissiōes & pticipatiōes tribuēt.
14 ¶ Ex quo Papa salutē querit aīarum: p venias mag⁹ q̄ pecunias. Cur suspendit lr̄as et venias iam olim ɔcessas: cū sint eque efficaces.
15 ¶ Hec scrupulosissima laicorum argumēta: sola ptāte ɔpescere: nec reddita ratione diluere. Est ecclīam & Papā hostib⁹ ridendos exponere et infelices christianos facere.
16 ¶ Si ergo venie sm̄ spiritū et mentē Pape pdicarētur. facile illa omīa soluerenť: immo nō essent.
17 ¶ Valeāt itaq; oēs illi pphe: q dicūt pplo Chr̄i. Pax pax. et nō est pax.
18 ¶ Bn̄ agāt oēs illi pphe: q dicūt pplo Chr̄i. Crux crux. et non est crux.
19 ¶ Exhortandi sunt Christiani: vt caput suū chr̄m per penas: mortes: infernosq; sequi studeant.
20 ¶ Ac si magis p multas tribulatiōes intrare celū: q̄ p securitatē pacis confidant.

M. D. xvij.

Kat.Nr. 2.8 Martin Luther: 95 Thesen zu Ablass und Gnade, Erstdruck 1517

BRENNEN FÜR DEN GLAUBEN

WIEN NACH LUTHER

WIEN MUSEUM

Herausgegeben von:

Rudolf Leeb
Walter Öhlinger
Karl Vocelka

RESIDENZ VERLAG

1 ¶ Da unser Herr und Meister Jesus Christus spricht „Tut Buße“ usw. (Matth. 4,17), hat er gewollt, dass das ganze Leben der Gläubigen Buße sein soll. **2** ¶ Dieses Wort kann nicht von der Buße als Sakrament – d.h. von der Beichte und Genugtuung –, die durch das priesterliche Amt verwaltet wird, verstanden werden. **3** ¶ Es bezieht sich nicht nur auf eine innere Buße, ja eine solche wäre gar keine, wenn sie nicht nach außen mancherlei Werke zur Abtötung des Fleisches bewirkte. **4** ¶ Daher bleibt die Strafe, solange der Hass gegen sich selbst – das ist die wahre Herzensbuße – bestehen bleibt, also bis zum Eingang ins Himmelreich. **5** ¶ Der Papst will und kann keine Strafen erlassen, außer solchen, die er aufgrund seiner eigenen Entscheidung oder der der kirchlichen Satzungen auferlegt hat. **6** ¶ Der Papst kann eine Schuld nur dadurch erlassen, dass er sie als von Gott erlassen erklärt und bezeugt, natürlich kann er sie in den ihm vorbehaltenen Fällen erlassen; wollte man das gering achten, bliebe die Schuld ganz und gar bestehen. **7** ¶ Gott erlässt überhaupt keinem die Schuld, ohne ihn zugleich demütig in allem dem Priester, seinem Stellvertreter, zu unterwerfen. **8** ¶ Die kirchlichen Bestimmungen über die Buße sind nur für die Lebenden verbindlich, den Sterbenden darf demgemäß nichts auferlegt werden. **9** ¶ Daher handelt der Heilige Geist, der durch den Papst wirkt, uns gegenüber gut, wenn er in seinen Erlassen immer den Fall des Todes und der höchsten Not ausnimmt. **10** ¶ Unwissend und schlecht handeln diejenigen Priester, die den Sterbenden kirchliche Bußen für das Fegefeuer aufsparen. **11** ¶ Die Meinung, dass eine kirchliche Bußstrafe in eine Fegefeuerstrafe umgewandelt werden könne, ist ein Unkraut, das offenbar gesät worden ist, während die Bischöfe schliefen. **12** ¶ Früher wurden die kirchlichen Bußstrafen nicht nach, sondern vor der Absolution auferlegt, gleichsam als Prüfstein für die Aufrichtigkeit der Reue. **13** ¶ Die Sterbenden werden durch den Tod von allem gelöst, und für die kirchlichen Satzungen sind sie schon tot, weil sie von Rechts wegen davon befreit sind. **14** ¶ Ist die Haltung eines Sterbenden und die Liebe (Gott gegenüber) unvollkommen, so bringt ihm das notwendig große Furcht, und diese ist um so größer, je geringer jene ist. **15** ¶ Diese Furcht und dieser Schrecken genügen für sich allein – um von anderem zu schweigen –, die Pein des Fegefeuers auszumachen; denn sie kommen dem Grauen der Verzweiflung ganz nahe. **16** ¶ Es scheinen sich demnach Hölle, Fegefeuer und Himmel in der gleichen Weise zu unterscheiden wie Verzweiflung, annähernde Verzweiflung und Sicherheit. **17** ¶ Offenbar haben die Seelen im Fegefeuer die Mehrung der Liebe genauso nötig wie eine Minderung des Grauens. **18** ¶ Offenbar ist es auch weder durch Vernunft- noch Schriftgründe erwiesen, dass sie sich außerhalb des Zustandes befinden, in dem sie Verdienste erwerben können oder in dem die Liebe zunehmen kann. **19** ¶ Offenbar ist auch dieses nicht erwiesen, dass sie – wenigstens nicht alle – ihrer Seligkeit sicher und gewiss sind, wenngleich wir ihrer völlig sicher sind. **20** ¶ Daher meint der Papst mit dem vollkommenen Erlass aller Strafen nicht einfach den Erlass sämtlicher Strafen, sondern nur derjenigen, die er selbst auferlegt hat. **21** ¶ Deshalb irren jene Ablassprediger, die sagen, dass durch die Ablässe des Papstes der Mensch von jeder Strafe frei und los werde. **22** ¶ Vielmehr erlässt er den Seelen im Fegefeuer keine einzige Strafe, die sie nach den kirchlichen Satzungen in diesem Leben hätten abbüßen müssen. **23** ¶ Wenn überhaupt irgendwem irgendein Erlass aller Strafen gewährt werden kann, dann gewiss allein den Vollkommensten, das heißt aber, ganz wenigen. **24** ¶ Deswegen wird zwangsläufig ein Großteil des Volkes durch jenes in Bausch und Bogen und großsprecherisch gegebene Versprechen des Straferlasses getäuscht. **25** ¶ Die gleiche Macht, die der Papst bezüglich des Fegefeuers im Allgemeinen hat, besitzt jeder Bischof und jeder Seelsorger in seinem Bistum bzw. seinem Pfarrbezirk im Besonderen. **26** ¶ Der Papst handelt sehr richtig, den Seelen (im Fegefeuer) die Vergebung nicht aufgrund seiner – ihm dafür nicht zur Verfügung stehenden – Schlüsselgewalt, sondern auf dem Wege der Fürbitte zuzuwenden. **27** ¶ Menschenlehre verkündigen die, die sagen, dass die Seele (aus dem Fegefeuer) emporfliege, sobald das Geld im Kasten klingt. **28** ¶ Gewiss, sobald das Geld im Kasten klingt, können Gewinn und Habgier wachsen, aber die Fürbitte der Kirche steht allein auf dem Willen Gottes. **29** ¶ Wer weiß denn, ob alle Seelen im Fegefeuer losgekauft werden wollen, wie es beispielsweise beim heiligen Severin und Paschalis nicht der Fall gewesen sein soll. **30** ¶ Keiner ist der Echtheit seiner Reue gewiss, viel weniger, ob er völligen Erlass (der Sündenstrafe) erlangt hat. **31** ¶ So selten einer in rechter Weise Buße tut, so selten kauft einer in der rechten Weise Ablass, nämlich außerordentlich selten. **32** ¶ Wer glaubt, durch einen Ablassbrief seines Heils gewiss sein zu können, wird auf ewig mit seinen Lehrmeistern verdammt werden. **33** ¶ Nicht genug kann man sich vor denen hüten, die den Ablass des Papstes jene unschätzbare Gabe Gottes nennen, durch die der Mensch mit Gott versöhnt werde. **34** ¶ Jene Ablassgnaden beziehen sich nämlich nur auf die von Menschen festgesetzten Strafen der sakramentalen Genugtuung. **35** ¶ Nicht christlich predigen die, die lehren, dass für die, die Seelen (aus dem Fegefeuer) loskaufen oder Beichtbriefe erwerben, Reue nicht nötig sei. **36** ¶ Jeder Christ, der wirklich bereut, hat Anspruch auf völligen Erlass von Strafe und Schuld, auch ohne Ablassbrief. **37** ¶ Jeder wahre Christ, sei er lebendig oder tot, hat Anteil an allen Gütern Christi und der Kirche, von Gott ihm auch ohne Ablassbrief gegeben. **38** ¶ Doch dürfen der Erlass und der Anteil (an den genannten Gütern), die der Papst vermittelt, keineswegs gering geachtet werden, weil sie – wie ich schon sagte – die Erklärung der göttlichen Vergebung darstellen. **39** ¶ Auch den gelehrtesten Theologen dürfte es sehr schwerfallen, vor dem Volk zugleich die Fülle der Ablässe und die Aufrichtigkeit der Reue zu rühmen. **40** ¶ Aufrichtige Reue begehrt und liebt die Strafe. Die Fülle der Ablässe aber macht gleichgültig und lehrt sie hassen, wenigstens legt sie das nahe. **41** ¶ Nur mit Vorsicht darf der apostolische Ablass gepredigt werden, damit das Volk nicht fälschlicherweise meint, er sei anderen guten Werken der Liebe vorzuziehen. **42** ¶ Man soll die Christen lehren: Die Meinung des Papstes ist es nicht, dass der Erwerb von Ablass in irgendeiner Weise mit Werken der Barmherzigkeit zu vergleichen sei. **43** ¶ Man soll die Christen lehren: Dem Armen zu geben oder dem Bedürftigen zu leihen ist besser, als Ablass zu kaufen. **44** ¶ Denn durch ein Werk der Liebe wächst die Liebe und wird der Mensch besser, aber durch Ablass wird er nicht besser, sondern nur teilweise von der Strafe befreit. **45** ¶ Man soll die Christen lehren: Wer einen Bedürftigen sieht, ihn übergeht und stattdessen für den Ablass gibt, kauft nicht den Ablass des Papstes, sondern handelt sich den Zorn Gottes ein. **46** ¶ Man soll die Christen lehren: Die, die nicht im Überfluss leben, sollen das Lebensnotwendige für ihr Hauswesen behalten und keinesfalls für den Ablass verschwenden. **47** ¶ Man soll die Christen lehren: Der Kauf von Ablass ist eine freiwillige Angelegenheit, nicht geboten. **48** ¶ Man soll die Christen lehren: Der Papst hat bei der Erteilung von Ablass ein für ihn dargebrachtes Gebet nötiger und wünscht es deshalb auch mehr als zur Verfügung gestelltes Geld. **49** ¶ Man soll die Christen lehren: Der Ablass des Papstes ist nützlich, wenn man nicht sein Vertrauen darauf setzt, aber sehr schädlich, falls man darüber die Furcht Gottes fahren lässt. **50** ¶ Man soll die Christen lehren: Wenn der Papst die Erpressungsmethoden der Ablassprediger wüsste, sähe er lieber die Peterskirche in Asche sinken, als dass sie mit Haut, Fleisch und Knochen seiner Schafe erbaut würde. **51** ¶ Man soll die Christen lehren: Der Papst wäre, wie es seine Pflicht ist, bereit – wenn nötig –, die Peterskirche zu verkaufen, um von seinem Gelde einem großen Teil jener zu geben, denen gewisse Ablassprediger das Geld aus der Tasche holen. **52** ¶ Aufgrund eines Ablassbriefs das Heil zu erwarten, ist eitel, auch wenn der (Ablass-)Kommissar, ja der Papst selbst ihre Seelen dafür verpfändeten. **53** ¶ Die anordnen, dass um der Ablasspredigt willen das Wort Gottes in den umliegenden Kirchen völlig zum Schweigen komme, sind Feinde Christi und des Papstes. **54** ¶ Dem Wort Gottes geschieht Unrecht, wenn in ein und derselben Predigt auf den Ablass die gleiche oder längere Zeit verwendet wird als für jenes. **55** ¶ Die Meinung des Papstes ist unbedingt die: Wenn der Ablass – als das Geringste – mit einer Glocke, einer Prozession und einem Gottesdienst gefeiert wird, sollte das Evangelium – als das Höchste – mit hundert Glocken, hundert Prozessionen und hundert Gottesdiensten gepredigt werden. **56** ¶ Der Schatz der Kirche, aus dem der Papst den Ablass austeilt, ist bei dem Volke Christi weder genügend genannt noch bekannt. **57** ¶ Offenbar besteht er nicht in zeitlichen Gütern, denn die würden viele von den Predigern nicht so leicht mit vollen Händen austeilen, sondern bloß sammeln. **58** ¶ Er besteht aber auch nicht aus den Verdiensten Christi und der Heiligen, weil diese dauernd ohne den Papst Gnade für den inwendigen Menschen sowie Kreuz, Tod und Hölle für den äußeren bewirken. **59** ¶ Der heilige Laurentius hat gesagt, dass der Schatz der Kirche ihre Armen seien, aber die Verwendung dieses Begriffs entsprach der Auffassung seiner Zeit. **60** ¶ Wohlbegründet sagen wir, dass die Schlüssel der Kirche – die ihr durch das Verdienst Christi geschenkt sind – jenen Schatz darstellen. **61** ¶ Selbstverständlich genügt die Gewalt des Papstes allein zum Erlass von Strafen und zur Vergebung in besondern, ihm vorbehaltenen Fällen. **62** ¶ Der wahre Schatz der Kirche ist das allerheiligste Evangelium von der Herrlichkeit und Gnade Gottes. **63** ¶ Dieser ist zu Recht allgemein verhasst, weil er aus Ersten Letzte macht. **64** ¶ Der Schatz des Ablasses jedoch ist zu Recht außerordentlich beliebt, weil er aus Letzten Erste macht. **65** ¶ Also ist der Schatz des Evangeliums das Netz, mit dem man einst die Besitzer von Reichtum fing. **66** ¶ Der Schatz des Ablasses ist das Netz, mit dem man jetzt den Reichtum von Besitzenden fängt. **67** ¶ Der Ablass, den die Ablassprediger lautstark als außerordentliche Gnaden anpreisen, kann tatsächlich dafür gelten, was das gute Geschäft anbelangt. **68** ¶ Doch sind sie, verglichen mit der Gnade Gottes und der Verehrung des Kreuzes, in der Tat ganz geringfügig. **69** ¶ Die Bischöfe und Pfarrer sind gehalten, die Kommissare des apostolischen Ablasses mit aller Ehrerbietung zuzulassen. **70** ¶ Aber noch mehr sind sie gehalten, Augen und Ohren anzustrengen, dass jene nicht anstelle des päpstlichen Auftrags ihre eigenen Phantastereien predigen. **71** ¶ Wer gegen die Wahrheit des apostolischen Ablasses spricht, der sei verworfen und verflucht. **72** ¶ Aber wer gegen die Zügellosigkeit und Frechheit der Worte der Ablassprediger auftritt, der sei gesegnet. **73** ¶ Wie der Papst zu Recht seinen Bannstrahl gegen diejenigen schleudert, die hinsichtlich des Ablassgeschäfts auf mannigfache Weise Betrug ersinnen, **74** ¶ So will er vielmehr den Bannstrahl gegen diejenigen schleudern, die unter dem Vorwand des Ablasses auf Betrug hinsichtlich der heiligen Liebe und Wahrheit sinnen. **75** ¶ Es ist irrsinnig zu meinen, dass der päpstliche Ablass mächtig genug sei, einen Menschen loszusprechen, auch wenn er – was ja unmöglich ist – der Gottesgebärerin Gewalt angetan hätte. **76** ¶ Wir behaupten dagegen, dass der päpstliche Ablass auch nicht die geringste lässliche Sünde wegnehmen kann, was deren Schuld betrifft. **77** ¶ Wenn es heißt, auch der heilige Petrus könnte, wenn er jetzt Papst wäre, keine größeren Gnaden austeilen, so ist das eine Lästerung des heiligen Petrus und des Papstes. **78** ¶ Wir behaupten dagegen, dass dieser wie jeder beliebige Papst größere hat, nämlich das Evangelium, „Geisteskräfte und Gaben, gesund zu machen“ usw., wie es 1. Kor. 12 heißt. **79** ¶ Es ist Gotteslästerung zu sagen, dass das (in den Kirchen) an hervorragender Stelle errichtete (Ablass-)Kreuz, das mit dem päpstlichen Wappen versehen ist, dem Kreuz Christi gleichkäme. **80** ¶ Bischöfe, Pfarrer und Theologen, die dulden, dass man dem Volk solche Predigt bietet, werden dafür Rechenschaft ablegen müssen. **81** ¶ Diese freche Ablasspredigt macht es auch gelehrten Männern nicht leicht, das Ansehen des Papstes vor böswilliger Kritik oder sogar vor spitzfindigen Fragen der Laien zu schützen. **82** ¶ Zum Beispiel: Warum räumt der Papst nicht das Fegefeuer aus um der heiligsten Liebe und höchsten Not der Seelen willen – als aus einem wirklich triftigen Grund –, da er doch unzählige Seelen loskauft um des unheilvollen Geldes zum Bau einer Kirche willen – als aus einem sehr fadenscheinigen Grund? **83** ¶ Oder: Warum bleiben die Totenmessen sowie Jahrfeiern für die Verstorbenen bestehen, und warum gibt er (der Papst) nicht die Stiftungen, die dafür gemacht worden sind, zurück oder gestattet ihre Rückgabe, wenn es schon ein Unrecht ist, für die Losgekauften zu beten? **84** ¶ Oder: Was ist das für eine neue Frömmigkeit vor Gott und dem Papst, dass sie einem Gottlosen und Feinde erlauben, für sein Geld eine fromme und von Gott geliebte Seele loszukaufen; doch um der eigenen Not dieser frommen und geliebten Seele willen erlösen sie diese nicht aus freigeschenkter Liebe? **85** ¶ Oder: Warum werden die kirchlichen Bußsatzungen, die „tatsächlich und durch Nichtgebrauch“ an sich längst abgeschafft und tot sind, doch noch immer durch die Gewährung von Ablass mit Geld abgelöst, als wären sie höchst lebendig? **86** ¶ Oder: Warum baut der Papst, der heute reicher ist als der reichste Crassus, nicht wenigstens die eine Kirche St. Peter lieber von seinem eigenen Geld als dem der armen Gläubigen? **87** ¶ Oder: Was erlässt der Papst oder woran gibt er denen Anteil, die durch vollkommene Reue ein Anrecht haben auf völligen Erlass und völlige Teilhabe? **88** ¶ Oder: Was könnte der Kirche Besseres geschehen, als wenn der Papst, wie er es (jetzt) einmal tut, hundertmal am Tage jedem Gläubigen diesen Erlass und diese Teilhabe zukommen ließe? **89** ¶ Wieso sucht der Papst durch den Ablass das Heil der Seelen mehr als das Geld; warum hebt er früher gewährte Briefe und Ablässe jetzt auf, die doch ebenso wirksam sind? **90** ¶ Diese äußerst peinlichen Einwände der Laien nur mit Gewalt zu unterdrücken und nicht durch vernünftige Gegenargumente zu beseitigen heißt, die Kirche und den Papst dem Gelächter der Feinde auszusetzen und die Christenheit unglücklich zu machen. **91** ¶ Wenn daher der Ablass dem Geiste und der Auffassung des Papstes gemäß gepredigt würde, lösten sich diese (Einwände) alle ohne Weiteres auf, ja es gäbe sie überhaupt nicht. **92** ¶ Darum weg mit allen jenen Propheten, die den Christen predigen: „Friede, Friede“, und ist doch kein Friede. **93** ¶ Wohl möge es gehen allen den Propheten, die den Christen predigen: „Kreuz, Kreuz“, und ist doch kein Kreuz. **94** ¶ Man soll die Christen ermutigen, dass sie ihrem Haupt Christus durch Strafen, Tod und Hölle nachzufolgen trachten **95** ¶ und dass die lieber darauf trauen, durch viele Trübsale ins Himmelreich einzugehen als sich in falscher geistlicher Sicherheit zu beruhigen. ¶

Brennen für den Glauben
Wien nach Luther

413. Sonderausstellung
des Wien Museums
16. Februar bis 14. Mai 2017

AUSSTELLUNG

Kuratoren
Rudolf Leeb
Walter Öhlinger
Karl Vocelka

Architektur
polar÷

Ausstellungsgrafik
Manuel Radde

Ausstellungsproduktion
Isabelle Exinger-Lang

Registrar
Laura Tomicek

Lektorat
Julia Teresa Friehs

Übersetzungen
Paul Richards

Restaurierung
Nora Gasser
Elisabeth Graff
Andreas Gruber
Regula Künzli
Karin Maierhofer

Aufbau
Möbelbau Sulzer
museom service gmbh
Werkstätten und Studiensaal
Wien Museum

Begleitprogramm
Christine Koblitz

KATALOG

Herausgeber
Rudolf Leeb
Walter Öhlinger
Karl Vocelka

Redaktion
Walter Öhlinger

Grafische Gestaltung
Manuel Radde

Lektorat
Julia Teresa Friehs

Bildredaktion
Isabelle Exinger-Lang
Walter Öhlinger

Bildbearbeitung
Alex Hoess

Fotografien Wien Museum
faksimile digital —Birgit und
Peter Kainz

Schrift
Bara, Mote, Inknut Antiqua,
Maax Mono

Papier
Munken Lynx Rough, Garda Pat 11

Druck
Finidr, Český Těšín

Cover
Kat.Nr. 8.3

Objekttexte
AB Andreas Paul Binder
EP Ernst Dieter Petritsch
GM Gerhard Milchram
HL Helmut W. Lang
KV Karl Vocelka
LJ Leonhard Jungwirth
RL Rudolf Leeb
SK Siegfried Kröpfel
WÖ Walter Öhlinger
HS Hanns Christian Stekel

Bibliografische Information
der Deutschen Bibliothek
Die Deutsche Bibliothek verzeichnet diese Publikation in der Deutschen Nationalbibliografie; detaillierte bibliografische Daten sind im Internet über http://dnb.dnb.de abrufbar.

ISBN 978-3-7017-3415-3

HAUPTSPONSOR DES WIEN MUSEUMS
WIENER STADTWERKE

Mit finanzieller Unterstützung durch:
2017
500 Jahre Reformation
Freiheit und Verantwortung seit 1517.
Evangelische Kirchen in Österreich
www.evangelisch-sein.at

Kooperationspartner
KUNST HISTORISCHES MUSEUM WIEN

WIEN KULTUR

Vorwort

Matti Bunzl

Es gibt heute die durchaus weitverbreitete Meinung, dass eine fundamentale religiöse Andersartigkeit unseren Lebensstil bedroht. Ob die Diskussion über Wien, Österreich oder Europa geführt wird, das grundsätzliche Argument ist immer das gleiche: Der Islam ist mit der judeo-christlichen Kultur der Stadt/des Landes/des Kontinents nicht kompatibel. Die Realität islamistischen Terrors ist demnach der ultimative Beweis.

Wie wird auf so eine Position reagiert? Von offiziellen Vertretern der Islamischen Glaubensgemeinschaft kommt der durchaus nachvollziehbare Versuch, die Religion zu verteidigen. Radikale, gewaltbereite Auslegungen des Islam seien selbst nicht authentisch. Der wahre Islam sei eine Religion des Friedens. Diese Ansicht wiederum wird von vielen infrage gestellt — und nicht nur von rechtspopulistischen Politikern. So wiegt die Debatte hin und her. Gibt es türkische „Ghettos" in Wien? Wie soll die Integration syrischer Flüchtlinge in kleinen österreichischen Dörfern funktionieren? Kann es einen europäischen Islam geben?

Der Islam wird in diesen Diskussionen intensiv beobachtet, mal von dieser, mal von jener Perspektive. Was jedoch erstaunlich selten hinterfragt wird, ist die andere Seite. Und die ist ganz und gar nicht selbstverständlich, vor allem wenn man die Situation historisch betrachtet. Denn das Argument, dass der Islam mit der judeo-christlichen Kultur unvereinbar sei, ist nicht nur eine Aussage über den Islam. Es ist auch eine Behauptung über „unsere" Gesellschaft, nämlich dass diese in der Kongruenz von Judentum und Christentum wurzelt.

In Anbetracht unserer genozidalen Geschichte ist das eine erstaunliche Konstruktion, besonders wenn sie von Repräsentanten des nationalen Lagers artikuliert wird. Und doch wäre es falsch, sie einfach als Heuchelei abzutun. Was vor 100 Jahren als selbstverständlich und immerwährend fremd erschien — aus „rassischen", religiösen oder wie immer gearteten Gründen —, wirkt mittlerweile als unwichtig und vor allem ungefährlich.

Etwas ganz Ähnliches gilt, eine Ebene weitergedacht, natürlich auch für das Christentum. Denn die Einheit desselben (im Gegensatz zum Judentum oder Islam) wäre den Protagonisten des Dreißigjährigen Krieges durchaus nicht in den Sinn gekommen. Reformation und Gegenreformation prägten zu diesem Zeitpunkt schon ein Jahrhundert lang die Geschicke, mit den bekannten Konsequenzen für Leib und Leben.

Wien war einer der zentralen Schauplätze dieses Kampfes. Im 16. Jahrhundert war die Stadt kurzzeitig sogar protestantisch, bevor die katholische Hegemonie wiederhergestellt wurde. *Brennen für den Glauben. Wien nach Luther* erzählt von dieser dramatischen Zeit in der Geschichte der Stadt. Sie erinnert uns an Prediger und Gegenprediger, duellierende Rituale und grauenvolle Gewalt.

Es sind Antagonismen, die längst überwunden sind. Katholiken und Protestanten gibt es natürlich weiterhin. Aber niemand sieht in den theologischen Unterschieden einen Grund zur Auseinandersetzung. Ähnliches gilt für die jüdische Gemeinde Wiens. Der Antisemitismus ist nicht verschwunden, und unsere Wachsamkeit gegen ihn dürfen wir nicht aufgeben. Aber die einstmals selbstverständliche Sicht auf Juden als Fremdkörper hat immer weniger Anhänger.

Geschichte ist immer und vor allem Veränderung. Der tötungswerte Unterschied der einen Zeit ist die ökumenische Eintracht der anderen. Wer weiß? Vielleicht wird es ja in der Zukunft Ausstellungen über das frühe 21. Jahrhundert geben, die einer staunenden Bevölkerung unsere heutigen Animositäten erst lang und breit erklären müssen.

Die Idee für *Brennen für den Glauben* entstammt Gesprächen zwischen Bischof Michael Bünker und Wolfgang Kos. Die wunderbare kuratorische Umsetzung lag in den Händen von Rudolf Leeb, Walter Öhlinger und Karl Vocelka. Vervollständigt wurde das Ausstellungsteam von Laura Tomicek (Registrar), Isabelle Exinger-Lang (Produktion), Manuel Radde (Grafik) sowie Siegfried Loos und Margot Fürtsch vom Architekturbüro polar÷ (Ausstellungsdesign). Für die vielen und wertvollen Objekte, die sie uns zur Verfügung stellten, danken wir den zahlreichen Leihgebern, insbesondere dem Österreichischen Staatsarchiv, Abteilung Haus-, Hof- und Staatsarchiv, der Österreichischen Nationalbibliothek, der Wienbibliothek sowie dem Kunsthistorischen Museum, das auch als Kooperationspartner fungiert. Großer Dank schließlich an die evangelische Kirche für die finanzielle Unterstützung bei der Produktion des Katalogs.

■

I

Zeitenwende

Aufbruch in die Neuzeit

Globale und regionale Veränderungen um 1500

Karl Vocelka

Jeder Tag bringt — ganz trivial gesprochen — eine Veränderung der Geschichte seiner Epoche mit sich; Menschen, die später eine bedeutsame historische Rolle spielen sollen, werden geboren, andere, die große Spuren hinterlassen haben, sterben, Neuerungen und Erfindungen transformieren das Leben, Kriege und Friedensschlüsse zeichnen neue Landkarten usw. usw. Warum spricht man dann vom Anbruch der Neuzeit? Was ist neu an jener? Stellt man diese Frage, so muss man dabei aber eine andere triviale Vorstellung natürlich ebenso sofort zurückweisen. Denn es ist nicht ein Ereignis, das eine neue Epoche ausmacht, nicht einmal mit all seinen Folgen. Zwar hat zweifellos die Tatsache, dass Christoph Kolumbus (1451–1506) am 12. Oktober 1492 auf der Insel Guanahani (später San Salvador) auf den Bahamas an Land ging, langfristig die Geschichte und die Welt verändert. Die Entdeckung der Neuen Welt, der beiden Amerikas, besaß tief greifende Folgen für die Wirtschaft, ja, man könnte sogar sagen, dass mit dem Beginn des transatlantischen Handels der Anfang der Globalisierung festgemacht werden kann. Es wurden Güter, Pflanzen, Tiere, Krankheiten und Menschen ausgetauscht und verbreitet. Dennoch aber veränderte dieses so wichtige Ereignis allein nicht die Welt und zeitigte außerdem — und das gilt für all die Daten, die für den Beginn einer neuen Epoche genannt werden — nicht für jeden Teil der Welt dieselbe Bedeutung.

„Waren die Menschen des Mittelalters stark von der Religion dominiert und damit auf ein vermeintlich besseres Leben im Jenseits ausgerichtet gewesen, so entfaltete sich in dieser Wendezeit nun eine diesseitige Vorstellung des Menschen als selbstständiges Individuum."

HUMANISMUS UND RENAISSANCE SCHAFFEN EIN NEUES BILD DER MENSCHEN UND IHRER WELT ◖ Wenn man also von der Zeitenwende, von einem Übergang des von den Humanisten so bezeichneten Mittelalters zur Neuzeit, spricht, muss man viele Veränderungen berücksichtigen, die, alle zusammengenommen, einen Wandel des menschlichen Lebens bedingten. Neue Formen des Denkens und des Verständnisses der Welt entwickelten sich schon früh in Italien. Doch diese Ideen waren nicht vom Begriff des Fortschritts geprägt, der in unserer Zeit so zentral ist, sondern von einer Wiederherstellung einer antiken Kultur, die man entsprechend verherrlicht und geschönt hatte. Nicht von der griechischen und römischen Sklavenhaltergesellschaft war dabei die Rede, sondern von der Blüte der Kultur in der Architektur, der bildenden Kunst, der Dichtung und des Rechtes. Dieser Rückgriff verursachte vieles, das eine anhaltende Wirkung auf die Kultur Europas haben sollte. Die Kultur und Kunst der Renaissance, wie man diese Epoche nannte, die in Italien von 1400 bis 1600 dauerte und die der Rest des Kontinents mit unterschiedlichen zeitlichen Verzögerungsfaktoren übernahm, wurde zum Ausgangspunkt des neuzeitlichen ästhetischen Verständnisses. Das Latein der Humanisten als eine neue, der klassischen Sprache angenäherte Form wurde zur Sprache der Gelehrten, und das römische Recht, das man schon seit dem Mittelalter rezipierte, bildete die Grundlage einer neuen staatlichen Verwaltung.

Der Begriff Renaissance, den erstmals 1550 der Künstler Giorgio Vasari (1511–1574), dessen Künstlerbiografien auch den Beginn der Kunstgeschichtsschreibung darstellen, verwendete, wurde oft mit dem des Humanismus kombiniert, dessen Konzept der Freiheit und Menschenwürde auf die Antike zurückgeht — als Epochenbezeichnung setzte sich dieses Wort allerdings erst im 19. Jahrhundert durch.

Die Humanisten griffen auf die lateinischen und teilweise auch griechischen Quellen zurück, was nach der Eroberung Konstantinopels/Istanbuls durch die Osmanen im Jahr 1453 leichter wurde, da dadurch große Mengen an griechischen Handschriften auf den Markt kamen. Der Grundsatz ihrer Studien, den Erasmus von Rotterdam (1466–1536) im Jahr 1511 formulierte, war *ad fontes*, zurück zu den Quellen, zu gehen, was nicht nur die säkulare Wissenschaft, sondern letztlich auch die Reformation, vor allem Luthers Bibelübersetzung, prägen sollte.

Mit den Bewegungen der Renaissance und des Humanismus waren auch ein neues Lebensgefühl und ein neues Menschenbild verbunden. Waren die Menschen des Mittelalters stark von der Religion dominiert und damit auf ein vermeintlich besseres Leben im Jenseits ausgerichtet gewesen, so entfaltete sich in dieser Wendezeit nun eine diesseitige Vorstellung des Menschen als selbstständiges Individuum. Mit der Veränderung des Lebensgefühls ging auch eine erste Säkularisierung der Welt Hand in Hand, deren Folgen sich vielfach zeigten. Heftige Kritik an der Kirche war plötzlich möglich, insbesondere an den äußeren Formen und Ritualen, was dann — beginnend mit dem Ablassstreit — im Thesenanschlag Martin Luthers vor 500 Jahren kulminierte.

Vor allem die säkulare, vorwiegend höfisch-adelige Gesellschaft entwickelte ein neues Bild des Menschen, das nicht mehr theozentrisch, sondern anthropozentrisch war. Dieser Wandel ist sicherlich ebenso bedeutsam wie die kopernikanische Wende, die ebenfalls einen wesentlichen Baustein dieser neuen Weltauffassung darstellt. Nicht mehr die Erde stand bei Nikolaus Kopernikus (1473–1543) in seiner Schrift *De revolutionibus orbium coelestium* aus dem Jahr 1543 im Zentrum des Universums, wie das die Kirche unter Rückgriff auf die Bibel vertrat, sondern die Sonne, um die die anderen Himmelskörper kreisten.

Das herausragende Werk für das neue Menschenbild der Oberschicht entstand, wenig überraschend, in Italien. Baldassare Castiglione (1478–1529) setzte mit seinem Buch *Il Libro del Cortegiano (Das Buch vom Hofmann)* im Jahr 1528 (und dann vielen Auflagen und Übersetzungen) am Beispiel des Hofs von Urbino in den Marken der Kultur der zahlreichen kleinen Höfe in Italien ein Denkmal. In einem Dialog — einer besonders beliebten Form der Renaissanceliteratur — lässt er vier Freunde diskutieren, welche Eigenschaften ein Hofmann (*cortegiano*), aber auch eine Frau bei Hofe (*donna di palazzo*) besitzen muss. Dass die Frauen so intensiv berücksichtigt werden — Elisabetta Gonzaga (1471–1526) und Emilia Pia de Montefeltro nehmen an der fiktiven Diskussion teil und moderieren sie sogar —, war auch ein Zeichen der neuen Zeit, in der Frauen der Oberschicht ein anderer Stellenwert zukam als bisher — etwas, das sich im Laufe der historischen Entwicklung allerdings wieder änderte. Im Jahr 1523 verfasste der aus Spanien stammende und in Oxford tätige Humanist Juan Luis Vives (1493–1540) sogar eine Erziehungslehre für Frauen und Mädchen mit dem Titel *De institutione feminae christianae.*

Kat.Nr. 1.18 Eine deutsche Übersetzung von Castigliones *Il Libro del Cortegiano* von 1565

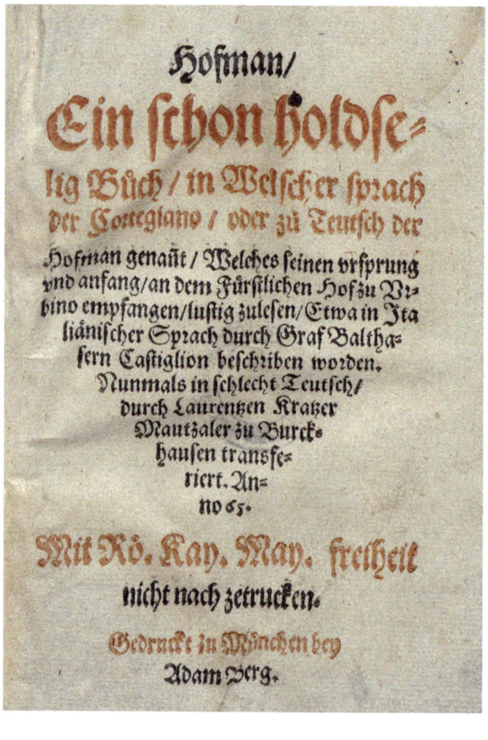
Hofman/
Ein schon holdse-
lig Büch / in Welscher sprach
der Cortegiano / oder zü Teutsch der
Hofman genannt / Welches seinen vrsprung
vnd anfang/an dem Fürstlichen Hof zu Vr-
bino empfangen/lustig zulesen/Etwa in Ita
liánischer Sprach durch Graf Balthas-
sern Castiglion beschriben worden.
Nunmals in schlecht Teutsch/
durch Laurentzen Kratzer
Mautzaler zu Burck-
hausen transfe-
riert. An-
no 65.
Mit Rö. Kay. May. freyheit
nicht nach zetrucken.
Gedruckt zu München bey
Adam Berg.

Die Rolle der Frau erlebte gerade am Beginn der Neuzeit eine kurze Blüte, einige Habsburgerinnen, wie Maximilians I. Tochter Margarete (1480–1530), Statthalterin der Niederlande, seine Enkelin Maria von Ungarn (1505–1558) oder die uneheliche Tochter Karls V., Margarethe von Parma (1522–1586), waren hochgebildet, förderten Kunst und Wissenschaft und nahmen auch politische Funktionen wahr, die durchaus mit denen von Männern vergleichbar waren.

Das Idealbild, das Castiglione entwarf, zeigte den *uomo universale,* der allseitig gebildet war und zum neuen Menschenideal des kunstsinnigen Adels avancierte. Eine Art von negativem Gegenbild des humanistischen Renaissancemenschen skizzierte hingegen ein anderes langfristig einflussreiches Buch, *Il Principe (Der Fürst),* erstveröffentlicht im Jahr 1532, von Niccolò Machiavelli (1469–1527), in dem der egoistische Wille der Menschen und die Erreichung von Macht ohne Rücksicht auf Moral gepriesen werden.

Kat.Nr. 1.7 Raub der Sabinerinnen: In der Renaissancekunst wurde der nackte menschliche Körper zum Thema.

Von größter, nachhaltiger Bedeutung für die weitere Entwicklung in Europa waren auch die Veränderungen der Kunst in der Zeit der Renaissance. So fanden in der abendländischen Kunst neue Themen und innovative Darstellungsformen Verbreitung, welche sich wesentlich von jenen aus der Zeit des Mittelalters unterschieden. Kunst wurde vielfach säkularisiert, wenn auch die Ausschmückung von Kirchen und Klöstern weiterhin eine zentrale Rolle spielte. Porträts und Darstellungen der Natur, mythologische Szenen und Allegorien sowie — eng damit verbunden — das neue Verständnis für den menschlichen Körper, dessen Nacktheit zu einem Thema wurde, gewannen Raum in dieser neuen künstlerischen Betätigung. Formal wurde die Entdeckung der Zentralperspektive zu einem wichtigen Darstellungsmittel, das sich deutlich von der mittelalterlichen Praxis unterschied. Italien war damit zum Zentrum einer neuen Kunst geworden, die dann immer stärker auf die anderen europäischen Länder übergriff und dort im 16. und 17. Jahrhundert dominant wurde. Künstler reisten nach Italien, wo sie nicht nur die antiken Überreste studierten, sondern auch durch die Auseinandersetzung mit den großen Malern und Bildhauern der Renaissance lernten. Nicht zu unterschätzen ist die Vermittlungsfunktion der Grafik, vor allem des Kupferstichs, der nördlich der Alpen im 15. Jahrhundert Fuß fasste und es ermöglichte, neue Themen (die *inventio*) weit zu verbreiten. Italien — vor allem Rom und Florenz, aber auch viele der kleineren Höfe — blieb bis ins 17. Jahrhundert Ausgangspunkt künstlerischer Innovation, erst in der zweiten Hälfte des Jahrhunderts sollte Frankreich beginnen, die führende Rolle zu übernehmen.

War die Apenninenhalbinsel im Bereich der Künste führend, so kann man Ähnliches nicht im selben Ausmaß für alle Naturwissenschaften behaupten. Die Astronomie verkörperte das zentrale Thema in der Naturwissenschaft der Zeit, deren großer Wendepunkt am Beginn der Neuzeit allerdings mit Nikolaus Kopernikus in Polen geschah und dann von Tycho Brahe (1546–1601) und Johannes Kepler (1571–1630) in Prag weitergeführt wurde. Zwar war es in der Medizin der Flame Andreas Vesalius (1514–1564), der in seinem bahnbrechenden Buch *De Humani Corporis Fabrica* aus dem Jahr 1543 erstmals den menschlichen Körper weitgehend richtig beschrieb, doch die darauf basierende Anatomie wurde vor allem an der Universität in Padua praktisch erforscht, wo man im Jahr 1594 das berühmte *anatomische Theater* erbaute. Auch das Anlegen botanischer Gärten, zuerst in Pisa im Jahr 1544, im darauffolgenden Jahr in Florenz, Bologna und Padua (der heute noch besteht), hängt eng mit dem wissenschaftlichen Fortschritt der Medizin, die ihre Heilmittel fast ausschließlich aus Pflanzen gewann, zusammen. Ebenso brachte Italien auf dem Gebiet der Mathematik mit Luca Pacioli (1445–1517) einen großen Neuerer hervor, der in seinem

Kat.Nr. 6.5 Die „Celtis-Truhe“ beherbergte die Insignien des humanistischen *Collegium poetarum et mathematicorum.*

Buch *Summa de Arithmetica, Geometria, Proportioni et Proportionalità* aus dem Jahr 1494 unter anderem die erste Darstellung der doppelten Buchführung gab, die bis heute in der Wirtschaft eine große Rolle spielt. Grundsätzlich muss man allerdings feststellen, dass die große *scientific revolution* ihren Höhepunkt erst im 17. Jahrhundert erlebte und vor allem in Westeuropa stattfand.

Der Wiener Hof war schon seit dem 15. Jahrhundert in Kontakt mit der neuen Zeitströmung des Humanismus. Kaiser Friedrich III. beschäftigte den Gelehrten, Historiker und Schriftsteller Eneo Silvio Piccolomini (1405–1464) als kaiserlichen Sekretär — dieser wurde später unter dem Namen Pius II. sogar Papst. Auch Friedrichs Sohn, Kaiser Maximilian I., trat als ein Förderer des Humanismus hervor und gründete an der Wiener Universität im Jahr 1501 ein Poetenkolleg (*Collegium poetarum et mathematicorum*). Zum Direktor dieser gelehrten Gesellschaft bestellte er den im Jahr 1497 nach Wien berufenen *Erzpoeten* Conrad Celtis (1459–1508), der wenig später eine Vereinigung von Humanisten, die *Sodalitas litteraria Danubiana,* schuf. Dieser gehörten einige lokal bedeutende Humanisten, wie Johannes Stabius (ca. 1468–1522), Johannes Cuspinianus (1473–1529) und der Schweizer Joachim Vadianus (1484–1551), an. Für die Wiener Stadtgeschichte selbst wurde der Humanist Wolfgang Lazius (1514–1565) wichtig.

Zwar wirkte der einflussreichste Humanist nördlich der Alpen, Erasmus Desiderius von Rotterdam, in den Niederlanden und in Basel in der Schweiz, er stand jedoch auch in Beziehung zum Hause Habsburg. Seine Stellung zur Reformation, die er freilich mit seinen Ideen vorzubereiten half, der er sich aber nie vollkommen anschloss, war eine maßgebliche Geisteshaltung des 16. Jahrhunderts. Diese Strömung, *Via media* oder *Dritter Weg* genannt, übte vor allem auf Kaiser Maximilian II. und seine Zeitgenossen starken Einfluss aus.

Alle Phänomene des Humanismus, der Wissenschaften und natürlich ebenso die Reformation hätten keine europaweite Verbreitung finden können, wäre nicht in dieser Wendezeit auch ein dramatischer Wandel der Kommunikation, eine Medienrevolution, eingetreten, die man durchaus mit der des späten 20. Jahrhunderts — Computer, Digitalisierung, Internet, Social Media — vergleichen kann.

DER BUCHDRUCK UND DIE KOMMUNIKATIONSREVOLUTION ¶ Entgegen populären Vorurteilen bestand auch im Mittelalter eine rege Kommunikation. Menschen reisten quer durch den Kontinent, Briefe wurden verfasst, Bücher wanderten von Kloster zu Kloster und fanden durch vielfache Abschriften eine weite Verbreitung. Die Gutenberg-Galaxis, wie Marshall McLuhan das nannte, allerdings hat die Welt verändert. Um die Mitte des 15. Jahrhunderts erfand Johannes Gensfleisch (ca. 1400–1468), genannt Gutenberg, in Mainz den Buchdruck mit beweglichen Lettern, den es allerdings schon lange davor in China gegeben hatte. Gedruckt hatte man auch schon vor Gutenberg, wobei aber jede einzelne Seite eines sogenannten Blockbuchs in Holz geschnitten und dann gedruckt worden war — ein eher aufwendiges und teures Verfahren. Die beweglichen Lettern, die immer wieder neu zusammengesetzt werden konnten, erwiesen sich als praktischer, und da sie aus Metall bestanden, war es möglich, auch mehrere Exemplare eines Buchs damit zu drucken.

Diese großartige Erfindung wäre allerdings ohne einige Voraussetzungen nicht erfolgreich gewesen. Um zu drucken, benötigte man ein anderes Material als das mittelalterliche Pergament, und schon seit dem 12. Jahrhundert hatte sich im Süden Europas eine Papierproduktion etabliert, die ab dem späten 14. Jahrhundert auch nördlich der Alpen nachgeahmt wurde. Eine weitere Conditio sine qua non für die Produktion von Büchern in großen Mengen war die Sprache. Zunächst — und noch lange bis in die Neuzeit hinein — wurde ein Großteil der Texte in lateinischer Sprache, der Lingua franca dieser Epoche, gedruckt. Hinzu kam ein steigender Anteil an Literatur in der jeweiligen indigenen Sprache, die allerdings erst am Beginn einer Standardisierung stand, da — besonders im deutschen Sprachraum — die Dialekte ausgeprägt und überaus verschieden waren. Die Reglementierung der deutschen Sprache begann am Hofe Karls IV. in Prag im 14. Jahrhundert, der Durchbruch jedoch gelang erst in Zusammenwirkung mit dem Buchdruck: Luthers Bibelübersetzung und seine anderen Publikationen, vor allem die Flugschriften, schufen letztlich die deutsche Schriftsprache, auf deren Grundlage unser heutiges Deutsch noch immer aufbaut.

Die ersten Drucke, allen voran die 42-zeilige Bibel Gutenbergs, die in einer Auflage von 150 bis 180 Stück erschien, wurden teilweise noch auf Pergament gedruckt. Im Laufe des späten 15. Jahrhunderts entstanden im deutschen Sprachraum Druckereien, die erste in der Reichsstadt Straßburg (heute Strasbourg in Frankreich) im Jahr 1458, dann in rascher Folge in vielen Städten des Reichs und Europas. Um 1470 gab es im deutschen Sprachraum bereits 17 Druckorte, doch macht erst die Zahl für das Jahr 1490, nämlich 204 Orte, den Begriff der Kommunikationsrevolution deutlich. Vor 1500 wurden in Europa etwa 27.000 Werke gedruckt, man schätzt, dass auf die 100 Millionen Einwohner des Kontinents 13 Millionen Bücher kamen, dabei blieb allerdings neben den Kosten die hohe Rate an Analphabeten ein Hindernis einer weiteren Verbreitung.

Die wahre „Explosion des gedruckten Wortes“ (Winfried Schulze) brachte erst die Reformation mit ihrer regen publizistischen und polemischen Produktion von Texten. Im frühen 16. Jahrhundert existierten 1.150 Druckereien in 250 Städten Europas, wo bis Ende des Jahrhunderts etwa eine halbe Million Titel gedruckt wurden. Im Vergleich dazu liegt heute die *jährliche* Buchproduktion bei weit über 800.000 Exemplaren, mit einer Verdoppelung der Zahl in mehr als einem Jahrzehnt.

Besonders weit verbreitet waren damals die (relativ) billigen Flugschriften und *Newen Zeitungen,* die Kalender, Ablassbriefe und Lehrbücher der lateinischen Sprache, aber auch die Auseinandersetzung mit Glaubensfragen. Die Inhalte der schriftlichen Kommunikation, die im 16. Jahrhundert überhandnahm, wurden unterstützt durch bildliche Elemente — etwa in den Flugschriften und Einblattdrucken —, sie wurden aber auch mit oraler Kommunikation verbunden: Viele Texte erschienen in Reimen und wurden nach bestimmten Melodien gesungen, was ein Vorlesen, Vorsingen und vor allem Merken der Texte bei der nicht des Lesens kundigen Bevölkerung ermöglichte, wobei ein großer Teil der Buchproduktion sich nach wie vor an die intellektuelle Oberschicht richtete.

Der Druck wissenschaftlicher Bücher ermöglichte eine schnelle Verbreitung von Information und aktivierte insgesamt die Kommunikation erheblich, wie auch am regen, weit über die Landesgrenzen hinausgehenden Briefwechsel der Humanisten fassbar wird.

DIE „ENTDECKUNGEN" UND IHRE AUSWIRKUNGEN AUF EUROPA ◖ Nicht nur die geistige Welt wurde durch den Buchdruck größer und vielfältiger, vor allem die „Entdeckungen" waren ein wesentliches Element dieser Weitung des Horizonts. Dem Wort „Entdeckung", besonders der Amerikas, wohnt ein eurozentrischer Gedanke inne, der den Europäern ein Überlegenheitsgefühl vermittelte. Dabei muss jedoch betont werden, dass in der „Neuen Welt" mit den Lebenswelten der Mayas, Azteken und Inkas hochstehende Kulturen bestanden, die durch die Europäer vernichtet wurden. Mit dieser Geschichte der Entdeckungen begannen die Globalisierung, Christianisierung und auch die Europäisierung der Welt mit ihren oft dramatischen Folgeerscheinungen.

Die Welt der Europäer im Mittelalter sah das Mittelmeer im Zentrum, man kannte den Norden Afrikas und den Vorderen Orient, in dem ein wichtiger Ort der Christen, das „Heilige Land", lag. Einzelne Reisende, vor allem Mönche, waren auf ihren Reisen weit nach Asien, bis nach China gelangt und hatten so ein diffuses Wissen über diesen Teil der Welt verbreitet. Der Handel mit Ostasien, mit Gewürzen, Seide und Porzellan, lief über die Levante sowie Venedig und verteuerte die Waren erheblich.

Kat.Nr. 1.12 Erdglobus von 1544: Mit den „Entdeckungen" begannen die Globalisierung, Christianisierung und Europäisierung der Welt.

Die Idee, direkt mit den Ländern im Osten in Beziehung zu treten, bewegte die europäischen Mächte, die am Atlantik lagen und eine Seefahrertradition ihr Eigen nannten. Die großen Entdeckungsfahrten begannen in einem kleinen Land Europas, das allerdings eine hervorragende Ausgangslage hatte: Portugal brachte nicht nur die günstige geografische Lage mit, die dort herrschende Dynastie pflegte enge Verbindungen zu Händlern und Seefahrern, und auch der Wille, die Menschen anderer Gebiete — die „Heiden" — zu bekehren, war ein starkes Motiv.

So begann von Portugal ausgehend die Suche nach dem Seeweg nach „Ostindien", sehr traditionellen Wegen folgend. Mit der Küstenschifffahrt ging es der Küste Afrikas entlang schrittweise nach Süden, wodurch man in den Sklavenhandel in den afrikanischen Gebieten einsteigen konnte. Lange Zeit später erreichte Bartolomeu Diaz (1450–1500) in den Jahren 1487/88 die Südspitze Afrikas, zehn Jahre danach um-

Kat.Nr. 1.10 Geschützquadrant, Ende 16. Jh. Quadranten wurden nicht nur in der Artillerie eingesetzt, sie ermöglichten auch die Positionsbestimmung von Gestirnen und damit die Orientierung auf dem Meer.

segelte Vasco da Gama (ca. 1469–1524) das Kap der Guten Hoffnung im Süden Afrikas und erreichte Indien. Die Portugiesen waren nicht an einer kolonialen Etablierung interessiert — das wäre bei einem Land mit etwa einer Million Einwohnern nicht sehr sinnvoll gewesen —, sondern gründeten nur Handelsstationen, die regelmäßig angefahren werden konnten. Ihre Interessen konzentrierten sich vorwiegend auf Asien, von Ceylon über China bis nach Japan betrieben sie einen regen Handel: Pfeffer, Ingwer und Baumwolle aus Indien, Zimt aus Ceylon, Gewürznelken, Muskatnüsse, Seide und Duftholz aus China wurden nach Europa gebracht und mit hohen Profiten verkauft. Die große Reise nach Asien, die *Carreira da India*, verlief über 40.000 Kilometer und wurde in eineinhalb Jahren zurückgelegt. Der europäische Handel hatte sein Zentrum in Antwerpen, wo viele Kaufleute aus Italien und Flandern im Dienst der Portugiesen standen.

Ganz andere Wege beschritt Spanien mit der Ausstattung einer Flotte und der Gewährung einiger Privilegien für den Genuesen Christoph Kolumbus im Jahr 1492. Dessen Vorstellungen von der Welt basierten auf der Kugelgestalt der Erde — mit dem Gedanken, man müsste, wenn man von Spanien aus immer nach Westen segelte, schließlich China und Japan (Cipangu) erreichen. Dieses Projekt stieß zunächst auf wenig Verständnis, vor allem bei den Portugiesen. In Spanien jedoch gab es dafür nach der Eroberung von Granada, der letzten Festung der Araber in Andalusien, einen *golden moment*, der Weltgeschichte schreiben sollte.

Mit den drei Schiffen Santa Maria, Niña und Pinta und einer Besatzung von 120 Mann erreichte man am 12. Oktober die Insel Guanahani (Bahamas), die Kolumbus für einen Teil Indiens hielt: Bezeichnungen wie Westindien für die karibischen Inseln und Indianer (Indios) für die Ureinwohner geben davon noch heute Zeugnis. Dass er den amerikanischen Doppelkontinent entdeckt hatte, blieb ihm trotz mehrerer Reisen in der Folge verborgen. Andere heimsten diesen Ruhm ein, der Kontinent wurde im Jahr 1507 vom deutschen Kartografen Martin Waldseemüller (1470–1520) auf seiner Weltkarte nach dem Florentiner Amerigo Vespucci (1451/1452/1454–1512), der feststellte, dass er nicht in Asien war, „Amerika" genannt.

Der Umgang der Spanier mit den neu entdeckten Gebieten gestaltete sich anders als der ihrer portugiesischen Nachbarn: Sie zerstörten die indigene Kultur und Religion und beuteten die Länder, die durch Konquistadoren wie Hernán Cortés (1485–1547) und Francisco Pizarro (1476/1478–1541) erobert und zu spanischen Kolonien gemacht worden waren, aus. Schon im 16. Jahrhundert wanderten vermutlich über 200.000 Menschen in diese neue Welt aus, die christianisiert und hispanisiert wurde. Auch die ersten afrikanischen Sklavinnen und Sklaven brachte man als Arbeitskräfte in diese Kolonien.

„Diese Entdeckungen zeitigten langfristige, welthistorische Folgen — nicht nur die Europäisierung der beiden Amerikas und die Zerstörung der indigenen präkolumbianischen Kulturen, sondern auch einen Kulturtransfer, der neben Europa und dem Doppelkontinent auch Asien und Afrika umfasste."

Zwar konnte man annehmen, dass die Fahrt des Kolumbus die Kugelgestalt der Erde bestätigte, den endgültigen Beweis erbrachte aber erst die Weltumsegelung durch Ferdinand Magellan (1480–1521), der im Jahr 1519 die nach ihm benannte Magellanstraße an der Südspitze Südamerikas, die eine Durchfahrt nach Ostasien ermöglichte, entdeckte. Er selbst kehrte von der Reise nicht zurück, da er auf den Philippinen von Einheimischen getötet wurde, lediglich eines der fünf ausgelaufenen Schiffe erreichte im Jahr 1522 Spanien.
Diese Entdeckungen zeitigten langfristige, welthistorische Folgen — nicht nur die Europäisierung der beiden Amerikas und die Zerstörung der indigenen präkolumbianischen Kulturen, sondern auch einen Kulturtransfer, der neben Europa und dem Doppelkontinent auch Asien und Afrika umfasste. Pflanzen und Tiere wurden mit der Neuen Welt ausgetauscht. Einerseits kamen Mais, Kartoffeln, Tabak und der Truthahn nach Europa — entfalteten ihre Wirkung allerdings erst lang nach dem 16. Jahrhundert —, andererseits fanden Wein, Kaffee (aus Asien), aber auch Pferde ihren Weg in die Neue Welt und veränderten dort die Kultur tiefgehend, wobei sich die Liste natürlich beliebig erweitern ließe.

Auch die Handelsrouten in Europa wechselten von der Süd-Nord-Achse — von Venedig in die Mitte und in den Norden Europas — zu einem West-Ost-Handel von den Häfen am Atlantik nach Mittel- und Osteuropa. Der Atlantikhandel dominierte und erbrachte auf diesen Handelsrouten oft märchenhafte Gewinne. Besonders ertragreich — und unmenschlich zugleich — war der Dreieckshandel, bei dem europäische Waren an die Westküste Afrikas geführt und dort gegen schwarze Sklavinnen und Sklaven getauscht wurden, die man in die amerikanischen Besitzungen brachte und dort gegen Rohstoffe (vor allem Zucker, Tabak und Baumwolle) wechselte. Das menschliche Elend dieser Sklavenwirtschaft war unermesslich.

Vor allem für die Spanier wurden große Gewinne auch mit den Bodenschätzen der Neuen Welt erzielt, die in großen Mengen nach Europa gebracht wurden und die spanische Politik finanzierten. Das war einer der Faktoren, die für die wirtschaftlichen Krisen des späten 16. Jahrhunderts angeführt werden.

DAS VORDRINGEN DER OSMANEN IN EUROPA ◖ Eine politische Veränderung mit nachhaltiger Wirkung für Europa bedeutete der Aufstieg des Osmanischen Reichs. Ausgehend von einem kleinen Gebiet in Anatolien, in dem sich das aus Asien kommende Reitervolk der Türken festgesetzt hatte, griff der islamische, unter der Führung der Dynastie der Osmanen stehende Staat im Spätmittelalter auf Europa über und breitete sich auf dem Balkan aus. Vorläufiger Endpunkt dieser Expansion war die Eroberung von Byzanz/Konstantinopel/Istanbul im Jahr 1453 durch Sultan Mehmed II. (1432–1481). Das Osmanische Reich war die mächtigste Militärmacht der Zeit, deren Stärke auf den Lehenträgern (*Sipahis*), die die Reiterei bildeten, und der sogenannten *Devşirme*-Klasse

Kat.Nr. 7.1 Unter Sultan Süleyman I. erreichte die osmanische Expansion Mitteleuropa.

ruhte. Diese Gruppe der Gesellschaft, die keine Ehe eingehen konnte und daher auch keine Vererbung des Besitzes kannte, fand ihre Ergänzung durch die Knabenlese (*Devşirme*), die Wegnahme von Söhnen der christlichen Balkanbevölkerung, die im Sinn des Islam erzogen wurden und die gefürchtete Infanterietruppe der Janitscharen bildeten. Diese *Devşirme*-Klasse lieferte allerdings auch das Personal für die Verwaltung des riesigen Reichs, man konnte als ehemalig christliches Kind aus dem Balkan bis zum Großwesir aufsteigen. Besonders gefürchtet bei der Bevölkerung waren die irregulären Truppen der „Renner und Brenner" (*Akindischi* oder *Akıncı*), meist Tataren, die keine Eroberung von Land, sondern Plünderung und die Verunsicherung der Menschen als Ziel hatten.

Unter dem tatkräftigen Sultan Süleyman I. (reg. 1520–1566) am Beginn des 16. Jahrhunderts erreichte die osmanische Expansion Mitteleuropa, nach der Eroberung der Schlüsselfestung Belgrad griff er im Jahr 1526 Ungarn an. Die Schlacht bei Mohács stellte langfristig die Weichen für die Geschicke der Region Zentraleuropa. Der Aufstieg der Habsburger durch die Erwerbung Böhmens und Ungarns sowie die langen militärischen Auseinandersetzungen zwischen den Habsburgern und den Osmanen bestimmten die Jahrhunderte der Frühen Neuzeit. Da dieser Konflikt mit dem Osmanischen Reich auch die innere Struktur der Habsburgermonarchie beeinflusste, sind sowohl Phänomene wie die starke Stellung der Landstände als auch die Ausbreitung des Protestantismus im Osten Österreichs und in den böhmischen Ländern nicht von dieser Frage zu trennen.

DER AUFSTIEG DER HABSBURGER ZU EINER GROSSMACHT IN EUROPA ◖ Rudolf I. von Habsburg, der im Jahr 1273 zum römisch-deutschen König gewählt wurde, setzte den ersten Schritt des Aufstiegs seiner Familie zu einer bedeutenden Macht. Die in der Schweiz, Süddeutschland und dem Elsass reich begüterten Habsburger übernahmen im Jahr 1282 den Osten Österreichs als Lehen, ein Gebiet, das sie im späten Mittelalter erweiterten. Doch der entscheidende Schritt von einer bedeutenden Regionalmacht zu einer europäischen Dynastie erfolgte erst im späten Mittelalter und am Beginn der Neuzeit.

Dabei war eine Serie von politischen Hochzeiten von ausschlaggebender Bedeutung. Der oft zitierte Spruch *Bella gerant alii, tu felix Austria nube* (Andere mögen Kriege führen, du, glückliches Österreich, heirate) ist geradezu zum Motto der Politik des Erzhauses geworden. Allerdings muss man bedenken, dass es mit dem Heiraten allein nicht getan war, meist wurden gegenseitige Erbverträge geschlossen, und damit war es dem Zufall überlassen, welche der Familien erlosch und welche erbte.

Kat.Nr. 5.2 Maximilian I., Maria von Burgund, Philipp der Schöne und Karl V.: Die Heiratspolitik machte das Haus Habsburg am Beginn der Neuzeit zur europäischen Großmacht.

Diese Serie von drei aufeinanderfolgenden Hochzeiten im späten Mittelalter und der Frühen Neuzeit begann mit der Verehelichung Maximilians I. mit der Erbin von Burgund, Maria, die den Habsburgern ein reiches und kulturell hochstehendes Gebiet im Westen Europas einbrachte. Weitaus globalere Folgen hatte die Doppelhochzeit der Kinder Maximilians I., Philipp des Schönen und seiner Schwester Margarete, mit dem spanischen Geschwisterpaar Juan und Juana (la Loca). Durch eine Reihe von für die Habsburger günstigen Todesfällen fiel damit letztendlich das gewaltige Territorium Spaniens und seiner reichen Nebenländer (Besitzungen in Italien und Übersee) an das Erzhaus. Im Jahr 1515 schließlich stellte Maximilian I. die Weichen für die dritte Ehe der Serie, als er Wladislaw II. Jagiello (1456–1516), den König von Ungarn und Böhmen, in Wien traf. Der Kaiser adoptierte dessen neunjährigen Sohn Wladislaw, Ludwig II. (1506–1526), und verheiratete ihn mit der zehnjährigen Habsburgerin Maria. Gleichzeitig wurde in dieser Doppelhochzeit Ludwigs Schwester, die zwölfjährige Jagiellonin Anna (1503–1547), *per procuram* durch Maximilian I. für einen seiner beiden Enkel — Karl V. oder Ferdinand I. — geehelicht. Nach der Teilung der Linien in eine spanische unter Karl V. und eine österreichische unter Ferdinand I. heiratete Letzterer schließlich Anna.

Nach dem Tod Ludwigs II. in der Schlacht von Mohács, die oft als Geburtsstunde der Habsburgermonarchie bezeichnet wird, erhob Ferdinand I. Anspruch auf das böhmische und ungarische Erbe. In Böhmen konnte man sich auf einen Kompromiss einigen, in Ungarn hingegen kam es zu einer Doppelwahl, in der Ferdinand, aber auch der ungarische Magnat Johann Zápolya (1487–1540) zum König gewählt und mit der „heiligen" Stephanskrone gekrönt wurden. Der bewaffnete Konflikt, in den sich die Osmanen als lachende Dritte einmengten, führte zur Dreiteilung Ungarns (kaiserliches, osmanisches Ungarn und Siebenbürgen) und zu ständigen kriegerischen Auseinandersetzungen. Erst 1699 konnten sich die Habsburger endgültig durchsetzen. Die Einverleibung ganz Ungarns und wenig später der Spanische Erbfolgekrieg bestätigten schließlich ihren Aufstieg zu einer europäischen Großmacht.

Alle Phänomene, von globalen wie den „Entdeckungen" oder dem Buchdruck bis zu regionalen wie der Entstehung der Habsburgermonarchie, bilden wirkmächtige Bestandteile dieser Wendezeit. In ihr spielte auch der Thesenanschlag Luthers im Jahr 1517, der Ausgangspunkt dieser Ausstellung, der hier bewusst ausgeklammert wurde, da sich andere Beiträge intensiv damit beschäftigen, eine nicht unwesentliche Rolle.

■

WEITERFÜHRENDE LITERATUR

- Francisco Bethencourt (Hg.): Portuguese oceanic expansion, 1400–1800, Cambridge 2007.
- Urs Bitterli: Die Entdeckung Amerikas. Von Kolumbus bis Alexander von Humboldt, München, 4. Aufl. 2006.
- Asa Briggs, Peter Burke: A Social History of the Media from Gutenberg to the Internet, Cambridge, 3. Aufl. 2009.
- Peter Burke: Die europäische Renaissance. Zentren und Peripherien, München 2005.
- Peter Burke: Die Renaissance in Italien. Sozialgeschichte einer Kultur zwischen Tradition und Erfindung, München 1988.
- Markus Cerman (Hg.): Proto-Industrialisierung in Europa. Industrielle Produktion vor dem Fabrikszeitalter (Beiträge zur historischen Sozialkunde, Beiheft, Bd. 5), Wien 1994.
- Michael Erbe: Frühe Neuzeit, Stuttgart 2007.
- John Freely: Celestial revolution. Copernicus, the man and his universe, London 2014.
- Robert von Friedeburg: Europa in der Frühen Neuzeit (Neue Fischer Weltgeschichte, Bd. 5), Frankf. a. M. 2012.
- Stephan Füssel: Gutenberg und seine Wirkung, Darmstadt 1999.
- Michael Giesecke: Der Buchdruck in der Frühen Neuzeit. Eine historische Fallstudie über die Durchsetzung neuer Informations- und Kommunikationstechnologien, Frankf. a. M. 1998.
- Günther Hamann: Der Eintritt der südlichen Hemisphäre in die europäische Geschichte. Die Erschließung des Afrikaweges nach Asien vom Zeitalter Heinrichs des Seefahrers bis zu Vasco da Gama, Wien/Graz 1968.
- Klaus Herbers, Helmut Neuhaus: Das Heilige Römische Reich. Ein Überblick, Köln u. a. 2010.
- Herbert S. Klein: The Atlantic slave trade, Cambridge, 2. Aufl. 2010.
- Klaus Kreiser: Der Osmanische Staat 1300–1922 (Oldenbourg Grundriss der Geschichte, Bd. 30), München, 2. Aufl. 2008.
- Daniel Luger: Humanismus und humanistische Schrift in der Kanzlei Kaiser Friedrichs III. (1440–1493) (Mitteilungen des Instituts für Österreichische Geschichtsforschung, Ergänzungsbd. 60), Wien 2016.
- Marshall McLuhan: Die Gutenberg-Galaxis. Das Ende des Buchzeitalters, Bonn u. a. 1995.
- Paul Münch: Lebensformen in der Frühen Neuzeit, Berlin 1998.
- Helmut Neuhaus (Hg.): Die Frühe Neuzeit als Epoche (Historische Zeitschrift, Beiheft, Bd. 49), München 2009.
- Jürgen Osterhammel: Kolonialismus. Geschichte — Formen — Folgen, München, 7. Aufl. 2003.
- Lawrence Principe: Scientific revolution. A very short introduction, Oxford 2011.
- Fernand Salentiny: Die Gewürzroute. Die Entdeckung des Seewegs nach Asien. Portugals Aufstieg zur ersten europäischen See- und Handelsmacht, Köln 1991.
- Luisa Schorn-Schütte: Geschichte Europas in der Frühen Neuzeit. Studienhandbuch 1500–1789, Paderborn, 2. Aufl. 2013.
- Stanford J. Shaw: History of the Ottoman Empire and modern Turkey, Bd. 2, Cambridge 1976/77.
- Arno Strohmeyer: Die Habsburger Reiche 1555–1740. Herrschaft, Gesellschaft, Politik, Darmstadt 2012.
- Karl Vocelka, Rudolf Leeb, Andrea Scheichl (Hg.): Renaissance und Reformation (Ausstellungskatalog Oberösterreichische Landesausstellung), Linz 2010.
- Karl Vocelka: Erblande gegen Erbfeind. Die österreichischen Länder und das Osmanische Reich in der Frühen Neuzeit, in: Gabriele Haug-Moritz, Ludolf Pelizaeus (Hg.): Repräsentationen der islamischen Welt im Europa der Frühen Neuzeit, Münster 2010, S. 41–54.
- Ders.: Frühe Neuzeit 1500–1800, Konstanz/München 2013.
- Ders.: Rudolf II. und seine Zeit, Wien/Köln/Graz 1985.
- Ders.: „Tu felix Austria nube". Die Europäisierung der habsburgischen Großmachtpolitik, in: Klaus Herbers, Florian Schuller (Hg.): Europa im 15. Jahrhundert. Herbst des Mittelalters — Frühling der Neuzeit?, Regensburg 2012, S. 204–212.
- Günter Vogler: Europas Aufbruch in die Neuzeit 1500–1650 (Handbuch der Geschichte Europas, Bd. 5), Stuttgart 2003.
- Anette Völker-Rasor (Hg.): Oldenbourg Geschichte Lehrbuch — Frühe Neuzeit, München, 3. Aufl. 2010.
- Heide Wunder: „Er ist die Sonn', sie ist der Mond". Frauen in der Frühen Neuzeit, München 1992.

Exotisches Sehvergnügen

Zur Rezeption altmexikanischer Gegenstände in Österreich

Gerard van Bussel

Kapitell am Palast der Fürstbischöfe von Lüttich, Belgien, 16. Jahrhundert

Als Martin Luther (1483–1546) im Oktober 1517 seine Thesen Albrecht von Brandenburg (1490–1545), Erzbischof von Mainz und Magdeburg, zukommen ließ, konnte er nicht wissen, was sich ein halbes Jahr zuvor in Amerika ereignet hatte. Angeführt von Francisco Hernández de Córdoba (ca. 1475–1517) hatten Spanier im März und April die Küste Yucatáns erkundet und waren mehrmals mit Maya in Kämpfe geraten. Mit schweren Verlusten mussten sie die Rückreise antreten, und kurz nach der Ankunft in Kuba erlag Hernández de Córdoba seinen Verletzungen.

Im März 1516 fand in Brüssel eine Prozession zu Ehren des verstorbenen Ferdinand II. von Aragon (1452–1516) und von dessen Nachfolger Karl I. (1500–1558) statt. Im Rahmen des Umzugs traten Menschen verkleidet als Indianer auf, exotisch ausgestattet mit Federkopfschmuck und Federröcken. Anwesend war auch Margarete von Österreich (1480–1530), Tochter des Kaisers Maximilian I. (1459–1519) und Tante des zelebrierten Thronfolgers Karl. Es würde noch mehr als zehn Jahre dauern, bis tatsächlich Einwohner aus den neu eroberten amerikanischen Ländern in Europa erscheinen sollten.[1] Der spanische Konquistador Hernán Cortés (1485–1547) brachte einige von ihnen mit und

„Der energische Antrieb zum weiten Horizont brachte die Europäer mit unbekannten Ländern, unvertrauter Flora und Fauna sowie fremden Menschen in Kontakt. Alles Unbekannte in Gottes Plan unterzubringen, war eine der herausforderndsten Aufgaben."

stellte sie dem Hofstaat in Sevilla vor. Darstellungen dieser Menschen wurden von Christoph Weiditz (1498–1560) in seinem *Trachtenbuch* festgehalten. Dieses Werk ist eines der frühen Kostümbücher, und neben den „Mexikanern" sind auch Menschen aus Spanien, Frankreich, Italien, England, den beiden Niederlanden sowie eine Wienerin im Buch abgebildet. Cortés, der für den Kaiser ganz Indien gewonnen hat, so Weiditz, ist ebenfalls im Buch abgebildet.

Das Gemälde *Esther und Ahasver* im Kunsthistorischen Museum in Wien (nach 1575, Gemäldegalerie, Inv.Nr. 5777)[2] zeigt Mexikaner, die nach Vorbildern aus Weiditz' *Trachtenbuch* dargestellt sind. In einer städtischen Umgebung, wie zu Hause in Mexiko, befinden sie sich inmitten von Menschen aus den unterschiedlichsten Erdteilen. Aus dieser Zeit stammen auch die Kapitelle der Säulen im ersten Innenhof des Palastes der Fürstbischöfe von Lüttich. Sie zeigen befiederte Köpfe, versteckt hinter Blättern.[3] Die Figuren werden meistens als Mexikaner interpretiert, wobei es sich dabei ebenso um die Darstellung brasilianischer Indianer handeln könnte, vor allem auch, weil die Blätter auf ein Leben im Wald hinweisen.

UNBEKANNTE LÄNDER, UNBEKANNTE MENSCHEN ◐ Das ausgehende Mittelalter erlebte eine Dehnung von Zeit und Raum, mit der Wiederentdeckung der griechisch-römischen Vergangenheit, nicht weniger mit den Entdeckungsreisen, umrahmt von technologischen und wissenschaftlichen Fortschritten, wie die von Nikolaus Kopernikus (1473–1543) und Galileo Galilei (1564–1642), die die Astronomie und damit auch die Navigation beförderten. Der energische Antrieb zum weiten Horizont brachte die Europäer mit unbekannten Ländern, unvertrauter Flora und Fauna sowie fremden Menschen in Kontakt. Alles Unbekannte in Gottes Plan unterzubringen, war eine der herausforderndsten Aufgaben.

Als Kolumbus im Jahr 1492 in der Karibik vor Anker ging, meinte er, Indien (Asien) erreicht zu haben. Die Logik seines Gedankengangs führte dazu, dass er die Leute am Strand in einem Brief aus dem Jahr 1493 als „Indios", also Inder oder Indianer, bezeichnete. Kolumbus nahm die Bewohnerinnen und Bewohner lediglich in die Ökumene, in die bewohnte Welt, auf. Im 16. Jahrhundert war es üblich, Amerika als „Indien" zu bezeichnen. Die Übersetzung des Werks des spanischen Missionars und Gelehrten José de Acosta aus dem Jahr 1560 lautet: *New Welt das ist vollkommen Beschreibung von Natur Art und gelegenheit der Newer Welt die man sonst America oder West-Indien nennet*. Der Begriff „Indien" blieb weiterhin in Gebrauch. Im 18. Jahrhundert bezeichnete der kaiserliche Historiograf Giovanni Comazzi (geb. 1654) im Entwurf für die Dekoration des Palais Niederösterreich in der Wiener Herrengasse — ein Loblied auf

1 Hugh Honour: The New Golden Land. European Images of America from the Discoveries to the Present Time, New York 1975.

2 Marc Meadow: The Aztecs at Ambras. Social Networks and the Transfer of Cultural Knowledge of the New World, in: Michael North (Hg.): Kultureller Austausch: Bilanz und Perspektiven der Frühneuzeitforschung, Köln/Weimar/Wien 2009, S. 349–368.

3 Honour, Golden Land; Lauran Toorians: Het „Azteeks Museum" van Margaretha van Oostenrijk, in: Ons Erfdeel 35 (1992) 5, S. 727–734.

die Größe Österreichs und des Hauses Habsburg — den Silberfluss oder Rio de la Plata im heutigen Argentinien als einen Fluss in „Österreichisch-Indien".[4] Nicht weit entfernt, an der Fassade des Hauses Kärntner Straße 16, zeichnete Eduard Veith (1858–1925) im Jahr 1896 für eine als Mosaik ausgeführte Veranschaulichung einzelne Bewohnerinnen und Bewohner aller Weltteile, dekorativ und stereotyp exotisch. Die Menschen sind zu Füßen eines auf einem hohen Ross sitzenden Mannes mit rot-weiß-rotem Fahnentuch drapiert. Ganz links, vor einem fiktiven Maya-Fries, sitzt ein Indianer neben seiner Begleiterin, beide nahezu unbekleidet. Sein Oberkörper ist bemalt, Federn schmücken die Haare auf nordamerikanische Art, wie Karl Bodmer (1809–1893) sie während seiner Reise mit Prinz Maximilian zu Wied-Neuwied (1782–1867) in seinem Werk *Reise in das innere Nord-America in den Jahren 1832 bis 1834* festgehalten hat. Der dargestellte Indianer hält eine Keule von den pazifischen Marquesas-Inseln in seiner rechten Hand. In zentraler Position in dieser Weltinszenierung ist der Doppeladler der Habsburger abgebildet. Im Jahr 1852 gab der Österreich-Slowene Franz Pierz, 360 Jahre nach der Reise des berühmten Genuesen, für seine Missionsstation am Michigansee in den USA als Ortsangabe „in Indien" an. Die Eilande der ersten europäischen Landung heißen bis heute die westindische Inselwelt.

Erst nach Kolumbus kam für die Europäer der Gedanke einer Neuen Welt auf, neu gefundenes Land beziehungsweise Neufundland, Isla de Terranova, Terre-Neuve. Die Gebiete wurden schnell in Besitz genommen und anschließend mit vertrauten geografischen Namen bezeichnet. Die Spanier hatten in Amerika ihr Neuspanien, die Engländer ihr Neuengland, die Franzosen ihr Neufrankreich, die Schweden ihr Neuschweden, die Niederländer ihre Neu-Niederlande und anderswo ihr Neuholland (Australien) und Neuseeland, die Engländer ebenfalls im Pazifik ihr Neubritannien, das ehemalige Neupommern im Bismarck-Archipel. Frei nach Genesis 2, 19–20: „Gott, der Herr, formte aus dem Ackerboden alle Tiere des Feldes und alle Vögel des Himmels und führte sie dem Menschen zu, um zu sehen, wie er sie benennen würde. Und wie der Mensch jedes lebendige Wesen benannte, so sollte es heißen. Der Mensch gab Namen allem Vieh, den Vögeln des Himmels und allen Tieren des Feldes."

Die Begrifflichkeiten, die die Europäer in Amerika verwendeten, waren genauso vertraut: Die Pyramiden und Tempel der mesoamerikanischen Kulturen werden als Türme, Kirchen, Domkirchen oder Kathedralen bezeichnet, oft auch als Moscheen. Als in den 1530er-Jahren das Inkareich erobert wurde, wurden die bedeutendsten religiösen Zentren in Mexiko und Peru abwechselnd mit Rom, Mekka und Jerusalem verglichen. In dem mexikanischen Gott Quetzalcoatl wurde manchmal der Heilige Thomas wiedererkannt. Dieser Heilige war es, der Indien bekehrt haben soll, und Quetzalcoatl kam demnach als seine Inkarnation infrage. Trotz der Kriege zwischen Spanien einerseits und England, den Niederlanden und Frankreich andererseits sind die Meinungen über die amerikanischen Kulturen und die verwendeten Termini und Werturteile in allen Staaten vergleichbar. Die Staaten der Azteken und Inka, ihre Könige, die Gesetzgebung, die Architektur und Städte, die Wege, die Kleidung — das alles wurde von den Europäern geschätzt. Die Religionen betreffend verhielt sich das anders: Die Verehrung von Statuen, das Menschenopfer, manche vermeintliche Ähnlichkeiten mit dem Christentum — alles wird verurteilt und als Einfluss des Teufels betrachtet. Unterschied-

4 Rupert Feuchtmüller: Das Niederösterreichische Landhaus. Ein kunsthistorisches Denkmal 1513–1850, Wien 1949.

lich waren die Meinungen der Europäer in Bezug auf die Behandlung und das Schicksals der Indianer. Die protestantischen Staaten griffen die Spanier und ihre Vorgehensweise an und kreierten die sogenannte Schwarze Legende. Daher mag es wenig verwundern, dass in diesen Ländern die Werke des Bartolomé de Las Casas (ca. 1484–1566), der die spanische Kolonialpolitik attackierte, vielfach verlegt wurden, wie etwa das im Jahr 1613 publizierte Buch *Warhafftiger und gründlicher Bericht, der Hispanier grewlich: und abschewlichen Tyrannei von ihnen in den West Indien … begangen.*

UNBEKANNTE GEGENSTÄNDE ◖ Bei der Rückkehr nach Europa berichteten die Reisenden von den besuchten Gebieten. Viele Bücher wurden darüber publiziert. Manche nahmen Beispiele der Flora, Fauna und Menschen sowie ihrer materiellen Kultur mit. Für Amerika hat Christoph Kolumbus (1451–1506) damit begonnen; großen Eindruck machte die Präsentation mexikanischer Gegenstände zuerst in Spanien und anschließend in den südlichen Niederlanden. Am 5. November 1519 war das Schiff mit diesen Objekten im Hafen von Sevilla eingetroffen. Noch während der Eroberung des Aztekenreichs wurde im Jahr 1520 in Brüssel, nach vorangegangenen Erfolgen in Toledo und Valladolid, eine Präsentation von mexikanischen Kunstgegenständen organisiert. In den Beständen der österreichischen Nationalbibliothek in Wien befindet sich, wie auch in Sevilla, eine Liste der Geschenke, die Cortés an Königin Juana und an König Karl geschickt hat. Einer der Besucher der mexikanischen Sammlung war am 27. August 1520 der Künstler Albrecht Dürer (1471–1528), er wurde von Margarete von Österreich geführt. Obwohl bekannt, verdienen seine Worte weiterhin Aufmerksamkeit. Vor allem seine Bemerkungen über die Goldschmiedearbeiten sind interessant — sein Vater war immerhin Goldschmied und hatte den jungen Dürer in diesem Beruf ausgebildet:[5]

> „Auch hab ich gesehen die dieng, die man dem könig aus dem neuen gulden land hat gebracht, ein ganz guldene sonnen, einer ganzen klafftern braith, desgleichen ein ganz silbern mond, auch also groß, deßgleichen zwo kammern voll derselben rüstung, deßgleichen von allerley ihrer waffen, harnisch, geschuz, wunderbahrlich gar, selzamer klaidung, pettgewand und allerley wunderbahrlicher ding zu menschlichem brauch, das do viel schöner zu sehen ist, dan wunderding. Diese ding sind alle köstlich gewesen, das man sie beschäzt hunder tausent gulden werth. Und ich hab aber all mein lebtag nichts gesehen, das mein herz also erfreuet hat, als diese ding. Dann ich hab darin gesehen wunderliche künstliche ding und hab mich verwundert der subtilen ingenia der menschen in frembden landen. Und der ding weiß ich nit außzusprechen, die ich do gehabt hab."[6]

Dürers Worte drücken seine Begeisterung aus, und auch mit Bewunderung und Lob hält er nicht zurück. Sein Tagebuch belegt, dass er sich zu vielen Themen begeistert geäußert hat. Skizzen und Zeichnungen, wie während seiner Reisen durchaus üblich, hat er nach seinem Besuch von diesen amerikanischen Gegenständen nicht gemacht, oder sie sind verschollen. Ob ihn die Fremdartigkeit der mexikanischen Objekte daran gehindert oder er sie doch nicht wirklich als Kunst betrachtet hat, bleibt offen.

5 Honour, Golden Land.
6 Albrecht Dürer: Albrecht Dürer's Tagebuch der Reise in die Niederlande, hg. von Friedrich Leitschuh, Leipzig 1884.

Neben den Schenkungen an Karl I. von Spanien, der als Karl V. erwählter Kaiser des Heiligen Römischen Reichs Deutscher Nation und Oberhaupt des Hauses Habsburg war, verschickten die Konquistadoren eine große Anzahl an Artefakten an adelige und religiöse Persönlichkeiten und Institutionen, wie zum Beispiel Kirchen und Klöster. Diese verschenkten oder verkauften ihrerseits wiederum die Raritäten, zum Beispiel als diplomatische Geschenke innerhalb ihrer eigenen internationalen Netzwerke. Diese Sammlungen des Klerus und des Adels, später auch des Bürgertums, entwickelten sich zu den sogenannten Kunstkammern oder Kuriositätenkabinetten beziehungsweise Wunderkammern.[7] Neben dem persönlichen Vergnügen dienten sie vor allem der Repräsentation, und mit Artefakten, die aus Sphären außerhalb des eigenen Herrschaftsbereichs stammten, vermittelten die Besitzer auch ihre Offenheit einer modernen Welt gegenüber, besonders hinsichtlich der Habsburger und ihrer weltweiten Präsenz und Dominanz. Karls Bruder Ferdinand erhielt von ihm im Jahr 1524 elf mexikanische Objekte. Am 20. August 1523 bekam Margarete von Österreich als Geschenk von Karl einen Großteil der Gegenstände aus Amerika.[8] Sie bewahrte sie an ihrem Hof von Savoyen in Mecheln auf. Aber auch sie schenkte mehrere Gegenstände weiter, unter anderem an den bereits erwähnten Albrecht, Erzbischof von Mainz und Magdeburg.

SAMMELN UND DEUTEN DES UNVERTRAUTEN ℂ Die vielleicht berühmteste Sammlung ihrer Zeit war die Kunst- und Wunderkammer des Erzherzogs Ferdinand II. (1529–1595) auf Schloss Ambras in Tirol. Sie faszinierte Besucher von nah und fern. Seine familiäre Beziehung zu den Kaisern Ferdinand I. und Maximilian II. verschaffte ihm eine bedeutende Position in „Sammlerkreisen". In einem Brief des Erzherzogs an Sigmund von Khevenhüller aus dem Jahr 1588 erwähnt Ferdinand II., dass ihm berichtet worden sei, Khevenhüller habe unter anderem ein „Rundell eines Mohrenkönigs" erworben. Dieser Begriff wird in alten Inventaren für „Schild" verwendet, aber nicht ausschließlich, genauso wie „mörisch" nicht nur „mexikanisch" bedeutete. Da Ferdinand II. in seiner Kunst- und Wunderkammer bereits eine große Sammlung zusammengetragen hatte, ersuchte er Khevenhüller um Überlassung des erwähnten Stücks. Bernhard Graf zu Ortenburg hatte bereits ein Schreiben des Erzherzogs erhalten, um sich in dieser Sache bei seinem Verwandten Khevenhüller einzufinden und das Rundell für die Sammlung in Ambras sicherzustellen. Einen Monat später verständigte Khevenhüller den Erzherzog, dass er dessen Bitte gerne „willfahren" möchte und die erwünschten Gegenstände dem Grafen Ortenburg zugestellt habe. Wenig später übersandte Ortenburg Ferdinand die Artefakte, und dieser dankte noch im gleichen Monat sowohl Khevenhüller als auch Ortenburg schriftlich dafür und versprach ihnen, die Objekte den beiden und ihrem Geschlechte zu Ehren in seiner Kunst- und Rüstkammer aufzubewahren.

Von den vielen aztekischen Gegenständen, zu denen die berühmten Wiener Federarbeiten gehören, die einst in europäischen Sammlungen des 16. Jahrhunderts existierten, sind nur wenige übrig geblieben. Ein Großteil der erhaltenen ging in Museums-

7 Paul Vandenbroeck: Amerikaanse kunst- en siervoorwerpen in adellijke verzamelingen. Brussel, Mechelen, Duurstede, 1520–1530, in: America, bruid van de zon (Ausstellungskatalog Koninklijk Museum voor Schone Kunsten), Antwerpen 1992, S. 99–121; Elke Bujok: Ethnographica in early modern Kunstkammern and their perception, in: Journal of the History of Collections 21 (2009) 1, S. 33–47; Thomas DaCosta Kaufmann, Catherine Dossin, Béatrice Joyeux-Prunel (Hg.): Circulations in the Global History of Art. Studies in Art Historiography, Princeton 2015.

8 Toorians, „Azteeks Museum"; Vandenbroeck, kunst- en siervoorwerpen; Deanne MacDonald: Collecting a New World: The Ethnographic Collections of Margaret of Austria, in: Sixteenth Century Journal 33 (2002) 3, S. 649–663.

Quetzalfeder-Kopfschmuck, Mexiko, um 1520 (Weltmuseum Wien, Inv.Nr. 10.402)

sammlungen über. So betreut das Weltmuseum Wien (ehemals Museum für Völkerkunde) Seltenheiten aus den Habsburger Schatzkammern in Ambras, Wien, Prag und Graz.

Wie bei den Beschreibungen der amerikanischen Länder, Völker, der Architektur und der Religion auf bekannte Begriffe zurückgegriffen wird, so schwierig bleibt die Deutung der gesammelten materiellen Kultur. Bei vielen Objekten waren die Herkunft beziehungsweise die Bedeutung und Funktion im Europa des 16. Jahrhunderts unbekannt. Die amerikanischen Völker und ihre materielle Kultur waren zu exotisch und unvertraut.

Die Herkunft der Federarbeiten sowie der anderen Objekte wurde oft vergessen oder einfach nicht korrekt registriert. So wurde einst zum Beispiel eine brasilianische Axt in Wien „Montezuma II., Inka von Mexiko" zugeschrieben, wobei Inka der Titel der Herrscher des Großreichs in Peru, Bolivien und Chile war. Federarbeiten wurden als „mörisch" bezeichnet, ein Terminus, der verwendet wurde, um die Völker in Afrika, Indien, Amerika und der Türkei zu bezeichnen und selbstverständlich auch die eigentlichen Mauren, die früheren Eroberer der Iberischen Halbinsel. „Mörisch" kann deswegen von einem eurozentrischen Standpunkt aus als „nicht-europäisch" beziehungsweise „exotisch" gedeutet werden. In Zusammenhang mit den mexikanischen Federarbeiten jedoch verweist „mörisch" vermutlich auf „mexikanisch".

Von den im Weltmuseum Wien betreuten mesoamerikanischen Objekten, die in der frühen Kolonialzeit nach Österreich gekommen sind, zählen der Quetzalfeder-Kopfschmuck, ein Federschild und ein Abzeichen beziehungsweise ein Fächer aus Federn zu den bekanntesten.[9] Besonders der Kopfschmuck erregte viel Aufmerksamkeit und wurde in vielen Publikationen über die aztekische Kultur veröffentlicht. Das liegt sicher an seiner Einzigartigkeit, aber auch an einem Mythos, der eine auffällige Langlebigkeit demonstriert. Diese Legende bringt den Kopfschmuck in Verbindung mit Moctezuma Xocoyotzin (ca. 1465–1520), auch bekannt als Moctezuma II., jenem Aztekenherrscher, dem Hernán Cortés im Jahr 1519 begegnet war. Die Geschichte existiert in zwei Versionen: Der Kopfschmuck war entweder Teil der sogenannten Gastgeschenke Moctezumas, oder er wurde von den Spaniern einverleibt und von Cortés seinem Herrscher Karl I. geschenkt. Nachdem der den Kopfschmuck erhalten hatte, soll Karl ihn Familienmitgliedern in Österreich überreicht haben. Das war angeblich der Weg, auf dem der Kopfschmuck nach Wien gelangte. Mit der Zeit wurde der Kopfschmuck zu einer Krone, ganz spezifisch der Krone Moctezumas. Keine dieser Geschichten lässt sich beweisen, und sie sind deswegen als mythenhaft zu bezeichnen.

Der Kopfschmuck war die erste mexikanische Federarbeit, welche in Österreich wiederentdeckt wurde. Nach seiner Ernennung zum Intendanten des k. k. naturhistorischen Hofmuseums im Jahr 1876 suchte Ferdinand von Hochstetter (1829–1884), auch Direktor der anthropologisch-ethnografischen Abteilung dieses Museums, in Wien nach ethnografischen Artefakten. Diese sollten ins naturhistorische Museum überstellt werden. In einem Inventar der berühmten Sammlung auf Schloss Ambras fand Hochstetter einen Hinweis auf den Kopfschmuck. Während eines Besuchs im Unteren Belvedere fand er diesen in einer Vitrine. In seinem ursprünglichen Zustand war an der Vorderseite des Objekts ein Vogelschnabel befestigt. Nach seiner Wiederentdeckung wurde der Kopfschmuck restauriert, Federn und Goldteile (nun vergoldete Bronze) wurden ergänzt.

Wegen der Napoleonischen Kriege war ein Großteil der Sammlung von Ambras aus Sicherheitsgründen nach Wien gebracht und im Unteren Belvedere untergebracht worden. Im Jahr 1596, ein Jahr nach dem Ableben des Erzherzogs Ferdinand II., wurde ein Inventar seiner Sammlung erstellt. In dieser Auflistung wurde der Kopfschmuck als „Mörischer Huet“ bezeichnet.[10] Die spanische Eroberung der Amerikas — die Conquista — wurde gedanklich mit der Reconquista — der Wiedereroberung der Iberischen Halbinsel von den Mauren — verglichen, die Indianer ihrerseits mit den Mauren. Da die Spanier die neu eroberten Gebiete in Amerika „Neuspanien“ nannten und die Indianer „Mauren“, scheint die Bezeichnung „Mörischer Huet“ absichtlich gewählt worden zu sein und dürfte somit eigentlich „Mexikanischer Kopfschmuck“ bedeuten. Die Herkunft in den Inventaren änderte sich im Jahr 1621 von „mörisch“ zu „indianisch“ und schließlich 1855 zu „Ein hoher mexikanischer Hauptschmuck“. Der goldene Schnabel wurde nach dem Inventar von 1730 nicht mehr erwähnt und war offenbar vom Kopfschmuck entfernt worden.

Nach seiner Wiederentdeckung war nicht jeder mit der Bezeichnung Kopfschmuck einverstanden. Teobert Maler (1842–1917), ein Fotograf archäologischer Stätten in Mexiko und Guatemala, betrachtete ihn als Mantel. Hochstetter selbst sah in ihm eine Standarte, getragen von Azteken von hohem militärischem Rang. Lange war in Wien noch umgangssprachlich vom „Mantel von

9 Karl A. Nowotny: Mexikanische Kostbarkeiten aus Kunstkammern der Renaissance im Museum für Völkerkunde Wien und in der Nationalbibliothek Wien, Wien 1960; Christian F. Feest: Vienna's Mexican Treasures. Aztec, Mixtec, and Tarascan Works from 16th Century Austrian Collections, in: Archiv für Völkerkunde 44 (1990), S. 1–63.

10 Eduard Freiherr von Sacken: Die k. k. Ambraser-Sammlung, Wien 1855; Nowotny, Mexikanische Kostbarkeiten; Feest, Vienna's Mexican Treasures.

Abzeichen oder Fächer, Mexiko, 16. Jh. (Weltmuseum Wien, Inv.Nr. 43.381)

Montezuma" die Rede. Tatsächlich langte im Jahr 2011 im Museum für Völkerkunde ein Leihansuchen für diesen „Mantel von Montezuma" ein.

Persönliche Hoffnungen und Erwartungen wurden in die Erklärungen und Deutungen der Objekte projiziert. So war der Federkopfschmuck kurz nach seiner Entdeckung im Unteren Belvedere korrekterweise als ein Gegenstand aus der Zeit von Moctezuma II. bekannt. Bald wurde er zum Federkopfschmuck des Moctezuma, anschließend in der Öffentlichkeit zu seiner Krone, im Lauf des 20. Jahrhunderts sogar zu seiner heiligen Krone. In der Zwischenkriegszeit wurde das Objekt als „Kopfschmuck des Weißen Heilands" bezeichnet, als Kopfschmuck des Herrschers über Mexiko, der sich als Statthalter des Gottes Quetzalcoatl auf Erden betrachtete. Für keine dieser Stufen der Aufwertung gibt es zurzeit stichhaltige Nachweise.

Wie der Kopfschmuck nach Ambras kam, ist unbekannt. Möglicherweise erwarb Erzherzog Ferdinand II. ihn aus der Kunstkammer der Montforts.[11] Im Jahr 1574 starb Graf Ulrich von Montfort ohne männliche Erben. Der Graf betreute auf Schloss Tettnang in Schwaben eine Kunstkammer. In einem Inventar seiner Besitztümer wird „Allerlei mörsche rüstung von federwerk" angeführt. Der Erzherzog setzte sich zum Ziel, diese Kunstkammer zu erwerben, was ihm schließlich zum Teil im Jahr 1590 auch gelang. Sechs Jahre später wurde ein Federkopfschmuck, ebenfalls mit der Bezeichnung „mörisch", im Inventar des Schlosses Ambras erwähnt. Dieser dürfte aus der Sammlung des Hauses Montfort stammen und nicht notwendigerweise aus der Privatsammlung des Grafen Ulrich. Da verschiedene Mitglieder der Familie Montfort nach dem Tod des Grafen Anspruch auf die Kunstkammer erhoben, war sie möglicherweise eher im kollektiven Familieneigentum. Falls der Kopfschmuck tatsächlich aus der Kunstkammer von Montfort stammen sollte, ist es unbekannt, wie er dort hingelangt ist. Hugo von Montfort, der Vater des Grafen Ulrich, der bedeutende Aufgaben für den Kaiser erledigte und zeitweise im Zentrum der Macht stand, könnte ein Vorbesitzer gewesen sein. Ein alternativer Herkunftsort könnte die berühmte Wunderkammer des Grafen Wilhelm Werner von Zimmern (1485–1575) auf der Burg Herrenzimmern sein. Erzherzog Ferdinand II. von Tirol erwarb Sammlungen des letzten Grafen Zimmern, der ohne männliche Erben verstorben war, worunter tatsächlich „indianische Sache"

11 Werner Fleischhauer: Die Kunstkammer des Grafen Ulrich von Montfort zu Tettnang, 1574, in: Zeitschrift für Geschichte und Kunst 44 (1982), S. 9–28; Feest, Vienna's Mexican Treasures.

Federschild mit Kojote, Mexiko, um 1500 (Weltmuseum Wien, Inv.Nr. 43.380)

aufgelistet waren. Mit „indianisch" verweist der Erzherzog in anderen Korrespondenzen auf das von Spanien eroberte Indien. An den von den beiden letzten männlichen Erben der Häuser Zimmern und Montfort-Rothenfels betreuten Wunder- und Kunstkammern war der Erzherzog besonders interessiert. Beide Inhaber hatten vom Erzherzog bedeutende Funktionen in den österreichischen Ländern erhalten, wie Hofmarschall beziehungsweise Landeshauptmann für Vorderösterreich.

Auch das Abzeichen beziehungsweise der Fächer wird im Inventar des Schlosses Ambras aus dem Jahr 1596 erwähnt. Das Objekt besteht aus einem Ring gefärbter Federn, die auf Agavepapier geklebt sind. Wie der Kopfschmuck taucht er in verschiedenen Ambras-Inventaren mit unterschiedlichen Bezeichnungen auf. In frühen Zeiten wurde er in Ambras als Windmacher, später als Sonnenschirm und seit 1818 als Fächer bezeichnet. Die Herkunft war lange unsicher, so wurde sie ursprünglich als „indianisch" und später als „mexikanisch?" angegeben. Die auf dem Objekt abgebildete Blume und der Schmetterling verweisen bildsprachlich auf „Blumenkriege". Diese ritualisierten Kämpfe dienten der Gefangennahme feindlicher Krieger, die ihr Ende auf dem Opferblock fanden. Diese mögliche inhaltliche Beziehung zu Blumenkriegen ging mit dem Transfer des Objekts nach Europa verloren, und hier wurde es aufgrund seiner auch in diesen Landen vertrauten Form jahrhundertelang schlicht als Fächer bezeichnet.

Der Federschild wurde am Ende des 19. Jahrhunderts im Schloss Ambras gefunden. In alten Inventaren wurde er immer als Schild bezeichnet, außer in jenem aus dem Jahr 1788, in dem er als Sonnenschirm beschrieben wurde. Das war auch das Jahr, in dem er als „chinesisch" bezeichnet wurde. Später wurde diese Angabe nochmals in „indianisch" und im Jahr 1882 in „alt-mexikanisch" geändert. Die Abbildung auf dem Schild zeigt ein hundeartiges Tier. In den Inventaren in Ambras wurde es als „blauer Drache" oder als „Monster" interpretiert, in einem Museumsbericht aus dem Jahr 1891 gar noch als „Ungeheuer" bezeichnet. Abgesehen von Bemerkungen, dass es sich hier um einen Wolf oder einen Bären handelt, ist es von Wissenschaftlern meist als Kojote oder Ahuitzotl gedeutet worden. Im *Codex Florentinus* von Fray Bernardino de Sahagún (ca. 1500–1590) aus dem Jahr 1569 ist der

Federbild: Die Jungfrau mit Kind, Neuspanien (Mexiko), 16. Jh. (Weltmuseum Wien, Inv.Nr. 125.211)

Federinfel für einen Bischof, Michoacán, Neuspanien (Mexiko)/Spanien, 1530–1550 (Weltmuseum Wien, Inv.Nr. 125.210)

Ahuitzotl als ein gefährliches, mythisches Wasserwesen beschrieben. Er sieht einem Hund ähnlich, mit langem Schwanz, kurzen Ohren, aber mit einem feuchten, glatten Körper. So wurde er tatsächlich in der aztekischen Kunst dargestellt. Die Haut des Tieres auf dem Schild jedoch ist gefiedert beziehungsweise haarig, wodurch eine Deutung als Ahuitzotl wenig überzeugt. Wie beim Federkopfschmuck existiert auch in Bezug auf diesen Schild eine heutige Mythenbildung. Die Interpretation als Ahuitzotl wird weiterhin gepflegt, möglicherweise aus einem besonderen Grund. Diese Deutung bietet nämlich die Möglichkeit, den Schild mit dem Herrscher Ahuitzotl (gest. 1502), dem Vorgänger Moctezumas II., in Verbindung zu bringen. Selbstverständlich ist der Schild auch Letzterem zugeschrieben worden.

Mit der spanischen Eroberung endete die Tradition, rituelle Federobjekte für die eigenen Herrscher, Krieger, Menschenopfer, Götterstatuen und Priester herzustellen. Die rituelle Federtradition wurde in der Kolonialzeit mit der Produktion von katholischen Priestergewändern, Bischofsinfeln und Heiligenbildern fortgesetzt. Diese Bilder spielten in der Missionierung eine große Rolle. In Europa wurden die mexikanischen Federbilder sehr bewundert, doch hielten Betrachter wie Papst Sixtus V. (1521–1590), die mit dieser Federtechnik nicht vertraut waren, sie (zu Unrecht) für Malereien, und es blieb den Europäern verborgen, welche Bedeutung Federn ursprünglich in den religiösen Zeremonien der indianischen Kulturen hatten. Als katholische Geistliche im neu eroberten Mexiko die Vermittlerrolle der früheren Priester übernahmen und sich liturgische Gewänder mit Federn umlegten sowie eine Federinfel auf dem Kopf trugen, war das der indianischen Bevölkerung vollkommen vertraut und für sie selbstverständlich. Ihre früheren Priester, in ihrer Rolle als Vermittler zwischen dem Irdischen und dem Göttlichen, hatten sich gleichfalls in Federgewänder gehüllt. So rezitierte ein aztekischer Priester im Rahmen der Zeremonien beim Sonnenaufgang: „Nicht umsonst legte ich das Kleid mit gelben Federn um, denn mit mir ist die Sonne aufgegangen.“[12] In der christlichen Ikonografie spielen Federn interessanterweise bei den zentralen Mittlerfiguren eine vergleichbare Rolle, dem Heiligen Geist als Taube wie auch den Engeln als geflügelten Botschaftern.

12 Rudolf van Zantwijk: Zegevierend met de Zon. Duizend jaar Azteekse gedichten en gezangen, Amsterdam 1994.

Im Jahr 1536 wurde Vasco de Quiroga (ca. 1470–1565) zum Bischof von Michoacán im Westen Mexikos geweiht und versammelte die indianische Bevölkerung zum Schutz vor spanischen Ausbeutern und der Versklavung in Siedlungen, die nach dem Vorbild des Utopia von Thomas Morus organisiert waren. Hier wurden die Einwohnerinnen und Einwohner christianisiert und in die spanische Lebensweise eingeführt. Gemeinsam mit Bartolomé de Las Casas (1484–1566) gilt Quiroga bis heute als Beschützer der indianischen Bevölkerung und wird von ihr als Heiliger verehrt. Quiroga förderte in diesen Siedlungen unterschiedliche Handwerksberufe, darunter das Federkunsthandwerk, das zur Herstellung christlicher Bilder eingesetzt wurde. Im Jahr 1547 nahm Quiroga Handwerker und Federobjekte mit nach Spanien, um sie am Hof Karls I. zu präsentieren. Dort wurde auch die hier besprochene Infel fertiggestellt. Sie kam in den Besitz des Bischofs Pedro de la Gasca (1494–1567), des ehemaligen Vizekönigs von Peru, und gelangte in weiterer Folge über Kaiser Ferdinand I. in die Kunstkammer von Schloss Ambras, wo sie im Inventar von 1596 Erwähnung findet. Die Vorderseite der Infel zeigt einen Weinstock beziehungsweise Lebensbaum mit dem Gekreuzigten an der Spitze. Der Baum wächst aus dem Grab Adams empor. Für die Bewohnerinnen und Bewohner des alten Mexiko befand sich der Lebens- oder Weltenbaum im Zentrum des Kosmos. Er verband, wie die Darstellung auf der Infel, die drei Ebenen des Universums miteinander: Unterwelt, Erde und Oberwelt.

Diese Objekte, die bereits im 16. Jahrhundert nach Europa kamen, waren zum Teil Geschenke der Azteken und deswegen für sie von großer Bedeutung und hohem Wert. Ergänzt wurden sie durch Objekte, die von (männlichen) Konquistadoren ausgewählt wurden und in deren Augen wertvoll (Gold), vertraut und interessant (Waffen) oder exotisch waren, jedenfalls Gegenstände, von denen diese erhofften, dass sie auf Wohlwollen bei den Herrschern und bei möglichen Förderern stoßen und jenen ein Sehvergnügen bereiten würden.[13]

Die geringe Kenntnis der Europäer und ihre fehlende Vertrautheit mit Beispielen mexikanischer Kunst haben sich nur bedingt geändert. Als Objekte sind sie vertraut geworden, aber die Kenntnis über ihre Bedeutung hält sich weiterhin in Grenzen. Ein Steinmosaik, das in der Kolonialzeit als Drache, von „Haiden" verehrt, aufgefasst wurde, wird heute neutraler als „Raubtier" oder „hundeartig" bezeichnet. Das Tier auf dem Federschild wurde einst ebenfalls als Drache interpretiert, heute wird die Figur meist als „Kojote" gedeutet, aber einig ist man sich nicht. Der berühmte Federkopfschmuck wird ohne bewiesene Tatsachen emotional weiterhin mit Moctezuma II. in Verbindung gebracht, von anderen neutraler mit Gottheiten, aber dann automatisch mit Göttern, die Göttinnen werden leicht übersehen. Die heutige Einzigartigkeit des Kopfschmucks ignoriert die Tatsache, dass es einst Hunderte solcher Stücke gegeben hat. Die christlichen Federbilder sind wegen ihrer katholischen Thematik verständlich, wobei diese durchaus noch verborgene mesoamerikanische Symbolik beinhalten können. Häufig scheint es sich auch heute, 500 Jahre nach der Bewunderung der Gegenstände im Jahr 1520, in der Betrachtung und Behandlung der Objekte weiterhin vordringlich um das Staunen und das Sehvergnügen zu drehen.

■

13 Toorians, Het „Azteeks Museum"; Bujok, Ethnographica.

Erneuerung durch Rückbesinnung auf die Antike

Die Wiener Universität und der Humanismus

Thomas Maisel

Ausgehend von Italien erfasste die humanistische Bildungsbewegung im Laufe des 15. Jahrhunderts die Territorien des Heiligen Römischen Reichs nördlich der Alpen. Seinen Namen verdankt der Humanismus den antiken *studia humanitatis,* welche von den frühen italienischen Humanisten durch das Aufspüren von nur schlecht überlieferten oder verloren geglaubten antiken Texten wiederbelebt werden sollten. Lateinische Grammatik, Poetik, Rhetorik, Geschichte und Moralphilosophie bildeten das Grundgerüst der *Humaniora,* jener Kenntnisse und Eigenschaften, welche den Gebildeten zum wahren Menschsein befähigen sollten.[1]

Obwohl manch früher Vertreter der neuen Bildungsbewegung seine Kenntnisse auch dem Besuch von Universitäten verdankte — in italienischen Kommunen waren seit dem 12. Jahrhundert hohe Schulen entstanden, die vor allem mit dem Studium der Rechtswissenschaften Studenten aus ganz Europa anlockten —, war das Verhältnis zwischen den scholastisch geprägten Universitäten nördlich der Alpen und den Vertretern der neuen Geistesströmung oft problematisch.[2] Als Herzog Rudolf IV. (1339–1365) in seinem letzten Lebensjahr das Wagnis einer Universitätsgründung in seiner Residenzstadt Wien einging, orientierten sich der Herrscher und seine Berater nicht am Vorbild der oberitalienischen Rechtsschulen, sondern am europäischen Zentrum der Theologie, der Universität Paris. Die Gründung zahlreicher

1 Walter Rüegg: Das Aufkommen des Humanismus, in: ders. (Hg.): Geschichte der Universität in Europa, Bd. 1: Mittelalter, München 1993, S. 392–395; August Buck: Die „studia humanitatis" im italienischen Humanismus, in: Wolfgang Reinhard (Hg.): Humanismus im Bildungswesen des 15. und 16. Jahrhunderts (Mitteilung der Kommission für Humanismusforschung, Bd. 12), Weinheim 1984, S. 11–24.

2 Rüegg, Humanismus, S. 387; Laetitia Boehm: Humanistische Bildungsbewegung und mittelalterliche Universitätsverfassung. Aspekte zur frühneuzeitlichen Reformgeschichte der deutschen Universitäten, in: Grundwissenschaften und Geschichte. Festschrift für Peter Acht (Münchner historische Studien, Abteilung Geschichtliche Hilfswissenschaften, Bd. 15), Kallmünz 1976, S. 311–333; Arno Seifert: Der Humanismus an den Artistenfakultäten des katholischen Deutschland, in: Reinhard, Humanismus im Bildungswesen, S. 135–154.

„Elitäre Abgrenzung, die Ausbildung von Freundeszirkeln, ein weltlicher Lebensstil und die Suche nach Protektion und Indienstnahme durch Fürsten sind für die Humanisten kennzeichnend."

weiterer Universitäten nördlich der Alpen und östlich des Rheins durch Fürsten und Kommunen im Laufe des 15. Jahrhunderts war Kennzeichen und Folge einer wahren Bildungsexpansion in diesem Raum. Allein in Wien wurden jährlich mehrere Hundert neue Studenten in die Matrikel eingetragen, was diesen Universitätsstandort zu einem der meistbesuchten in ganz Europa machte.[3]

So wie ihr Vorbild Paris war die Wiener *Alma Mater Rudolphina* stark auf Theologie und Kirche ausgerichtet. Selbst an der rechtswissenschaftlichen Fakultät konnte zunächst lediglich das Kirchenrecht studiert werden. Ebenso wie in Paris spielte im Wiener Universitätsbetrieb die Artistenfakultät eine herausragende Rolle, sowohl durch ihre Bedeutung für die philologische und (natur-)philosophische Vorbildung, welche sie künftigen Theologen, Juristen und Medizinern bieten sollte, als auch durch die Tatsache, dass sie die deutlich überwiegende Zahl an Lehrern und Studenten (circa 80 Prozent aller Universitätsbesucher) auf sich vereinigte.[4] Ihren Namen verdankte die Fakultät, welche sich erst nach der endgültigen Durchsetzung humanistischer Bildungsideale im 16. und 17. Jahrhundert in philosophische Fakultät umbenannte, den antiken *septem artes liberales*, den sieben freien Künsten, welche in Trivium (lateinische Grammatik, Rhetorik und Logik) und Quadrivium (Arithmetik, Geometrie, Astronomie und Musik) unterteilt wurden.

Der scholastisch geprägte Studienbetrieb wurde von den Humanisten zum Teil heftig kritisiert: Die Schriften antiker Autoren, welche das Rückgrat der Lehre bildeten (vor allem jene des Aristoteles), würden nicht im Original, sondern in lateinischen Übersetzungen und Auszügen sowie in kommentierter Form vorgetragen. Die oft mittelmäßige bis schlechte Latinität der Magister und Studenten sowie die tradierten Formen des Lehrbetriebs wurden vom neuen Gelehrtentyp mit beißendem Spott bedacht. Humanisten grenzten sich nicht nur in ihren Methoden der philologisch-historischen Textkritik und im Ideal des antiken Vorbilds vom *clerus universitatis* ab (eine zeitgenössische Bezeichnung für Mitglieder der zünftisch verfassten universitären Gemeinschaft, welche im Großen und Ganzen dem kirchlichen Bereich zugerechnet wurde), sondern auch in ihrem Habitus und in ihrer sozialen Attitüde. Elitäre Abgrenzung, die Ausbildung von Freundeszirkeln, ein weltlicher Lebensstil und die Suche nach Protektion und Indienstnahme durch Fürsten sind für die Humanisten kennzeichnend.[5]

3 Christian Hesse: Der Blick von außen. Die Anziehungskraft der spätmittelalterlichen Universität Wien auf Studenten und Gelehrte, in: Kurt Mühlberger, Meta Niederkorn-Bruck (Hg.): Die Universität Wien im Konzert europäischer Bildungszentren 14.–16. Jahrhundert (Veröffentlichungen des Instituts für Österreichische Geschichtsforschung, Bd. 56), Wien/München 2010, S. 101–112.

4 Rainer Christoph Schwinges: Deutsche Universitätsbesucher im 14. und 15. Jahrhundert. Studien zur Sozialgeschichte des Alten Reiches (Beiträge zur Sozial- und Verfassungsgeschichte des Alten Reiches, Bd. 6), Stuttgart 1986, S. 466.

5 Daniel Luger: Humanismus und humanistische Schrift in der Kanzlei Kaiser Friedrichs III. (1440–1493) (Mitteilungen des Instituts für Österreichische Geschichtsforschung, Ergänzungsbd. 60), Wien 2016, S. 12.

Kat.Nr. 6.4 Die Insignien des *Collegium poetarum et mathematicorum* zur Heranbildung von Poeten, Rednern und Diplomaten sowie Mathematikern

DIE BEGEGNUNG DER UNIVERSITÄT WIEN MIT DEM ITALIENISCHEN RENAISSANCE-HUMANISMUS ◖ Eine erste Lektion in Sachen Humanismus erhielt die Wiener Universität 1445 durch Enea Silvio Piccolomini (1405–1464), den späteren „Humanistenpapst" Pius II.[6] Piccolomini stand von 1442 bis 1455 im Dienst des römisch-deutschen Königs und Kaisers Friedrich III. und hatte im Jahr 1442 für seine literarischen Leistungen vom Herrscher den Dichterlorbeer empfangen. Im Herbst des Jahres 1445 wurde er dazu ausersehen, die jährlich stattfindende quodlibetische Disputation der Artistenfakultät abzuhalten und vor dem Juristenkolleg zur Eröffnung des Studienjahres eine feierliche Rede zu halten. Er nutzte die Gelegenheit, in Anwesenheit Friedrichs III. und zahlreicher Adeliger der Universität den Wert der „freien Künste" für die moralische und geistige Formung des Menschen darzulegen.

Bei seiner Beschreibung Wiens in der *Historia Austrialis* hatte Piccolomini nur wenig Schmeichelhaftes über die Wiener hohe Schule zu berichten:[7] Ihr größter Fehler sei, dass auf Dialektik (Logik) das meiste Gewicht gelegt werde und man ansonsten zu viel Zeit auf nutzloses Zeug vergeude. Man kümmere sich zu wenig um Musik, Rhetorik, Poetik und Arithmetik, poetische und rhetorische Übungen seien völlig unbekannt, stattdessen erschöpfe sich der Eifer in der Anfertigung von Auszügen und leeren Sophistereien. Die Studenten hätten bloß Interesse an Vergnügungen, nur wenige würden zur Gelehrsamkeit herangezogen. Es passt zu dieser Kritik, dass die davon betroffene Artistenfakultät den Auftritt Piccolominis in ihren eigenen schriftlichen Aufzeichnungen mit keinem Wort erwähnte.[8]

DIE UNIVERSITÄT WIEN ALS ZENTRUM VON MATHEMATIK UND ASTRONOMIE ◖ Aus der Perspektive der philologisch geprägten *studia humanitatis* erschien der universitäre Unterricht nördlich der Alpen rückständig und reformbedürftig. Der Humanismus war hier bislang nur in Rudimenten rezipiert worden. Es gab in Wien jedoch bereits um die Mitte des 15. Jahrhunderts eine starke Tradition der im artistischen Quadrivium angesiedelten astronomisch-mathematischen Studien, als deren bedeutendste Repräsentanten Johannes von Gmunden (1380–1442), Georg (Aunpeck) von Peuerbach (1423–1461) und Johannes Müller aus dem fränkischen Königsberg, genannt Regiomontanus (1436–1476), gelten. Peuerbach und sein Schüler Regiomontanus vertraten eine neue Spielart des Humanismus, in der auch die quadrivialen, „naturwissenschaftlichen" Fächer mit den neuen Methoden der philologisch-historischen Text- und Quellenkritik verknüpft wurden.[9] Peuerbach war durch einen Italienaufenthalt vom Humanismus

6 Martin Wagendorfer: Eneas Silvius Piccolomini und die Wiener Universität. Ein Beitrag zum Frühhumanismus in Österreich, in: Franz Fuchs (Hg.): Enea Silvio Piccolomini nördlich der Alpen. Akten des interdisziplinären Symposions vom 18. bis 19. November 2005 an der Ludwig-Maximilians-Universität München (Pirckheimer Jahrbuch für Renaissance- und Humanismusforschung, Bd. 22), Wiesbaden 2007, S. 21–52.
7 Ebd., S. 23.
8 Alphons Lhotsky: Die Wiener Artistenfakultät 1365–1497, Wien 1965, S. 139f.
9 Siehe zu den folgenden Ausführungen: Helmuth Grössing: Humanistische Naturwissenschaft. Zur Geschichte der Wiener mathematischen Schulen des 15. und 16. Jahrhunderts (Saecula Spiritalia, Bd. 8, hg. von Dieter Wuttke), Baden-Baden 1983, S. 40f.; Kurt Mühlberger: Zwischen Reform und Tradition. Die Universität Wien in der Zeit des Renaissance-Humanismus und der Reformation, in: Mitteilungen der Österreichischen Gesellschaft für Wissenschaftsgeschichte 15 (1995), S. 13–42.

Kat.Nr. 6.3 Konrad Celtis, gekrönter Dichter und Vorsteher des Poetenkollegs

geprägt und wurde von Zeitgenossen für seinen mustergültigen lateinischen Stil und seine Hexameterverse gerühmt. Seinen bis heute anhaltenden Ruhm verdankt er jedoch vor allem dem Werk *Theoricae novae planetarum*, das nach seinem Tod durch Johannes Regiomontanus 1472 auch im Druck herausgebracht wurde und das sich als Standardwerk im Lehrplan europäischer Universitäten lange behaupten konnte. Peuerbachs und Regiomontanus' Planetentheorien beeinflussten auch Nikolaus Kopernikus (1473–1543) und können so als Vorstufe für den Durchbruch zum heliozentrischen Weltbild angesehen werden.

Peuerbachs und Regiomontanus' intensive Beschäftigung mit den Schriften antiker Mathematiker erweckte das Interesse des Kardinals Basilius (Johannes) Bessarion (1403–1472), der sich 1460/61 in päpstlichem Auftrag in Wien aufhielt. Er lud Peuerbach nach Italien ein, um den *Almagest* des Ptolemaios neu zu bearbeiten. Der berühmte Astronom verstarb jedoch kurz vor der Abreise, sodass an seiner Stelle Regiomontanus den Kardinal nach Rom begleitete, wo er den Auftrag vollendete und die meisten seiner Schriften verfasste. Später hielt er sich auch in Ungarn im Dienste des Königs Matthias Corvinus (1443–1490) und in Nürnberg (ab 1471) auf, wo er eine Druckerei, eine Werkstatt für astronomische Instrumente und eine eigene Sternwarte betrieb. Vom Papst im Jahr 1475 zur Mitarbeit an der Kalenderreform nach Rom berufen, verstarb Regiomontanus dort im darauffolgenden Jahr.

DAS COLLEGIUM POETARUM ET MATHEMATICORUM ◖ Peuerbach und Regiomontanus stehen am Beginn einer Entwicklung, in der sich die *studia humanitatis* in Verbindung mit mathematisch-astronomischen Studien an der Universität Wien etablierten und in Form des *Collegium poetarum et mathematicorum* 1501 eine gemeinsame institutionelle Grundlage erhielten.[10]

Obwohl an der Universität Wien seit dem Auftritt Piccolominis die humanistischen Bildungsideale nicht spurlos vorübergingen, sollten die für den Fürstendienst wünschenswerten Fertigkeiten und Kenntnisse weltläufiger Humanisten auf Wunsch der „Hofhumanisten" im Dienste Kaiser Maximilians I. auch an der Universität in viel stärkerem Ausmaß als bisher Berücksichtigung finden. Da dies im organisatorischen Gefüge der mittelalterlichen Universität nur schwierig zu verwirklichen war, wurde eine Lösung gefunden, welche außerhalb der überlieferten Fakultätsstrukturen angesiedelt war: Das von Maximilian I. 1501 begründete *Collegium poetarum et mathematicorum* diente der Institutionalisierung humanistischer Lehrfächer an der Universität Wien nach dem Vorbild der Platonischen Akademie des Julius Pomponius Laetus

10 Ebd., S. 19–21; Kurt Mühlberger: Poetenkolleg und Dichterkrönung in Wien, in: Rainer A. Müller (Hg.): Bilder — Daten — Promotionen. Studien zum Promotionswesen an deutschen Universitäten der frühen Neuzeit (Pallas Athene. Beiträge zur Universitäts- und Wissenschaftsgeschichte, Bd. 24), Stuttgart 2007, S. 84–119.

„Kennzeichnend für diesen Umbruch ist der Einzug einer neuen Universitätskultur, welche mit den Schlagworten Verweltlichung und Abkehr von klerikal geprägten Lebensformen umrissen werden kann.“

(1428–1498) in Rom.[11] Für die Angehörigen dieses Kollegs wurden vier vom Landesfürsten besoldete Lehrkanzeln für Poetik, Rhetorik, Mathematik und Astronomie eingerichtet. Die Heranbildung von Poeten, von Beratern und philologisch wie historisch geschulten Rednern und Diplomaten sowie von „Mathematikern“ (Absolventen der „humanistischen Naturwissenschaft“) war das Ziel.

Ideengeber und erster Vorstand des neuen Kollegs war der berühmte Humanist Konrad Celtis (1459–1508), welcher 1497 von Maximilian I. an die Universität Wien berufen worden war. Als gekrönter Dichter und Vorsteher des Poetenkollegs hatte er nun selbst das Recht, an „Absolventen“ den Dichterlorbeer zu verleihen. Die so kreierten *poetae laureati* besaßen, vergleichbar den Doktoren und Magistern, die Lehrberechtigung an Artistenfakultäten.[12] Auch in diesem Detail manifestiert sich ein massiver Umbruch im strukturellen und sozialen Gefüge der Universität, welcher durch die Maßnahmen des Hofs zur Durchsetzung humanistischer Bildungsideale eingeleitet und gefördert wurde: Mit dem neu errichteten Kolleg wurde die tradierte Fakultätsstruktur durchbrochen.[13] Die Lehre verlagerte sich zunehmend auf die vom Landesfürsten bestellten und besoldeten Inhaber von Lehrkanzeln, während die Vorlesungstätigkeit der in Wahrnehmung des universitären Selbstergänzungsrechts graduierten Magister und Doktoren an Bedeutung verlor, bis schließlich im Zuge der Universitätsreformen Ferdinands I. die Lehre ausschließlich den vom Hof bestellten *Lectores ordinarii* (Professoren) vorbehalten wurde.[14]

Kennzeichnend für diesen Umbruch ist der Einzug einer neuen Universitätskultur, welche mit den Schlagworten Verweltlichung und Abkehr von klerikal geprägten Lebensformen umrissen werden kann. Dies verlief durchaus konfliktbeladen: 1513/14 kam es zu einer massiven Studentenrevolte mit etlichen Toten, welche sich an der Weigerung der Scholaren entzündete, weiterhin das in den mittelalterlichen Universitätsstatuten vorgeschriebene klerikale Habit zu tragen.[15] Erfolglos versuchte die Universität, die tradierten Sozial- und Unterrichtsformen zu verteidigen. Obwohl einige Wiener Artistenmagister schon seit der Mitte des 15. Jahrhunderts humanistische Lehrinhalte in das überlieferte Lehrprogramm zu integrieren versucht hatten, verhielt sich die Fakultät gegenüber den landesfürstlichen Maßnahmen defensiv und zögerlich. Als im Gefolge der militärischen Bedrohung durch das Osmanische Reich und der Ausbreitung der Reformation in den 1520er-Jahren der völlige Zusammenbruch der Wiener Universität drohte, konnte nur der „erwachende Staat“ ihren Fortbestand sichern. Dies hatte jedoch seinen Preis: Aus der mittelalterlichen, zünftisch-korporativ verfassten *universitas magistrorum et scholarium* mit weitgehenden autonomen Befugnissen wurde Schritt für Schritt eine staatlich finanzierte und kontrollierte Lehranstalt, welche als „Pflanzstätte der richtigen Staatsführung“ (*reipublicae recte gubernandae seminarium*) dienen sollte.[16]

11 Helmuth Grössing: Die Lehrtätigkeit des Konrad Celtis in Wien. Ein Rekonstruktionsversuch, in: Mühlberger, Niederkorn-Bruck, Universität, S. 223.

12 Mühlberger, Reform und Tradition, S. 21.

13 Siehe Boehm, Humanistische Bildungsbewegung, S. 327.

14 Mühlberger, Reform und Tradition, S. 32.

15 Thomas Maisel: Der „Lateinische Krieg“. Eine studentische Revolte des frühen 16. Jahrhunderts in Wien, in: Historische Anthropologie 3 (1995), S. 389–411.

16 Mühlberger, Reform und Tradition, S. 41f.

Kat.Nr. 6.9 Johannes Cuspinian, eine Leitfigur des Wiener Humanismus, Porträt von Lukas Cranach d. Ä.

Kat.Nr. 5.27 Der — protestantische — Hofbotaniker Carolus Clusius machte die Rosskastanie in Österreich heimisch und pflanzte erstmals hier Kartoffeln an.

Kat.Nr. 6.7 Joachim Vadianus, Rektor der Wiener Universität, später Reformator in seiner Schweizer Heimat

Kat.Nr. 5.18 Wolfgang Lazius, Historiker, Kartograf und Leibarzt Ferdinands I.

HUMANISTEN ZWISCHEN HOF UND UNIVERSITÄT ◖ Konrad Celtis war Mittelpunkt eines Freundeskreises, dem mit Andreas Stiborius (1464–1515), Johannes Stabius (ca. 1468–1522) und Georg Tannstetter (1482–1535) drei der bedeutendsten Vertreter „humanistischer Naturwissenschaft" an der Wiener Universität angehörten. Sie setzten die im 15. Jahrhundert begründete Tradition fort, zu deren Nachruhm Tannstetter selbst mit einem 1514 publizierten Werk wesentlich beitrug: *Viri mathematici quos inclytum Viennense gymnasium ordine celebres habuit* (Mathematiker, welche die ruhmreiche Wiener Universität als berühmte Vertreter ihres Standes hatte).[17] Tannstetter exemplifiziert den humanistischen Gelehrtentyp jener Jahre: Als Inhaber eines mit dem *Collegium poetarum et mathematicorum* begründeten Lehrstuhls für Mathematik und Astronomie war er zugleich ein Universalgelehrter, der auch ein Medizinstudium absolvierte und im Dienste Kaiser Maximilians I. als Leibarzt und Astrologe tätig war. Inspiriert vom Humanistennetzwerk seines Lehrers Konrad Celtis (*Sodalitas Danubiana*), gründete er eine eigene Gelehrtenrunde, die als *Sodalitas Collimitiana* (nach seinem Humanistennamen Collimitius) bezeichnet wurde. Tannstetter verfasste eine Vielzahl von Publikationen, gab antike und spätmittelalterliche Schriften über Mathematik und Astronomie heraus und erwarb sich auch als Kartograf Verdienste.

Eine weitere Leitfigur des Humanismus an der Wiener Universität war Johannes Cuspinianus (1473–1529), dessen Tätigkeitsbereiche die universitäre Lehre und Ämter (Rektor und landesfürstlicher Superintendent) sowie den höfischen Dienst umfassten.[18] Als Diplomat hatte er maßgeblichen Anteil am Zustandekommen der habsburgisch-jagiellonischen Heiratspläne, welche in der Wiener Doppelhochzeit des Jahres 1515 realisiert wurden. Bei diesem Anlass traten humanistisch gebildete Universitätsangehörige mit lateinischen Lobreden auf die anwesenden Fürsten hervor.

Ein Zeitgenosse und Weggefährte Cuspinians war Joachim Vadianus (1484–1551), der ebenfalls als Lektor für Poetik und Rhetorik und als Rektor (1518) an der Universität Wien tätig war. Sein Werk umfasst literaturwissenschaftliche, theologische und naturwissenschaftlich-geografische Themen. Während Cuspinian, der 1521 Adressat eines Briefs von Martin Luther war, der römischen Kirche die Treue hielt, wurde Vadianus zum Begründer der evangelischen Kirche in St. Gallen und eine der Führungspersönlichkeiten der Reformation in seiner Schweizer Heimat.[19]

Die Reformen Ferdinands I., welche die nach 1520 im dramatischen Abstieg befindliche Universität am Leben erhielten, zielten auf die Beibehaltung der „Rechtgläubigkeit" unter ihren Professoren und Absolventen. Eine Schlüsselfigur in dieser Zeit war der seit 1523 im Dienste Ferdinands I. stehende Humanist, Kontroverstheologe, gelernte Jurist und spätere Wiener Bischof (1530–1541) Johann Fabri (1478–1541) aus Leutkirch im Allgäu.[20] Fabri war ein glühender Verfechter der katholischen Sache, obwohl er ursprünglich Freund einiger Humanisten gewesen war, die sich später im protestantischen Lager befanden (so etwa auch Joachim Vadianus). Die geschwundene Attraktivität der Wiener Universität sollte durch die Berufung bedeutender humanistischer Gelehrter wiederbelebt werden. 1528 versuchte Fabri, Erasmus von Rotterdam (ca. 1465/69–1536) für die Wiener Universität

17 Zu Tannstetter und seinem Werk siehe Franz Graf-Stuhlhofer: Humanismus zwischen Hof und Universität. Georg Tannstetter (Collimitius) und sein wissenschaftliches Umfeld im Wien des frühen 16. Jahrhunderts (Schriftenreihe des Universitätsarchivs, Universität Wien, Bd. 8), Wien 1996.

18 Christian Gastgeber, Elisabeth Klecker (Hg.): Iohannes Cuspinianus (1473–1529). Ein Wiener Humanist und sein Werk im Kontext (Singularia Vindobonensia, Bd. 2), Wien 2012.

19 Heinz Hafter: Vadian und die Universität Wien, in: Wiener Geschichtsblätter 20 (80) (1965) 1, S. 385–389.

20 Mühlberger, Reform und Tradition, S. 31.

zu gewinnen. Trotz hoher Gehaltszusagen lehnte Erasmus ab: Er hielt sich für zu alt, und als jemand, der sich stets geweigert hatte, im entflammten Religionsstreit eindeutig Partei zu ergreifen, erschienen ihm die Wiener Theologen „zu hitzköpfig".[21]

Obwohl auch manch andere Berufungsverhandlung scheiterte, gab es im Lehrkörper der Wiener Universität trotz ihrer schwierigen Lage einige renommierte Gelehrte. Der Renaissance-Humanismus war durch „staatlich" bestellte und besoldete Professoren fest etabliert, und auch das römische Recht war schon von Maximilian I. mit der Bestellung von Hieronymus Balbus (Balbi) (1450–1535) an der Wiener Rechtsfakultät zur Geltung gebracht worden.[22] Johannes Fabri vermittelte 1524 die Berufung des Philologen, Juristen und *poeta laureatus* Johann Alexander Brassican (1500–1539). In Wien sollte er die vakante Professur für Rhetorik übernehmen, erhielt aber letztlich die besser dotierte Position eines Professors für römisches Recht (*legum civilium professor ordinarium*). Ab 1528 betreute er auch die Professur für Griechisch und wirkte in der Kommission zur Universitätsreform mit.[23]

An der medizinischen Fakultät mit einem Lehrstuhl versehen war der berühmte Humanist, Arzt, Historiograf und Kartograf Wolfgang Lazius (1514–1565). Als Leibarzt Ferdinands I. stand auch er in enger Verbindung zum Hof und erlangte Ansehen durch Geschichtsschreibung (unter anderem *Vienna Austriae*) sowie durch Kartenwerke von Bayern, Ungarn, Griechenland und Österreich.[24] Ein Fakultätskollege Lazius' war der Arzt Mathias Cornax (1508–1564), der 1549 die erste erfolgreiche operative Bauchöffnung (Laparotomie, Entfernung einer extrauterinen Schwangerschaft) leitete.

Kat.Nr. 6.17 Mathias Cornax leitete 1549 die erste erfolgreiche operative Bauchöffnung.

PROTESTANTISCHE GELEHRTE AN DER UNIVERSITÄT ◖ Mit Maximilian II. (1527–1576) gelangte 1564 ein Habsburger auf den Thron, der unverhohlene Sympathien für die lutherische Lehre hegte. Darüber hinaus

war er den Wissenschaften gegenüber aufgeschlossen und legte bei der Auswahl von Gelehrten für den Dienst an seinem Hof und an der Universität auf die Konfession kein besonderes Gewicht.[25] Obwohl sein Vorgänger Ferdinand I. die Treue zur römischen Kirche zeitweise zur Voraussetzung für eine Professur gemacht hatte, stand die Universität Wien im Ruf, lutherische oder wenigstens kryptoprotestantische Lehrer in ihren Reihen zu dulden. Unter Maximilian II. stand der Wiener Hof protestantischen Gelehrten dann weitgehend offen, und einige unter ihnen fanden auch im Lehrkörper der Universität Aufnahme. Dazu zählte etwa der „Hofmathematicus" und Universitätsprofessor Paulus Fabricius (1529–1589), der neben seiner literarischen Tätigkeit auch als Mediziner, Astronom, Botaniker und Geograf wirkte.[26] Besondere Verdienste erwarb er sich im Bereich des Kalenderwesens, indem er ein Gutachten zur beabsichtigten Kalenderreform Papst Gregors XIII. erstellte. Im Jahr 1574 bestieg er gemeinsam mit dem Arzt und Anatomieprofessor Johann Aichholz (ca. 1520–1588) sowie dem Hofbotaniker Charles de l'Écluse (1526–1609), genannt Carolus Clusius, erstmals den Ötscher. Alle drei waren nicht katholisch und darüber hinaus gemeinsam an der Einrichtung eines botanischen Gartens in Wien beteiligt. Clusius' Wirken hat bis heute nachhaltige Folgen: Er machte hier die aus dem Orient importierte Rosskastanie heimisch und pflanzte erstmals die aus seiner Heimat Belgien bezogene Kartoffel an.

Unter den Gelehrten, welche zugleich für den Hof Maximilians II. und an der Universität tätig waren, finden sich noch viele weitere prominente Namen, auf die hier nicht näher eingegangen werden kann.[27] Die Duldung von Protestanten erregte den vehementen Widerspruch streitbarer Anhänger der römischen Kirche auch innerhalb der Universität, sodass selbst Maximilian II. Maßnahmen gegen die öffentliche Demonstration nichtkatholischer Gesinnung ergreifen musste. Besonders heftig wurde der Konflikt zwischen der teilweise protestantisch „unterwanderten" Universität und dem seit 1551 in Wien ansässigen Jesuitenorden ausgetragen, der mit seinem Kolleg in Konkurrenz zum universitären Unterricht trat und der *Alma Mater Rudolphina* damit auch potenzielle Studenten abspenstig machte.[28] Im jesuitischen Unterricht spielten ebenfalls die *Humaniora* eine wichtige Rolle; die Berücksichtigung pädagogischer Aspekte trug wesentlich zu seinem Erfolg bei. Der langwierige Streit zwischen Universität und Jesuitenorden endete erst 1623 mit einer Verfügung Ferdinands II., durch welche die Professuren an der philosophischen und theologischen Fakultät Angehörigen des Jesuitenordens vorbehalten wurden. Die religiöse Toleranz an der Universität hatte jedoch schon mit dem Tod Maximilians II. ein Ende gefunden.

21 Ebd., S. 34f.

22 Zum Humanismus an der Wiener Rechtsfakultät siehe Karl Heinz Burmeister: Einflüsse des Humanismus auf das Rechtsstudium am Beispiel der Wiener Juristenfakultät, in: Gundolf Keil, Bernd Moeller, Winfried Trusen (Hg.): Der Humanismus und die oberen Fakultäten (Mitteilung der Kommission für Humanismusforschung, Bd. 14), Weinheim 1987, S. 159–171.

23 Mühlberger, Reform und Tradition, S. 34.

24 Petra Svatek: Wolfgang Lazius als Karthograph. Kartenanfertigung — künstlerische Kartenelemente — wissenschaftlicher Stellenwert der Karten im internationalen Vergleich, in: Mensch — Wissenschaft — Magie. Mitteilungen der Österreichischen Gesellschaft für Wissenschaftsgeschichte 25 (2007), S. 1–39.

25 Kurt Mühlberger: Bildung und Wissenschaft. Kaiser Maximilian II. und die Universität Wien, in: Friedrich Edlmayer, Alfred Kohler (Hg.): Kaiser Maximilian II. (Wiener Beiträge zur Geschichte der Neuzeit, Bd. 19), Wien 1992, S. 203–230.

26 Ebd., S. 213.

27 Eine gründliche Übersicht findet man bei Mühlberger, Bildung und Wissenschaft.

28 Kurt Mühlberger: Universität und Jesuitenkolleg in Wien. Von der Berufung des Ordens bis zum Bau des Akademischen Kollegs, in: Herbert Karner, Werner Telesko (Hg.): Die Jesuiten in Wien. Zur Kunst und Kulturgeschichte der österreichischen Ordensprovinz der „Gesellschaft Jesu" im 17. und 18. Jahrhundert (Österreichische Akademie der Wissenschaften, Veröffentlichungen der Kommission für Kunstgeschichte, Bd. 5), Wien 2003, S. 21–37; Gernot Heiss: Die Wiener Jesuiten und das Studium der Theologie und der Artes an der Universität und im Kolleg im ersten Jahrzehnt nach ihrer Berufung (1551), in: Mühlberger, Niederkorn-Bruck, Universität, S. 245–268.

„Haus des Islam“ vs. „Befestigung der Christenheit“

Wien, die Habsburger und das Osmanische Imperium im 16. Jahrhundert

Walter Öhlinger

Gemessen am Horizont der Zeit herrschte von den 1520er- bis Ende der 1550er-Jahre Weltkrieg: Die französischen Soldaten König Franz' I. führten gegen die spanisch-deutschen Söldner Kaiser Karls V. einen jahrzehntelangen zähen Kampf um Burgund und italienische Gebiete, die Seestreitkräfte Spaniens rangen mit der osmanischen Flotte um die Beherrschung des Mittelmeers und der Nordküste Afrikas, gleichzeitig stießen die Osmanen in einer neuen Expansionsphase nach Ungarn vor. Dynastische Verbindungen und politische Zweckbündnisse — von denen das französisch-osmanische Bündnis zur Konstante wurde — führten zur Verknüpfung dieser Auseinandersetzungen und verliehen ihnen eine gesamteuropäische Dimension. Dazu kamen soziale, politische und religiöse Konflikte innerhalb des römisch-deutschen Reichs, die zumindest zweimal — im deutschen Bauernkrieg (1524–1526) und im Schmalkadischen Krieg (1546/47) — auch in großen, überregionalen, bewaffneten Kämpfen mündeten. Wien war in dieser Zeit nur für einige Wochen im September und Oktober 1529 direkter Kriegsschauplatz. Allerdings hatte das Geschehen langfristige Folgen: Die Stadt wurde für rund 150 Jahre zur mächtigen Festung nahe der Grenze zweier Reiche.

EUROPA UM 1520 ◖ Betrachtet man eine politische Karte Europas dieser Zeit, findet man im Zentrum das Sacrum Romanum Imperium, das Heilige Römische Reich — ein facettenreicher Verband von Territorien, der nur wenig mit späteren Vorstellungen von Staat und Staatlichkeit gemein hatte. Der Namenszusatz Nationis Germanicæ (Deutscher Nation), der seit dem späten 15. Jahrhundert in Gebrauch war, signalisierte bereits die Konzentration des ursprünglich universell gedachten Reichs auf den nordalpinen, deutschsprachigen Raum. Einschließlich jener Länder, die zumindest formell Lehens-

Kaiser Karl V., Radierung von Barthel Beham (Wien Museum, Inv.Nr. 82.261)

gebiet des Reichs, aber nicht in seine Institutionen miteinbezogen (also etwa nicht auf den Reichstagen vertreten) waren, reichte es von Flandern und Brabant im Nordwesten bis zur Republik Siena im Süden, von Pommern an der Ostsee bis zum Herzogtum Krain an der Adria.

Romanorum Imperator war — seit er im Jahr 1519 mithilfe riesiger Summen von Bestechungsgeldern und zahlreicher politischer Zugeständnisse seine Wahl durch die Kurfürsten durchgesetzt hatte — Karl V., der dritte römisch-deutsche Kaiser in Folge aus dem Haus Habsburg. Er vereinte als Konsequenz der Heiratspolitik seines Großvaters Maximilian I. in seiner Person das burgundische (Niederlande und Luxemburg), das spanische (Spanien, Sizilien, Sardinien, Neapel) und das österreichische Erbe. Durch die Eroberungen der spanischen Konquistadoren in Übersee wurde er zum Herrn eines Reichs, „in dem die Sonne nicht untergeht". Nachdem der in den Niederlanden erzogene Karl die Herrschaft in Madrid angetreten hatte, sandte er seinen in Spanien aufgewachsenen Bruder Ferdinand nach Wien, um die mitteleuropäischen Länder der Habsburger zu übernehmen. Diese lagen im südöstlichen Randbereich des römisch-deutschen Reichs und umfassten zu diesem Zeitpunkt (1521) die Stammländer der Dynastie in Schwaben sowie Österreich, Tirol, Steiermark, Kärnten und Krain.

Jenseits der östlichen und südöstlichen Reichsgrenze (die in etwa der heutigen österreichisch-slowakischen Staats- und der niederösterreichisch-burgenländischen Landesgrenze entsprach)[1] lag das Königreich Ungarn, regiert in Personalunion mit Böhmen von den polnisch-litauischen Jagiellonen. Südlich davon erstreckte sich das Osmanische Imperium, dessen Territorium um 1520 fast die gesamte Balkanhalbinsel, Anatolien, Mesopotamien, Syrien, den nordwestlichen Teil der Arabischen Halbinsel sowie Ägypten umfasste. Länder mit Vasallenstatus, wie das Khanat der Krimtataren, die Moldau oder die Walachei, vergrößerten noch den Hegemonialbereich der Sultane. Insgesamt lebten wohl an die 20 Millionen Menschen im größten Staat seiner Zeit, die Metropole Istanbul war mit nahezu einer halben Million Einwohner die mit Abstand bevölkerungsreichste Stadt Europas.

DAS OSMANISCHE REICH ❨ Der Aufstieg der kleinen turkstämmigen Kriegergemeinschaft um Osman I. (1258–1326), den Namensgeber der Dynastie und des späteren Imperiums, die um 1300 ein kleines Territorium im Nordwesten Anatoliens beherrschte, zur Großmacht, erscheint als eine kontinuierliche Expansion. Man unterwarf benachbarte Turkstämme, eroberte Territorien unter oströmischer Herrschaft, leistete aber auch Söldnerdienste für Byzanz und intervenierte in die inneren Konflikte des untergehenden oströmischen Reichs. Meilensteine waren die Eroberung von Adrianopel/Edirne im Jahr 1361, nach der das einst mächtige

1 Ausgedehnte habsburgische Besitzungen im nord- und mittelburgenländischen Raum waren an Adelige aus den habsburgischen Erblanden in Pfand gegeben. Diese Herrschaften waren zwar Teil des Königreichs Ungarn, wurden aber von der niederösterreichischen Kammer verwaltet und rechtlich als Kammergut betrachtet. Rudolf Leeb: Der Streit um den wahren Glauben — Reformation und Gegenreformation in Österreich, in: ders., Maximilian Liebmann, Georg Scheibelreiter u. a.: Geschichte des Christentums in Österreich. Von der Spätantike bis zur Gegenwart (Österreichische Geschichte, hg. von Herwig Wolfram, Ergänzungsbd., Wien 2003, S. 145–279, hier S. 268.

Byzantinische Reich auf das osmanisch eingekreiste Konstantinopel beschränkt war, die Schlacht auf dem Amselfeld im Jahr 1389, die den Widerstand der Balkanvölker brach, und — nach einer kurzen, durch den Einfall des Mongolenchans Timur Lenk („Tamerlan“) (1336–1405) ausgelösten Krise Anfang des 15. Jahrhunderts — im Jahr 1453 der Fall Konstantinopels, das fortan als Istanbul Hauptstadt des Osmanischen Reichs war. Damit war der Sultan zum Erben der oströmischen Kaiser geworden, ein Rang, der auch von westlichen Gesandten akzeptiert wurde.

In der Vorstellungswelt der Zeitgenossen wie auch in der historischen Rückschau wurde der kriegerische Expansionsdrang der Osmanen als Versuch, die abendländische Welt dem Islam zu unterwerfen, gedeutet. Analysen, wie die des Orientalisten Paul Wittek (1894–1978),[2] sahen im sogenannten *Ghazi*-Prinzip das „Erfolgsgeheimnis“ der Osmanen. Demnach hätten von religiösem Eifer getriebene Krieger, eben die *Ghazis* der osmanischen Frühzeit, einen missionarischen Ethos geprägt, der den Motor des Expansionsdrangs des Osmanischen Reichs gebildet habe und bis zu dessen Untergang wirksam geblieben sei. Tatsächlich war im Weltbild der Osmanen die Erde in zwei Zonen geteilt: in das „Haus des Islam“, bevölkert von Gläubigen, und das „Haus des Krieges“, den Rest der Welt, dessen Schicksal es sei, von den Soldaten des Propheten erobert zu werden.

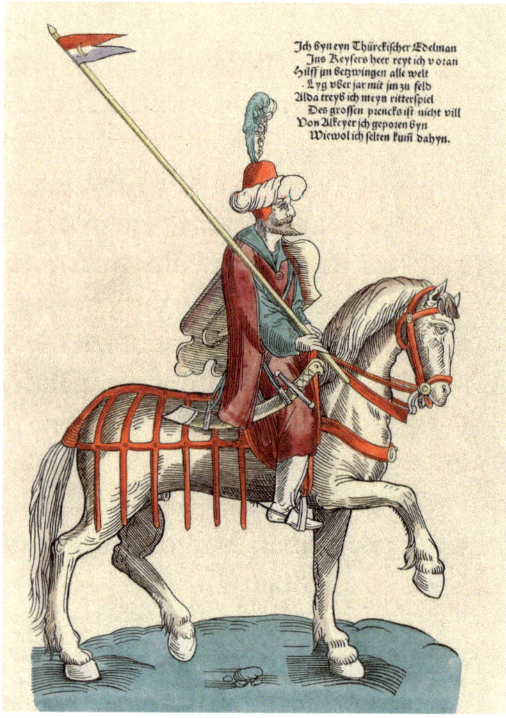

Sipahi (osmanischer Reiterkrieger) und *Sipahi*-Offizier, Lithografien nach Holzschnitten von Hans Guldenmundt (Wien Museum, Inv.Nr. 31.553/5 und 9)

Dem steht die faktische, wenn auch eingeschränkte Toleranz in den eroberten Gebieten gegenüber: Die Bevölkerung auf dem Balkan und in Ungarn wurde keineswegs missioniert, ihre Religionsausübung nicht behindert. Bestehende Kirchengebäude wurden geduldet, wenn auch keine Neubauten erlaubt waren. Allerdings wurde Christen und Juden (*zimmi*) eine Kopf- und Vermögenssteuer (*cizye*) aufgebürdet, die Moslems nicht zahlen mussten. Die meisten Christen auf dem Balkan gehörten der orthodoxen Kirche an, die eine privilegierte Stellung unter den christlichen Kirchen einnahm. Die Toleranz galt auch für religiöse Gruppen, die in katholischen Ländern verfolgt wurden: Der ungarische Protestantismus verdankt sein Überleben den Osmanen; Juden hatten die Freiheit, in allen Berufen zu arbeiten. Die Duldung fand ihre Grenzen in Situationen, die von Moslems als Störung oder Herabsetzung ihrer Religion interpretiert werden konnten. In einem Umfeld, in dem Recht, Verhaltensnormen und Handlungsanweisungen für das tägliche Leben aus Koran und Sunna abgeleitet wurden, konnte dieser Fall rasch eintreten (etwa, wenn ein Bauer seine Schweineherde durch das Dorf trieb).

„Der wesentliche Unterschied zu den historisch gleichzeitig existierenden europäischen Monarchien ist das weitgehende Fehlen von Privateigentum an Grund und Boden im Osmanischen Reich. Mit Ausnahme von Häusern, Weinbergen und Obstgärten galt das gesamte Land als Eigentum des Sultans."

Eine besondere Art von „Steuer", die Christen auferlegt war, war das *Devşirme*, die „Knabenlese": Jährlich wurden zwischen 1.000 bis 3.000 männliche Kinder aus Familien der Balkanländer von ihren Eltern getrennt und nach Istanbul oder Anatolien gebracht, wo sie gemeinsam mit einigen weiteren Tausend Kriegsgefangenen und gekauften Sklaven im islamischen Glauben erzogen und zur militärischen und politischen Elite des Reichs ausgebildet wurden. Die stehenden Formationen des Heeres, allen voran die berühmten Janitscharen, rekrutierten sich ebenso aus einst verschleppten Christenknaben, wie auch die Inhaber der obersten Staatsämter, der Großwesir (der Ranghöchste nach dem Sultan), die Wesire (quasi die Minister), die Beglerbegs (Provinzstatthalter) und die Sandschakbegs (Gouverneure), meist christlicher Herkunft waren. Das Faktum des Raubs ihrer Knaben ist im Übrigen kein Indiz für eine besondere Unterdrückung der christlichen Bevölkerung — im Gegenteil, es gibt Zeugnisse, dass Dorfgemeinschaften auf die Durchführung des *Devşirme* drängten oder muslimische Familien versuchten, ihre Kinder unter christlichen Namen einzuschmuggeln[3] —, es ist vielmehr ein Hinweis auf einen völlig anderen Aufbau von Staat und Gesellschaft.

Der wesentliche Unterschied zu den historisch gleichzeitig existierenden europäischen Monarchien ist das weitgehende Fehlen von Privateigentum an Grund und Boden im Osmanischen Reich. Mit Ausnahme von Häusern, Weinbergen und Obstgärten galt das gesamte Land als Eigentum des Sultans. Damit fehlte die Grundlage für das Entstehen eines verbrieften, erblichen Adels, dessen Macht ja auf der Verfügungsgewalt über Land beruhte, das der jeweilige Grundherr — mit Verpflichtungen gegenüber seinem Lehensherrn — zur dauerhaften Nutzung für sich und seine Nachkommen erhalten hatte. Am ehesten scheinen die *Sipahis* — Reiterkrieger, an die Landgüter, die *Timars* und *Zaims*, als Lehen vergeben wurden — den abendländischen Rittern entsprochen zu haben, doch gab es entscheidende Unterschiede: Anders als feudale Grundherren übten sie keine Gerichtsbarkeit über die Bauern in ihren Gebieten aus, sie konnten ihre Güter nicht vererben, und beim Machtantritt eines neuen Sultans wurden die *Timars* neu verteilt — man wollte die *Sipahis* eben nicht zu dauerhaften Eigentümern machen.

Die schwächere Stellung der *Sipahis* bedeutete eine relative Verbesserung der Lage der Bauern in den Balkanländern unter osmanischer Herrschaft. Der lokale Adel verlor sein Land, das an *Sipahis* vergeben wurde. Ausnahmen waren Bosnien, wo die Grundherrn zum Islam konvertierten und sich in das neue agrarische System integrierten, und die tributpflichtigen Fürstentümer nördlich der Donau (Moldau, Walachei, später Siebenbürgen), wo die alten Verhältnisse beibehalten wurden. In den Ländern unter direkter osmanischer Herrschaft waren die Bauern nun zwar zur Steuerleistung an den Sultan und zu Geldabgaben an ihre neuen Herren verpflichtet, diese waren aber peinlich genau festgelegt, willkürliche Forderungen seitens der Grundherren konnten bekämpft werden, Frondienste wurden eingeschränkt oder ganz abgeschafft.

2 Paul Wittek: The Rise of the Ottoman Empire. Studies in the History of Turkey, 13th–15th Centuries (kommentierte Neuauflage des Textes von 1938), hg. von Colin Heywood, London/New York 2012.

3 Ferenc Majoros, Bernd Rill: Das Osmanische Reich 1300–1922. Die Geschichte einer Großmacht, Regensburg 1994, S. 19.

Sultan Süleyman „der Prächtige“, Lithografie nach einem Holzschnitt von Hans Guldenmundt (Wien Museum, Inv.Nr. 31.553/1)

Im Unterschied zu den „versetzbaren“ *Sipahis* konnten die Bauern nicht vertrieben werden, es war ihnen aber ihrerseits erlaubt, ihren Wohnsitz zu wechseln. In Ungarn sollen viele Bauern aus dem habsburgisch beherrschten Teil in den osmanischen geflüchtet sein, belegt ist der Hilferuf rebellierender Bauern im Raum von Eger/Erlau im Jahr 1631 an Beglerbeg.[4]

DER OSMANISCHE WEG NACH MITTELEUROPA ◐ Solche Überlegungen waren den steirischen und Kärntner Bauern völlig fremd, deren Höfe und Dörfer ab 1470 immer wieder von osmanischen Reitern heimgesucht wurden. Mordend und plündernd zogen die *Akindschi* eine Spur der Zerstörung durch das Land. Die „Renner und Brenner“ waren eine halb bis irreguläre, leichte, berittene Truppe, deren Aufgabe es war, ein potenzielles Angriffsziel der osmanischen Armee auszukundschaften und vorab in Angst und Schrecken zu versetzen. Sie erhielten sich durch Beutemachen und Sklavenhandel. Von den Einheimischen wurden sie, einer Naturkatastrophe gleich, als Strafe Gottes wahrgenommen (von „gots plag drey … haberschreckh, Türkn und pestilencz“ berichtet ein Fresko am Grazer Dom). In unzähligen Flugschriften verbreitet, sollten wirkliche und zugeschriebene Gräueltaten der *Akindschi* das europäische Bild von den Türken[5] prägen.

Ziel der osmanischen Expansion im Norden war zu diesem Zeitpunkt nicht Ungarn, sondern Österreich. Während in den letzten Jahrzehnten des 15. Jahrhunderts, der Zeit Friedrichs III., in den Habsburgerländern chaotische Verhältnisse herrschten, die Zentralmacht verfiel („Der Kaiser schläft“), regionale Machthaber ihre Fehden austrugen und umherziehende Söldnerhaufen die Bauern terrorisierten, präsentierte sich Ungarn unter König Matthias Corvinus als starkes, geeintes Königreich. Ungarn hielt große Teile Österreichs besetzt, 1485 bis 1490 residierte Matthias in Wien. Trotzdem hielten die Habsburger an ihrem Anspruch auf Ungarn fest, seit einer der Ihren für kurze Zeit die Krone Ungarns getragen hatte. Im Jahr 1515 gelang es Maximilian I., durch die Hochzeit seiner Enkelkinder mit den ungarisch-böhmischen Thronanwärtern diese Ansprüche auf eine reale Basis zu stellen.

4 Ebd., S. 49. Allgemein zur Situation der Christen unter osmanischer Herrschaft siehe Hemma Stagl: Das Leben der nichtmuslimischen Bevölkerung im Osmanischen Reich im Spiegel von Reisebeschreibungen, in: Marlene Kurz, Martin Scheutz, Karl Vocelka u. a. (Hg.): Das Osmanische Reich und die Habsburgermonarchie, Wien/München 2005, S. 359–391.

5 Andrea Pühringer: „Christen contra Heiden?“ Die Darstellung von Gewalt in den Türkenkriegen, in: Kurz, Scheutz, Vocelka u. a., Das Osmanische Reich, S. 97–119; Zsuzsa Barbarics-Hermanik: Reale oder gemachte Angst? Türkengefahr und Türkenpropaganda im 16. und 17. Jahrhundert, in: dies., Harald Heppner (Hg.): Türkenangst und Festungsbau. Wirklichkeit und Mythos (Neue Forschungen zur ostmittel- und südosteuropäischen Geschichte, Bd. 1), Frankf. a. M. u. a. 2009, S. 43–75.

Inzwischen hatten die Osmanen ihre Feldzüge in den arabischen Raum und nach Ägypten erfolgreich abgeschlossen. Der Orient lag in ihrer Hand, und die Sultane trugen nun auch Würde und Titel des Kalifen und waren damit, gleichsam als Nachfolger Mohammeds, nominelles Oberhaupt aller Muslime. Süleyman „der Prächtige" (reg. 1520–1566), einer der tatkräftigsten und erfolgreichsten ihrer Herrscher, initiierte nach seiner Thronbesteigung im Jahr 1520 eine neue Offensive im Norden, an der Donaufront. Er bot Ungarn ein Bündnis an und wollte sich so den Durchmarsch über den Südwesten des Landes gegen Österreich sichern. Doch als die osmanischen Boten in Ungarn eingekerkert und schließlich getötet wurden, bedeutete das Krieg: Im Jahr 1521 fiel die ungarische Grenzfestung Belgrad unter dem Ansturm der von Süleyman geführten Armee, das Tor nach Ungarn war offen. Fünf Jahre später, 1526, wurde der ungarische Heerbann in der Schlacht bei Mohács vernichtet, König Ludwig II. (1506–1526) ertrank auf der Flucht vor den Osmanen — der letzte Jagiellonenkönig war tot, die Habsburger konnten nunmehr aufgrund der im Rahmen der Doppelhochzeit von 1515 geschlossenen Erbvereinbarungen Anspruch auf Böhmen und Ungarn erheben. Das Haus Österreich und die Osmanen standen einander als direkte Konkurrenten in der Mitte Europas gegenüber.

WIEN 1529 ℂ Ferdinand I., seit 1521 Herr der niederösterreichischen Länder, konnte das ihm durch den Tod König Ludwigs zugefallene böhmische Erbe relativ problemlos antreten und wurde schon 1527 in Prag gekrönt. Anders in Ungarn: Die Mehrheit der ungarischen Stände wählte in Stuhlweißenburg/Székesfehérvár Johann Zápolya (János Szápolyai, 1487–1540), den Woiwoden von Siebenbürgen, zum König. Nur eine kleine ungarische Magnatengruppe entschied bei einer zweiten Wahl in Pressburg für Ferdinand. Im folgenden Bürgerkrieg war Zápolya zunächst militärisch unterlegen und musste sich vorübergehend nach Siebenbürgen zurückziehen. Dadurch sahen sich die Osmanen zum Eingreifen veranlasst, die ein habsburgisch dominiertes Ungarn nicht akzeptierten und Zápolya um den Preis der Anerkennung der osmanischen Oberhoheit unterstützten.

Das mit allen Hilfseinheiten an die 300.000 Mann zählende osmanische Heer, das um den 10. Mai 1529 in Istanbul aufgebrochen war, beließ es nicht dabei, Ferdinand I. aus Mittelungarn zu vertreiben. Unaufhaltsam näherte es sich Wien: Gran/Esztergom ergab sich, Komorn/Komárom wurde aufgegeben, Raab/Györ niedergebrannt, und mit Hainburg fiel die letzte Festung vor Wien, wo es in der Simmeringer Gegend am 21. September zu ersten Gefechten mit der osmanischen Vorhut kam. Wenige Tage später dehnte sich eine riesige Zeltstadt vor den Toren Wiens in einem weiten Bogen von Nußdorf bis Erdberg aus.[6] Eine kleine osmanische Flotte, die die Donau heraufgezogen war, half die Donaubrücken zu zerstören, sodass die Stadt vollständig von ihrem Umland abgeschnitten war.

Ein Großteil der Wiener hatte inzwischen die Stadt verlassen. Von etwa 4.000 wehrfähigen Bürgern waren nur etwa 1.000 geblieben, und auch die meisten Mitglieder der Stadtregierung hatten sich abgesetzt: Außer Bürgermeister Wolfgang Treu (gest. 1540) und dem Stadtrichter befanden sich nur noch drei Ratsmitglieder in der Stadt. Die lediglich durch Palisaden und Holzzäune

6 Walter Hummelberger: Wiens erste Belagerung durch die Türken 1529 (Militärhistorische Schriftenreihe, H. 33), Wien 1974; Wien 1529. Die erste Türkenbelagerung (Ausstellungskatalog Historisches Museum der Stadt Wien), Wien 1979.

geschützten Vorstädte waren geräumt und niedergebrannt worden, um Angriffen auf die Stadtmauer möglichst wenig Deckung zu bieten. Der Zustand der Stadtmauer gab zu größten Befürchtungen Anlass, sodass im südöstlichen Abschnitt innerhalb des Mauerrings eine zweite Mauer mit Scharten und einem Wehrgang errichtet wurde. Schnellstens räumte man den mit Abfall gefüllten Stadtgraben, und in der Stadt selbst wurden die Holzschindeldächer abgetragen, um Brände zu verhüten. Einige Häuser fielen der Schaffung von Aufmarschplätzen für Reservetruppen zum Opfer.

Etwa 9.000 zählten die königlichen Truppen in Wien, dazu kamen die erwähnten 1.000 bewaffneten Bürger, und im letzten Moment erreichten noch 7.000 Mann Fußvolk sowie 100 schwere Reiter des Pfalzgrafen Philipp die Stadt. Diesen etwa 17.000 Verteidigern Wiens stand ein Belagerungsheer von rund 300.000 Mann — mit geschätzten 100.000 vollwertigen Kämpfern — gegenüber. Graf Niklas Salm (1459–1530), Ferdinands oberster Feldhauptmann, stand an der Spitze der Verteidiger Wiens. Sultan Süleyman hatte sein Zelt in Kaiserebersdorf aufgeschlagen.

Das osmanische Heer war kaum mit schwerer Artillerie ausgerüstet und stützte sich vor allem auf den Einsatz von pulvergeladenen Minen. Den Wienerinnen und Wienern kam die Anwesenheit einer Gruppe Tiroler Bergknappen zugute, die es verstanden, durch geschickte Gegengrabungen die osmanischen Minen ihrer Wirkung zu berauben. Bei ihren Versuchen, die Stadt zu stürmen, konzentrierten sich die osmanischen Truppen besonders auf das Kärntnertor, vor dem die Eliteeinheiten der Janitscharen positioniert und die wenigen Kanonen in Stellung gebracht wurden. Im Schutz der Ruinen der niedergebrannten Vorstadthäuser gelang es den osmanischen

Kat.Nr. 7.4 Die Belagerung Wiens 1529, Holzschnitt von Hans Guldenmundt

Kat.Nr. 7.3 Feldlager der Türken vor Wien 1529, Zeichnung von Barthel Beham

Sturmtruppen, sich dicht an die Stadtmauer heranzuarbeiten und beiderseits des Tores große Breschen in die Stadtmauer zu sprengen. In heftigen Kämpfen, bei denen beide Seiten all ihre Kräfte mobilisierten, konnten am 9., 11. und 12. Oktober insgesamt drei Großangriffe zurückgeschlagen werden.

Die Lage in der Stadt wurde immer prekärer, doch auch für die Belagerer begann die Zeit knapp zu werden. Immer schwieriger wurde es, den Nachschub des Heeres zu gewährleisten, heftige Regengüsse kündigten das Nahen des Winters an und drohten die Mobilität der riesigen Armee zu verunmöglichen. Nach dem Scheitern des letzten Großangriffs entschloss sich Süleyman daher zum Rückzug. Am 15. Oktober begann der Aufbruch, bis zum 18. Oktober war das osmanische Heer abgezogen. Als der Diplomat Siegmund von Herberstein (1486–1566) sechs Wochen später Wien besuchte, fand er die Stadt „gegen der vorigen gestalt frembt anzusehen". Die Vorstädte waren vernichtet, die Ringmauer großteils zerstört, „alles durch denn Veindt verprenndt; und selden über aines Armbrust schusz weit das nit ain Todt mensch, Pfardt, Schwein, oder Khue gefunden gelegen, von Wien hintzt der Neustat und neben umb allenthalben. Es war erparmklich zu sehen."[7]

DER KAMPF UM UNGARN ◖ Ein neuerlicher Feldzug der osmanischen Armee mit Sultan Süleyman an der Spitze wurde im Jahr 1532 an der Festung Güns/Kőszeg aufgehalten, wandte sich in der Folge Richtung Graz, um dann allerdings angesichts der fortgeschrittenen Jahreszeit abzudrehen und den Rückzug anzutreten. Abseits der Hauptarmee zogen zur gleichen Zeit *Akindschi*-Truppen eine Spur der Verwüstung durch das südliche Niederösterreich bis weit ins Alpenvorland. Aus Anlass der neuerlichen Bedrohung Wiens hatte Kaiser Karl V. unter seiner Führung vor der Stadt in der Gegend der heutigen Brigittenau ein rund 170.000 Mann starkes Heer („das schönste Heer der Christenheit") versammelt. Teilen dieser Truppen gelang es, die rund 11.000 Mann starken *Akindschi*-Scharen im Raum Leobersdorf, Enzesfeld, Wiener Neustadt, Neunkirchen zu stellen und vernichtend zu besiegen.[8]

Eine Offensive des zu einem Teil aus Reichstruppen bestehenden Heeres gegen die im Rückzug befindliche osmanische

7 Mein Sigmunden Freyherrn zu Herberstain, Neyperg und Guttenhag: Raittung und Antzaigen meines Lebens und Wesens wie hernach volgt (Autobiographische Aufzeichnung bis zum Jahr 1545), in: Martin Georg Kovachich (Hg.): Sammlung kleiner noch ungedruckter Stücke, in welchen gleichzeitige Schriftsteller einzelne Abschnitte der Ungarischen Geschichte aufgezeichnet haben, Bd. 1, Ofen 1805, S. 111–287, hier S. 224.

8 Gertrud Gerhartl: Die Niederlage der Türken am Steinfeld 1532 (Militärhistorische Schriftenreihe, H. 26), Wien 1974.

Kat.Nr. 7.8 und 7.7 Berichte über die Belagerung Wiens 1529

Armee in Ungarn scheiterte an der defensiven Haltung der Reichsstände, die nicht bereit waren, sich über die Verteidigung der Reichsgrenzen hinaus zu engagieren. So schloss Ferdinand I. noch im gleichen Jahr mit Zápolya einen Waffenstillstand und im folgenden Jahr mit dem Sultan Frieden. Zápolya beherrschte — gestützt auf die Osmanen und den ungarischen Kleinadel, europaweit auf diplomatischer Ebene vor allem von Frankreich unterstützt — als König Johann I. weiterhin den größten Teil Ungarns. In Geheimverhandlungen sicherte er für den Fall seines Todes den Habsburgern die Herrschaft über ganz Ungarn zu.

Die Situation änderte sich, als er im Jahr 1540 starb und seine Anhänger seinen im gleichen Jahr geborenen Sohn als Johann II. Sigismund (János Zsigmond, 1540–1571) zum König ausriefen. Mehrfach rückten nun österreichische Truppen gegen Ofen/Buda vor, wurden aber, während sie die Festung vergeblich belagerten, von den Osmanen vernichtend geschlagen. Diese bemächtigten sich nun ihrerseits der Festung und setzten sich dort fest.

Von Buda aus regierten die Osmanen ab 1543 — nachdem sie auch die Bischofsstadt Gran/Esztergom sowie die Krönungsstadt Stuhlweißenburg/Székesfehérvár erobert hatten — die ungarische Tiefebene als osmanische Provinz. Zápolyas Sohn Johann Sigismund, den der Sultan offiziell adoptierte und über den der Paulanermönch Georg Martinuzzi (György Utješenović, „Frater Georg“, 1482–1551) die Vormundschaft ausübte, übergaben sie Siebenbürgen, das zum Fürstentum unter osmanischer Schirmherrschaft wurde. Die Habsburger konnten einen 100 bis 200 Kilometer breiten Streifen im Westen des Landes behaupten. Das Scheitern eines großen Reichsheeres, das noch 1542 gegen Buda vorgerückt war, zeigte die Aussichtslosigkeit aller Bestrebungen Ferdinands, die so entstandenen Machtverhältnisse kurzfristig zu ändern. Die Dreiteilung Ungarns war — wie sich zeigen sollte, für 140 Jahre — einzementiert.

WIEN WIRD FESTUNG ◖ Die Habsburger konzentrierten sich in der Folge auf die Absicherung des Status quo durch den Aufbau eines gestaffelten Defensivsystems mit stark befestigten Städten als Grundpfeiler der Verteidigung.[9] Dazu zählten Hauptfestungen mit einer ständigen Besatzung von mehr als 1.000 Mann, wie Raab/Györ, Großkirchen/Kanizsa, Komorn/Komárno und Eger/Erlau, denen kleinere Festungen sowie Burgen mit Truppenstär-

9 Matthias Pfaffenbichler: Die Türkenkriege während der Regierungszeit Ferdinands I., in: Ferdinand I. Herrscher zwischen Blutgericht und Türkenkriegen (Ausstellungskatalog Stadtmuseum Wiener Neustadt), Wiener Neustadt 2003, S. 34–41.

„Die erfolgreiche Verteidigung im Jahr 1529 und die neue Rolle als bedeutende Festung konstituierten ein neues Selbstverständnis der Stadt: Wien präsentierte sich nun zunehmend als Platz von zentraler Bedeutung für das gesamte Abendland, als ‚Befestigung der Christenheit'."

ken von jeweils einigen Hundert Mann zugeordnet waren. Vergleichbare Hauptfestungen auf osmanischer Seite waren Gran/Esztergom, Ofen/Buda, Stuhlweißenburg/Székesfehérvár und Temesvár. Die Hauptstützpunkte wurden in aufwendiger Weise „nach italienischer Manier" — und unter der Leitung italienischer Baumeister — befestigt.[10] Sie erhielten einen Kranz aus massiven Fortifikationsbauten, der aus einer Abfolge von Bastionen (Basteien) und sie verbindenden Kurtinen bestand. Basteien sprangen aus dem Mauergürtel vor, wobei sie nach außen einen stumpfen Winkel bildeten — von ihnen aus konnte eine Belagerungsarmee unter Kreuzfeuer genommen werden. Manche trugen zusätzlich große Geschützplattformen, sogenannte Kavaliere. Die zwischen den 300 bis 400 Meter voneinander entfernten Basteien verlaufenden Kurtinen waren mächtige Wälle, sechs bis acht Meter hoch und 20 bis 30 Meter stark.

Auch Wien war in dieses System einbezogen: Nach der Belagerung von 1529 hatte man die alte Ringmauer mit ihren Zinnen und Türmen, die seit dem Hochmittelalter die Stadt umschloss, sukzessive durch eine Befestigung wie oben beschrieben ersetzt.[11] Sie entstand zwischen 1532 und 1564 mit zunächst zehn Basteien und reichte entlang der heutigen Ringstraße von Donaukanal zu Donaukanal (der in dieser Zeit noch ein nichtregulierter Donauarm war). Der damals gefällte Entschluss, die neuen Befestigungsanlagen auf dem Gelände der bestehenden Verteidigungswerke zu errichten und damit die bereits beträchtlich angewachsenen Vorstädte auszuklammern, sollte die weitere Entwicklung der Stadt für Jahrhunderte prägen. Die Vorstädte blieben in der Folge sogar noch deutlicher vom Zentrum abgesetzt, da man einen Streifen von zunächst 50 Klaftern (etwa 95 Meter), später von 800 bis 1.000 Schritt (ca. 400 bis 600 Meter) Breite vor dem Stadtgraben als Glacis mit Bauverbot belegte, um keiner Belagerungsarmee die Möglichkeit eines gedeckten Angriffs auf die Befestigungsanlagen zu bieten.

Erst im 17. Jahrhundert wurde der Festungsring durch den Bau zweier weiterer Basteien und Kurtinen entlang des stadtnahen Donauarms geschlossen. Gleichzeitig errichtete man im Stadtgraben zwischen den Basteien insgesamt elf niedrigere Vorbauten, die sogenannten Ravelins, und baute den Stadtgraben aus: Etwa 20 Meter breit, zwischen sieben und acht Metern tief, umgab er die Mauern, stand aber nur in Donauarmnähe ständig unter Wasser. Ihm vorgelagert war ein „gedeckter Weg", ein Gang zwischen aufgeschütteten Erdwällen, der die äußerste Verteidigungslinie bildete und zusätzlich durch einen Palisadenzaun geschützt wurde. Dieser gewaltige Ausbau der Fortifikationen war erst um 1672 abgeschlossen, ein Jahrzehnt später sollten sie — als die osmanische Armee das zweite Mal vor Wien erschien — ihre große Bewährungsprobe bestehen.

Die erfolgreiche Verteidigung im Jahr 1529 und die neue Rolle als bedeutende Festung konstituierten ein neues Selbstverständnis der Stadt: Wien präsentierte sich nun zunehmend als Platz von zentraler Bedeutung für das gesamte Abendland, als —

10 Géza Pálffy: Die Türkenabwehr der Habsburgermonarchie in Ungarn und Kroatien im 16. Jahrhundert: Verteidigungskonzeption, Grenzfestungssystem, Militärkartographie, in: Heppner, Barbarics-Hermanik, Türkenangst, S. 79–108.

11 Walter Hummelberger, Kurt Peball: Die Befestigungen Wiens (Wiener Geschichtsbücher, Bd. 14), Wien/Hamburg 1974.

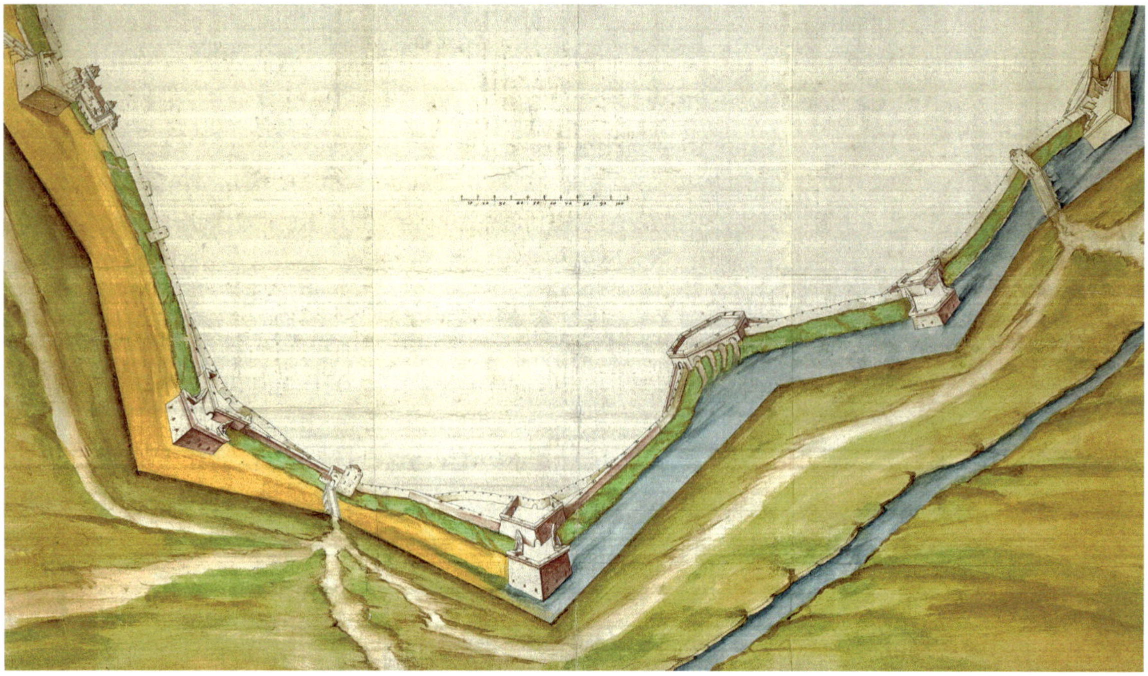

Kat.Nr. 7.10 Nach der Belagerung von 1529 wurde Wien zur Festung ausgebaut: Plan der Festungswerke von der Burg bis zur Predigerbastei.

wie es als Erster der dichtende katholische Pfarrer Wolfgang Schmeltzl (ca. 1500–1557) im Jahr 1547 in seinem *Lobspruch* ausdrückte — „Befestigung der Christenheit“.[12]

DER SEEKRIEG IM MITTELMEER ◖ Unter Süleymans Herrschaft hatten die Osmanen ihre Flotte gewaltig ausgebaut und sich als Großmacht im Mittelmeerraum etabliert. Ohne eigene Seefahrertradition stützten sie sich dabei vor allem auf ausländische Spezialisten und rekrutierten auch Korsaren, wie den legendären Chaireddin Barbarossa (1475–1546), den sie zum Großadmiral der Flotte machten. Eine Konfrontation mit der von Spanien nur halbherzig unterstützten venezianischen Flotte endete im Jahr 1540 mit dem Gewinn fast aller Stützpunkte Venedigs in der griechischen Inselwelt. Im französisch-spanischen Krieg 1542/43 operierte die osmanische Flotte Seite an Seite mit der französischen an der Südküste Frankreichs: Gemeinsam wurde Nizza eingenommen, und König Franz I. ließ die Stadt Toulon räumen, um Chaireddins Marine dort überwintern zu lassen.

Jahrzehntelang währte der Seekrieg zwischen den Osmanen und Habsburg-Spanien um Schlüsselpositionen an der Nordküste Afrikas.[13] Während sich im westlichen (um Algier) und östlichen Küstenabschnitt (Ägypten) die osmanische (Vasallen-)Herrschaft stabilisierte, war vor allem der zentrale Teil, von dem aus die Meerenge zwischen Nordafrika und Sizilien zu kontrollieren war, umkämpft: Tunis wurde im Jahr 1535 von der spanischen Flotte unter persönlicher Anwesenheit Karls V. erobert, bis 1574 konnten sich die Spanier dort halten; Tripolis, das der Kaiser im Jahr 1522 dem Ritterorden der Johanniter (die von den Osmanen von Rhodos vertrieben worden waren) übergeben hatte, ging schon 1551 wieder an die Osmanen verloren, die in Libyen ein

12 Zu Schmeltzls *Lobspruch* siehe Kat.Nr. 6.19, zum Selbst- und Fremdbild Wiens im 17. Jahrhundert siehe Ferdinand Opll: Was ist Wien? Studien zur städtischen Identität in Spätmittelalter und Früher Neuzeit (13. bis frühes 18. Jahrhundert), in: Studien zur Wiener Geschichte. Jahrbuch des Vereins für Geschichte der Stadt Wien 57/58 (2001/02), S. 125–196, hier S. 139; ders.: Wien und die türkische Bedrohung (16.–18. Jahrhundert): Überlegungen und Beobachtungen zu Stadtentwicklung und Identität, in: Eckhard Leuschner, Thomas Wünsch (Hg.): Das Bild des Feindes. Konstruktion von Antagonismen und Kulturtransfer im Zeitalter der Türkenkriege. Ostmitteleuropa, Italien und Osmanisches Reich, Berlin 2013, S. 183–197, hier S. 186.

13 Zum Osmanischen Reich als Seemacht und dem Seekrieg im Mittelmeer siehe Majoros, Rill, Das Osmanische Reich, S. 232–238, S. 248f., S. 251–253.

Vasallenfürstentum (unter Torgud, dem Nachfolger Chaireddins) etablierten. Zweimal stand die spanische Flotte vor dem fast vollständigen Ruin: Im Jahr 1541 wurde der größte Teil bei einem Versuch, Algier einzunehmen, durch einen Sturm vernichtet; 1560 zerstörten die Osmanen eine spanische Seestreitmacht beim Kampf um Djerba, eine Festungsinsel vor der tunesischen Küste. Übrigens operierte die osmanische Flotte auch außerhalb des Mittelmeerraums: Südlich von Suez und im Persischen Golf war sie mit der portugiesischen Seemacht im Kampf um die Handelswege nach Indien konfrontiert.

Der Kampf ums Mittelmeer kulminierte schließlich in zwei großen Schlachten: Malta im Jahr 1565 und Lepanto im Jahr 1571. Mehr als drei Monate lang (vom 18. Mai bis zum 8. September) lagen 130 osmanische Galeeren und 30 Galeassen (Großkampfschiffe), begleitet von zahllosen Transportschiffen, vor Malta, 30.000 bis 40.000 Mann starke Landstreitkräfte bestürmten die Festungen der Insel (die von den Johannitern unter Großmeister Jean Parisot de La Valette (1494–1568) — die maltesische Hauptstadt ist nach ihm benannt — verteidigt wurde). Die Verteidiger hielten durch, bis der nahende Winter die Osmanen zur Rückkehr zwang. Erfolgreicher waren die Osmanen im Jahr 1570 mit der Eroberung der Insel Zypern, die bis dahin noch von Venedig gehalten worden war. Als Reaktion vereinigten allerdings der Kirchenstaat, Spanien und Venedig ihre Seestreitkräfte zu einem Gegenschlag: Am 7. Oktober 1571 trafen in der Bucht von Lepanto (Nafpaktos, vor dem Eingang zum Golf von Patras) die beiden jeweils über 200 Kampfschiffe starken Geschwader aufeinander. Bei großen Verlusten auf beiden Seiten behielten die christlichen Alliierten — den Oberbefehl führte Don Juan d'Austria (1547–1578), der uneheliche Sohn Karls V. — schließlich die Oberhand. Im kollektiven Gedächtnis Europas wurde der Triumph von Lepanto zum entscheidenden Wendepunkt, zum Beginn des Niedergangs der osmanischen Großmacht stilisiert.[14] Tatsächlich zerfiel die Allianz unmittelbar nach dem Sieg, und die Osmanen konnten in der Folge nicht nur Zypern behalten.

VOM BRÜCHIGEN WAFFENSTILLSTAND ZUM „LANGEN KRIEG" ◖ Am Kriegsschauplatz Ungarn herrschte ab 1547 zunächst offiziell Waffenstillstand. Erstmals wurde ein Abkommen zwischen den Habsburgern und dem Osmanischen Reich schriftlich fixiert.[15] Die direkte Nachbarschaft der Großmächte war hier aber von fast ununterbrochenen Konflikten begleitet, ohne dass eine der beiden Seiten ihre Position wesentlich verändern konnte.[16] Ein von Johann Zápolyas Witwe Isabella und dem erwähnten Frater Georg Martinuzzi ausgehender Versuch, Siebenbürgen mithilfe der Habsburger von der osmanischen Oberhoheit zu befreien, führte im Jahr 1551 zu einer militärischen Intervention Ferdinands I. Seine Truppen verhielten sich allerdings in Siebenbürgen eher wie grausame Eroberer, und Frater Georg, dessen Haltung die Österreicher misstrauten, wurde von ihnen ermordet. Süleyman intervenierte nun seinerseits, stieß bis Temesvár vor und stellte den Status Siebenbürgens als osmanisch „beschirmtes" Fürstentum wieder her.

Im Jahr 1566 brach Süleyman zu einem neuen Feldzug auf, traf den inzwischen erwachsenen König Johann II. Sigismund zu einem prunkvollen „Gipfeltreffen" in Semlin, um dessen Anspruch auf ganz Ungarn zu betonen (er nannte ihn, unter Anspielung auf

14 Harriet Rudolph: Lepanto — Die Ordnung der Schlacht und die Ordnung der Erinnerung, www.uni-regensburg.de/philosophie-kunst-geschichte.../lepanto.pdf (1.4.2016).

15 Ernst D. Petritsch: Angst als politisches Instrument der Osmanen?, in: Heppner, Barbarics-Hermanik, Türkenangst, S. 15–41, hier S. 23.

16 Zur Ungarnpolitik der Habsburger und der Osmanen in der zweiten Hälfte des 16. Jahrhunderts siehe Majoros, Rill, Das Osmanische Reich, S. 241–246, S. 254–258.

die Stephanskrone, „seinen Sohn Siegmund Stephan"), und stieß in der Folge nach dem südwestungarischen Szigetvár vor. In langen, heftigen Kämpfen eroberten die Osmanen die Burg, doch noch vor ihrer Einnahme starb Süleyman im Feldlager. Zwei Jahre zuvor war sein Gegenspieler Ferdinand I., seit der Abdankung seines Bruders Karl im Jahr 1556 auch Kaiser des Reichs, gestorben.

Ferdinands Nachfolger (in den niederösterreichischen Ländern, als König von Böhmen und Ungarn sowie als römisch-deutscher Kaiser) Maximilian II. schloss mit Sultan Selim II. (1524–1574) im Jahr 1568 den Frieden von Adrianopel/Edirne, im Vertrag von Speyer wurden im Jahr 1570 die jeweiligen Einflusssphären aufgeteilt. Kernpunkt war die Anerkennung der osmanischen Hegemonie über das Fürstentum Siebenbürgen, dessen Herrscher Sigismund Zápolya den Anspruch auf die ungarische Krone fallen ließ. István Báthory (1533–1586), ab 1571 Nachfolger von Sigismund als Fürst von Siebenbürgen und gleichzeitig König von Polen, ordnete sich in dieses Konzept ein. Erst im letzten Jahrzehnt des 16. Jahrhunderts brachen die Vasallenfürsten nördlich der Donau — Istváns Neffe Sigismund Báthory (1572–1630) in Siebenbürgen und Michael „der Tapfere" (Mihai Viteazul, 1558–1601) an der Spitze der Walachei — aus der osmanischen Hegemonie aus. Sigismund Báthory verbündete sich mit Rudolf II. (der 1576 Maximilian II. nachgefolgt war), heiratete eine habsburgische Erzherzogin und trat Siebenbürgen an den Kaiser ab. Zu diesem Zeitpunkt war der nie ganz zur Ruhe gekommene Konflikt auch an der österreichischen Grenze erneut zu einem großen Krieg eskaliert.

Der „lange Türkenkrieg" hatte im Jahr 1593 mit der Belagerung ungarischer Grenzfestungen begonnen, wobei den Osmanen die Einnahme von Raab/Györ, den Kaiserlichen die von Gran/Esztergom gelang. Raab wurde fünf Jahre später, 1598, zurückerobert — ein Erfolg, der zu einer großen propagandistischen Offensive auf christlicher Seite genützt wurde.[17] Im Jahr 1596 brach ein großes, von Sultan Mehmed III. (1566–1603) persönlich geführtes osmanisches Heer gegen Norden auf. Im Oktober nahm es Eger/Erlau ein und traf bei Mezőkeresztes auf eine Armee unter Erzherzog Maximilian, dem Bruder des Kaisers. In einer dreitägigen Schlacht, der einzigen großen Feldschlacht in diesem Krieg, wurde die kaiserliche Armee besiegt.

Im Osten warf Fürst Michael die Osmanen aus der Walachei, dann Sigismund Báthorys Nachfolger Andreas, der die Verträge mit den Habsburgern nicht anerkennen wollte, aus Siebenbürgen und hatte kurzfristig das gesamte Gebiet des heutigen Rumänien unter Kontrolle. Besiegt wurde er nicht von den Osmanen, sondern von den Polen, mit denen er über den Besitz der Moldau aneinandergeriet. Kaiser Rudolf ließ ihn durch seinen General Giorgio Basta (1544–1607) unterstützen, bis Michael sich mit Basta überwarf und von diesem ermordet wurde. General Basta errichtete in der Folge in Siebenbürgen ein Besatzungsregime im Namen Habsburgs, das insbesondere mit seiner Rekatholisierungspolitik den ungarischen Adel empörte. Im Jahr 1604 brach ein Aufstand los, der auf das ganze habsburgische Ungarn übergriff. Die Aufständischen riefen ihren Anführer, István Bocskay (1557–1606), zum Fürsten — zunächst von Siebenbürgen und dann von ganz Ungarn — aus. Von den Osmanen wurde er wie ein mit ihnen verbündeter König behandelt und militärisch unterstützt. Die Habsburger erkannten Bocskay schließlich als Fürsten eines auf weite Teile Nordostungarns ausgedehnten Fürstentums Siebenbürgen an. Der Frieden

17 So wurden die sogenannten Raaberkreuze errichtet, teilweise heute noch bestehende Bildstöcke und Marterln, die den Spruch trugen: „Sag Gott dem Herrn Lob und Dank, daß Raab wieder kommen in der Christen Hand."

> „Solange die habsburgischen Landesfürsten auf die Geldzuwendungen und Truppenbewilligungen des protestantischen Adels angewiesen waren, unterblieb jeder Versuch einer gewaltsamen Rekatholisierung. Auf diese Weise stärkten die Osmanen die Position der Protestanten in den österreichischen Ländern."

von Zsitvatorok (der Mündung der Zsitva in die Donau) zwischen den Habsburgern und den Osmanen fixierte im Jahr 1606 diese Verhältnisse: Ungarn blieb dreigeteilt, wobei Siebenbürgen nunmehr den deutlich größten Teil bildete.

Seit dem Waffenstillstand von 1547 erhielt die hohe Pforte jährlich 30.000 Dukaten aus Wien, was von den Osmanen als Tributzahlung, von den Habsburgern als „Ehrengeschenk" interpretiert wurde.[18] Der Frieden von Zsitvatorok beendete diese Praxis mit einer abschließenden Zahlung von 200.000 Gulden — ein in Relation zu den Gesamtkosten der „Türkenabwehr", die um 1600 jährlich schon deutlich mehr als zwei Millionen Gulden ausmachten, nicht allzu hoher Betrag. Gleichzeitig wurde der Kaiser von nun an seitens des Sultans als *Roma-i çasar* (römischer Kaiser) anerkannt und nicht mehr als *Nemçe kıralıı* (österreichischer oder deutscher König) oder *Beç kıralıı* (König von Wien) tituliert.[19]

LANDESFÜRST UND STÄNDE ◖ Die Kriege gegen die Osmanen, insbesondere die horrenden Summen, die zu ihrer Finanzierung aufgebracht werden mussten, hatten tief greifende Auswirkungen auf die politische Situation in den habsburgischen Ländern.[20] Bei der Konsolidierung ihrer Macht waren die Habsburger mit den Interessen der städtischen und ländlichen Eliten ihrer Länder, der in den Landständen organisierten „Herren" (der Hochadel, also Grafen und Freiherren), „Ritter" (der niedere Adel), „Prälaten" (die grundbesitzenden Klöster) sowie Städte und Märkte, konfrontiert. Gleichzeitig waren sie aber als Landesfürsten, da ihnen noch alle Mechanismen moderner Staaten, vom Verwaltungsapparat bis zum stehenden Heer, fehlten, in der Ausübung ihrer Herrschaft auf die Mitwirkung der Stände angewiesen. Der Konflikt erhielt seine religiöse Komponente, als sich die adeligen Stände im Gegensatz zum Landesfürsten überwiegend zum reformierten Glauben bekannten und sich damit Fragen der Aufteilung der Autorität über Kirche, Justiz und Untertanen in neuer, verschärfter Form stellten.[21]

In dieser Auseinandersetzung war die Finanzierung der Kriege gegen die Osmanen das am meisten ins Gewicht fallende Machtmittel der Stände. Solange die habsburgischen Landesfürsten auf die Geldzuwendungen und Truppenbewilligungen des protestantischen Adels angewiesen waren, unterblieb jeder

18 Ernst D. Petritsch: Tribut oder Ehrengeschenk? Ein Beitrag zu den habsburgisch-osmanischen Beziehungen in der zweiten Hälfte des 16. Jahrhunderts, in: Leopold Kammerhofer, Elisabeth Springer (Hg.): Archiv und Forschung. Das Haus-, Hof und Staatsarchiv in seiner Bedeutung für die Geschichte Österreichs und Europas (Wiener Beiträge zur Geschichte der Neuzeit, Bd. 20), Wien/München 1973, S. 49–58.

19 Petritsch, Angst, S. 36.

20 Karl Vocelka: Die inneren Auswirkungen der Auseinandersetzung Österreichs mit den Osmanen, in: Südost-Forschungen 36 (1977), S. 14–27.

21 Karin J. MacHardy: Staatsbildung in den habsburgischen Ländern in der Frühen Neuzeit. Konzepte zur Überwindung des Absolutismusparadigmas, in: Petr Mat'a, Thomas Winkelbauer (Hg.): Die Habsburgermonarchie 1620 bis 1740. Leistungen und Grenzen des Absolutismusparadigmas (Forschungen zur Geschichte und Kultur des östlichen Mitteleuropa, Bd. 24), Stuttgart 2006, S. 73–98.

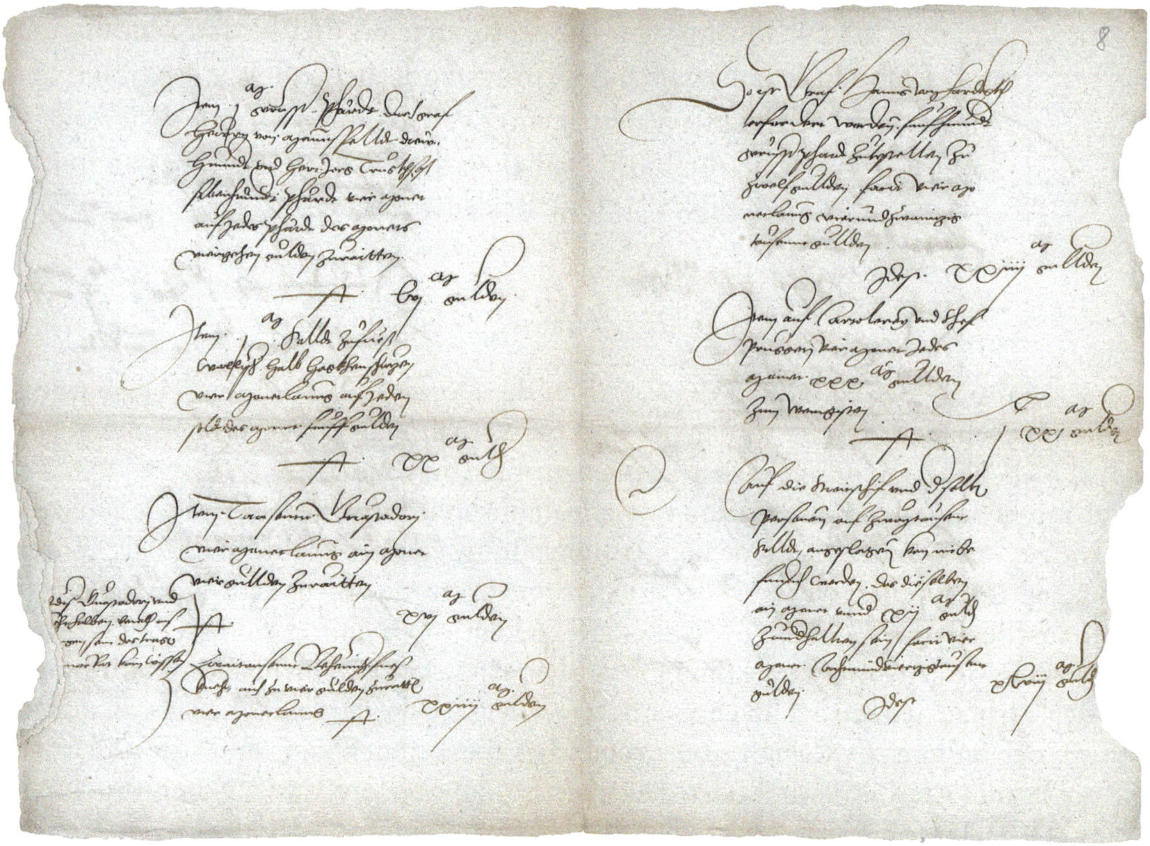

Kat.Nr. 8.2 Die Geldzuwendungen und Truppenbewilligungen des evangelischen Adels für die Kriege gegen die Osmanen stärkten die Position der Protestanten: Zusammenstellung der von den Landtagen bewilligten Gelder und ihrer Verwendung, 1529.

Versuch einer gewaltsamen Rekatholisierung. Auf diese Weise stärkten die Osmanen die Position der Protestanten in den österreichischen Ländern, ohne dass es jemals zu so etwas wie einem Bündnis gekommen wäre.[22] Im Gegenteil: In ihrer Propaganda stellten Protestanten wie Katholiken „die Türken" als Strafe Gottes für die Abweichung der jeweils anderen Seite vom wahren Glauben dar. Verfolgt man die Positionen Luthers,[23] zeigt sich mit dem Näherrücken der „Türkengefahr" an die abendländischen Grenzen ein Wandel: Bezeichnete er anfangs den Kampf gegen den Papst, den „Türken in Rom", als die eigentliche Aufgabe der Christen, bekannte er sich Anfang 1529 in *Vom Kriege widder die Türcken* grundsätzlich zum Kampf gegen die Osmanen, allerdings als eine rein weltliche Aufgabe der Könige und Fürsten, bei der die Geistlichkeit nichts zu suchen hätte, um dann im Herbst des gleichen Jahres in der *Heerpredigt wider den Turcken* selbst an die kämpfenden Heere zu appellieren.

Die niederösterreichischen Städte bildeten eine Kurie der Landstände und brachten ursprünglich — wie die anderen drei Kurien — ein Viertel der Landessteuern auf, wobei Wien, die bei Weitem größte Stadt, die Hälfte dieses Anteils, also ein Achtel des gesamten Steueraufkommens, bestritt.[24] Im Jahr 1539 erklärten die Städte, ihren Anteil nicht mehr leisten zu können. Ihr Beitrag wurde daraufhin auf ein Fünftel reduziert, jedoch schieden sie in der Folge aus dem *Verordnetenkollegium*, dem Führungsgremium der Landstände, aus. Ein Schritt, der die Stellung

22 Claire Norton: „The Lutheran is the Turks' luck": Imagining Religious Identity, Alliance and conflict on the Habsburg-Ottoman Marches in Account of the Sieges of Nagykanizsa 1600 and 1601, in: Kurz, Scheutz, Vocelka u. a., Das Osmanische Reich, S. 67–81.

23 Klaus-Peter Matschke: Das Kreuz und der Halbmond. Die Geschichte der Türkenkriege, Düsseldorf/Zürich 2004, S. 249–252.

24 Silvia Petrin: Die Stände des Landes Niederösterreich (Wissenschaftliche Schriftenreihe Niederösterreich, Bd. 64), St. Pölten 1982.

Kat.Nr. 7.12 Eine von mehreren Schriften Martin Luthers zu den Türkenkriegen

der Städte in der konfessionellen Auseinandersetzung langfristig schwächte: Als 1568 den Mitgliedern des Herren- und Ritterstands von Maximilian II. die Praktizierung der lutherischen Konfession nach dem Augsburger Bekenntnis „in ihren Schlössern, Häusern und Gebieten“ zugestanden wurde, blieb diese *Religionskonzession* den Städten verwehrt. In der Praxis partizipierten die Wienerinnen und Wiener freilich an der religiösen Freiheit der höheren Stände, indem sie in den Freihäusern des Adels in Wien, im Landhaus oder in den stadtumliegenden Dörfern, die in der Hand protestantischer Adeliger waren, an evangelischen Gottesdiensten teilnahmen.

Erst die Entspannungsphase im Verhältnis zum Osmanischen Reich ab den 1570er-Jahren machte ein energisches Vorgehen der Habsburger gegen die protestantischen Stände möglich. Jetzt, wo der Landesfürst nicht mehr auf die Kriegsbewilligungen der Stände angewiesen war, folgte ein gegenreformatorisches Dekret dem anderen. Entscheidend für die religiösen Verhältnisse in Wien war, dass im Jahr 1578 die protestantischen Prediger aus der Stadt verwiesen wurden und die Landhauskapelle aufgehoben wurde. Umgekehrt unterbrachen der um die Jahrhundertwende wieder aufflackernde Türkenkrieg und der sich zuspitzende Gegensatz zwischen Rudolf II. und seinem Bruder Matthias den Siegeszug der Gegenreformation: Im Jahr 1609 musste Matthias in der sogenannten *Kapitulationsresolution* dem protestantischen Adel die jenem von Maximilian II. gewährten Rechte bestätigen.

AUSBLICK ◖ Zahllose Gründe wurden für den Abstieg des Osmanischen Reichs genannt: von unfähigen Sultanen (schon der Nachfolger des großen Süleyman, Selim II., galt als Alkoholiker) über wirtschaftliche Stagnation (anders als im Westen Europas entstand kein Finanz- und Handelskapitalismus) bis hin zur allgemeinen Feststellung, dass ein auf ständige Expansion ausgerichtetes System zusammenbrechen musste, als weitere Eroberungen ausblieben. Die Ursachen können hier weder vollständig aufgezählt noch abgewogen werden, es sei nur konstatiert, dass das Osmanische Reich in der ersten Hälfte des 17. Jahrhunderts nicht in der Lage war, die Verwicklung seines gefährlichsten Feindes in den Dreißigjährigen Krieg in irgendeiner Weise für sich zu nützen. Erst die teilweise Restauration der alten Stärke unter den Großwesiren aus der albanischen Familie der Köprülü ab 1656 schuf die Voraussetzungen, dass — nach mehr als einem halben Jahrhundert Frieden — in den Jahren 1663/64 wieder ein Feldzug gegen Österreich möglich war. Ein kaiserliches Heer unter Raimund Montecuccoli (1609–1680) schlug ihn bei Mogersdorf/St. Gotthard an der Raab zurück. Ein neuer Feldzug im Jahr 1683 führte die Osmanen schließlich das zweite Mal bis vor Wien. Der Sieg einer „Heiligen Liga“ über die Osmanen vor Wien und die Gegenoffensive der kaiserlichen Armee beendeten schließlich die Machtstellung der Osmanen im Donauraum. Der Triumph der Gegenreformation hatte seine Fortsetzung im Niederringen des zweiten großen Feindes des „Erzhauses“ und der katholischen Kirche gefunden.

■

II

Die Stadt und der Herrscher

Zwischen Aufbegehren und Anpassung

Von der Ständeopposition zur Wiener Stadtordnung von 1526

Josef Pauser

Der lange Übergang vom 15. zum 16. Jahrhundert war für das Erzherzogtum Österreich und die Stadt Wien von mehreren, dicht aufeinander folgenden Herrscherwechseln gekennzeichnet.[1] Nach dem Tod des Ladislaus Postumus (geb. 1440), des letzten Vertreters der albertinischen Linie der Habsburger, im Jahr 1457, entbrannte ein erbitterter Erbschaftskonflikt zwischen den Brüdern Friedrich III. (1415–1493) und Albrecht VI. (geb. 1418). Mit dem Tod des Letzteren 1463 hatte sich Friedrich zwar durchgesetzt, verlor aber später die Macht im Herzogtum unter der Enns an den ungarischen König Matthias Corvinus (1443–1490), der es von 1485 bis 1490 größtenteils erobert hatte. Auch diesen überlebte Friedrich III., der schließlich 1493 das Herzogtum an seinen Sohn Maximilian I. (1459–1519) übergab. All diese politischen Wirren hatten sich zuweilen zu bürgerkriegsartigen Zuständen oder echten Kriegen ausgewachsen. Die daraus entstandene wirtschaftliche Unsicherheit und die zunehmende Türkenbedrohung taten ein Übriges, um die Situation der Stadt Wien zu verschlechtern. Nicht zuletzt aufgrund der geschilderten politischen Umbrüche konnten sich die Landstände als politischer Entscheidungsfaktor im 15. Jahrhundert langsam in den Vordergrund rücken. Die Stadt Wien gehörte dem vierten Stand, der die landesfürstlichen Städte und Märkte umfasste, an und dominierte diesen schon allein durch ihre Größe.

1 Dazu und im Folgenden im Überblick Alois Niederstätter: Das Jahrhundert der Mitte. An der Wende vom Mittelalter zur Neuzeit (Österreichische Geschichte, hg. von Herwig Wolfram, 1400–1522), Wien 1996, S. 215–268; Peter Csendes: Vom späten 14. Jahrhundert bis zur Wiener Türkenbelagerung, in: ders., Ferdinand Opll (Hg.): Von den Anfängen bis zur Ersten Wiener Türkenbelagerung (1529) (Wien. Geschichte einer Stadt, hg. von Peter Csendes, Ferdinand Opll, Bd. 1), Wien/Köln/Weimar 2001, S. 145–198; Christian Lackner: Vom Herzogtum Österreich zum Haus Österreich (1278–1519), in: Thomas Winkelbauer (Hg.): Geschichte Österreichs, Stuttgart 2015, S. 110–158, hier S. 138–144, S. 149–158.

WIRREN NACH DEM TOD MAXIMILIANS I. — WIEN ZWISCHEN ALTEM UND NEUEM REGIMENT ◖ Maximilian I. hatte nie eine große Zuneigung zu Wien entwickelt.[2] Zu sehr war ihm ein traumatisches Kindheitserlebnis vor Augen, als sein Onkel Albrecht VI. im Erbschaftsstreit mit Friedrich III. gemeinsam mit den Wienern die Hofburg, in der er sich mit seinen Eltern aufhielt, belagerte. Mit den Landständen gab es während seiner Herrschaft ob der permanent hohen Geldforderungen des Landesfürsten und seiner zentralisierenden Verwaltungsreformen weiterhin Spannungen, die sich gegen Ende der Herrschaft sogar steigerten. Wien sah zudem sein Niederlagsrecht bedroht, demzufolge alle fremden Händler ihre Waren bei der Durchfuhr den Wiener Händlern anzubieten hatten.[3] 1506 und 1515 hatte Maximilian I., der von den oberdeutschen Handelshäusern finanziell abhängig war, dieses Handelsmonopol der Wiener stark eingeschränkt.[4] Als Maximilian I. am 12. Jänner 1519 in Wels verstarb, barg ein Zusatz zum kaiserlichen Testament Zündstoff.[5] Der Kaiser hatte nämlich wenige Tage vor seinem Tod bestimmt, dass nach seinem Ableben die bisherigen landesfürstlichen Regimenter ihre Tätigkeit bis zum Regierungsantritt seiner Nachfolger weiter ausüben sollten. Die Erben, die jungen Erzherzöge Karl und Ferdinand, waren weit weg, in Spanien der eine, in den Niederlanden der andere. Das niederösterreichische Regiment, welches seit 1510 seinen Sitz in Wien hatte und nun durch den letzten Willen des Landesfürsten prolongiert werden sollte, galt als korrupt und war nicht nur den Wienern verhasst. Die Landstände waren überhaupt der Ansicht, dass nach altem Herkommen die landesfürstlichen Hoheitsrechte beim Tod des Herrschers an die Stände zurückfielen und von diesen während der Zeit der Sedisvakanz auszuüben wären; erst nach Bestätigung ihrer Rechte durch den neuen Landesfürsten und nach der Huldigung desselben durch die Landstände gingen ihrer Ansicht nach diese Rechte wieder in die Hand des Landesfürsten über.

Bürgermeister Wolfgang Kirchhofer[6] (1479/1489–1525) und der Rat der Stadt Wien schworen jedenfalls anfänglich dem alten Regiment die Treue und begannen, den 18-köpfigen Rat durch Vertreter der Genannten, eines circa 200-köpfigen Gremiums angesehener Wiener Bürger, sowie der *Gemein* zu ergänzen, wie es in außergewöhnlichen Zeiten üblich war.[7] Allerdings entstand sogleich eine lautstarke regimentskritische Gegengruppierung, ein Ausschuss bestehend aus 53 Bürgern, der von Martin Siebenbürger (ca. 1457–1522) angeführt wurde. Siebenbürger, Jurist, Professor und mehrmaliger Dekan der juristischen Fakultät, hatte sich im Jahr 1512 beim alten Regiment unbeliebt gemacht, da er als Stadtrichter den Korruptionsprozess gegen Lienhart Laufner, einen landesfürstlichen Wassermauteinnehmer am Roten Turm,

2 Csendes, Vom späten 14. Jahrhundert, S. 177–183.

3 Ebd., S. 179f.; Erich Landsteiner: Die Kaufleute, in: Karl Vocelka, Anita Traninger (Hg.): Die frühneuzeitliche Residenz (16. bis 18. Jahrhundert) (Wien. Geschichte einer Stadt, hg. von Peter Csendes, Ferdinand Opll, Bd. 2), Wien/Köln/Weimar 2003, S. 205–208.

4 J. A. Tomaschek: Die Rechte und Freiheiten der Stadt Wien, Bd. 2, Wien 1879, S. 119f. (Nr. CLXXIV).

5 Victor Felix von Kraus: Zur Geschichte Oesterreichs unter Ferdinand I. 1519–1522. Ein Bild ständischer Parteikämpfe, Wien 1873, S. 11–13; Hans Lahoda: Der Ständekampf in den österreichischen Erblanden nach dem Tode Maximilians I. bis zu seiner Beendigung im Blutgericht von Wiener Neustadt, unveröff. Diss. Univ. Wien 1949; Alphons Lhotsky: Das Zeitalter des Hauses Österreich. Die ersten Jahre der Regierung Ferdinands I. in Österreich (1520–1527) (Österreichische Akademie der Wissenschaften, Veröffentlichungen der Kommission für Geschichte Österreichs, Bd. 4), Wien 1971, S. 65–73; Hermann Wiesflecker: Kaiser Maximilian I. Das Reich, Österreich und Europa an der Wende zur Neuzeit, Bd. 4: Gründung des habsburgischen Weltreiches, Lebensabend und Tod, 1508–1519, Wien 1981, S. 438f.; Csendes, Vom späten 14. Jahrhundert, S. 180; Günther R. Burkert: Landesfürst und Stände. Karl V., Ferdinand I. und die österreichischen Erblande im Ringen um Gesamtstaat und Landesinteressen (Forschungen und Darstellungen zur Geschichte des Steiermärkischen Landtages, Bd. 1), Graz 1987, S. 11–13.

6 Die ganze Angelegenheit aus der Sicht des Bürgermeisters: Richard Perger (Hg.): Wolfgang Kirchhofer. Erinnerungen eines Wiener Bürgermeisters 1519–1522 (Österreich Archiv), Wien 1984; Harald Tersch: Wolfgang Kirchhofer, in: ders.: Österreichische Selbstzeugnisse des Spätmittelalters und der Frühen Neuzeit (1400–1650), S. 172–179.

7 Kraus, Geschichte, S. 17f.; Lhotsky, Zeitalter, S. 85; Csendes, Vom späten 14. Jahrhundert, S. 180f.

durchführen musste.[8] Dabei wurden auch Bestechungsvorwürfe gegen höchste Vertreter des niederösterreichischen Regiments, gegen Kanzler Johann Schneidpöck (1475–1527) sowie gegen Regimentsrat Georg von Rottal, erhoben. Diese wehrten sich mit aller Kraft gegen die Untersuchung Siebenbürgers, die Prozesse versandeten schließlich. Der verbitterte Siebenbürger entwickelte sich bald zu einer Art frühneuzeitlichem Wiener „Michael Kohlhaas". Sein Hass gegen das alte Regiment sollte ihn zu einer der treibenden Kräfte des Umbruchs des Jahres 1519 machen.

„Halbbatzen" (2 Kreuzer), 1520, geprägt von den „Wiener Hausgenossen" während des Aufstands gegen das landesfürstliche Regiment und der Vertreibung des kaiserlichen Münzmeisters (Wien Museum, Inv.Nr. 22.506)

Auf dem Wiener Landtag Ende Jänner 1519[9] wandten sich die Stände — nicht zuletzt wegen des Drucks der Straße — gegen das alte Regiment, welches daraufhin Wien verließ, in Wiener Neustadt seinen Sitz nahm und seine Regierungsrechte betonte. Die Stände bildeten nun einen Ausschuss von 64 Personen, daraus einen 16 Personen umfassenden Landrat, der als neues Regiment die Verwaltungshoheit übernahm, und sie arbeiteten eine eigene Landesordnung aus.[10] Sie griffen auf das Kammergut zu, bemächtigten sich des Münzwesens, hielten Gericht und übernahmen auch andere landesfürstliche Rechte. Auf einem Generallandtag der niederösterreichischen Länder in Bruck an der Mur beschloss man, Gesandtschaften an die Erzherzöge Karl und Ferdinand zu senden.[11] An der Gesandtschaft nach Spanien nahm auch Siebenbürger teil. Er verhielt sich aber gegenüber dem mittlerweile zum Kaiser gewählten Karl so undiplomatisch, dass dies zu Zerwürfnissen zwischen den Vertretern der einzelnen Länder führte. Die Steiermark, Kärnten und Krain bekundeten Karl ihre Loyalität, Österreich unter und Österreich ob der Enns blieben abwartend. Karl hatte mittlerweile ein oberstes Regiment in Augsburg mit der Verwaltung auch der niederösterreichischen Länder betraut, welches nun stellvertretend die Erbhuldigung einforderte. Diese fand am 9. Juli 1520 am Landtag in Klosterneuburg statt. Die Stadt Wien huldigte erst am 11. Juli in den eigenen Mauern.[12] Auf einem neuerlichen Landtag in Klosterneuburg im Oktober 1520 wurde der landständische Landrat aufgelöst, in Wien fanden auf landesfürstlichen Wunsch hin eine außerordentliche Ratswahl und die Auflösung des revolutionären Bürgerausschusses statt. Entgegen den Hoffnungen des Landesfürsten wurden Siebenbürger zum Bürgermeister und einige seiner Anhänger in den Stadtrat gewählt. Beides wurde von den landesfürstlichen Kommissären nach längerem Zögern akzeptiert.

8 Kraus, Geschichte, S. 89–101; Csendes, Vom späten 14. Jahrhundert, S. 178. Zu Siebenbürger: Alexander Novotny: Ein Ringen um ständische Autonomie zur Zeit des erstarkenden Absolutismus (1519–22). Bemerkungen über Bedeutung und Untergang Dr. Martin Siebenbürgers, in: Mitteilungen des Instituts für Österreichische Geschichtsforschung 71 (1963), S. 354–369; Richard Perger: Die Wiener Bürgermeister Lienhard Lackner, Friedrich von Pieschen, Dr. Martin Siebenbürger und andere Mitglieder der „Wiener Handelsgesellschaft", in: ders., Walter Hetzer: Wiener Bürgermeister der frühen Neuzeit (Forschungen und Beiträge zur Wiener Stadtgeschichte, Bd. 9), Wien 1981, S. 3–88, insbes. S. 25–44; Harald Tersch: Martin Siebenbürger, in: ders., Selbstzeugnisse, S. 150–159.

9 Wiesflecker, Maximilian I., Bd. 4, S. 441; Burkert, Landesfürst, S. 20f.

10 Kraus, Geschichte, S. 20; Lhotsky, Zeitalter, S. 86f.; Wiesflecker, Maximilian I., Bd. 4, S. 442; Csendes, Vom späten 14. Jahrhundert, S. 181f.; Alfred Kohler: Ferdinand I. 1503–1564. Fürst, König und Kaiser, München 2003, S. 66.

11 Dazu Lhotsky, Zeitalter, S. 87, S. 92–98; Wiesflecker, Maximilian I., Bd. 4, S. 441f.; Burkert, Landesfürst, S. 64–74.

12 Lhotsky, Zeitalter, S. 100; Burkert, Landesfürst, S. 78.

„Die Verurteilung erfolgte wegen Aufruhr, Bildung einer eigenen Regierung, Münzfrevel, Aneignung des Blutbanns und landesfürstlichen Vermögens. Ferdinand I. verhängte gegen die Hauptr>ädelsführer die Todesstrafe.“

DAS SOGENANNTE WIENER NEUSTÄDTER BLUTGERICHT — EIN URTEIL GEGEN DIE STÄNDEOPPOSITION ◖ Mehrmals hatten Vertreter der Landstände und auch Siebenbürger bei Ferdinand I., der im April 1521 die alleinige Herrschaft über die niederösterreichischen Länder durch den Wormser Vertrag erlangt hatte, die gerichtliche Klärung der Vorwürfe gegen das alte Regiment gefordert.[13] Ferdinand I. kam dem nach und rief am 8. Juli 1522 zu einem Sondergerichtshof nach Wiener Neustadt.[14] Die vorgeladenen Personen mussten sich in Wiener Neustadt klar als Anhänger des alten Regiments, der Landesordnung (somit der Ständeopposition) oder als neutral ausweisen. Ab dem 10. Juli fand auf dem Hauptplatz die Verhandlung statt. Das Gericht wurde von Ferdinand I. präsidiert und bestand ausschließlich aus landfremden Juristen und Adeligen, welche, aus den Niederlanden und Süddeutschland stammend, unvoreingenommen ein unabhängiges Urteil garantieren sollten. Johann Schneidpöck vertrat das alte Regiment als Ankläger, der Wiener Stadtschreiber Viktor Gamp (1489–1535) übernahm die Verteidigung der Landstände. Das Urteil vom 23. Juli war für Letztere überraschend: Nicht eine Ächtung der Praktiken des alten Regiments wurde ausgesprochen, sondern das Verhalten der Landstände scharf abgestraft. Die Verurteilung erfolgte wegen Aufruhr, Bildung einer eigenen Regierung, Münzfrevel, Aneignung des Blutbanns und landesfürstlichen Vermögens. Ferdinand I. begnadigte unter Verweis auf die ihm zukommende Pflicht zur Milde (*clementia*) Mitläufer, verhängte aber gegen die Haupträdelsführer die Todesstrafe. Zwölf Personen wurden sofort verhaftet. Michael von Eitzing und Hans von Puchheim, beide Vertreter des Herrenstandes, wurden am 9. August auf dem Hauptplatz enthauptet. Sechs Wiener Bürger folgten zwei Tage später. Unter ihnen waren mit Martin Siebenbürger der aktuelle sowie mit Hans Rinner (Bürgermeister 1517) und Friedrich von Pieschen (Bürgermeister 1514) zwei ehemalige Wiener Stadtoberhäupter. Hans Schwarz, Ratsherr und Münzmeister von 1581 bis 1521, dem die illegale Münzprägung unter dem Zeichen der Wiener Hausgenossen (W.H.) zugerechnet wurde, sollte ursprünglich auf dem Scheiterhaufen verbrannt werden, wurde aber auf die Bitte Annas von Böhmen, der frisch angetrauten Ehefrau Ferdinands I., zum Tod durch Enthaupten begnadigt. An den Ort der Enthauptung auf dem Wiener Neustädter Hauptplatz erinnert noch heute eine runde Bodenmarkierung.[15] Vier weitere Wiener Bürger blieben in Haft und wurden erst 1523 gegen hohe Geldstrafen entlassen. Die Konfiskation der Vermögen der Verurteilten wurde später teilweise rückgängig gemacht. Das Urteil verbreitete sich in mehreren Drucken aus Augsburg und Freiburg

13 Kraus, Geschichte, S. 77; Lhotsky, Zeitalter, S. 121.

14 Dazu im Detail Kraus, Geschichte, S. 78–81; Lhotsky, Zeitalter, S. 124–131; Wiesflecker, Maximilian I., Bd. 4, S. 445f.; Perger, Kirchhofer; Burkert, Landesfürst, S. 139–143; Heinz Noflatscher: Räte und Herrscher. Politische Eliten an den Habsburgerhöfen der österreichischen Länder, Mainz 1999, S. 112–114; Thomas Winkelbauer: Ständefreiheit und Fürstenmacht. Länder und Untertanen des Hauses Habsburg im konfessionellen Zeitalter, Teil 1 (Österreichische Geschichte, hg. von Herwig Wolfram, 1522–1699), Wien 2003, S. 36–38; Matthias Pfaffenbichler: „Fiat iustitia aut pereat mundus“. Ferdinand und das „Wiener Neustädter Blutgericht“, in: Kaiser Ferdinand I. 1503–1564. Das Werden der Habsburgermonarchie (Ausstellungskatalog Kunsthistorisches Museum), Wien 2003, S. 85–87; Norbert Koppensteiner: Das Neustädter „Blutgericht“ und die Folgen für die niederösterreichischen Stände, in: Ferdinand I. Herrscher zwischen Blutgericht und Türkenkriegen (Ausstellungskatalog Stadtmuseum Wiener Neustadt), Wiener Neustadt 2003, S. 27–32; Kohler, Ferdinand I., S. 76–84.

15 Barbara Tober: Ergebnisse archäologischer Untersuchungen auf dem Hauptplatz von Wiener Neustadt, in: Unsere Heimat 69 (1998), S. 296–322, hier S. 302–308.

Begrüßung Erzherzog Ferdinands durch Bürgermeister und Rat von Wiener Neustadt, 12. Juni 1522. Gemälde von Josef Ferdinand Waßhuber (Stadtmuseum Wiener Neustadt, Inv.Nr. B 3)

Ferdinand I. hält Gericht in Wiener Neustadt (aus: Mathias Fuhrmann: Alt- und Neues Österreich, Bd. 2, Wien 1735)

Ferdinand I. hält Gericht in Wiener Neustadt (aus: Anton Ziegler: Gallerie aus der österreichischen Vaterlandsgeschichte, Wien 1837)

Kat.Nr. 3.1 Angeblicher Thronsessel Erzherzog Ferdinands I.

Kat.Nr. 3.2 Die Hinrichtung der verurteilten Wiener Bürger, Wiener Neustadt, 11. Juli 1522

Die Hinrichtung der zum Tode verurteilten Wiener Bürger in Wiener Neustadt (aus: Mathias Fuhrmann: Alt- und Neues Österreich, Bd. 2, Wien 1735)

im Breisgau als Flugschrift.[16] Es mag von den Auswirkungen her ein deutliches Signal an die Landstände (auch der anderen Länder) und an die Stadt Wien gewesen sein, für Ferdinand I. selbst scheint es aber kaum größere Bedeutung gehabt zu haben. Es taucht in seiner Familienkorrespondenz nur einmal beiläufig auf. Es ist durchaus zweifelhaft, ob er das Verfahren durchgezogen hätte, wenn nicht die Landstände vehement darauf gedrungen hätten. Von der Forschung wurde es meist — etwa in der wienzentrierten und ständefreundlichen liberalen Geschichtsschreibung des 19. Jahrhunderts — als Unrecht gegeißelt (deshalb auch Wiener Neustädter *Blut*gericht), doch haben neuere Untersuchungen diese Einschätzung zurechtgerückt. Das Verfahren scheint fair abgelaufen zu sein.

Für die Wiener Verfassungs- und Verwaltungsgeschichte war dieses Ereignis vorerst jedenfalls nicht der oft behauptete unmittelbar dramatische Einschnitt, es hat aber manche bereits bestehende Tendenz, die schon unter Maximilian I. sichtbar geworden war, verstärkt und beschleunigt. Ferdinand I. hatte beim Antritt seiner Herrschaft diese Entwicklung — Zentralisierung und Modernisierung der Verwaltung, Bürokratisierung, Juristen als Beamte, Vordringen des Römischen Rechts — konsequent aufgenommen und begonnen, mit dem niederösterreichischen Hofrat eine neue Verwaltungsspitze einzurichten und landesfürstliche Rechte zu sichern. Die Rechte und Freiheiten der Stadt Wien waren nicht sofort zu bestätigen, sondern einer genauen Prüfung zu unterziehen, ob sie etwa gemindert oder vermehrt werden sollten. Was das Gerichtsverfahren wohl schon beeinflusst hat, war einerseits die vorab verfügte demütigende Auslieferung der Wiener Freiheitsbriefe für diese Prüfungen durch die Genannten nach Wiener Neustadt,[17] andererseits die nach dem Urteil verfügte Aufhebung des Gremiums der Genannten wie auch das der Hausgenossen, die für die Wiener Münze, den Edelmetallhandel sowie für den Geldwechsel zuständig waren.[18] Beide Gruppen waren nun ohne besondere Vorrechte den „normalen" Wiener Bürgern gleichgestellt. Damit hatte Ferdinand I. die alteingesessene Polit- und Wirtschaftselite getroffen, aber auch ein verfassungsrechtliches Problem geschaffen: Da die Genannten für die Bürgermeister- und Ratswahlen sowie für die Bestellung der Stadtgerichtsbeisitzer zuständig waren, wurden diese Funktionen vom Landesfürsten vorerst verlängert beziehungsweise provisorisch besetzt.[19] Ferdinand I. kündigte dabei jedenfalls die baldige Erlassung einer „newe[n] ordnung unnd pollicey" an, die das Wiener Stadtrecht auf eine neue Grundlage stellen sollte.

DIE WIENER STADTORDNUNG VON 1526 — VIELE NEUERUNGEN, ABER AUCH VIEL ALTBEWÄHRTES ◖ Es dauerte dann doch etwas länger: Am 12. März 1526 wurde schließlich in Augsburg die neue Wiener Stadtordnung erlassen.[20] Inhaltlich zielte sie keinesfalls darauf ab, altes Wiener Recht und die Stadtautonomie vollkommen zu beseitigen — auch dies ein wiederkehrendes Motiv der

16 Ertzhertzog Ferdinanden vrtel zwischen dem Regiment vnd der Landtschafft in österreich So wider d[a]z selb regiment gestanden seyn, Augsburg 1522 [VD16 E 3916, ÖNB Alt Mag 7090-B]; Das buchli ist genant des Ertzhertzog Ferdinanden vrtel zwischen dem Regiment vnd der Landtschafft in österreych So wider das selb Regiment gestanden sein, Augsburg 1522 [VD16 E 3917, ÖNB Alt Rara 293229-B]; Des durchleüchtigen Hochgebornen Ertzhertzog Ferdinanden vrteyl / zwischen dem Regiment vñ der Landtschafft in Osterreych so wider dasselb Regiment gestanden seind, Freiburg im Breisgau: Johann Wörlin 1522 [VD 16 ZV 5395].

17 Martin Stürzlinger: Die Entstehung der Wiener Stadtordnung 1526, in: Jahrbuch des Vereins für Geschichte der Stadt Wien 54 (1998), S. 218.

18 Tomaschek, Rechte, Bd. 2, S. 129 (Nr. CLXXVIII); Peter Csendes (Hg.): Die Rechtsquellen der Stadt Wien (= Fontes Rerum Austriacarum III: Fontes Iuris, Bd. 9) Wien/Köln/Graz 1986, S. 267–309 (Edition von WStLA, Privileg 57), S. 262–264 (Nr. 72f.); Lhotsky, Zeitalter, S. 131.

19 Csendes, Rechtsquellen, S. 266 (Nr. 75).

20 Tomatschek, Rechte, Bd. 1, Wien 1877, S. LXX–LXXVI; ebd., Bd. 2, S. 131–159 (Nr. CLXXX); Csendes, Rechtsquellen, S. 267–309; Stürzlinger, Entstehung, S. 215–245; Josef Pauser: Verfassung und Verwaltung der Stadt,

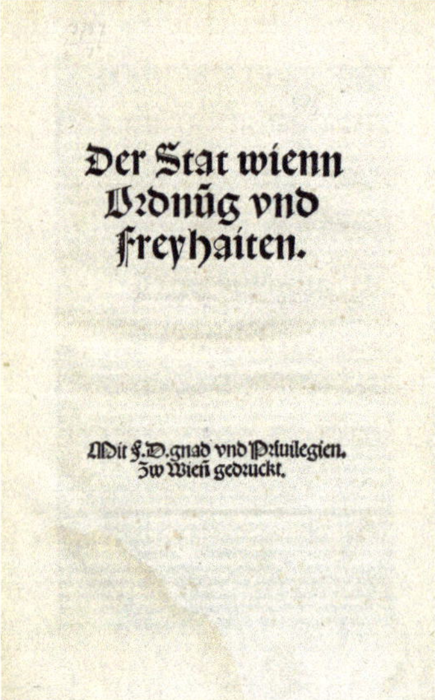
Der Stat wienn Ordnūg vnd Freyhaiten.

Mit F.D.gnad vnd Priuilegien. Zw Wien gedruckt.

Druck der Wiener Stadtordnung von 1526 (Wienbibliothek im Rathaus, Sign. B-3997)

liberal inspirierten Historie[21] —, vielmehr entwickelte sie bestimmte, bereits ansatzweise erfolgte verfassungsrechtliche Adaptierungen konsequent weiter und schrieb auch bestehende Verwaltungspraktiken nieder. Klar tritt aber auch zutage, dass landesfürstliche Eingriffs- und Kontrollrechte verstärkt wurden.

Die 69 Artikel lassen sich grob gliedern: Nach einer die Erlassung eines neuen, nun auch erstmals *Ordnung* benannten Stadtrechts wortreich legitimierenden Einleitung folgt in einem ersten Teil die *Bestätigung diverser Rechte und „Freiheiten"* aus dem 13. und 14. Jahrhundert (Art. 1–17); ein zweiter Teil enthält *neu erteilte „Freiheiten"* (Art. 18–22), die sich meist auf Weinbau und -handel beziehen. Nach Bestimmungen über die *Stadtregierung und die städtischen Ämter* (Art. 23–48) in einem dritten Teil umfasst der vierte Regelungen zur *Bürgeraufnahme* sowie zu den *Inwohnern und Tagwerkern*; ein fünfter Teil bringt *Privatrechtliches* (Art. 49–63);[22] schließlich finden sich in einem sechsten Teil noch Artikel über den *Stadtrichter und die Beisitzer*, die landesfürstlichen Räte und Diener sowie zum Bierschankprivileg des Bürgerspitals (Art. 64–68).

Die verfassungsrechtlich bedeutsamsten Teile betrafen die Bestimmungen über die Stadtregierung, mussten doch die 1522 aufgehobenen Körperschaften durch neue ersetzt werden. Die Stadtordnung sah nun vor, dass ein Gremium von 100 ehrbaren, „frommen", „tauglichen" und behausten Bürgern zur „Regierung" der Stadt berufen sein sollte. Zwölf Personen davon bildeten den Stadtrat (Inneren Rat) — von dem Handwerker nun generell ausgeschlossen waren —, zwölf weitere Personen fungierten als Beisitzer des Stadtgerichts, die restlichen 76 Personen bildeten den Äußeren Rat. Die genannten Gremien waren durch gegenseitige Wahlvorgänge miteinander verwoben, die sämtlich einer landesfürstlichen Kontrolle und einem Bestätigungsvorbehalt unterlagen. Auch der Bürgermeister war jedes Jahr von den Inneren und Äußeren Räten sowie den Beisitzern zu wählen. Ein Stadtanwalt wurde vom Landesfürsten in den Stadtrat entsandt, um dort die landesfürstlichen Interessen zu vertreten. Der Stadtrichter wurde wie der Stadtanwalt ausschließlich vom Landesfürsten bestellt. Das Stadtgericht (Stadtschranne) bestand aus dem vorsitzenden Stadtrichter und den zwölf Beisitzern. Die Kriminalgerichtsbarkeit oblag dem Stadtgericht.

Bezüglich der Verwaltungsaufgaben regelte die Stadtordnung von 1526 den größten Teil der einzelnen städtischen Verwaltungsämter inhaltlich in auffallender Übereinstimmung mit bereits zuvor existierenden Amtsinstruktionen und -eiden.[23] Die

in: Vocelka, Traninger, Residenz, S. 47–90, insbes. S. 49–63; ders., Julia Danielczyk: [Faksimile und Kommentartext zu:] Wiener Stadtordnung, 1526 — Der Stat wienn ordnu[n]g vnd Freyhaiten. Mit F.D. gnad vnd Priuilegien. Zw Wien[n] gedruckt. [Wien: Johann Singriener d. Ä. 1526], in: Wien-Edition, hg. von Peter Csendes, Günther Düriegl (Losebl.-Ausg.), Wien 1993ff. [Lieferung Juli 2006]. Zur Einbettung der Stadtordnung von 1526 in die allgemeine Städtepolitik: Herbert Knittler: Die Städtepolitik Ferdinands I. — Aspekte eines Widerspruchs, in: Alfred Kohler, Martina Fuchs (Hg.): Kaiser Ferdinand I. Aspekte eines Herrscherlebens (Geschichte in der Epoche Karls V., Bd. 2), Münster 2003, S. 71–86.

21 Etwa Tomaschek, Rechte, Bd. 1, S. LXVII: „... versetzte der Autonomie der Stadt den Todesstoss".

22 An einem Beispiel: Josef Pauser: „in sterbenden leuffen, der wir dann teglich nach dem willen des allmechtigen gewartten muessen." Das Seuchentestament in der Wiener Stadtordnung von 1526, in: Gerald Kohl, Christian Neschwara, Thomas Simon (Hg.): Festschrift Wilhelm Brauneder, Wien 2008, S. 477–499.

23 Franz Baltzarek: Die Stadtordnung Ferdinands I. und die städtische Autonomie im 16. Jahr-

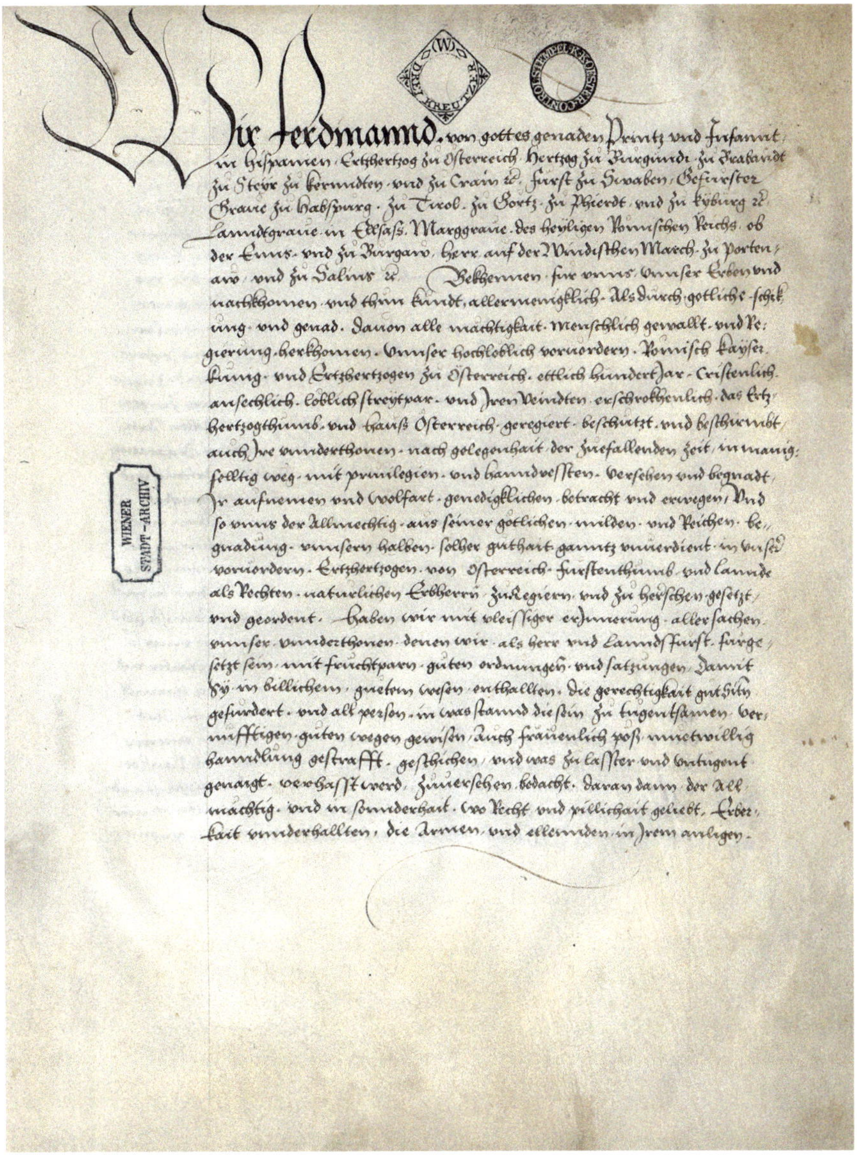
Wir Ferdinannd. von gottes genaden Printz und Infannt in Hispanien. Ertzhertzog zu Osterreich. Hertzog zu Burgundi. zu Brabanndt zu Steyr zu Kernndten. vnd zu Crain etc. Furst zu Swaben. Gefurster Grave zu Habspurg. zu Tirol. zu Gortz. zu Pfierdt. vnd zu Kyburg etc. Lanndtgrave in Elsass. Marggrave des heyligen Romischen Reichs. ob der Enns. vnd zu Burgaw. herr auf der Windischen March. zu Porten, aw. vnd zu Salins etc. Bekhennen fur vnns. Vnnser Erben vnd nachkhomen vnd thun kundt, allermeniglich. Als durch gotliche schikung. vnd genad. dauon alle machtigkait. Menschlich gewallt. vnd Regierung. herkhomen. Vnnser hochloblich vorvordern. Romisch kayser. kunig. vnd Ertzhertzogen zu Osterreich. etlich hundert Jar. Cristenlich. ansechlich. loblich streytpar. vnd Iren Veindten erschrokhenlich. das Ertzhertzogthumb. vnd hauss Osterreich. geregiert. beschutzt. vnd beschirmbt. auch Ire vnnderthonen. nach gelegenhait der zuefallenden zeit, in manigfeltig weg. mit privilegien. vnd hanndvessten. versehen vnd begnadt, Ir aufnemen vnd wolfart. genedigklichen betracht vnd erwegen, Vnd so vnns der Allmechtig. aus seiner gotlichen. milden. vnd Reichen. begnadung. vnnsern halben. solher guthait. ganntz vnuerdient. in vnser vorvordern. Ertzhertzogen. von Osterreich. Furstenthumb. vnd lannde als Rechten. naturlichen Erbherrn zu Regiern. vnd zu herschen. gesetzt vnd geordent. Haben wir mit vleissiger erjnnerung. aller sachen. vnnser. vnnderthonen. denen wir. als herr vnd Lanndsfurst. furgesetzt sein. mit fruchtparn. guten ordnungen. vnd satzungen. Damit sy in billichem. guetem wesen enthallten. die gerechtigkait gut hilff gefurdert. vnd all person. in was stannd die sein. zu tugentsamen. vernunfftigen. guten wegen gewisen, Auch fraeuenlich poss. muetwillig hanndlung gestrafft. geschichen, vnd was zu lasster vnd vntugent geraigt. verhasst werd. zuuersehen bedacht. daran dann der Allmachtig. vnd in sonnderhait. wo Recht vnd pillichait geliebt. Erberkait vnnderhallten. die Armen. vnd ellennden in Irem anligen.

Kat.Nr. 6.20 Die Wiener Stadtordnung Ferdinands I., 1526

Stadtordnung stellte somit in vielen Teilen keine Zäsur, sondern vielmehr eine konsequente Fortentwicklung und teilweise Kodifikation bereits bislang geltenden städtischen Gewohnheitsrechts dar. Die Regelungen wurden darüber hinaus durch städtische Amtsinstruktionen sowie landesfürstliche Privilegien und Gesetze laufend den Verhältnissen angepasst und dementsprechend modifiziert.

Die Stadtordnung von 1526 wurde von den nachfolgenden Landesfürsten wiederholt bestätigt, letztmalig durch Leopold I. im Jahr 1657, und prägte die Wiener Verwaltung bis zur Josephinischen Magistratsreform des Jahres 1783. Druckausgaben mit dem Titel *Der Stat wienn Ordnung vnd Freyhaiten* sind aus den Jahren 1526, 1549, 1567 und — mit der Beifügung „alte" — noch 1643, 1650 und 1657 nachweisbar.[24] ■

hundert, in: Wiener Geschichtsblätter 29 (1974), S. 185–197.

24 Der Stat wienn || Ordnu[n]g vnd Freyhaiten. || Mit F. D. gnad vnd Priuilegien. || Zw Wien[n] gedruckt. [Wien: Johann Singriener d. Ä. 1526; VD16 N 1655]; Der Stat wienn || Ordnu[n]g vnd || Freyhaiten. || Mit K. M. gnad vnd Priuilegien || zw Wien[n] gedruckt. || 1549 [Wien: Singriener'sche Erben 1549; VD16 N 1657]; DEr Stat Wienn Ordnung || vnd Freyhaiten. || Mit Röm. Kay. Mt. etc. Gnad vnd Priuilegien. || Gedruckt zu Wienn in Österreich. [Wien: Caspar Stainhofer 1567; VD16 N 1659]; Der Stadt Wienn alte || Ordnung vnd Frey-||haiten. || [Wiener Stadtwappen] || Mit Röm: Kay. Mtt: etc. Gnad vnd Privilegien. || Gedruckt zu Wienn in Oesterreich [Wien: Gregor Gelbhaar o. J.]; Der Statt Wienn alte || Ordnung vnd Frey-||heiten. || [Wiener Stadtwappen] || Mit Röm: Kay. Mtt: etc. Gnad vnd Privilegien. || Nachgedruckt zu Wienn in Oesterreich / bey Gregorio Gelbhaar || Anno M.DC.XLII. [Wien: Gregor Gelbhaar 1643; VD17 1:015730Q]; DER Statt Wienn Alte || Ordnung vnd Frey-||heiten. || [Wiener Stadtwappen] || Mit Röm: Kay. May: etc. Gnad vnd Privilegien. || Nachgedruckt zu Wienn in Oesterreich / bey Matthæo Cosmerovio / || wonhaft im CöllnerHoff. || ANNO M.DC.L. [Wien: Matthäus Cosmerovius 1650]; Der Kayserlichen Residentz-Statt WIENN Alte Ordnung / Und Freyheiten. Gedruckt zu Wienn in Oesterreich / Bey Leopold Voigt / Gemeiner Stadt bestelten Buchdruckern [Wien: Leopold Voigt o. J./1675].

Vom Appeasement zur Konfrontation

Österreichische Landesfürsten und die Reformation 1521 bis 1619

Martina Fuchs

Dieser Beitrag skizziert das Verhältnis von vier Kaisern des Heiligen Römischen Reichs Deutscher Nation sowie fünf habsburgischen Landesherren zu Religion beziehungsweise religionspolitischen Fragen, wobei der Schwerpunkt auf Ferdinand I. (1503–1564) liegt, in dessen Regierungszeit reformatorische Lehren in Österreich bekannt wurden und Fuß fassen konnten. Aus der Regierungszeit Maximilians II. (1527–1576) sollen nur die für das Gesamtverständnis und die weitere Entwicklung unerlässlichen Fakten genannt werden. Abschließende Bemerkungen weisen auf die Situation unter Erzherzog Ernst (1533–1595) sowie unter den Kaisern Rudolf II. (1552–1612) und Matthias I. (1557–1619) hin.

FERDINAND I. ❨ Nach dem Tod Kaiser Maximilians I. im Jahr 1519 trat sein Enkel Karl die Erbfolge in den österreichischen Erblanden an; Karls in Spanien erzogenem jüngeren Bruder Ferdinand wurden diese Länder schließlich in den Verträgen von Worms und Brüssel (1521 beziehungsweise 1522) übertragen. Der junge Erzherzog kam im Jahr 1521 anlässlich seiner Hochzeit mit Anna von Böhmen in Linz das erste Mal in sein neues Herrschaftsgebiet. In seinen ersten Regierungsjahren hielt er sich jedoch kaum in Wien auf, wohl auch deshalb, weil im Jahr 1525 ein Brand viele Häuser der Stadt vernichtet hatte. Nachdem Ferdinand 1526/27 zum ungarischen und böhmischen König avanciert war, wurde die Stadt an der Donau — neben Prag und Innsbruck — aber bedeutender, und ab 1547 residierte er öfter im Reich und in Wien: Hier fanden nun wichtige diplomatische Verhandlungen sowie prächtige Feste statt.[1]

1 Jaroslava Hausenblasová, Markus Jeitler: Die Hofburg und die Familie Habsburg, in: Herbert Karner (Hg.): Die Wiener Hofburg 1521–1705. Baugeschichte, Funktion und Etablierung als Kaiserresidenz (Denkschriften der phil.-hist. Kl. der Österreichischen Akademie der Wissenschaften, Bd. 444; Veröffentlichungen zur Kunstgeschichte, Bd. 13; Veröffentlichungen zur Bau- und Funktionsgeschichte der Wiener Hofburg, hg. von Artur Rosenauer, Bd. 2), Wien 2014,

Kat.Nr. 5.4 Ferdinand I. (1503–1564), um 1520

Zu Beginn seiner politischen Tätigkeit sah sich der junge Landesherr zwei Problemen gegenüber: zum einen der Ständerevolte, zum anderen dem Anwachsen der reformatorischen Bewegung. In dem nach dem Tod Maximilians entstandenen Machtvakuum hatten die Stände versucht, ihre Mitwirkung an Verwaltung und Regierung auf eigene Faust wiederherzustellen. Dieses Vorhaben wurde durch das Wiener Neustädter Blutgericht im Jahr 1522 beendet, bei dem acht Personen hingerichtet wurden.[2]

Die Ausbreitung der Lehre Martin Luthers sollte Ferdinand dagegen sein ganzes Leben lang beschäftigen, wobei zu betonen ist, dass „Österreich von Beginn an ganz selbstverständlicher Teil desselben einen reformatorischen Rezeptionsprozesses [war], der sich im gesamten Reichsgebiet vollzog".[3] Flugblätter und Luthers Schriften wurden früh rezipiert, ebenso wie es Predigten in reformatorischem Sinn gab, sodass Ferdinand im November 1522 sowohl diese Predigten als auch den Besitz und Nachdruck einschlägiger Schriften verbot. Diese Order wurde im Jahr 1523 in verschärfter Form erneuert. Auch in den folgenden Jahren wurden einschlägige Mandate erlassen[4] — diese waren jedoch nicht allzu wirksam und stellten kein Hindernis für die Ausbreitung der Reformation dar. Ein einmaliges Ereignis war die Predigt des Paul Speratus im Wiener Stephansdom, in der er gegen die Mönchsgelübde wetterte.[5]

In der Regensburger Einigung (1524) verständigten sich Ferdinand, die Herzöge von Bayern und der Erzbischof von Salzburg auf eine strenge Durchführung des *Wormser Edikts* von 1521. In der Folge wurde die Gangart den Reformationsanhängern gegenüber verschärft: Im Jahr 1524 wurde etwa der Wiener Ratsherr und Kaufmann Caspar Tauber vor dem Wiener Stubentor als Ketzer hingerichtet. Das Ofener Mandat von 1527 war dem verstärkten Auftreten radikalreformatorischer Strömungen (Täufer) geschuldet. Insgesamt wurden bis 1563 etwa 50 landesfürstliche Mandate veröffentlicht.[6] Im Jahr 1528 ordnete Ferdinand zusätzlich eine Visitation, also die Überprüfung aller Pfarreien und kirchlichen Einrichtungen, an. Eigene Anweisungen sollten den Buchmarkt regeln, gleichzeitig wurde die Buchzensur verschärft. Wie schon betont, konnten all diese Restriktionsmaßnahmen die Ausbreitung des reformatorischen Gedankenguts nicht unterbinden. Der Theologe Gustav Reingrabner spricht für die Frühphase sogar von einer „religiösen Volksbewegung".[7]

Die Türkenbelagerung Wiens im Jahr 1529, ein neuerlicher Einfall der Osmanen drei Jahre später sowie Ferdinands Engagement auf Reichsebene — er war seit 1531 römischer König — bedingten in den 1530er-Jahren eine konziliantere Haltung des Landesfürsten. Wie Kaiser Karl V. erhoffte sich Ferdinand von

S. 25f.; Christiane Thomas: Wien als Residenz unter Ferdinand I., in: Studien zur Wiener Geschichte. Jahrbuch des Vereins für Geschichte der Stadt Wien 49 (1993), S. 101–117.

2 Alfred Kohler: Ferdinand I. 1503–1564. Fürst, König und Kaiser, München 2003, S. 62, S. 79.

3 Rudolf Leeb: Der Streit um den wahren Glauben — Reformation und Gegenreformation in Österreich, in: ders., Maximilian Liebmann, Georg Scheibelreiter u. a.: Geschichte des Christentums in Österreich. Von der Spätantike bis zur Gegenwart (Österreichische Geschichte, hg. von Herwig Wolfram, Ergänzungsbd.), Wien 2003, S. 145–279, hier S. 163.

4 Bis 1563 wurden etwa 50 Mandate erlassen. Kohler, Ferdinand I., S. 189.

5 Speratus (1484–1551) wurde später Hofprediger in Königsberg/Kaliningrad und gestaltete das neue Kirchenwesen nach der Säkularisation des Deutschen Ordensstaates mit.

6 Kohler, Ferdinand I., S. 189–191.

7 Gustav Reingrabner: Ferdinand I. und die Religionsfrage, in: Ferdinand I. Herrscher zwischen Blutgericht und Türkenkriegen (Ausstellungskatalog Stadtmuseum Wiener Neustadt), Wiener Neustadt 2003, S. 55.

> „Ferdinand konnte seinem Sohn auch die Nachfolge im Kaiseramt sichern, wobei das Vater-Sohn-Verhältnis allerdings stets ein gespanntes war, denn der junge Erzherzog zeigte ‚protestantische Neigungen'."

einem Konzil die Lösung der dringendsten Probleme; dieses wurde schließlich 1545 nach Trient einberufen, und Ferdinand bemühte sich (vergeblich), die Protestanten zur Teilnahme zu bewegen.

Der katholischen Kirche setzte ein Nachwuchsmangel in den Klöstern und bei Pfarrstellen ebenso zu wie die Aneignung kirchlicher Vermögenswerte durch Adelige sowie Städte.

Die Stadt Wien, in der Ferdinand — auch für das alte Reich — zentrale Behörden (Geheimer Rat, Hofrat als oberste Justizbehörde, Hofkammer für Finanzangelegenheiten und Hofkriegsrat) angesiedelt hatte, sollte in religionspolitischer Hinsicht in den Jahren 1550/51 mit der Berufung der Jesuiten, die sich vor allem der Jugendarbeit widmeten und an der Universität wirkten, wieder ins Zentrum treten: Schon bald übernahm Petrus Canisius (1521–1597) die Leitung des Kollegs; sein *Großer Katechismus* wurde im Jahr 1555 als verbindlich für ganz Österreich vorgeschrieben.[8] Auf Reichsebene war Ferdinand zu einer Kooperation mit den Protestanten gezwungen: etwa beim Passauer Vertrag von 1552 und dem Augsburger Religionsfrieden im Jahr 1555, welcher die reichsrechtliche Anerkennung der lutherischen Reformation brachte; andere protestantische Konfessionen blieben weiterhin ausgeschlossen. Für die habsburgischen Länder bedeutete der Friede de jure, dass sie in Religionsfragen ihrem katholischen Landesherrn zu folgen hatten. De facto nahmen die Verbreitung und die Bedeutung der reformatorischen Lehre jedoch in dem knappen Jahrzehnt bis zu Ferdinands Tod in den österreichischen Ländern zu, wobei seine letzten Regierungsjahre durch den Konflikt — gerade in Glaubensdingen — mit seinem Sohn Maximilian geprägt waren. Immer dringlicher suchten die Stände auf den Landtagen um Anerkennung ihres Bekenntnisses an, etwa im Jahr 1556 in Wien.[9] In jedem Fall agierte Ferdinand aber nicht nur als „Verhinderer": Die Notwendigkeit einer Reformation der (katholischen) Kirche war ihm durchaus bewusst, und dafür setzte er sich auch unermüdlich ein. Ob ihm tatsächlich „jedes tiefere Verständnis für die Kernanliegen der Reformation"[10] fehlte, soll und kann hier nicht entschieden werden. Seine (Religions-)Politik im Reich, sei es als Stellvertreter Karls V. oder als Kaiser selbst, unterschied sich jedenfalls von derjenigen in seinen Erblanden. Abgesehen von einer — wie man heute sagen würde — „situationselastischen" Haltung war er im Reich eher zu gewissen Zugeständnissen bereit als in Österreich, das er sich — vergebens — als monokonfessionelles Gebiet zu erhalten bemühte.

8 Leeb, Der Streit, S. 241f.
9 Ebd., S. 207.
10 Matthias Pfaffenbichler: Die österreichischen Habsburger und der Protestantismus 1512 bis 1591, in: Dirk Syndram, Yvonne Wirth, Doreen Zerbe (Hg.): Luther und die Fürsten. Selbstdarstellung und Selbstverständnis des Herrschers im Zeitalter der Reformation, Aufsatzband (1. Nationale Sonderausstellung zum 500. Reformationsjubiläum, Schloss Hartenfels), Dresden 2015, S. 289.

Kat.Nr. 5.6 Maximilian II. (1527–1576), nach 1566

MAXIMILIAN II. ◖ Testamentarisch verfügte Ferdinand die Aufteilung der österreichischen Ländermasse auf seine drei Söhne: Maximilian erhielt Ungarn, Böhmen, Nieder- und Oberösterreich, Erzherzog Ferdinand Tirol und Vorderösterreich (habsburgische Besitzungen im Westen des Reichs), Erzherzog Karl Innerösterreich, also die Steiermark, Kärnten, Krain und Görz. Diese Erbteilung hatte auch für Wien als Residenzstadt Auswirkungen, denn ab nun fungierte sie neben Innsbruck und Graz als eine von drei für die Verwaltung Österreichs zuständigen Städten. In kultureller Hinsicht erlangten Graz und Innsbruck ebenfalls große Bedeutung. Maximilian selbst residierte mit seiner Familie in Wien.[11] Ferdinand konnte seinem Sohn auch die Nachfolge im Kaiseramt sichern, wobei das Vater-Sohn-Verhältnis allerdings stets ein gespanntes war, denn der junge Erzherzog zeigte „protestantische Neigungen“: Um dem gegenzusteuern, wurde er in Valladolid mit seiner Cousine Maria, einer eifrigen Katholikin, verheiratet; an der argwöhnischen Beobachtung des Prinzen durch den spanischen Hof änderte sich dadurch ebenso wenig wie an dessen distanziertem Verhältnis zu König Philipp II., dem älteren Bruder seiner Gattin. Bei der Rückkehr des Paares nach Wien sorgte wiederum Marias spanisches Gefolge — besonders ihr Beichtvater — für Unmut. In einem Kodizill zu seinem Testament von 1555 beschwört Ferdinand seinen Erstgeborenen, nicht vom katholischen Glauben abzufallen: „[...] denn ich hab’ allerlei gesehen und gemerkt, das mir einen Argwohn bringt, als wolltest Du, Maximilian, von unsrer Religion fallen und zu der neuen Sekte übergehen. Gott wolle, daß das nicht sei und daß ich dir darin Unrecht tue. Denn Gott weiß, daß mir auf Erden kein größeres Leid noch Bekümmernis vorfallen könnte, als daß ihr [...] von der Religion abfielet.“[12] Hat die ältere Forschung stets die Spannungen zwischen Vater und Sohn herausgestrichen, gilt nun die Maxime, diese nicht überzubewerten, zumal Ferdinand keine Alternative zu Maximilian hatte.[13]

Maximilians religiöse Einstellung, geprägt durch Hofprediger Sebastian Pfauser (1520–1569), kann wohl am besten mit einer *Via-media*-Haltung beschrieben werden.[14] Er war an religiös-theologischen Fragestellungen interessiert und gut informiert, auch was die Lehrunterschiede betraf. In der *Religionskonzession* von 1568 gestattete er dem lutherischen Adel Nieder- und Oberösterreichs gegen die Zusage hoher Zahlungen die freie Religionsausübung auf seinen Besitzungen. Grundsätzlich bemühte er sich um eine Absicherung des Luthertums gegenüber dem aufkommenden Calvinismus. Der aus Rostock stammende Theologe David Chytraeus (1530–1600) verfasste eine evangelische Kirchenordnung, welche der Kaiser nach geringfügiger Überarbeitung im Jahr 1571 in der *Religionsassekuration* annahm; diese gilt als Höhepunkt der Zugeständnisse, welche über die im Jahr 1568 gewährten hinausgingen. Im Sinne eines Staatskirchenwesens versuchte Maximilian, eine gewisse Kontrolle über die evangelische Kirche zu erlangen.[15] In der Folge bemühte er sich,

11 Hausenblasová, Jeitler, Hofburg, S. 27.

12 Zit. n. Karl Gutkas: Maximilian II., in: Rupert Feuchtmüller (Red.): Renaissance in Österreich. Geschichte — Wissenschaft — Kunst, Horn 1974, S. 36.

13 Ernst Laubach: Ferdinand I. als Kaiser. Politik und Herrschaftsauffassung des Nachfolgers Karls V., Münster 2001, S. 576.

14 Jochen Birkenmeier: Via regia. Religiöse Haltung und Konfessionspolitik Kaiser Maximilians II. (1527–1576), Berlin 2008, S. 43–69.

15 Manfred Rudersdorf: Maximilian II. 1564–1576, in: Anton Schindling, Walter Ziegler (Hg.): Die Kaiser der Neuzeit 1519–1918. Heiliges Römisches Reich, Österreich, Deutschland, München 1990, S. 92.

Kat.Nr. 5.8 Erzherzog Ernst (1553–1595), um 1582

die entstehenden Religionskonflikte, besonders rund um den Calvinismus, von seinen Herrschaftsgebieten, die zusätzlich nahezu ständig von den Osmanen bedroht wurden, fernzuhalten. Sein Tod kann als Sinnbild seiner *Via-media*-Haltung gelten: Er starb ohne die Sakramente der katholischen Kirche, hatte aber seine Zugehörigkeit zu Rom nie aufgekündigt.[16]

INTERMEZZO: ERZHERZOG ERNST ◖ Der um ein Jahr jüngere Bruder Rudolfs II. wurde zusammen mit diesem in Spanien — gleichsam unter persönlicher Aufsicht Philipps II. — streng katholisch erzogen, um den Einfluss des in religiösen Dingen toleranten Vaters, Maximilians II., zurückzudrängen, wenn nicht gar unschädlich zu machen. Ernst war ein Leben lang „der Zweite": Zunächst sollte er die ursprünglich Rudolf II. zugedachte Frau heiraten — diese Ehe kam allerdings nicht zustande, und Ernst blieb Junggeselle. Zweimal wurde er als Prätendent für den polnischen Thron gehandelt — beide Male kamen andere Kandidaten zum Zug. Als Kaiser Rudolf im Jahr 1583 seine Residenz von Wien nach Prag verlegte, avancierte Ernst endgültig zum Statthalter der österreichischen Erbländer mit Sitz in der Wiener Hofburg; ferner wurde ihm der Oberbefehl über die Armee gegen die Osmanen übertragen. Nachdem Erzherzog Karl von Innerösterreich, Ernsts Onkel, 1590 in Graz gestorben war, übernahm er die Vormundschaft für dessen unmündigen Sohn, den späteren Kaiser Ferdinand II. Schließlich sollte er Generalstatthalter der spanischen Niederlande werden: Als solcher kam er im Jahr 1594 nach Brüssel: Die in ihn gesetzten Hoffnungen als Friedensbringer erfüllten sich jedoch nicht; bereits ein Jahr später starb der kunstsinnige Habsburger im Alter von 41 Jahren.[17]

Kat.Nr. 5.9 Rudolf II. (1552–1612), 1603

Als Statthalter von Niederösterreich hatte Ernst die gegenreformatorischen Vorgaben aus Prag umzusetzen:[18] Eine wichtige Stütze im Kampf gegen die „Ketzerei" war ihm Kardinal Melchior Khlesl (1552–1630). In Innerösterreich wiederum hatte Erzherzog Karl den Boden bereits bereitet und entsprechende Rekatholisierungsmaßnahmen eingeleitet: „[D]ie Expansion der Reformation in politischer Hinsicht [war] gestoppt worden."[19] Evangelisches Leben war nur noch in den unter protestantischem Patronat stehenden Pfarren möglich. Als Ferdinand II., ausgebildet am Ingolstädter Jesuitenkolleg, 1596 die Regierungsgeschäfte schließlich selbst übernahm, verschärfte sich die Situation für die Protestanten exorbitant: „Reformationskommissionen" nahmen ihre Tätigkeit auf und zogen durch das Land mit der Absicht, die katholische Glaubenseinheit wiederherzustellen, wobei man in der Wahl der Mittel nicht zimperlich war, um dieses Ziel zu erreichen. Der Seckauer Bischof Martin Brenner (1548–1616) war eine der maßgeblichen Persönlichkeiten, der selbst eine dieser Kommissionen anführte: In Begleitung zahlreicher Soldaten sorgte er dafür, dass missliebige Bücher verbrannt und evangelische Kirchen sowie Friedhöfe zerstört wurden. Wer nicht konvertierte, musste das Land verlassen.[20]

AUSKLANG: RUDOLF II. UND MATTHIAS I. ◖ Unter Rudolf, dem ältesten Sohn und Nachfolger Maximilians II., setzten massive gegenreformatorische Maßnahmen ein, obwohl der Kaiser selbst kein leidenschaftlicher Verfechter der Gegenreformation war, sondern — unter Wahrung des katholischen Besitzstands und einer gewissen konfessionellen Vielfalt — auf eine Versöhnung beziehungsweise auf eine Wiedervereinigung der Kirchen hoffte.[21] Nichtsdestotrotz wurde im Jahr 1577 das von seinem Vorgänger eingerichtete evangelische Zentrum im Wiener Landhaus aufgelöst, ein Jahr später wurden die Prediger ausgewiesen, dann die evangelischen Hofbeamten entlassen, und ab dem 1. Dezember 1579 stellte man die Zahlung von Gehältern an evangelische Hofbeamte ein. Bereits 1580 war die Mehrheit der Wiener Stadtregierung wieder katholisch. Im Zentrum der Gegenreformation stand erwähnter, 1579 zum Katholizismus konvertierter Melchior Khlesl, der auch die Rekatholisierung in den landesfürstlichen Städten des Landes unter der Enns forcierte: Im Jahr 1585 wurde etwa das städtische Bürgerrecht an die Zugehörigkeit zur katholischen Kirche gebunden.[22]

Wien selbst verlor seine Bedeutung als kaiserliche Residenz, als Rudolf mit seinem Hof nach Prag übersiedelte; wichtige Behörden oder zumindest Teile davon bleiben in Wien angesiedelt, so der Reichshofrat, die Hofkammer und der Hofkriegsrat. Für die Protestanten brachten der Friede im Türkenkrieg (Zsitvatorok 1606) sowie der aufbrechende Bruderzwist im Hause Habsburg eine gewisse Atempause.

Matthias wiederum hatte seinen Aufstieg zum Kaiser der ständisch-protestantischen Opposition zu verdanken, sodass er deren Forderungen erfüllen musste: Bereits 1609 bestätigte er die

16 Paula Sutter Fichtner: Emperor Maximilian II, New Haven/London 2001, S. 216.
17 In Ermangelung einer Biografie vgl. [Gerda] Mr[az]: Ernst, in: Brigitte Hamann (Hg.): Die Habsburger. Ein biographisches Lexikon, Wien 2001 [1988], S. 98f. Das Kunsthistorische Museum in Wien etwa verdankt Ernst den Grundstock an Werken Pieter Bruegels d. Ä.
18 Viktor Bibl: Erzherzog Ernst und die Gegenreformation in Niederösterreich (1576–1590), in: Mitteilungen des Instituts für Österreichische Geschichtsforschung, Ergänzungsbd. 3 (1901), S. 590, betont die einflussreiche Stellung Ernsts und merkt an, dieser selbst habe dem Kaiser die „Decrete in die Hand dictirt".
19 Leeb, Der Streit, S. 259.
20 Thomas Winkelbauer: Die Habsburgermonarchie vom Tod Maximilians I. bis zum Aussterben der Habsburger in männlicher Linie (1519–1740), in: ders. (Hg.): Geschichte Österreichs, Stuttgart 2015, S. 233.
21 Jean Bérenger: Die Geschichte des Habsburgerreiches 1273–1918, Wien/Köln/Weimar 1995, S. 274.
22 Leeb, Der Streit, S. 251f.

> „Die konfessionell undurchsichtige Gemengelage, etwa die Auslegung des von Rudolf ebenfalls im Jahr 1609 erlassenen *Majestätsbriefs,* welcher den böhmischen Protestanten weitreichende Konzessionen zugestand, oder der *Kapitulationsresolution,* die von den katholischen Ständen niemals anerkannt wurde, sowie ungeklärte Machtverhältnisse bereiteten den Boden für den Dreißigjährigen Krieg."

Freiheiten des Herren- und Ritterstandes Nieder- und Oberösterreichs in der *Kapitulationsresolution.* Als Statthalter hielt Matthias sich in beiden Residenzen, Wien und Prag, auf; als Kaiser verlegte er seine Residenz zeitweilig ganz nach Wien.[23]

Kat.Nr. 5.10 Kaiser Matthias I. (1557–1619), nach 1612

Die konfessionell undurchsichtige Gemengelage, etwa die Auslegung des von Rudolf ebenfalls im Jahr 1609 erlassenen *Majestätsbriefs*, welcher den böhmischen Protestanten weitreichende Konzessionen zugestand, oder der *Kapitulationsresolution*, die von den katholischen Ständen niemals anerkannt wurde, sowie ungeklärte Machtverhältnisse bereiteten den Boden für den Dreißigjährigen Krieg.

Abschließend sei auf die Begräbnisorte der hier behandelten habsburgischen Persönlichkeiten verwiesen — diese sagen eine Menge über das jeweilige Verhältnis — oder auch Nichtverhältnis — zu Wien als Residenzstadt aus: Ferdinand I. und Maximilian II. fanden ihre letzte Ruhestätte ebenso wie Rudolf II. im Prager Veitsdom; Ernst wurde in St. Gudula zu Brüssel, seiner letzten Wirkungsstätte, beigesetzt; erst Matthias wurde — als erster Kaiser — in der Wiener Kapuzinergruft bestattet. ■

23 Hausenblasová, Jeitler, Hofburg, S. 28.

Der Wiener Hof der Habsburger

Ein Zentrum der Kultur im 16. Jahrhundert

Karl Vocelka

Kat.Nr. 5.3 Maximilian I. und seine Enkel Karl V. und Ferdinand I.

Seit dem hohen Mittelalter war Wien die Residenz der Babenberger, die nach 1282 auch von den Habsburgern übernommen wurde. Besonders im späten Mittelalter und am Beginn der Neuzeit nützten Friedrich III. und sein Sohn Maximilian I., der zwar die Wiener Universität förderte, aber selten in der Stadt war, die Wiener Hofburg nur sporadisch.[1] Erst unter Ferdinand I. kam es zu einer stärkeren Betonung der Aufenthalte in Wien, bis das Jahr 1526 einen erneuten Wendepunkt darstellte: Mit der Niederlage der Ungarn gegen die Osmanen in der Schlacht von Mohács (1526) und dem Tod des jungen Königs Ludwig II. (1506–1526) beanspruchte Ferdinand das Erbrecht auf Böhmen und Ungarn. Während die ungarische Hauptstadt Pest (Budapest) letztlich an die Osmanen fiel, trat die Residenz in Prag mit dem Hradschin nun in Konkurrenz zu Wien und wurde sowohl von Ferdinand I. als auch von seinem Sohn Maximilian II. ebenso häufig wie die in der Hauptstadt frequentiert. Die Belagerung Wiens durch Sultan Süleyman (reg. 1520–1566) im Jahr 1529 und ein weiterer Versuch im Jahr 1532, der schon vor der kleinen Festung Güns/Kőszeg in Ungarn scheiterte, machten Wien zu einer Stadt nahe der Grenze, die nicht als besonders sicher gelten konnte. Das stellte wohl auch einen der Gründe dar, weshalb Rudolf II. seine Residenz im Jahr 1583 endgültig nach Prag verlegte. Ebenso war sein Nachfolger Matthias keineswegs ortsstabil in Wien, erst in der Barockzeit wurde Wien endgültig zur Reichshaupt- und Residenzstadt.[2]

1 Karl Vocelka: *Du bist die port und zir alzeit, befestigung der christenheit* — Wien zwischen Grenzfestung und Residenzstadt im späten Mittelalter und der Frühen Neuzeit, in: Evamaria Engel, Karen Lambrecht, Hanna Nogossek (Hg.): Metropolen im Wandel. Zentralität in Ostmitteleuropa an der Wende vom Mittelalter zur Neuzeit (Forschungen zur Geschichte und Kultur des östlichen Mitteleuropa, Bd. 3), Berlin 1995, S. 263–275, hier S. 270.

2 Zum gesamten Themenbereich siehe Karl Vocelka, Anita Traninger (Hg.): Die frühneuzeitliche Residenz (16. bis 18. Jahrhundert) (Wien. Geschichte einer Stadt, hg. von Peter Csendes, Ferdinand Opll, Bd. 2), Wien/Köln/Weimar 2003 (mit ausführlicher Bibliografie); Karl Vocelka: Die kulturelle Bedeutung Wiens im 16. Jahrhundert, in: Wiener Geschichtsblätter 29 (1974), S. 239–251.

MAXIMILIAN I. UND DIE KULTUR DER RENAISSANCE ◖ Die Rolle des Hofs für die Kultur der Stadt trat viel stärker und bestimmender hervor als die des Adels, der Kirche und des Bürgertums. Schon die ersten Einflüsse der Renaissance im späten Mittelalter wurden unter Friedrich III. von dem Gelehrten und Schriftsteller Eneas Silvio Piccolomini (1405–1464), der an seinem Hof arbeitete, vermittelt, und die Förderung des Humanismus besonders an der Wiener Universität war Kaiser Maximilian I. zu verdanken, der die Humanisten auch für seine genealogischen Interessen einsetzte.[3]

Wie stark seine Bindungen zu den Künstlern seiner Zeit war, zeigt im Kleinen das Treffen von 1515 in Wien, dem der polnische und der böhmisch-ungarische König beiwohnte und auf dem die Ehe- und Erbverträge zwischen den Jagiellonen und den Habsburgern geschlossen wurden, die langfristig die Entstehung der Habsburgermonarchie beeinflussen sollten. Bei diesem Fest im Jahr 1515 waren zahlreiche bedeutende Persönlichkeiten vertreten: Der Dichter und Diplomat Johannes Cuspinian (1473–1529) organisierte die Feierlichkeiten, der Maler Bernhard Strigel (1460–1528) fertigte das berühmte Bild Maximilians und seiner Familie an, der bedeutende Komponist und Organist Paul Hofhaimer (1459–1537) spielte auf der Orgel, und der neulateinische Dichter und Abt des Schottenstifts Benedict Chelidonius (ca. 1460–1521) führte sein Drama *Voluptatis cum Virtute disceptatio* (Streit der Wollust mit der Tugend) auf. Obwohl mit dem Niedergang der Universität Wien in den 1520er-Jahren und den Auswirkungen der Belagerung durch die Osmanen im Jahr 1529 diese Blütezeit des Humanismus endete, hatten dennoch Gelehrte am Wiener Hof, wie etwa der Leibarzt Maximilians II. und später Rudolfs II., der Humanist und Calvinist Crato von Krafftheim (1519–1585), oder der Arzt, aber auch gelehrte Historiker Johannes Sambucus (1531–1584), eigentlich János Zsámboky, dessen Bücher zur Emblematik großen Einfluss hatten, weiterhin eine maßgebliche Rolle inne.

Als Ferdinand I. durch die Teilungsverträge von Worms und Brüssel zum Herrscher in Österreich wurde, gewann der spanische Einfluss an Geltung. Der in Spanien erzogene Ferdinand führte von dort nicht nur das strenge Hofzeremoniell in Wien ein, sondern vermittelte auch einen breiten geografischen Horizont. Die Kontakte mit diesem anderen habsburgisch regierten Länderkomplex waren das Tor zur Welt, die den Sammlungen der Habsburger in Wien exotische Dinge wie präkolumbianische Kunstgegenstände, aber auch Pflanzen und Tiere eröffneten.[4] So brachte Ferdinands Sohn Maximilian II., der mit einer spanischen Infantin verheiratet war, im Jahr 1552 bei seiner Rückkehr von der Iberischen Halbinsel den ersten Elefanten mit — eine Sensation für die Stadt, die allerdings nicht lange am Leben blieb. Maximilians Söhne, allen voran der spätere Kaiser Rudolf II., wurden ebenfalls in Spanien erzogen, woher viele der wunderbaren Sammelstücke der Kunst- und Wunderkammer Rudolfs stammen.

Kat.Nr. 5.28 Das Drama *Voluptatis cum Virtute disceptatio* (Streit der Wollust mit der Tugend) von Benedict Chelidonius wurde anlässlich des Treffens Maximilians I. mit den ungarischen und böhmischen Königen in Wien 1515 aufgeführt.

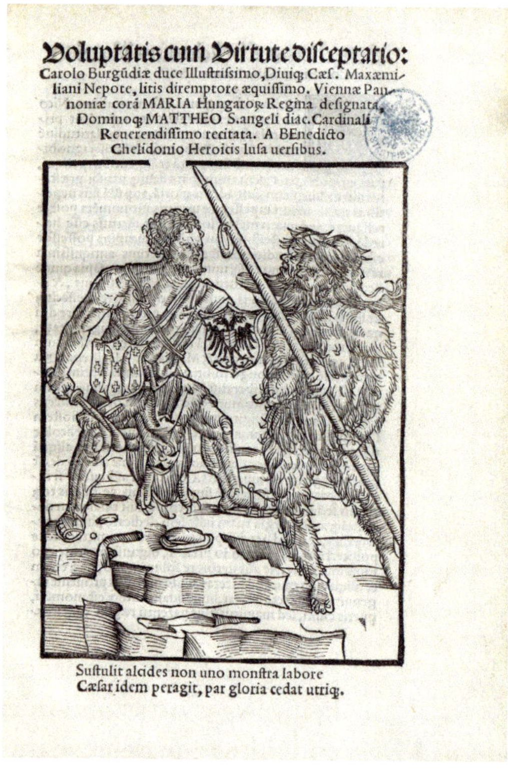
Voluptatis cum Virtute disceptatio:
Carolo Burgũdiæ duce Illustrissimo, Diuiq; Cæs. Maxæmiliani Nepote, litis diremptore æquissimo. Viennæ Pannoniæ corá MARIA Hungaro℞ Regina designata, Dominoq; MATTHEO S.angeli diac. Cardinali Reuerendissimo recitata. A BEnedicto Chelidonio Heroicis lusa uersibus.

Sustulit alcides non uno monstra labore
Cæsar idem peragit, par gloria cedat utriq;.

Kat.Nr. 5.22 Der kaiserliche Diplomat Ogier Ghislain de Busbecq, der Tulpen- und Hyazinthenzwiebeln sowie Fliederpflanzen aus dem Osmanischen Reich nach Wien brachte

Ferdinand I. setzte auf Kontinuität zur Kulturpolitik seines Großvaters Maximilian I. (1456–1522), so etwa auf dem Gebiet der Musik. Maximilian hatte diese Kunst als Repräsentation und Mittel der Propaganda gesehen, bedeutende Komponisten wie Heinrich Isaac (1415–1570) oder der Wiener Bischof Georg von Slatkonia hatten die Hofkapelle geleitet und Musiker aus dem frankoflämischen Bereich, die „brabantisch discantiren" konnten, gefördert. Spätestens seit Ferdinand I. bildete die Musikerziehung (Instrumente, Singen, aber auch Theorie) im Sinne des neuen Menschenbilds des *Cortegiano* (Baldassare Castiglione, 1478–1529) einen wesentlichen Bestandteil der Bildung der Mitglieder der habsburgischen Familie.[5] Auch in weiterer Folge sollte diese Tradition weiterbestehen, die Hofkomponisten Maximilians II., Jacob Vaet (1529–1567) und Philipp Monte (1521–1603), der dann weiter in Prag am Hof Rudolfs II. beschäftigt war, gehörten ebenfalls zur flämischen Schule. Während Maximilian II. an dieser Kontinuität stark festhielt, war am Hof Rudolfs II., der Musik als quälend empfand, diese Kunstform jedoch nicht sehr wichtig.

DIE ERWEITERUNG DER RESIDENZ ◖ Eine Veränderung gegenüber dem späten Mittelalter brachte hingegen die weitgehende Nutzung der Residenz in Wien, und zusammen mit der wachsenden habsburgischen Familie führte das zum Ausbau der Hofburg, zunächst mit dem Schweizertrakt, dann der Stallburg und schließlich dem Amalientrakt.[6]

Im Vergleich zur Hofburg entstanden wenige Renaissancebauten in der Stadt, nur einzelne Bürgerhäuser und Adelspalais und mit Ausnahme der Salvatorkirche kaum kirchliche Bauwerke. Der Hof war allerdings nicht nur in der Architektur das eindeutige Zentrum der Kultur, der Hofstaat umfasste viele Künstler sowie Kunsthandwerker, und die Interessen der Habsburger führten zu langfristig wichtigen Institutionen der Stadt. So reformierte Ferdinand I. die darniederliegende Wiener Universität und berief die Jesuiten nach Wien. Sein Sohn Maximilian gilt als Gründer der Hofbibliothek, die auf den Büchersammlungen der Familie aufbaute und deren erster Bibliothekar ab 1575 der gelehrte Niederländer Hugo Blotius (1533–1608) wurde.[7] Auch Maximilians reges Interesse für Botanik und Hortologie hatte langfristige Folgen: Der kaiserliche Diplomat Ogier Ghislain de Busbecq (1522–1592) brachte von seiner Botschaftsreise ins Osmanische Reich Tulpen- und Hyazinthenzwiebeln sowie Fliederpflanzen mit, die sein Freund Carolus Clusius (Charles de l'Ecluse, 1526–1609) beschrieb und in Europa verbreitete. Ob die Rosskastanie ebenfalls von Busbecq oder von seinem Nachfolger David von Ungnad nach Wien gebracht wurde, ist umstritten.

Maximilian II. brachte bei seinem Einzug 1552 erstmals einen Elefanten nach Wien. Medaille von Michael Fuchs (Wien Museum, Inv.Nr. 76.410)

3 Franz Gall: Alma Mater Rudolphina 1365–1965. Die Wiener Universität und ihre Studenten, Wien 1965; Rudolf Kink: Geschichte der kaiserlichen Universität zu Wien, Bd. 1: Geschichtliche Darstellung der Entstehung und Entwicklung der Universität bis zur Neuzeit, Bd. 2: Urkundliche Beilagen, Wien 1854.

4 Elisabeth Scheicher: Die Kunst- und Wunderkammern der Habsburger, Wien 1979; Alphons Lhotsky: Festschrift des Kunsthistorischen Museums zur Feier des fünfzigjährigen Bestandes, Teil 2: Die Geschichte der Sammlungen, Wien 1941–1945.

5 Peter Burke: Die Geschicke des Hofmann: Zur Wirkung eines Renaissance-Breviers über angemessenes Verhalten, Berlin 1996.

6 Vocelka, Wien zwischen Grenzfestung und Residenzstadt, S. 266.

7 Paola Molino: L'impero di carta. Hugo Blotius, Hofbibliothekar nella Vienna di fine Cinquecento, Diss. Univ. Florenz 2011.

Kaiser Rudolf II. mit seinen Brüdern, den Erzherzögen Matthias und Ernst, beim Spaziergang vor dem Schloss Neugebäude. Die Schlossanlage galt im späten 16. Jahrhundert als die prachtvollste nördlich der Alpen. Gemälde von Lucas van Valckenborch (Wien Museum, Inv.Nr. 206.670)

Eng verbunden mit dem Ausbau der Residenz in Wien und auch der Befestigung der Stadt waren der italienische Baumeister und Architekt Pietro Ferrabosco (ca. 1512–1599) sowie der Wiener Bürgermeister und Baumeister Hermes Schallautzer (1503–1561).[8] Sie und viele andere Künstler waren nicht nur an diesen Bauten in der Stadt, sondern auch an der Entstehung des Neugebäudes, an dem der bedeutende Maler Bartholomäus Spranger (1546–1611) mitgearbeitet hatte, und dem Jagdschloss Ebersdorf beteiligt.[9] In Ebersdorf wurde die erste Menagerie Europas angelegt, in der Wölfe, Bären, Löwen, Tiger und Giraffen gehalten wurden. Auch der Elefant Soliman, den Maximilian II. aus Spanien mitgebracht hatte, wurde dort untergebracht, starb allerdings schon eineinhalb Jahre später an der unsachgemäßen Pflege und Ernährung.[10] Diese Menagerie wurde am Beginn des 17. Jahrhunderts ins Neugebäude und schließlich in das Schloss Schönbrunn übersiedelt.

DIE HÖFISCHE KUNST ALS MEDIUM DER PROPAGANDA ◖ Von den vielen Hofkünstlern muss Jakob Seisenegger (1505–1567) besonders hervorgehoben werden. Sein Bildtypus des ganzfigurigen Repräsentationsbildnisses war langfristig wirksam, sogar Tizian kopierte diese Komposition des Wiener Hofkünstlers.[11] Viele Künstler vom Hof Maximilians II. in Wien (Giuseppe Arcimboldo,

8 Walter Hummelberger, Kurt Peball: Die Befestigungen Wiens (Wiener Geschichtsbücher, hg. von Peter Pötschner, Bd. 14), Wien/Hamburg 1974; Heike Krause: Mauern um Wien. Die Stadtbefestigung von 1529 bis 1857, Wien, 2. Aufl. 2014.

9 Hilda Lietzmann: Das Neugebäude in Wien. Sultan Süleymans Zelt — Kaiser Maximilians II. Lustschloß. Ein Beitrag zur Kunst- und Kulturgeschichte der zweiten Hälfte des sechzehnten Jahrhunderts, München u. a. 1987; Herbert Knöbl: Das Wiener „Neugebäude" und seine baulichen Beziehungen zu den Anlagen in Schönbrunn, Diss. TU Graz 1978.

10 Ferdinand Opll: Etwas bisher noch nie Geschautes. Zu Leben, Tod und Nachleben des ersten Wiener Elefanten, in: Dagmar Schratter, Gerhard Heindl (Hg.): Tiere unterwegs (Tiergarten Schönbrunn, Bd. 3), Wien 2007, S. 65–93; Sabine Haag (Hg.): Echt tierisch! Die Menagerie des

ca. 1526–1593, oder Bartholomäus Spranger) gingen mit Rudolf nach Prag und werden meist nur seinem Musenhof zugerechnet.[12]

Eine besondere Funktion in der Verbreitung der höfischen Kunst hatte die Grafik, auf die schon Maximilian I. in seinem *Triumphzug* und seiner *Ehrenpforte* gesetzt hatte. Bedeutende Grafiker wie Augustin Hirschvogel (1503–1553), der durch seinen Stadtplan Wiens bekannt wurde, Hanns Sebald Lautensack (ca. 1524–1565), der Landschaftsbilder, aber auch Porträts der habsburgischen Herrscher schuf, oder Donat Hübschmann (ca. 1530–1583), der unter anderem die großen Feste der Zeit illustrierte, sollen hier stellvertretend für viele weitere genannt sein.[13]

Die Feste und triumphalen Einzüge (*Trionfi*) bildeten Höhepunkte der Kultur des späten 16. Jahrhunderts:[14] Im Jahr 1552 zog Maximilian II. aus Spanien kommend mit dem ersten Elefanten in der Stadt ein, im Jahr 1560 veranstaltete man zum Besuch des bayerischen Herzogs Albrecht V. große Turniere, Bankette und Jagden, im Jahr 1563 feierte Maximilian II. nach der ungarischen Krönung in Pressburg/Bratislava eine pompöse Ankunft in Wien, im Jahr 1571 richtete Kaiser Maximilian II. für seinen jüngeren Bruder und dessen Frau Maria von Bayern eine Hochzeit aus, die zu einem der Höhepunkte des manieristischen Repräsentationsfestes wurde, und im Jahr 1577 schließlich zog auch Rudolf II., wie sein Vater 14 Jahre davor, nach seiner ungarischen Krönung prunkvoll in Wien ein. ■

Kat.Nr. 5.32 Im Jahr 1563 feierte Maximilian II. nach der ungarischen Krönung eine pompöse Ankunft in Wien, zu der auch die inszenierte Erstürmung eines temporär auf dem Wiener Burgplatz errichteten Schlosses gehörte.

Fürsten (Ausstellungskatalog Kunsthistorisches Museum und Schloss Ambras), Wien 2015.

11 Kurt Löcher: Jakob Seisenegger. Hofmaler Kaiser Ferdinands I. (Kunstwissenschaftliche Studien, Bd. 31), München u. a. 1962.

12 Eliška Fučikova: Rudolf II. und Prag. Kaiserlicher Hof und Residenzstadt als kulturelles und geistiges Zentrum Mitteleuropas, Prag 1997.

13 Larry Silver: Marketing Maximilian. The visual ideology of a Holy Roman emperor, Princeton, NJ u. a. 2008; Karl Schwarz: Augustin Hirschvogel. Ein deutscher Meister der Renaissance, Berlin 1917; Franz Glück (Hg.): Katalog der Gedenkschau Augustin Hirschvogel (1503–1553) (Ausstellungskatalog Historisches Museum der Stadt Wien), Wien 1953; Jane S. Peters: Hanns Lautensack, Oxford 1996.

14 Karl Vocelka: Die Wiener Feste der frühen Neuzeit in waffenkundlicher Sicht, in: Studien zur Wiener Geschichte. Festschrift aus Anlaß des hundertfünfundzwanzigjährigen Bestehens des Vereines für Geschichte der Stadt Wien (Jahrbuch des Vereins für Geschichte der Stadt Wien, Bd. 34), Wien 1978, S. 133–148; ders.: Habsburgische Hochzeiten 1550–1600. Kulturgeschichtliche Studien zum manieristischen Repräsentationsfest (Veröffentlichungen der Kommission für neuere Geschichte Österreichs, Bd. 65), Wien/Köln/Graz 1976.

Die Wiener Hofburg und das Niederösterreichische Landhaus

Baugeschichte und Politik 1519 bis 1619

Markus Jeitler

Die Wiener Hofburg als Sitz der Regenten aus dem Haus Habsburg und das heutige Palais Niederösterreich in der Wiener Herrengasse als ehemaliges Landhaus der Stände des Landes unter der Enns bildeten im Machtgefüge zwischen Landesfürst und Ständen deren räumliche Hüllen; beide wurden im Verlauf des 16. Jahrhunderts umfassend ausgebaut, hier wie dort wurden wichtige politische Entscheidungen gefällt. Im Zeitraum zwischen dem Tod Maximilians I. im Jahr 1519 und dem Herrschaftsantritt Ferdinands II. 100 Jahre später entbrannten teils heftige Konflikte um die Mitbestimmung, den Einfluss und die Stellung der Stände mit dem Landesfürsten, die neben den politischen Anliegen auch immer mehr einen konfessionellen Charakter trugen.[1] Dies ist auf die entgegen allen Restriktionen rasante Zuwendung des Adels und der Bürgerschaft zum Protestantismus zurückzuführen, wenngleich aufgrund der unterschiedlichen Interessen und theologischen Strömungen die Bildung einer einheitlichen Landeskirche letztlich misslang.[2] Dennoch begann sich ein reges evangelisches Leben in Stadt und Land zu entwickeln, in Wien versuchte man etwa den Aufbau einer protestantischen Landschaftsschule, wobei wohl nicht zuletzt die vergleichsweise tolerante Haltung Maximilians II. eine Rolle spielte.[3] Die habsburgischen Landesherren hielten nichtsdestotrotz strikt an der katholischen Frömmigkeit und Tradition fest, wodurch auch nach dem Augsburger Religionsfrieden von 1555 in den von ihnen regierten Ländern zumindest offiziell die katholische Konfession zu gelten hatte. In diesem Zusammenhang ist erwähnenswert, dass die Ankündigung des von Papst Paul III. am 2. Juni 1536 ausge-

1 Thomas Winkelbauer: Ständefreiheit und Fürstenmacht. Länder und Untertanen des Hauses Habsburg im konfessionellen Zeitalter. Teil 1 (Österreichische Geschichte, hg. von Herwig Wolfram, 1522–1699), Wien 2003, S. 30–41, zu den Entwicklungen während der Regierungszeit Rudolfs II. und Ferdinands II., S. 55–68.

2 Gustav Reingrabner: Ständische Libertät und kirchliche Ordnung, in: Österreich in Geschichte und Literatur 14 (1970), S. 342–353, S. 457–468; ders.: Adel und Reformation. Beiträge zur Geschichte des protestantischen Adels im Lande unter der Enns während des 16. und 17. Jahrhunderts (Forschungen zur Landeskunde von Niederösterreich, Bd. 21), Wien 1976; ders.: Die

Die Hofburg 1609, Ausschnitt aus der Vogelschau von Wien von Jacob Hoefnagel (Wien Museum, Dauerleihnahme Ed. Sacher GesmbH)

schriebenen allgemeinen Konzils zur Erneuerung der Kirche am 10. November desselben Jahres von Petrus Vorstius, dem Bischof von Acqui Terme, Kaiser Ferdinand I. im Rahmen einer Audienz in der Wiener Hofburg präsentiert wurde.[4] Vorstius reiste danach in gleicher Mission zu den Fürstenhöfen im Heiligen Römischen Reich weiter.

BAUGESCHICHTE DER WIENER HOFBURG VON 1521 BIS 1619

Die Wiener Hofburg erfuhr im 16. und frühen 17. Jahrhundert einen massiven Ausbau, der das Aussehen der Gesamtanlage nachhaltig prägte.[5] Ferdinand I. konnte bei seinem Regierungsantritt in den österreichischen Erblanden im Jahr 1521 eine den hohen fürstlichen Ansprüchen entsprechende und repräsentative Residenz übernehmen, die bereits von seinen Vorgängern Friedrich III. und Maximilian I. unter anderem um Gärten erweitert worden war. Darauf weisen Gesandtenberichte und die Feierlichkeiten im Rahmen des Wiener Fürstenkongresses und der habsburgisch-jagiellonischen Doppelhochzeit von 1515 hin. Obwohl die Hofburg durch den Stadtbrand des Jahres 1525 und die Belagerung durch die Osmanen unter Sultan Süleyman (reg. 1520–1566) „dem Prächtigen" im September/Oktober des Jahres 1529 teilweise schwer in Mitleidenschaft gezogen worden war, entschloss sich Ferdinand I. zu ihrem weiteren Ausbau als eine seiner drei Hauptresidenzen neben Prag und Innsbruck. Aus diesem Grund

Bedeutung der Reformation für das Land unter der Enns, in: Jahrbuch für Landeskunde von Niederösterreich NF 62/1 (1996), S. 389–417.

3 Ders.: Zur Geschichte der protestantischen Landschaftsschule in Wien, in: Wiener Geschichtsblätter 25–27 (1970–1972), S. 314–322.

4 Renate Holzschuh-Hofer: Die Alte Burg (Schweizerhof) 1521–1619, in: Herbert Karner (Hg.): Die Wiener Hofburg 1521–1705. Baugeschichte, Funktion und Etablierung als Kaiserresidenz (Denkschriften der phil.-hist. Klasse der Österreichischen Akademie der Wissenschaften, Bd. 444; Veröffentlichungen zur Kunstgeschichte, Bd. 13; Veröffentlichungen zur Bau- und Funktionsgeschichte der Wiener Hofburg, hg. von Artur Rosenauer, Bd. 2), Wien 2014, S. 87f.

5 Günther Buchinger, Paul Mitchell, Doris Schön u. a.: Die Wiener Burg im Spätmittelalter bis 1529, in: Mario Schwarz (Hg.): Die Wiener Hofburg im Mittelalter. Von der Kastellburg bis zu den Anfängen der Kaiserresidenz (Denkschriften der phil.-hist. Kl. der Österreichischen Akademie der Wissenschaften, Bd. 443; Veröffentlichungen zur Kunstgeschichte, Bd. 12; Veröffentlichungen zur Bau- und Funktionsgeschichte der Wiener Hofburg, hg. von Artur Rosenauer, Bd. 1), Wien 2015, S. 290–542; Holzschuh-Hofer, Alte Burg, S. 80–143; Markus Jeitler: Die Burgbastei, in: Karner, Hofburg, S. 176–183; ders.: Der Burgplatz („In der Burg"), in: Karner, Hofburg, S. 184–187; ders., Jochen Martz: Der Untere und der Obere Lustgarten, in: Karner, Hofburg, S. 188–197; Renate Holzschuh-Hofer: Galerie, Kunstkammergebäude und Ballhaus, 1521–1619, in: Karner, Hofburg, S. 198–213; Sibylle Grün: Das Hof- oder Kaiserspital, in: Karner, Hofburg, S. 241–248; Renate Holzschuh-Hofer, Markus Jeitler: Das Augustinerkloster und der Augustinergang, 1521–1619, in: Karner, Hofburg, S. 249–256; ders., Jochen Martz: Der Rosstummelplatz (Josefsplatz) und seine Vorgänger: Irrgarten und Hinterer Lustgarten, in: Karner, Hofburg, S. 268–278; Renate Holzschuh-Hofer, Sibylle Grün: Die Stallburg, in: Karner, Hofburg, S. 294–305; Renate Holzschuh-Hofer: Das Königinkloster — Eine Stiftung der französischen Königin Elisabeth

Kat.Nr. 5.31 Der Burgplatz anlässlich des Fußturniers 1560 mit der Alten Burg und dem Kindertrakt im Hintergrund

galten erste Baumaßnahmen der Sanierung beschädigter Teile und der zukünftigen besseren Verteidigung durch die Errichtung der Burgbastei als eine der frühesten Bastionen nach italienischer Manier in Mitteleuropa in den Jahren 1531/32. Gleichzeitig wurden um 1533/34 der Obere und der Untere Lustgarten ausgebaut sowie ein damals sehr innovativer Irrgarten angelegt. Eine weitere wichtige Maßnahme war die Sicherstellung der Wasserversorgung von Burg und Gärten, wozu neue Rohrwasserleitungen und im Jahr 1536 auch ein öffentlicher Brunnen installiert wurden.

In den 1540er-Jahren ergänzte man das Lustgartenensemble mit einem Ballhaus samt Zuschauerloge und einer großen, frei stehenden Wendeltreppe zur Kommunikation zwischen den einzelnen Geschoßen. In der Alten Burg (also der heute als Schweizerhof bezeichneten, ursprünglich mittelalterlichen Anlage) wurde der Nordosttrakt neu errichtet, mit Räumen für die niederösterreichische Kammer und Buchhalterei im Erdgeschoß sowie einem im Obergeschoß untergebrachten sogenannten Frauenzimmer für Königin Anna und ihren Hofstaat samt einem neuen, zweiläufigen Stiegenhaus. Auf der gegenüberliegenden Seite, im Südwest- beziehungsweise Palasttrakt, erneuerte man um 1544/45 die Verglasung und Innenausstattung der Burgkapelle und errichtete eine Herrscherempore. Auch der übrige Trakt war in diesen Jahren von Umbauten betroffen, als im ersten Obergeschoß (dem

1559–1619, in: Karner, Hofburg, S. 311–317; Markus Jeitler: Die Verwaltungsräume 1521–1619, in: Karner, Hofburg, S. 318–330; Renate Holzschuh-Hofer: Die Neue Burg (Amalienburg): Residenz von Erzherzog Ernst 1582–1585 mit rudolfinischem Erweiterungsbau 1604–1609, in: Karner, Hofburg, S. 336–346; dies., Markus Jeitler: Die Burgkapelle und die Kammerkapellen 1521–1619, in: Karner, Hofburg, S. 430–436; Renate Holzschuh-Hofer: Die Hofburg und ihre Ikonologie im 16. Jahrhundert, in: Karner, Hofburg, S. 530–548; dies.: Typologie und Traditionspflege an der Hofburg im 16. Jahrhundert, in: Karner, Hofburg, S. 572–583.

„Unter Ferdinands I. Sohn und Nachfolger Maximilian II. ist die Errichtung der Stallburg in den Jahren um 1559/1562 bis 1566 als multifunktionales Gebäude mit Stallungen, Gästeappartements und Werkstätten sowie einer Harnischkammer als größtes Bauvorhaben auf dem Hofburgareal zu nennen. Die Stallburg zählt mit ihrem dreigeschoßigen, vierseitigen Arkadenhof zu den wichtigsten Renaissancebauten in ganz Österreich."

heutigen Mezzanin) neue Räume für die niederösterreichische Regierung eingerichtet wurden und im darüberliegenden Stockwerk im mittelalterlichen Tanzsaal ein dreiteiliges Appartement (Schlafstube, Wohnstube, Grüne Stube beziehungsweise Wartstube/Tafelstube) mit Vorhaus und Einheizkammer errichtet wurde; im dritten Obergeschoß war schließlich eine Harnischkammer untergebracht. Diese Aufteilung in den Trakt der Königin/Kaiserin und jenen des Königs/Kaisers wurde aus der Zeit Friedrichs III. übernommen und blieb bis zum Tod Kaiser Leopolds I. im Jahr 1705 bestimmend.

Die 1550er-Jahre brachten weitere entscheidende bauliche Veränderungen an der Hofburg: das große, repräsentative Treppenhaus an der Burgkapelle für die Erschließung des Palasttrakts mittels einer dreiläufigen Stiege; den Neubau des Nordwesttrakts anstelle der mittelalterlichen Spannmauer mit dem Schweizertor (bezeichnet in den Jahren 1552 und 1553) unter der Mitwirkung von Pietro Ferrabosco (1512–1599); den circa 220 Meter langen Augustinergang, dessen Erdgeschoß im Winter als Orangerie diente; die Neuverglasung der Augustinerkirche mit weißem Glas; den Neubau des sogenannten Kindertrakts um 1554/1556, der an den Westturm anschloss und den durch den Abbruch von Gebäuden (um 1548) neu entstandenen Burgplatz säumte; den großzügigen Ausbau des Hof- oder Kaiserspitals und nicht zuletzt den Bau des Kunstkammergebäudes um 1556/1558.

Die Baumaßnahmen Ferdinands I. in der Hofburg folgten einem bestimmten Konzept, das zum Teil von seinen Nachfolgern weitergeführt wurde. Dies lässt sich heute noch insbesondere an der starken Formenreduktion etwa an den Fassaden und der Farbgebung mit dunkelgrauen Steinrahmungen und weißem Hintergrund erkennen. Die Fensterstürze weisen darüber hinaus je zwei reliefierte Glieder einer Collane des Ordens vom Goldenen Vlies mit Andreaskreuz, Feuereisen und loderndem Feuerstein auf, was die Verbundenheit mit dem Herzogtum Burgund und den Ordensidealen allseits sichtbar versinnbildlicht. Dieselben Motive setzte Ferdinand I. im selben Zeitraum an seinen Residenzen in Prag (am Belvedere) und in Pressburg gleichsam als Erkennungsmerkmal ein, die Vorbilder gehen unter anderem auf den Coudenbergpalast in Brüssel zurück, den Sitz der Herzöge von Burgund und später der habsburgischen Statthalter.

Ein anderes bedeutendes Beispiel für die unter Ferdinand I. begonnene Bautradition ist das in den Jahren 1552/53 nach den von Sebastiano Serlio (1475–ca. 1554) vermittelten vitruvianischen Kriterien errichtete sogenannte Schweizertor, das nicht nur als Burgtor fungierte, sondern mit seiner antikisierenden Triumphbogenarchitektur den persönlichen Erfolg Ferdinands I. im Passauer Vertrag von 1552 gegenüber seinem Bruder Kaiser Karl V. mit der Erlangung und Sicherung der Kaiserwürde für den österreichischen Zweig der Habsburger symbolisiert. Dies zeigt sich vom Durchfahrtsgewölbe mit den Wappen der Länder, die Ferdinand I. im Wormser Vertrag von 1521 erhalten

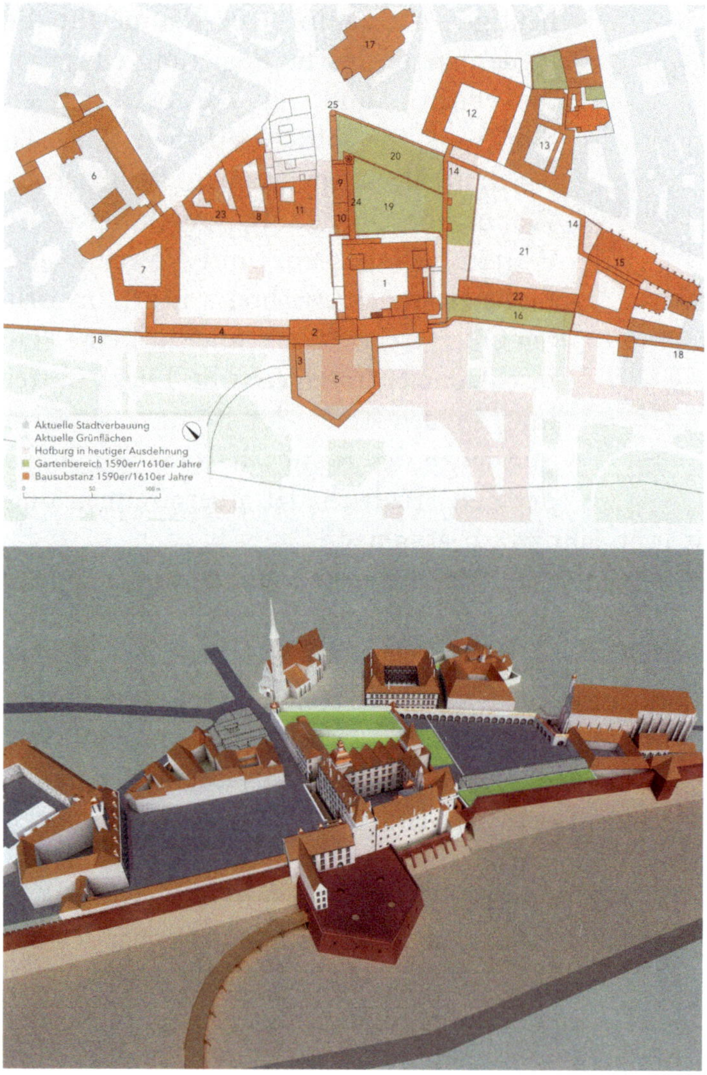

Bauphasenplan der Wiener Hofburg, Situation um 1590 bis 1609 und 3D-Rekonstruktion (Vogelschau von Westen), Abb. III.5 und III.6 aus Herbert Karner (Hg.): Die Wiener Hofburg 1521–1705, Wien 2014.

hatte, über die Feuereisensymbolik in der Mittelmetope bis hin zur Inschrift mit der Auflistung seiner Titel. Das Schweizertor war ursprünglich farblich in das ferdinandeische Gesamtschema eingepasst, denn die Steinteile waren dunkelgrau materialsichtig, wozu die vergoldeten gegossenen Bronzebuchstaben kamen.

Unter Ferdinands I. Sohn und Nachfolger Maximilian II. ist die Errichtung der Stallburg in den Jahren um 1559/1562 bis 1566 als multifunktionales Gebäude mit Stallungen, Gästeappartements und Werkstätten sowie einer Harnischkammer als größtes Bauvorhaben auf dem Hofburgareal zu nennen. Die Stallburg zählt mit ihrem dreigeschoßigen, vierseitigen Arkadenhof zu den wichtigsten Renaissancebauten in ganz Österreich, die Pilastergliederung in toskanischer Ordnung steht wiederum unter dem Einfluss der Architektursprache des Italieners Sebastiano Serlio und wurde wohl bewusst für die dem Bauwerk bestimmten Funktionen ausgewählt. Dazu kommt zudem die Einbindung in die bereits an den Bauten der Alten Burg umgesetzte ferdinandeische Residenzarchitektur mittels dunkelgrau-weißem Farbkonzept, Materialsichtigkeit und exakter Proportionierung. Zur Planung der Pferdestallungen und der Anordnung der Rossstände holte man sogar eigens in Spanien Ratschläge ein.

Während der Regierungszeit Rudolfs II., des ältesten Sohnes und Nachfolgers Maximilians II., wurden neue Bauprojekte in der Hofburg verfolgt, die trotz der Absenz des Regenten seit 1583 und der Verlegung seiner Hauptresidenz nach Prag sehr aufwendig und umfangreich waren. Vermutlich sollten an beiden Orten adäquate Verhältnisse vorhanden sein. So wurde zunächst ab 1582 ein „Sommerhaus“ errichtet, worunter die Verglasung der stadtauswärts gerichteten Arkaden des Kindertrakts und dessen gleichzeitige Aufstockung zu verstehen sind. Hier befanden sich auch die kaiserlichen Wohnräume. Bei der Alten Burg erhöhte man außerdem alle Trakte außer den Südwesttrakt um ein Geschoß und veränderte die Raumhöhen. An den Kindertrakt anschließend wurde um 1587/1590 ein hakenförmiger Trakt auf die Burgbastei gestellt, und zwischen 1588 und 1596 gestaltete der Hofmaler Hans Apfelmann die kaiserlichen Repräsentationsräume mit Malereien und vergoldetem Stuck aus.

Eine langjährige und sehr umfangreiche Baumaßnahme stellte die Errichtung der Neuen Burg (der heutigen Amalienburg) als Residenz Erzherzog Ernsts dar, der als Statthalter seines kaiserlichen Bruders agierte. Sie geht auf den als Zeughaus genutzten ehemaligen Cillierhof zurück und entstand in Etappen zwischen 1582 und 1609. Der Bereich des Ballhauses und des Kunstkammergebäudes wurde in den 1580er-Jahren um einen Galeriebau erweitert, der später unter anderem Teile der kaiserlichen Schatzkammer beherbergte. Die Neue Burg als ernestinischer Statthaltersitz wies im Gegensatz zu der viertürmigen, imperial konnotierten Alten Burg in hierarchischer Hinsicht lediglich einen mit astronomischen Funktionen ausgestatteten Turm auf; ihre Fassade war jedoch ursprünglich dem ferdinandeischen Farb- und Formenkonzept angeglichen. Zwischen 1604 und 1609 erhielt sie schließlich die heutige Rustikafassade von Anton de Moys, die allerdings jeglicher tektonischen Gliederung entbehrt und somit für die Renaissancearchitektur ungewöhnlich ist. Dennoch hat es den Anschein, dass gerade auf diese Weise unter Berücksichtigung der rudolfinischen Bautätigkeit in der Hofburg das habsburgische dynastische Traditionsbewusstsein fortgesetzt wurde.

In den Jahren 1582 bis 1585 ließ Elisabeth, eine Schwester Rudolfs II. und die Witwe des französischen Königs Karl IX. (1550–1574), unter anderem unter Erwerbung der Residenz ihres Onkels Erzherzog Karl II. das Klarissenkloster Maria Königin der Engel (die heutige Lutherische Stadtkirche) als Witwensitz errichten.

Während der kurzen Regierungszeit Kaiser Matthias' fanden mit Ausnahme des sogenannten Matthiastors zwar keine Neubauprojekte in der Hofburg statt, dafür aber umfangreiche Sanierungsmaßnahmen, vor allem am baufälligen Nordosttrakt, die jedoch zu einem großen Bauskandal führten, weil dieser Trakt im Jahr 1618 einstürzte. Die Reparaturen dauerten neben weiteren Ausbauten letztlich bis in die Regierungszeit Ferdinands II. an.

Die Hofburg beherbergte neben den fürstlichen Appartements, deren Infrastruktur und Unterkünften für den Hofstaat auch eine Reihe landesfürstlicher Verwaltungseinrichtungen wie die Hofkammer, die Hofkanzlei und mit der Kaiserwürde Ferdinands I. auch die Reichshofkanzlei sowie die niederösterreichische Regierung und den Hofkriegsrat. Sie war außerdem Tagungsort politischer Gremien wie des Geheimen Rats und des (Reichs-)Hofrats. Die Verwaltungsbehörden waren anfangs in der Alten Burg untergebracht, ehe sie aus Platzmangel in nahe gelegene Quartiere übersiedelt wurden. Lediglich die niederösterreichische Regierung verblieb im Südwesttrakt. Zu diesem Zweck kaufte man ab 1559 sukzessive im Bereich zwischen Burgplatz und Schauflergasse gelegene Häuser auf, die gemeinsam mit Neubauten allmählich den heutigen Reichskanzleitrakt bildeten.

BAUGESCHICHTE DES NIEDERÖSTERREICHISCHEN LANDHAUSES VON 1519 BIS 1619[6] ◖ Die Stände des Erzherzogtums Österreich unter der Enns besaßen im Gegensatz zu anderen habsburgischen Erbländern kein eigenes Gebäude, in dem Zusammenkünfte

6 Anton Mayer: Das niederösterreichische Landhaus in Wien 1513–1848 (Berichte und Mitteilungen des Altertums-Vereines zu Wien, Bd. 38), Wien 1904; Rupert Feuchtmüller: Das

abgehalten werden konnten; man behalf sich mit adäquaten Adelspalästen in Wien, sofern der Landtag nicht an einem anderen Ort stattfand. Die Verwaltungsreformen Kaiser Maximilians I. brachten jedoch die Notwendigkeit des Erwerbs einer geeigneten Liegenschaft mit sich, die im Jahr 1513 mit dem Haus der Brüder Wolfgang, Linhart und Erasmus von Liechtenstein zu Nikolsburg gefunden und gekauft wurde. Die Lage des Objekts in der Nähe der Hofburg war recht günstig, und man nahm erste bauliche Adaptierungen unmittelbar in Angriff: An der Grundgrenze zum Minoritenkloster wurde ein quer liegender Haupttrakt errichtet, von dem sich zwei kurze Flügel in den großen Hof zur Herrengasse hin erstreckten, während die gassenseitigen ehemaligen Liechtenstein'schen Bauten samt dem „Stöcklgebäude" bestehen blieben. Diese Bautätigkeiten müssen der am Obergeschoß befindlichen Jahreszahl „1516" zufolge relativ zügig vonstattengegangen sein. Auffälligster Bauteil war zweifellos die imposante Torhalle, die im Jahr 1837 zu einer Kapelle umgestaltet wurde.

Der Innenhof des alten Niederösterreichischen Landhauses, Zeichnung von Georg Christian Wilder, 1826 (Niederösterreichische Landesbibliothek, Topographische Sammlung, Inv.Nr. 23.430)

Das Aussehen und die Funktionsbereiche dieses ersten Landhausbaus hat man sich folgendermaßen vorzustellen: Das Hauptgeschoß beherbergte mittig einen noch nicht vollständig ausgebauten, quer liegenden großen Saal, an den die beiden Seitenflügel anschlossen, in denen die nach den vier Kurien der Landstände getrennten Stuben der Verordneten sowie die dazugehörigen Kanzleien und Vorzimmer untergebracht waren. Im Erdgeschoß befanden sich die Torhalle und die Pförtnerstube nebst weiteren Räumlichkeiten. Die Torhalle, die Pförtnerstube und das „Gotische Zimmer" im Hauptgeschoß weisen spätgotische Schlingrippengewölbe beziehungsweise verstäbte Gewölbe auf und dürften aus der ersten Ausbauphase stammen, als Steinmetze werden Meister Jörg Öchsel oder Leonhard Kornteurer vermutet. Die ursprünglichen Planungen scheinen bereits ein zweites Obergeschoß vorgesehen zu haben, da auch eine Wendeltreppe errichtet wurde.

Niederösterreichische Landhaus. Ein kunsthistorisches Denkmal 1513–1850, Wien 1949; Wilhelm Georg Rizzi: Die Architektur des Niederösterreichischen Landhauses, in: Anton Eggendorfer, Wolfgang Krug, Gottfried Stangler (Hg.): Altes Landhaus. Vom Sitz der niederösterreichischen Stände zum Veranstaltungszentrum (Ausstellungskatalog Niederösterreichisches Landesmuseum), Wien 2006, S. 86–120; Wolfgang Krug: Die historischen Räume im Niederösterreichischen Landhaus und ihre Ausstattung, in: ders., Eggendorfer, Stangler, Altes Landhaus, S. 162–271; ders.: Denkmäler und historisch bedeutsame Ausstattungsstücke aus dem Niederösterreichischen Landhaus, in: ders., Eggendorfer, Stangler, Altes Landhaus, S. 218–272.

Holzdecke der Verordnetenratsstube, 1583 (Niederösterreichisches Landesmuseum, Inv.Nr. Lk 191)

Als nächster Schritt erfolgte jedoch zunächst eine Erweiterung des linken Seitenflügels durch den Maurermeister Hans Traubinger, um eine Stube und eine Kanzlei für die Kurie des vierten Standes unterzubringen; dies betraf wohl den Bereich nach dem „Gotischen Zimmer" und dem Eckraum mit der Wendeltreppe. Weitere kleinere Arbeiten wurden nach 1533 vom Steinmetzmeister Sigmund Hueber durchgeführt. Der Wiener Stadtplan von Bonifaz Wolmuet aus dem Jahr 1547 zeigt den westlichen Seitenflügel auch noch nicht bis zur Herrengasse ausgeführt. Ab 1551 sind Planungen zu einem weiteren Ausbau des Landhauses feststellbar, die Arbeiten dazu setzten ab 1562 mit der Aufstockung des linken Trakts, ab 1568 schließlich des restlichen Ensembles ein. Als Baumeister fungierte Hans Saphoy (gest. ca. 1578), Werkmeister zu St. Stephan und in den Jahren 1569 bis 1578 auch Baumeister der niederösterreichischen Länder.

Die Innenausbauten brachten eine reichhaltige Ausstattung mit sich, für die wiederum Hans Saphoy — vermutlich gemeinsam mit dem Bildhauer Paul Werner — sowie der Hoftischler Georg Haas verantwortlich waren. Die Arbeiten begannen zunächst im Saal und im neuen Teil des östlichen Seitenflügels, das Hofportal und die Vorhalle sind mit „1571" bezeichnet. Saphoys Abrechnung wurde im Jahr 1572 erstellt. Sie bezieht sich auf das Renaissanceportal, das den Zutritt vom Hof über die prächtige Stiege in die Vorhalle ermöglichte, von wo man zu einem kleinen Empfangsraum, in die Bürgerstube und in den Verordnetenratssaal gelangen konnte, deren Zugänge ebenfalls mit Marmorportalen ausgestattet waren. Georg Haas gestaltete das Portal und die Decke des Verordnetenratssaals, wobei das Portal einen ausgeklügelten Mechanismus aufweist, der ein Öffnen der Tür nach beiden Seiten ermöglicht und zu den herausragendsten renaissancezeitlichen Relikten in Wien zählt. Seine übrigen Arbeiten im Landhaus, speziell in der Herrenstands-, Prälaten- beziehungsweise Bürgerstube, sind durch die Umbauten des 18. und 19. Jahrhunderts verloren gegangen, aber in seinem im Jahr 1583 publizierten Musterbuch abgebildet.

Das Landhaus 1609, Ausschnitt aus der Vogelschau von Wien von Jacob Hoefnagel (Wien Museum, Dauerleihnahme Ed. Sacher GesmbH)

Der Haupttrakt und der östliche Flügel waren gemeinsam mit dem Türmchen im Jahr 1578 vollendet, wodurch die weiteren Bautätigkeiten im westlichen Flügel fortgesetzt und bis 1586 abgeschlossen werden konnten. Dieser Trakt und das immer noch existierende „Stöcklgebäude" schränkten die Fläche im gassenseitigen Teil des Hofs ein, doch statt eine Vergrößerung desselben anzustreben, errichtete man im Jahr 1593 einen weiteren, vom „Stöcklgebäude" bis zum Nachbarhaus reichenden Quertrakt. Dieses Erscheinungsbild behielt das Landhaus bis zu den nächsten einschneidenden Umbauten zu Beginn des 18. Jahrhunderts grosso modo bei. ■

III

Bürger und andere Einwohner

Soziale Schichtung und Alltagsleben

Bürger- und Residenzstadt

Andreas Weigl

Der grundlegende soziale Wandel, den die Stadt Wien vom Spätmittelalter bis in die Frühe Neuzeit erfuhr, kann als Übergang von der Bürger- zur Residenzstadt charakterisiert werden.[1] Aus der Perspektive des 16. Jahrhunderts war dieser Prozess allerdings ergebnisoffen. In das Zeitalter der Reformation fielen zwar wichtige Weichenstellungen, doch lässt sich eine die Stadtentwicklung bestimmende Funktion noch keineswegs eindeutig festmachen.[2] Wichtige Veränderungen gingen unzweifelhaft von der politisch-militärischen Ebene aus. Das Vordringen des Osmanischen Reichs nach Südost- und Ostmitteleuropa zwang die benachbarten christlichen Herrscher zu einem Bündnis, welches in der am Wiener Kongress von 1515 vereinbarten Doppelhochzeit bekräftigt wurde. Als deren zu diesem Zeitpunkt noch kaum absehbare Folge trat die habsburgische Dynastie im Jahr 1526 in die Erbfolge der Königreiche Böhmen und Ungarn ein. Das mitteleuropäische Länderkonglomerat der österreichischen Linie der Habsburger vergrößerte sich damit erheblich. Dies erforderte eine Weiterführung der bereits unter Kaiser Maximilian I. eingeleiteten Verwaltungsreform nach burgundisch-französischem Muster. Abgesehen von dem seit 1510 dauerhaft nach Wien verlegten landesfürstlichen Regiment der niederösterrei-

1 Elisabeth Lichtenberger: Vienna. Bridge Between Cultures, London/New York 1993, S. 11–18.

2 Karl Vocelka: Die Stadt und die Herrscher, in: ders., Anita Traninger (Hg.): Die frühneuzeitliche Residenz (16. bis 18. Jahrhundert) (Wien. Geschichte einer Stadt, hg. von Peter Csendes, Ferdinand Opll, Bd. 2), Wien/Köln/Weimar 2003, S. 13–45, hier S. 14.

3 Österreich ob und unter der Enns, Steiermark, Kärnten, Krain, Görz und Triest. Siehe Richard Perger: Die äußere Wandlung Wiens im 16. Jahrhundert, in: Franz Baltzarek u. a.: Wien an der Schwelle der Neuzeit, Wien 1974, S. 11–30, hier S. 13.

4 Oskar Regele: Der österrei-

> „Schon in der spätmittelalterlichen ‚Bürgerstadt' zählten namhafte Teile der städtischen Bevölkerung nicht zum Bürgertum. Adelige, Geistliche, Universitätsangehörige und unterbürgerliche Schichten dürften etwa die Hälfte der Einwohner gestellt haben."

chischen Ländergruppe[3] wurden nun für alle habsburgischen Länder zuständige Zentralbehörden eingerichtet, die jedoch mit Ausnahme des 1556 gegründeten Hofkriegsrats[4] zunächst nur temporär in Wien angesiedelt waren. Die Regierungszeit Ferdinands I. zeitigte dennoch eine nicht zu unterschätzende Wirkung auf die Sozialstruktur der Wiener Bevölkerung, da ja ein Teil des Hofstaates mit dem Herrscher mitzog und dieser Wien mit großem Abstand zu seinem bevorzugten Aufenthaltsort wählte.[5] Ab etwa 1550 bezeichnete Ferdinand Wien als „seine" Hauptstadt und das durchaus auch im Sinn einer während seiner langen Regierungszeit entstandenen „Nähe".[6]

Der Einfluss des Hofs war in vielfältiger Weise spürbar. Zum einen nahm das Hofpersonal beträchtlich zu, mit einem Höhepunkt in den letzten eineinhalb Jahrzehnten der Regierungszeit Ferdinands I. In den 1550er-Jahren umfassten sein Hofstaat, der seines Sohnes Maximilian und dessen Frau Maria gemeinsam fast 1.000 Personen.[7] Zum anderen ist selbst für die Regierungszeit Kaiser Rudolfs II. von 350 bis 400 in Wien anwesenden Hof- und hofbefreiten Handwerkern auszugehen — und das, obwohl der Kaiser in Prag residierte.[8] Aus der militärischen Bedrohung und dem Sicherheitsbedürfnis des Hofs resultierte zudem die Aufstellung der Stadtguardia, die 1596/97 auf rund 500 Mann aufgestockt wurde.[9]

Dauerhaft hielten seit 1510 die Stände der niederösterreichischen Gruppe der Erbländer im Landhaus ihre Versammlungen ab, was Administration erforderte und dem adeligen Zuzug nach Wien förderlich war.[10] Wie sich anhand der Zahl der von der Hofquartierpflicht befreiten adeligen Freihäuser belegen lässt, sorgte die Verlegung der kaiserlichen Residenz unter Rudolf II. nach Prag diesbezüglich für keinen wirklichen Bruch. Insgesamt konnte im 16. Jahrhundert von einer von Adelspalais bestimmten städtischen Topografie allerdings noch nicht die Rede sein. Die berühmte Ansicht von Jacob Hoefnagel (1575–1630) aus dem Jahr 1609 zeigt ein von spätgotischen Bürgerhäusern dominiertes Stadtbild.[11] Im Jahr 1563 wohnten von 119 Adelspersonen 106 in Bürgerhäusern.[12]

chische Hofkriegsrat 1556–1848 (Mitteilungen des Österreichischen Staatsarchivs, Ergänzungsbd. 1, H. 1), Wien 1949, S. 35.

5 Margit Altfahrt: Ferdinand der Erste (1503–1564) — Ein Kaiser an der Wende zur Neuzeit (Wiener Geschichtsblätter 2003, Beiheft 1), Wien 2003, S. 33.

6 Ferdinand Opll: Ferdinand I. und seine Stadt Wien. Versuch einer Neubewertung des Verhältnisses zwischen Herrscher und Stadt, in: Jahrbuch des Vereins für Geschichte der Stadt Wien 61 (2005), S. 73–98; Bertrand Michael Buchmann: Hof — Regierung — Stadtverwaltung. Wien als Sitz der österreichischen Zentralverwaltung. Von den Anfängen bis zum Untergang der Monarchie, Wien/München 2002, S. 37.

7 Christopher F. Laferl: Die Kultur der Spanier in Österreich unter Ferdinand I. 1522–1564 (Junge Wiener Romanistik, Bd. 14), Wien/Köln/Weimar 1997, S. 123f.

8 Herbert Haupt: Das Hof- und hofbefreite Handwerk im barocken Wien 1620 bis 1770. Ein Handbuch (Forschungen und Beiträge zur Wiener Stadtgeschichte, Bd. 46), Innsbruck/Wien/Bozen 2007, S. 37.

9 Alois Veltze: Die Wiener Stadtguardia (1531–1741), in: Berichte und Mittheilungen des Alterthums-Vereines zu Wien 36/37 (1902), S. 1–213, hier S. 29.

10 Karl Vocelka: *Du bist die port und zir alzeit, befestigung der christenheit* — Wien zwischen Grenzfestung und Residenzstadt im späten Mittelalter und in der Frühen Neuzeit, in: Evamaria Engel, Karen Lambrecht, Hanna Nogossek (Hg.): Metropolen im Wandel. Zentralität in Ostmitteleuropa an der Wende vom Mittelalter zur Neuzeit (Forschungen zur Geschichte und Kultur des östlichen Mitteleuropa, Bd. 3), Berlin 1995, S. 263–275, hier S. 266.

11 Ferdinand Opll: Wien im Bild historischer Karten. Die Entwicklung der Stadt bis in die Mitte des 19. Jahrhunderts, Wien/Köln/Weimar, 2. Aufl. 2004, S. 18f.; Karl Fischer (Hg.): Wien 1609. Ansicht aus der Vogelperspektive von Jacob Hoefnagel, Schleinbach 2015.

12 Elisabeth Lichtenberger: Die Wiener Altstadt. Von der mittelalterlichen Bürgerstadt zur City, Wien 1977, S. 94.

ZAHL DER FREIHÄUSER UND HÄUSER IM GEISTLICHEN BESITZ[13]

Kategorie	1566	1587
Freihäuser	130	124
Geistliche Häuser	46	52
Gesamt	1.205	1.210

Schon in der spätmittelalterlichen „Bürgerstadt" zählten namhafte Teile der städtischen Bevölkerung nicht zum Bürgertum. Adelige, Geistliche, Universitätsangehörige und unterbürgerliche Schichten dürften etwa die Hälfte der Einwohner gestellt haben.[14] Im Zeichen des Vordringens des Humanismus erlebte die Universität Wien in der Folge in den ersten beiden Jahrzehnten des 16. Jahrhunderts mit etwa 3.000 Studenten eine ausgesprochene Blüte. Nach 1520 kam es jedoch zu einem abrupten Rückgang der Studentenzahlen, der auf das Vordringen des zunächst universitätsfeindlichen Luthertums, aber auch die latente Bedrohung durch das Osmanische Reich zurückzuführen war.[15]

VERDRÄNGUNGSPROZESSE ◖ Am Beispiel der Steueranschläge des Widmerviertels, welches im Spätmittelalter bevorzugter Standort der metallverarbeitenden Gewerbe und der Baugewerbe war,[16] lassen sich die strukturellen Veränderungen innerhalb der bürgerlichen Bevölkerung rekonstruieren. Im Lauf des 16. Jahrhunderts gewann der Dienstleistungssektor, vertreten durch Beamte, Schreiber, Einzelhändler (Greißler und Kramer) und Angehörige des Gastgewerbes, an Bedeutung, während die weinproduzierenden Hauer fast völlig aus der Stadt verschwanden.

STEUERZAHLER DES WIDMERVIERTELS 1527 UND 1618[17]

Beruf/Stand	1527	1527	1618	1618
	abs.	in %	abs.	in %
Beamte/Schreiber	19	1,9	19	2,8
(Besitz-)Bürger	265	27,0	169	25,0
Metallverarbeitung	79	8,1	77	11,4
Textil/Bekleidung	90	9,2	77	11,4
Gastgewerbe	24	2,4	37	5,5
Greißler/Kramer	29	3,0	40	5,9
Hauer	194	19,8	7	1,0
Sonstige	266	27,1	235	34,8
Gesamt	980		675	

Der Platzbedarf des Hofs und des Adels zwang immer mehr Handwerker, dort und da auch Hofbedienstete und Beamte, in die billigeren Vorstädte auszuweichen.

Der Graben 1609, Ausschnitt aus der Vogelschau von Wien von Jacob Hoefnagel (Wien Museum, Dauerleihnahme Ed. Sacher GesmbH)

(ZIVIL-)BERUF DES BRÄUTIGAMS IN DER VORSTADTPFARRE ST. ULRICH 1590–1599 (IN %)[18]

(Besitz-)Bürger, Akademiker, Künstler	2,9
Handwerker	46,0
Hauer u. verwandte Berufe	35,8
Hofbedienstete und Beamte	5,8
Diener und Taglöhner	2,9
Inwohner	2,9
Sonstige	3,6
n = 137	

STÄNDISCHE UND ÖKONOMISCHE HIERARCHIEN ◖ Wie sich aus der Sicht des Statthalters die ständische Hierarchie darstellte, belegt eine Ordnung, welche Erzherzog Matthias im September 1598 anlässlich des „langen Türkenkriegs" (1593–1606) für ein sonntäglich zu wiederholendes vierzigstündiges Gebet in der Stephanskirche „wider den erbfeindt" vorschrieb. Demnach sollten nach den Vertretern des Herrscherhauses die Geistlichkeit, dann alle kaiserlichen und fürstlichen Räte, Offiziere und Diener, danach die Angehörigen der Universität, weiter Advokaten, Schriftenmacher und Schulmeister, danach alle in- und ausländischen Handelsleute und deren Diener, dann alle Besitzbürger mit Ausnahme der Handwerker, schließlich die Handwerker und ihre Angehörigen, angeführt von den Zimmerleuten und abgeschlossen durch die Tischler, und letztlich „ohn unterschied menniglich" mit Ausnahme der Kranken an dem Gebet teilnehmen.[19]

Die politische bürgerliche Oberschicht bildeten reiche (Besitz-)Bürger. Aus ihrem Kreis wurden der aus zwölf Personen bestehende Innere Rat und die ebenfalls zwölf Stadtgerichtsbeisitzer gewählt.[20] Die als Rentiers lebenden Bürger besaßen die großen Mietshäuser und die Weinpressen.[21] Von den Kaufleuten, die die höchsten Steuerleistungen erbrachten, gehörten nur einzelne

13 Eigene Berechnungen nach Ernst Birk (Hg.): Materialien zur Topographie der Stadt Wien in den Jahren 1563 bis 1587, Wien 1867, S. 19–86.

14 Karl Schalk: Die Wiener Handwerker um die Zeit des Aufstandes von 1462 und die Bevölkerungszahl von Wien, in: Jahrbuch für Landeskunde von Niederösterreich NF 13/14 (1914/15), S. 300–346, hier S. 339–343.

15 Kurt Mühlberger: Zu den Krisen der Universität Wien im Zeitalter der konfessionellen Auseinandersetzungen, in: Bericht über den 18. österreichischen Historikertag in Linz, 24.–29. September 1990 (Veröffentlichungen des Verbandes Österreichischer Geschichtsvereine, Bd. 27), Wien 1991, S. 269–277, hier S. 270–272.

16 Ferdinand Opll: Zur spätmittelalterlichen Sozialstruktur von Wien, in: Jahrbuch des Vereins für Geschichte der Stadt Wien 49 (1993), S. 7–87, hier S. 84–87.

17 Eigene Berechnungen nach Wiener Stadt- und Landesarchiv (künftig WStLA), Steueramt, B4: 11 und 13.

18 Bezogen auf Eintragungen mit Berufsangabe unter Ausschluss von 83 Soldaten. Eigene Berechnungen nach Trauungsmatrikeln der Wiener Vorstadt St. Ulrich (Maria Trost) im 16. Jahrhundert, in: Die Matrikel. Quellen zur Familienforschung 1 (1935), Beilage, S. 1–9.

19 Quellen zur Geschichte der Stadt Wien, 1. Abt., Bd. 5, Wien 1906, S. 160–162 (Nr. 5637).

20 Josef Pauser: Verfassung und Verwaltung der Stadt Wien, in: Vocelka, Traninger, Residenz, S. 53.

21 Lichtenberger, Altstadt, S. 69.

Der Hohe Markt 1609, Ausschnitt aus der Vogelschau von Wien von Jacob Hoefnagel (Wien Museum, Dauerleihnahme Ed. Sacher GesmbH)

dem Inneren Rat an.[22] Mit Ausnahme von Lazarus Henckel von Donnersmarck[23] (1551–1624) zählten sie zwar nicht zu den großen Einzelfinanziers,[24] unterhielten aber weitreichende Geschäftsbeziehungen von Straßburg bis Lemberg, von Görlitz nach Venedig.[25] Sie kennzeichnete eine hohe Endogamie.[26] Die Dimension der am Wiener Handelsplatz aufgenommenen Wechselgelder zur Vorfinanzierung des „langen Türkenkriegs“[27] widerlegt eindrucksvoll die ältere These vom wirtschaftlichen Niedergang dieser Berufsgruppe.

Vor allem im dritten Viertel des 16. Jahrhunderts sanken die Reallöhne nahezu um die Hälfte.[28] Dazu traten Missernten, die zur Folge hatten, dass der Getreidepreis in Wien zwischen 1563 und 1571 temporär um mehr als 600 Prozent stieg.[29] Dadurch verschärfte sich die Situation für die städtischen Unterschichten. Die Bewilligung einer Verdoppelung der kostenlosen Salzzufuhr an das Armenhaus St. Marx durch Kaiser Ferdinand I. aus dem Jahr 1561 verleiht dem beredten Ausdruck.[30] Neben den „Hausarmen“ gab es eine größere Zahl von Bettlern.[31] Im ältesten Bettelverzeichnis für die Jahre 1560 bis 1567 sind allein rund 500 „würdige“ Personen verzeichnet, davon 58 Prozent Frauen.[32] Schwer zu fassen ist die unzweifelhaft große Zahl fremder Bettler.

STÄDTISCHE „HÄNDEL“ UND „LUSTBARKEITEN“ ◖ Den Tagesablauf der Wienerinnen und Wiener bestimmte die Sonne. Die Turmuhren, vor allem die Schlaguhr auf dem Stephansturm, funktionierten sehr schlecht, was auch Kaiser Ferdinand I. immer wieder zu Interventionen veranlasste, weil „er solcher unrichtigkeit halber gar übel zufriden“.[33] In Verwendung standen Sanduhren, Sonnenuhren und Taschenuhren.[34] Das Geschäftsleben kon-

22 Peter Csendes: Zur Wiener Handelsgeschichte des 16. Jahrhunderts, in: Baltzarek, Wien an der Schwelle der Neuzeit, S. 44–53, hier S. 53.

23 Mattheus Reischl: Der Merchant Banker Lazarus Henckel von Donnersmarck, phil. Dipl.-Arb. Univ. Wien 2013.

24 Erich Landsteiner: Die Kaufleute, in: Vocelka, Traninger, Residenz, S. 205–214, hier S. 211.

25 Rudolf Buchinger: Die Wiener Kaufmannschaft in der zweiten Hälfte des 16. Jahrhunderts. Prosopographie, Handels- und Finanzierungstätigkeit ausgewählter Familien, phil. Dipl.-Arb. Univ. Wien 2009, S. 84–89.

26 Ebd., S. 32–47.

27 Erich Landsteiner: Zacharias Geizkofler gründet eine Bank (ungedr. Man.), 8., gekürzte Version, abgedruckt in: Österreichische Zeitschrift für Geschichtswissenschaften 26 (2015), S. 183–212.

28 Robert C. Allen: The British Industrial Revolution in Global Perspective, Cambridge 2009, S. 38–40.

29 Erich Landsteiner: Trübselige Zeit? Auf der Suche nach den wirtschaftlichen und sozialen Dimensionen des Klimawandels im späten 16. Jahrhundert, in: Österreichische Zeitschrift für

„Das Zusammenleben in Stadt und Vorstädten kennzeichnete eine merkbare Gefühlskälte und hohe Gewaltbereitschaft."

zentrierte sich auf den Hohen Markt und den Graben.[35] Güter des täglichen Bedarfs wurden hauptsächlich auf den (Wochen-) Märkten eingekauft. Von den 14 Marktplätzen hatten der Fleischmarkt und der Kohlmarkt bereits im Spätmittelalter ihre ursprüngliche Funktion verloren. Ansonsten bestand große Kontinuität.[36] Brot, Mehl, Milch, Fleisch, Fische, Spezereiwaren, Schmalz, Käse, Kleingemüse und Südfrüchte gingen über die Ladentische der Fragner (Krämer) und Greißler.[37] Der Einzelhandel blieb vorerst sehr stadtzentriert. In den Jahren 1560 bis 1599 befanden sich beispielsweise noch 85 Prozent der Backstuben innerhalb der Stadtmauern.[38]

Das Zusammenleben in Stadt und Vorstädten kennzeichnete eine merkbare Gefühlskälte und hohe Gewaltbereitschaft. Wenn Wolfgang Schmeltzl, Dichter, Musiker und Schulmeister im Schottenstift, in einem Lobgedicht sich bemüßigt fühlte zu betonen, dass „nit, wie mancher plodert her, Diß Volck so vnbarmhertzig wer, Ein armes mensch liesen verderbn, Offlichen auf der gassen sterbn",[39] entsprach dem offensichtlich eine andere soziale Realität. Kleinere Handgreiflichkeiten, auch unter Frauen, ereigneten sich häufig.[40] In den über die Stadt verstreuten Schenken kam es immer wieder zu Auseinandersetzungen. In einem Mandat vom

Kat.Nr. 8.11 (Ausschnitt) Der „Milchkrieg" während der Fronleichnamsprozession 1578

Geschichtswissenschaften 12/2 (2001), S. 79–116, hier S. 85–88.

30 WStLA, Bürgerspital-Akten, A1: Fasz. V 38.

31 Sarah Pichlkastner: *Arme stattgezaichnete bettler*. Auf den Spuren der Wiener Bettlerinnen und Bettler mit Bettelerlaubnis („Stadtzeichen") im 16. und 17. Jahrhundert, phil. Dipl.-Arb. Univ. Wien 2009, S. 50.

32 Ebd., S. 71.

33 Karl Uhlirz: Beiträge zur Culturgeschichte und geschichtlichen Topographie Wiens, Wien 1891, S. 19.

34 Ebd., S. 24–29.

35 Richard Perger: Der Hohe Markt (Wiener Geschichtsbücher, Bd. 3), Wien/Hamburg 1970, insbes. S. 41; Felix Czeike: Der Graben (Wiener Geschichtsbücher, Bd. 10), Wien/Hamburg 1972, S. 15–25, hier S. 45f.

36 Helga Maria Wolf: Die Märkte Alt-Wiens. Geschichte und Geschichten, Wien 2006, S. 120; Silvia Müller: Die Märkte der Reichshaupt- und Residenzstadt Wien, phil. Dipl.-Arb. Univ. Wien 1987, S. 29; Richard Perger: Straßen, Türme und Basteien. Das Straßennetz der Wiener City in seiner Entwicklung und seinen Namen. Ein Handbuch (Forschungen und Beiträge zur Wiener Stadtgeschichte, Bd. 22), Wien 1991, S. 47, S. 79.

37 Alexander Gigl: Geschichte der Wiener Marktordnungen, Wien 1865, S. 44.

38 Andreas Weigl: Die Versorgung einer wachsenden Großstadt, in: Vocelka, Traninger, Residenz, S. 156–162, hier S. 157.

39 Wolfgang Schmeltzl: Ein Lobspruch der hochlöblichen weitberümbten Khüniglichen Stat Wien in Österreich [...], Wien 1548, in: ders.: Der Wiener Hans Sachs. Eine Auslese seiner Werke, hg. von E. Triebnegg, Wien 1915, S. 19–80, hier S. 49 (Z. 710–713).

40 Susanne C. Pils: Die Stadt als Lebensraum. Wien im Spiegel der Oberkammeramtsrechnungen 1556–1576, in: Jahrbuch des Vereins für Geschichte der Stadt Wien 49 (1993), S. 119–172, hier S. 132.

7. Juni 1590 wurde verfügt, dass „alles Herrn und dienstlose Gesindt / Banditen, und Spiler / so dem müessigang vnd freyen Leben nachgehen / von der Statt / auch Vorstett vnd dem Purckfridt weck geschafft in Specie, die so auß andern Landen Bandisiert vnd außgeschafft sein. Item die so in Winckeln / Clöstern / Herrn vnnd heimblichen Wiertß-heüsern / Gastgebschafft vnd Khostgenger halten. Also ist auch geordnet / wo einer bey Tag oder Nacht in der Statt ein Rumor vnd Fechthandel anfacht / das er solle am Leib / Wer sich aber der Stadtwacht vnnd deß Gerichts setzt / vnnd dieselb angreifft / alßbaldt am Leben / ohn alle verschonung gestrafft werden [...]“.[41] In den Jahren 1513 und 1514 brach eine der zahlreichen studentischen Revolten in Wien aus,[42] die als Lateinischer Krieg in die Geschichte einging. Am Fronleichnamstag 1513 kam es in der Vorstadt vor dem Widmertor in einem „Frauenhaus“ zu einem Streit zwischen Studenten und Weingartenknechten, in dessen Folge ein Bürger und ein Magister der Artistenfakultät von einem betrunkenen Schergen des Stadtrichters getötet wurden. Studenten bewaffneten sich daraufhin, forderten ihre Privilegien ein und zogen aus Protest aus der Stadt aus.[43]

Die konfessionell aufgeheizte Stimmung zwischen katholischer Minderheit und protestantischer Mehrheit entlud sich vereinzelt bei Prozessionen, auch wenn das Umstürzen von Verkaufstischen auf dem Kohlmarkt im sogenannten Milchkrieg während der Fronleichnamsprozession des Jahres 1578 sich letztlich als nicht religiös motiviert erwies.[44]

Die Prostituierten hielten sich nicht nur in „Frauenhäusern“, sondern bevorzugt in den Ausschankstätten auf, was Bürgermeister, Richter und Rat der Stadt Wien am 18. Jänner 1563 veranlasste zu verfügen: „Das ain yeder bey seinen offnen Weynen vnd Trinckhstuben / das Gottslestern / Spill / gemaine Weiber vnnd Ergerlich sündlich leben / khaines wegs gestatte noch gedulde [...]“.[45] Der Erfolg solcher Verfügungen war offensichtlich gering, wie ein Verzeichnis verdächtiger und „leichtfertiger“ Orte in der Stadt aus der Regierungszeit Kaiser Maximilians II. veranschaulicht. Da findet sich eine nahezu das gesamte Stadtgebiet umfassende Topografie des Wiener Rotlichtmilieus, unter anderem in „der Herrengasse neben dem Herrn Landmarschalch in des Herrn Neuhauser's Hauss[46] ein wissentliche Khuplerin und ein leichtfertig Weib, [...] daneben auch Freyweiber“ und in „dem Regenspurger Hoff beym Lästeln haist die Saferl. Sowoll aine heist die Pumerin von Dray“.[47]

Den Alltag belebte ein aus Prozessionen, Schützenfesten[48] und Theateraufführungen[49] bestehender Festkalender. Außerordentliche Ereignisse wie Kaiserwahlen und fürstliche Hochzeiten[50] boten den Anlass für prächtige Einzüge, an denen die staunende Menge im Sinn einer repräsentativen Öffentlichkeit partizipierte.

41 WStLA, Patente, A1: 184, Mandat vom 7. Juni 1590.

42 Franz Gall: Alma Mater Rudolphina 1365–1965. Die Wiener Universität und ihre Studenten, Wien, 3. Aufl. 1965, S. 132.

43 Thomas Maisel: Der „Lateinische Krieg“. Eine studentische Revolte des frühen 16. Jahrhunderts in Wien, in: Historische Anthropologie 3 (1995), S. 389–411.

44 Walter Sturminger: Der Milchkrieg zu Wien am Fronleichnamstag 1578, in: Mitteilungen des Instituts für Österreichische Geschichtsforschung 58 (1950), S. 614–624.

45 WStLA, Patente, A1: 90/1. Wien, 18. Jänner 1563.

46 Dabei dürfte es sich um ein Gebäude im Häuserkomplex Herrengasse 6–8/Wallnerstraße 5–7 gehandelt haben, welches urkundlich 1516 vom Landesuntermarschall Ambros Wisent erworben worden war und allerdings erst 1592 in den Besitz Caspar von Neuhaus' überging. Siehe WStLA, W190/17: Paul Harrer: Wien, seine Häuser, Menschen und Kultur, Bd. 7 (ungedr. Man.), Wien 1957, S. 124–128.

47 Josef Schrank: Die Prostitution in Wien in historischer, administrativer und hygienischer Beziehung, Bd. 1, Wien 1886, S. 122–124.

48 Hanns Jäger-Sunstenau: Über das Wiener Schützenfest 1563, in: Wiener Geschichtsblätter 15 (1960), S. 138–143.

49 Franz Hadamovsky: Wien. Theatergeschichte. Von den Anfängen bis zum Ende des Ersten Weltkriegs, Wien 1994, S. 61–95.

50 Karl Vocelka: Habsburgische Hochzeiten 1550–1600. Kulturgeschichtliche Studien zum manieristischen Repräsentationsfest (Veröffentlichungen der Kommission für neuere Geschichte Österreichs, Bd. 65), Wien 1976, S. 71–85; Josef Wünsch: Der Einzug Kaiser Maximilians II. in Wien 1563, in: Berichte und Mitteilungen des Altertums-Vereines zu Wien 46/47 (1914), S. 9–34.

„Der Weinwachs so groß"

Die Wiener Wirtschaft im „langen 16. Jahrhundert"[1]

Peter Rauscher

Die Jahrzehnte um 1500 gelten als Wende vom Mittelalter zur Frühen Neuzeit. Wie in anderen Bereichen vollzog sich auch in den Städten der Wandel nur langsam. Nach wie vor bildeten sie die Zentren von Handel und Gewerbe. Ihre Ökonomien blieben geprägt von einem durch Zünfte stark reglementierten Handwerk und von restriktiven Zugängen zu Märkten.

Die Wirtschaftstopografie einer Stadt bestimmten Lade- und Werkstätten, Lagerräume, Gasthäuser, Plätze und Gassen. Dies galt auch für Wien: Vor allem zur Lagerung des Weins war die Stadt weitläufig unterkellert, als Marktplätze dienten nicht nur der Hohe und der Neue Markt, der Haar-, Kohl-, Kien-, Fisch-, Fleisch- und der Bauernmarkt, sondern auch Am Hof und die Plätze vor den Stadttoren wie der Ochsengries für den Viehhandel. Einzelne Gewerbe konzentrierten sich in den Gassen Unter den (Tuch-)Lauben, Unter den Sattlern, Unter den Goldschmieden, Unter den Weißgerbern, Unter den Spenglern und vielen mehr.[2]

DAS „LANGE 16. JAHRHUNDERT" ◖ Mit dem „langen 16. Jahrhundert" wird ein Zeitraum beschrieben, der durch steigende Bevölkerungszahlen und einen Anstieg der Nahrungsmittelpreise („Preisrevolution") gekennzeichnet war. Diese Entwicklung setzte bereits im ausgehenden 15. Jahrhundert ein und hielt bis ins frühe 17. Jahrhundert an. Auch für die Wirtschaftsgeschichte der Stadt Wien kann die Zeit zwischen der zweiten Hälfte des 15. Jahrhunderts und den 1620er- und 1630er-Jahren als eine Epoche angesehen werden. An ihrem Anfang stand ein durch Münzverschlechterung und Kriege verursachter massiver Einbruch des Handelsvolumens, dem ein immer wieder von kurzen Krisen unterbrochener Anstieg folgte. Sein Ende fand das Zeitalter mit

1 Der Text basiert auf folgenden grundlegenden Werken, auf deren weitere Nennung verzichtet wird: Karl Uhlirz: Das Gewerbe (1208–1527), in: Alterthumsverein zu Wien (Hg.): Geschichte der Stadt Wien, Bd. II/2, Wien 1905, S. 592–740; Arnold Luschin von Ebengreuth: Münzwesen, Handel und Verkehr im späten Mittelalter, in: Alterthumsverein, Geschichte der Stadt Wien, Bd. II/2, S. 741–866; Karl Fajkmayer: Handel, Verkehr und Münzwesen, in: Alterthumsverein, Geschichte der Stadt Wien, Bd. IV, Wien 1911, S. 524–584; Viktor Thiel: Gewerbe und Industrie, in: Alterthumsverein, Geschichte der Stadt Wien, Bd. IV, S. 411–523; Theodor Mayer: Der auswärtige Handel des Herzogtums Österreich im Mittelalter (Forschungen zur inneren Geschichte Österreichs, H. 6), Innsbruck 1909; Erich Landsteiner: Handel und Kaufleute, in: Karl Vocelka, Anita Traninger (Hg.): Die frühneuzeitliche Residenz (16. bis 18. Jahrhundert) (Wien. Geschichte einer Stadt, hg. von Peter Csendes, Ferdinand Opll, Bd. 2), Wien/Köln/Weimar 2003, S. 185–187; ders.: Strukturelle Determinanten der Stellung Wiens im interregionalen Handel, in: Vocelka, Traninger, Residenz, S. 187–201; ders.: Handelskonjunkturen, in: Vocelka, Traninger, Residenz, S. 201–205; ders.: Kaufleute, in: Vocelka, Traninger, Residenz, S. 205–214. Titelzitat aus: Wolfgang Schmeltzl: Ein Lobspruch der Hochlöblichen weitberümbten Khüniglichen Stat Wienn in Österreich […], Wien, 2. Aufl. 1548 [Neudruck Wien 1913], Z. 175.

Die Lände am stadtnahen Donauarm, dem heutigen Donaukanal, 1609, Ausschnitt aus der Vogelschau von Wien von Jacob Hoefnagel (Wien Museum, Dauerleihnahme Ed. Sacher GesmbH)

dem Ausbruch des Dreißigjährigen Kriegs 1618/19 und der durch Währungsmanipulationen herbeigeführten Hyperinflation („Kipper- und Wipperzeit“).

Zwischen der Mitte des 15. und dem frühen 17. Jahrhundert war Wien nicht das alleinige Zentrum der habsburgischen Länder. Mit Wiener Neustadt, Innsbruck und Graz dienten auch andere Städte als Residenzen. Im Jahr 1583 verlegte Kaiser Rudolf II. schließlich seinen Hof nach Prag. Nach deutlichen Einbrüchen konnte die Stadt erst gegen Ende des 16. Jahrhunderts die Bevölkerungszahlen der Zeit um 1520 mit circa 30.000 Einwohnern wieder erreichen.[3] Damit erlebte der städtische Binnenmarkt bis zur Rückverlegung des Kaiserhofs Anfang der 1620er-Jahre keine Expansion.

HANDEL UND VERKEHR

> „Ein niderlag mit aller war
> Ist hie, drumb mancher Kauffman hat
> Sein Factores [Kommissionäre] in diser Stat,
> [...]
> Wir haben auch zwir Jarmarckt zeyt.
> Jederman hat freyung, ist gefreyt
> Vier wochen, wie ich sag,
> Catharine und am Auffartag.“[4]

Wien verfügte trotz einer Vielzahl an Handwerken über keine exportfähigen Gewerbeprodukte. Die verkehrsgeografische Lage der Stadt prädestinierte sie hingegen für den Handel. Durch die

2 Peter Csendes: Das Bild der Stadt am Ausgang des Mittelalters, in: ders., Ferdinand Opll (Hg.): Von den Anfängen bis zur Ersten Wiener Türkenbelagerung (1529) (Wien. Geschichte einer Stadt, hg. von Peter Csendes, Ferdinand Opll, Bd. 1), Wien/Köln/Weimar 2001, S. 89–91; ebd., Register der Orts- und Personennamen, S. 594.

3 Andreas Weigl: Frühneuzeitliches Bevölkerungswachstum, in: Csendes, Opll, Von den Anfängen, S. 109–131, hier S. 109f., S. 122.

4 Schmeltzl, Lobspruch, Z. 755–767.

„Wien verfügte trotz einer Vielzahl an Handwerken über keine exportfähigen Gewerbeprodukte. Die verkehrsgeografische Lage der Stadt prädestinierte sie hingegen für den Handel."

Donau und die sie begleitenden Straßen war Wien mit dem oberdeutschen Raum und dessen Metropolen Augsburg, Nürnberg, Ulm und Regensburg verbunden. Umschlagplätze des Mittelmeerhandels waren Hall in Tirol als Ausgangspunkt der Innschifffahrt und Salzburg, die über den Brenner beziehungsweise die Tauernpässe an Norditalien angeschlossen waren. Von Wien ausgehende Straßenverbindungen nach Norden, Osten und Süden bestanden teilweise bereits seit prähistorischer und römischer Zeit.[5] Dem überregionalen Handel dienten die beiden Jahrmärkte um Christi Himmelfahrt und St. Katharina (am 25. November), die jeweils vier Wochen dauerten, jedoch im Schatten der Linzer Märkte standen.[6] Die Handelsbeziehungen zu Ungarn entwickelten sich ambivalent: Während das Königreich durch die Kriege der Habsburger mit den Osmanen schwer geschädigt wurde und als Absatzmarkt an Bedeutung verlor, erlebte es während des 16. Jahrhunderts eine Expansion der Viehzucht. Wien wurde zu einem der wichtigsten Märkte für

5 Peter Csendes: Die Straßen Niederösterreichs im Früh- und Hochmittelalter (Dissertationen der Universität Wien, Bd. 33), Wien 1969, zur Venediger Straße S. 242–246.

6 Irmtraut Hering: Die privilegierten Wiener Hauptjahrmärkte. Von ihrer Gründung im Jahre 1278 bis zu ihrer Aufhebung im Jahre 1872, unveröff. Diss. Univ. Wien 1965; Wilhelm Rausch: Jahrmärkte, Messen und Stadtentwicklung in den habsburgischen Ländern Österreichs, in: Peter Johanek, Heinz Stoob (Hg.): Europäische Messen und Märktesysteme in Mittelalter und Neuzeit (Städteforschung, Reihe A, Bd. 39), Köln/Weimar/Wien 1996, S. 171–187.

ungarische Ochsen, von denen um 1550 durchschnittlich knapp 63.000 Stück pro Jahr in die Stadt getrieben worden sein sollen[7] und dort vor allem an süddeutsche Händler verkauft wurden.

Bereits im späten Mittelalter hatte sich die Stadt Wien durch Geleits- und Handelsprivilegien ihre Funktion als Drehscheibe zwischen Oberdeutschland, Ungarn und — partiell — Venedig sichern können. Die Aktivitäten auswärtiger Kaufleute wurden durch den ihnen auferlegten Straßenzwang, durch das Wiener Niederlagsrecht (Stapelrecht) und durch das Verbot des Handels zwischen Fremden außerhalb der Jahrmärkte (Gästehandelsverbot) starken Restriktionen unterworfen — Rechte, welche die bürgerlichen Händler auch im 16. Jahrhundert zäh zu verteidigen suchten.

Trotzdem hatten bereits im 15. Jahrhundert auswärtige Kaufleute eine starke Stellung in Wien gewonnen. Schon vor 1450 eröffneten vor allem Firmen aus Nürnberg und anderen deutschen Städten ständige Niederlassungen in Wien und begannen, sowohl das Gästehandelsverbot als auch das Wiener Monopol des Handels mit Ungarn zu durchbrechen. Seit ihrer Privilegierung durch Maximilian I. im Jahr 1515 dominierte diese als „Lagerherren" oder „Niederleger" bezeichnete Gruppe den städtischen Fern- und Großhandel. Diesen später mehrheitlich protestantischen Kaufleuten gelang es auch nach der Rekatholisierung der österreichischen Länder, ihre konfessionelle Identität zu behaupten.[8] Außer den „Niederlegern" nahmen die häufig italienischen oder niederländischen, seit dem frühen 17. Jahrhundert auch jüdischen Hofhandelsleute eine Sonderstellung neben den bürgerlichen Kaufleuten ein. Herausragend als Kreditgeber der österreichischen Herrscher waren Augsburger Firmen, die sich damit einen erheblichen Einfluss auf die erbländischen und ungarischen Silber- und Kupferbergwerke sichern konnten.[9] Der Venedig-Handel bot den Wiener Kaufleuten ebenfalls kaum mehr große Gewinnmöglichkeiten.[10] Erst im ausgehenden 16. Jahrhundert spielten — häufig von außen zugezogene — Wiener Kaufleute wieder eine wichtigere Rolle im Handelsgeschehen der Stadt.

DER WEINBAU

> **„Die Burger gmainklich man und fraw**
> **Sich neren von dem weingartpaw."[11]**

Im Gegensatz zur Handelstätigkeit wurde im 16. Jahrhundert der Weinbau als wichtigste Erwerbsquelle der Wiener Bürger angesehen.[12] In einer Beschwerdeschrift der Stadt gegen die auswärtigen Kaufleute aus dem Jahr 1528 wurde sogar ein Zusammenhang zwischen beiden Phänomenen hergestellt: Wegen der Aktivitäten der Fremden, die den Handel unter ihre Kontrolle gebracht

7 László Makkai: Der ungarische Ochsenhandel 1550–1650, in: Ingomar Bog (Hg.): Der Außenhandel Ostmitteleuropas 1450–1650. Die ostmitteleuropäischen Volkswirtschaften in ihren Beziehungen zu Mitteleuropa, Köln/Wien 1971, S. 483–506, hier S. 500.

8 Martin Scheutz: Legalität und unterdrückte Religionsausübung. Niederleger, Reichshofräte, Gesandte und Legationsprediger. Protestantisches Leben in der Haupt- und Residenzstadt Wien im 17. und 18. Jahrhundert, in: ders., Rudolf Leeb, Dietmar Weikl (Hg.): Geheimprotestantismus und evangelische Kirchen in der Habsburgermonarchie und im Erzstift Salzburg (17./18. Jahrhundert) (Veröffentlichungen des Instituts für Österreichische Geschichtsforschung, Bd. 51), Wien/München 2009, S. 209–236; Peter Rauscher, Andrea Serles: Die Wiener Niederleger um 1700. Eine kaufmännische Elite zwischen Handel, Staatsfinanzen und Gewerbe, in: Oliver Kühschelm (Hg.): Geld — Markt — Akteure (Österreichische Zeitschrift für Geschichtswissenschaften, Bd. 26/1), Innsbruck/Wien/Bozen 2015, S. 154–182.

9 Lukas Winder: Die Kreditgeber der österreichischen Habsburger 1521–1612. Versuch einer Gesamtanalyse, in: Peter Rauscher, Andrea Serles, Thomas Winkelbauer (Hg.): Das „Blut des Staatskörpers". Forschungen zur Finanzgeschichte der Frühen Neuzeit (Historische Zeitschrift, Beiheft 56), München 2012, S. 435–458.

10 Ferdinand Tremel: Zur Geschichte des Wiener Italienhandels im 16. Jahrhundert, in: Nachrichtenblatt des Vereines für Geschichte der Stadt Wien 3/4 (1941/42), S. 22–27; Hering, Hauptjahrmärkte, S. 15.

11 Schmeltzl, Lobspruch, Z. 770f.

Der Steyrerhof (Rotenturmstraße/Griechengasse), das Einkehrhaus der Linzer und Nürnberger Boten, 1609, Ausschnitt aus der Vogelschau von Wien von Jacob Hoefnagel (Wien Museum, Dauerleihnahme Ed. Sacher GesmbH)

hätten, hätten sich viele Einheimische auf den Weinbau verlegt. Alle Berge seien zu Weingärten gemacht worden.[13] Im Jahr 1600 hatten in der Stadt 572 Personen für ihre Weinproduktion Steuern zu entrichten, davon waren 25 Prozent Handwerker, 30 Prozent Händler und Gastwirte, fünf Prozent Regierungs- und Landesbeamte sowie 40 Prozent ohne zusätzliche Berufsangabe. Tatsächlich besaßen mehr als die Hälfte der Wiener Hausbesitzer und zwölf Prozent der besteuerten Mieter Rebflächen im Wiener Raum.

Die Weingärten der Wiener erstreckten sich nicht nur auf die Wieden, Mariahilf, Lerchenfeld, die Josefstadt und den Alsergrund, sondern auch auf die umliegenden Dörfer und zogen sich bis in die Weinbaugemeinden Perchtoldsdorf, Mödling, Gumpoldskirchen und Baden. Der Organist des Wiener Schottenstifts Johann Rasch hob um 1580 hervor, dass das „Wiennergebürg das herrlichist / mächtigist / trächtigist und gröst weingebürg ist in Osterreich“.[14] Um 1550 sollen 108 Presshäuser innerhalb der Stadtmauern gestanden haben, bevor das Weinpressen in der Stadt im Jahr 1563 aus hygienischen Gründen untersagt wurde. Ferdinand I. hatte im Jahr 1534 für Wien die erste österreichische Weingartenordnung erlassen, in der Arbeitsverhältnisse und Löhne der Hauerknechte geregelt wurden; zahlreiche Gewerbe wie Fassbinder, Fasszieher, Wirte und andere waren direkt mit der Weinproduktion verbunden.

Der Wiener Wein wurde zu einem erheblichen Teil exportiert. An diesem Handel vor allem nach Süddeutschland nahmen Wiener Bürger freilich kaum teil, sondern überließen das Geschäft auswärtigen Einkäufern. Erst im Lauf des 17. Jahrhunderts wandelte sich Wien angesichts steigender Bevölkerungszahlen von einer Weinexportstadt zu einer Weinkonsumstadt, in die auch auswärtige Weine eingeführt wurden. Doch schon vorher diente der Wiener Wein selbstverständlich gleichfalls dem Eigenverbrauch. Für das ausgehende 16. Jahrhundert wird der Weinausschank in der Stadt auf 45.000 Hektoliter pro Jahr geschätzt. Der durchschnittliche jährliche Pro-Kopf-Verbrauch hätte damit 150 bis 220 Liter betragen. Für katholische Spanier bot Wien mit seinen vielen protestantischen Einwohnerinnen und Einwohnern und den im römisch-deutschen Reich üblichen Trinkgewohnheiten offenbar ein merkwürdiges Bild: Die Stadt sei voller Häretiker, so die Adelige Luisa de Ávalo abschätzig im Jahr 1572, während der spanische Botschafter im selben Jahr feststellte, der Alkoholkonsum sei „die größte Festlichkeit in diesem Land“.[15]

12 Das Folgende nach: Erich Landsteiner: Wien — Eine Weinbaustadt?, in: Vocelka, Traninger, Residenz, S. 141–146; ders.: Weinbau und bürgerliche Hantierung. Weinproduktion und Weinhandel in den landesfürstlichen Städten und Märkten Niederösterreichs in der Frühen Neuzeit, in: Ferdinand Opll (Hg.): Stadt und Wein (Beiträge zur Geschichte der Städte Mitteleuropas, Bd. 14), Linz 1996, S. 17–50; siehe auch Friedrich Engel-Janosi: Zur Geschichte der Wiener Kaufmannschaft von der Mitte des 15. bis zur Mitte des 16. Jahrhunderts, in: Mitteilungen des Vereines für Geschichte der Stadt Wien 4 (1926), S. 36–71, hier S. 47f.

13 Otto Brunner: Eine handelspolitische Denkschrift der Stadt Wien an König Ferdinand I., in: Mitteilungen des Instituts für Österreichische Geschichtsforschung, Ergänzungsbd. 11 (1929), S. 474–496, hier S. 494; Erich Landsteiner: Wiederaufbau oder Transformation? Niederösterreich vor, während und nach dem Dreißigjährigen Krieg, in: Walter Leitsch, Stanisław Trawkowski (Hg.): Polen und Österreich im 17. Jahrhundert (Wiener Archiv für Geschichte des Slawentums und Osteuropas, Bd. 18), Wien/Köln/Weimar 1999, S. 133–195, hier S. 155.

14 Johann Rasch: Weinbuch [...], München 1582, S. 52.

15 Friedrich Edelmayer: Söldner und Pensionäre. Das Netzwerk Philipps II. im Heiligen Römischen Reich (Studien zur Geschichte und Kultur der iberischen und iberoamerikanischen Länder, Bd. 7), Wien/München 2002, S. 51–53, hier S. 53.

Anfänge in Unsicherheit

Jüdisches Leben in Wien im Zeitalter der Reformation

Barbara Staudinger

Als Martin Luther im Jahr 1517 in Wittenberg seine Thesen anschlug, lebten in den österreichischen Ländern nur wenige Jüdinnen und Juden. 1420/21 waren sie für „ewige" Zeiten aus dem Herzogtum Österreich und damit auch aus Wien vertrieben worden, 1496/97 waren die Herzogtümer Steiermark und Kärnten, 1498 Salzburg gefolgt, wenig später, im Jahr 1530, dann das Herzogtum Krain. Gefordert hatten dies die Stände, die von der Anwesenheit jüdischer Familien keinen Nutzen hatten. Das Judenregal besaß der österreichische Landesherr, der sie damit allein besteuern durfte. Trotz der Ausweisung erlaubte daher schon Maximilian I. den ökonomisch potentesten Juden aus der Steiermark, sich in einigen landesfürstlichen Orten in Niederösterreich niederzulassen.

Im Heiligen Römischen Reich war die Situation ähnlich:[1] Nach den Vertreibungen des Mittelalters im Zuge der Pestpogrome von 1348/49 aus den meisten deutschen Städten — prominente Ausnahmen bildeten lediglich Frankfurt am Main, Worms und Friedberg sowie in den böhmischen Ländern Prag — hatte sich die jüdische Bevölkerung, so sie im Reich verblieben war, auf dem Land angesiedelt. Die Territorialherren hatten das Judenregal vom Kaiser erfochten und waren damit auch bereit, Jüdinnen und Juden aufzunehmen. In kleinen Dörfern, Städten und Märkten lebten sie, bevor sie im 17. Jahrhundert schließlich wieder in Städte eingelassen wurden. Mit der Verlagerung der Zentren jüdischen Lebens kam es auch zu einem

1 Siehe dazu z. B. J. Friedrich Battenberg: Die Juden in Deutschland vom 16. bis zum Ende des 18. Jahrhunderts (Enzyklopädie deutscher Geschichte, Bd. 60), München 2001.

Von den Jü-
den vnd jren
Lügen.
D. M. Luth.
Zum andernmal gedruckt/ vnd
mehr dazu gethan.
M. D. XLIII.

Kat.Nr. 6.48 Martin Luther, Von den Jüden und iren Lügen

Wandel der wirtschaftlichen Tätigkeiten: Auf dem Land wurde das Kreditgeschäft weniger benötigt als in den Städten — der Handel wurde daher die Existenzgrundlage vieler Jüdinnen und Juden.

Formal war der habsburgische Kaiser allerdings oberster Schutzherr der Juden geblieben, als der er über ihre Aufnahme, ihren Verbleib und die rechtlichen Rahmenbedingungen dafür im Heiligen Römischen Reich bestimmen konnte. Nachdem in der *Reichspolizeyordnung* von 1530 die Kennzeichnung von Juden durch den sogenannten gelben Fleck — einen gelben Stoffring, der an der Oberbekleidung zu befestigen war — vorgeschrieben war, erließ Karl V. im Jahr 1544 als Zugeständnis an die zahlungsbereiten Juden des Reichs das *Speyrer Judenprivileg*, das die Vertreibung ohne kaiserliche Zustimmung verbot und die Kennzeichnungspflicht beschränkte.

Nicht völlig unabhängig war die kaiserliche Judenpolitik von der Stellung der Kirche. Die katholische Kirche hatte zunächst auf die Judenmission gesetzt, die Reformation griff das auf: Wer könnte mehr beweisen, im Recht zu sein, als durch die Mission der Angehörigen des „Alten Bundes"? Nachdem die Judenmission gescheitert war, lenkte Martin Luther auf einen prononciert antijüdischen Kurs ein: *Von den Jüden und iren Lügen* lautete der Titel einer Schrift, die er im Jahr 1543 veröffentlichte und die die Politik vieler evangelischer Landesfürsten beeinflussen sollte. Und auch die katholische Kirche schwenkte zu einer antijüdischen Polemik um, die antijüdischen Bestimmungen des mittelalterlichen Kirchenrechts wurden durch die Bulle *Cum nimis absurdum* (1555) verschärft: Kennzeichnungspflicht und soziale Segregation wurden vorgeschrieben.[2]

Die Vorbedingungen für Jüdinnen und Juden waren zur Zeit der Reformation in Österreich also mehr als ungünstig. Weder bestanden alteingesessene jüdische Gemeinden noch konnte man auf ein Klima der Toleranz hoffen. Im Gegenteil: Ein angeblicher Ritualmordfall hatte im Jahr 1529 die Marchegger Judenschaft bedroht, die sich hilfesuchend an den Landesfürsten gewandt hatte. Einzig die finanziellen Bedürfnisse der Habsburger, oft als Landesherren und Kaiser in einer Person vereint, boten eine Chance, sich in den österreichischen Ländern niederzulassen beziehungsweise dort bleiben zu können.

ERSTE SPUREN — ERSTE MÜNZEN ◖ Nach der Vertreibung von 1420/21 war es zu keiner neuen Ansiedlung von Juden in Wien gekommen — dies sollte sich jedoch bald ändern.[3] Erste Hinweise finden sich in einem Dekret Maximilians I. aus dem Jahr 1511, das für alle Juden außerhalb der Stadt Wien eine besondere Kleidung vorschrieb. Mehr als kurzfristige Aufenthalte dürften dies aber nicht gewesen sein. Etwas konkreter wird eine *Judenordnung* des Jahres 1528 (im Jahr 1536 ein weiteres Mal publiziert), die von Ferdinand I. für die niederösterreichischen Länder erlassen worden war. Sie gewährt Juden unter verschärften Bedingungen

2 Als Standardwerk siehe Heiko A. Oberman: Wurzeln des Antisemitismus. Christenangst und Judenplage im Zeitalter von Humanismus und Reformation, Berlin 1981.

3 Zur Entwicklung der jüdischen Gemeinde in Wien siehe Barbara Staudinger: Die Zeit der Landjuden und der Wiener Judenstadt, in: dies., Eveline Brugger, Martha Keil u. a.: Geschichte der Juden in Österreich (Österreichische Geschichte, hg. von Herwig Wolfram, Ergänzungsbd.), Wien 2006, S. 229–337 und S. 597–615, hier S. 234–236, S. 249–254, S. 257f., S. 280–284, mit der älteren Literatur.

Wir Ferdinand von Gottes genaden Römischer / zů Hungern vnd Behaim ꝛc. Künig / Jnfant in Hispanien / Ertzhertzog
zů Osterreych / Hertzog zů Burgundi / Steyr / Kärndten / Crain / vnnd Wirtemberg ꝛc. Graue zů Tyrol ꝛc. Embieten .N. allen vnd yeden Prelaten / Grauen / Freyen /
Herrn / Rittern / Knechten / Landßhaubtleüten / Haubtleüten / Vitzthumben / Vögten / Phlegern / Verwesern / Ambtleüten / Burgermaistern / Richtern / Rhäten / Burgern /
Gemainden / vnnd sonnst allen andern vnsern Vnderthanen vnd getrewen / Geystlichen vnd Weltlichen / in was Wirden / Stand / oder Wesen die allenthalben in vnsern
Vndern / Obern / vnnd Vordern Osterreychischen Fürstenthumben vnd Landen / Obrigkeyten vnd gebietten gesessen sein / denen diser Vnnser offner Brief fürkhumbt / den
sehen / lesen hören / oder des sonnst in erjnnerung komen / Vnnser Gnad vnd alles gůts. Nachdem Vnns nun zů mer vnd offtermallen glaublichen angelangt / Welcher
massen sich die Jůdisheit / welcher Wir an etlichen Orten Vnserer Fürstenthumben vnnd Lande / zů hausen vnd zewonen / auß Gnaden zůgelassen vnd bewilligt / nicht allain
mit Jrem vnzimblichem / vnleidlichem Gesuech / vnd wůcherlichen Contracten vnd handlungen / Vnnserm Christlichen Volckh vnd Vnderthanen / zů derselben beschwer-
lichem vnd verderblichem nachtail vnd schaden / Sonder auch sonst in vil ander weg / sich allerley böser / ergerlicher / vnnd lasterlicher thaten / zů schmach / verschimpffung /
vnd verachtung Vnnsers heyligen Christlichen Namens / Glaubens / vnnd Religion / übe vnnd gebrauche. Welche ergerliche böse handlungen / gueten teyls auß dem er-
uolgen sollen / das sy die Jůden an mer Orten / on alle Jůdische zaichen / vnnd on vnderschid der Klaidungen vnnd Trachten / vnder den Christen wonen vnd wandlen / vnd
von denselben nicht vnderschiden / noch erkhendt werden mögen. Derwegen / dann Vnns / als einem Christlichen Regierenden Herrn vnnd Landßfürsten / in krafft Vnnsers tragenden Ambts / zůsteen vnnd wol gebürn will / hiersinnen gebürlichs einsehen zehaben / vnd nicht allain den beschwerlichen verderblichen Gesuech vnnd Wůcher bey
den Jůden / sonder auch souil jmmer müglich / die andere lasterliche böse Handlungen vnnd thaten / so auß der Jůden beywonung / vnnd das Sy vor anndern Christen nicht
erkhendt werden / abzestellen / vnnd verordnung zethuen / das zwischen den Christen vnd Jůden an der Klaidung vnnd Tracht / etwas ein vnderschid gehalten / vnnd die Jůden an einem zaichen / wie an anndern mer Orten beschicht / gemerckht vnd erkhendt werden. Vnnd demnach so setzen / ordnen vnd wöllen Wir / mit wolbedachtem muet /
guetem zeytigen Rhat / als Regierunder Herr vnnd Landßfürst / auß Landßfürstlicher Macht / hiemit wissentlich vnd in krafft diß Briefs / Das all vnnd yede Jůden / so in
ernenten Vnnsern Erblichen Fürstenthumben vnd Landen gesessen sein / vnnd darinn hin vnd wider handlen vnnd wandlen / zů einem zaichen / daran Sy von den Christen
vnderschiden vnnd erkhendt werden (vnangesehen aller Statuten / Ordnungen / Satzungen / Exemption / vnnd Freyheiten / so Sy gemeinicklich / oder Jr etlich von weylend
Vnnsern Vorfarn / Kaysern / Künigen / vnd Regierunden Landßfürsten löblicher gedechtnuß / oder Vns erlangt haben möchten / wölhen allen vnd yeden / souil die diser Vnser Ordnung vnnd Satzung in ainich weg abbrüchig oder verhinderlich sein / verstanden werden mögen / Wir hiemit in krafft diß Briefs / gentzlichen derogiert haben wöllen)
Nun hinfuro / vnd in Monats frist nach publicierung diser Vnnser General anzufahen / an seinem obern Rockh oder Klaid / auff der Lincken seitten der Brust / Einen gelben
Ring / hiebey verzeichenter runde vnnd breitte des zirckhels / vnd nicht schmeler oder kleiner / von einem gelben Tuech gemacht / offentlich vnnd vnuerporgen gebrauchen vnd
tragen sollen. Wo aber einer oder mer auß den Jůden / nach verscheinung angeregter Monats frist / dise Vnser Satzung vnnd Ordnung vbertretten / vnnd sich obbemelts
zeichen nicht gebrauchen wurde / der soll zum Ersten vnnd Andern mal / die Klaidung so Er antregt / vnd alles das jhenig was bey Jm befunden wirdet / verwürckht haben /
vnnd der halb thail derselben / dem Anzaiger / vnd der vbrig halb thail der Obrigkeyt oder dem Gericht / darunder der Jůd also one zeichen betretten worden / zuesteen vnd erfolgen. Jm fall aber das Er zum Dritten mal betretten wurde / soll Er nit allein jetzgehörter massen / die Kleidung vnd was bey Jme befunden wirdet / verwürckht haben /
sonnder Er sambt seinem Weyb vnnd Kindern noch darzue vnnd alßbald aller Vnnserer Osterreychischen Fürstenthumben vnnd Lande in ewig zeyt / verwisen werden.
Doch wann die Jůden jren gewerb vnnd notturfft nach vber Land ziehen / sollen Sy solch zaichen auff der Strassen zůtragen nicht schuldig sein / biß Sy in Jre herber-
gen vnnd nachtleger in die Stet / Flecken oder Dörffer komen / alßdann sollen Sy das zaichen wider herfür nemen vnd tragen / vnnd sich dardurch für Jůden zůerkhennen
geben / ongeferde. Vnnd gebieten demnach Euch allen / vnnd Ewr Jedem in sonderheyt / mit allem Ernnst vnd wöllen / das Jr ob diser Vnnser Satzung vnd Ordnung
vestiglich handhabet vnd haltet / gegen den Jůden / so in angeregten Vnnsern Fürstenthumben vnd Landen / one obbemelte zaichen betretten werden / mit angeregter straff
ernstlich verfaret / Vnd daneben alles das jhenig fürnemet / handlet vnd verrichtet / so zůuolnziehung diser Vnnser Ordnung vnd Satzung fürderlich / vnd zů abstellung
der verhandlungen / so durch die Jůden darwider zů üben vnderstanden worden / die notturfft erfordern wirdet. Vnd Euch hierin anderst nicht haltet / alles bey vermeidung Vnserer schweren vngnad vnnd straff. Geben in Vnser Stat Wienn / den Ersten tag des Monats Augusti / Anno ꝛc. im Ainundfünfftzigisten / Vnserer Reyche
des Römischen im Ainundtzwaintzigisten / vnnd der Andern im Fünffundtzwaintzigisten.

Ferdinand

Kat.Nr. 6.49 Mandat Ferdinands I. zur Kennzeichnungspflicht für Juden 1551 mit Abbildung des „gelben Flecks“

einen befristeten Aufenthalt in der Stadt — kein Wunder, schließlich hatten sich tatsächlich einige Juden in Niederösterreich angesiedelt, die wohl auch in Wien Handel trieben. Die erste nachweisbare Ansiedlung von Juden durch den Landesfürsten in unmittelbarer Nähe von Wien hatte allerdings einen ganz konkreten Grund: Die Wiener Münzstätte verfügte über keine eigenen Silbervorkommen und musste daher über Händler mit Edelmetall versorgt werden. Israel und Moses, zwei jüdische Silberhändler, kamen so in den 1540er-Jahren in den Genuss eines landesfürstlichen Schutzbriefs, der sie zur Ansiedlung in Wolkersdorf berechtigte, aber auch zur Arbeit bei der Münzherstellung verpflichtete. Ihre Familien, so ist anzunehmen, zogen mit. Ebenso in Wolkersdorf hielt sich der Arzt Elieser (Lazarus) aus dem vorderösterreichischen Günzburg auf, der zumindest eine Zeit lang in Wien praktizierte, sich jedoch dort nicht niederlassen durfte.

In den nächsten Jahrzehnten wuchsen langsam kleinste jüdische Gemeinden rund um Wien und entlang der Handelsstraßen — sie hatten Steuern an den Landesfürsten zu entrichten und waren ständig von Ausweisung bedroht. Ihr Aufenthalt war, und dies sollte so bleiben, von ihrer Zahlungsbereitschaft abhängig. Im Jahr 1551 hatte Ferdinand I. das *Mandat vom gelben Fleck* für die österreichischen Länder erlassen, also jene Bestimmung bekräftigt, die schon in der *Reichspolizeyordnung* von 1530 festgeschrieben worden war. Die diskriminierende Kennzeichnung sollte die Segregation von Jüdinnen und Juden und Christinnen und Christen garantieren. Nur Einzelne waren durch landesfürstliche Privilegien davon ausgenommen, so etwa Moses Kaufmann aus Zistersdorf,

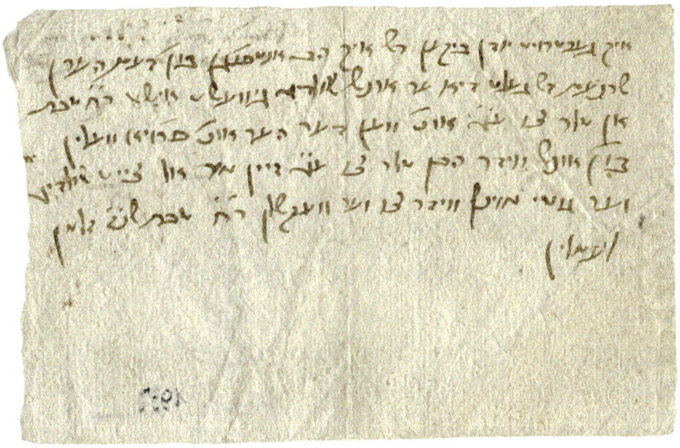

Jiddische Quittung von Gertraud Munk, ausgestellt von Salomon Munk (Wiener Stadt- und Landesarchiv, Hauptarchiv-Akten-Reihe B, A1: 575

Ehrenpforte der Wiener Judenschaft für König Matthias 1608 (Wien Museum, Inv.Nr. 97.620)

der als Kreditgeber und Warenlieferant für den Landesfürsten diente. Weitere Bestimmungen, die das Kreditgeschäft und den Handel einschränken beziehungsweise kanalisieren sollten, folgten ebenso wie zahlreiche Ausweisungserlässe in den Jahren zwischen 1544 und 1572. Wiederum waren diese von den mittlerweile oft evangelischen Adeligen gefordert worden, die keinen Profit aus der Anwesenheit der Juden ziehen konnten. Diese Ausweisungen wurden zwar nie vollständig durchgeführt, manchmal sogar zurückgenommen, dennoch vermitteln sie das Bild, dass der Aufenthalt von Jüdinnen und Juden in Niederösterreich und später auch in Wien stets gefährdet und von Zahlungen abhängig war. Dies sollte sich erst ab dem Ende des 16. Jahrhunderts bessern, als die Gemeinden größer und stabiler wurden und nun auch die Adeligen begannen, Schutzgeld von der jüdischen Bevölkerung auf ihren Herrschaften einzunehmen. Untrennbar damit verbunden war die Entwicklung der jüdischen Bevölkerung in der Stadt Wien.

AUF DEM WEG ZUR ZWEITEN GEMEINDE ◖ Nach anfänglichen nur befristet erlaubten Aufenthalten von Juden in der Stadt änderte sich dies ab der Mitte des 16. Jahrhunderts. Im Zuge der Fristerstreckung eines Ausweisungsmandats von 1554 wurde einigen Juden, darunter die erwähnten Lazarus Günzburg und Moses Kaufmann, die Abwicklung ihrer Geschäfte in Wien beziehungsweise überhaupt ein verlängerter Aufenthalt gestattet. Immer mehr jüdische Kaufleute konnten innerhalb der Stadtmauern handeln, sodass Maximilian II. im Jahr 1571 schließlich sieben jüdischen Familien erlaubte, sich in Wien niederzulassen. Für die grob geschätzt 40 Personen wurde eine Unterkunft gesucht — nachdem der Plan, sie außerhalb der Stadt anzusiedeln, verworfen worden war, wurde ihnen ein Wohnhaus in der Stadt zugewiesen. Damit sind die ersten Ansätze zur Entwicklung einer Gemeinde in Wien greifbar, denn in den folgenden Jahren zogen Jüdinnen und Juden zu. Das Wohnhaus bei der „Himmelpforten" hatte sich bereits von Beginn an als zu klein für die privilegierten Familien sowie die temporär anwesenden Juden erwiesen, weshalb auf christliche Häuser ausgewichen wurde. Die Juden unterstanden einem christlichen Aufseher und einem jüdischen „Vorsteher", womit bereits ein erstes Amt greifbar ist.

„Ende des 16. Jahrhunderts lebten bereits 200 Jüdinnen und Juden in Wien, etwa im Gebiet zwischen Hoher Markt und Ruprechtskirche, wo auch ihre Handelsgewölbe lagen. Mit zwei Synagogen, einem Friedhof, einem jüdischen Ritualbad (Mikwe) und einer Talmudhochschule (Jeschiwa) war es bereits eine vollständige Gemeinde, die zusehends wuchs."

Zwar betraf das von Maximilian II. im Jahr 1572 erlassene Ausweisungsdekret für die Juden in Österreich ob und unter der Enns auch die in Wien ansässigen Familien, sie dürften allerdings entweder nicht alle Wien verlassen haben, oder sie kehrten bald wieder zurück, denn die Geldforderungen an die ab nun sogenannte Wiener Judenschaft wurden bereits im Jahr 1582 wieder gestellt. Gleichzeitig wurde versucht, die Anzahl der in Wien lebenden Juden und ihrer Familien zu erheben: Sieben bis zehn Familien hielten sich demnach in der Stadt auf, also 40 bis 60 Personen. Da aus demselben Jahr, 1582, auch der erste gesicherte Grabstein auf dem alten jüdischen Friedhof in der Seegasse im neunten Wiener Gemeindebezirk stammt, liegt der Schluss nahe, dass bereits vor der Jahrhundertwende eine jüdische Gemeinde in Wien bestand, die sich „befreite [also privilegierte, B. S.] Judenschaft von Wien" nannte. Ihr erster Vorsteher wurde Veit Munk, der unter denjenigen gewesen war, die sich im Jahr 1571 in Wien niederlassen durften. Die aus Prag stammende Familie Munk gehörte auch noch in den nächsten Jahrzehnten zu den prominentesten Gemeindemitgliedern.

Ende des 16. Jahrhunderts lebten bereits 200 Jüdinnen und Juden in Wien, etwa im Gebiet zwischen Hoher Markt und Ruprechtskirche, wo auch ihre Handelsgewölbe lagen. Mit zwei Synagogen, einem Friedhof, einem jüdischen Ritualbad (Mikwe) und einer Talmudhochschule (Jeschiwa) war es bereits eine vollständige Gemeinde, die zusehends wuchs — insbesondere nach der Verlagerung des Kaiserhofs nach Wien. Nicht zuletzt aufgrund der großen Proteste gegen den Aufenthalt von Jüdinnen und Juden in der Stadt seitens des Magistrats und der Kaufleute wurde unter Ferdinand II. schließlich die jüdische Gemeinde in das Untere Werd in der heutigen Leopoldstadt umgesiedelt — dort sollte die zuletzt bis zu 3.000 Personen umfassende Judenschaft bis zu ihrer Vertreibung in den Jahren 1669/70 bleiben.

Kat.Nr. 6.51 Grenzstein des Ghettos im Unteren Werd, 1656

■

Mehr als militanter Katholizismus

„Spanische“ und „italienische“ Kultur im Wien des 16. Jahrhunderts

Christopher F. Laferl

Auf den folgenden Seiten sollen ein paar Schlaglichter auf die unterschiedlichen Formen italienischer und spanischer kultureller Präsenz in Wien geworfen werden. Diese Perspektive kann im Rahmen einer Ausstellung über die Reformation vor allem deshalb interessant sein, weil Italien und Spanien — im Unterschied zu den Niederlanden, deren kultureller Einfluss im 16. Jahrhundert ebenfalls erheblich war — als Hauptverteidiger des Katholizismus angesehen wurden und damit einen Gegenpol zu nord- und mitteleuropäischen protestantischen Kulturen darstellten.

SPRACHE, KULTUR, KOLLEKTIVE IDENTITÄTEN ◖ Es wäre jedoch falsch, für Spanien und Italien von homogenen Nationalkulturen auszugehen. Spanien konnte trotz der Zusammenlegung der königlichen Gewalt in der Hand der „Katholischen Könige“ und nach den Eroberungen Granadas (1492) und Navarras (1512) weder als politisch noch als kulturell oder sprachlich geeinter Raum gelten. Für Italien bietet sich ein gegensätzliches Bild: Hier haben wir zwar einen einzigen großen Sprachraum, dieser war aber politisch zersplittert und wurde unter anderem von Herrschern regiert, die nicht vor Ort lebten und Italienisch nicht als Muttersprache hatten, wie zum Beispiel Neapel, Sizilien und Sardinien und ab 1536 auch Mailand, die unter der Oberhoheit der spanischen Habsburger standen.

Der Grabstein des am Wiener Hof wirkenden spanischen Hofmusikers Jerónimo Ramírez unter den Arkaden der Minoritenkirche

Trotz der sprachlichen und kulturellen Fragmentierung auf der einen Seite und der politischen Zersplitterung auf der anderen wurden außerhalb Spaniens und Italiens Menschen, die aus diesen Gebieten stammten, in der Regel nicht (nur) als Aragonesen oder Katalanen und Neapolitaner oder Sizilianer, sondern auch als Spanier und Italiener beziehungsweise als Welsche wahrgenommen. Wie sehr sich die einzelnen Menschen, die von dieser Verallgemeinerung im 16. Jahrhundert betroffen waren, eingeengt fühlten, lässt sich heute nur mehr schwer beantworten. Wahrscheinlich hatten sie aber keine Probleme damit, eben beides zu sein: etwa Spanier und Valencianer, wie der 1601 in Wien verstorbene Musiker Jerónimo Ramírez, auf dessen Grabtafel „natione hispanus, patria valentinus" zu lesen ist.[1]

Das Schweizertor der Hofburg, entworfen von Pietro Ferrabosco

RÄUMLICHE NÄHE UND DYNASTISCHE VERBINDUNGEN ◖ Die Präsenz italienischer Kultur in Wien im 16. Jahrhundert verdankte sich ihrer allgemeinen, nach ganz Europa ausstrahlenden kulturellen Attraktivität und der räumlichen Nähe. Seit dem Spätmittelalter hatte das wachsende Habsburgerreich in Mitteleuropa auch selbst zunehmend Italienisch sprechende Untertanen, so in Triest, in Görz und in den sogenannten Welschen Confinen im Trentino. Schließlich spielte auch die unmittelbare Nähe zu Venedig, einem der kulturellen Zentren Italiens, eine große Rolle. Die dynastischen Verbindungen mit italienischen Fürstenhäusern waren im 16. Jahrhundert — vor allem im Vergleich mit dem 17. Jahrhundert, das gleich zwei Kaiserinnen, die in Italien geboren worden waren, nach Österreich brachte — für das kulturelle Leben in Wien von geringerer Bedeutung.

Ganz anders sieht es aus dieser Perspektive für den Kontakt mit Spanien aus. Die Heirat Philipps „des Schönen" mit Johanna

Giuseppe Arcimboldo: Der Sommer, 1563
(Kunsthistorisches Museum Wien, Inv.Nr. GG 1589)

von Kastilien brachte den Habsburgern nämlich nicht nur den spanischen Thron ein, sondern eröffnete einen gut 200 Jahre währenden Kulturtransfer von Spanien nach Österreich. Am bedeutendsten ist in diesem Zusammenhang, dass mit Ferdinand I. ein in Spanien aufgewachsener Fürst nach Österreich kam. Er verbrachte nach seiner Kindheit in Spanien rund drei Jahre seiner Jugend in den Niederlanden, wo er sich die französische Sprache und die burgundische Kultur aneignete. Sein Sohn Maximilian II. sollte Spanien ebenfalls aus eigener Anschauung kennenlernen, heiratete er doch seine Cousine Maria, die in Spanien aufgewachsen war, und übernahm nach der Hochzeit dort gemeinsam mit ihr die Regentschaft für den abwesenden Karl V. Mit ihrer Übersiedlung in die Erblande zur Jahrhundertmitte kam eine neue Gruppe von spanischen Höflingen nach Wien und verstärkte die Gruppe von Spaniern, die mit Ferdinand in den Jahrzehnten davor gekommen waren. Schließlich verbrachte auch der Nachfolger Maximilians II., sein Sohn Rudolf II., die Jahre von 1563 bis 1571 am Hof Philipps II. und kannte daher Spanien ebenfalls gut aus eigener Anschauung.

ITALIENISCHE KÜNSTLER UND INGENIEURE ◖ Wenn auch die dynastischen Verbindungen nach Spanien im 16. Jahrhundert viel bedeutender gewesen sein mögen als jene nach Italien und es im Hofstaat in Wien weniger Italiener als Spanier gab, so war die kulturelle Strahlkraft Italiens doch so groß, dass man etliche italienische Künstler und Ingenieure nach Wien holte.[2] An erster Stelle ist hier Pietro Ferrabosco (1512–1588) zu nennen, der nicht nur das Schweizertor in der Hofburg entwarf, sondern gemeinsam mit anderen italienischen Künstlern auch im Schloss Kaiserebersdorf tätig war.[3] Italienische Architekten und Ingenieure kamen im 16. Jahrhundert aber auch im Festungsbau zum Einsatz, so vor allem beim Ausbau der Stadtmauer.[4]

Der bekannteste italienische Künstler, der in der zweiten Jahrhunderthälfte für 25 Jahre in den Diensten der österreichischen Habsburger stand, war zweifelsohne der Mailänder Maler Giuseppe Arcimboldo (1526–1593), der in den letzten Regierungsjahren Ferdinands I. nach Wien kam und danach sowohl für Maximilian II. und Rudolf II. arbeitete.[5] Des Weiteren wäre der herausragende Medailleur Antonio Abondio (1538–1591) zu nennen, der aus Riva del Garda stammte.[6] In der Musik mussten im

1 Ferdinand Opll, Karl Rudolf: Spanien und Österreich, Wien 1991, S. 110f.
2 Luisa Ricaldone: Vienna Italiana, Gorizia 1987, S. 80–82.
3 Ricaldone, Vienna, S. 58–61; Christiane Thomas: Wien als Residenz unter Ferdinand I., in: Jahrbuch des Vereins für Geschichte der Stadt Wien 49 (1993), S. 101–117, hier S. 112.
4 Richard Perger: Die äußere Wandlung Wiens im 16. Jahrhundert, in: Wiener Geschichtsblätter 29 (1974), S. 198–217, hier S. 204; Ricaldone, Vienna, S. 60–63; Vilma Fasoli: Italienische Kulturmodelle in der Architektur Wiens des 16. bis 18. Jahrhunderts, in: Josef Ehmer, Karl Ille (Hg.): Italienische Anteile am multikulturellen Wien, Innsbruck/Wien/Bozen 2009, S. 168–182, hier S. 170f.
5 Ricaldone, Vienna, S. 83f.
6 Karl Vocelka: Die kulturelle Bedeutung Wiens im 16. Jahrhundert, in: Wiener Geschichtsblätter 29 (1974), S. 240–251, hier S. 247; Deutsche Biographie (https://www.deutsche-biographie.de/): s. v. Abondio, Antonio.

> „Wenn die Spanier Wiens erheblich zu einem Wissenstransfer in der Pharmazie und in der Medizin von der Iberischen Halbinsel mit ihrem maurischen Erbe nach Österreich beitrugen, so gilt das Gleiche für eine theologische und seelsorgliche Unterstützung des katholischen Lagers."

16. Jahrhundert Italiener allerdings noch hinter den Niederländern zurückstehen.[7] Einige italienische Musiker, so eine Reihe von Trompetern aus Brescia und Padua, wirkten allerdings schon in dieser Zeit am Wiener Hof.[8]

SPANISCHE SOLDATEN, ÄRZTE, APOTHEKER UND GEISTLICHE ◖ Spanier finden wir in ganz anderen Tätigkeitsbereichen. Unter Ferdinand I. hatten spanische Adelige, wie Gabriel de Salamanca, Pedro Laso de Castilla und Martín de Guzmán, wichtige Positionen im Hofstaat inne. Das Spanische spielte auch in der Kanzlei eine etwas größere Rolle als das Italienische.[9] Ein weiterer Unterschied findet sich in der relativ großen Präsenz spanischer Soldaten in Wien. Schon während der Ersten Türkenbelagerung Wiens sollen 700 Mann aus Spanien unter den Verteidigern Wiens gewesen sein. In der Folge wurde auch das Schiffsarsenal am Salztor von Spaniern geleitet. Bis zum Ende des Dreißigjährigen Kriegs kämpften spanische Truppen allenthalben in Europa. In Wien finden wir Spanier des Weiteren in der Falknerei und vor allem der Pferdezucht und -dressur.[10]

Fahne der 1529 an der Verteidigung Wiens gegen die Osmanen teilnehmenden spanischen Schützen (Wien Museum, Inv.Nr. 128.001)

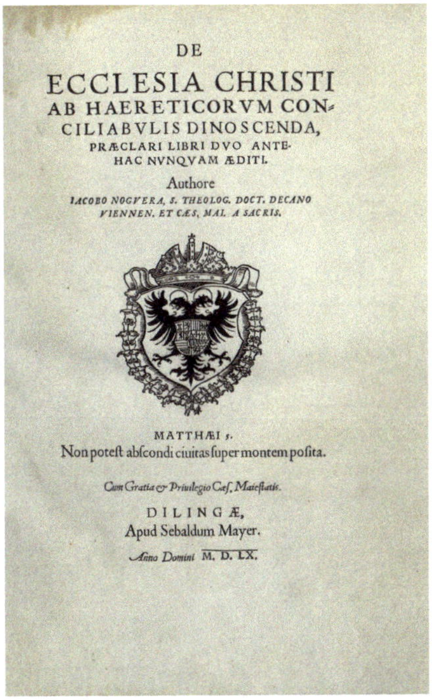

Jacobus Nogueras: De ecclesia Christi ab haereticorum conciliabulis dinoscenda (Österreichische Nationalbibliothek, Sign. CP.1.C.15)

Dass in Wien im 16. Jahrhundert auch spanische Literatur verfasst wurde, ist wohl mehr ein Zufall. Der spanische Sekretär Ferdinands I., Cristóbal de Castillejo (1491–1556), verbrachte in Österreich die Jahre von 1525 bis 1550 nämlich nicht nur mit der Erledigung der spanischen Korrespondenz, sondern auch mit der Niederschrift verschiedenster Verstexte. Castillejo gehörte allerdings noch nicht zu jener Generation von Autoren (wie Cervantes, Lope de Vega und Calderón), die den Weltruf der spanischen Literatur begründen sollten.

Weniger bekannt ist, dass am Hof Ferdinands I. Pharmazie und Medizin zu einem guten Teil in spanischer Hand waren. Als Hofapotheker werden in dieser Zeit Antonio Calvo und Pedro Azaylla und als Leibärzte Cosmás de Borja und Pedro Carnicer genannt. Auch das erste Hofspital Wiens wurde von einem Spanier, nämlich dem Erzieher der Edelknaben, Diego de Serava, gegründet. Calvo musste sich für Ferdinand I. nach seiner Rückkehr nach Spanien übrigens nicht nur nach einem Nachfolger als Hofapotheker umsehen, sondern dem Herrscher auch Marillen- und Kirschenkerne und -setzlinge nach Wien senden.[11]

Wenn die Spanier Wiens erheblich zu einem Wissenstransfer in der Pharmazie und in der Medizin von der Iberischen Halbinsel mit ihrem maurischen Erbe nach Österreich beitrugen, so gilt das Gleiche für eine theologische und seelsorgliche Unterstützung des katholischen Lagers. Das lässt sich durch die Berufung von einigen spanischen Jesuiten nach Wien wie auch durch das überzeugte gegenreformatorische Auftreten spanischer Geistlicher wie Jacobus Nogueras im Umfeld Kaiserin Marias belegen.[12] Die zunehmende Identifizierung spanischer mit katholischen Interessen sollte sich bis weit in das 17. Jahrhundert hinein fortsetzen. Zusammen mit der sogenannten *Leyenda negra*, die ein schwarzes, von Gräueltaten bestimmtes Bild der Spanier zeichnete, prägte das Eintreten für die katholische Sache im Zuge der Konfessionalisierung Mitteleuropas die Vorstellungen von Spanien. Die Rekatholisierung Österreichs ist aber nicht nur der Kraft spanischer Truppen auf den Schlachtfeldern Europas und dem überzeugten Auftreten spanischer und auch italienischer Theologen geschuldet; ohne die künstlerische Kraft Italiens und die Größe der spanischen Literatur hätte das Gesicht der *Ecclesia triumphans* und der *Casa de Austria* wohl anders ausgesehen. In beiden Fällen kann der Einfluss, ob nachhaltig oder nicht, keineswegs auf die Religion reduziert werden.

■

7 Vocelka, Die kulturelle Bedeutung, S. 249; Sylvia Koretz: Das niederländische Element am Hofe Ferdinands I., unveröff. Diss. Univ. Wien 1970.

8 Friedrich Firnhaber: Der Hofstaat König Ferdinands I. im Jahre 1554, Wien 1860, S. 25.

9 Thomas Fellner, Heinrich Kretschmayr: Die österreichische Zentralverwaltung. I. Abt.: Von Maximilian bis zur Vereinigung der österreichischen und böhmischen Hofkanzlei (1749), Bd. 2: Actenstücke 1491–1681, Wien 1907, S. 154–187.

10 Opll, Rudolf, Spanien und Österreich, S. 53–57, S. 82–87; Christopher F. Laferl: Die Kultur der Spanier in Österreich unter Ferdinand I. 1522–1564, Wien 1997, S. 73f., S. 95f.

11 Laferl, Kultur der Spanier, S. 74, S. 147–149; Opll, Rudolf, Spanien und Österreich, S. 48, S. 102f.

12 Opll, Rudolf, Spanien und Österreich, S. 93; Laferl, Kultur der Spanier, S. 187–191.

IV

Vom alten zum neuen Glauben

Eine Stadt im Aufruhr

Wien und die frühe Reformation

Rudolf Leeb

Wien am Vorabend der Reformation hat sich in seinem religiösen und kirchlichen Leben gewiss kaum von anderen Städten des Reichs unterschieden. Den Gläubigen wurde eine Vielfalt an Gnaden angeboten, die sie auch annahmen.[1] Das *Wiener Heiltumsbuch* von 1502 (erweiterte zweite Auflage von 1514) verzeichnet zum Beispiel für St. Stephan eine große Anzahl von Ablässen, die dort erworben werden konnten. Die Reliquiensammlung des Doms war eine der bedeutenderen. Für ihre jährliche gnadenbringende Zurschaustellung am Ostersonntag hatte man im Jahr 1484 vor dem Wiener Stephansdom sogar ein eigenes Gebäude, einen sogenannten Heiltumsstuhl, errichtet. Die Tatsache, dass die Reliquien im *Heiltumsbuch* — das von den Gläubigen wie ein Andachtsbuch benutzt wurde — publiziert wurden, spricht für sich.[2] Gleichzeitig äußerte sich aber an den spätmittelalterlichen Frömmigkeitsformen bereits harte Kritik, die im Humanistenzentrum Wien einen fruchtbaren Boden vorfand. Die Krise des kirchlichen Systems, in dem sich eine kaum mehr zu kontrollierende Tendenz zur finanziellen Quantifizierung der

1 Zum religiösen Leben in Österreich zu dieser Zeit siehe einführend Rudolf Leeb: Der Streit um den wahren Glauben — Reformation und Gegenreformation in Österreich, in: ders., Maximilian Liebmann, Georg Scheibelreiter u. a.: Geschichte des Christentums in Österreich. Von der Spätantike bis zur Gegenwart (Österreichische Geschichte, hg. von Herwig Wolfram, Ergänzungsbd.), Wien 2003, S. 145–279, insbes. S. 150–159.

2 Das Wiener Heiligthumbuch, nach der Ausgabe von 1502, sammt den Nachträgen von 1514, Wien 1882; Ernst Tomek: Kirchengeschichte Österreichs, Bd. 2: Humanismus, Reformation und

Kat.Nr. 2.2 Im *Wiener Heiltumsbuch* sind die von der Pfarre St. Stephan gesammelten Reliquien verzeichnet.

Gnadenmittel ausbildete, war offensichtlich. Wie fast überall herrschte auch in Wien eine tiefe Vertrauenskrise gegenüber dem Klerus.[3] Allerdings scheint das damit verbundene geringe Ansehen der Kleriker hier stärker ausgeprägt gewesen zu sein als andernorts, was in der Frühreformation überdeutlich zutage treten sollte.

Insgesamt verbreitete sich in der Stadt eine Stimmung, die für die Rezeption der reformatorischen Lehren förderlich war. Wien war seit dem späten 15. Jahrhundert ein Humanistenzentrum von internationaler Bedeutung. Humanisten und ihre Studenten, die dem alten kirchlichen „Establishment" kritisch gegenüberstanden, demonstrierten gegen die Bettelorden, die in Wien bereits im späten Mittelalter Anfeindungen ausgesetzt waren. Im Jahr 1492 setzte Johann Kaltenmarkter (ca. 1450/1455–1506) in seinen Vorlesungen diese Tradition fort. Er stellte öffentlich die Privilegien der Bettelorden infrage, kritisierte die Hoffart, den Geiz und den Ungehorsam der Mönche und hinterfragte überdies die Autorität des Papstes.[4] Schon 1490 und 1510 gab es Proteste gegen Ablasskampagnen, und die Wirkung des Ablasses wurde in Zweifel gezogen. Dies geschah also noch vor dem von Luther ausgelösten Ablassstreit ab Herbst 1517. So protestierte Philipp Turrianus öffentlich gegen die in der Stadt angebotenen Ablässe.[5] Für die Fertigstellung von St. Stephan schrieb noch im Jahr 1516 Papst Leo X. (1475–1521) einen Ablass aus. Im selben Jahr hielt übrigens Johannes Eck, der bald darauf zu einem der wichtigsten

Gegenreformation, Innsbruck/Wien 1949, S. 178–181, S. 185–188. Zur Funktion der Andachtsbücher: Sabine Heiser: Andenken, Andachtspraxis und Medienstrategie. Das Wiener Heiltumsbuch von 1502 und seine Folgen für das Wittenberger Heiltumsbuch von 1509, in: Andreas Tacke (Hg.): „Ich armer sundiger mensch". Heiligen- und Reliquienkult am Übergang zum konfessionellen Zeitalter, Göttingen 2006, S. 208–238; Livia Cárdenas: Die Textur des Bildes: Das Heiltumsbuch im Kontext religiöser Medialität des Spätmittelalters, Berlin 2013; Andreas Fingernagel: Das Passauer Missale und das Wiener Heiltumsbuch, in: Goldene Zeiten. Meisterwerke der Buchkunst von der Gotik bis zur Renaissance (Ausstellungskatalog Österreichische Nationalbibliothek), Luzern 2015, S. 134–140.

3 Leeb, Der Streit, S. 158f.

4 Rudolf Kink: Geschichte der kaiserlichen Universität in Wien, Bd. 1, Wien 1854, S. 235; Tomek, Kirchengeschichte, Bd. 2, S. 131–135.

5 Ebd., Bd. 2, S. 133f.

Gegner Luthers werden sollte, in Wien eine Disputation, deren Rhetorik die Disputationskultur der aufstrebenden Universität Wittenberg beeinflussen sollte.[6] In der Stadt wurde offenbar allgemein heftig über kirchliche Missstände und die päpstlichen Privilegien debattiert, die Kirchenkritik und der frühneuzeitliche „Antiklerikalismus" schlugen Wellen. Es hieß, für jeden Priester stünde ein Pferd bereit, mit dem er zur Hölle fahren könnte.[7] Allenthalben äußerte sich der „Pfaffenhass".

DIE ANFÄNGE DER REFORMATORISCHEN BEWEGUNG ◖ Die enorme Bedeutung der Flugschriften für die äußerst rasche Verbreitung der neuen Lehren im deutschsprachigen Raum ist bekannt.[8] Insbesondere für Österreich kann ihre Wirkung und die damit verbundene Entstehung eines frühreformatorischen „Kommunikationsprozesses" konkret nachgewiesen werden.[9] Kein Wunder, dass die ersten gegen die neue Lehre gerichteten Dekrete von Ferdinand I. deshalb auf die Flugschriften zielten. Ihr Zustrom, ihre Zirkulation und die Verbreitung ihres Inhalts in den Erblanden sollten unterbunden werden. Das erste Dekret stammt vom November 1521, das wichtigste vom 12. März 1523, in dem das Lesen sowie das Abschreiben von Drucken Luthers und seiner Anhänger verboten wurde.[10] Damals waren gedruckte frühreformatorische Flugschriften bereits zu einer Lawine angewachsen. Auch in Wien existierte eine Druckerei (jene des Johann Singriener [1480–1545][11]), die reformatorische Flugschriften nachdruckte und so deren Inhalte verbreitete. Die Dekrete des Landesherrn gegen den Zustrom, den Kauf und die Weiterverbreitung dieser Schriften in den österreichischen Ländern blieben — das kann vorweggenommen werden — nicht nur für Wien praktisch wirkungslos. Am meisten betroffen waren die Drucker selbst, die ab nun überwacht wurden und vorsichtiger agieren mussten.

Wie selten für eine Stadt im Reich können wir für Wien die unmittelbaren Auswirkungen und die Bedeutung der frühreformatorischen Flugschriften fast wie in einem Labor beobachten. Die theologische Fakultät der Universität Wien registrierte bereits früh, nämlich schon im April 1520, dass in Wien Ärgernis erregende Bücher (*libelluli scandalosi*) gegen den christlichen Glauben gedruckt oder verkauft wurden.[12] Der Zeitpunkt verwundert nicht: Im Jahr 1519 hatte Luther 45 Schriften veröffentlicht, davon 20 in deutscher Sprache, die in 250.000 Exemplaren in Umlauf waren.[13] Einige davon müssen Wien erreicht haben. Die theologische Fakultät meldete ihre Beobachtung dem Bischof und der Stadtregierung, um Maßnahmen gegen die Verbreitung der Bücher zu erwirken, rechnete aber selbst nicht mit einer großen Wirkung dieser Anzeige — die öffentliche Verurteilung Luthers mit der Bannbulle *Exsurge Domine* erfolgte erst im Juni 1520. In den nächsten Jahren blieb die theologische Fakultät die treibende Kraft gegen die neue Lehre.[14] An sie erging deshalb ein gedruckter Aufruf des Kaisers, gegen die neue Häresie vorzu-

6 Ebd., Bd. 2, S. 185–189 (Ablässe für St. Stephan), S. 136; Johannes Eck: Disputatio Joan. Eck Viennae Pannoniae habita, Augsburg 1517.

7 Kink, Geschichte, Bd. 1, S. 236.

8 Bernd Moeller: Flugschriften der Reformationszeit, in: Gerhard Müller, Gerhard Krause (Hg.): Theologische Realenzyklopädie, Bd. 11, Berlin/New York 1983, S. 240–246; Hans-Joachim Köhler: Flugschriften als Massenmedium der Reformationszeit (Spätmittelalter und Frühe Neuzeit, Bd. 13), Stuttgart 1981.

9 Leeb, Der Streit, S. 162f.

10 Der Wortlaut des Dekrets bei Karol Kuzmány: Urkundenbuch zum österreichisch-evangelischen Kirchenrecht, Wien 1855, S. 3f. Das Dekret wiederholt hier weitgehend den Inhalt des *Wormser Edikts* von 1521.

11 Zum Wiener Buchdrucker Johann Singriener siehe Helmut W. Lang: Johann Singriener aus Wien als Luther-Nachdrucker (1519–1522), in: Das Antiquariat 17 (1963/1966), S. 281–284, und seinen Beitrag im vorliegenden Katalog.

12 Kink, Geschichte, Bd. 1, S. 238f.; Theodor Wiedemann: Geschichte der Reformation und Gegenreformation im Lande unter der Enns, Bd. 1, Prag 1879, S. 10f., S. 12, Anm. 1.

13 Bernd Moeller: Das Berühmtwerden Luthers, in: Zeitschrift für historische Forschung 15 (1988), S. 65–92.

14 Kink, Geschichte, Bd. 1, S. 238f.; Wiedemann, Reformation und Gegenreformation, Bd. 1, S. 10f.

Kat.Nr. 3.9 Paul Speratus

gehen,[15] und sie war es auch, die ab November 1520 die Durchsetzung und Verbreitung der päpstlichen Bannbulle betrieb. Der Rektor der Universität selbst verhielt sich zurückhaltend, die Bannbulle wurde von der Universität nicht veröffentlicht, er arbeitete sogar gegen die Fakultät, die so allein blieb.[16] Die Angehörigen der theologischen Fakultät waren in diesen Zeiten des Pfaffenhasses in Wien offenbar keineswegs beliebt: Im Jahr 1521 wollte keiner der Professoren das Dekansamt übernehmen, um nicht den damals scheinbar üblichen groben Insultierungen auf der Straße ausgesetzt zu sein.[17] In den folgenden Jahren verlor die theologische Fakultät für eine Weile rasch an Bedeutung.

Die Reformation wurde in Wien demnach mit dem Jahr 1520 spürbar. Dies war bekanntlich auch das Jahr, in dem die Stadt gegen ihren Landesherrn aufbegehrte. Die aufgewühlte Stimmung in der Stadt wurde gewiss durch den obrigkeitlichen Druck im Gefolge der Niederschlagung des gemeinsam mit den niederösterreichischen Ständen geleisteten Widerstands, der „Revolte" gegen die nach dem Tod Maximilians I. eingesetzte Regierung, verstärkt. Die Unzufriedenheit weiter Teile der Bevölkerung wurde durch die Hinrichtung des Bürgermeisters Dr. Martin Siebenbürger (1475–1522) und einiger Ratsherren im Jahr 1522 zusätzlich angefeuert.[18] Die Obrigkeit, das heißt der Landesherr, die gerade ihren Machtzugriff auf die Stadt verstärkte, war nun gemeinsam mit der Universität und dem hohen Klerus auch noch der Gegner der neuen Lehre. Genau in diesem Zeitraum wurde diese neue Lehre in Wien nun erstmals ein öffentliches Thema, das große Aufmerksamkeit erlangte.

DIE PREDIGT DES PAUL SPERATUS UND IHRE FOLGEN ◖ Am 12. Jänner 1522 predigte der auf der Durchreise befindliche Paul Speratus (1484–1551) in Wien von der Kanzel des Stephansdoms. Die Predigt erregte in der Stadt großes Aufsehen. Die theologische Fakultät der Universität, die seit Langem das Inquisitionsrecht besaß,[19] reagierte äußerst schnell und scharf: Nachdem Speratus trotz zweimaliger Zitation nicht zum Verhör erschienen war, wurde er bereits am 20. Jänner gebannt und exkommuniziert. Seine Predigt war nach heutiger Kenntnis die erste evangelische öffentliche Predigt in Wien.[20] Der höchst begabte Theologe Speratus war zuvor erfolgreich als Prediger in Salzburg, danach in Dinkelsbühl und schließlich in Augsburg im Dom tätig gewesen, wo er

15 CAROLI MAXIMI RO|| manorum Imperatoris sem||per Augusti ad Vni||uersitatem Viē||nēsem Epi||stola.||In negotio Lutherano, Ingolstadt 1521 (VD 16 D853).

16 Kink, Geschichte, Bd. 1, S. 239–243.

17 Ebd., Bd. 1, S. 243.

18 Zum sogenannten Wiener Neustädter Blutgericht siehe einführend Thomas Winkelbauer: Ständefreiheit und Fürstenmacht. Länder und Untertanen des Hauses Habsburg im konfessionellen Zeitalter, Teil 1 (Österreichische Geschichte, hg. von Herwig Wolfram, 1522–1699), Wien 2003, S. 36–38; Josef Pauser: Verfassung und Verwaltung der Stadt, in: Karl Vocelka, Anita Traninger (Hg.): Die frühneuzeitliche Residenz (16. bis 18. Jahrhundert) (Wien. Geschichte einer Stadt, hg. von Peter Csendes, Ferdinand Opll, Bd. 2), Wien/Köln/Weimar 2003, S. 49f. Zur Geschichte der Stadt Wien in der Zeit Ferdinands I. allgemein die Studie von Ferdinand Opll: Ferdinand I. und seine Stadt Wien. Versuch einer Neubewertung des Verhältnisses zwischen Herrscher und Stadt. Studien zur Wiener Geschichte 61 (2005), S. 73–98 (allerdings wird dort nicht auf die heftige Frühreformation in der Stadt eingegangen).

19 Kink, Geschichte, Bd. 1, S. 154, S. 164–168.

20 Zu Speratus siehe Tomek, Kirchengeschichte, Bd. 2, S. 228–237; Peter F. Barton: Die Geschichte der Evangelischen in Österreich und Südostmitteleuropa, Bd. 1, Wien 1985, S. 108–110; Bernd Moeller, Karl Stackmann: Städtische Predigt in der Frühzeit der Reformation. Eine Untersuchung deutscher Flugschriften der Jahre 1522 bis 1529 (Abhandlungen der Akademie der Wissenschaften in Göttingen, Bd. 220), Göttingen 1996, S. 162–177; Martin Brecht: Erinnerung an Paul Speratus (1484–1551), ein enger Anhänger Luthers in den Anfängen der Reformation, in: Archiv für Reformationsgeschichte 94 (2003), S. 105–160; Clarisse Sophie Roche: La frontière incertaine. Recomposition de l'identité chrétienne à Vienne au XVIe siècle (1523–1594), unveröff. Diss. Paris-Sorbonne 2015, S. 40–59.

„Speratus sprach direkt diese antiklerikale Stimmung an. Die Themen, über die er predigte, trafen den Nerv der in der Stadt geführten religiösen und gesellschaftlichen Diskussionen. Nach eigener Aussage besaß Speratus zahlreiche Gesinnungsgenossen und Sympathisanten in Wien."

zum Anhänger der Reformation geworden war. Er verließ im November 1521 heimlich Augsburg und ging wieder nach Salzburg, wo er einen Ruf nach Ofen (Budapest) erhielt.[21] Seine Reise dorthin führte ihn über Wien. Er reiste gemeinsam mit seiner Partnerin Anna Fuchs, mit der er seit 1517 zusammenlebte. Schon in Augsburg war er wegen dieser Verbindung Angriffen ausgesetzt gewesen. Auch in Wien wurden deswegen Vorwürfe laut. Mit seiner Predigt im Stephansdom, wo ihm die Predigterlaubnis eingeräumt worden war, wollte er darüber Rechenschaft ablegen. Wir besitzen zwei Quellen zur Erschließung des Inhalts seiner Predigt: Zum einen formulierte die theologische Fakultät acht Artikel, die sie für häretisch hielt. Diese machte sie zur Grundlage einer Anklage.[22] Zum anderen hat Speratus selbst (allerdings 2,5 Jahre später und aus dem Gedächtnis niedergeschrieben) seine Predigt publiziert.[23] Demnach hat er in seiner von antiklerikalen Tönen getragenen Predigt mit genuin reformatorischer Argumentation und auf der Grundlage der reformatorischen Rechtfertigungslehre das allgemeine Priestertum aller Gläubigen verkündigt, das Zölibat sowie die Mönchsgelübde angegriffen und abgelehnt. Priester und Mönche bezichtigte er der Doppelmoral.[24] Kein Wunder, dass die Universitätstheologen postwendend reagierten: Dem sehr raschen Urteil und der damit verbundenen Exkommunikation am 20. Jänner 1521 folgte das Gefängnis.

Hält man sich die kirchenkritische, antiklerikale Stimmung in Wien und den an Speratus gerichteten Vorwurf des Bruchs des Zölibats vor Augen, dann ist das große Echo, das seine Predigt im Stephansdom auslöste, gut erklärbar. Speratus sprach direkt diese antiklerikale Stimmung an. Die Themen, über die er predigte, trafen den Nerv der in der Stadt geführten religiösen und gesellschaftlichen Diskussionen. Nach eigener Aussage besaß Speratus zahlreiche Gesinnungsgenossen und Sympathisanten in Wien. Im Rückblick weist er auf die in der Stadt damals

21 Brecht, Paul Speratus, S. 105–107; Johann Sallaberger: Kardinal Matthäus Lang von Wellenburg. Staatsmann und Kirchenfürst im Zeitalter von Renaissance, Reformation und Bauernkriegen, Salzburg 1997, S. 250f.

22 Speratus hat zunächst in einer mit Luther gemeinsam verfassten Schrift seine Artikel verteidigt: Der Wienner Artickel wider (ihn) sampt seyner Antwurt, Wittenberg 1524 (VD 16 I 211). Auf diesen Druck hat die Wiener theologische Fakultät geantwortet. In dieser Schrift sind auch die lateinischen Artikel zitiert: Theologicae Facvltatis Vniversalis studij Viennensis Doctorum, in Pavlvm non Apostolum, sed suæ farinæ hominibus ana tēn prosthesin etimonon, Speratum Retaliatio, Wien 1522. Der Text der Artikel auch bei Bernhard Raupach: Erläutertes Evangelisches Österreich, Das ist fortgesetzte historische Nachricht von den vornehmsten Schicksahlen der Evangelisch-Lutherischen Kirchen in dem Ertz-Hertzogthum Oesterreich, Hamburg 1736, Beylagen Nr. III, S. 12–42; Referat des Inhalts auch bei Moeller, Stackmann, Städtische Predigt, S. 163f. Zum Agieren der Universität Roche, La frontière incertaine, S. 48–52.

23 Seine Predigt hatte Speratus bereits 1522 an Luther gesandt, der ihn dazu aufforderte, sie drucken zu lassen. Doch ging das Manuskript des Speratus während seiner späteren Gefangenschaft in Olmütz verloren. Erst in Königsberg im Jahr 1524 kam sie zum Druck (Martin Luther: Weimarer Ausgabe, Briefe 2, Nr. 490f.); Paul Speratus: Von dem hohen geluebd der Tauff sampt andern. Ein Sermon czu Wienn ynn Osterreych geprediget, Königsberg 1524 (VD 16 S 8279).

„im Untergrund" lebendige Reformation hin: „[...] und wieviel hundert, meynestu sind Einwohner in Wien, die das Wort Gottes nur heimlich stehlen müssen?"[25] Er kam nach kurzer Haft wieder frei und ging als Pfarrer nach Iglau in Mähren, wo er wiederum wegen Ketzerei angeklagt wurde. Nach einer Gerichtsverhandlung in Olmütz zunächst zum Feuertod verurteilt, kam er nach Interventionen von Freunden mit zwölf Wochen Gefängnis davon.[26] Im Jahr 1529 wurde er schließlich bedeutender lutherischer Bischof von Pomesanien in Marienwerder, wo er bis zu seinem Tod im Jahr 1551 erfolgreich wirkte — eine typische Karriere für viele in der Frühzeit in Österreich tätige Reformatoren, die andernorts Karriere machten. In den darauffolgenden Jahren wurde Wien sichtlich zu einem Brennpunkt der städtischen Frühreformation, wobei dies gegen den erklärten Willen des Landes- und Stadtherrn Ferdinand I. geschah. Den Höhepunkt erreichten die Konflikte im Jahr 1524: Zu diesem Zeitpunkt gab es bereits einige offensiv und polemisch gegen die alte Kirche predigende Kleriker, und auch im Bürgertum setzte sich die reformatorische Lehre fest.

DIE PREDIGTEN VON JAKOB PEREGRIN, JOHANN VAESEL UND DAS MARTYRIUM CASPAR TAUBERS ◖ Sichtbar wird dies für uns durch die ersten scharfen Gegenmaßnahmen von Ferdinand I. Ende Juni bis Anfang Juli des Jahres 1524 haben nämlich Ferdinand I., Erzbischof Matthäus Lang (1469–1540) von Salzburg und die Herzoge von Bayern in Zusammenarbeit mit der Kurie und in Anwesenheit von Vertretern der Bistümer für ihre Länder die Durchsetzung des *Wormser Edikts* beschlossen sowie ein Reformprogramm vorgelegt, die sogenannte *Regensburger Einigung*. Es handelte sich um die erste ernst zu nehmende gegenreformatorische Maßnahme, der aber nur kurzfristig und begrenzt Erfolg beschieden sein sollte. Unmittelbar nach den Regensburger Beschlüssen gerieten im Jahr 1524 in den betroffenen Ländern auffällige Anhänger der Reformation ins Visier der Behörden. Ausweisungen waren die Folge.[27] Die Regensburger Beschlüsse beziehungsweise der sich hier äußernde politische Wille waren auch die Ursache für das Eingreifen in der Residenzstadt Wien. Dort sollte offensichtlich ein Exempel statuiert werden. Unmittelbar nach seiner Rückkehr im Juli 1524 ließ Ferdinand I. eine Reihe von Personen verhaften, die in der Öffentlichkeit als die Rädelsführer der neuen Lehre auftraten oder einfach ihre prominenten Vertreter waren. Es handelte sich um den angesehenen und frommen Bürger Caspar Tauber, den Krankenhausseelsorger Jakobus Peregrinus und den aus Wiener Neustadt stammenden Priester in St. Stephan Johann Vaesel. Ein Vierter, der Regimentsprediger Johann Eckenberger, konnte sich rechtzeitig absetzen.[28] Die Verhafteten wurden dem Inquisitionstribunal der theologischen Fakultät übergeben. Eine zwölfköpfige Kommission von Fachleuten wurde eingesetzt, der auch Vertreter der Wiener Ordensniederlassungen angehörten.[29] Nach strengen Verhören durch die Kommission erkannten Peregrinus und Vaesel den Ernst der Lage und widerriefen. Aus den erhaltenen Akten lässt sich Folgendes für die Situation in Wien in der Zeit vor 1524 entnehmen:

24 Moeller, Stackmann, Städtische Predigt, S. 163f.; Brecht, Paul Speratus, S. 108–112.

25 Bernhard Raupach: Evangelisches Österreich, das ist historische Nachricht von den vornehmsten Schicksalen der Evangelisch-Lutherischen Kirchen in dem Ertz-Hertzogthum Oesterreich, Hamburg 1732, S. 14f.

26 Wohl im Kerker in Olmütz schrieb er sein bekanntes Kirchenlied *Es ist das Heil uns kommen her* (verkürzt noch heute im Evangelischen Kirchengesangbuch, Nr. 342), das mit zwei weiteren Liedern aus seiner Feder neben jenen Luthers im berühmten *Achtliederbuch* im Jahr 1524 erschien. Damals weilte Speratus bei Luther in Wittenberg, von wo er noch im selben Jahr auf Luthers Empfehlung nach Königsberg in Ostpreußen als Hofprediger Albrecht von Brandenburgs (1490–1545) berufen wurde.

27 Leeb, Der Streit, S. 170f.

28 Raupach, Erläutertes Evangelisches Österreich, S. 30.

29 Die Namen ebd., S. 31.

Kat.Nr. 3.12 Die Verteidigungsschrift des als Ketzer hingerichteten Wiener Bürgers Caspar Tauber

Jakobus Peregrinus war Pfarrer im Bürgerspital gewesen, hatte aber auch in der Burgkapelle, bei St. Stephan und an anderen Orten der Stadt gepredigt. Er war klar reformatorisch gesinnt und stimmte in die allgemeine Kritik am Klerus ein. Er kritisierte die guten Werke, den Heiligenkult, das Fegefeuer, die Mönchsgelübde und das Mönchtum. Wäre er Beichtvater bei Nonnen gewesen, so Peregrinus, hätte er ihnen zum Austritt aus dem Kloster geraten. Er rühmte sich, 50 lutherische Bücher (das heißt reformatorische Flugschriften) zu besitzen, in denen er fleißig lese. All diese Anklagepunkte hatte Jakob Peregrin zu widerrufen.[30] Am 3. September 1524 wurde er nach seinem Widerruf von der Kommission verurteilt. Neben äußerst strengen öffentlichen Bußstrafen, die jenen für Vaesel sehr ähneln, wurde er auch dazu verpflichtet, eigenhändig seine Bücher öffentlich anzuzünden und zu verbrennen. Falls er nach Ableistung der Bußstrafen die Absolution erlangen und wieder reaktiviert werden sollte, blieben ihm die habsburgischen Erblande, Bayern, die Diözesen Trient, Brixen, Regensburg, Bamberg, Passau, Freising und etliche andere bis zu seinem Lebensende verboten.[31] Auch aus den Quellen zu Johann Vaesel, von dem der Widerruf und das Strafurteil der Kommission erhalten sind, gewinnen wir einen schlaglichtartigen Einblick in das frühreformatorische Geschehen in Wien und in die Bedeutung der Flugschriften:

Vaesel, der ähnlich wie Peregrinus in St. Stephan und in St. Michael, aber auch in anderen Kirchen gepredigt hatte, gab in seinem Verhör an, er habe Luthers Schriften gelesen und dann danach zu predigen begonnen. Er gab zu, dabei gesagt zu haben, dass die Bischöfe und Priester das gemeine Volk „gleichsam als Schweine, die einen Ring in der Nasen hätten, herumgeführet, auch da sie Menschen hätten fahen [fangen] sollen, Frösche gefangen hätten; es habe ein Blinder den anderen geführet". Diejenigen, die die Frömmsten hätten sein sollen, hätten die Finsternis eingeführt. Sie seien genauso wie Herodes, Pilatus und Kaiphas, die um der Herodias willen das Evangelium unterdrücken wollen. Von der Anrufung der Heiligen hielt er nichts.[32] Dagegen ließ er sich angelegen sein, seinen Zuhörerinnen und Zuhörern Buße und Glauben zu predigen. Von der Buße predigte er, dass dieselbe im Glauben bestünde, und die Werke dazu nicht gebraucht würden.[33] Auch der von der Inquisitionsbehörde verfasste, 21 Punkte umfassende Widerruf, den Vaesel angesichts des drohenden Ketzertodes unterschrieb, zeigt einen überzeugten, gebildeten und offensiven frühreformatorischen lutherischen Theologen, der das Fegefeuer, die Anrufung Marias und der Heiligen und die guten Werke ablehnte sowie eben dezidiert der Meinung war, dass der Klerus das Volk verführt und nie die

30 Sententia contra Jacobum Peregrinum [...] Lutheranae haereseos assertorem, lata in urbe Viennensi Austriae, tertia Septembris [...] 1524. Widerrueff Jacob Peregrinus [...] mit Urtail und Recht auffgelegt und erkant zu Wienn in Osterreich, o. O. 1524 (VD 16 W 2628).

31 Wiedemann, Reformation und Gegenreformation, Bd. 1, S. 35f.

32 Überliefert in einer Anweisung des Kaisers an die Universität Wien aus dem Jahr 1524, anlässlich der Verhaftung von Vaesel, Tauber und den anderen schriftlich gegen die neuen häretischen Lehren Stellung zu nehmen: Raupach, Erläutertes Evangelisches Österreich, S. 32f.

33 Ebd., S. 33.

Kat.Nr. 3.11 Bericht über die Verurteilung und Hinrichtung Caspar Taubers in Wien

Wahrheit gepredigt habe.[34] Vaesel wurde zu vier Monaten Kerker verurteilt und ihm wurde befohlen, an bestimmten Sonn- und Festtagen in St. Stephan nach der Predigt öffentlich nach einem festgelegten Text einen Widerruf und zugleich Buße zu tun. Dies hatte er dann zu St. Michael und dann noch einmal vor der gesamten versammelten Universität zu wiederholen. Ebenso wurde ihm befohlen, neben bestimmten weiteren Bußübungen vor allem für zwei Jahre in ein Karthäuserkloster zu gehen, um dort wie die anderen Mönche zu leben. Außerdem musste er ab nun sein ganzes Leben ein schwarzes Trauerkleid tragen.[35]

Festzuhalten bleibt, dass sowohl Speratus als auch Peregrin und Vaesel die neuen Lehren offensiv, klar, konfrontativ und zum Teil polemisch gepredigt haben. Der Letzte der Verhafteten, Caspar Tauber, widerrief im Unterschied zu Vaesel und Peregrinus nicht. Wir wissen von ihm, dass er ein Geschäft auf den Tuchlauben besaß, vermögend, fromm und hoch angesehen war. Als „Laubenherr" zählte er zu den Wiener Honoratioren. Er war Mitglied der Fronleichnamsbruderschaft,[36] für die er im zweiten Quartal 1522 seinen letzten Mitgliedsbeitrag zahlte.[37] In dieser Zeit muss er Anhänger der Reformation geworden sein. Speratus hatte zu Beginn des betreffenden Jahres gerade seine Predigt gehalten, Flugschriften zirkulierten in der Stadt und wurden auch von Singriener nachgedruckt.[38] Die Flugschriftenproduktion erlebte gerade ein gewaltiges Wachstum. Tauber hat sie nachweislich gelesen und rezipiert. Bei ihm sind die Lehren, für die er verurteilt wurde, und die Inhalte und Themen der in Wien gedruckten Flugschriften weitgehend deckungsgleich, sodass die Wirkung der reformatorischen Flugschriften bei ihm mit Händen zu greifen ist.[39]

Tauber war einer jener Laien, die in diesen Jahren überall im Reich gleichsam in religiös-emanzipatorischer Absicht eigenständig in reformatorischem Sinn zu denken und zu handeln begannen. Wie andere andernorts auch, schrieb er zum Beispiel einen theologischen Traktat, der von der Kommission in handschriftlicher Form bei ihm zu Hause konfisziert wurde. Tauber hielt in der Öffentlichkeit mit seiner Meinung nicht zurück. In den Verhören mit den Universitäts- und Berufstheologen erwies er sich als theologisch höchst beschlagen. Die Artikel, die ihm von der Kommission zum Widerruf vorgelegt worden sind, zeigen, dass Tauber äußerst strikt reformatorisch gesinnt war. Er vertrat das allgemeine Priestertum, das reformatorische Schriftprinzip, er lehnte das Fegefeuer ab, ebenso die Messstiftungen, er stellte sich gegen die Marien- und Heiligenverehrung, gegen die Bruderschaften und nannte auch konkret einige kirchliche Bräuche, die abzulehnen seien, wie die Benediktionen und das Kerzenbrennen.[40] Typisch für diese frühe Zeit, in der noch vieles in Fluss war, ist auch, dass Tauber — offenbar durch Flugschriften Karlstadts[41]

34 Sein Widerruf ebd., S. 55–60.

35 Ebd., S. 34. Der lateinische Wortlaut dieses Urteils ebd., Beylagen Nr. V, S. 44–55.

36 Zu seinem sozialen Hintergrund siehe Alexander Nicoladoni: Tauberiana, in: Jahrbuch der Gesellschaft für die Geschichte des Protestantismus in Österreich 15 (1894), S. 152f.; Richard Perger: Neues über Caspar Tauber, in: Jahrbuch für die Geschichte des Protestantismus in Österreich 98 (1982), S. 90–97.

37 Ebd., S. 95.

38 Siehe den Beitrag von Helmut W. Lang im vorliegenden Katalog.

39 Zu ihm und zum Folgenden Rudolf Leeb: Beobachtungen zu Caspar Tauber. Zur Rezeption reformatorischen Gedankengutes beim ersten Märtyrer der österreichischen Reformation, in: Jahrbuch für die Geschichte des Protestantismus in Österreich 110/111 (1994/95), S. 21–45.

40 Die Artikel ediert bei Karl Simon: Deutsche Flugschriften zur Reformation (1520–1525), Stuttgart 1980, S. 342–346.

41 Der deutsche Reformator Andreas Rudolf Bodenstein, genannt Karlstadt (1486–1541).

angeregt — eine spiritualistische Abendmahlslehre vertrat, also die Realpräsenz ablehnte und darin — bewusst oder unbewusst — Luther nicht folgte.[42] Karlstadt war der nach Luther am meisten nachgedruckte Reformator in der Frühzeit — wenn auch mit großem Abstand. So hat Singriener in Wien ebenfalls Schriften Karlstadts nachgedruckt. Es ist möglich, dass Tauber unterwegs zur radikalen Reformation war.[43]

Die Verhöre verliefen dramatisch. Schließlich meinte man Tauber so weit gebracht zu haben, öffentlich zu widerrufen. Zu diesem Zweck wurde vor dem Stephansdom eigens eine Tribüne aufgebaut. Für die Behörden offenbar überraschend hat Tauber jedoch den Widerruf öffentlich verweigert und stattdessen zu predigen begonnen. Obwohl sich der Rat der Stadt und andere einflussreiche Personen für ihn einsetzten — sogar Bischof Revellis hatte ihn zuvor im Gefängnis besucht, um ihn zum Widerruf zu bewegen —, wurde er gemäß dem Urteil des Inquisitionstribunals als notorischer Ketzer vom weltlichen Gericht zum Tod verurteilt. Caspar Tauber wurde am 17. September 1524 auf dem Richtplatz in Erdberg zuerst enthauptet und sein Leichnam danach als der eines Ketzers verbrannt. Tauber war bei seiner Hinrichtung bereit, für seinen Glauben „gantz willig und girig zu sterben".[44]

Taubers Hinrichtung hat nicht nur in Wien Aufsehen erregt, es gab auch eine heftige Reaktion auf dem Flugschriftenmarkt. Die Flugschrift *Eyn warhafftig geschicht wie Caspar Tawber, Burger zu Wien in Österreich für ain Ketzer vnnd zu dem Tod verurtaylt vnd auß gefürt worden ist*[45] wurde sofort nach seiner Hinrichtung publiziert. Sie zählt zu den klassischen Märtyrerflugschriften der Reformation, einer Gattung, die damals gerade erst im Entstehen begriffen war.[46] Sie ist noch im selben Jahr 1524 in Straßburg, Nürnberg und Augsburg in insgesamt sieben Auflagen nachgedruckt worden, was eine hohe Nachfrage und eine große Leserschaft voraussetzt. Noch im *Codex librorum prohibitorum* des Konzils von Trient ist diese Flugschrift unter den „Autoren" — also Ketzern — erster Klasse gereiht worden.[47] Außer *Eyn warhafftig geschicht* sind weitere vier Drucke zu Taubers Martyrium erschienen.[48] Sein Martyrium war damit im ganzen Reich bekannt. Luther war tief betroffen und zählte Tauber fortan zu den vornehmsten Blutzeugen der Reformation.[49]

Für die Jahre nach dem Krisenjahr 1524 haben wir kaum Nachrichten. Immerhin haben sich kleine Teile der Protokolle der landesfürstlichen Visitation von 1528 erhalten. Aus ihnen geht vor allem hervor, dass bei den Pfarrern, aber auch in den Klöstern viele reformatorische Flugschriften vorhanden waren — ein Befund, der sich übrigens mit jenem der anderen österreichischen Länder deckt.[50] Bischof Revellis sah nicht ganz zu Unrecht den Hauptgrund für die Ausbreitung der Reformation in der

42 Leeb, Caspar Tauber, S. 33–37.

43 Zur damaligen Situation und den unscharfen Grenzen und fließenden Übergängen zur radikalen Reformation siehe Leeb, Der Streit, S. 180–184.

44 Zur Hinrichtung siehe Leeb, Caspar Tauber, S. 23.

45 Ein wahrhaftige Geschichte, wie Kaspar Tauber, Bürger zu Wien in Österreich, für einen Ketzer und [...] zum Tod verurteilt [...] worden ist; ¬Ein¬ warhafftig geschicht/ wie ; ; Caspar Tawber/ Burger zů Wienn in ; ; Osterreich für ein Ketzer/ vnd durch ; ; Doctor Hanß Schmidt von ; ; Costentz/ vnnd ander Pa= ; ; pisten zům todt verur ; ; teylt vnd vmbracht ; ; worden ist, Nürnberg 1524 (VD16 W 295); VD16 W 2633 u. a.

46 Hildegard Hebenstreit-Wilfert: Märtyrerflugschriften der Reformationszeit, in: Köhler, Flugschriften, S. 324ff., S. 425ff., insbes. S. 406–414; Bernd Moeller: Inquisition und Martyrium in Flugschriften der frühen Reformation in Deutschland, in: ders.: Luther-Rezeption. Kirchenhistorische Aufsätze zur Reformationsgeschichte, Göttingen 2001, S. 219–244; allgemein siehe Peter Burschel: Sterben und Unsterblichkeit. Zur Kultur des Martyriums in der frühen Neuzeit (Ancien Régime, Aufklärung und Revolution, Bd. 35), München 2004.

47 Leeb, Caspar Tauber, S. 26f.

48 Zu ihnen und ihrer Einordnung ebd., S. 22–42.

49 Brief Luthers vom 1. November 1525 an Georg Spalatin (1484–1545, deutscher Humanist und Reformator), in: Luther, Weimarer Ausgabe, Briefe 3, S. 368. Luther kommt in seinen Briefen im November 1524 mehrmals auf Tauber zu sprechen. Bereits im November hatte er übrigens die Flugschrift über Taubers Martyrium in Händen. Zu Luther und seiner Haltung zum Martyrium siehe Gerhard Ebeling: Luthers Seelsorge an seinen Briefen dargestellt, Tübingen 1997, S. 384–393.

50 Wiedemann, Reformation und Gegenreformation, Bd. 1, S. 56f., S. 62f. (Urteil Ferdinands I.).

Kat.Nr. 3.14 Das *Ketzermandat* Ferdinands I. von 1527 nahm besonders die Täufer ins Visier.

lawinenartigen Verbreitung der Flugschriften.[51] In diesen Jahren erblickten die Behörden aber bereits in den Täufern die größere Gefahr, wie das *Edikt von Ofen* aus dem Jahr 1527 beweist.[52] Ab dem Ende der 1520er-Jahre setzt auch die grausame Verfolgung der Täufer in der Stadt ein, die in den Dreißigerjahren zwar etwas nachließ, aber niemals ganz aufhören sollte. Während die lutherische Frühreformation in Wien zwar bekämpft wurde und auch einen Märtyrer zu beklagen hatte, sind im Unterschied dazu die radikalreformatorischen Täufer in großer Zahl hingerichtet worden.[53]

Nach der Zäsur der Türkenbelagerung von 1529 schritten die Ausbreitung und weitere Einwurzelung der Reformation mehr oder weniger geräuschlos voran. Die drei Pfarren Wiens (St. Stephan, St. Michael und die Schottenkirche) blieben ihr als Predigtstätten verwehrt. Aber auch ohne eigenes Kirchengebäude oder eigenen Kirchenraum herrschte in der Stadt evangelisches religiöses Leben. Es dürften vor allem die „Freihäuser", also die Wiener Stadthäuser des Landadels, aber auch Bürgerhäuser gewesen sein, in denen die Gottesdienste stattfanden. Die evangelisch gesinnten Bürgerinnen und Bürger konnten sich ebenso mit der evangelischen sogenannten Postillenliteratur, also Lesepredigten und Andachtsbüchern, behelfen. Der Gottesdienstbesuch in einer der umliegenden evangelischen Pfarren außerhalb Wiens stand damals ohnehin noch frei. Diese religiösen Aktivitäten in der Stadt sollte man nicht unterschätzen. Im Jahr 1555, also im Jahr des Augsburger Religionsfriedens, wurde etwa in Regensburg ein Gebet gedruckt, das nach Ausweis des Titelblatts von einem „christlichen" (das heißt reformatorischen) „Predicanten zu Wiennn" geschrieben worden war.[54] Der Verfasser blieb bezeichnenderweise anonym.[55] Offenbar residierten und wohnten evangelische Pfarrer und Geistliche in „Freihäusern" oder Bürgerhäusern. Dies wurde — ebenso wie die Gottesdienste — in dieser Zeit noch nicht sanktioniert. Die Predigten Johann Sebastian Pfausers (1520–1569) in der Augustinerkirche in der zweiten Hälfte der 1550er-Jahre stellten einen Sonderfall dar. Das Überhandnehmen der inoffiziellen Gottesdienste in der Stadt in der Zeit ist gut bezeugt. Auch deswegen hat Maximilian II. im Jahr 1574 der Einrichtung des evangelischen Landhausministeriums als einem evangelischen Gottesdienstzentrum im Landhaus in der Herrengasse zugestimmt. Damit existierte nun tatsächlich öffentlicher evangelischer Kultus in der Stadt – allerdings sollte ihm nur die kurze Zeitspanne von vier Jahren beschieden sein.

■

51 Ebd., S. 61.
52 Siehe Kat.Nr. 372.
53 Siehe den Beitrag von Martin Rothkegel im vorliegenden Katalog.
54 Ein gebet aus || Heiliger G[oe]ttlicher ge=||schrifft gezogen/ allen Gott-||liebenden Christen in disen gefer-||lichen vnd letzten zeitten zu || Gott schreiendt/ sehr nutz-||lich/ von ainem Christ-||lichen Predicanten || zu Wienn in O=||sterreich ge=||macht.||, Regensburg 1555 (VD16 G 574).
55 Der damals in Wien gerade eingetroffene Johann Sebastian Pfauser kommt als Verfasser dieses Gebets eher nicht in Betracht, da er in seiner exponierten Stellung als Hofprediger es wohl nicht gewagt hätte, ein Gebet unter diesem Titel, auch wenn es anonymisiert war, in Druck zu geben.

Idealist? Opportunist?

Illegale Reformationsdrucke aus der Druckerei Johann Singrieners d. Ä. in Wien

Helmut W. Lang

„Die protestantischen Glaubenslehren breiteten sich in den österreichischen und böhmischen Ländern rasch aus. Vor allem unter dem Adel gewann die neue Lehre viele Anhänger. Adelssöhne und bürgerliche Studenten zogen nach Wittenberg, wo Luther und Melanchthon große Anziehungskraft ausübten, aber auch an die Universitäten nach Leipzig, Rostock und Tübingen. Viele berühmte Familien, wie die der Starhemberg, Khevenhüller und Dietrichstein, wandten sich dem neuen Glauben zu. Neben dem Adel verbreitete sich das Luthertum besonders unter der Bürgerschaft und den Bergleuten in der Steiermark und in Tirol, einige Zeit später auch unter den Bauern. Unter diesen Umständen ist es nicht weiter verwunderlich, dass in den österreichischen Gebieten, besonders aber in Wien, die Nachfrage nach lutherischem Schrifttum sehr groß war. Viele Drucke, hauptsächlich aus Wittenberg, Augsburg und Nürnberg fanden den Weg nach Wien, und es ist überraschend, dass man dem leistungsfähigsten und bedeutendsten Wiener Drucker dieser Zeit, Johann Singriener, keine Nachdrucke lutherischer Schriften nachweisen konnte."

Mit diesen Sätzen begann ein vor 50 Jahren publizierter Artikel des Verfassers, vorerst mit dem Nachweis von 17 illegal in Wien hergestellten Luther-Drucken aus der Offizin Johann Singrieners d. Ä.[1] Die Quellen- und Forschungssituation hat sich im vergangenen halben Jahrhundert wesentlich verbessert: Die Computerisierung, die finanzielle Unterstützung nationaler und internationaler bibliografischer Großunternehmen, die Digitalisierung der Altbestände und letztlich auch das Fallen des Eisernen Vorhangs haben das Auffinden und den Zugang zu den Quellen spürbar erleichtert.

Der früheste Hinweis auf einen Luther-Druck aus der Offizin Singrieners kam im Jahr 1906 von Johannes Luther[2] bei der Besprechung von Alfred Götzes *Die hochdeutschen Drucker der Reformationszeit.*[3] Gemeint war Luthers *Sermo de digna preparatione ad Sacramentū Eucharistie* von 1519 [Nr. 1], bei dem Singriener zwar den Autor verschwieg, aber sonst ein vollständiges Impressum gab. Bei der *Internationalen Ausstellung für Buchgewerbe und Graphik* im Jahr 1914 in Leipzig fand eine Sonderausstellung der vor allem an Wiener Frühdrucken reichen Bibliothek Eduard Langers statt. In dem Ausstellungskatalog sind zwei Luther-Drucke Singriener zugeschrieben:[4] *Von der Beicht ob die der Bapst macht habe tzu gepietenn* [Nr. 11], der zweite, *Vonn den heiligen* aus dem Jahr 1522, ist mit zwei Typen gedruckt, die auf Patrizen oder Matrizen des im Jahr 1519 verstorbenen Wiener Druckers Johannes Winterburger (1460/1465–1519) zurückgehen, sich aber im Detail unterscheiden[5] und mit Singriener nichts zu tun haben.

Als in den Jahren 1963 und 1964 Gedeon Borsa (Nationalbibliothek Budapest) und Josef Benzing (Universitätsbibliothek Mainz), beide voneinander unabhängig, die Luther-Bestände der Österreichischen Nationalbibliothek erforschten und mit den bibliografischen Nachweisen der sogenannten *Weimarer Luther-Ausgabe*[6] verglichen, wurde der Verfasser dieses Beitrags Benzing als Hilfskraft beigestellt. Dieser hatte ein phänomenales optisches Gedächtnis und konnte aufgrund der Typenformen in vielen Fällen Drucke ohne Impressum einer bestimmten Offizin zuweisen. Die Möglichkeit, ihn bei der Arbeit zu beobachten, seine komparative Methode der Typenbestimmung kennenzulernen und nachzuvollziehen, ermunterte den jungen Bibliothekar, selbst Versuche anzustellen und sich vorerst auf die Wiener Drucker der ersten Hälfte des 16. Jahrhunderts zu konzentrieren.

Nach dem Tod Johannes Winterburgers beherrschte Johann Singriener von 1519 bis 1545 — bis auf die überschaubare Produktion seines ehemaligen Partners Hieronymus Vietor (ca. 1480–1546) von 1528 bis 1531 und die beiden Drucke von 1531 und 1532 von Florian Vietor[7] — allein das Wiener Druckgeschehen. Nur die Beweiskraft aus dem Zusammenspiel seiner Drucktypen, seiner Holzschnitte und der von ihm benützten Papiere hatte es schließlich ermöglicht, aus der großen Menge der damals noch nicht lokalisierten Luther-Ausgaben 17 Drucke der Offizin Singrieners herauszufiltern.[8] Sechs weitere Wiener Nachdrucke brachten Recherchen bei Andreas Bodenstein von Karlstadt (1486–1541).[9]

1 Helmut W. Lang: Johann Singriener in Wien als Luther-Nachdrucker (1519–1522), in: Das Antiquariat 17 (1963/1966), S. 281/1–284/4.

2 Zentralblatt für Bibliothekswesen 23 (1906), S. 84.

3 Alfred Götze: Die hochdeutschen Drucker der Reformationszeit, Straßburg 1905.

4 Sonderausstellung der Dr. Eduard Langer'schen Bibliothek in Braunau in Böhmen. Veranstaltet zur Generalversammlung der Bibliophilen in Leipzig vom 4.–5. Juli 1914, Leipzig 1914, Nr. 39, Nr. 40.

5 VD16 L 4571 (Volltext). Der Text ist in der sogenannten Fellenfürst-Type gedruckt, ähnlich Winterburgers Type 1 [W 1], die Auszeichnungstype ist ähnlich Winterburgers Type 4 [W 4]. Ob ein Ägidius Fellenfürst in Coburg tatsächlich existierte oder ob er mit Georg Erlinger in Bamberg zu identifizieren ist, bleibt weiterhin fraglich.

6 D. Martin Luthers Werke. Kritische Gesamtausgabe, Bd. 1ff., Weimar/Graz 1883ff.

7 ① *Zwai innige gebet zu got dem vater … M. D. XXXI*, Wien: Florian Vietor 1531. VD16 Z 686; ② *Einer Ersamen Landtschafft des Ertzhertzogthūbs Osterreich vnder der Enns ausschreiben vnd ermanūg des anzugs wider den Türkhen*, [Wien: Florian Vietor 1532], VD16 N 1663 (Volltext).

8 Lang, Singriener, S. 281/1–284/4.

9 Ders.: Wiener Karlstadt-Drucke aus der Presse Johann Singrieners (1521–1522), in: Gutenberg-Jahrbuch 1970, S. 212–217.

„Umso schwieriger lässt sich die Frage beantworten, warum Singriener all seinen Ruf, seine Reputation und seine Ehre aufs Spiel gesetzt hat und bei Nacht und Nebel, im Bewusstsein, Verbotenes zu tun, Luther nachgedruckt hat."

Grundsätzlich war die Zuweisung an Singriener bei gebrochenen Schriften verhältnismäßig einfach, bei Antiquaalphabeten wesentlich schwieriger.

JOHANN SINGRIENER DER ÄLTERE ☾ Johann Singriener (Syngriener, Singrüner, Singrenius) wurde um 1480 in Ötting in Bayern geboren. Michael Denis,[10] Anton Mayer[11] und der Verfasser[12] fassten die Fakten zu Singrieners Leben in unterschiedlicher Ausführlichkeit zusammen: Wo er die Schwarze Kunst erlernt hat, ist unbekannt. Spätestens im Jahr 1510 kam er nach Wien und ging mit Hieronymus Vietor (Philovallis, Doliarius, Doliator, eigentlich Büttner) eine vierjährige Partnerschaft ein. Ab Dezember 1514 druckten beide selbstständig weiter, das Typenmaterial teilten sie untereinander auf.

Wie stellt sich die Geschichte der Druckkunst in Wien vor Singriener dar? Hier war schon 1461 gedruckt worden: Ulrich Han (1425–1478), ein Wiener Goldschmied und Waffenziseleur, könnte bei Johannes Gutenberg (ca. 1400–1468) in Mainz das Drucken erlernt haben und brachte in Wien in den Jahren 1461 und 1462 einige Drucke heraus, beispielsweise einen Aderlasskalender auf das Jahr 1462, berechnet auf den Meridian von Wien, und eine Passio domini Christi mit Illustrationen in der Technik der Schrotblätter. Als Opfer des Habsburger Bruderzwists — Han war Parteigänger Friedrichs III., und die Wiener aufseiten Albrechts zerstörten seine Druckerei — verließ er Wien und ging nach Rom, wo er bis Ende 1478 als *civis viennensis* druckte. Erst 1482 wurde wieder eine Offizin eröffnet, doch auf keinem der erhaltenen elf Kleindrucke von 1482 bis 1486 nennt sich der anonyme Meister, der entweder *Drucker des Vocabulista* oder *Drucker der Historie von S. Rochus* nach von ihm herausgegebenen Werken genannt wird. Ob es der Wiener Stefan Koblinger war, der von 1479 bis 1480 in Vicenza tätig und dann nach Wien zurückgekehrt war, ist nicht bewiesen.

Im Jahr 1492 gründete Johannes Winterburger (Johann von Winterburg, Joannes de hiberna arce) in Wien eine Druckerei. Er wurde um 1460 in Winterburg bei Kreuznach geboren, erwarb im Jahr 1496 das Wiener Bürgerrecht, war verheiratet und mit seiner Frau Genoveva Mitglied der Bruderschaft vom Gottesleichnam. Er besaß ein Haus in der Krugerstraße und starb im Herbst 1519. In unserem Zusammenhang gewinnt er eine besondere Bedeutung, denn Johann Singriener d. Ä. brachte nach Winterburgers Tod die gesamte, vorzüglich ausgestattete Offizineinrichtung, alle Drucktypen, Initialenalphabete und Holzschnitte, an sich. Von Winterburgers 28-jähriger Tätigkeit zeugen heute etwa 250 Drucke.

Singriener war 1518 verheiratet und wohnte mit seiner Frau Elisabeth in der Weihburggasse. Dieser Ehe entspross eine Tochter, Barbara, und im Jahr 1525 wurde Matthäus, im Jahr darauf

10 Michael Denis: Wiens Buchdruckergeschichte bis 1560, Wien 1782 (nebst Nachtrag, Wien 1793), S. IXf.

11 Anton Mayer: Wiens Buchdrucker-Geschichte 1482–1882, Bd. 1.2, Wien 1883–1887, S. 37–57.

12 Helmut W. Lang: Die Buchdrucker des 15. bis 17. Jahrhunderts in Österreich. Mit einer Bibliographie zur Geschichte des österreichischen Buchdrucks bis 1700 (Bibliotheca bibliographica Aureliana, Bd. 42), Baden-Baden 1972.

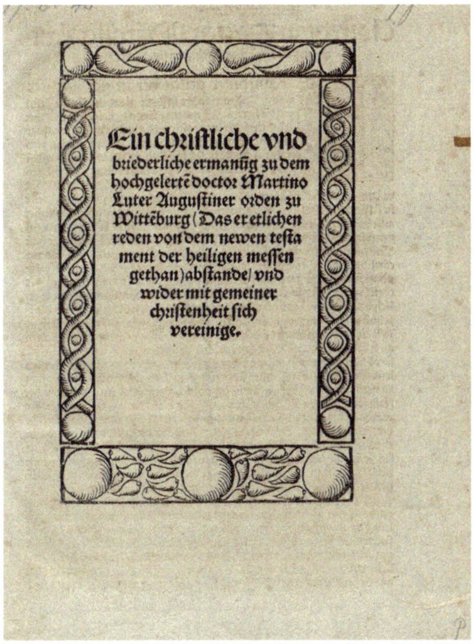

Ein chriſtliche vnd
brüderliche ermanūg zu dem
hochgelertē doctor Martino
Luter Auguſtiner orden zu
Wittēburg (Das er etlichen
reden von dem newen teſta
ment der heiligen meſſen
gethan) abſtande/ vnd
wider mit gemeiner
chriſtenheit ſich
vereinige.

Thomas Murner: Ein christliche [...] ermanung (siehe das Verzeichnis der Drucke Singrieners im vorliegenden Katalog, S. 144–149, Nr. 43) (Österreichische Nationalbibliothek, Sign. 77.E.48)

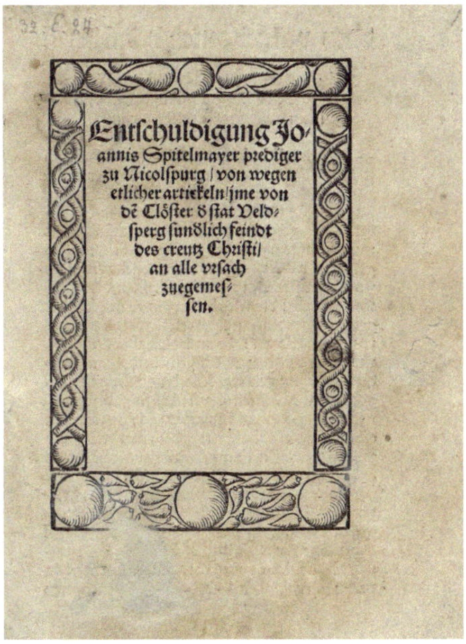

Entſchuldigung Jo
annis Spitelmayer prediger
zu Nicolſpurg / von wegen
etlicher artickeln/ jme von
dē Clöſter & ſtat Veld=
ſperg ſündlich feindt
des creutz Chriſti/
an alle vrſach
zuegemeſ=
ſen.

Johannes Spitelmayer: Entschuldigung (Nr. 36) (Österreichische Nationalbibliothek, Sign. 32.E.24)

Johann (d. J.) geboren. Der Dompropst von St. Stephan, Paul von Oberstein, hob die beiden Söhne aus der Taufe. Singrieners Schwester hieß Margaretha und war mit Mert Schweintaler, Bürger zu Neu Öttingen, verheiratet. Im Jahr 1519 hatte Singriener ein Haus in der Riemerstraße gekauft, 1526 das Nachbarhaus dazu, er verkaufte beide und erwarb im Jahr 1527 das Winterhaus unter den Tuchlauben. Nach dem Tod seiner Frau Elisabeth heiratete er Anna, geborene Pergerin, die einen weiteren Sohn, Sigmund Philipp, gebar. Nach Annas Tod heiratete Singriener noch ein drittes Mal, denn als er im November 1545 starb, ist von einer Witwe namens Barbara die Rede, die später den Wiener Bürger Hans Sunleitner (Sonnleitner) ehelichte. Singriener wurde bei St. Stephan begraben, wo seine zweite Frau Anna lag und wo später auch seine Kinder bestattet wurden. Seiner Tochter Barbara, verheiratet mit Veit Fellndorfer, Bürger zu Bruck an der Leitha, wurde der Wert eines Viertels der Druckerei durch Weingärten und „Fahrende Güter" (220 Pfund Pfennige) abgelöst, die drei Söhne bekamen die restlichen drei Viertel zu gleichen Teilen.

Singriener hat in den Jahren 1510 bis 1545 an die tausend Drucke herausgebracht, wovon vor allem die Einblattdrucke — Mandate, Edikte, Ordnungen, Kalender, Neue Zeitungen, Exlibris, Gebete, Formulare, Akzidenzen — bibliografisch noch nicht oder höchst unvollständig verzeichnet sind. Der ältere Sohn Matthäus brachte noch im Dezember 1545, kurz nach dem Tod seines Vaters, einen Druck heraus und verband sich dann bis 1549 mit seinem jüngeren Bruder Johann, wandte sich aber im Jahr 1549 von der Druckkunst ab und wurde königlicher Hartschier. Johann Singriener d. J. arbeitete bis zu seinem Tod 1562 in der ehemals väterlichen Druckerei und hinterließ an die 150 Drucke.

Johann Singriener d. Ä. hatte es zu Wohlstand und Ansehen gebracht. Die Wiener Universitätsprofessoren und Humanisten schätzten die Qualität seiner Arbeit, er beschäftigte hochgebildete Korrektoren und mit den klassischen Sprachen vertraute Setzer. Johannes Cuspinian (1473–1529),[13] Johannes Alexander Brassican (ca. 1500–1539),[14] Johannes Gremper[15] und Georg Tannstetter (1482–1535)[16] klebten in ihre Bücher Exlibris, die ihnen Singriener druckte. Der Klerus ließ bei ihm arbeiten und verlegen, auch für den Wiener Neustädter Bischof Gregor Angerer, für den Wiener Bischof Johannes Fabri (1478–1541)[17] und

13 Ders.: Das Exlibris Cuspinians. Ein Druck aus der Wiener Offizin Victor & Singriener, in: Das Antiquariat 21 (1971), S. 129/17–130/18.

14 Ders.: Ein bisher unbekanntes Exlibris des Humanisten Johannes Alexander Brassican, in: Österreichisches Jahrbuch für Exlibris und Gebrauchsgraphik 65 (2007/08), S. 6–13.

15 Ders.: Drucktypenbestimmung als Lokalisierungs- und Datierungshilfe bei Humanisten-Exlibris, in: Flores litterarum Ioanni Marte sexagenario oblati. Wissenschaft in der Bibliothek (Biblos-Schriften, Bd. 163), Wien 1995, S. 79–84.

16 Ders.: Georg Tannstetter Collimitius (1482–1535). Astronom, Mathematiker, Mediziner und Kalendermacher, in: Österreichisches Jahrbuch für Exlibris und Gebrauchsgraphik 66 (2009/10), S. 17–26.

17 Ders.: Die typographischen Donatoren-Exlibris des Wiener Bischofs Johannes Fabri. Drucke aus der Offizin Johann Singrieners d. Ä. in Wien, in: Österreichisches Jahrbuch für Exlibris und Gebrauchsgraphik 62 (2001), S. 7–16.

Kat.Nr. 3.6 Martin Luther: Copia ainer Missive (Nr. 15)

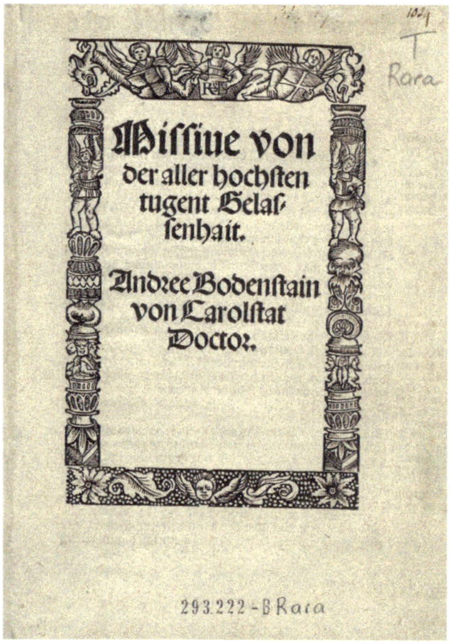

Karlstadt (Andreas Bodenstein): Missive von der allerhöchsten Tugend (Nr. 27) (Österreichische Nationalbibliothek, Sign. 293.222-B.Alt. Rara)

für den Taufpaten seiner Söhne Matthäus und Johann, den Dompropst Paul von Oberstein, druckte er Exlibris. Es gibt viele Hinweise, dass sich aus geschäftlichen dauerhafte freundschaftliche Beziehungen entwickelt haben.

Umso schwieriger lässt sich die Frage beantworten, warum Singriener all seinen Ruf, seine Reputation und seine Ehre aufs Spiel gesetzt hat und bei Nacht und Nebel, im Bewusstsein, Verbotenes zu tun, Luther nachgedruckt hat. Warum hat er sich seinen Mitarbeitern, vor denen der Nachdruck nicht verborgen bleiben konnte, gleichsam ausgeliefert? Was man ihm jedenfalls nicht zugutehalten kann, ist Unwissenheit. Er hatte im Jahr 1520 Thomas Murners *Christliche vnd briederliche ermanūg* [siehe das Verzeichnis im Anhang dieses Aufsatzes, S. 144–148, Nr. 43, Abb. S. 131] und im selben Jahr *Summariū vnnd außzug zuuerkünden die Bäbstlich Bull wider die jrrig leer Doctors Merten Luther von Wittenberg, vnd seiner anhennger* [Nr. 44] unter der Presse. Ein Jahr später druckte er Fratris Ambrosii [Politi] *Apologia pro ueritate Catholicæ & Apostolicæ fidei: ac Doctrinæ Adversus impia, ac ualde pestifera Martini Lutheri Dogmata* [Nr. 45]. Alle drei Schriften ließen nichts an Deutlichkeit vermissen.

Das *Wormser Edikt* Karls V. vom 8. Mai 1521 druckte Singriener als riesigen Einblattdruck, zusammengeklebt aus vier Druckbögen.[18] Aus seiner Presse stammt auch der Einblattdruck des Mandats Ferdinands I., gegeben zu Wiener Neustadt am 12. März 1523.[19] Geltungsbereich des Mandats waren die niederösterreichischen Lande, und Singriener war dort der einzige Drucker — eine Lex Singriener? Mit welchem Mut — eher Übermut — sich Singriener über die darin angedrohten Strafen hinwegsetzte, ist aus heutiger Sicht nicht nachvollziehbar.

Es bieten sich nur zwei Erklärungsversuche für Singrieners Handeln an: Idealismus — sympathisierte er mit dem Gedankengut, das Luther als Erster so klar und schlüssig aussprach? Oder war es doch kommerzielles Interesse, an dem riesigen, das ganze deutsche Sprachgebiet umfassenden Kuchen teilzuhaben?

Singriener ging planmäßig vor: Um als Typograf unerkannt zu bleiben, verwendete er die alten Typenalphabete aus dem Nachlass Winterburgers, vor allem bei gotischen und Schwabacher, also gebrochenen Schriften; bei Antiquaschriften war der Wiedererkennungswert so gering, dass er nicht besonders sorgsam sein

18 Ehemals Antiquariat H. P. Kraus, New York.

19 Denis, Buchdruckergeschichte, S. 262; Mayer, Buchdrucker-Geschichte, S. 98.

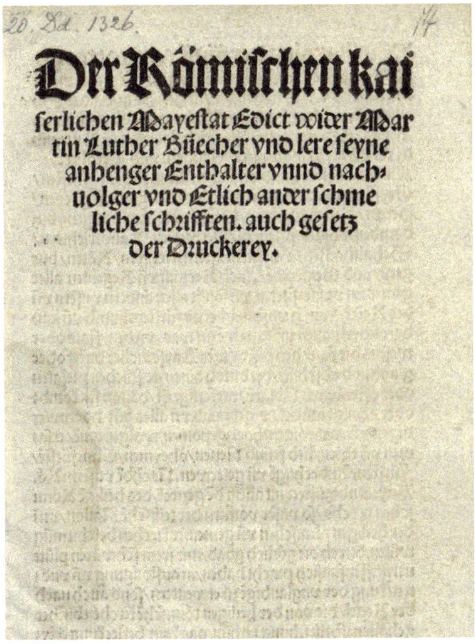
20. Dd. 1326. 14

Der Römischen kai
serlichen Mayestat Edict wider Mar
tin Luther Büecher vnd lere seyne
anhenger Enthalter vnnd nachuolger vnd Etlich ander schme
liche schrifften. auch gesetz
der Druckerey.

Das *Wormser Edikt* Karls V. gegen die Lutheraner (Nr. 46) (Österreichische Nationalbibliothek, Sign. 20.Dd.1326)

musste. Heikel waren Titeleinfassungen, Holzschnitte und Initialen; auch hier wurde Winterburgers Erbe zum ergiebigen Steinbruch. Dass bei neun Luther-Drucken auf dem Titelblatt „Wittenberg" steht, muss keine Verfälschung des Impressums bedeuten: „Wittenberg" war geradezu zum Synonym für Luther und die Reformation geworden. Eine klassische Fälschung ist im Kolophon des *Sechs vnd dreissigist psalm* [Nr. 12] zu lesen: *Gedruckt zu Wittenbergk Montag nach Laurentij.* 1521. Auch die *Assertio omnivm articurorvm* [Nr. 7] hat als Erscheinungsort nicht *Basileae. M D. XXI.*, wie es Singriener auf den Titel setzen ließ, sondern Wien.

Andererseits gibt es — zumindest aus heutiger Sicht — völlig unverständliche „Unvorsichtigkeiten": Die *Copia ainer Missiue* von Luther [Nr. 15; Abb.] und die *Missiue von der aller hochsten tugent Gelassenhait* von Andreas Bodenstein [Nr. 27; Abb.] haben dieselbe aus vier Holzschnittleisten bestehende Titeleinfassung und könnten beide ziemlich gleichzeitig im Jahr 1521 gedruckt worden sein. Singriener ließ also die Titeleinfassung stehen und setzte den anderen Titeltext hinein — eine durchaus übliche und ökonomische Vorgangsweise. Was aber irritiert: Drei Leisten dieser Titeleinfassung schmücken *Das leben vñ lege[n]dt des heilige[n] her[r]n sand Rochus*[20] aus demselben Jahr, wohl ohne Singrieners Namen, aber mit eindeutigem Hinweis auf Wien als Druckort.[21]

Zu einem wesentlichen Aspekt kann man nur spekulieren: Nach welchen Kriterien hat Singriener aus dem riesigen Input an auswärtigen Drucken, die in Wien einströmten, jene ausgewählt, die er nachdruckte? Und wie hat er — ohne verraten oder verleumdet zu werden — seine Reformationsdrucke an die Leute gebracht? Durch fahrende Händler, durch Mundpropaganda? Hatte er einflussreiche Gönner und Beschützer, vielleicht unter der Wiener Professorenschaft? Was war der Grund, dass er im Jahr 1524 seine Nachdrucktätigkeit einstellte — oder doch nicht einstellte? *Ain Christliche vnderrichtung, wie Götliche geschrifft vergleycht vnd geurtaylt sol werden* [...] [um 1530][22] von dem Täufer Hans Hut (1490–1527), eingeleitet von Johannes Landsperger, stammt den verwendeten Drucktypen nach eindeutig von Singriener.

Als Singriener im September 1524 das *Wormser Edikt* vom 8. Mai 1521 [Nr. 46, Abb.] — erweitert um die *Ordnung vnnd Reformation* des Regensburger Konvents vom 7. Juli 1524 und Erzherzog Ferdinands I. *General verkhündt vnd Gepotsbrieff* vom 1. September 1524 — nochmals druckte und vielleicht selbst den ersten Andruck überflog, musste er lesen,

> „daß des Luthers Bücher, oder böß außzüg derselbn, so in anderer namen darin[n] sein, als des Dichters namen nit gemeldet wirt, außgeen, noch sonst vil and[er] bücher, die als wir mit beschwärung vnsers gemüts, bericht, den merer tail in Teütsch Lan[n]den

20 Denis, Buchdruckergeschichte, S. 238, VD16 L864, NB Wien.

21 Abb. bei Hedwig Gollob: Der Wiener Holzschnitt in den Jahren von 1490 bis 1550. Seine Bedeutung für die nordische Kunst, seine Entwicklung, seine Blüte und seine Meister, Wien 1926, S. 68.

22 [Hans Hut:] Ain Christliche vnderrichtung, wie Götliche geschrifft vergleycht vnd geurtaylt sol werden, aus krafft der Hayligen drey aynigkait, vnnd zeügknuß der drey tayl des Christlichen glaubens, sampt jrem verstand, bißher noch nye, so kurtz vnd gründtlich erschynen. [Wien: Johann Singriener d. Ä. um 1530.] 8 Bl.; 8°. Typen: Cap. 8,5 mm (Initiale), W 7, W 9, W 15. [Ohne die Vorrede von Johannes Landsperger.] Borsa, Wien NB H1249. Andere Ausg.: VD16 H 6217 (1527, Volltext), VD16 H 6218 (1527, Volltext), VD16 H 6219 (1530).

IVDICIVM.
Martini Lutheri de Vo/
tis: ſcriptum ad Epi/
ſcopos & Diaco
nos Vuittéber/
geñ. Ecclesię.

Vuittembergę.

Kat.Nr. 3.5 Martin Luther: Iudicium (Nr. 13)

gemacht vnd getruckt, vn[d] böser Leren vn[d] Exe[m]pel vol sein, hinfür nit mer geschriben oder getruckt werden [...] und Daß hinfüro kain Buchtrucker, od[er] yemandts anders, Er sey wer, od[er] wo er wölle, in dem heiligen Römischen Reiche [...] kain Bücher, noch and[er] schrifften, in den etwas begriffen wirdet, das den Christenlichen glauben [...] anrüret [...] nit trucke".[23]

Es bleibt dahingestellt, ob dieses Edikt, dessen ihn massiv betreffenden Inhalt Singriener längst kannte, etwas bewirken konnte — nachdem er fünf Jahre Verbotenes nachgedruckt hatte. Die Lösung mancher Rätsel liegt manchmal in anderen Dimensionen: Vielleicht war gerade seine Tochter Barbara geboren, nächstes Jahr sollte sein Sohn Matthäus, ein Jahr später Johann auf die Welt kommen. Dass sich jemand ein halbes Jahrtausend später ernsthaft mit ihm, seinen Nachdrucken und seinen Motiven auseinandersetzen würde, wäre ihm vermutlich nicht im Traum eingefallen.

Die Bedeutung Singrieners, bezogen auf seine Reformationsdrucke, ist regional auf die österreichischen Lande beschränkt und quantitativ eher unerheblich. Sie nimmt allerdings durch die zeitgenössischen Umstände zu, unter denen seine illegalen Nachdrucke entstanden sind; denn bis auf die Handvoll Drucker, denen Luther seine Manuskripte zur Veröffentlichung überließ, waren ja alle Drucker Nachdrucker — wenn auch ohne Kopf und Kragen zu riskieren, wie es Singriener tat.

Von den Luther-Nachdrucken Singrieners [Nrn. 1–20] sind heute 73 Exemplare, von Karlstadt, Hans Sachs und anderen [Nrn. 21–46] weitere 63 Exemplare nachweisbar. So wenig wir über die Vertriebsform von Singrieners Nachdrucken wissen, so wenig ist auch über die Herkunft der Exemplare bekannt, die sich heute in den Sammlungen der großen Bibliotheken befinden. Immerhin gibt es zwei Ausnahmen: die vier Luther-Drucke im Besitz des Verfassers, die zeitgenössisch von Wolfgang Severus erworben wurden, und jene, die die protestantischen Starhembergs für ihre Bibliotheken in Graz und Riedegg ankauften. Schließlich sei noch der illegale Besitz lutherischer Bücher des Pfarrers Jakob Peregrinus erwähnt; von diesen musste er sich allerdings — um sein Leben zu retten — trennen.

WOLFGANG SEVERUS ℂ Im Besitz des Verfassers dieses Beitrags befinden sich vier Luther-Singriener-Drucke, die ehedem in einem Sammelband — möglicherweise mit weiteren Drucken — vereinigt waren. Der erste Druck im ursprünglichen Colligat war *De captivitate Babylonica ecclesiae praelvdivm* von 1520 [Nr. 4; Abb.], danach folgten das *Ivdicivm Martini Lutheri de votis* von 1521 [Nr. 13; Abb.], *De abroganda missa privata* von 1522 [Nr. 17] und die *Assertio omnivm articvlorvm M. Lutheri per bullam Leonis X.* von 1521 [Nr. 7].[24] Alle vier Schriften

23 Siehe C_1b–C_2a.
24 Der Sammelband war in den 1960er-Jahren vom Wiener Antiquariat Gilhofer zerlegt und die einzelnen Drucke separat gebunden worden. Einem kuriosen Umstand ist die Feststellung der

Kat.Nr. 3.3 Martin Luther: De captivitate Babylonica ecclesiae (Nr. 4)

Porträt Luthers auf der Titelrückseite von *De captivitate Babylonica ecclesiae*

sind von derselben alten Hand reich marginal kommentiert und mit Unterstreichungen versehen. Auf dem Titelblatt des ersten Drucks nennt sich der Besitzer in seiner Funktion als Lehrer des jungen Maximilian II. [und dessen Geschwister]: Wolfg. Severus Maximil. Cæsaris Præceptor, darunter setzte er nach Luthers Tod 1546 das später vielfach permutierte,[25] dessen Unsterblichkeit besingendes Distichon:

„Iapeti de gente prior majorque LVTHERO
Nemo fuit; sed nec credo, futurus erit."

Johannes Mathesius (1504–1565), der von 1530 bis 1533 bei Luther an der Wittenberger Universität studierte, hatte Severus bei dessen zahlreichen Aufenthalten in Wittenberg kennengelernt und saß gemeinsam mit ihm an Luthers Tisch. Als Einziger bezeichnet er Severus als Doktor: Dr. „Wolf Severus, ehedem des jetzigen Römischen Kaisers [Maximilian II.] Lehrer, schrieb auch von unserem Doctor [nach dessen Tod 1546] die beiden Verse: Iapeti de gente [...]". Mathesius lieferte dazu auch gleich seine „Übersetzung":

„Aus Japhets Blut und Heiden=Stamm,
Kein größer Licht auf Erden kam,
Denn Doctor Luther, der große Mann;
Damit will Gott beschlossen han."[26]

So sehr Wolfgang Severus (Schiverius, Schifer, Schiffer, Schiefer) zeitgenössisch als Anhänger und Freund Luthers, ab April 1536 als Lehrer und Erzieher der Kinder König Ferdinands I. bekannt gewesen und lang noch über seinen Tod hinaus in der protestantischen Literatur zitiert worden ist, so spärlich sind die gesicherten biografischen Daten: Er suchte früh den Kontakt zu Luther und begeisterte den jungen Maximilian für das Gedankengut der Reformation — was Ferdinand I. anfangs billigte, Severus allerdings im Herbst 1538 entließ.

Im detailreichen Werk über die Stände des Erzherzogtums Österreich ob der Enns des Historikers Johann G. A. von Hoheneck (1669–1754)[27] wird ausführlich über die *Herren von Schifer auf Freyling,*[28] ab 1606 Freiherren, berichtet. Demnach hatte ein Benedikt Schifer (1425–1499), im Jahr 1451 von König Alfons von

ursprünglichen Reihenfolge zu verdanken: Ein Bücherwurm fraß sich durch die vordere Einbanddecke des Originaleinbands, dann durch den ersten und durch den zweiten Druck und schließlich bis zum ersten Blatt der Lage N, der letzten Lage des dritten Drucks; sein Interesse, *De abroganda missa privata* [Nr. 17] vollständig zu durchdringen, war offenbar erlahmt — er selbst wohl auch. Deshalb ist der nachfolgende vierte Druck ohne Loch.

25 Beispielsweise unter dem Porträt Philipp Melanchthons von Lucas Cranach d. J. (von dem möglicherweise der Text stammt) aus dem Jahr 1579 im Stadtgeschichtlichen Museum Leipzig: IAPETI DE GENTE PRIOR MAIOR[Q]VE LVTHERO NEMO FVIT TV PAR DOCTE MELANCHTHON ERAS. Aus dem Geschlecht des Japhet [= Titan] war niemand hervorragender oder größer als Luther. Du, gelehrter Melanchthon, warst ihm gleich.

26 Johann Mathesius: Leben Dr. Martin Luthers, in siebzehn Predigten. Neu hg. mit erläuternden Anmerkungen u. einem biographischen Anhang versehen von A. J. D. Rust, Berlin 1841, S. 349.

27 Johann Georg Adam von Hoheneck: Die Löbliche Herren Herren Stände, des Ertz= Hertzogthumb Oesterreich ob der Enns; Als: Prälaten, Herren, Ritter, und Städte [...], Th. 2., Passau 1732, S. 319–356.

Aragonien in den Ritterorden der „Stolae Amprisiae" aufgenommen, mit seiner zweiten Frau Dorothea von Haag, die er im Jahr 1454 heiratete, fünf Kinder: Margaretha, Alexander, Wernher, Wolf und Sigmund. Der älteste Sohn, Alexander, war Feldhauptmann und wurde wegen seiner militärischen Verdienste im Jahr 1486 mit dem Schwert Karls des Großen zum Ritter geschlagen. Er heiratete im Jahr 1513 Margaretha Schirmer, war 1526 einer aus den ersten Verordneten des Erzherzogtums Österreich ob der Enns und starb im Jahr 1530. Er liegt in der Familiengruft der Schifer'schen Spitalskirche in Eferding begraben. Dem jüngsten Sohn, Sigmund, wurde die besondere Ehre zuteil, beim Leichenbegängnis Kaiser Friedrichs III. am 7. Dezember 1493 zusammen mit Leopold von Neydeck das „Klag-Pferd" der Grafschaft Habsburg zu führen.

Der zweitjüngste Sohn, Wolf, wahrscheinlich zwischen 1460 und 1465 geboren, ist Wolfgang Severus. Letzte Zweifel an der Personengleichheit von Wolf Schifer und Wolfgang Severus werden durch eine Zahlungsanordnung König Ferdinands I. an den Vizedom von Österreich ob der Enns, Johann Fernberger, vom 13. Februar 1539 beseitigt:[29]

Ferdinand I. teilt Johann Fernberger auf dessen Schreiben vom 25. Jänner 1539 betreffend die Bezahlung der zwischen Linz und Innsbruck liegenden Postboten mit, dass er dieses Jahr die Urbarsteuer anzuschlagen verordnete, welche er, doch ohne jene der Herrschaft Steyr, in das Vizedomamt bezahlen zu lassen bewilligte. Er befiehlt ihm daher, den Postboten den Ausstand zu bezahlen: „Dergleichen auch Wolffgangen Schiffer so ain zeitlanng unsrer lieben Sun vnnd Tochter Praeceptor gewesst Innhalt ains sonnderen vnnsers beuelhs so dir gemellter Schifer vberantworten wirdt. Die zwaihundert guldin fur sein abferttigung, vnd ausstenndige besoldung."[30] Der Genealoge Hugo Hebenstreit hat diese Zahlungsanweisung schon in den 1960er-Jahren im richtigen Zusammenhang gesehen.[31]

Mit Datum Linz, 29. Oktober 1523, ist ein Brief Wolfgang Severus' an den Konstanzer Reformator Thomas Blaurer (Blarer, 1499–1567) erhalten, worin Severus anschaulich die religiöse Situation im Erzherzogtum schildert: „In meinem Brief an Agricola,[32] dem ich von Passau aus auf Mahnung von Gundelius[33] schrieb, habe ich Dich grüßen lassen und mich entschuldigt, daß ich nicht einen eigenen Brief an Dich senden könne wegen der Abreise in die Heimat. Nachdem ich kaum eine Nacht dort verweilt, wurde ich an den Hof meines Gönners gerufen, der mich freundlich empfing und dem ich versprechen mußte, den Winter bei ihm zuzubringen. Inzwischen forderte mich mein vertrauter Freund Erasmus Axinurus[34] schriftlich auf, nach Linz zu kommen, und teilte

28 Freiling (Freyling) ist Ortsteil der oberösterreichischen Gemeinde Ofterding. Schloss Freiling war Lehen des Klosters Mondsee und blieb nahezu drei Jahrhunderte, bis 1669, im Lehnsbesitz des Geschlechts der Schifer.

29 Ich verdanke die Hinweise auf Severus betreffende Archivbestände Herrn Mag. Norbert Kriechbaum, Oberösterreichisches Landesarchiv, Linz.

30 Österreichisches Staatsarchiv, Finanz- und Hofkammerarchiv, Alte Hofkammer, GB 48 Gedenkbuch, Österreichische Reihe, Hofkammerbuch, 1539, fol. 43v–44r.

31 Hugo Hebenstreit: Regesten zur Geschichte und Genealogie der Schifer von Freyling mit soweit als möglicher Berücksichtigung der niederösterreichischen Linie und des Schifer'schen Erbstiftes, der Spitalskirche und der Beneficien in dieser Kirche zu Eferding. 1249–1939 [Typoskript in Karteiform; nicht vor 1965], Nr. 400, in: Oberösterreichisches Landesarchiv, Linz.

32 Stephan Agricola (d. Ä.), eigentlich Stephan Kastenbauer, Castenpawr, Stephan Boius (Abensberg ca. 1491–1547 Eisleben), Augustiner, studierte in Wien, Venedig und Bologna, 1519 Doktor der Theologie, 1521 im Augustinerkonvent zu Rattenberg in Tirol, predigt lutherische Lehre in Passau, Schwaz, Innsbruck und Hall, wird 1522 auf Anweisung der erzherzoglichen Regierung in Rattenberg unter dem Verdacht der Ketzerei verhaftet und im salzburgischen Mühldorf am Inn gefangen gehalten. Agricola verteidigt sich geschickt, hat prominente Fürsprecher, u. a. Anna, die Gemahlin Ferdinands. 1524 wurde er freigelassen, ging nach Augsburg, Nürnberg, Hof, Sulzbach und Eisleben.

33 Philipp Gundelius, Gundel (Passau 1493–1567 Wien), befreundet mit Johannes Cuspinian und Joachim Vadian, an dessen Stelle er im Jahr 1518 Professor der Poesie und Eloquenz an der Wiener Universität wurde, später mit dem Mathematiker Andreas Perlach. 1521 verließ er der Pest wegen Wien und ging nach Krakau, lehrte dort die Rechte und wandte sich schließlich ganz der Jurisprudenz zu. Im Jahr 1530 wurde er an der Wiener Universität Dekan der Rechtsfakultät, im Jahr 1540 Rektor.

34 Nicht identifiziert. („Axinurus" ist ein Fisch.)

mir nach der Begrüßung mit, daß er in zwei Tagen nach Wittenberg verreisen wolle. Gern mache ich Gebrauch von dieser Gelegenheit, Euch zu schreiben, wie ich bei der Abreise versprochen habe, obwohl nicht viel zu berichten ist, als daß Herzog Ferdinand allenthalben streng verbietet, das Evangelium unter dem Volk zu verbreiten. Manche gehorchen, den Lüsten frönend, nur zu gern; das einfache Volk aber erbarmt mich, das, was immer es hört, als Gottes Wort annimmt. Welch ein Elend, daß unter allen Pfarrern in dem großen Erzherzogtum keiner ist, der durch die Finsternis Christus sähe und seine Lehre auch nur mit den Lippen gekostet hätte; gegen alle Anhänger einer reineren Religion aber wüten sie. Christus lasse auch für uns das Licht seiner Gerechtigkeit die Finsternis durchbrechen. Ihr seid glücklich, die ihr den wahren Apostel Christi, Luther, und so manche andere hören könnt. Lebe wohl, grüße Caspar Cruciatus[35] und Kilian[36]; ich werde ihnen gern erwidern, wenn sie mir schreiben. Wenn etwas Neues geschieht, teile es mir mit und laß unseren Verkehr durch die räumliche Trennung nicht ganz unterbrechen."[37]

So illustrativ der Brief ist, gibt er doch so manches Rätsel auf: „Abreise in die Heimat" [welche Heimat? Linz?]; „wurde ich an den Hof meines Gönners gerufen" [an welchen Hof welchen Gönners? Wiener Neustadt? Hatte Ferdinand I. anlässlich seiner Hochzeit mit Anna von Böhmen und Ungarn am 26. Mai 1521 in Linz Wolfgang Severus kennengelernt?]; „grüße Caspar Cruciatus und Kilian."[38]

In einer Kurzbiografie über die Dichterin Elisabeth Cruciger (1500–1535), Geborene von Meseritz, zitiert Elisabeth Schneider-Böklen aus einem Brief von Johannes Betz an Thomas Blaurer (Blarer), wo im selben Satz „Kilian oder Caspar" vorkommen:

„Elisabeth Cruciger, geb. von Meseritz, kam im Mädchenalter als Nonne ins Prämonstratenserinnenkloster Treptow an der Rega, lernte Latein und Bibelkunde, teilte die Begeisterung Johann Bugenhagens (bis 1521 Klosterbruder im nahe gelegenen Männerkloster Belbuk) für die reformatorische Bewegung, verließ das Kloster und ging mit Bugenhagen nach Wittenberg. Dort lebte sie im Haushalt Bugenhagens bis zu ihrer Heirat mit Caspar Cruciger, dem Mitarbeiter und Schüler Luthers. Berühmt wurde Elisabeth durch ihr Lied *Herr Christ, der einig Gotts Sohn,* das in alle lutherischen Gesangsbücher Eingang fand. Elisabeth und Caspar Cruciger hatten zwei Kinder: Caspar d. J., der als Theologe Melanchthons Nachfolger wurde, und Elisabeth, die als Witwe des Rektors Kegel in Eisleben Luthers Sohn Johannes heiratete. Dass die Heirat eines Theologen mit einer ehemaligen Klosterfrau auch in reformatorischen Kreisen eigens erwähnt wurde, beweist eine Stelle in dem oben erwähnten Brief: ‚Über die hiesigen Verhältnisse werden andere besser berichten, Kilian oder [?] Caspar [Cruciger], der kürzlich eine Nonne geheiratet hat, was manchem mißfällt; doch tut Kaspar nichts Unüberlegtes.' Andreas Bodenstein von Karlstadt hat 1521 in seinem Traktat *Von gelubden vntterrichtung* dafür plädiert, ‚Das Pfaffen, Monchen, vnd Nonnen, mit gutem gewissem, vnd gotlichem willen, sich mogen vnd sollen vermechle[n], vnd yn eelichen stand begeben' (siehe den Wiener Nachdruck Singrieners Nr. 25). Zu Katharina von Bora hatte Elisabeth Cruciger Kontakt, wie ein Brief Luthers an Caspar Cruciger vom 21. Dezember 1532 belegt, in dem Elisabeths ‚goldenes Geschenk' sowie seine Gegengabe (Halsband?) erwähnt werden."[39]

35 Wahrscheinlich doch Caspar Cruciger (Leipzig 1504–1548 Wittenberg) gemeint.

36 Nicht identifiziert; möglicherweise Kilian Goldstein (Kitzingen 1499–1568 Halle/Saale) gemeint.

37 Badische Historische Kommission (Hg.): Briefwechsel der Brüder Ambrosius und Thomas Blaurer 1509–1548, bearb. von Traugott Schieß, Bd. 1, 1509–Juni 1538, Freiburg i. Br. 1908.

38 Siehe Anmerkungen 35 und 36.

39 Elisabeth Schneider-Böklen:

Zur Lösung „Kilian oder Caspar“ kann Elisabeth Schneider-Böklen offenbar nichts beitragen. Ein Kilian Goldstein[40] war zweimal verheiratet, doch keine der beiden Ehefrauen wird als ehemalige Nonne bezeichnet.

Bei dem am Anfang des Briefs erwähnten Agricola sollte es sich um den circa 1491 im bayerischen Abensberg geborenen Stephan Kastenbauer, latinisiert Agricola, handeln.[41] Kastenbauer trat in den Regensburger Augustiner-Eremitenorden ein und wurde im Jahr 1513 zum Studium nach Wien geschickt. Nach Stationen an den Universitäten von Venedig und Bologna wurde er im Jahr 1519 zum Doktor der Theologie promoviert. Ein Jahr später ging er nach Rattenberg in Tirol, war bald im dortigen Augustinerkonvent Prior und predigte die lutherische Lehre in Passau, Innsbruck, Hall, Schwaz und Rattenberg. Im November 1522 wurde er in Rattenberg aufgrund eines Mandats, das Erzherzog Ferdinand I. vom Nürnberger Reichstag nach Innsbruck sandte, unter dem Verdacht der Ketzerei verhaftet:

> „Edlen ersamen &c. Als sich teglichs allerlay irrung vnnsers hl. Glauben auch empörungen vngehorsame vnainigkeit vnnd widerwillwn nit allain in dewtschen sondern auch bey anndern Nationen durch parthey Luthers vnd seiner Anhänger predig vnd puech zuetragen erwachsen vnd aufnemen, haben wir vns aus treffenlichen beweglichen vnd obangeregten vrsachs entslossen hinfüro kainen des Luthers maynung vnd oppinion in vnnsern lobl. Fürstenthumben vnd lannden mer zu predigen gestatten vnd empfehlen euch demnach mit ernnst vnd wellen daz ir allenthalben in vnnsern Fürstenthumen vnnd lannden Ewer Verwesung ernnstlich gebott vnnd generalbrief ausgeen vnd dieselben allen geistlichen vnd weltlichs oberkeiten Predigern vnd anndern verkhunden vnd verpieten kain Luthersche predig mer zu thun auch bei allen puechtrukhern vnd kamern zu verfugen vnd zu verschaffen dieselben puecher nit mer zu trukhen oder fail zu haben vnd wo derselben vill oder wenig gefunden wurden alsdann solche Puecher mit gewalt nehmen vnd verprennen lassen wie jr dann solchs ze tun vnd zu ervordern woll wisst vnnd damit nit verziehet daran tuet jr gennzlich vnnser ernnstliche mainung. Geben zu Nüremberg am VII tag Novembris a° im 22.“[42]

Das Innsbrucker Regiment beauftragte am 17. November 1522 den Bürgermeister und den Rat der Stadt Rattenberg, „den Prediger daselbst, der Martin Luther's Meinung predige, von Stund an gefänglich einzuziehen“.[43] Man überstellte Kastenbauer ins salzburgische Mühlheim am Inn, wo ihm der Prozess gemacht werden sollte. Bayern bestritt die Salzburger Zuständigkeit von Kardinal Erzbischof Matthäus Langs (1469–1540) Gerichtsbarkeit, und erst im Mai 1523 wurde der Ketzerprozess förmlich eröffnet, als man Kastenbauer 33 Artikel zur Beantwortung vorlegte.[44] Bemerkenswert ist der Umstand, dass Matthäus Lang seit seinem Aufenthalt in Wien im Jahr 1515 Kastenbauer kannte und

Cruciger, Elisabeth, geb. von Meseritz, in: Wolfgang Herbst (Hg.): Wer ist wer im Gesangbuch, Göttingen, 2. Aufl. 2001, S. 65f.

40 Siehe Anmerkung 36.

41 Erste Überlegungen führten auch zu Johannes Agricola (Eisleben 1494–1566 Berlin), Schüler Luthers in Wittenberg, Entzweiung von Luther im Jahr 1537, beziehungsweise zu Rudolf Agricola (Wasserburg am Inn 1490–1521 Krakau), von Maximilian I. in Wien gekrönter Dichter.

42 Zit. n. Constantin von Höfler: Zur Kritik und Quellenkunde der ersten Regierungsphase Kaiser Karls V. (Denkschriften der phil.-hist. Kl. der Österreichischen Akademie der Wissenschaften, Bd. 28.), Wien 1878, S. 298.

43 Ebd.

dessen Theologiestudium förderte.[45] Der ehemalige Generalvikar der Augustiner, Lehrer Luthers und nunmehr Benediktiner und Abt des Stifts St. Peter in Salzburg und Rat des Erzbischofs, Johann von Staupitz (1460–1524), erstellte ein für den Beklagten mildes Gutachten. Dennoch hat die Haft Kastenbauer sehr angegriffen und in Todesangst versetzt. Der Priester Wolfgang Ruß besuchte ihn im Gefängnis und bestärkte ihn, nicht zu widerrufen.[46] Anfang August 1523 schreibt Kastenbauer in der Haft seinen *Sermon vom Sterben*;[47] Ruß hatte dafür die Dedikation verfasst und gab das Manuskript in Augsburg zum Druck. Um den Gefangenen besser abzuschirmen, wurde seine Haft vom Mühldorfer Rathaus in den erzbischöflichen Pfleghof verlegt. Kastenbauer war verzweifelt und deprimiert; deshalb wird die Mahnung Philipp Gundels, Severus möge Agricola einen (tröstenden und in seinem Glauben festigenden?) Brief schreiben, verständlich.

Der Prozess ging nur schleppend voran, und immer öfter wurde für Kastenbauer interveniert: vom Rattenberger Bürgermeister Pilgram Marbeck (1495–1556) — später Täuferführer in Straßburg — und vom Rat der Stadt, von den Bergknappen, sogar von der Gemahlin Ferdinands, Anna. Kastenbauer gestand zwar ein, unbescheiden und hitzig geredet zu haben, er wolle sogar überhaupt auf das Predigen verzichten, aber er weigerte sich, die ihm vorgelegte Abbitte zu unterschreiben. Ohne Gesichtsverlust für beide Seiten ließ man Kastenbauer im Sommer 1524 frei.[48] Er folgte dem Ruf der Reformatoren Urbanus Rhegius (1489–1541) und Johannes Frosch (1485–1533) nach Augsburg, wurde Prediger bei St. Anna und heiratete 1525/26 Brigitte Lichtenstein. Er nahm im Jahr 1529 am *Marburger Religionsgespräch* teil, blieb kurz in Nürnberg und ging Ende 1531 als Prediger bei St. Michael nach Hof. Agricola unterschrieb im Jahr 1537 die *Schmalkaldischen Artikel*, wurde Pfarrer in Sulzbach und von 1545 bis zu seinem Tod am 10./11. April 1547 Prediger in Eisleben.[49]

Im Mandat Erzherzog Ferdinands I. vom 7. November 1522 werden die Buchdrucker ermahnt, lutherische „puecher nit mer zu trucken oder fail zu haben". Wer sollte sich dabei angesprochen fühlen? Die süddeutschen Drucker, deren Pressen tausende Reformationsschriften in Umlauf brachten, mit Sicherheit nicht — ebenso wenig wie durch die Mandate vom 26. Februar und 12. März 1523. Die einzige Druckerei in Tirol war die von den Gewerken Jörg und Hans Stöckl im Jahr 1521 als Ausdruck ihrer humanistischen Bestrebungen eingerichtete Privatpresse in Schwaz und ab 1524 im Schloss Sigmundslust (heute in Vomp).[50] Die Brüder betrieben in Schwaz — Hans auch in Rattenberg — Silber- und Kupferbergwerke und hatten es zu überregionalem Ansehen und Wohlstand gebracht. Die beiden Städte hatten nicht nur eine enorme wirtschaftliche Bedeutung, weil ihr gefördertes Silber hauptsächlich dazu diente, die Schulden bei den Fugger, die hier auch Gruben hatten, zurückzuzahlen, sondern waren auch ein Anziehungspunkt für wissenschaftlich und kulturell Interessierte.

44 Text der Artikel nur erhalten im Druck: Artickel wider Doctor Stephan Caste[n]paur Eyngeleget, auch was er darauff genanntwort hat, aus seyer gefencknuß newlich Von yhm außgangen, [Augsburg: Jörg Nadler] 1523, VD16 C 1485; andere Ausgabe [Augsburg: Heinrich Steiner] 1523, VD16 C 1486 (Volltext).

45 Johann von Staupitz: Sämtliche Schriften. Abhandlungen, Predigten, Zeugnisse, hg. von Lothar Graf zu Dohna, Richard Wetzel, Bd. 5: Gutachten und Satzungen (Spätmittelalter und Reformation, Bd. 17), Berlin/New York 2001, S. 63–82, hier S. 64.

46 Ebd., S. 72.

47 Ain Köstlicher, gutter notwendiger Sermon, vō Sterbe[n] wie sich der mensch darzu schicken soll mit etlichen Schlüßrede[n] vom leyden Christi, Außgangñ Von Doctor Steffan Castenbaur Augustiner orde[n]s in seiner gefäncknus vmb gottes worts willenn, zu Müldorff, [Augsburg: Heinrich Steiner] 1523, VD16 C 1489 (Volltext).

48 Bernd Moeller: Luther-Rezeption. Kirchenhistorische Aufsätze zur Reformationsgeschichte, Göttingen 2001, S. 245–269.

49 Martin Bucer: Briefwechsel. Correspondance, Bd. 7: Oktober 1531–März 1532, hg. und bearb. von Berndt Hamm, Reinhold Friedrich, Wolfgang Simon, Leiden/Boston 2008, S. 417.

50 Lang, Buchdrucker, S. 41, S. 44.

Als Drucker war Joseph Piernsieder (latinisiert Pyribullius), als Formschneider dessen Bruder [?] Klement Piernsieder tätig. Der Kaplan der Brüder Stöckl, Mathias Triendl, half öfter in der Druckerei aus. Die Produktion der kleinen Offizin hielt sich in Grenzen: in der ersten Tätigkeitsperiode in Schwaz im Jahr 1521 fünf Drucke, nach einer Pause die zweite Periode in Sigmundslust von 1524 bis 1527 mit ebenso geringer Ausbeute. Umso überraschender war der Nachweis, dass Piernsieder außer den bekannten fünf Drucken in der kurzen Zeit von März bis Juni 1521 auch fünf Reformationsdrucke, möglicherweise mit Duldung der Brüder Stöckl, herausbrachte,[51] darunter besonders interessant ein Bericht, *wie doctor Martinus Luther zu Wurms eingezoge[n] ist*, und eine Ausgabe des *Karsthans*.[52] Eine Parallelität zwischen Piernsieder in Tirol und Singriener in Wien: Bei beiden liegt der Schwerpunkt ihrer Produktion im Jahr 1521.

Die Interaktionen zwischen den handelnden Personen Erzherzog Ferdinand I., Erzbischof Matthäus Lang, Johann Singriener d. Ä., Wolfgang Severus, Stephan Agricola und Wolfgang Ruß sind offensichtlich. Agricola — wie sich Stephan Kastenbauer seit 1523 latinisiert nennt — predigt in Passau, Severus schreibt ihm von Passau ins Gefängnis — wieso überhaupt Passau? Singriener und Ruß — beide kommen aus Ötting. Lang studierte in Wien, Agricola studiert in Wien, Lang fördert im Jahr 1515 in Wien den jungen Agricola — ein paar Jahre später sollte er ihn wegen Häresie verurteilen? Alle haben Singriener gekannt. Severus erwarb Luther-Drucke von Singriener und unterrichtete in Innsbruck, wo sich die Familie Ferdinand I. aufhielt, dessen Kinder. Ferdinands Ehefrau Anna setzt sich für den inhaftierten Agricola ein. Und jeder kannte eines jeden religiöse Einstellung.

Es gibt auch verwirrende biografische Daten zu Severus: Ohne seine Quelle zu nennen, bezeichnet etwa der Historiker Howard Louthan, seit 2015 Direktor des *Center for Austrian Studies* der University of Minnesota in Minneapolis, Severus als Elsässer:

„One of his [Maximilian II.] tutors was the Alsatian Wolfgang Schiefer who taught the young prince at Innsbruck between 1536 and 1538 before it was discovered that he was a Lutheran. Schiefer had studied at Wittenberg and was a friend of Philip Melanchthon, Joachim Camerarius, Ulrich Hutten and Luther himself."[53]

Warum sollte Severus, der in den 1480er-Jahren seine Studien abgeschlossen haben müsste, nach Wittenberg gegangen sein, wo doch die dortige Universität *Alma Mater Leucorea* erst am 18. Oktober 1502 ihre Pforten öffnete — gegründet auf Bestreben des Kurfürsten Friedrich III. „des Weisen"? Und Ferdinand I. hat sicherlich nicht erst im Jahr 1538 „discovered", dass Severus Anhänger Luthers war.

Bei seinen Aufenthalten in Wittenberg nahm Severus öfter an Luthers Tischgesprächen teil. Aus dem Jahr 1538 ist eine Geschichte überliefert, die in Linz spielt und die Severus zum Besten gab:

> **„Es war einer zu Wittenberg mit Namen Severus, welcher des Römischen Königes Ferdinandi Söhne Präceptor gewesen, der bei Doctor Luther zu Tisch gegangen. Dieser hatte über Doctor Luthers Tische gesaget: ‚Es wäre zu Linz ein Hund gewesen, der dazu gewöhnet worden, daß er hat pflegen Fleisch**

51 Helmut Claus: Subversion in den Alpen. Früher Reformationsdruck im alpenländischen Bergwerksgebiet, in: Johanna Loehr (Hg.): Dona Melanchthoniana. Festgabe für Heinz Scheible zum 70. Geburtstag, Stuttgart/Bad Cannstatt 2001, S. 41–59.

52 VD16 W 2543 und VD16 K 128; die übrigen drei Drucke: VD16 ZV 10188, VD16 B 8917, VD16 E 3749.

53 Howard Louthan: The Quest for Compromise. Peacemakers in Counter-Reformation Vienna, Cambridge u. a. 2006, S. 85.

> aus den Fleischbänken zu holen in einem Korbe. Wenn aber andere Hunde wären an ihn kommen, hatten ihme das Fleisch nehmen wollen, so hat er den Korb niedergesetzt und sich weidlich mit ihnen durchbissen. Wenn sie ihn überwältiget hatten, so wäre er am ersten mit dem Maul in den Korb gefallen, hat ein Stück Fleisch erwischt, auf daß er auch etwas davon überkäme.' Da sprach Doctor Luther darauf: ,Eben das thut jtzt unser Karol auch; welcher, nachdem er lange die geistlichen Güter vertheidiget hat und nu sieht, daß ein jglicher Fürst die Klöster und Stift zu sich reißet, so nimmt er jtzt auch die Bischthüme ein […]'."[54]

Nicht immer sprudelten die Tischgespräche flott dahin:

> „Obwohl unser Doctor [Luther] oftmals schwere und tiefe Gedanken mit sich an den Tisch nahm, auch bisweilen die ganze Mahlzeit sein altes Kloster=Stillschweigen hielt, so daß kein Wort am Tische fiel […]. Wenn er uns Rede abgewinnen wollte, pflegte er einen Anstoß zu geben: Was höret man Neues? Die erste Mahnung ließen wir vorübergehen. Wenn er wieder anhielt: Ihr Prälaten, was giebt's Neues im Lande? Da fingen die Alten am Tische an zu reden. Dr. Wolf Severus, welcher der Römischen königlichen Majestät Lehrer gewesen war, saß oben an; der brachte als ein gewandter Hofmann was auf die Bahn, wenn niemand Fremdes da war."[55]

Mathesius berichtet über eine Diskussion an Luthers Tisch über Ehre, Ruhm und Hochmut: „Wer der Ehre nachläuft, der erlangt sie nicht, oder bekommt er was, so bringt es große Gefahr mit sich. Herr Severus, [sprach Luther,] euer Vers ist recht: gloria philosopho, sed Christi discipulo crux — Ruhm schickt sich wohl für den Gelehrten, aber für den Schüler Christi das Kreuz."[56]

Wann und wo Wolfgang Severus starb und wo er begraben liegt, kann vorläufig nicht beantwortet werden. Im Todesjahr Luthers, 1546, war er jedenfalls ein alter Mann, im achten oder gar neunten Lebensjahrzehnt. „Von […] seinen [Benedikt Schiefers] vier Söhnen starb Herr Wernher und Herr Wolf lediger."[57]

GRAF HEINRICH WILHELM STARHEMBERG ❨ Mehrere Drucke aus der ersten Hälfte des 16. Jahrhunderts in der Österreichischen Nationalbibliothek stammen aus der Gräflich Starhembergischen Bibliothek auf Schloss Riedegg (heute Gemeinde Alberndorf im Mühlviertel) in Oberösterreich. Sie tragen den handschriftlichen Besitzvermerk „Ex Libr: Illmi: Dnj: D: Henr: Guil: Com. a Starhemberg Riedegg. [1]652" [Nr. 46].[58] Graf Heinrich Wilhelm von Starhemberg (1593–1675) bekleidete höchste öffentliche Ämter, wurde im Jahr 1643 in den Reichsgrafenstand erhoben und war Verordneter der evangelischen Stände in Österreich ob der Enns. Die protestantische Tradition der Starhembergs geht auf Bartholomäus I. (1460–1531), dem Luther nach dem

54 Karl Eduard Förstemann (Hg.): D. Martin Luther's Tischreden oder Colloquia, […] Nach Aurifaber's erster Ausgabe […], Abt. 1 (D. Martin Luther's sämmtliche Schriften, Bd. 22), Leipzig 1844, S. 261f.

55 Mathesius, Leben Luthers, S. 248f.

56 Ebd., S. 270.

57 Hoheneck, Die Löbliche Herren […] Stände, S. 329.

58 Beispielsweise Judas Nazarei [pseud.]: Vom Alten vnd Newen Gott. Glaube vnd Ler, [Wien: Johann Singriener d. Ä.] 1522 [Nr. 31] sowie Karl V.: Heiliges Römisches Reich, Kaiser: Der Römischen Kayserlichen Mayestat Edict, wider Martin Luther Büecher und Lere […] Auch Gesetz der Truckerey, [Wien: Johann Singriener d. Ä. 1524] [Nr. 46]; siehe auch das Unikat der Deutschen Staatsbibliothek Berlin Martin Luther: Sermon de digna preparatione ad Sacramentū Eucharistie, Wien: Johann Singriener [d. Ä.] 1519 [Nr. 1].

Tod dessen Frau Magdalena von Losenstein 1523 im darauffolgenden Jahr einen Trostbrief schrieb, und dessen Söhne Johann VI. (1494–1534) und Erasmus I. (1503–1560) zurück, die Kampfschriften der frühen Reformation für ihre Bibliothek erwarben — auch von Johann Singriener gedruckte.

Im 17. Jahrhundert erreichte die Bibliothek unter dem Bibliophilen Heinrich Wilhelm ihren qualitativen und quantitativen Höhepunkt: Sie war auf mehr als 7.000 Bände angewachsen, darunter wertvolle Handschriften, mehr als 300 Inkunabeln und vor allem eine reiche Sammlung protestantischer Frühdrucke. Mehrere adelige Bibliotheken landeten ganz oder zum Teil in Riedegg: Bücher der Familie Jörger von Tollet,[59] des Protestanten und späteren Calvinisten Georg Erasmus von Tschernembl (1567–1626), des im Jahr 1630 wieder zum Katholizismus konvertierten Georg Christoph von Schallenberg (1593–1657), der gräflichen Familie Thürheim und der Gienger.

Zwei Jahrhunderte später scheinen die Starhembergs das Interesse an ihrer Riedegger Bibliothek weitgehend verloren zu haben: Im Jahr 1865 übersiedelten sie sie in das nahe gelegene Schloss Eferding, vielleicht schon damals mit der Absicht, sie zu verkaufen.[60] Der Bibliothekar Eduard Lohmeyer (1847–1927), später Direktor der Landesbibliothek Kassel, hatte im Jahr 1885 bei seinen „Willehalm"-Studien mit Unterstützung der Preußischen Akademie der Wissenschaften in Eferding gearbeitet und die Bibliothek in ihrer besonderen Bedeutung erkannt. Bereits 1886 ergriff Fürst Camillo Heinrich von Starhemberg (1835–1900) die Gelegenheit, sie um 150.000 Mark erst Kassel, dann direkt Berlin anzubieten. Nach dreijährigen Verhandlungen — die Forderung war inzwischen auf 65.000 Mark reduziert worden — kaufte im Jahr 1889 Preußen die Starhembergische Bibliothek für die damals als Nationalbibliothek geltende Königliche Bibliothek in Berlin. Dubletten wurden 1891 bis 1898 anderen preußischen Bibliotheken angeboten, der Großteil ging nach Göttingen, einige hundert Bände an die Universitäts- und Landesbibliothek Bonn.[61]

Wann und unter welchen Umständen zahlreiche Bände aus Riedegg an die Wiener Hofbibliothek gelangten, bleibt vorläufig ungeklärt. Ein möglicher Hinweis[62] findet sich in den publizierten Akten eines Strafprozesses gegen einen Bücherdieb,[63] der in einer deutschen Universitätsbibliothek — wohl Universitäts- und Landesbibliothek Bonn — mehrere wertvolle Bücher stahl, indem er sie gegen wertlose austauschte. Darunter war auch ein Band aus der ehemals Starhembergischen Bibliothek in Riedegg. Aus einem dem Prozess dienlichen (nicht veröffentlichten) Gutachten wird zitiert, „dass bereits 1.756 Bücher aus den Starhembergischen Linien Riedegg und Efferding [sic] nach Wien verkauft worden sind".[64]

Warum die Grazer Starhembergische Bibliothek im Jahr 1749 mit einer „vor allem an Schrifttum zur Geschichte der Reformation" außerordentlich reichen Sammlung als Geschenk gerade an Kaiserin Maria Theresia gelangte,[65] müsste nachgeprüft werden.

59 Der zweite Sohn Wolfgangs IV. (1462–1524), Christoph II. (1502–1578), nahm bei Martin Luther Unterricht, seine Mutter Dorothea stand mit Luther in Briefkontakt.

60 Eine ausführliche Darstellung des Verkaufs in: Horst Kunze, Werner Dube, Günther Fröschen (Red.): Deutsche Staatsbibliothek 1661–1961, Bd. 1: Geschichte und Gegenwart, Leipzig [1961], S. 343f., S. 388f.

61 Zum Verkauf der Riedegger Bibliothek beziehungsweise den von der Königlichen Bibliothek Berlin nach Bonn abgegebenen Beständen siehe auch https:/www.ulb.uni-bonn.de/sammlungen/historische-bibliotheken/starhemberg (3.7.2016).

62 Dafür danke ich meiner Kollegin Oberrätin Mag. Dr. Gabriele Mauthe, Österreichische Nationalbibliothek, Wien.

63 http://www.bibliotheksurteile.de/?p=20 (22.6.2016).

64 Prozessakten, in: ebd.: 4) Die Bücher im Einzelnen, e) Erasmus Reinhold, cc).

65 Josef Stummvoll (Hg.): Geschichte der Österreichischen Nationalbibliothek, Bd. 1: Die Hofbibliothek (1368–1922) (Museion. Veröffentlichungen der Österreichischen Nationalbibliothek, NF, Reihe 2, Bd. 3, Tl. 1), Wien 1968, S. 239. Bei den Beständen handelt es sich keineswegs um „Schrifttum zur Geschichte der Reformation", sondern um die Reformationsdrucke selbst.

Maria Theresia übergab die Schenkung an die Hofbibliothek. Welcher Zusammenhang zwischen der Grazer und der Riedegger Bibliothek um die Mitte des 18. Jahrhunderts bestand, wird auch im *Handbuch der historischen Buchbestände in Österreich* nicht geklärt.[66] Fest steht, dass die drei Reformationsdrucke aus der Riedegger Bibliothek mit dem Namen Heinrich Wilhelm Starhembergs[67] keinen Hinweis auf Graz enthalten. Das älteste, zwischen 1560 und 1580 entstandene Starhembergische Exlibris[68] dürfte für die Grazer Bibliothek angefertigt worden sein; denn in der Beschreibung der an die Königliche Bibliothek in Berlin gelangten Riedegger Bestände fehlt jeder Hinweis auf das Exlibris.

JAKOB PEREGRINUS ◖ Nur wenige zeitgenössische Quellen geben einen Einblick, wie die Rezeption lutherischer Schriften im Alltag erfolgte, wie und wo die Drucke erworben werden konnten und in welchen Größenordnungen sie im protestantischen Haushalt vorhanden waren. Wenn er auch, um sein Leben zu retten, dem lutherischen Glauben abschwören musste, bekennt der Priester der Passauer Diözese, Jakob Peregrinus, bei seinem Prozess in Wien am 3. September 1524 mit verhaltenem Stolz, dass er mehr als 50 lutherische Bücher gehabt und diese fleißig gelesen hätte — um sie letztlich eigenhändig ins Feuer zu werfen. Auch dieser Druck stammt aus der Offizin Singrieners:[69]

> „Vnd demnach ich bißher etlich Luterische Bücher vnd ob den fünfftzig gehabt, vnd gehalten in meinem gwalt, die vleissig gelesen vnd vertzaichent alles wid[er] außgangen, Bäbstlicher Heiligkeit decret, Kaiserlich, vnd des durchleuchtigsten Fürsten vnnd herrn Ferdinand Printz in Hispanie[n], Ertzhertzog zu Osterreich etc. ma[n]dat Begib ich mich das ich die selbigen Bücher als khetzerisch und in vil weg verfürisch mit meiner eigen handt öffentlich vnd an dem ortt do es mir von dem Richter auffgelegt würdet verprennen will und soll.“[70]

66 Handbuch der historischen Buchbestände in Österreich, hg. von der Österreichischen Nationalbibliothek unter Leitung von Helmut W. Lang, bearb. von Wilma Buchinger, Konstanze Mittendorfer, Bd. 1: Wien, Tl. 1, Hildesheim u. a. 1994, S. 43, Sp. 2.

67 Siehe Anmerkung 56.

68 Julius Stáva: Die alten Exlibris der Familie Starhemberg, in: Österreichisches Jahrbuch für Exlibris und Gebrauchsgraphik 28 (1933), S. 7f.: „Ein glücklicher Zufall fügte es, daß ich außerhalb der Bibliothek, in einem als Familienmuseum eingerichteten Prunkraum des Schlosses Eferding einen wohlerhaltenen ledergepreßten (leeren) Buchdeckel auffand, der ein mit 1581 datiertes Supralibros trägt und an dessen Innenseite noch ein ungefähr gleichzeitiges Exlibris vorhanden ist. Dieses letztere, sohin das älteste Exlibris der Familie Starhemberg, ist ein klar gezeichneter, von einer kräftigen Einfassungslinie umrahmter Holzschnitt, 44 mm breit und 48 mm hoch, mit dem seit 1560 von den Starhembergern geführten Wappen (vierteilig mit Herzschild), bekrönt von drei Turnierhelmen, von denen der [heraldisch] rechte zwei zusammengehängte, aus dem gräflich Schaumberg'schen Wappen übernommene Büffelhörner, der mittlere den steirischen, mit Pfauenfedern besteckten Panther und der linke einen Adlerflug mit dem im Hauptwappen vorkommenden (Julbach'schen) Sparren als Zier haben. In der einschlägigen Literatur erscheint dieses Exlibris nirgends erwähnt.“

69 Johannes von Revellis, Bischof von Wien: Sententia contra Jacobu[m] Peregrinum [...] Widerrueff herr Jacob Peregrinus Priester Passawer Bistums mit vrtail vn[d] recht auffgelegt vnd erkant zu Wienn in Osterreich, [Wien: Johann Singriener d. Ä. 1524], VD16 W 2628.

70 Ebd., Bl. B.

Verzeichnis der Drucke Singrieners

1.–20. MARTIN LUTHER

1. Sermo de digna preparatione ad Sacramentū Eucharistie.
[Am Ende:] Joannes Singrenius impressit Vienne. Anno domini. M. D. xix.
Wien: Johann Singriener [d. Ä.] 1519.
4 Bl.; 4°. Typen: 75G,[71] 140G.
VD16[72] L 5982 (Volltext[73]) = VD16 L 5751; Benzing 143;[74] Claus/Pegg 143;[75] Lang, Singriener 15.
SB Berlin [aus der Starhembergischen Bibliothek Riedegg].

2. [Titeleinfassung] Condemnatio doctrinalis librorū Martini Lutheri, per quosdam magistros nostros Louanieñ. et Colonieñ. facta. M. D. XX.
[Wien: Johann Singriener d. Ä.] 1520.
[16] Bl.; 4°. Titeleinfassung: Leisten[76] 13, 17 h (horizontal); 9, 10 v (vertikal);
Typen: Cap. 8,5 mm, 82R (Signaturen), 112^bR.
VD16 L 2340 (Volltext) = VD16 L 5802; Claus/Pegg 632a; Borsa, Wien NB16[77] L642.
SB München, NB Wien, HAB Wolfenbüttel.

3. Von dem Bapstum zu Rome: wider den hoch berumpte[n] Romaniste[n] zu Leiptzck. D. Martinus Luther August. Vuittenberg.
[Wien: Johann Singriener d. Ä. 1520.]
[32] Bl.; 4°. Typen: W 8 (mit Initialen von W 2), W 9, W 15.
VD16 L 7130; Benzing 665; Claus/Pegg 665; Lang, Singriener 7;
Borsa, Wien NB16 L1686 (Titelabb.).
Bodl Oxford, NB Wien.

4. De captivitate Babylonica ecclesiae. Praelvdium Martini Lutheri.
[Wien: Johann Singriener d. Ä. 1520.]
1 Bl., 68 S., 1 Bl. 4°. Porträt Luthers in Holzschnitt auf der Titelblattrückseite. Typen: Cap. 15 mm, Cap. 8,5 mm, W 12.[78]
VD16 L 4188 (Volltext); Benzing 707; Lang, Singriener 14; Borsa, Wien NB16 L1124.
SUB Göttingen, ULB Halle, BL London, NB Wien, EvangPredSem Wittenberg, Besitz des Verf. Wien [Vorbesitzer: Wolfgang Severus].
[Abb. S. 135 Ex. d. Verf.]

5. Epistola Lvtheriana ad Leonem Decimvm svmmvm Pontificem. Tractatvs de libertate Christiana. Vuittembergæ.
[Wien: Johann Singriener d. Ä.] 1520.
[20] Bl.; 4°. Typen: 79R, 104R, 112^bR, W 9.
VD16 L 4629 (Volltext) = VD16 L 7219; Benzing 756; Lang, Singriener 12; Borsa, Wien NB16 L1220.
BL London, SB München, HAAB Weimar, NB Wien, HAB Wolfenbüttel.

6. [Titeleinfassung] Epistola Divi Hvlderichi Augustensis Episcopi, aduersos constitutione[m] de cleri Cœlibatu, plane referens Apostolicum Spiritum.
[Wien: Johann Singriener d. Ä. 1520.]
4 Bl.; 4°. Titeleinfassung: Leisten 5, 9, 10 h; 15, 16 v.
Typen: Cap. 8,5 mm, W 12.
VD 16 U 9 (Volltext);
Claus/Pegg 819b.
BL London, SB München, HAAB Weimar, NB Wien.

7. Assertio omnivm articvlorvm M. Luther, per bullam Leonis. X. nouissimam damnatorum. Basileæ. M D. XXI.
[Wien: Johann Singriener d. Ä. 1521.]
[36] Bl.; 4°. Typen: Cap. 8,5 mm, 82R, 112^bR.
VD16 L 3878 (Volltext); Benzing 783; Lang, Singriener 10;
Borsa, Wien NB16 L1066.
BS München, UB München, NB Wien, Besitz d. Verf. Wien [Vorbesitzer: Wolfgang Severus].

8. Ein vndterricht der Beichtkinder vber die verpotten pnecher [!] D. M. Luther.
rVittenberg [!] Im iar. M. D. XXI.
[Wien: Johann Singriener d. Ä. 1521.]
4 Bl.; 4°. Typen: W 3, W 5.
VD16 L 6861; Benzing 837; Claus/Pegg 837; Lang, Singriener 5; Borsa, Wien NB16 L1633 (Titelabb.).
BL London, BSocProtestFranç Paris; NB Wien.

71 Bei den Typen von Singriener bedeutet die Zahl das Maß in Millimetern für die Höhe von 20 Druckzeilen von der Basis der ersten bis zur Basis der 21. Zeile. Die Buchstaben „G" beziehungsweise „R" bedeuten „Gotisch", das heißt gebrochene Schriften (Textura, Schwabacher, Fraktur, Rotunda), beziehungsweise „Romanisch", das sind Antiquaschriften. „Gr" bedeutet griechische Alphabete, „K" Kursivschriften. Ein kleines, hochgestelltes „a" oder „b" weist auf Varianten bei derselben Schriftgröße hin. „Cap." ist die Abkürzung für Antiqua-Kapitalien in der angeführten Schrifthöhe.

72 Verzeichnis der im deutschen Sprachraum erschienenen Drucke des 16. Jahrhunderts (VD 16), opacplus.bib-bvb.de.

73 Der Druck ist im VD 16 über Link im Volltext verfügbar.

74 Josef Benzing: Lutherbibliographie. Verzeichnis der gedruckten Schriften Martin Luthers bis zu dessen Tod, bearb. in Verbindung mit der Weimarer Ausgabe unter Mitarb. von Helmut Claus (Bibliotheca bibliographica Aureliana, Bd. 10.16.19.), Baden-Baden 1966.

75 Helmut Claus, Michael A. Pegg: Ergänzungen zur Bibliographie der zeitgenössischen Lutherbibliographie Josef Benzings, Forschungsbibliothek Gotha, Gotha 1982.

76 Dokumentation der Holzschnittleisten und Typenalphabete Singrieners beim Verf.

77 Gedeon Borsa: Katalog der Drucke des 16. Jahrhunderts in der Österreichischen Nationalbibliothek: Wien NB 16, Bd. 1ff.: Deutsches Sprachgebiet (Bibliotheca bibliographica Aureliana, Bd. 212ff.), Baden-Baden 2007ff. [Mit lateinischem Paralleltitel.]

78 Typen aus der Wiener Offizin Johannes Winterburgers: Verzeichnis der Typen Winterburgers, in: Eduard Langer (Hg.): Bibliographie der österreichischen Drucke des 15. und 16. Jahrhunderts, Bd. 1, H. 1: Trient — Wien — Schrattenthal, bearb. von Walther Dolch, mit einem Anhang: Aus der ersten Zeit des Wiener Buchdrucks von Ignaz Schwarz, Wien 1913, S. 144–[148].

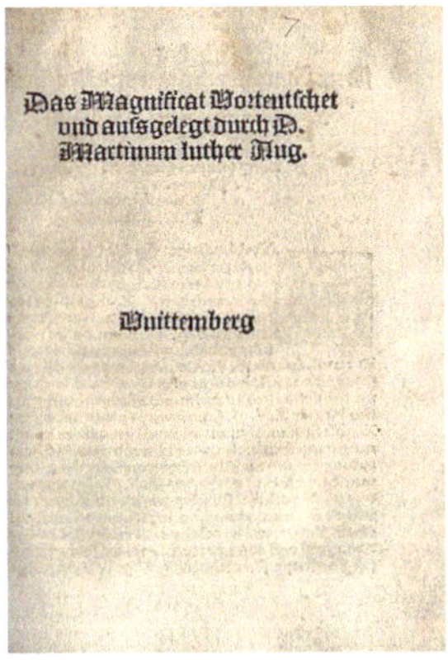

9. Das Magnificat Vorteutschet vnd aussgelegt durch D. Martinum luther Aug. Vuittenberg
[Wien: Johann Singriener d. Ä. 1521.]
[44] Bl.; 4°. Typen: W 3, W 15.
Karner, Luther-Schriften;[79] Claus/Pegg 861a; Lang, Singriener 17.
EvG/EvS[80] Sopron, ehem. StB Danzig (Kriegsverlust).
[Abb.]

---

10. Doctor Martini Luthers aygne antwort auf Pfintztag: den. Xviij. Tag Aprilis. Im[m]. M.D.xxi. vor Kay. Maiest. vñ den Churfursten: Fursten vnd andern vil der Stennd des Reychs. zu Wurmbs offenlich beschehen.
[Wien: Johann Singriener d. Ä. 1521.]
4 Bl.; 4°. Typen: 82^{b}G, 82R, 140G, 172R (nur „M").
VD16 L 3663; Benzing 927; Lang, Singriener 1; Borsa, Wien NB16 L1013 (Titelabb.).
NB Wien, LutherB Worms.

---

11. Von der Beicht ob die der Bapst macht habe tzu gepietenn. Doctor Martinus Luther. Wittenberg.
[Wien: Johann Singriener d. Ä. 1521.]
[34] Bl.; 4°. Typen: W 3, W 8 (mit Initialen von W 2), W 15.
VD16 L 7181; Benzing 953; Claus/Pegg 953;
Lang, Singriener 8;
Borsa, Wien NB16 L1705.
TrinityC Dublin, UL Edinburgh, UB Gießen, NB Wien (2 Ex.), Lutherhalle Wittenberg, HAB Wolfenbüttel.

---

12. [Titeleinfassung] Der sechs vnd dreissigist psalm Dauid eynen Christliche[n] me[n]schen zu leren vnd trosten widd[er] die Mütterey der boßen vnnd freueln Gleyßner. Martin[us] Luther 1521
[Am Ende:] Gedruckt zu Wittenbergk Montag nach Laurentij.
[Wien: Johann Singriener d. Ä. 1521.]
[16] Bl.; 4°. Holzschnitt, Titeleinfassung: W 1;[81]
Typen: W 1, W 3.
VD16 L 5867; Benzing 962; Lang, Singriener 4; Borsa, Wien NB16 L1424 (Titel- u. Impressumabb.).
BL London, NB Wien, EvangPredSem Wittenberg.

---

13. [Titeleinfassung] Ivdicivm. Martini Lutheri de Votis; scriptum ad Episcopos & Diaconos Vuitte[n]bergeñ. Ecclesie.
[Wien. Johann Singriener d. Ä. 1521.]
8 Bl.; 4°. Titeleinfassung: W 1; Typen: 104R, W 12.
VD16 L 5009; Benzing 979; Lang, Singriener 13;
Borsa, Wien NB16 L1295.
StUB Frankfurt a. M., NB Wien, HAB Wolfenbüttel, Besitz d. Verf. Wien [Vorbesitzer: Wolfgang Severus].
[Abb. S. 134 Ex. d. Verf.]

---

14. Euangelium. Von den tzehen auszsetzigen Vorteuscht vnd auszgelegtt M. Lutther. Wittemberg.
[Wien: Johann Singriener d. Ä. 1521.]
[43] Bl.; 4°. Typen: W 3, W 8 (mit Initialen von W 2), W 15.
VD16 L 4713; Benzing 990; Lang, Singriener 3;
Borsa, Wien NB16 L1240 (Titelabb.).
UL Edinburgh, NB Wien (2 Ex.).

---

15. [Titeleinfassung] Copia ainer Missive: so Doctor Martinus Luther nach seinem abschid zu Worms zurugk an die Churfürsten, Fürsten, vñ Stende des heyligen Rœmischen Reychs daselbst versamlet geschriben hatt.
[Wien: Johann Singriener d. Ä. 1521.]
4 Bl.; 4°. Titeleinfassung: Leisten 4, 8 h; 4, 3 v;
Typen: W 8, W 9, W15.
VD16 L 3686; Benzing 1039; Lang, Singriener 2;
Borsa, Wien NB16 L1016 (Titelabb.).
NB Wien, Besitz d. Verf. Wien.
[Abb. S. 132 Ex. d. Verf., vgl. Titeleinfassung v. Nr. 27]

---

16. Ein sermon von der bereitung tzum sterben Doctor Martini Luther Augustiner zu Wittenberg.
[Am Ende:] Gedruckt Im M CCCCC xxij.
[Wien. Johann Singriener d. Ä.] 1522.
7 Bl.; 4°. Titeleinfassung: Leisten 29, 36 h; 4, 30 v;
Typen: W 1, W 8.
VD 16 L 6491; Claus/Pegg 451a.
Taylor Institution Oxford; HAB Wolfenbüttel.

---

17. De abroganda missa privata Martini Lvtheri sententia.
[Am Ende:] Impressum mense Februario anno M. CCCCC. XXII.
[Wien: Johann Singriener d. Ä.] 1522.
[52] Bl.; 4°. Typen: Cap. 8,5 mm, 79R, 112^{b}R.
VD16 L 3618 (Volltext); Benzing 999; Claus/Pegg 999;
Lang, Singriener 11; Borsa, Wien NB16 L1001.
NB Budapest, UB Eichstätt, BL London, BS München, Taylor Institution Oxford, NB Wien, HAB Wolfenbüttel, Besitz d. Verf. Wien [Vorbesitzer: Wolfgang Severus].

---

18. Ein trew vormanũg Martini Luther zu allen Christen. Sich tzu vorhutten fur auffruhr vnnd Emporung. Wittenberge. [Am Ende:] M. D. xxii.
[Wien: Johann Singriener d. Ä.] 1522.
8 Bl.; 4°. Typen: W 1 (eingestreut in W 6), W 4, W 6, W 8 (mit Initialen von W 2), W 9.

79 Károly Karner: Zwei unbekannte Luther-Schriften in Sopron, in: Magyár Könyvszemle 84 (1968), S. 262f.
80 Soproni Evangélikus Gyüjtémények/Ödenburger Evangelische Sammlungen.
81 Diese Titeleinfassung gebrauchte Winterburger Ende 1496 für eine Praktika auf das Jahr 1497. Langer, Bibliographie der österreichischen Drucke, S. 41, Nr. 17 und Abb. Tafel III.

Titel Z. 5 Var. a: „Wittenberge."; Var. b: „Wittenberg."
[Falls nicht nur abgequetscht.]
VD16 L 6775 (Var. a) (Volltext); Benzing 1052 (Var. a); Claus/Pegg 1052; Lang, Singriener 6; Borsa, Wien NB16 L1618.
UL Edinburgh, DNB (DSchriftMus) Leipzig, BS München (Var. a), SKn Praha, NB Wien (Var. b), Lutherhalle Wittenberg, HAB Wolfenbüttel.

19. [Titeleinfassung] Uon mensche[n] leren zw meyden. D. Martinus Luther. Wittenberg. M. D. xxij.
[Wien. Johann Singriener d. Ä.] 1522.
8 Bl.; 4°. Titeleinfassung: Leisten 5, 6, 7, 2 h; 5. 6 v; Typen: W 1, W 5, W 8, W 9.
VD 16 L 7287; Benzing 1188; Lang, Singriener 9; Borsa, Wien NB16 L1727.
UB Erlangen, UB Heidelberg, BL London, NB Wien.
[Abb.]

20. [Titeleinfassung] Ein Sermon auff das fest der geburt Marie, der mutter gottes, wie sie, vnnd die heyligen sollenn geehrt werde. D. Mar. Luther. Jm Jar. M. D. XXij.
[Wien: Johann Singriener d. Ä. 1522.]
6 Bl.; 4°. Titeleinfassung: W 1; Typen W 1, W 3.
VD16 L 5490; Claus/Pegg 1454a; Lang, Singriener 16.
HAB Wolfenbüttel, LutherB Worms.[82]

21.–41. FÜR LUTHER

21. Andreas Bodenstein von Karlstadt
De canonicis scripturis libellus D. Andreae Bodenstein Carolstadij Sacræ Theologiæ Doctoris, & Archidiaconi VVitenberge[n]sis. VVittenbergae.
[Wien: Johann Singriener d. Ä. 1521.]
[46] Bl.; 4°. Typen: Cap. 8,5 mm, 79R, 82R, 112^{b}R, 83Gr.
VD16 B 6120; Freys/Barge 35;[83] Lang, Karlstadt-Drucke 1;[84] Borsa, Wien NB16 B1460.
UB München, NB Wien (aus demselben Sammelband wie Nr. 22 und 24).
VD 16 datiert den Druck mit 1520, doch weisen Druckbesonderheiten darauf hin, dass Singriener *De canonicis scripturis* und *Svper coelibatv* unmittelbar hintereinander gedruckt hat, und zwar wegen der abgedruckten Külshaimer-Thesen in *Svper coelibatv* nicht vor Ende Juli 1521.

22. Andreas Bodenstein von Karlstadt
Svper coelibatv monachatv et vidvitate axiomata perpensa VVittenbergae. And. Bo. Carolstadii. VVittenbergae. M. D. XXI.
[Wien: Johann Singriener d. Ä.] 1521.
[18] Bl.; 4°. Typen: Cap. 8,5 mm, 79R, 82R, 112^{b}R, 83Gr.
VD16 B 6124; Freys/Barge 61; Lang, Karlstadt-Drucke 2; Borsa, Wien NB16 B1462.
UB München, NB Wien (aus demselben Sammelband wie Nr. 21 und 24).

23. Andreas Bodenstein von Karlstadt
Berichtung disser rede. Das reych gottis leydet gewald vnd die gewaldtige nhemen oder rauben das selbig. Math. Xi. Regnum celorū vim patitur. et violenti rapiūnt illud. Wittemberg. Andreas Bodenstein. von Carolstadr [!].
[Am Ende:] Datum Wittemberg montags nach Jacobi yhm, M, D, XXj. Iar.
[Wien: Johann Singriener d. Ä. 1521.]
[11] Bl.; 4°. Typen: W 1, W 5, W 9.
[VD16 B 6116 (Volltext); Freys/Barge 64; Lang, Karlstadt-Drucke 3; Borsa, Wien NB B1458.
SUB Göttingen, UB Heidelberg, BL London, SB München, NB Wien.

24. Andreas Bodenstein von Karlstadt
De legis litera sive carne: & spiritu. Andreæ Boden. Carolstadii Enarratio. VVittembergae. M. D. XXI.
[Wien: Johann Singriener d. Ä.] 1521.
8 Bl.; 4°. Typen: Cap. 8,5 mm, W 12.
VD16 ZV 2157; Freys/Barge 66; Lang, Karlstadt-Drucke 4; Borsa, Wien NB16 B1473.
UB München, StB Nürnberg, NB Wien (aus demselben Sammelband wie Nr. 21 und 22).

25. Andreas Bodenstein von Karlstadt
Von gelubden vntterrichtung Andres Bo: von Carolstadt Doctor. Außlegung des. xxx. Capitel Numeri, wilches von gelubden redet. Das buchlein beschleusset, durch Biblisch, Christlich rechte, aber heylige schrifft. Das Pfaffen, Monchen, vnd Nonnen, mit gutem gewissem, vnd gotlichem wi len[!], sich mogen vnd sollen vermechle[n], vnd yn eelichen stand begeben [...]
[Dedikation endet:] Datum Wittemwerck [!] am tag Joannis Baptiste Anno M. D. xxj.
[Wien: Johann Singriener d. Ä. 1521.]
[24] Bl.; 4°. Typen: W 1, W 4.
VD16 B 6244 (Volltext); Freys/Barge 53; Lang, Karlstadt-Drucke 5 (Titelabb.)
SB München.

26. Andreas Bodenstein von Karlstadt
Predig Andresen Bodenstein von Carolstat tzu Wittenberg.
Von empfahung des heyligen Sacraments. Wittenberg.
[Am Ende:] Jm Jar M. D.

82 Luther-Bibliothek des Paulus-Museums der Stadt Worms, Darmstadt, 2. Aufl. 1922, S. 22, Nr. 120.
83 Ernst Freys, Hermann Barge: Verzeichnis der gedruckten Schriften des Andreas Bodenstein von Karlstadt, in: Zentralblatt für Bibliothekswesen 21 (1904), S. 153–179, S. 209–243, S. 305–323.
84 Lang, Karlstadt-Drucke.

XXij.
[Wien: Johann Singriener d. Ä. 1522.]
8 Bl.; 4°. Typen: W 1, W 4.
VD16 B 6184 (Volltext); Freys/Barge 79; Lang, Karlstadt-Drucke 6.
SB Berlin.

---

27. Andreas Bodenstein von Karlstadt
[Titeleinfassung] Missiue von der aller hochsten tugent Gelassenhait. Andree Bodenstain von Carolstat Doctor.
[Wien: Johann Singriener d. Ä. 1521.]
8 Bl.; 4°. Titeleinfassung: Leisten 4, 8 h; 4, 3 v;
Typen: W 1, W 7, W 8, W 9.
Pegg, Bibl. Lindesiana 95;[85] Borsa, Wien NB16 B 1476 (Titelabb.); Stuttgarter Antiquariat Kocher/Benzing, Kat. 95 (1977), Nr. 16 (Titelabb.).
NB Wien, Bibliotheca Lindesiana.
[Abb. S. 132, vgl. Titeleinfassung v. Nr. 15]

---

28. Schiestel, Nikolaus
Von Jesu Christo: auß der heiligen geschrifft: eyn gemaine predig. Stet jn zwayen punckte[n]: den allergenetigisten in ym. Warumb er kumen ist dy wellt. Was er gewurckt hab. Jn der weyß wie mā de[n] die gātz heylig geschrifft schleust yn zwen tayl. Jn gesetz vñ gnad. Oder yn sund vnd frid. Oder in tod vñ leben: jn gesetz vnd Euangeli: jn verdamnung vñ seligmachūng. jn diemutikait vñ erhohūng. Wilt ein rechter christ sein: lern den anfanck paß. Saug milch vor der speyß. [Holzschnitt] Vnser christen regel nach der lieb gottes ist. Joannis am. 15. ca. Das ist mein gepot: Das jer euch vnder einander liebet. Nicolaus Schiestel.
[Wien: Johann Singriener d. Ä. um 1520.]
10 Bl.; 4°. Typen: W 1, W 9.
VD16 S 2845; Borsa, Wien NB16 S635.
BL London, NB Wien.
[Abb.]

---

29. Pasqvillus. [Holzschnitt.]
[Wien: Johann Singriener d. Ä. um 1520.]
8 Bl.; 8°. Typen: 79R.
VD16 P 833 (Volltext); Borsa, Wien NB16 P200.
LUB Dresden, SB München, NB Wien, Lutherhalle Wittenberg.
[Gespräch zwischen Pasquillus und Cirus; inhaltlich ähnlich zu Nr. 30.]
[Abb.]

---

30. Pascuillus. Ain warhafftiges büchlein Erklerend was list die die römer brauchen, mit Creiren viler Cardinäl, auff das sy alle Bistumb Deütscher landt vnder sich bringen.
[Wien: Johann Singriener d. Ä. um 1521.]
6 Bl.; 4°. Typen: W 1, W 15, W 8 (mit Initialen von W 2).
VD16 ZV 30031; Borsa, Wien NB P214 (Titelabb.).
NB Wien.
[Gespräch zwischen Pasquillus und Cirus; inhaltlich ähnlich zu Nr. 29.]
[Abb.]

Vom Alten vnd Newen Gott. Glau- ben vnd Ler.

31. Nazarei, Judas [pseud.]
[Titeleinfassung] Vom Alten vnd Newen Gott. Glauben vnd Ler.
[Am Ende:] Gedruckt ym iar nach der geburt Christ M.D.XXij.
[Wien: Johann Singriener d. Ä.] 1522.
[43] Bl.; 4°. Titeleinfassung: Leisten 32, 33 h; 28, 29 v;
Typen: W 8, W 9, W 15.
VD16 N 311 (Volltext); Borsa, Wien NB16 N141.
BS München, NB Wien, HAB Wolfenbüttel.
[Abb.]

Die von dem Historiker Anton Mayer[86] nach dem damaligen Wissensstand dem Reformator Joachim Vadian (1484–1551) zugeschriebene, eine „der wenigen auf uns gekommenen Reformationsschriften, wie sie damals in Wien gedruckt wurden",[87] ist jedenfalls nicht in Wien, sondern von Melchior Ramminger in Augsburg hergestellt worden.[88] Das Pseudonym des sich am Ende des Werks als Verfasser nennenden Judas Nazarei ist bis heute noch nicht zufriedenstellend geklärt.[89] Von diesem Traktat erschienen zumindest zehn Ausgaben, eine davon bei Singriener, gedruckt ausschließlich mit den alten Typen Winterburgers.

85 Michael A. Pegg: Bibliotheca Lindesiana, and other collections of German sixteenth-century pamphlets in libraries of Britain and France, Baden-Baden 1977.
86 Mayer, Buchdrucker-Geschichte, S. 45, Nr. 64.
87 Mayer erwähnt sonst keine Wiener Reformationsschriften.
88 VD16 N 306.
89 Thomas Hohenberger: Lutherische Rechtfertigungslehre in den reformatorischen Flugschriften der Jahre 1521–1522, Tübingen 1996, S. 226, Anm. 127: „Zur Verfasserfrage vgl. Eduard Kück [Judas Nazarei. Vom alten und neuen Gott Glauben und Lehre, Halle 1896] IIIf, 69–90 und Hans Georg Hofacker: Judas Nazarei. Vom alten und nüen Gott, Glauben und Ler. Untersuchungen zum Geschichtsverständnis und Epochenbewußtsein einer anonymen reformatorischen Flugschrift, in: Kontinuität und Umbruch. Theologie und Frömmigkeit in Flugschriften und Kleinliteratur an der Wende vom 15. zum 16. Jahrhundert, Stuttgart 1978, S. 164–177. Eduard Köck hat die Vermutungen der älteren Forschung zusammengestellt und meinte, dem St. Gallener Arzt und Reformator Joachim Vadian den Traktat zuschreiben zu können. Dies wurde jedoch von Traugott Schiess überzeugend widerlegt [siehe Schiess: Hat Vadian deutsche Flugschriften verfasst?, in: Mitteilungen zur vaterländischen Geschichte, Bd. 32, St. Gallen 1932, S. 67ff., S. 77, S. 80f., S. 90]. Hofacker schlägt nunmehr mit guten Argumenten vor, das Pseudonym Judas Nazarei mit dem Basler Ulrich Hugwald zu identifizieren, der zur Abfassungszeit als Korrektor in Adam Petris Offizin arbeitete. Bei Petri könnte die meistverbreitete Erstausgabe (VD16 N 307), allein im VD 16 mit 16 Besitznachweisen, erschienen sein.

32. [Titeleinfassung] Hupsche Argume[n]t. Red. frage[n] vnd antwurt; Dreyer personen. Nemlichen aines Curtisanen, aines Edelmans vñ aines Burgers. Nit allain kürtzweylig, sünder vast nutzlich zulesen vnd zu hören. Alles D. M. Luthers leer betreffent.
[Wien: Johann Singriener d. Ä. 1522.]
[24] Bl.; 4°. Titeleinfassung: Leisten 1, 4, 8, 2 h; 7, 8 v; Typen: W 9, W 15, W 16.
VD16 H 5678 (Volltext); Borsa, Wien NB16 H1122.
SB München, NB Wien.
[Abb.]

33. Johannes Bugenhagen
Epistola de peccato in spiritum sanctum. Vuitte[n]bergæ aedita. Vvittembergae.
[Wien: Johann Singriener d. Ä. 1523?]
8 Bl.; 4°. Typen: W 12, 112ªR.
VD16 B 9310 (Volltext); Borsa, Wien NB16 B2316.
NB Budapest, UB München, NB Wien.

34. Ain schoner warhafftiger lobspruch võ den furnemsten Personen der hochberuempten Uniuersitet zu Ingolstadt. so mayster Artesatiũ Seehouer von Munchen mer dan turckisch verdampt. vñ zu widerrueffung Christlicher artickel benotigt haben.
[Wien: Johann Singriener d. Ä. 1523.]
8 Bl.; 4°. Typen: W 5.
VD16 S 3455.
BL London.

35. Philipp Melanchthon
[Titeleinfassung] [Blättch.] Elementa pverilia Philippi Melanchthonis, quibus adiecta est ratio formandæ iuuentutis ad mores Christianos, et ueram pietate[m] Huldricho Zuinglio autore.
[Wien: Johann Singriener d. Ä. um 1524.]
[26] Bl.; 8°. Titeleinfassung S 10; Typen: Cap. 8,5 mm, 84¹K, 110K.
VD16 M 3172 (Volltext) = VD16 Z 888; Borsa, Wien NB16 M664.
SB Berlin, NB Wien, ZB Zürich.

36. Johannes Spitelmayer [90]
[Titeleinfassung] Entschuldigung Joannis Spitelmayer prediger zu Nicolspurg, von wegen etlicher artickeln, jme von de[n] Clöster d[er] stat Veldsperg sund[er]lich feindt des creutz Christi/ an alle vrsach zuegemessen.
[Wien: Johann Singriener d. Ä. um 1524.]
[15] Bl.; 4°. Titeleinfassung: Leisten 11, 12 h; 7, 8 v; Typen: W 1, W 9, W 15 (tw. mit Versalien von W 5).
VD16 S 8350; Borsa, Wien NB S1696.
LUB Dresden, NB Wien.
[Abb. S. 131, vgl. Titeleinfassung v. Nr. 43]

37. Leonhard Velsdorffer
Von der lieb des negste[n] wie die nach dem gepot Gottes soll gebraucht werden Eyn klayne vnderricht. Leonardi Velßdorfer. Anno dñi. 1524.
[Wien. Johann Singriener d. Ä.] 1524.
[18] Bl.; 4°. Typen: W 1, W8 (mit Initialen von W 2), W 9, W 15 (tw. mit Versalien von W 5).
VD16 ZV 30696 (Volltext); Borsa, Wien NB V154 (Titelabb.).
SB Regensburg, NB Wien.
[Abb.]

38. Hans Sachs
Disputation zwischen einem Chorherren vnd Schu[e] chmacher, dariñ das wort gottes vnd ein recht Christlich wesen verfochten würt. Hanns Sachs. 1524. [Holzschnitt] Ich sage euch, wo diese sweigen, so werden die stein schreyen. Luce xix.
[Johann Singriener d. Ä.] 1524.
[12] Bl.; 4°. Typen: W 6, W 8, W 15.
VD16 S 214 (Volltext).
SB Regensburg.
[1. Ausgabe; vgl. Nr. 39.]

39. Hans Sachs
Disputation zwischen einem Chorherren vnd Schu[°] chmacher, dariñ das wort gottes vnd ein recht Christlich wesen verfochten würt. Hanns Sachs. 1524. [Holzschnitt] Ich sage euch, wo diese sweygen, so werde[n] die stein schreyen. Luce xix.
[Johann Singriener d. Ä.] 1524[?]
[12] Bl.; 4°. Typen: W 1, W 8, W 15.
VD16 S 213; Borsa, Wien NB16 S44.
SUB Göttingen, NB Wien.
[2. Ausgabe; kompletter Neusatz zu Nr. 38.]
[Abb.]

40. Hans Sachs
Die wittembergisch nachtigall Die man yetz horet vberall. [Holzschnitt] Ich sage euch wo diese sweygen, so werde[n] die stein schreyen. Luce xix.
[Wien: Johann Singriener d. Ä. 1524.]
[14] Bl.; 4°. Typen: W 1, W 2 (Initialen), W 3, W 4 (Initialen), W 15 (tw. mit Versalien von W 5).
VD16 S 651 (Volltext).
SUB Göttingen.

41. Hans Sachs
[Titeleinfassung] Ein gesprech von de[n] Scheinwercken der Gaystliche[n], vnd jren gelübdten, damit sy zu uerlesterung des bluts Christi vermaynen

90 Johannes Spitelmayer (Spittelmaier), geb. vor 1500 in Straubing (Bayern), gestorben nach 1535, Pfarrer in Nikolsburg (Mikulov). Überblick über sein Leben, Quellen und Literatur: http:/www.mennlex.de/doku.php?id=art:spittelmaier_johannes (6.7.2016).

selig zu werde[n]. Hans Sachs Schuster. ij. Thimot. Iij. Jr thorhait wirt offenbar werden yederman.
[Am Ende:] Anno. 1524.
[Wien: Johann Singriener d. Ä.] 1524.
8 Bl., 4°. Titeleinfassung: Leisten 37, 38 h; 31, 32 v; Typen: W 9, W 15.
VD16 S 319.
StB Nürnberg.

42.–46. GEGEN LUTHER (AUSZUG)

---

42. Leo X. Papst
Copey der Bullen vnsers heiligisten Vater Babst Leo des zehendten: Von krafft des Romischen Antlaß. Auß der man wol finden wirdt, das etlich predig daruon eingetruckht mit yrer befestigung, noch eisnen sterckhe noch der perg groß vnd schwer haben, sosy durch den anschein der warhayt so gar liederlich zerflirssen vnd zw khot werden, Vnd nicht anders hinnter yn lasse als faulen gestanckh graussamer yerrung. [Holzschnitt].
[Am Ende:] Getruckt zw Wienn in Osterreich. Mit gunst vnd willen des gnedigste[n] her[r]n Bischoff daselbst.
3 Bl.; 4°. Typen: 82ªG, 140G.
Wien: [Johann Singriener d. Ä. 1519].
VD16 K 287; Borsa, Wien NB16 K65.
LUB Dresden, UB München, NB Wien, RatsSchB Zwickau.

---

43. Thomas Murner
[Titeleinfassung] Ein christliche vnd briederliche ermanūg zu dem hochgelerte[n] doctor Martino Luter Augustiner orden zu Witte[n]burg (Das er etlichen reden von dem newen testament der heiligen messen gethan) abstande, vnd wider mit gemeiner christenheit sich vereinige.
[Am Ende:] Datum in dem iar nach der geburt Christi vnsers herren, Tausent. CCCCC. Vnd xx. Auff sant Martinus abent getruckt, mit Keiserlicher maiestat Priuilegien, das bey pen in eine[m] iar niemās nachtrucken sol. &c̆. Censores.
[Wien: Johann Singriener d. Ä.] 1520.
[17] Bl.; 4°. Titeleinfassung: Leisten 11, 12 h; 7, 8 v; Typen: W 1, W 9, W 15.
VD16 M 7030; Borsa, Wien NB16 M1435.
SB Berlin, SB München, NB Wien.
[Abb. S. 131, vgl. Titeleinfassung v. Nr. 36]

---

44. Leo X. Papst
[Titeleinfassung] Summariū vnnd außzug zuuerkünden die Bäbstlich Bull wider die jrrig leer Doctors Merten Luther von Wittenberg, vnd seiner abhennger.
[Wien: Johann Singriener d. Ä. 1520.]
2 Bl.; 4°. Titeleinfassung: Leisten 28, 29 h; 1, 25 v; Typen: W 12, W 15, 112ªR.
VD16 K 285 (Volltext).
SB Berlin, UL Edinburgh, SB München.

---

45. Lancelotto Politi
[Titeleinfassung] Ad Carolum Max. Jmperatorem. Et Hispaniarum Regem. Fratris Ambrosii Cath. Ord. Præd. Apologia pro ueritate Catholicæ & Apostolicæ fidei: ac Doctrinæ Aduersus impia, ac ualde pestifera Martini Lutheri Dogmata. Index operis. [...]
[Am Ende:] Anno dñi M. D. XXI. Die uero XXVII. Aprilis.
[Wien: Johann Singriener d. Ä.] 1521.
6 Bl., 315 S. 4°. Titeleinfassung: S 4; Typen: Cap. 8,5 mm, W 7, W 9, W 12, 112ªR.
VD16 P 3983 (Volltext); Borsa, Wien NB16 P1012.
SB Berlin, NB Budapest, UB Eichstätt, ULB Halle, SB München, SB Regensburg, NB Wien, EvangPredSem Wittenberg.

---

46. Karl V. Heiliges Römisches Reich. Kaiser
Der Römischen Kayserlichen Mayestat Edict, wider Martin Luther Büecher vnd lerte, seine Anheñger, Enthalter, vnd nachuolger, vnd etlich ander schmehliche schrifften:
Auch Gesetz der Truckerey.
Fürstlicher Duchleüchtigkhayt General verkhündt vnd Gepotsbrieff, betreffend den Christenlichen verstandt, des sich etlich Fürsten auf dem Tag, zu Regenspurg, mitainannder vergleicht.
Ordnung und Reformation, zu abstellung der Mißbreüch, vnd Aufrichtung aines erbern wesens vns wandels, in der geistlichait, durch Päbstlicher heiligkait Legaten &c̆. zu Regenspurg auffgericht.
[Wien: Johann Singriener d. Ä. 1524.]
[26] Bl.; 4°. Typen: W 2, W 9, W 15.
VD16 D 930; Borsa, Wien NB16 D205.
NB Wien [aus der Starhembergischen Bibliothek Riedegg].
[Abb. S. 133]

■

Frühreformatorische Radikalität und Kultur des Martyriums

Täufer in Wien im 16. Jahrhundert

Martin Rothkegel

Seit 1524 machte die südmährische Stadt und Grundherrschaft Nikolsburg (Mikulov), direkt hinter der niederösterreichischen Landesgrenze an der Fernstraße von Wien nach Brünn (Brno) gelegen, als Zentrum der evangelischen Bewegung von sich reden. Im Juni 1526 traf dort der Theologe Dr. Balthasar Hubmaier (1480–1528) ein. Im Vorjahr hatte Hubmaier während des Bauernkriegs als Pfarrer von Waldshut im Südschwarzwald die Kindertaufe abgeschafft und die Taufe mündiger Personen auf deren eigenes Bekenntnis eingeführt. Nach der Niederschlagung der Aufstände musste Hubmaier fliehen und gelangte über Zürich und Augsburg nach Mähren. In Nikolsburg führte er zwischen Sommer 1526 und Sommer 1527 mit Unterstützung des Grundherrn Leonhard von Liechtenstein (1482–1534) und des lokalen Klerus eine täuferische Reformation durch.[1]

EINE TÄUFERGEMEINDE IN WIEN 1527/28 ❨ Hubmaiers Nikolsburger Reformation erregte auch im nahen Wien Aufmerksamkeit: „Er verseuchte mit seiner Lehre fast ganz Mähren und einen großen Teil Österreichs, denn aus allen Richtungen liefen die Leute zu ihm wie zum Orakel des Apoll", notierte der Dekan der Wiener Artistenfakultät, Stephan Sprügel.[2] Der Täufer Jörg Nespitzer sagte bei einer Befragung über seinen Besuch in Nikolsburg aus, „das vil leut von Wien zur widertauf gein Nikelspurg gefaren und gezogen" seien. Ein anderer Augenzeuge berichtete, dass er in Nikolsburg Massentaufen von über 70 Personen an einem Tag gesehen habe.[3]

Hubmaier vertrat eine moderate, von Martin Luther (1483–1546), Ulrich Zwingli (1484–1531) und Erasmus von Rotterdam (1466–1536) beeinflusste Theologie. In der Einführung der Taufe der Gläubigen sah er eine Konsequenz des reformatorischen Schriftprinzips: Da die Kindertaufe in der Bibel nicht erwähnt

1 Martin Rothkegel: Anabaptism in Moravia and Silesia, in: John D. Roth, James M. Stayer (Hg.): A Companion to Anabaptism and Spiritualism, 1521–1700, Leiden/Boston 2007, S. 163–215.

2 Universitätsarchiv Wien, Ph 9, IV, Acta facultatis artisticae, 1497–1559, Bl. 150r-v.

3 Karl Schornbaum (Hg.): Quellen zur Geschichte der Wiedertäufer, Bd. 2: Markgraftum Brandenburg (Bayern, 1. Abt.), Leipzig 1934, S. 187, S. 132.

„Hubmaiers Nikolsburger Reformation erregte auch im nahen Wien Aufmerksamkeit: ‚Er verseuchte mit seiner Lehre fast ganz Mähren und einen großen Teil Österreichs, denn aus allen Richtungen liefen die Leute zu ihm wie zum Orakel des Apoll‘, notierte der Dekan der Wiener Artistenfakultät.“

sei, müsse sie abgeschafft werden. Im Mai 1527 tauchte in Nikolsburg jedoch mit Hans Hut (ca. 1490–1527) der Führer einer ganz anders gearteten Taufbewegung auf. Der radikale Wanderprediger aus Thüringen, ein Anhänger Thomas Müntzers (ca. 1489–1525), verkündigte eine mystisch-spiritualistische Heilslehre und verband diese mit der Erwartung des unmittelbar bevorstehenden Weltendes. Auch Hut praktizierte die Taufe Erwachsener, verstand diese jedoch als das Zeichen der Auserwählten, die beim kommenden Weltgericht verschont werden sollten. Auf Betreiben Hubmaiers wurde Hut in Nikolsburg festgenommen und seine Lehre bei einer Disputation verurteilt.

Wenige Tage später gelang Hut die Flucht. In Begleitung mehrerer Helfer, darunter der Nikolsburger Priester Oswald Glaidt (ca. 1490–1546), zog Hut nach Wien. Dort bestand eine kleine Gemeinde von Personen, die in Nikolsburg die Taufe empfangen hatten. Während eines achttägigen Aufenthalts in Wien in der dritten Maiwoche 1527 gelang es Hut, einen Teil dieser Gemeinde von seiner Lehre zu überzeugen. Von Wien aus zog Hut missionierend durch Nieder- und Oberösterreich und gewann unter evangelisch gesinnten Klerikern, Schulmeistern und städtischen Handwerkern zahlreiche Anhänger. Am 15. September 1527 wurde er in Augsburg verhaftet und starb dort am 6. Dezember 1527 im Gefängnis.[4]

Von den Versammlungen der Wiener Täufer im April und Mai 1527 und von Huts kurzem Aufenthalt in der Stadt ist in den Verhöraussagen des Täufers Hans Mittermaier (gest. 1529) die Rede, der im April 1528 in Linz hingerichtet wurde. Mittermaier, aus Ingolstadt gebürtig, hatte am 23. April 1527 in Nikolsburg von Balthasar Hubmaier die Taufe empfangen. Anschließend nahm er in Wien einen Monat lang an Versammlungen mit jeweils 30 bis 50 Teilnehmern im Haus eines Tischlermeisters Konrad teil. Als Hans Hut Mitte Mai in Wien eintraf, hielt dieser Predigten und Abendmahlsfeiern in einem Eckhaus nahe beim Schottentor ab. Um den 23. Mai 1527 verließ Mittermaier mit Hut und seinen Begleitern Wien. Einige Monate später wurde er als Vorsteher (Täuferprediger) nach Linz ausgesandt, wo er schließlich verhaftet wurde.[5] Einer der von Mittermaier erwähnten Wiener Täufer, Jörg Krautschlegel, Zolleinnehmer an einer der Wiener Donaubrücken, wurde Vorsteher einer Täufergemeinde in Melk; dort wurde er im folgenden Jahr mit zweien seiner Anhänger hingerichtet, nachdem er angeblich 400 Personen getauft hatte.[6]

Auch der Täufer Leonhard Schiemer sagte vor seiner Hinrichtung in Rattenberg im Jänner 1528 über die Wiener Täufergemeinde aus. Schiemer, ein ehemaliger Franziskaner, der in Judenburg das Kloster verlassen und in Nürnberg das Schneiderhandwerk erlernt hatte, war im Mai 1527 zunächst nach Nikolsburg gereist, um dort Balthasar Hubmaiers Reformationswerk kennenzulernen. Dort überzeugte ihn die neue Taufe noch nicht.

4 Gottfried Seebaß: Müntzers Erbe. Werk, Leben und Theologie des Hans Hut, Gütersloh 2002, S. 252–286.

5 Stadtarchiv Augsburg, Reichsstadt, Literaliensammlung 1528, Bl. 227r–228r (1528 IV 11), 324r–325v (1528 IV 15).

6 Anselm Schramb: Chronicon Mellicense seu Annales Monasterii Mellicensis, Wien 1702, S. 582f.; Johann Loserth: Die Wiedertaufe in Niederösterreich von ihren Anfängen bis zum Tode Balthasar Hubmaiers (1525–1528), in: Blätter des Vereines für Landeskunde von Niederösterreich 33 (1899), S. 417–435.

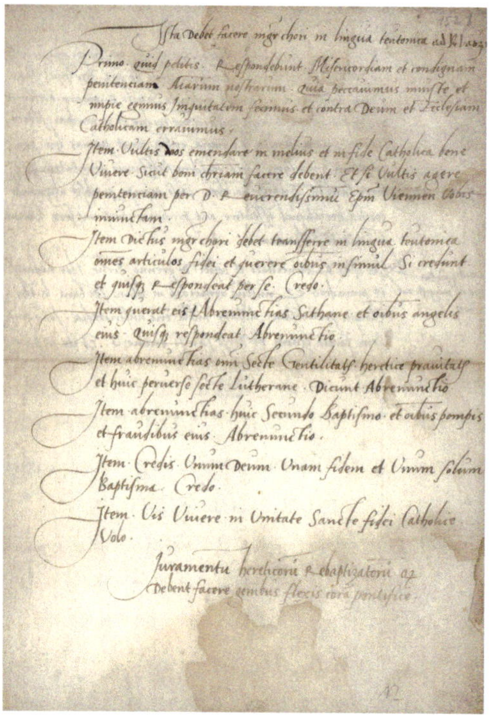

Formular für den öffentlichen Widerruf von Täufern und Anhängern Luthers im Wiener Stephansdom (Diözesanarchiv Wien, Konsistorial- und Ordinariatsakten, Reformation und Gegenreformation 1/1, 1521–1560, Bl. 12r)

Während seiner Weiterreise hörte er aber in Wien von einer Täuferversammlung in einem Haus in der Kärntner Straße und verschaffte sich, neugierig geworden, durch eine List Zugang. Das Auftauchen des Fremden löste Unruhe aus. Hans Hut, der gerade predigte, argwöhnte, Schiemer sei ein Verräter. Einige Zuhörer verließen besorgt die Stube. Nachdem Schiemer zwei Tage lang den Predigten Huts zugehört hatte, ließ er sich von Huts Begleiter Oswald Glaidt taufen. Auch Schiemer wurde als täuferischer Vorsteher auf eine Missionsreise ausgesandt, die ihn nach Tirol führte, wo er im Dezember 1527 verhaftet wurde.[7]

Von Hans Hut sind zwei Briefe aus dem Sommer oder Herbst 1527 überliefert, von denen der eine sicher, der andere sehr wahrscheinlich an Täufer in Wien gerichtet war. Hut erwähnte in diesen Schreiben „das mißtrauen, das etlich hie gegen mir hetten deß Doctor Balthasar halben zu N[ikolsburg]“. Demnach waren Hut und seine Botschaft nicht von allen Wiener Täufern freundlich aufgenommen worden. Ferner ermahnte er seine Anhänger, auf dem jüngst eingeschlagenen Heilsweg voranzuschreiten und die bevorstehende Anfechtung und Verfolgung geduldig zu ertragen.[8]

In der Tat begann die Obrigkeit schon kurz nach Huts Abreise, gegen die Täufer vorzugehen. Unter den Verhafteten befand sich der Glaser Michael Winckler, der widerrief und aus Wien verbannt wurde. Er schlug sich nach Zürich durch, bekannte sich dort zur reformierten Lehre und wurde im August 1527 auf persönliche Empfehlung des Reformators Ulrich Zwingli in Straßburg als Bürger angenommen.[9] Andere verbannte oder geflohene Wiener Täufer hielten auch im Exil am Täufertum fest. Ebenfalls nach Straßburg wandte sich der Tischler Konrad Haug, wohl identisch mit dem Tischlermeister, der im April 1527 sein Haus für die Versammlungen der Wiener Täufer zur Verfügung gestellt hatte. Er wurde noch jahrelang als einer der Wortführer der Straßburger Täufer aktenkundig.[10] Eine andere Gruppe von Wiener Täufern ging in den Jahren 1527/28 nach Augsburg, wo damals eine große Täufergemeinde bestand. Die Augsburger Täufer wählten im April 1528 den Wiener Claus Schleifer zu einem ihrer Vorsteher.[11]

7 Grete Mecenseffy (Hg.): Österreich, Teil 2 (Quellen zur Geschichte der Täufer [künftig: QGT], Bd. 13), Gütersloh 1972, S. 54f.

8 Seebaß, Müntzers Erbe, S. 504f., S. 506f.; Esztergom, Főegyházmegyei Könyvtár, MSS. III. 128, Bl. 273r–278v.

9 Huldreich Zwinglis sämtliche Werke, Bd. 9 (Corpus Reformatorum, Bd. 96), Leipzig 1925, S. 182f., S. 191, S. 300; Marc Lienhard, Stephen F. Nelson, Hans Georg Rott (Hg.): Elsaß, Teil 4: Stadt Straßburg 1543–1552 (QGT 16), Gütersloh 1988, S. 395f., S. 459f.

10 Manfred Krebs, Hans Georg Rott (Hg.): Elsaß, Teil 1: Stadt Straßburg 1522–1532 (QGT 7), Gütersloh 1959, S. 124, S. 262f., S. 272; dies. (Hg.): Elsaß, Teil 2: Stadt Straßburg 1533–1535 (QGT 8), Gütersloh 1960, S. 9f., S. 249, S. 254, S. 380f., S. 440; QGT 16, S. 459f.

11 Friedrich Roth: Zur Geschichte der Wiedertäufer in Oberschwaben III: Der Höhepunkt der wiedertäuferischen Bewegung in Augsburg und ihr Niedergang im Jahre 1528, in: Zeitschrift des Historischen Vereins für Schwaben und Neuburg 28 (1901), S. 1–153.

In Wien bestand die Täufergemeinde von 1527 vielleicht noch bis ins Folgejahr weiter, denn ein nach Augsburg geflohener Täufer gab zu Protokoll, er sei im Jahr 1528 in Wien von einem Vorsteher Peter Lederer getauft worden.[12] Bald darauf kam das täuferische Gemeindeleben in Wien anscheinend zum Erliegen, sei es durch Abwendung von der täuferischen Lehre, sei es durch Abwanderung. Eine Widerrufs- und Rekonziliationsformel für wiedergetaufte Personen aus dem Jahr 1528 hat sich im Wiener Diözesanarchiv erhalten.[13] Andere Wiener flohen ins nahe gelegene Mähren. Hans Hut hatte seinen Anhängern geraten, sich in den Pollauer Bergen rund um Nikolsburg zu verbergen und dort die Eroberung des Heiligen Römischen Reiches durch die Türken abzuwarten.[14] Als die Truppen Süleymans „des Prächtigen" (reg. 1520–1566) im Herbst 1529 tatsächlich vor Wien standen, schien die Erfüllung dieser Prophezeiung unmittelbar bevorzustehen.

GEFÄNGNIS UND TOD VON TÄUFERN IN WIEN ◖ Während nur wenige Quellen bekannt sind, die von täuferischem Leben in Wien berichten, ist eine relativ große Zahl von Texten überliefert, die sich auf die Gefangenschaft und Hinrichtung von Täufern in Wien beziehen. In einem täuferischen Lied heißt es:

> **„Wien, du haſt glegt auff dich ein laſt,
> der fromen vil ermördet haſt."**[15]

Wie viele der „Frommen" kamen in Wien gewaltsam zu Tode? Da von den einschlägigen Akten und Korrespondenzen des Wiener Stadtrichters und der niederösterreichischen Regierung nur ein Bruchteil erhalten ist, sind keine Angaben darüber möglich, gegen wie viele Personen Anklage wegen Wiedertäuferei erhoben wurde, wie viele der Angeklagten einen Widerruf leisteten, wie viele Personen verurteilt wurden und in wie vielen Fällen Todesurteile tatsächlich vollstreckt wurden. Die Gemeindechronik der Hutterischen Brüder in Mähren aus dem Jahr 1581 gibt an, in Wien seien 23 Täufer hingerichtet worden. Darüber hinaus seien aber „noch vil haimlich gericht" worden.[16] Acht in Wien getötete Mitglieder der Gemeinde sind in hutterischen Quellen dokumentiert. Demnach bezieht sich die Angabe der Chronik auch auf Täufer, die anderen Gruppen als den Hutterern angehörten.

Diejenigen Opfer der Verfolgung, über deren Identität Näheres aus den Quellen bekannt ist, waren durchweg Auswärtige, die man im Stadtgebiet aufgegriffen hatte oder die von anderen Orten Niederösterreichs zur Aburteilung nach Wien überstellt worden waren. Als „Delikt gegen den Glauben" fiel die Wiedertaufe eigentlich in den Bereich des Ketzerrechts, das einen Prozess vor einem kirchlichen Gericht erforderte. Entsprechend wurde noch im Fall des Wiener Luther-Anhängers Caspar Tauber (gest. 1524) im Jahr 1524 verfahren, dessen Prozess ein förmliches Inquisitionsverfahren unter dem Vorsitz des Wiener Bischofs gewesen war. Die Wiener Täuferprozesse wurden dagegen von

12 Gottfried Seebaß, Heinold Fast (Hg.): Briefe und Schriften oberdeutscher Täufer 1527–1555. Das „Kunstbuch" des Jörg Probst Rotenfelder gen. Maler (Burgerbibliothek Bern, Cod. 464) (QGT 17), Gütersloh 2007, S. 688.

13 Diözesanarchiv Wien, Konsistorial- und Ordinariatsakten, Reformation und Gegenreformation 1/1, 1521–1560, Bl. 12r–13v; Grete Mecenseffy (Hg.): Österreich, Teil 1 (QGT 11), Gütersloh 1964, S. 89f.

14 Seebaß, Müntzers Erbe, S. 370.

15 Adolf Mais: Gefängnis und Tod der in Wien hingerichteten Wiedertäufer in ihren Briefen und Liedern, in: Jahrbuch für Geschichte der Stadt Wien 19/20 (1963/64), S. 87–182, hier S. 181.

16 Andreas Johannes Friedrich Zieglschmid (Hg.): Die älteste Chronik der Hutterischen Brüder. Ein Sprachdenkmal aus frühneuhochdeutscher Zeit, Ithaca, NY 1943, S. 232.

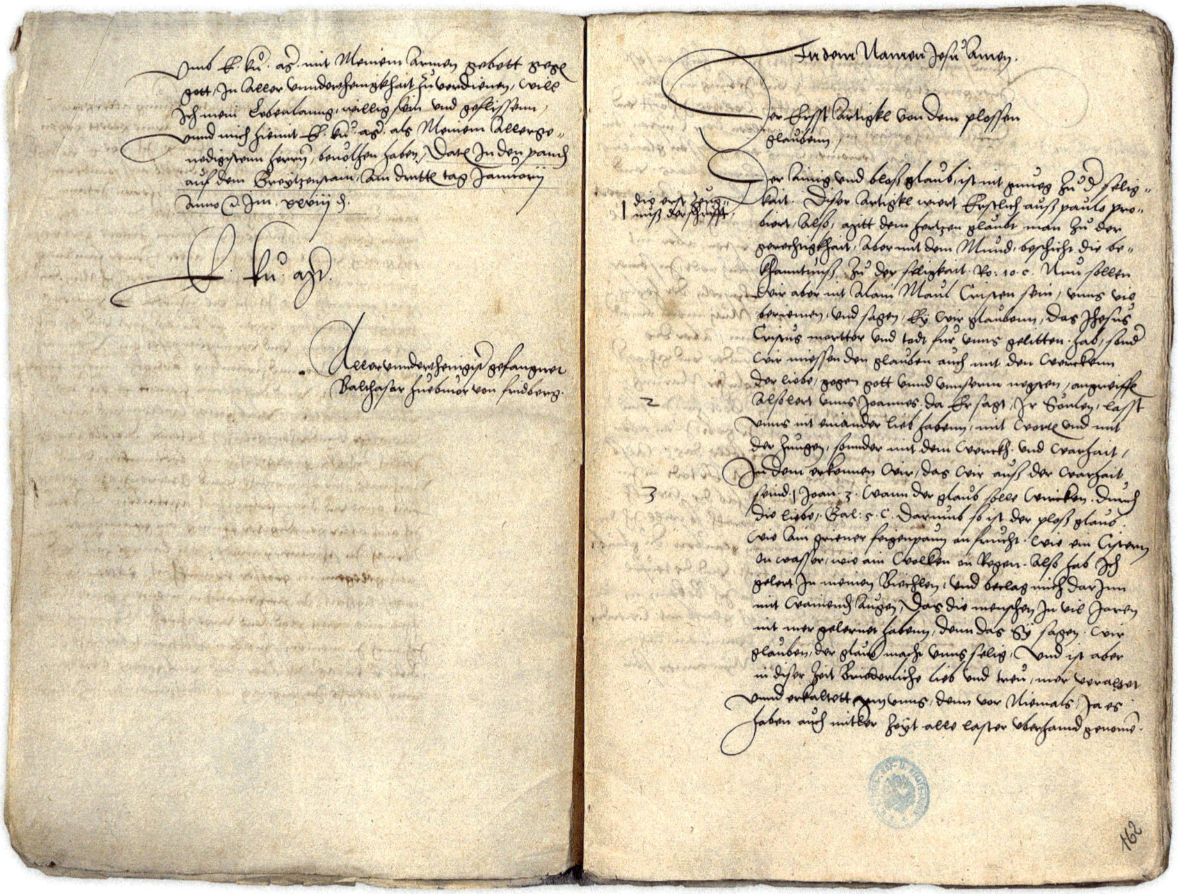

Kat.Nr. 3.17 Zeitgenössische Kopie einer Niederschrift Balthasar Hubmaiers aus dem Gefängnis auf Burg Kreuzenstein vom 3. Jänner 1528

weltlichen Gerichten durchgeführt, der gegen Balthasar Hubmaier 1527/28 durch die niederösterreichische Regierung, die übrigen durch den Wiener Stadtrichter. Während der Prozesse wurden regelmäßig theologische Experten der Wiener Universität als Gutachter hinzugezogen sowie Vertreter der Bettelorden, die mit den obligatorischen (zuweilen erfolgreichen) Bekehrungsversuchen betraut waren.

Die Überführung der Täuferverfolgung in die Kompetenz weltlicher Gerichte war Teil der Bemühungen Ferdinands I. um eine möglichst effektive Unterdrückung der beunruhigenden neuen Bewegung. Der den Täufern zur Last gelegte Tatbestand war anfangs Ketzerei, so noch in dem umfassenden Mandat gegen die reformatorischen Bewegungen vom 20. August 1527. Einige Monate später gaben aufrührerische Aussagen gefangener Täufer (die sich eigentlich auf die von Hut angekündigten endzeitlichen Umwälzungen bezogen) Anlass, den Schwerpunkt der Anklage von Ketzerei auf das weltliche Kapitaldelikt des Aufruhrs zu verlagern, was eine weitere Straffung des Verfahrens ermöglichte. Den Höhepunkt der Verfolgung stellte die zeitweilige Aufstellung einer „streifenden Rotte" (gewissermaßen eines mobilen Einsatzkommandos) am 20. März 1528 unter dem Befehl des Landesprofosen Dietrich von Hartitsch dar. Dieser wurde bevollmächtigt, in ganz Niederösterreich unter Umgehung der Kompetenzen lokaler Gerichte Täufer zu verhaften und standrechtlich hinzurichten.[17] „Er hat etliche in gfencknus bracht, die er im veld auff der strassen ergriffen, enthauptet, welche in dörffern nit wollten absteen, an die thorseülen gehennckt."[18]

17 QGT 11, S. 6, S. 55, S. 91–93.
18 Zieglschmid, Chronik, S. 54.

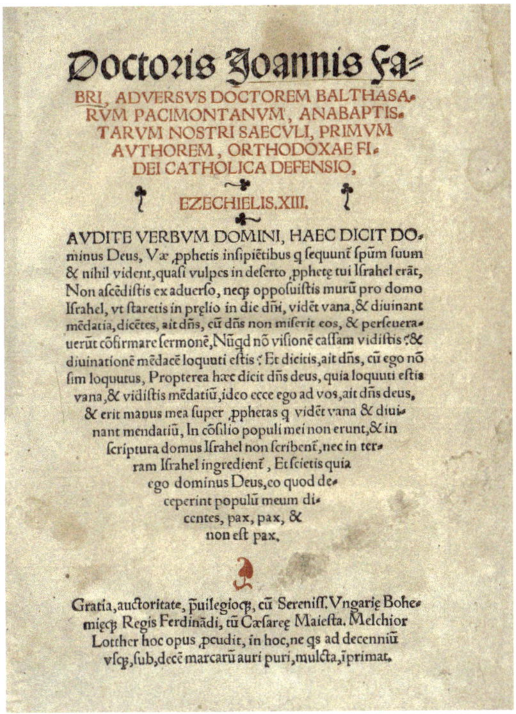

Doctoris Joannis Fa=
BRI, ADVERSVS DOCTOREM BALTHASA-
RVM PACIMONTANVM, ANABAPTIS-
TARVM NOSTRI SAECVLI, PRIMVM
AVTHOREM, ORTHODOXAE FI-
DEI CATHOLICA DEFENSIO,

EZECHIELIS. XIII.

AVDITE VERBVM DOMINI, HAEC DICIT DO-
minus Deus, Væ ꝓphetis insipiẽtibus q̄ sequunt̃ spũm suum
& nihil vident, quasi vulpes in deserto ꝓphetę tui Israhel erãt,
Non ascẽdistis ex aduerso, neq; opposuistis murũ pro domo
Israhel, vt staretis in prælio in die dñi, vidẽt vana, & diuinant
mẽdatia, dicẽtes, ait dñs, cũ dñs non miserit eos, & perseuera-
uerũt cõfirmare sermonẽ, Nũqd nõ visionẽ cassam vidistis ? &
diuinationẽ mẽdacẽ loquuti estis ? Et dicitis, ait dñs, cũ ego nõ
sim loquutus, Propterea hæc dicit dñs deus, quia loquuti estis
vana, & vidistis mẽdatiũ, ideo ecce ego ad vos, ait dñs deus,
& erit manus mea super ꝓphetas q̄ vidẽt vana & diuinant mendatiũ, In cõsilio populi mei non erunt, & in
scriptura domus Israhel non scribent̃, nec in terram Israhel ingredient̃, Et scietis quia
ego dominus Deus, eo quod de-
ceperint populũ meum di-
centes, pax, pax, &
non est pax.

Gratia, auctoritate, ꝓuilegioq;, cũ Sereniss. Vngarię Bohe-
mięq; Regis Ferdinãdi, tũ Cæsareę Maiesta. Melchior
Lotther hoc opus ꝓcudit, in hoc, ne q̄s ad decenniũ
vsq;, sub, decẽ marcarũ auri puri, mulcta, ĩprimat.

Johann Fabri und Balthasar Hubmaier kannten einander aus Studienzeiten. Während Hubmaiers Gefangenschaft versuchte Fabri, Hubmaier zu einem Widerruf zu bewegen: Lateinischer Bericht über das Streitgespräch (Wien, Österreichische Nationalbibliothek, Sign. 18.D.47)

Die erste Täuferhinrichtung in Wien war zugleich die spektakulärste. Als Nachfolger des böhmisch-ungarischen Königs Ludwig II. Jagiello (1506–1526) hatte Ferdinand I. im Februar 1527 die Herrschaft über die Markgrafschaft Mähren angetreten. Im Juli 1527 erzwang Ferdinand die Auslieferung des Nikolsburger Reformators Balthasar Hubmaier, dem neben Ketzerei seine Verstrickung in den Bauernaufstand im habsburgischen Vorderösterreich im Jahr 1525 zur Last gelegt wurde. Die Wiener Regierung ließ Hubmaier, der zusammen mit seiner Gattin nach Wien geführt worden war, für die Dauer des Prozesses auf die Burg Kreuzenstein verlegen. Verurteilung und Hinrichtung wurden fast neun Monate lang hinausgezögert, da man bis zuletzt hoffte, den prominenten Häresiarchen zu einem publizistisch verwertbaren Widerruf bewegen zu können.[19]

Schließlich wurde der Gefangene — so berichtete ein Augenzeuge der Hinrichtung, der Wiener Magister Stephan Sprügel — wieder nach Wien verbracht. Nachdem er auch unter der Folter im „Schergenhaus“ (in der heutigen Rauhensteingasse) an seiner Lehre festgehalten hatte, wurde er am 10. März 1528 in Anwesenheit zahlreicher Schaulustiger vor dem Stubentor lebendig verbrannt. Am 13. März wurde Hubmaiers Ehefrau Elisabeth Hüglin an der Langen Brücke in der Donau ertränkt. Am 28. März wurden zwei weitere Täufer, ein Schneider und ein Bauer, lebendig verbrannt. Laut Sprügels Bericht gestaltete Hubmaier seinen Gang zum Scheiterhaufen durch eine Abfolge laut gesprochener lateinischer und deutscher Gebete, Gesänge, Bibeltexte und einer kurzen Abschiedsrede an die Umstehenden geradezu als eine Liturgie des Martyriums. Die beiden Täufer, die am 28. März 1528 verbrannt wurden, stimmten auf dem Scheiterhaufen die deutsche Fassung des Hymnus *Veni creator Spiritus* an, die in Nikolsburg während der Taufliturgie gesungen wurde.[20]

Um der Auffassung vieler „verstockter und verkerter maulchristen“ entgegenzuwirken, man habe Hubmaier „unrecht gethan, er sey ein merterer vor Gott, er sey wie Johannes Huss unschuldiglich verbrent“, verfasste der königliche Rat und spätere Bischof von Wien, Johann Fabri (1478–1541), eine deutsche Flugschrift über Hubmaiers Hinrichtung und einen ausführlichen lateinischen Bericht über die Streitgespräche, die er in den letzten Tagen des Jahres 1527 mit Hubmaier im Gefängnis auf der Burg Kreuzenstein geführt hatte.[21]

Das Verhalten Hubmaiers und der beiden am 28. März 1528 verbrannten Täufer, die ihre eigene Hinrichtung als öffentliche Bezeugung ihrer Glaubensüberzeugung gestalteten, ist ein frühes

19 QGT 11, S. 80; Torsten Bergsten: Balthasar Hubmaier. Seine Stellung zu Reformation und Täufertum 1521–1528, Kassel 1961, S. 476–481.

20 Universitätsarchiv Wien, Ph 9, IV, Acta facultatis artisticae, 1497–1559, Bl. 150r-v; zur Nikolsburger Taufliturgie siehe Gunnar Westin, Torsten Bergsten (Hg.): Balthasar Hubmaier, Schriften (QGT 9), Gütersloh 1962, S. 349.

21 Johann Fabri: Vrsach warumb der wider=|tewffer Patron vnd erster anfenger Doc|tor Balthasar Hubmaier zu Wien | auff den zehenden tag Mar| tij Anno. 1528.| verbrant. sey | Dresden: Wolfgang Stöckel 1528 (VD16 F 241; Nachdruck: Landshut: Johann Weißenburger 1528, VD16 F 242); ders.: ADVERSVS DOCTOREM BALTHA-SA=|RVM PACIMONTANVM, ANABAPTIS-|TARVM NOSTRI SAECVLI, PRIMVM | AVTHOREM, ORTHODOXAE FI=|DEI CATHOLICA DEFENSIO.|[...],| Leipzig: Melchior Lotter d. Ä. 1528 (VD16 F 190); Christoph Dittrich: Die vortridentinische katholische Kontroverstheologie und die Täufer. Cochläus — Eck — Fabri, Frankf. a. M. 1991.

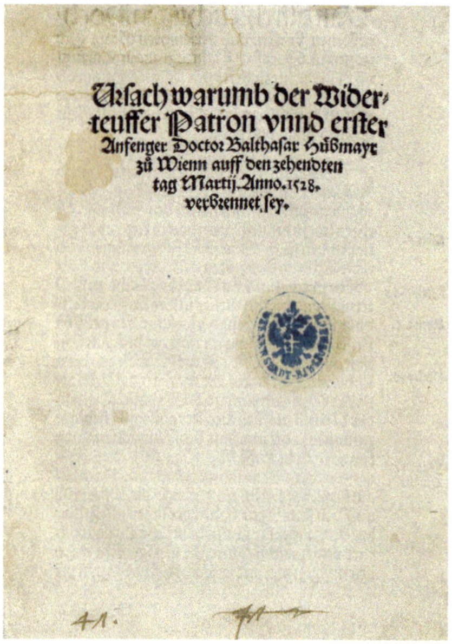

Ursach warumb der Wider-
teuffer Patron vnnd erster
Anfenger Doctor Balthasar Hůbmayr
zů Wienn auff den zehendten
tag Martij. Anno. 1528.
verbrennet sey.

Kat.Nr. 3.18 Einen Tag nach der Hinrichtung Hubmaiers stellte der königliche Rat und zukünftige Bischof von Wien Johann Fabri eine polemische Schrift gegen Hubmaier fertig.

Beispiel für eine „Kultur des Martyriums",[22] welcher in der Frömmigkeit der verfolgten Täufer ein hoher Stellenwert zukam. Dies gilt in besonderem Maße für die Hutterischen Brüder in Mähren, die sich als die in der Endzeit wiederaufgerichtete apostolische Kirche betrachteten. Verfolgung und Martyrium galten ihnen als Kennzeichen der wahren Christen. Der Wiener Stadtrichter Sebastian Hutstocker (gest. 1557) berichtete im Jahr 1548 der niederösterreichischen Regierung über vier hutterische Gefangene, „daß sy den todt nicht furchten, und ich merckh, daß sy gerne wolten, daß man sy umbbrächt, [...] ungeverlich mit diser maynung: wann sy also werden verharren, so werden sy die ewige säligckhait erlangen, und ob sy sich also in iren secten werden martern und umbbringen lassen, daß alsdann ir gantzer hauffen desto tröstlicher und besterkhter in irem glauben wurden". Hutstocker, selbst eifriger Protestant, empfahl daher, die Gefangenen nicht hinzurichten, sondern des Landes zu verweisen, zumal auch ein jüngst erlassenes königliches Mandat für Täufer aus Mähren, die auf österreichischem Gebiet aufgegriffen werden, lediglich die Ausweisung anordne.[23]

Die Hutterer sammelten mit großer Sorgfalt die Briefe ihrer Gefangenen und Märtyrer und überlieferten diese Texte innerhalb ihrer Gemeinschaft in zahlreichen Abschriften als Erbauungsliteratur. 17 solcher Gefängnisbriefe, vier davon sogar in der im Wiener Kerker entstandenen Originalhandschrift, sind von Hieronymus Käls, Hans Oberecker und dem tschechischen Täufer Michael Seifensieder erhalten. Die drei waren am 8. Jänner 1536 auf der Durchreise in Wien in einem Gasthaus in der Kärntner Straße abgestiegen, wurden dort als Täufer erkannt und verhaftet. Sie wurden am 31. März 1536 in Wien verbrannt.[24]

20 Briefe stammen von Hans Staudach, Blasius Staudach gen. Beck, Antonius Keim und Leonhard Glockl gen. Schmied. Sie gehörten zu einer Gruppe von Täufern aus Kaufbeuren und Umgebung, die im Sommer 1545 nach Mähren reisen wollten, um sich dort den Hutterern anzuschließen. Als die Reisenden, bei denen sich zahlreiche Kinder befanden, nach der Fahrt donauabwärts an Land gingen, wurden sie am 22. Juli 1545 in Grafenwörth verhaftet. 14 erwachsene Gefangene, acht Frauen und sechs Männer, wurden am 6. August 1545 dem Wiener Stadtrichter vorgeführt. Davon wurden zehn in den folgenden Wochen entlassen und ausgewiesen. Die vier hartnäckigen Gefangenen wurden nach langer Haft am 29. November 1546 enthauptet.[25] Wenige Tage zuvor, am 12. November 1546, hatte die Regierung den Theologen der

22 Peter Burschel: Sterben und Unsterblichkeit. Zur Kultur des Martyriums in der frühen Neuzeit, München 2004; Brad S. Gregory: Salvation at Stake. Christian Martyrdom in Early Modern Europe, Cambridge, MA/London 1999.

23 Mais, Gefängnis, S. 162f.; QGT 11, S. 311f.

24 Mais, Gefängnis, S. 95–135; Zieglschmid, Chronik, S. 158–162; Werner O. Packull: Hutterite Beginnings. Communitarian Experiments during the Reformation, Baltimore/London 1995, S. 258–268; Margarete Wagner: Das „Hasenhaus" in Wien — Schauplatz der Festnahme dreier Täufer?, in: Mennonitische Geschichtsblätter 54 (1997), S. 69–76.

25 Mais, Gefängnis, S. 137–169; Karl Schonbaum (Hg.): Bayern, 2. Abt. (QGT 5), Gütersloh 1951, S. 136f., S. 141–159; Zieglschmid, Chronik, S. 265–267; Stefan Dieter: „Doch so weiß ich, das der Herr alle Ding in seine Handt hat": Das Leben und die Lieder des Kaufbeurer Täufers Hans Staudach, in: Die heilige Crescentia von Kaufbeuren im Spiegel der ersten Befragung durch Eusebius Amort und Giovanni Battista Bassi im Jahr 1744, Thalhofen 2001, S. 124–143.

Die Wiener Täuferhinrichtungen sind auch in dem 1685 erschienenen illustrierten *Märtyrerspiegel* des niederländischen Mennoniten Tieleman Jansz van Braght erwähnt. Die Illustration stellt die Hinrichtung von 18 Täufern in Salzburg im Jahr 1528 dar. (Tieleman Jansz van Braght: Het bloedig tooneel, of Martelaers spiegel der doops-gesinde of weereloose christenen, Amsterdam 1685, Universitätsbibliothek Wien)

Wiener Universität den Auftrag erteilt, ihren Teil zur Bekämpfung der Täufer beizutragen und geeignete Schriften zu verfassen; allerdings erschien nichts dergleichen im Druck.[26]

Noch während der Haft Staudachs und seiner Gefährten wurden am 11. November 1546 vier weitere Hutterer, Michael Matschidel und dessen Frau Lisel, Hans Gurtzham und ein gewisser Christoph, in das Gefängnis des Wiener Stadtrichters gebracht. Die vier waren auf einer Missionsreise in Kärnten verhaftet worden. Madschidel und seine Frau konnten im Jahr 1549 während eines Stadtbrandes dank der Hilfe eines Wiener Bürgers fliehen und gelangten zurück zu ihrer Gemeinde in Mähren. Von Matschidel sind zwei Briefe überliefert. Gurtzham wurde am 27. Juni 1550 in der Donau ertränkt, das Schicksal des vierten Mitgefangenen ist unbekannt.[27]

Mit Gurtzham endete die Reihe der in Wien hingerichteten Hutterer. Einen unblutigen Verlauf nahm die in zwei Gefängnisbriefen beschriebene Haft des hutterischen Missionars Konrad Heinzemann gen. Schuster, der im Jahr 1558 auf der Rückreise von Schwaben in Stein bei Krems an der Donau verhaftet wurde.

26 Universitätsarchiv Wien, Th 3, Acta facultatis theologicae, 1508–1549, Bl. 132v.

27 Mais, Gefängnis, S. 161f., S. 169–182; Zieglschmid, Chronik, S. 267f.

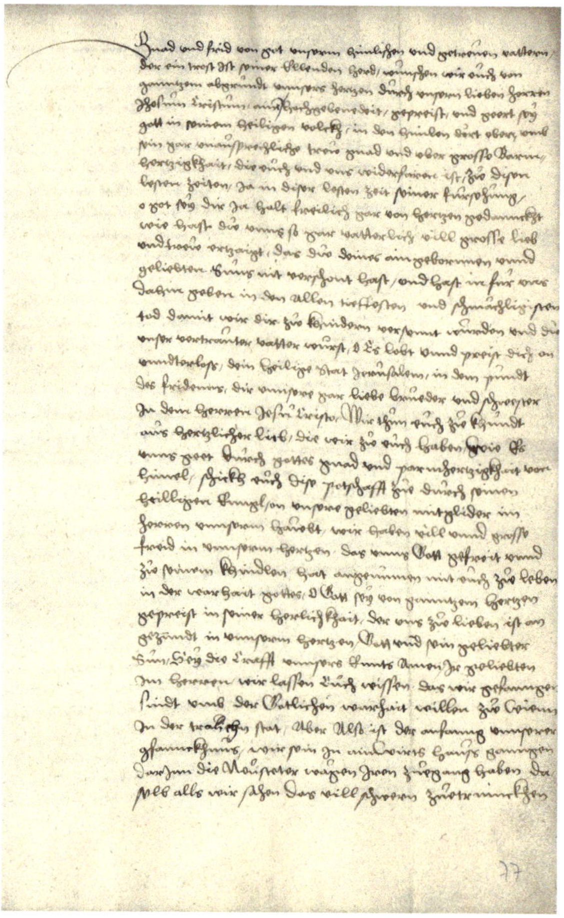

Abgefangenes Original eines Gefängnisbriefs von der Hand des Hutterers Hieronymus Käls aus dem Jahr 1536. Papier und Schreibzeug hatte ihm ein Wiener Täufer ins Gefängnis gebracht. (Diözesanarchiv Wien, Konsistorial- und Ordinariatsakten, Reformation und Gegenreformation 1/1, 1521–1560, Bl. 77r)

Gegen ihn eröffnete im Dezember desselben Jahres der Wiener Bischof Anton Brus von Müglitz (1518–1580), die kirchliche Ketzergerichtsbarkeit wiederaufnehmend, einen Prozess. Der evangelisch gesinnte Hofprediger Johann Pfauser (1520–1569) erreichte jedoch bei Maximilian II. die Freilassung Heinzemanns, der nach mehr als einjähriger Haft „mit unbeflecktem hertzen und gueten gewissen" nach Mähren zurückgelangte.[28] Andere Wiener Protestanten zeigten sich weniger duldsam als Pfauser. Noch 1573, als die Hutterischen Brüder in Mähren längst eine wohlhabende Gemeinschaft von etwa 20.000 Mitgliedern geworden waren, die sich der Protektion des mährischen Adels gewiss sein konnte, ließ der lutherische Landmarschall Hans Wilhelm von Roggendorf zwei hutterische Klampferer, die in Wien Einkäufe erledigten, verhaften, von seinen Prädikanten verhören und elf Wochen lang festhalten.[29]

Die Vorbereitung auf das Martyrium war ein zentraler Bestandteil der hutterischen Konfessionskultur. Spätere Gemeindeordnungen schrieben vor, bereits den Kindern „deren Brüder, die gerichtet worden, ihre Lieder und Episteln und Rechenschaften fleißig zu lesen geben, ihnen einbilden und bekannt machen, [...] wann etwa eins darnach ins Gefängnis käm oder seinen Glauben sonst müßte verantworten, es auch von dem Herrn wisse, was es wissen sollt".[30] Hieronymus Käls erwähnte in zwei Briefen, dass er sich in seinem Verhalten an den Briefen des hutterischen Märtyrers Lamprecht Gruber orientiere, der mit seinen Mitgefangenen im Jahr 1532 in Sterzing hingerichtet worden war.[31] Der Vorbereitung auf das Martyrium diente auch das Auswendiglernen umfangreicher Bibeltexte. Die verblüffende Bibelkenntnis der hutterischen Gefangenen spiegelt sich in den Gefängnisbriefen wider. Sie bestehen zum überwiegenden Teil aus einem eigenartigen Redefluss aus biblischen Zitaten und Phrasen ohne streng eingehaltenen Gedankengang. Diese für das hutterische Schrifttum charakteristische „Bibliolalie" galt als charismatisches Sprachphänomen, welches beweisen sollte, dass die hutterischen Glaubenszeugen von demselben Geist erfüllt seien wie einst die Apostel.[32]

28 Die Hutterischen Episteln 1527 bis 1763, Bd. 3, Elie, Manitoba 1988, S. 473–479; Zieglschmid, Chronik, S. 394–396.

29 Zieglschmid, Chronik, S. 471–474; zu den Hutterern in der zweiten Hälfte des 16. Jahrhunderts siehe František Hrubý: Die Wiedertäufer in Mähren, Leipzig 1935; Astrid von Schlachta: Hutterische Konfession und Tradition 1578 bis 1619. Etabliertes Leben zwischen Ordnung und Ambivalenz, Mainz 2003.

30 Andreas Johannes Friedrich Zieglschmid (Hg.): Das Klein-Geschichtsbuch der Hutterischen Brüder, Philadelphia, Pennsylvania 1947, S. 520.

31 Mais, Gefängnis, S. 109, S. 113; Zieglschmid, Chronik, S. 102f.

32 Martin Rothkegel: The Living Word. Uses of the Holy Scriptures among Sixteenth Century Anabaptists in Moravia, in: Mennonite Quarterly Review 89 (2015), S. 357–403.

Liederbuch von Christoph Hebenstreit (Bayerische Staatsbibliothek, Sign. Res/Asc. 5315,8). Ob er ein Täufer war, ist unklar. Könnte der Titelholzschnitt ein Hinweis auf seine Verbindung zum Täufertum sein?

Der Schriftverkehr zwischen den Gefangenen und der Gemeinde in Mähren wurde durch Kontaktpersonen in Wien und bestechliches Gefängnispersonal ermöglicht. Papier und Schreibzeug erhielten Käls und seine Mitgefangenen von einem ihnen unbekannten Wiener Täufer, der sie im Gefängnis besuchte.[33] Ein Teil der Gefängnisbriefe war nicht auf Papier, sondern auf Schiefertäfelchen geschrieben, die einfacher zu handhaben waren.[34] Aus Mähren erhielten die Gefangenen Trostbriefe und persönliche Schreiben.[35] Eine Bürgersfrau, die sich als Verwandte einer Gefangenen ausgab, schmuggelte Briefe und Gegenstände in Nahrungsmitteln versteckt in das Gefängnis.[36] Die Gefangenen baten um die Zusendung von Kleidungsstücken[37] und Exemplaren der im Jahr 1545 gedruckten *Rechenschaft unserer Religion, Lehre und Glaubens* von Peter Riedemann (1506–1556).[38] Gelegentlich legten die Gefangenen ihren Briefen Lieder bei, die sie im Gefängnis gedichtet hatten.[39] In einem Brief von 1546 ist sogar davon die Rede, dass Abgesandte der Gemeinde die Gefangenen in Wien besucht hätten.[40]

In den hutterischen Gefängnisbriefen sind auch einige in Wien hingerichtete Täufer aus anderen täuferischen Gruppierungen erwähnt. Kurz vor der Verhaftung von Käls und seinen Gefährten war Jakob Wiedemann (gest. 1536), Ältester der Gemeinschaft der Austerlitzer Brüder, zusammen mit mehreren Frauen und Männern in der Donau ertränkt worden. Käls sah in ihnen fromme Wahrheitszeugen, obwohl die Austerlitzer nicht die rechte Kirche seien.[41] Im August 1545 begegneten Hans Staudach und seine Gefährten im Wiener Gefängnis dem einstigen Weggefährten Hans Huts, Oswald Glaidt. Glaidt hatte sich um 1530 wieder der Nikolsburger Täuferkirche angenähert und lebte zuletzt in der mährischen Kleinstadt Jamnitz (Jemnice). Was zu seiner Verhaftung in Wien im Sommer 1544 führte, ist nicht bekannt. Vor seinem Tod befahl er seine Frau und Kinder den Hutterischen Brüdern an. Er wurde nachts ohne Zuschauer in der Donau ertränkt.[42]

Unklar ist, ob der am 27. Juli 1549 in Wien verbrannte Adelige Christoph Hebenstreit ein Täufer war, wie gelegentlich angenommen wurde. Von ihm stammen zwei im Gefängnis gedichtete Lieder, die zeitgenössisch in Einzeldrucken verbreitet wurden.[43] Auch von einem Bäckerjungen, der während einer Prozession zur Fronleichnamsoktav (man feierte damals auch den achten Tag nach hohen Festen) am 27. Juni 1549 auf dem Graben dem Priester die Monstranz aus der Hand schlug und auf der Erde zertrat, ging das Gerücht, er sei Täufer. Dies berichtete jedenfalls Jan Blahoslav (1523–1571), der zukünftige Bischof der Brüderunität, der im Jahr 1555 in Wien das Sühnemal besichtigte, das an der Stelle des Vorfalls errichtet worden war. Der Bäckerlehrling wurde am 12. November 1549 hingerichtet.[44]

33 Mais, Gefängnis, S. 115.
34 Ebd., S. 125–127.
35 Ebd., S. 106, S. 113f., S. 140, S. 142, S. 154, S. 160, S. 163. Ein Brief von Peter Walpot an Hans Staudach und seine Mitgefangenen ist in Abschrift erhalten, Bratislava, Archív mesta Bratislavy, Hab. 5, Bl. 47r–51v.
36 Mais, Gefängnis, S. 119, S. 125f.
37 Ebd., S. 119, S. 139, S. 144.
38 Ebd., S. 139; Die Hutterischen Episteln, Bd. 3, S. 476; P[eter] R[iedemann]: Rechenschafft vn=|serer Religion/Leer vnd | Glaubens,| P. R.| [...], o. O. [um 1545] (VD16 R 2338), in 16°.
39 Mais, Gefängnis, S. 100, S. 127, S. 163f., S. 169–173; Zieglschmid, Chronik, S. 391.
40 Mais, Gefängnis, S. 151.
41 Ebd., S. 117f.; Johannes Gast: DE ANABAPTISMI | EXORDIO, ERRORIBVS, Hi=|storijs abominandis ,| [...], Basel: Robert Winter 1549, S. 178f.; Packull, Hutterite Beginnings, S. 215–220.
42 Mais, Gefängnis, S. 140; Zieglschmid, Chronik, S. 259f.; Martin Rothkegel: Anabaptist Sabbatarianism in 16th Century Moravia, in: Mennonite Quarterly Review 87 (2013), S. 519–573.
43 Hartmann Joseph Zeibig: Aufzeichnungen der Klosterneuburger Stiftsdechante in der ersten Hälfte des XVI. Jahrhunderts, in: Notizenblatt. Beilage zum Archiv für Österreichische Geschichte 4 (1854), S. 265–278, S. 313–316, hier S. 316; VD16 H 871–872; Philipp Wackernagel: Das deutsche Kirchenlied von der ältesten Zeit bis zu Anfang des XVII. Jahrhunderts, Bd. 3, Leipzig 1870, S. 1094–1096.
44 Zeibig, Aufzeichnungen, S. 316; Praha, Národní archiv, Depozitum Ochranov, AUF VIII,

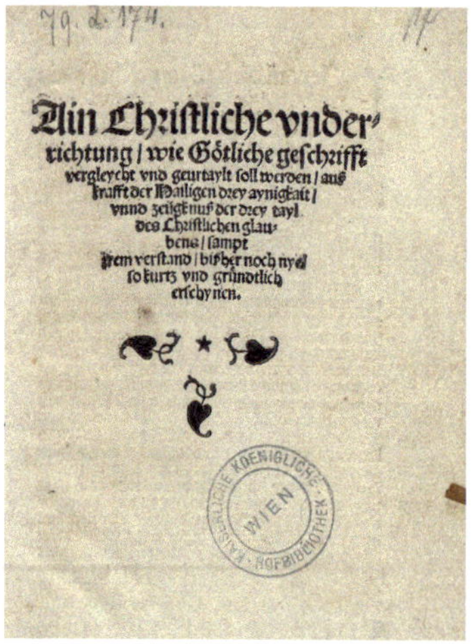

Ain Christliche vnder=richtung / wie Götliche geschrifft vergleycht vnd geurtaylt soll werden / aus krafft der Hailigen drey aynigkait / vnnd zeügknuß der drey tayl des Christlichen glau=bens / sampt jrem verstand / bißher noch nye so kurtz vnd gründtlich erschynen.

Kat.Nr. 3.19 Um 1530 erschien bei Johann Singriener in Wien klandestin der Nachdruck eines täuferischen Traktats von Hans Hut.

An der Untersuchung des Hostienfrevels des Bäckerjungen war von Amts wegen der Offizial der Diözese Wien, Christoph Freisleben, beteiligt, der selbst ein ehemaliger Täufer war. Er hatte in den Jahren 1527/28 zu den prominentesten Führern der Täuferbewegung in Oberösterreich und Süddeutschland gezählt, wandte sich im Jahr 1531 wieder dem Katholizismus zu und wurde im Jahr 1545 von der päpstlichen Pönitentiarie in Rom rehabilitiert. Nach juristischen Studien in Bourges und Ferrara kehrte er als Doktor der Rechte nach Wien zurück, wo er einst die Artes studiert hatte, wurde 1546 Syndikus der Wiener Universität und leitete von 1547 bis 1558 als Offizial die kirchliche Gerichtsbarkeit im kleinen Wiener Bistum.[45]

WIENS TÄUFERISCHER UNTERGRUND ◖ Nach der Zerschlagung der kurzlebigen Täufergemeinde von 1527/28 konnte die Gefahr einer Ausbreitung des Täufertums in Wien aus der Sicht der städtischen Obrigkeit als abgewehrt gelten. Der Stadtrichter Sebastian Hutstocker (gest. 1557) berichtete 1548, ihm seien in den letzten Jahren keine Fälle „dieser secten halben" bekannt geworden, in die Wiener Bürger verstrickt waren.[46] Ins Ausland geflohenen Wiener Täufern wurden die Rückkehr und die Erstattung ihres konfiszierten Eigentums verweigert.[47] Im Jahr 1536 hatte Hieronymus Käls zu Protokoll gegeben, er kenne in Wien keine Glaubensgenossen; wüsste er welche, wäre er gewiss nicht in dem Wirtshaus abgestiegen, in dem er und seine Gefährten schon am ersten Abend verraten worden waren.[48] Umso mehr waren Käls und seine Mitgefangenen überrascht, als ein Wiener Täufer sie unter Gefahr für sein eigenes Leben im Gefängnis besuchte, denn es sei eigentlich unmöglich, „in diser graussamen, abgötischen und bluetdürstigen statt Wien heillig oder christlich zu wandlen".[49]

Es gab in der Stadt also offenbar immer noch vereinzelte Täufer, Sympathisanten und Kontaktpersonen. Anders wäre es auch kaum erklärbar, dass um 1530 in der Wiener Druckerei des Johann Singriener (ca. 1480–1545) unfirmiert der Nachdruck einer Schrift des Hans Hut erscheinen konnte. Der — mit oder ohne Wissen des Druckherrn — in Singrieners Werkstatt ausgeführte geheime Druckauftrag hätte diesen nicht nur seine wirtschaftliche Existenz, sondern gemäß den strengen Zensurmandaten sogar den Hals kosten können.[50]

Zu den wenigen Nachrichten über Wiens täuferischen Untergrund der Jahre nach 1528 gehört ein Aushang des Rektors der Universität, Wolfgang Lazius (1514–1565), vom 29. Dezember 1546. Lazius hatte erfahren, dass der Magister Johann Ratzenberger und ein Student namens Caspar Molitoris, beide Stipendiaten der Burse Heidenheim (in der heutigen Bäckerstraße), Wiedertäufer

Bl. 98v; Timoteus Č. Zelinka (Hg.): Cesty Českých bratří Matěje Červenky a Jana Blahoslava, Praha 1942, S. 96f.; Theodor Wiedemann: Geschichte der Reformation und Gegenreformation im Lande unter der Enns, Bd. 2, Prag 1880, S. 59f.

45 Martin Rothkegel: Christoph Freisleben, in: Bibliotheca Dissidentium. Répertoire des non-conformistes religieux des seizième et dix-septième siècles, Bd. 30, Baden-Baden 2016, S. 85–158, hier S. 98 (1549 VI 28).

46 Mais, Gefängnis, S. 163.

47 QGT 16, S. 459f.; Znojmo, Státní okresní archiv, Archiv města Znojmo, kniha 269, Bl. 148r-v (1548 III 19).

48 Mais, Gefängnis, S. 93.

49 Ebd., S. 115.

50 Hans Hut: Ain Christliche vnder=|richtung/ wie Gotliche geschrifft | vergleycht vnd geurtaylt soll werden [...], [Wien: Johann Singriener, um 1530], Exemplare: Bratislava, Lyceálna knižnica, V. teol. 749 ④; Wien, Österreichische Nationalbibliothek, 79.L.174; zur Druckzensur siehe QGT 11, S. 5, S. 11, S. 283; Theodor Wiedemann: Die kirchliche Bücher-Censur in der Erzdiöcese Wien, in: Archiv für österreichische Geschichte 50 (1873), S. 213–292.

Ein Form ze
Tauffen im wasser
die vnnderrichten
im glauben.
D. Balthasar Hübmör
von Fridberg
Nicolspurg
Die warhayt ist vntödtlich.
1527

Zwischen Juni 1527 und Juni 1528 arbeitete der Drucker Simprecht Sorg Froschauer für die Nikolsburger Täuferkirche. In seiner Presse erschienen Flugschriften wie diese Werbeschrift für die Taufe der Gläubigen. (Österreichische Nationalbibliothek, Sign. 43.K.96)

geworden seien, und lud die beiden zum Widerruf vor dem Konsistorium der Universität vor. Ratzenberger war seit 1538 in Wien immatrikuliert und lehrte seit 1546 an der Artistenfakultät. Molitor, ein Sachse aus dem Vogtland, war erst seit 1544 in Wien immatrikuliert. Der Ausgang der Sache ist unbekannt.[51] Vielleicht standen die beiden in Verbindung mit einer Zweiggemeinde der Austerlitzer Brüder, die insgeheim in Wien weiterbestand. Deren Prediger, ein Bastel Schlosser, unterschrieb am 19. März 1553 gemeinsam mit den Vertretern von fünf in Südmähren gelegenen Täufergemeinden ein Schreiben an die Täufergemeinde in Augsburg.[52]

Einen letzten Einblick in die verborgene Präsenz von Täufern in Wien gewähren die Aussagen eines Messerschleifers namens Odorigo Morosello im Februar 1567 vor dem Inquisitionstribunal in Venedig. Morosello gehörte zu einer Gruppe von Täufern in Venedig und Padua, die in Verbindung mit Gemeinden in Mähren, dem „Gelobten Land" der Täufer, stand. Odorigos Bruder, Pietro, hatte einige Zeit in Austerlitz (Slavkov u Brna) und in anderen Orten in Mähren und Ungarn verbracht. Odorigo selbst war kurz vor seiner Verhaftung aus Wien zurückgekehrt, wo ihn ein Tischler Giacomo aus Brescia getauft hatte. Nach seiner Taufe hatte Odorigo in Wien die Tochter eines täuferischen Steinmetzen namens Francesco aus Vicenza geheiratet. Die junge Frau, Appolonia, befand sich zur Zeit von Odorigos Verhaftung mit ihren Eltern in Wien. Odorigo widerrief, sein Prozess endete im Frühjahr 1568 mit der Verbannung aus Venedig.[53]

Weder der Übertritt der beiden Scholaren zum Täufertum im Jahr 1546 noch die Zuwanderung täuferischer Handwerker aus Norditalien zwei Jahrzehnte später konnten das Erlöschen täuferischer Präsenz in Wien aufhalten. Die radikale Nonkonformität der Täufer erwies sich im Lebensraum Stadt als nicht praktikabel. Nach der dynamischen Anfangsphase des Jahres 1527, als das Täufertum innerhalb kürzester Zeit zahlreiche evangelisch gesinnte Wienerinnen und Wiener angezogen hatte, brachte die noch im selben Jahr einsetzende Verfolgung die Bewegung rasch zum Erliegen. Als Möglichkeiten verblieben die Rückkehr zur religiösen Konformität, die Emigration oder die Suche kleiner, verborgener Restgruppen nach Überlebensstrategien innerhalb der Stadt.

Jene konfessionelle Ambivalenz, die von der — äußerlich, soweit unumgänglich, katholisch konformen, innerlich mit dem Protestantismus sympathisierenden — Mehrheit der Wiener Bevölkerung praktiziert wurde, schien den Täufern aus Sorge um ihr ewiges Seelenheil unerträglich. Die Taufe der Gläubigen, die von selbst gewählten Vorstehern geleiteten Abendmahlsfeiern und die strenge Gemeindezucht der Täufer markierten die eindeutige Abkehr von der alten Kirche und den Anspruch, wahre Kirche nach dem Neuen Testament zu sein. Die Kompromisslosigkeit der Täufer hatte im Wien des 16. Jahrhunderts keinen Raum; diesen Raum fanden sie jenseits der Landesgrenze im „Gelobten Land" Mähren. ■

51 Wien, Österreichische Nationalbibliothek, Cod. 7864, Bl. 61v–62r.

52 Seebaß, Fast, Briefe und Schriften, S. 426f.; Martin Rothkegel: Die Austerlitzer Brüder: Pilgram Marpecks Gemeinde in Mähren, in: Astrid von Schlachta, Anselm Schubert (Hg.): Grenzen des Täufertums/Boundaries of Anabaptism. Neue Forschungen (Schriften des Vereins für Reformationsgeschichte, Bd. 209), Gütersloh 2009, S. 232–270.

53 Archivio di Stato di Venezia, Sant'Ufficio, b. 22/2, Bl. 1r–3r (1567 II 13), 4v–6v (1567 II 18); Giovanna Paolin: Sviluppi dell'anabattismo veneto nella seconda metà del Cinquecento, in: Christoph von Hartungen, Günther Pallaver (Hg.): Die Täuferbewegung. Tagung zum 450. Todestag Jakob Huters (1536–1986), Bozen 1986, S. 115-146, hier S. 118f.

V

Das evangelische Wien

Johann Sebastian Pfauser und Maximilian II.

Wird der Protestantismus hoffähig?

Angelika Petritsch

„Kronprinz Maximilian hat einen lutherischen Prediger!“ Diese Nachricht machte von 1554 bis 1560 in Wien und sogar weit über die Reichsgrenzen hinaus die Runde. Nicht nur bei Hof sorgte das für Konflikte. König Ferdinand I. (1503–1564) war diesem gegenüber ausgesprochen feindlich eingestellt und unternahm einige Versuche, gegen den im Dienste seines Sohnes Stehenden vorzugehen. Und musste dann doch fünf Jahre lang einen Prediger bei Hof dulden, der sich zwar nicht offen zum Protestantismus bekannte, dessen Gottesdienste bei überzeugten Katholiken jedoch regelmäßig Widerspruch erregten.

Dabei war es im Jahr 1553 noch König Ferdinand I. selbst gewesen, der diesen Johann Sebastian Pfauser (1520–1569) als möglichen Hofprediger nach Wien gerufen hatte. Doch die Beziehung der beiden dürfte von Anfang an nicht funktioniert haben. Eine Einigung kam zumindest deshalb nicht zustande, weil Pfauser mit einer Frau zusammenlebte und einen Sohn hatte. Maximilian II. (1527–1576) störte sich allerdings ein Jahr später nicht an Pfausers Familie, im Jahr 1554 durfte der Prediger schließlich doch nach Wien kommen und in den Dienst Maximilians eintreten.

> „Gerade in den Jahren, die Pfauser in Wien verbrachte, bewies Maximilian einen immer deutlicheren Hang zum Protestantismus, und Pfauser schob man die Schuld dafür zu. Die katholische Partei beobachtete beide argwöhnisch.“

Kat.Nr. 8.4 Johann Sebastian Pfauser (1520–1569), Hofprediger Maximilians II.

Dies war der Beginn eines äußerst brisanten Arbeitsverhältnisses. Gerade in den Jahren, die Pfauser in Wien verbrachte, bewies Maximilian einen immer deutlicheren Hang zum Protestantismus, und Pfauser schob man die Schuld dafür zu. Die katholische Partei beobachtete beide argwöhnisch. Denn in der konfessionell sehr angespannten Situation vor und nach dem Augsburger Religionsfrieden war die religiöse Haltung des Thronfolgers ein Politikum, und die Ansichten seines Hofpredigers waren ein Thema, das in höchsten diplomatischen Kreisen Beachtung fand. Wer war nun dieser Pfauser?

JOHANN SEBASTIAN PFAUSER ❨ Offiziell war Maximilians Hofprediger natürlich katholisch.[1] Doch seine romkritische und reformfreudige Haltung war schon vor seiner Anstellung in Wien bekannt, und selbst als Hofprediger hielt sich Pfauser in dieser Hinsicht nicht zurück. Ferdinand I. und die Katholiken schimpften über ihn; die Protestanten hofften auf ihn — doch fünf Jahre lang schaffte es Pfauser, sich der endgültigen offiziellen Zuteilung ins evangelische Lager zu entziehen. Er behauptete von sich, dass er der von jeher überlieferten Wahrheit folge und der wahren Kirche angehöre. Was meinte er damit?

Das Bild Pfausers in der Forschung wurde hauptsächlich durch das Zeugnis eines böhmischen Bruders, Jan Blahoslav (1523–1571), geprägt. Die böhmischen Brüder hatten Gerüchte vernommen, dass Maximilian II. der evangelischen Lehre sehr zugeneigt sei, und wollten sich erstens persönlich davon überzeugen und zweitens, wenn dem so wäre, eine Beziehung zu dem Thronfolger aufbauen. So schickten sie von 1555 bis 1557 insgesamt vier Mal Jan Blahoslav nach Wien, der bei jeder seiner Reisen mit Pfauser zusammentraf und detaillierte Berichte über seine Gespräche mit dem Prediger hinterließ.[2] In einem dieser Gespräche muss nun Pfauser gesagt haben, dass er Vertreter eines religiösen Mittelwegs sei und bei beiden Konfessionsparteien Fehler erkenne. Sein offizieller Verbleib in der katholischen Kirche einerseits und seine reformatorisch gesinnten Predigten andererseits würden dem durchaus entsprechen.

Doch die wenigen Predigten und Briefe, die von Pfauser erhalten sind, ergeben ein anderes Bild: In seinen Gottesdiensten dürfte sich Maximilians II. Hofprediger zwar aus konfessionellen Streitigkeiten herausgehalten und auf einen polemischen Ton

1 Zu Pfauser siehe Angelika Petritsch: Johann Sebastian Pfauser. Hofprediger Maximilians II., in: Jahrbuch für die Geschichte des Protestantismus in Österreich 126 (2010), S. 122–186.

2 Blahoslavs Berichte sind abgedruckt in Anton Gindely: Quellen zur Geschichte der böhmischen Brüder vornehmlich ihren Zusammenhang mit Deutschland betreffend (Fontes Rerum Austriacarum, 2. Abt.: Diplomataria et Acta, Bd. 19), Wien 1859, S. 125–184.

verzichtet haben, doch inhaltlich predigte er trotzdem ganz eindeutig eine evangelische Theologie. Pfauser vertrat die lutherische Rechtfertigungslehre und lehnte gute Werke, das Fasten, die Anrufung von Heiligen und vor allem die Kirche als Heilsvermittlerin ab. Er wusste sich Luthers Schlagworten *solus Christus, sola gratia, sola fide* und *sola scriptura* verpflichtet und folgte Luthers Definition eines Sakraments. Sogar lutherische Lieder ließ er in seinen Gottesdiensten singen. Er kritisierte die katholische Kirche nicht nur wegen Missständen, sondern vor allem theologisch: Die Bischöfe würden sich eine Macht anmaßen, die ihnen Jesus niemals zugesprochen habe; als Autorität dürfe allein die Bibel gelten — nicht Tradition oder Konzilien, die sich irren könnten.

Kat.Nr. 8.3 Predigt in der Augustinerkirche. Bei dem Prediger könnte es sich um Johann Sebastian Pfauser handeln.

Pfauser predigte also lutherisch und machte theologisch keinerlei Zugeständnisse an die katholische Partei — außer dass er seine Ablehnung nicht immer deutlich aussprach. In seinen erhaltenen Briefen und den überlieferten Gesprächen mit Evangelischen gab er allerdings auch diese geringe Zurückhaltung auf: Bei solchen Gelegenheiten nannte er die katholische Kirche „teuflisch“[3], die Evangelischen dagegen die Anhänger des wahren Glaubens; er stellte sich sehr gern als Vorkämpfer des Protestantismus am Wiener Hof dar, kritisierte Vermittlungsversuche und beklagte die Verfolgung, unter der „unsere Religion“ in Österreich zu leiden habe.

Es ist unmöglich zu behaupten, dass Pfauser katholische Ansichten vertrat. Aber auch ein religiöser Mittelweg ist bei ihm inhaltlich nicht wahrzunehmen. Höchstens seine öffentliche Stellung kann als „Weg zwischen den Konfessionen“ bezeichnet werden. In Pfausers Position — als evangelisch predigender, katholischer Hofprediger — waren ein gewisses diplomatisches Geschick und konfessionelle Zurückhaltung unerlässlich. Weniger positiv sahen es seine Gegner, die im besten Fall von „List“ oder „Vorsicht“ sprachen, meistens jedoch über den Skandal von Pfausers Anstellung schimpften und ihn einen Ketzer nannten. Mehrere Versuche wurden unternommen, um den Prediger endgültig als Protestanten zu überführen. Doch durch unermüdliche Versicherungen, nur die biblische Wahrheit

3 Dieses und das folgende Zitat stammen aus einem Gespräch mit Friedrich Staphylos, aufgeschrieben von Thomas Mauer, abgedruckt in Bernhard Raupach: Erläutertes Evangelisches Österreich, Das ist fortgesetzte historische Nachricht von den vornehmsten Schicksahlen der Evangelisch-Lutherischen Kirchen in dem Ertz-Hertzogthum Oesterreich, Hamburg 1736, Beylage XII, S. 109–113.

darzulegen, und vor allem wohl durch Maximilians II. Wohlwollen und Unterstützung schaffte es Pfauser fünf Jahre lang, seine Person immer wieder neu aus der Schusslinie zu ziehen.

Wenn Pfauser von Verfolgung sprach, konnte er seine eigene, aber auch die allgemeine Situation des Protestantismus in Österreich meinen. Einerseits standen Maximilian II. und er unter einem enormen Druck, andererseits war und blieb der Protestantismus in Österreich illegal. Auch der Augsburger Religionsfrieden änderte nichts daran.

DER AUGSBURGER RELIGIONSFRIEDEN ☾ Der Augsburger Religionsfrieden von 1555 markierte für Deutschland einen Abschluss: Er brachte in einer rechtlich unklaren Situation, in der man sich zwischen der Durchsetzung eines katholischen Machtanspruchs und evangelischem Widerstand bewegte, eine Lösung. Er beendete eine religiöse Auseinandersetzung, die sogar zu einem Krieg geführt hatte. Und er brachte die Anerkennung des lutherischen Bekenntnisses.

Doch in Wien und im gesamten Land unter der Enns bedeutete der Augsburger Religionsfrieden von 1555 einen Anfang:[4] Hier beschwor er eine religiöse Auseinandersetzung herauf, die erbitterte Kämpfe am Verhandlungstisch zur Folge hatte. Und immer ging es um die Frage nach der Anerkennung des lutherischen Bekenntnisses.

Im Jahr 1555 konnte die Existenz des Protestantismus nicht mehr geleugnet werden, er musste reichsrechtlich anerkannt werden. Diese Anerkennung galt allerdings nur für die Anhänger der *Confessio Augustana*, also für die Lutheraner. Bei den Verhandlungen zum Augsburger Religionsfrieden hatte man sich um ein friedliches Nebeneinander der Konfessionen bemüht, doch an dem Wunsch der Einheitlichkeit hielt man fest. Da eine religiöse Einheit für ganz Deutschland unmöglich geworden war, verlagerte man die Idee der Einheit eine Ebene tiefer: Wenigstens jedes einzelne Land sollte nur einer Konfession angehören.

Der Augsburger Religionsfrieden gab nun dem Landesherrn das Recht, die Religion seines Landes zu bestimmen (*ius reformandi*). Die Untertanen dagegen hatten das Recht auszuwandern, wenn sie einem anderen Bekenntnis als jenem des Landesherrn angehörten (*ius emigrandi*). Damit hätten die österreichischen Erblande — nach dem habsburgischen Herrscher Ferdinand I. — eigentlich katholisch sein müssen. Das war jedoch ein theoretischer Anspruch, der nicht durchgesetzt werden konnte. Denn der katholische Ferdinand I. sah sich weitgehend evangelischen Ständen gegenüber, die nicht gewillt waren, auf ihren Glauben zu verzichten — und ihr Land verlassen wollten sie natürlich auch nicht.

Und so ging in Niederösterreich das Kräftemessen zwischen Katholiken und Protestanten auch nach dem Augsburger Religionsfrieden weiter. An der Illegalität des Protestantismus hatte sich nichts geändert. Doch da Ferdinand I. auf die Zusammenarbeit mit den evangelischen Ständen angewiesen war und nachdem der Augsburger Religionsfrieden das Luthertum prinzipiell einmal anerkannt hatte, hoffte man, auch in Niederösterreich eine Möglichkeit zur Anerkennung des evangelischen Bekenntnisses zu finden.

4 Zur Bedeutung des Augsburger Religionsfriedens für Österreich und vor allem zum niederösterreichischen Landtag von 1556 siehe Rudolf Leeb: Der Augsburger Religionsfrieden und die österreichischen Länder, in: Jahrbuch für die Geschichte des Protestantismus in Österreich 122 (2006), S. 23–54.

WIRD DER PROTESTANTISMUS LEGAL? ◖ Nur wenige Monate nach Abschluss des Augsburger Religionsfriedens rief Ferdinand I. die niederösterreichischen Stände zum Landtag nach Wien. Dem König ging es hauptsächlich um die Finanzierung des Militärs, um eine wirksame Abwehr der Osmanen garantieren zu können. Doch die Stände dachten nicht daran, diese Möglichkeit zur Verhandlung der religiösen Situation verstreichen zu lassen.

Laut Johann Sebastian Pfauser, der darüber am 3. Februar 1556 einen Brief an Jan Blahoslav schrieb,[5] drängten die Stände beim König darauf, die niederösterreichischen Gemeinden im Sinne der *Confessio Augustana* reformieren zu lassen. Denn sie wollten dem König keine Hilfsleistungen zusagen, wenn es nicht jedem Einzelnen freistünde, die eigene Religion gemäß der *Confessio Augustana* einzurichten. „Gott möge vollenden, was zu seiner Ehre und zu unser aller Heil erfolgreich begann!“, schloss Pfauser seinen Brief.

Pfauser war gut informiert. Ende Jänner übergaben Gesandte der fünf niederösterreichischen Länder eine Supplik an Ferdinand I., die sogar mit einem Fußfall überreicht wurde.[6] Darin wurde die zu dieser Zeit tief empfundene Gefahr des Osmanischen Reichs als Strafe Gottes für den Abfall vom wahren Glauben gedeutet. Die Stände nannten sich Anhänger des reinen Wortes Gottes, so wie es durch Christus offenbart worden war; sie beklagten die Gewissensnot, in der sie sich befanden, und beharrten darauf, dass man den Missbräuchen, die vor etwa tausend Jahren in der Kirche eingerissen wären, keinesfalls folgen dürfte.

Nach der Argumentation der Stände wäre es das sicherste Mittel gegen die Türkengefahr, die evangelische Konfession auch in den österreichischen Erblanden zuzulassen. Doch ganz konkret stellten sie auch großzügige finanzielle Unterstützung seitens der Reichsstädte in Aussicht für den Fall, dass Ferdinand I. ihren Bitten nachkommen sollte. Die Stände verabsäumten nicht darauf hinzuweisen, dass sie der *Confessio Augustana* folgten, die ja erst vor wenigen Monaten auf dem Reichstag zu Augsburg anerkannt worden war, und dass sie mit anderen religiösen Gruppierungen der Zeit oder gar mit Irrlehren nichts zu tun hätten.

Von Ferdinand I. erflehten die Evangelischen nicht nur die Aussetzung gegenreformatorischer Maßnahmen, sondern vor allem die öffentlich-rechtliche Anerkennung der augsburgischen Konfession auch in Niederösterreich.

In seiner Antwort auf die Supplik der Stände wies Ferdinand I. auf sein eigentliches Recht hin, das *ius reformandi*. Doch er war auch zu überraschenden Zugeständnissen bereit: Er erklärte, seine gegenreformatorischen Mandate aussetzen zu wollen und evangelische Lehrer und Pfarrer in Zukunft unbehelligt zu lassen. Es war eine Art Stillhalteabkommen, das der Landesherr da vorschlug. Er erkannte zwar das lutherische Bekenntnis für Österreich nicht an, verzichtete aber auf sein in Augsburg zugesprochenes Recht.

Zunächst wollten sich die Stände damit nicht zufriedengeben, sie hatten auf eine richtiggehende Anerkennung des lutherischen Bekenntnisses gehofft. Schlussendlich einigte man sich aber doch auf diese Lösung. Damit war der Protestantismus in Österreich zwar weiterhin nicht legalisiert, doch er war geduldet. Die Umsetzung des Augsburger Religionsfriedens war verhindert worden.

5 Auch dieser Brief ist Teil des Berichts, den Jan Blahoslav hinterließ. Gindely, Quellen, S. 163f.

6 Diese Supplik ist abgedruckt bei Raupach, Erläutertes Evangelisches Österreich, Beylage III, S. 12–20.

Kaiser Maximilian II. (1527–1576), 1575 (Wien Museum, Inv.Nr. 217.657)

Ob Pfauser damit zufrieden war? Einen evangelischen Hofprediger hätte Ferdinand I. dennoch nie geduldet.

MAXIMILIAN II. ◖ In der Zeit, als Pfauser sein Prediger war, zeigte Maximilian II. die größte Nähe zum Luthertum.[7] Wobei aber nicht behauptet werden kann, dass der Kronprinz in seiner religiösen Meinung von ihm abhängig war. Maximilian II. hatte ein Interesse an religiösen Fragestellungen und besaß eine gute theologische Bildung. Er kannte die Unterschiede zwischen den Konfessionen und kannte sich auch mit den theologischen Differenzen innerhalb des evangelischen Lagers aus. Dieses war ja zu dieser Zeit alles andere als einheitlich. Aber gerade in Bezug auf innerprotestantische Streitigkeiten ging Maximilian II. doch auch auf Distanz zu seinem Prediger.

Pfauser galt vielen Protestanten des Reichs als der Ansprechpartner am Wiener Hof. Darauf muss er ziemlich stolz gewesen sein. In teils blumigen Worten beschrieb er seine angefeindete Stellung bei Hof, seine standhafte Haltung — und wie Maximilian II. und er gemeinsam für die evangelische Sache in Wien kämpften.

Es kam allerdings auch vor, dass Pfauser den Mund zu voll nahm und die in ihn gesetzten Hoffnungen enttäuschen musste. Sei es, dass sich die Dinge in Wien nicht so positiv entwickelten, wie Pfauser das erhofft hatte; sei es, dass Maximilian gar nicht Partei ergreifen wollte — wie gegenüber den böhmischen Brüdern. Denn Jan Blahoslav musste nach vier Reisen nach Wien einsehen, dass von Maximilian II. keine Unterstützung zu erwarten war.

Für den Thronfolger stellte sich die Frage, auf welche Art er sein Interesse für den Protestantismus ausleben konnte und inwieweit er seine Differenzen zur katholischen Kirche öffentlich machen sollte. Bis 1560 spitzte sich die Situation für ihn immer weiter zu. Mit Pfauser als Prediger machte er keinen Hehl aus seinem Hang zum Protestantismus: Trotz großer Konflikte mit seinem Vater, König Ferdinand I., hielt Maximilian II. immer an Pfauser fest. Erst 1559/60 musste er ihn endgültig ziehen lassen. Pfauser wurde entlassen, verbrachte einige Zeit im Kloster Lilienfeld in Niederösterreich und zog dann nach Württemberg, wo er Superintendent in Lauingen an der Donau wurde. Bis zu seinem Lebensende erhielt er ein Gehalt aus Wien, nach seinem Tod im Jahr 1569 bekam seine Frau eine Witwenrente.

Mit den evangelischen Fürsten des Reichs — besonders mit Christoph von Württemberg (1515–1568) — stand Maximilian II. in gutem brieflichem Kontakt. Der Herzog sandte ihm beispielsweise evangelische Bücher zur Vertiefung seines religiösen Wissens und versuchte auch sonst, Maximilians Annäherung an den Protestantismus zu fördern. Den evangelischen Fürsten gegenüber bezeichnete sich Maximilian als wegen der Wahrheit verfolgt und rechnete sich den Anhängern des lutherischen Bekenntnisses zu.

7 Zu Maximilian und seiner religiösen Haltung siehe Jochen Birkenmeier: Via regia. Religiöse Haltung und Konfessionspolitik Kaiser Maximilians II. (1527–1576), Diss. Freie Univ. Berlin 2005.

„Ab dem Jahr 1557 verweigerte sich Maximilian II. bestimmten katholischen Zeremonien: Das Fronleichnamsfest umging er beispielsweise, indem er Pfauser befahl, drei Stunden lang zu predigen.“

Ab dem Jahr 1557 verweigerte sich Maximilian II. bestimmten katholischen Zeremonien: Das Fronleichnamsfest umging er beispielsweise, indem er Pfauser befahl, drei Stunden lang zu predigen. Das katholische Abendmahl lehnte Maximilian ebenfalls ab. Er verlangte Abendmahl so zu feiern, wie Christus es eingesetzt habe, nämlich unter beiderlei Gestalt, mit Brot und Wein.

Doch der Druck auf ihn war enorm: Sein Cousin, Philipp II. von Spanien, versuchte seine Schwester, Maximilians Frau Maria, zur Scheidung zu überreden. Die ging jedoch nicht darauf ein. Und auch Maximilians Stellung innerhalb der Familie, als Thronfolger und Herrscher, wurde mit seiner religiösen Einstellung verknüpft und diese als drohendes Argument gegen ihn verwendet.

Nach der Entlassung Pfausers bat Maximilian II. die evangelischen Fürsten um Rat, wie er sich nun verhalten sollte. Er sandte einen Boten, seinen Vertrauten Nikolaus von Warnsdorff, mit einem Schreiben zu ihnen. Maximilian II. wollte wissen, was er tun sollte, wenn ihm nun kein evangelischer Prediger mehr zugebilligt werden würde. Und er fragte die Fürsten, welche Unterstützung sie ihm gewähren würden, falls der Druck auf ihn noch weiter zunehmen sollte.

Die Antworten waren vorsichtig, aber realistisch: Die Fürsten rieten ihm, seinem Vater in äußeren Dingen gehorsam zu sein, bis sich eine Besserung der Verhältnisse einstellen würde. In religiösen Angelegenheiten sollte er allerdings nur seinem Gewissen folgen, die katholischen Feiern meiden und um einen neuen Prediger bitten, der ihm das Abendmahl unter beiderlei Gestalt reichen würde. Maximilian II. sollte geduldig ausharren und treu bei seinem Bekenntnis bleiben. Die Schwierigkeit seiner Situation erkannten die Fürsten an, konkrete Unterstützung konnten und wollten sie ihm aber nicht anbieten.

Tatsächlich ging der Thronfolger in Zukunft nicht mehr auf Konfrontationskurs zur katholischen Kirche. In den Jahren 1560/61 traf er oft mit dem päpstlichen Gesandten Hosius zusammen, diskutierte mit ihm und hörte sich dessen Ausführungen an. Er zeigte guten Willen gegenüber der katholischen Kirche und lebte seine Überzeugungen eher persönlich aus. Beim Papst setzte er beispielsweise durch, privat Abendmahl unter beiderlei Gestalt empfangen zu dürfen. Er gewöhnte sich eine mehrdeutige Sprache an (katholisch bedeutet nicht unbedingt römisch-katholisch) und vermied religiöse Praktiken, die gegen sein Gewissen verstießen. Bei seinem Eid, als er im Jahr 1563 zum ungarischen König gekrönt wurde, ersetzte er die Anrufung der Heiligen und der Jungfrau Maria durch die Nennung des Evangeliums.

Beiden Religionsparteien gegenüber verhielt er sich distanziert. Auch seine Kaiserkrönung änderte nichts daran. Etwaige Hoffnungen, dass ein evangelisch gesinnter Kaiser die protestantische Seite besonders unterstützen würde, erfüllten sich nicht.

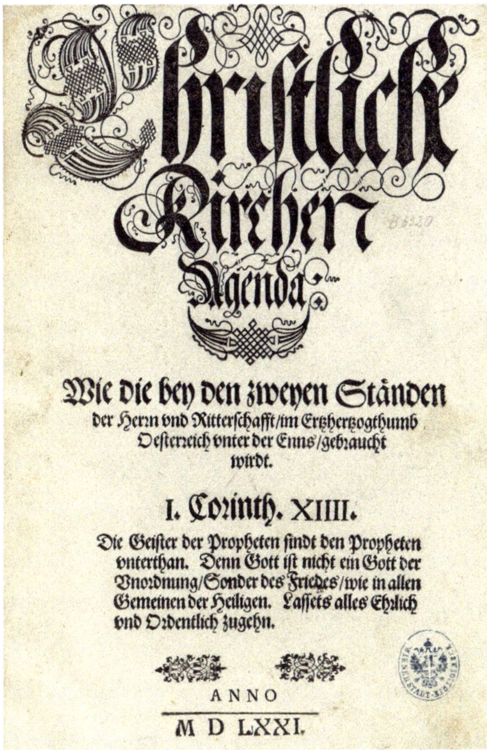
Christlich Kirchen Agenda.

Wie die bey den zweyen Ständen der Herrn vnd Ritterschafft/im Ertzhertzogthumb Oesterreich vnter der Enns/gebraucht wirdt.

I. Corinth. XIIII.

Die Geister der Propheten sindt den Propheten vnterthan. Denn Gott ist nicht ein Gott der Vnordnung/Sonder des Friedes/wie in allen Gemeinen der Heiligen. Lasset alles Ehrlich vnd Ordentlich zugehn.

ANNO M D LXXI.

Kat.Nr. 8.8 Die *Kirchenagende* von 1571, verfasst von David Chytraeus, sollte die Liturgie in den evangelischen Pfarren Niederösterreichs vereinheitlichen.

DIE *RELIGIONSKONZESSION* VON 1568 ℭ Seit dem Augsburger Religionsfrieden hatte der Protestantismus im Land unter der Enns einen Aufschwung genommen.[8] In einer rechtlich unklaren, aber daher auch modern anmutenden Situation war es möglich, evangelische Gottesdienste zu besuchen, es bildeten sich ein evangelisches Selbstbewusstsein und eine gewisse evangelische Tradition heraus — alles gegen das Reichsrecht.

Im Jahr 1568 gelang es dann jedoch den Ständen, den Protestantismus legalisieren zu lassen. Gegen sehr teures Geld erwirkten sie von Maximilian II. die sogenannte *Religionskonzession*, die im Jahr 1571 durch die *Religionsassekuration* bestätigt wurde. Damit verzichtete der Landesherr offiziell auf sein *ius reformandi*, ab jetzt durften die Grundherren die Religion ihres Gebiets bestimmen. Die Adeligen durften auf ihren Besitzungen und in ihren Dörfern und Städten evangelische Gottesdienste feiern lassen. Die landesfürstlichen Städte und Märkte waren dem Landesherrn unterstellt und blieben somit katholisch. So wie der Augsburger Religionsfrieden für das ganze Reich zunächst kleinere konfessionelle Einheiten geschaffen hatte, verlagerte die *Religionskonzession* den Gedanken der Einheit wieder eine Ebene tiefer. Ab jetzt gab es im Land unter der Enns zwei getrennte Kirchenstrukturen. Die Legalisierung des Protestantismus ging allerdings nicht so weit, dass die Ordination von evangelischen Pfarrern auf dem Land und ein evangelischer Superintendent für Niederösterreich erlaubt worden wären. Diese letzte Anerkennung verwehrte der Landesherr.

Außerdem knüpfte Maximilian II., der vor allem an einer philippistischen Ausrichtung und einer Vereinheitlichung des Protestantismus interessiert war, seine Zugeständnisse an die Forderung einer evangelischen Kirchenordnung oder Agende. Zu ihrer Ausarbeitung war neben David Chytraeus (1530–1600), der sie schlussendlich auch schriftlich festhielt, Johann Sebastian Pfauser ausersehen. Doch der starb bereits im Jahr 1569.

Mit der *Religionskonzession* konnten sich die Stände eigentlich am Ziel ihrer Wünsche wähnen. Aber da hatten sie sich getäuscht.

8 Rudolf Leeb: Der Streit um den wahren Glauben — Reformation und Gegenreformation in Österreich, in: ders., Maximilian Liebmann, Georg Scheibelreiter u. a.: Geschichte des Christentums in Österreich. Von der Spätantike bis zur Gegenwart (Österreichische Geschichte, hg. von Herwig Wolfram, Ergänzungsbd.), Wien 2003, S. 145–279, hier S. 201–212.

Eine „güldene und seliche Zeit"

Das evangelische Zentrum in der Wiener Herrengasse und seine Prediger

Astrid Schweighofer

Mitte der 1570er-Jahre war das ehemalige Niederösterreichische Landhaus in der Wiener Herrengasse (heute Palais Niederösterreich) vier Jahre lang offizieller Gottesdienstort für die Evangelischen Wiens. Im Frühsommer 1578 setzten die gegenreformatorischen Maßnahmen Kaiser Rudolfs II. und seines Statthalters in Niederösterreich, Erzherzog Ernst, dem sogenannten Landhausministerium ein Ende.[1] Als sich der aus Wien vertriebene lutherische Prediger Josua Opitz (1542–1585) im August 1578 mit einem Sendschreiben[2] an seine zurückgelassene Wiener Gemeinde wandte, bezeichnete er die Jahre seiner Tätigkeit als Prediger im Landhaus als eine „güldene und seliche Zeit".[3] Fünf-, sechs-, manchmal sogar achttausend Menschen hätten sich eingefunden, um das Wort Gottes zu hören und Gott für seine Gnade zu danken.[4] Damit sei es nun endgültig vorbei: „In was Traurigkeit und Hertzenleidt jr aber durch die plötzliche Abschaffung des gantzen Religions-Wesen im Landhause auf eine Stunde geraten, das hat euer klägliches und erbärmliches Seuffzen, Heulen und Weinen [...] wol zu erkennen geben [...]."[5]

VOM AUGSBURGER RELIGIONSFRIEDEN BIS ZUR *RELIGIONSKONZESSION* ◖ Als Tagungsort der Stände des Landes Österreich unter der Enns (Niederösterreich) war das Landhaus neben der kaiserlichen Hofburg ein bedeutendes Machtzentrum. Seit 1510 tagten die Stände ständig in Wien, im Jahr 1513 erwarben sie den Grund zwischen Minoritenplatz und Herrengasse und began-

1 Rudolf Leeb: Der Streit um den wahren Glauben — Reformation und Gegenreformation in Österreich, in: ders., Maximilian Liebmann, Georg Scheibelreiter u. a.: Geschichte des Christentums in Österreich. Von der Spätantike bis zur Gegenwart (Österreichische Geschichte, hg. von Herwig Wolfram, Ergänzungsbd.), Wien 2003, S. 145–279, S. 489–511, hier S. 223, S. 251; Josef Karl Mayr: Wiener Protestantengeschichte im 16. und 17. Jahrhundert, in: Jahrbuch der Gesellschaft für die Geschichte des Protestantismus in Österreich 70 (1954), S. 41–133, hier S. 64–66, S. 71–74; ders.: Vom Geiste des Hauses: der lutherische Landhausprediger Josua Opitz, in: Jahrbuch der Gesellschaft für die Geschichte des Protestantismus in Österreich 71 (1955), S. 9–13.

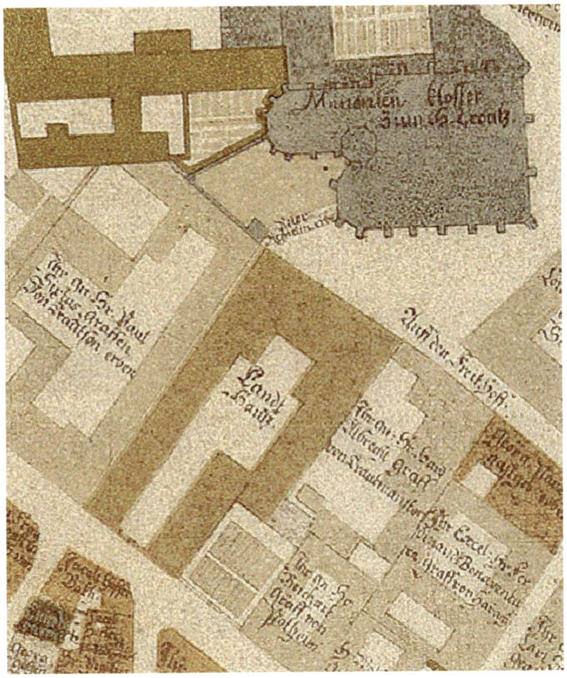

Das Landhausareal, Ausschnitt aus dem Wien-Plan von Daniel Suttinger, 1683/84 (Wien Museum, Inv.Nr. 72.200)

nen mit dem Bau des Hauses, das in der Folgezeit immer wieder umgestaltet und erweitert wurde.[6] Schon die geografische Nähe zwischen kaiserlicher beziehungsweise landesherrlicher Residenz und landständischer Opposition spiegelt den Dualismus zwischen dem zentralistisch ausgerichteten katholischen Landesherrn und den nach Autonomie strebenden, großteils evangelischen Ländern beziehungsweise den die Länder repräsentierenden Ständen der Prälaten, der Herren, der Ritter sowie der Städte und Märkte.[7] Im Zeitalter der Reformation erwies sich dieser Dualismus aufgrund der offenen Religionsfrage als politisch höchst bedeutsam, insbesondere nach dem Augsburger Religionsfrieden von 1555. Dieses Reichsgesetz anerkannte die Augsburger Konfession, also das Luthertum, im Heiligen Römischen Reich Deutscher Nation, verlieh den jeweiligen Landesherren mit dem sogenannten *ius reformandi* aber gleichzeitig die Befugnis, die Konfession ihrer Untertanen zu bestimmen.[8] Für die katholisch regierten österreichischen Erblande und das Erzstift Salzburg bedeutete diese Bestimmung die Rückkehr zum Katholizismus, wobei jenen, die dem nicht Folge leisten wollten, das Recht zur Auswanderung in ein anderskonfessionelles Territorium zugestanden wurde. In der Praxis ließ sich das *ius reformandi* freilich nicht ohne Widerstände durchsetzen. Seit den 1530er-Jahren hatten die Stände der Donauländer (Österreich ob und unter der Enns) und Innerösterreichs (Steiermark, Kärnten, Krain) wiederholt die Anerkennung des Luthertums gefordert. Auf dem Wiener Ausschusslandtag von 1556 erhielten sie von Kaiser Ferdinand I., der wegen der Osmanengefahr auf ihre finanzielle Hilfe angewiesen war, die Zusage, dass er keine weiteren gegenreformatorischen Aktionen setzen werde.[9] Nach dem Tod Ferdinands I. im Jahr 1564 wurden die habsburgischen Erblande auf seine drei Söhne aufgeteilt. Die Donauländer fielen an den Thronfolger Maximilian II., die innerösterreichischen Länder an Karl II., Tirol und die Vorlande an Ferdinand. Kaiser Ferdinand I. hatte die Aufteilung seiner Länder bereits 1554 in seinem Testament festgelegt, weil er befürchtet hatte, dass sein ältester Sohn Maximilian aufgrund seiner Sympathien für das Luthertum zu ebendiesem übertreten und die Erblande bei dessen Machtantritt folglich zur Gänze evangelisch würden.[10] Maximilian blieb dem

2 Josua Opitz: Sendschreiben an alle ware Christen, und bestendige Bekenner des heyligen Evangelii unsers HErren JEsu Christi, zu Wien in Osterreich, in: Bernhard Raupach: Erläutertes Evangelisches Österreich, Das ist fortgesetzte historische Nachricht von den vornehmsten Schicksahlen der Evangelisch-Lutherischen Kirchen in dem Ertz-Hertzogthum Oesterreich, Hamburg 1736, Beylagen Nr. XXI, S. 171–187; Josef Karl Mayr: Das Sendschreiben des Mag. Josua Opitz, in: Unsere Heimat. Monatsblatt des Vereines für Landeskunde von Niederösterreich und Wien 25 (1954) 1–2, S. 104–108; ders., Wiener Protestantengeschichte, S. 75f.

3 Opitz, Sendschreiben, S. 181.

4 Ebd., S. 174.

5 Ebd.

6 Thomas Winkelbauer: Ständefreiheit und Fürstenmacht. Länder und Untertanen des Hauses Habsburg im konfessionellen Zeitalter, Teil 1 (Österreichische Geschichte, hg. von Herwig Wolfram, 1522–1699), Wien 2003, S. 52–54; Anton Eggendorfer, Wolfgang Krug, Gottfried Stangler (Hg.): Altes Landhaus. Vom Sitz der niederösterreichischen Stände zum Veranstaltungszentrum, Wien 2006.

7 Leeb, Der Streit, S. 145–147; Peter Broucek: Der Krieg und die Habsburgerresidenz, in: Andreas Weigl (Hg.): Wien im Dreißigjährigen Krieg. Bevölkerung — Gesellschaft — Kultur — Konfession (Kulturstudien, Bd. 32), Wien/Köln/Weimar 2001, S. 106–154, hier S. 107–111.

8 Siehe dazu sowie zu den weiteren Bestimmungen des Augsburger Religionsfriedens Leeb, Der Streit, S. 195f.

9 Ders.: Der Augsburger Religionsfrieden und die österreichischen Länder, in: Jahrbuch für die Geschichte des Protestantismus in Österreich 122 (2006), S. 23–54, hier v. a. S. 23–37.

10 Leeb, Der Streit, S. 205–207.

Katholizismus treu, zeigte sich gegenüber den evangelisch dominierten Ständen seiner Länder aber kompromissbereit. Im Jahr 1568 anerkannte er mit der sogenannten *Religionskonzession* die lutherische Reformation in den Donauländern. Damit war es den beiden adeligen Ständen der Herren und Ritter vorerst erlaubt, auf ihren „Schlössern, Häusern und Gebieten auf dem Land“ für sich und ihre Untertanen evangelische Gottesdienste nach der Augsburger Konfession zu feiern. Dem vierten Stand, den landesfürstlichen Städten und Märkten, wurde dies unter Hinweis darauf, dass diese Maximilians „eigen Kammergut“ seien, ausdrücklich verwehrt. Ebenso machte Maximilian in der *Religionskonzession* deutlich, dass er nicht gewillt sei, dem Wunsch der Stände nach einer „offne[n] Kirche[], Kanzel und Predigstuhl“ in der „landesfürstlichen Haupt- und Residenzstadt Wien“ Folge zu leisten, und er außerdem gegenseitige Schmähungen und Lästerungen der Konfessionen nicht dulden werde.[11] Maximilians Zugeständnisse und seine Bereitschaft, auf das ihm im Augsburger Religionsfrieden zugestandene *ius reformandi* zu verzichten, waren nicht zuletzt den finanziellen Problemen geschuldet, die infolge des erfolglosen Kriegszugs gegen die Osmanen auf dem jungen Kaiser und Landesherrn lasteten. Die Stände hatten ihr Recht auf Steuerbewilligung als Druckmittel eingesetzt, um Maximilian zur Freigabe der Augsburger Konfession zu bewegen.[12] Vier Jahre später sah sich Karl II. von Innerösterreich aus denselben Gründen gezwungen, den religionspolitischen Forderungen der Stände in seinen Ländern nachzugeben und mit der Grazer *Religionspazifikation* das Augsburger Bekenntnis anzuerkennen.[13]

Auf Anordnung Maximilians II. wurde in Zusammenhang mit der *Religionskonzession* von dem Rostocker Theologen David Chytraeus (1530–1600) eine gottesdienstliche Ordnung (Kirchenagende) erstellt. Eine eigenständige Kirchenleitung mit einem Superintendenten wurde nicht genehmigt, ebenso wenig war es erlaubt, die evangelischen Pfarrer im eigenen Land zu ordinieren.[14]

Die *Religionskonzession* von 1568 und die drei Jahre später ausgefertigte *Religionsassekuration* für Niederösterreich, mit der Maximilian II. die Zugeständnisse von 1568 bestätigte, ermöglichten es den Evangelischen der Donauländer, ihre Konfession erstmals legal auszuüben — freilich mit den oben genannten Einschränkungen in Bezug auf die landesfürstlichen Städte und Märkte. Genau in jenem Punkt aber sahen die evangelischen Adeligen einen Interpretationsspielraum. Sie waren nämlich der Ansicht, die Kultusfreiheit erstrecke sich nicht nur auf ihre Besitzungen auf dem Land, wie es der Wortlaut der *Religionskonzession* besagte, sondern auch auf ihre Freihäuser in Wien und letztlich auch auf das Landhaus.[15] Sowohl der erwähnte evangelische Theologe David Chytraeus als auch der katholische Wiener Hofprediger Martin Eisengrein (1535–1578) berichteten von einer regen evangelischen Predigttätigkeit in den Stadthäusern des evangelischen Adels, welche, entgegen den Bestimmungen der *Religionskonzession*, auch evangelische Bürger und Handwerker in hoher Zahl anlockte.[16] Dem Drängen der Herren und Ritter nach einer öffentlichen Kirche — im Gespräch stand diesbezüglich die Minoritenkirche — gab Maximilian nicht nach.[17] Eine öffentliche evangelische Kirche in der Residenzstadt Wien wäre

11 Viktor Bibl: Organisation des evangelischen Kirchenwesens im Erzherzogthum Österreich u. d. Enns. Von der Ertheilung der Religions-Concession bis zu Kaiser Maximilians II. Tode (1568–1576), Wien 1899, S. 14–16; Leeb, Der Streit, S. 208f.

12 Ebd., S. 207f.

13 Ebd., S. 210.

14 Ebd., S. 209.

15 Ebd., S. 208.

16 Mayr, Wiener Protestantengeschichte, S. 42–44, S. 47, S. 66; Bernhard Raupach: Evangelisches Österreich, das ist historische Nachricht von den vornehmsten Schicksahlen der Evangelisch-Lutherischen Kirchen in dem Ertz-Hertzogthum Oesterreich, Hamburg 1732, S. 107.

17 Bibl, Organisation, S. 58–63; Mayr, Vom Geiste des Hauses, S. 10.

vor dem Hintergrund des politischen Ringens zwischen katholischem Landesherrn und protestantischen Ständen von erheblicher Symbolkraft gewesen.

DAS LANDHAUSMINISTERIUM IN DER WIENER HERRENGASSE ◖ Maximilian II. genehmigte im Jahr 1574 allerdings evangelische Gottesdienste im Haus des Landmarschalls, ab 1575 schließlich im Landhaus. Ebenso erlaubte er die Bestellung von ständigen Predigern, denen Küster, Kantoren und Organisten beigestellt wurden. Mit der Öffnung des Landhauses wollte der Kaiser den lutherischen Privatexerzitien und dem damit verbundenen Zulauf der Bürger zu den evangelischen Gottesdiensten Einhalt gebieten.[18] Die Stände bemühten sich gleichzeitig um die Errichtung beziehungsweise Wiedereröffnung einer Landschaftsschule in Wien, die nicht zuletzt die Ausbildung künftiger evangelischer Theologen zum Ziel hatte. Der Schulbetrieb wurde in den Jahren 1575/76 in einem Haus am Minoritenplatz aufgenommen, kam aber bereits zwei Jahre später infolge der Auflösung des Wiener Landhausministeriums zum Erliegen. Der Schulmeister und zeitweilige Rektor Paul Sesser wurde im Jahr 1578 gemeinsam mit den Landhausprädikanten der Stadt verwiesen.[19]

Die Gottesdienste im Landhaus sind Ausdruck des landständischen Kirchenregiments und fanden in ähnlicher Weise im Haus der oberösterreichischen Stände in Linz statt.[20] In Wien begann nun die von Josua Opitz beschriebene „güldene und seliche Zeit".[21] In seinem Sendschreiben stellt der Prediger fest, dass nichts Besseres hätte passieren können, „denn daß jr GOttes Wort wöchentlich dreymal hören, die Sacramenta, so offt jr nur selbst gewolt, zu eurem Trost gebrauchen, euer Gebett und Danck-sagung teglich zweymal in öffentlicher Versamlung zu GOtt thun, eure Kindlein zur heyligen Tauffe, in die Schule, und zum heyligen Catechismo schicken, eure Verwandte in jren Kranckheiten und Todes-Nöten besuchen, unterrichten, trösten, und, nach jrem Abscheid, mit Christlichen Deutschen Psalmen, zu jrem Ruhe-Betlein habt können begleiten lassen".[22]

Die von Opitz angesprochenen Gottesdienste und Taufen fanden im großen Saal des Landhauses statt,[23] der von Hans Saphoy (gest. 1578) im Jahr 1571 eingewölbt und im Stil der Renaissance ausgestaltet worden war. Dort befand sich auch eine von dem Hoftischler Georg Haas erbaute „Parkirche", eine Empore oder ein Podium/eine Tribüne für den Landmarschall und die Verordneten.[24] Sollte die „Parkirche" auch bei den Gottesdiensten genutzt worden sein, wäre dies ein Hinweis auf die mit dem landständischen Kirchenregiment einhergehende adelige Repräsentation beim gottesdienstlichen Geschehen, die auch im zeitgenössischen Kirchenbau zu beobachten ist.[25]

18 Mayr, Wiener Protestantengeschichte, S. 64f.; Raupach, Erläutertes Evangelisches Österreich, S. 283–285; Viktor Bibl: Die Einführung der katholischen Gegenreformation in Niederösterreich durch Kaiser Rudolf II. (1576–1580), Innsbruck 1900, S. 9.

19 Gustav Reingrabner: Zur Geschichte der protestantischen Landschaftsschule in Wien, in: Wiener Geschichtsblätter 27 (1972) 1, S. 314–322.

20 Karl Eder: Glaubensspaltung und Landstände in Österreich ob der Enns 1525–1602, Bd. 2 (Studien zur Reformationsgeschichte Oberösterreichs), Linz 1936, S. 178–185; Günter Merz: Von der Reformation geprägte Kunstdenkmäler in Oberösterreich, in: Karl Vocelka, Rudolf Leeb, Andrea Scheichl (Hg.): Renaissance und Reformation (Ausstellungskatalog Oberösterreichische Landesausstellung), Linz 2010, S. 291–300, hier S. 299. Zur Kirchenordnung der oberösterreichischen evangelischen Stände (1578), in der festgehalten wurde, dass nicht nur der Adel, sondern auch die Bürger an den Gottesdiensten und Kasualhandlungen des Landhausministeriums teilhaben sollten, siehe Eder, Glaubensspaltung, S. 152, sowie Karl Oberleitner: Die evangelischen Stände im Lande ob der Enns unter Maximilian II. und Rudolph II. (1564–1597), Wien 1862, S. 80–91, hier S. 84.

21 Opitz, Sendschreiben, S. 181.

22 Ebd., S. 173f.

23 Gustav Reingrabner: Evangelischer Gottesdienst in Wien in der Reformationszeit, in: Wiener Geschichtsblätter 56 (2001) 4, S. 315–329, hier S. 316.

24 Wolfgang Krug: Die historischen Räume im Niederösterreichischen Landhaus und ihre Ausstattung, in: ders., Eggendorfer, Stangler, Altes Landhaus, S. 162–217, hier S. 180; Dagobert Frey: Der Landhaussaal in Wien. Eine entwicklungsgeschichtliche Studie, in: Mitteilungen des Vereines für Geschichte der Stadt Wien 1 (1919/20), S. 67–79, hier S. 73.

25 Für diesen Hinweis danke ich Univ.-Prof. DDr. Rudolf Leeb. Siehe auch Gotthard Kießling:

„Gelagert und vertrieben wurden die Bücher in der unweit der Betstube gelegenen und von Elias Freytag geführten Buchhandlung, an die auch eine Druckerei angeschlossen war. Es gab nun also auch einen Vertrieb für evangelische Literatur innerhalb der Stadtmauern Wiens.“

Neben dem Landhaussaal gab es einen weiteren gottesdienstlichen Raum, nämlich die um 1560 eingerichtete protestantische Betstube, die sich ebenerdig im linken Trakt des Landhauses befand. Nach ihrer Schließung im Jahr 1578 dürfte sie ab den 1620er-Jahren den Katholiken als Betraum gedient haben. Eine neue katholische Kapelle wurde in den 1660er-Jahren an anderer Stelle eingerichtet.[26]

Im Niederösterreichischen Landesarchiv in St. Pölten befinden sich zwei Inventare der „Landhauskirche“ mit nur geringfügigen Unterschieden aus den Jahren 1580 und 1586, die über die verwendeten gottesdienstlichen Gegenstände und Bücher Aufschluss geben. Genannt werden beispielsweise fünf Altartücher aus rotem oder schwarzem Samt, Atlas und Leinwand, mit weißen, roten oder schwarzen Seidenfransen und mit Leinwand in verschiedenen Farben unterfüttert (eines davon mit Gold, Silber und Perlen verziert), sowie zwei schwarze samtene Bahrtücher, jeweils mit schwarzen und weißen Fransen, mit einem weißen Kreuz versehen und mit schwarzer Leinwand unterfüttert. Für die Kommunion zwei weiße seidene Schleiertücher, ein viereckiges, zweifaches Altartuch aus weißem Leinen, zwei weiße Tüchlein, ebenfalls zweifach und aus weißem Leinen, zum Bedecken der Kelche, ein Oblateisen samt zwei kleinen Eisen zum Ausstechen der Hostien sowie ein innen und außen vergoldeter Kelch. Schließlich ein Messingbecken mit einem Kännchen für die Taufe der Kinder. An Büchern sind unter anderem eine in Frankfurt publizierte deutsche Bibel, die *Summaria* Veit Dietrichs (1506–1549) über die Bibel, ein Psalter deutsch/lateinisch, ein Antiphonar und eine Kirchenagende verzeichnet.[27]

Kat.Nr. 8.10 Inventar der Landhauskapelle vom 21. Juli 1580

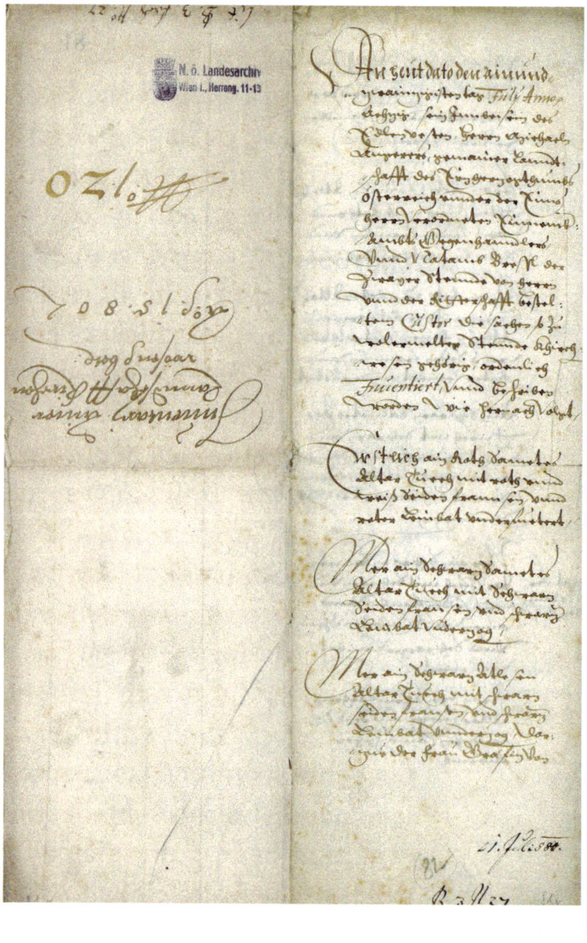

Gelagert und vertrieben wurden die Bücher in der unweit der Betstube gelegenen und von Elias Freytag geführten Buchhandlung, an die auch eine Druckerei angeschlossen war. Es gab nun also auch einen Vertrieb für evangelische Literatur innerhalb der Stadtmauern Wiens. Die Buchhandlung wurde mit dem Verbot des Landhausministeriums im Jahr 1578 geschlossen, die Druckerei dürfte noch länger bestanden,[28] wohl aber keine evangelischen Bücher mehr gedruckt haben.[29]

In der älteren Literatur wird an einigen Stellen auf den „Religionshass“ verwiesen, der sich in der Gestaltung der Räumlichkeiten des Landhauses manifestiert haben soll. So nennt Leopold Josef Fitzinger bei seiner Beschreibung der Gewölbemalereien der

Vorhalle der Verordnetenratsstube „mancherlei lutherische und katholische Sinnbilder" als Ausdruck der Konflikte zwischen Katholiken und Protestanten.[30] Anton Mayer spricht von „derbe[n] Anspielungen der Protestanten, die damals an Zahl die stärkeren waren und daher in ihrer Machtstellung aggressiv vorgingen, gegen die Katholiken, deren Symbole hinwieder für die Protestanten durchaus nichts Verletzendes zeigen".[31] Was also war auf dem Gewölbe der Vorhalle zu sehen? Fitzinger schreibt:

„So ist die eine Hälfte dieses Gewölbes gegen die Raths-Stube zu mit Sinnbildern versehen, welche auf die Blüthe des Landes unter der katholischen Regierung zu deuten scheinen, als einem Christuskinde, Weinlauben, Blumen, Früchten u. s. w., während die andere Hälfte, gegen die Bürger-Stube zu, allerlei Sinnbilder enthält, welche auf den vermeintlichen Verfall des Lichtes und der Sitten unter den Katholischen Bezug nehmen, als Schweinsköpfe mit Rosenkränzen über dem Rüssel, welche gegen ein umstrahltes, zwei Laternen in den Händen haltendes Kind gerichtet sind, Cypressen mit Menschenköpfen auf den Wipfeln, einen entfalteten Pfau u. s. w."[32]

Ein Blick auf das auf Eintracht ausgerichtete Gesamtprogramm des Stiegenhauses legt die Vermutung nahe, dass die von Fitzinger beschriebenen „Sinnbilder" reformatorisch beeinflusste Hinweise beziehungsweise „mahnende Fingerzeige" auf die damaligen — religiösen — Missstände „als Gefahren für Gemeinschaft und gemeinsame Ziele" darstellten.[33] Angesichts der Tatsache, dass die von durchaus scharfer konfessioneller Polemik erfüllten evangelischen Prediger des Landhauses erst im Jahr 1574 berufen wurden, das Stiegenhaus aber bereits 1571/72 fertiggestellt worden war, aber auch angesichts der rechtlichen Lage der Protestanten, die sich derartige sichtbare Ausfälle wohl kaum ohne größere Schwierigkeiten hätten leisten können, ist die Theorie von dem sich in den Bildern niederschlagenden „Religionshass" abzulehnen. Es dürfte sich bei den Darstellungen um eine typisch manieristische Dekoration mit entsprechenden Motiven gehandelt haben,[34] die erst in späterer Zeit umgedeutet wurden. Dem Streben nach Einheit und Eintracht könnte schließlich auch das von Georg Haas gestaltete Portal der Verordnetenratsstube entsprechen. Die reich dekorierte Tür ist mit zwei Schlössern und zwei Türschnallen versehen.[35] Man ging lange davon aus, dass Katholiken und Protestanten nicht dieselbe Türschnalle verwenden wollten,[36] neuere Interpretationen sehen in der Besonderheit der zwei Türschnallen jedoch vielmehr „ein Symbol für Entscheidungsfreiheit [...], aber auch für Gleichheit und Gleichberechtigung unabhängig von Geburt und Konfession".[37] Auch bei der Tür wird man wohl von einer manieristischen Spielerei ohne tieferen Symbolgehalt ausgehen können.

Der Herrschaftsstand. Aspekte repräsentativer Gestaltung im evangelischen Kirchenbau (Beiträge zur Kunstwissenschaft, Bd. 58), München 1995, passim.

26 Anton Mayer: Das niederösterreichische Landhaus in Wien 1513–1848 (Berichte und Mitteilungen des Altertums-Vereines zu Wien, Bd. 38), Wien 1904, S. 55; Krug, Die historischen Räume, S. 204–213.

27 Inventar der Landhauskapelle vom 21. Juli 1580 und vom 1. Juli 1586, in: Niederösterreichisches Landesarchiv (künftig: NÖLA), Ständische Akten B-3-27, fol. 80–81, fol. 134–135; Mayr, Wiener Protestantengeschichte, S. 64f.

28 Mayer, Das niederösterreichische Landhaus, S. 71; Helmut W. Lang: Die Buchdrucker des 15. bis 17. Jahrhunderts in Österreich. Mit einer Bibliographie zur Geschichte des österreichischen Buchdrucks bis 1700, Baden-Baden 1972, S. 54; Reingrabner, Evangelischer Gottesdienst, S. 326, v. a. Anm. 47.

29 Siehe dazu die Bestimmungen der Münchner Konferenz von 1579, in: Johann Loserth: Acten und Correspondenzen zur Geschichte der Gegenreformation in Innerösterreich unter Erzherzog Karl II. (1578–1590) (Fontes Rerum Austriacarum, Abt. 2, Bd. 50), Wien 1898, S. 36–38.

30 Leopold Josef Fitzinger: Versuch einer Geschichte des alten niederösterreichischen Landhauses bis zu seinem Umbaue im Jahre 1837 (Archiv für österreichische Geschichte, Bd. 41), Wien 1869, S. 113–194, hier S. 129f.

31 Mayer, Das niederösterreichische Landhaus, S. 38.

32 Fitzinger, Versuch einer Geschichte, S. 130.

33 Krug, Die historischen Räume, S. 171; Rupert Feuchtmüller: Das Niederösterreichische Landhaus. Ein kunsthistorisches Denkmal 1513–1850, Wien 1949, S. 13f.

34 Für diesen Hinweis danke ich Univ.-Prof. DDr. Rudolf Leeb.

35 Mayer, Das niederösterreichische Landhaus, S. 40.

36 Oskar Sakrausky (Hg.): Evangelisches Österreich. Ein Gedenkstättenführer, Wien 1981, S. 165.

37 Krug, Die historischen Räume, S. 178.

Kat.Nr. 8.5 Josua Opitz (1542–1585) nach seiner Ausweisung aus Wien

GNESIOLUTHERTUM UND FLACIANISMUS ◖ Der betonten Eintracht zum Trotz darf nicht vergessen werden, dass mit der Bestellung der ständigen Prediger durch die Landschaft im Jahr 1574 Vertreter des sogenannten Gnesioluthertums beziehungsweise Flacianismus Einzug gehalten hatten, einer Richtung innerhalb des Luthertums, welche von einer scharfen Abgrenzung zu und konfessionellen Polemik gegenüber der altgläubigen Seite gekennzeichnet war. Sowohl Josua Opitz als auch die neben und mit ihm wirkenden Diakone und Prediger Lorenz Becher, Johann Coelestin (1535–1578), Michael Hugo und Johannes Tettelbach waren Gnesiolutheraner oder Flacianer. Bei den Gnesiolutheranern handelte es sich um eine Gruppe von Lutheranern, die sich nach der Niederlage der Protestanten im Schmalkaldischen Krieg von 1546/47 als Reaktion auf das Augsburger Interim gebildet hatte. Mit dem Interim, einem von Kaiser Karl V. diktierten Sondergesetz für die Evangelischen des Reichs, sollten diese nämlich in den Schoß der katholischen Kirche zurückgeführt werden. Der Widerstand war dementsprechend groß. Kurfürst Moritz von Sachsen (1521–1553), ein früherer Verbündeter des Kaisers, schlug einen Kompromissweg ein und ließ für sein Land die Leipziger Artikel ausarbeiten. In den zentralen Lehren wie der Rechtfertigungslehre eindeutig evangelisch ausgerichtet, eröffneten diese Artikel in Fragen etwa der Beibehaltung alter kirchlicher Zeremonien einen gewissen Verhandlungsspielraum gegenüber den Altgläubigen — derartige Punkte wurden als Adiaphora, als nicht heilsnotwendige Mitteldinge, bewertet. Während die Wittenberger Theologen um Philipp Melanchthon (1497–1560), die Philippisten, hinter jener Kompromissformel standen, riefen die Gnesiolutheraner, ihrem Selbstverständnis nach die „echten“ Lutheraner, zum Widerstand auf und machten es sich zur Aufgabe, das „wahre“ und „reine“ Erbe Luthers zu verteidigen. An vorderster Front dieser kampfbereiten Schar stand Matthias Flacius Illyricus (1520–1575), der später mit seinem radikal anmutenden Verständnis von der Erbsünde als einer Substanz des Menschen — und damit unabdingbar zum Wesen des Menschen gehörig — einen weiteren Streit vom Zaun brach, aus welchem die Gruppe der Flacianer (Anhänger der flacianischen Erbsündenlehre) hervorging. Die innerlutherischen Streitigkeiten zwischen

Das Portal der Verordnetenstube im Wiener Landhaus (Landessammlungen Niederösterreich)

Lorenz Becher (Österreichische Nationalbibliothek, Sign. PORT_00137090_01)

Philippisten und Gnesiolutheranern/Flacianern konnten erst 1577 mit der eine Mittelposition einnehmenden Konkordienformel — zumindest offiziell — beigelegt werden.[38]

Österreich, insbesondere die Donauländer, entwickelte sich ab den 1560er-Jahren zu einem Sammelbecken von Gnesiolutheranern, die zu dieser Zeit in mehreren Etappen aus Thüringen ausgewiesen wurden und wegen des hiesigen Pfarrermangels meist rasch Anstellung fanden. In den in ihren Augen „papistisch" und „adiaphoristisch" geprägten österreichischen Ländern fanden sie ein geeignetes Terrain vor, um ihre Anliegen zu verbreiten und zu verteidigen. Konflikte sowohl mit der altgläubigen katholischen Seite als auch mit den gemäßigten Lutheranern waren vorprogrammiert.[39]

DIE LANDHAUSPREDIGER ◖ Josua Opitz und seine Kollegen, die mit theologischen Traktaten auch literarisch in die zeitgenössischen Debatten und Streitigkeiten um die Erbsünde eingriffen,[40] wurden von den streng lutherisch gesinnten Religionsdeputierten der Stände nach Wien berufen. Der Berufung waren heftige Dispute über die theologische Ausrichtung der künftigen Prediger innerhalb der Stände vorangegangen[41] — tatsächlich war die Anstellung flacianischer Prediger in der Residenzstadt Wien auch in politischer Hinsicht von hoher symbolischer Bedeutung.

Bereits bei seiner Ankunft in Wien im April 1574 musste sich Josua Opitz (geb. 1542) verpflichten, sich einer Stellungnahme im Erbsündenstreit zu enthalten. Bereits zwei Mal hatte er wegen seiner gnesiolutherischen/flacianischen Gesinnung Amt und Wohnsitz gewechselt: Im Jahr 1566 musste er von seiner Pfarrstelle in Burkhardtsdorf bei Chemnitz, welche er seit 1562 innegehabt hatte, weichen. Er ging zunächst nach Gera, im Jahr 1570 weiter nach Regensburg, wo er nach dem Tod des Nicolaus Gallus (1516–1570) ab 1571 als Superintendent wirkte. Anfang Februar 1574 in Regensburg abgesetzt, trat der erst 32-jährige Opitz am 13. April des Jahres seine Stelle als Landschaftsprediger in Wien an, die er bis zu seiner Ausweisung am 21. Juni 1578 bekleidete. Opitz starb im November 1585 in Büdingen.[42] Zeitgenössische Berichte sprechen von Opitz' Angriffslust, seinen antikatholischen Fronleichnamspredigten von 1577[43] und seinen scharfen Predigten wider „Pabst, Jesuiter [sic!], Mönch, Pfaffen, Nonnen, und alle Greuel des Pabstthums, auch alles gottlos Wesen und Untugend der Menschen".[44] Reichshofrat Georg Eder (1523–1587) schreibt, wie Opitz die Anhänger der alten und der neuen Religion gegeneinander aufgehetzt habe, ja seinen Zuhörern verboten habe, „mit den altgläubigen Christen ainige

38 Leeb, Der Streit, S. 193–195, S. 226–232; ders.: Die evangelische Kirche Oberösterreichs und ihre Theologen im Jahrhundert der Reformation, in: ders., Vocelka, Scheichl, Renaissance und Reformation, S. 235–251, hier S. 242–247.

39 Leeb, Der Streit, S. 227f.; ders., Die evangelische Kirche, S. 245–247.

40 Siehe zu den einschlägigen Traktaten das Verzeichnis der im deutschen Sprachbereich erschienenen Drucke des 16. Jahrhunderts (VD 16), http://vd16.de (7.7.2016).

41 Raupach, Evangelisches Österreich, S. 139–143; ders., Erläutertes Evangelisches Österreich, S. 252f.; Bibl, Organisation, S. 87–91; Eduard Böhl: Beiträge zur Geschichte der Reformation in Österreich: hauptsächlich nach bisher unbenutzten Aktenstücken des Regensburger Stadtarchivs, Jena 1902, S. 379–382.

42 Bernhard Raupach: Presbyterologia Austriaca Oder Historische Nachricht von dem Leben, Schicksalen und Schriften der Evangelisch-Lutherischen Prediger [...] nebst einer kleinen Nachlese, Hamburg 1741, S. 132–136; Böhl, Beiträge, S. 378–393; Mayr, Wiener Protestantengeschichte, S. 68–75.

43 Ebd., S. 71.

44 Zit. n. Raupach, Erläutertes Evangelisches Österreich, S. 285.

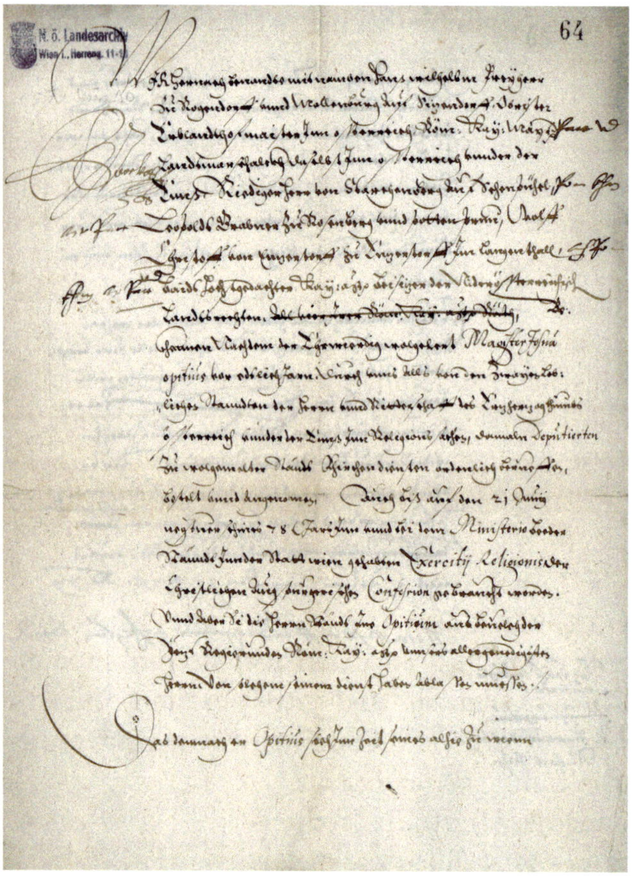

Kat.Nr. 8.7 Zeugnis für Josua Opitz vom 10. August 1579

Gemeinschafft zu haben / wodurch er auch die Leut so unsinnig gemacht / wann und so offt sie von seiner Predig gangen / daß sie Lust gehabt / die Bäpstischen / welche er jederzeit als Abgötter verdambt / und dem Teufel ergeben / mit blutigen Händen zu zerreißen".[45] Im Jahr 1577 kam es zu einem heftigen Streit zwischen Josua Opitz und dem Jesuiten Georg Scherer (1540–1605), nachdem Opitz in einer seiner Predigten behauptet hatte, die angeblich in einem Klosterteich gefundenen 6.000 Schädel toter Kinder seien der Beweis für die Nichteinhaltung des Zölibats.[46]

Neben Josua Opitz wirkte ab 1574 für zwei Jahre Lorenz Becher als Prediger am Wiener Landhaus, auch er ein radikaler, von antikatholischer Polemik erfüllter Gnesiolutheraner. Der in Meißen geborene Becher kam nach Zwischenstationen in Waldenburg und Altenburg im Jahr 1574 nach Wien. Zwei Jahre später wurde er von Veit Albrecht von Puchheim (1535–1584) als Pfarrer nach Horn geholt, allerdings im Jahr 1584, nach dem Tod seines Schutzherrn, wegen seiner flacianischen Gesinnung abgesetzt.[47] Ebenfalls nur für kurze Zeit dürfte der aus Plauen stammende Johann Coelestin Prediger im Wiener Landhaus gewesen sein. Nach diversen Tätigkeiten als Schullehrer, Pfarrer (unter anderem in den Grafschaften Haag und Ortenburg) und Universitätsprofessor in Jena kam er im Jahr 1573 nach Österreich und trat eine Pfarrstelle in Eferding, später in Stein an. In Wien dürfte er wie Opitz angehende Prediger in ihr Amt eingeführt haben. Johann Coelestin, der auch mit einigen (flacianischen) Schriften hervortrat, starb um 1580.[48]

Die neben Opitz am längsten im Landhaus tätigen Prediger waren Michael Hugo und Johann Tettelbach. Michael Hugo, 1532 in Weimar geboren, wurde im Jahr 1557 in Jena zum Pfarrer ordiniert und wirkte anschließend als Prediger in Thüringen. Im Jahr 1573 wurde er wegen seiner flacianischen Ansichten seines Amtes enthoben und ging nach Wien. Nach seiner Ausweisung im Sommer 1578 fand er in der Veit Albrecht von Puchheim unterstehenden Pfarre Rienering Zuflucht. So wie Lorenz Becher wurde auch er nach Puchheims Tod abgesetzt, danach verlieren sich seine Spuren.[49] Johann Tettelbach schließlich, 1546 in Dresden geboren und in Ansbach zum Pfarrer ordiniert, wurde nach seiner Tätigkeit im Wiener Landhaus (1574–1578) auf Berufung des Freiherrn

45 Zit. n. ebd., S. 286, Anm. (n).
46 Ebd., S. 270–273; Mayr, Wiener Protestantengeschichte, S. 71.
47 Raupach, Presbyterologia, S. 7f.; Theodor Wiedemann: Geschichte der Reformation und Gegenreformation im Lande unter der Enns, Bd. 2, Prag 1880, S. 139–141, S. 551.
48 Raupach, Presbyterologia, S. 18–21; Martin Schmidt: Art. Coelestin, Johann Friedrich, in: Neue Deutsche Biographie 3 (1957), S. 308f.
49 Raupach, Presbyterologia, S. 66f.; ders., Evangelisches Österreich, S. 178f.

„Mit der Auflösung des Landhausministeriums gab es innerhalb der Stadtmauern Wiens offiziell keine evangelischen Gottesdienste mehr, in den Privathäusern wird es aber wohl weiter geheime Gottesdienste gegeben haben. Für Predigt und Sakramentsempfang strömten die evangelischen Wienerinnen und Wiener von nun an in die adeligen Schlösser auf dem Land."

Adam von Puchheim Prediger auf Schloss Karlstein und Pfarrer in Münchreut. Nachdem er auch von dort wegen seines Flacianismus weichen musste, ging er nach Sachsen, wo er nach 1586 verstorben sein dürfte.[50]

DAS ENDE DES LANDHAUSMINISTERIUMS ◖ Mit dem Tod Kaiser Maximilians II. im Oktober 1576 und dem Regierungsantritt Rudolfs II. und seines Statthalters Erzherzog Ernst gerieten die schon länger unter Beobachtung stehenden Landhausprediger vollends unter Druck. Opitz und seine Kollegen wurden zwei Mal in die Hofburg zitiert. Vorgeworfen wurde ihnen nicht nur ihre Polemik gegen die katholische Kirche, sondern auch die Anwesenheit lutherischer Prädikanten in Wien und die Predigttätigkeit unter der Wiener Bürgerschaft. Dies alles überschreite die in der *Religionskonzession* von 1568 gemachten Zugeständnisse.[51] Noch im Laufe des Jahres 1577 kam es unter Erzherzog Ernst zu den ersten personellen „Umschichtungen" in der Stadtregierung zugunsten der katholischen Seite.[52] Am 21. Juni 1578 besiegelte der Kaiser schließlich das endgültige Ende des Landhausministeriums und erteilte den Landhauspredigern sowie dem Schulmeister den Ausweisungsbefehl.[53] Die Stände stellten Opitz rund ein Jahr später ein Zeugnis aus, in dem sie seinen Weggang aufrichtig bedauerten und versicherten, er habe sich „seinem Revers gemäß, in der Lehre rain und im Leben christlich und unsträflich verhalten".[54] Opitz' Weggang aus Wien scheint von Klagen begleitet gewesen zu sein. Von der Verbundenheit zwischen ihm und seiner Wiener Gemeinde zeugt nicht nur der eingangs erwähnte Sendbrief, sondern auch ein Kupferstich mit seinem Bildnis, den die Wiener Lutheraner anfertigen und mit einem Reim versehen ließen.[55] Mit der Auflösung des Landhausministeriums gab es innerhalb der Stadtmauern Wiens offiziell keine evangelischen Gottesdienste mehr, in den Privathäusern wird es aber wohl weiter geheime Gottesdienste gegeben haben.[56] Für Predigt und Sakramentsempfang strömten die evangelischen Wienerinnen und Wiener von nun an in die adeligen Schlösser auf dem Land, nach Inzersdorf, Vösendorf und Hernals. In dieser Zeit des „Auslaufens" entwickelte sich vor allem Hernals zu einem neuen evangelischen Zentrum rund um Wien und verschaffte dem hiesigen evangelischen Leben eine letzte Blüte vor den entscheidenden gegenreformatorischen Maßnahmen am Anfang des 17. Jahrhunderts.[57]

50 Raupach, Presbyterologia, S. 187f.
51 Mayr, Wiener Protestantengeschichte, S. 66f., S. 70–73; Bibl, Katholische Gegenreformation, S. 15–17, S. 52–55, S. 88f.; Arthur Stögmann: Staat, Kirche und Bürgerschaft: Die katholische Konfessionalisierung und die Wiener Protestanten zwischen Widerstand und Anpassung (1580–1660), in: Weigl, Wien im Dreißigjährigen Krieg, S. 482–564, hier S. 500–503.
52 Stögmann, Staat, S. 504f.
53 Bibl, Katholische Gegenreformation, S. 88f.
54 Zeugnis für Josua Opitz vom 10. August 1579, in: NÖLA, Ständische Akten B-3-27, fol. 64–65; Mayr, Protestantengeschichte, S. 74f.
55 Raupach, Presbyterologia, S. 134f., Anm. (n); ders., Erläutertes Evangelisches Oesterreich, S. 299f.; Opitz, Sendschreiben, passim; Böhl, Beiträge, S. 392.
56 Reingrabner, Evangelischer Gottesdienst, S. 319; Mayr, Wiener Protestantengeschichte, S. 43.
57 Stögmann, Staat, S. 502f., S. 515–519; Leeb, Der Streit, S. 252.

„Europa niemals kannte ein größere Kommun ...“

Die evangelischen Pfarrzentren für Wien außerhalb der Stadtmauern in der Reformationszeit

Rudolf Leeb

Das Zitat im Titel stammt aus einem Gedicht des evangelischen Pfarrers von Hernals, Elias Ursinus. Der Anlass dieses Gedichts war seine und seiner Hernalser Kollegen Mülberger und Steudlin Ausweisung im Jahr 1625. Es illustriert exemplarisch die Anziehungskraft der evangelischen Zentren außerhalb der Stadtmauern für die Wienerinnen und Wiener. Um diese Anziehungskraft zu verstehen, ist es eingangs nötig, die religionspolitischen und rechtlichen Rahmenbedingungen zu skizzieren. Bis auf die kurze Phase des sogenannten Landhausministeriums zwischen 1574 und 1578 konnte in Wien innerhalb der Stadtmauern im Jahrhundert der Reformation nie ein öffentlicher evangelischer Gottesdienst stattfinden, obwohl die Bevölkerung mehrheitlich evangelisch wurde. Möglich waren nur Hausgottesdienste in den adeligen Palais, Krankenbesuche, Haustaufen und dergleichen.[1] Aber auch diese wurden ab 1577 verboten und überwacht.[2] Zwar kamen die evangelischen Geistlichen trotzdem mehr oder weniger heimlich weiterhin zur Seelsorge in die Stadt, doch war dies mit Gefahr verbunden und geschah daher weniger häufig als vorher.[3] In der Residenzstadt Wien existierte für die Protestanten die längste Zeit also nur die religiöse Gewissensfreiheit, nicht aber die Freiheit des öffentlichen Kultus. Ab dem Regierungsantritt Rudolfs II. und der damit beginnenden Gegenreformation geriet dann auch die religiöse Gewissensfreiheit in Gefahr.

1 Johann Sebastian Pfauser in der Augustinerkirche in den 1550er-Jahren ist eine Ausnahme (siehe den Beitrag von Angelika Petritsch im vorliegenden Katalog). Ein ähnlicher Fall scheint der Pfarrer von Sankt Salvator, Balthasar Freyinger, gewesen zu sein, der wegen seiner erfolgreichen und verdächtigen Predigten im Jahr 1570 zum Streitfall wurde. Harald Zimmermann: Der Protestantismus in Österreich im Spiegel landesherrlicher Erlässe, in: Jahrbuch für die Geschichte des Protestantismus in Österreich 98 (1982), S. 178f.

2 Viktor Bibl: Die Einführung der katholischen Gegenreformation in Niederösterreich durch Kaiser Rudolf II. (1576–1580), Innsbruck 1900, S. 15–17.

3 Siehe den Fall des in Wien verhafteten evangelischen Geistlichen Maximilian Biber, der in der Stadt heimlich Abendmahlsgottesdienste gehalten hat, vgl. Anmerkung 19 und Kat.Nr. 9.1.

In dieser Situation bekamen die in der Nähe, jedoch außerhalb der Stadtmauern liegenden evangelischen Pfarrkirchen für Wien große Bedeutung. Denn seit der *Religionskonzession* von 1568 beziehungsweise der *Religionsassekuration* von 1571 durften in den Landpfarren, die unter dem Patronat evangelischer Adeliger standen, legal lutherische Gottesdienste gefeiert und Seelsorge betrieben werden.[4] Die Wiener und Wienerinnen begannen dorthin „auszulaufen", denn dort konnten sie legal evangelische Gemeindegottesdienste besuchen. Häufig ließen sie sich in diesen Pfarren taufen, verheiraten und auf den dortigen Friedhöfen begraben. An Sonn- und Feiertagen muss sich vor allem seit 1578 zeitgenössischen Beobachtenden ein eindrucksvolles Bild geboten haben: Tausende von Menschen zogen entweder zu Fuß, zu Pferd oder in Wagen durch die Tore der Stadt hinaus und strömten zu den Pfarrkirchen in der Umgebung. Der Kupferstecher und Verleger Matthäus Merian (1593–1650) notierte Mitte des 17. Jahrhunderts, dass an besonderen Feiertagen 20.000 bis 40.000, ja oft 50.000 Menschen „ausliefen", was wohl übertrieben scheint, aber doch einen Eindruck vom Geschehen vermitteln kann.[5] Die evangelischen Pfarren vor den Stadtmauern wurden personell

„An Sonn- und Feiertagen zogen Tausende von Menschen entweder zu Fuß, zu Pferd oder in Wagen durch die Tore der Stadt hinaus und strömten zu den Pfarrkirchen in der Umgebung."

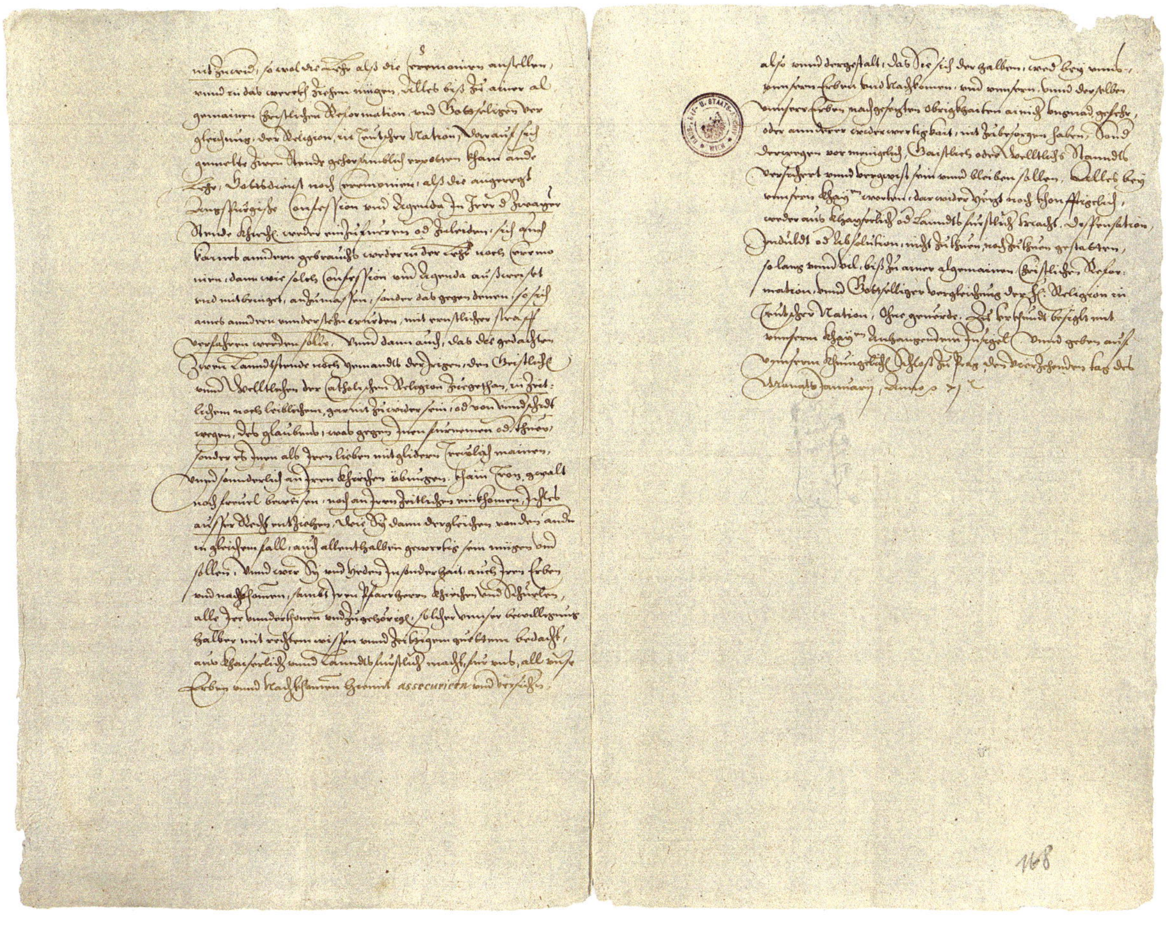

Kat.Nr. 9.2 Die *Religionsassekuration* von 1571: Sie verbriefte den niederösterreichischen Grundherren das Recht, auf ihren Besitzungen und in ihren Städten und Dörfern evangelischen Gottesdienst zu feiern.

entsprechend ausgestattet: Der streng katholische Reichshofrat Georg Eder (1523–1587) maß ihnen derart hohe Bedeutung zu, dass er regelmäßig Herzog Wilhelm V. von Bayern (1548–1626) über die Vorgänge und die zu treffenden Gegenmaßnahmen berichtete.[6]

Auch wenn bei diesen Landpfarren der katholischen Partei politisch die Hände gebunden waren, versuchte sie dagegen vorzugehen. Die evangelischen Zentren außerhalb der Stadt Wien standen von nun an immer im Zentrum des religionspolitischen Ringens und waren zweifellos ein Hauptmotiv bei den allgemeinen religionspolitischen Entscheidungen der Gegenreformation: Zunächst ging man mit juristischen Mitteln und Winkelzügen gegen sie vor. In den Jahren 1577/78 begann jedoch die heiße Phase der Gegenreformation: Das Wiener Landhausministerium wurde geschlossen, gleichzeitig wurde das „Auslaufen" verboten, was Wien besonders betraf.[7] Die evangelischen Adeligen und die Pfarrer wurden angewiesen, pfarrfremde Gottesdienstbesucher und -besucherinnen abzuweisen — eine Maßnahme, mit der niemand gerechnet hatte. Die evangelischen Stände holten in dieser Situation in den folgenden Jahren eine Serie von Rechtsgutachten evangelischer Universitäten im Reich ein. Einhellig betonten diese, dass man Personen, die Gottes Wort suchten, nicht abweisen dürfe. Die Folgen eines solchen Ungehorsams seien in Kauf zu nehmen.[8] In der Tat haben sich nach Ausweis der Quellen die evangelischen Pfarrer in der Umgebung Wiens auch genau so verhalten und haben dafür häufig Kerkerhaft oder gar Ausweisung auf sich genommen. Die Verbote des Landesherrn zeigten zwar Wirkung, sie konnten aber in der Folge nie ganz durchgesetzt werden. Es ist je nach Situation ein Auf und Ab in der Intensität des „Auslaufens" zu beobachten.[9] Im Jahr 1609 konnte der evangelische Adel von Nieder- und Oberösterreich während des „Bruderzwists im Hause Habsburg" von Erzherzog Matthias die *Kapitulationsresolution* erzwingen. Das Verbot des „Auslaufens" wurde zurückgenommen, der evangelische Kultus in den landesfürstlichen Städten und Märkten wieder geduldet.[10] Das „Auslaufen" war nun bis zum Sieg der Gegenreformation Mitte der 1620er-Jahre wieder für etwa 15 Jahre legal.

Für den Gegenreformator Melchior Khlesl (1552–1630) existierten im Jahr 1590 drei Bollwerke der Reformation für die Stadtbürger vor den Toren Wiens: Inzersdorf, Vösendorf und Hernals.[11] Hernals sollte vor allem im 17. Jahrhundert die größte Bedeutung erlangen. Der politische „Hotspot" war Inzersdorf. Eine gewisse Zeit spielte ebenso der Hof zu St. Ulrich nahe der Stadt eine nicht unwichtige Rolle, auch das Vorgehen der Gegenreformation ist hier beispielhaft.

4 Rudolf Leeb: Der Streit um den wahren Glauben — Reformation und Gegenreformation in Österreich, in: ders., Maximilian Liebmann, Georg Scheibelreiter u. a.: Geschichte des Christentums in Österreich. Von der Spätantike bis zur Gegenwart (Österreichische Geschichte, hg. von Herwig Wolfram, Ergänzungsbd.), Wien 2003, S. 145–279, hier S. 201–212, insbes. S. 207–210.

5 Matthäus Merian: Topographia Provinciarum Austriacarum Austriae, Styriae [...] Tyrolis (etc.), Frankf. a. M. 1549, S. 42f.

6 Viktor Bibl: Die Berichte des Reichshofrates Dr. Georg Eder an die Herzoge Albrecht und Wilhelm von Bayern über die Religionskrise in Niederösterreich, in: Jahrbuch für Landeskunde von Niederösterreich 8 (1909), S. 69–154.

7 Zu den Rekatholisierungsmaßnahmen dieser Zeit siehe Bibl, Katholische Gegenreformation, S. 15–17.

8 Zu den Gutachten und der damit verbundenen Widerstandsfrage Rudolf Leeb: Widerstand und leidender Ungehorsam gegen die katholische Konfessionalisierung in den österreichischen Ländern, in: ders., Susanne C. Pils, Thomas Winkelbauer (Hg.): Staatsmacht und Seelenheil. Geheimprotestantismus in der Habsburgermonarchie (Veröffentlichungen des Instituts für Österreichische Geschichtsforschung, Bd. 47), Wien/München 2007, S. 183–201, hier S. 191–195.

9 Josef Karl Mayr: Wiener Protestantengeschichte im 16. und 17. Jahrhundert, in: Jahrbuch der Gesellschaft für die Geschichte des Protestantismus in Österreich 70 (1954), S. 41–133, hier S. 98. Im Herbst 1578 zogen z. B. an einem Sonntag allein nach Hernals 6.000 Menschen. Danach sank die Zahl deutlich, um bald wieder zu steigen.

10 Zum Ganzen einführend Arno Strohmeyer: Die habsburgischen Erbländer im Zeitalter der Religionskonflikte (ca. 1570–1630), in: Adelige Macht und Religionsfreiheit. 1608 — der Horner Bund (Ausstellungskatalog Museen der Stadt Horn), Horn 2008, S. 85–101; Gustav Reingrabner: Der Horner Bund und die Capitulationsresolution, in: Adelige Macht, S. 183–206.

11 Viktor Bibl: Eine Denkschrift Melchior Khlesls über die Gegenreformation in Niederösterreich (c. 1590), in: Jahrbuch für Landeskunde von Niederösterreich 8 (1909), S. 155–171, hier S. 161, S. 166.

DER HOF ZU ST. ULRICH ❨ Beim Hof zu St. Ulrich — heute im siebenten Wiener Gemeindebezirk gelegen — handelte es sich im 16. Jahrhundert um ein landesfürstliches Lehen, das vier Hofstätten, Weingärten und 100 Joch Äcker umfasste. Dort befand sich auch die namengebende Kapelle St. Ulrich.[12] Die Kapelle selbst war bei der Belagerung durch die Osmanen im Jahr 1529 schwer beschädigt worden, die Reste wurden im Jahr 1574 abgetragen.[13] Seine Bedeutung für die Reformationsgeschichte erhielt St. Ulrich durch seine Lage: Es befand sich zwar außerhalb der Stadtmauern, aber doch in unmittelbarer Nähe zur Stadt und zur Hofburg selbst. Im Jahr 1566 wurde Lorenz Ostermayr Lehensinhaber. Er und seine Frau Maria Magdalena waren evangelisch. Testamentarisch verfügten sie, auf dem evangelischen Friedhof in Vösendorf begraben zu werden.[14] Seit der von Kaiser Maximilian II. unter dem großen Druck des mehrheitlich evangelischen niederösterreichischen Adels erlassenen *Religionskonzession* von 1568, nach der die protestantischen Adeligen in ihren Patronatskirchen beziehungsweise in ihren Grundherrschaften und in ihrem Rechtsbereich öffentliche evangelische Gottesdienststätten einrichten durften, wäre es für Lorenz Ostermayr legal möglich gewesen, einen evangelischen Prediger anzustellen. Doch gibt es keine Belege hierfür. Vermutlich war St. Ulrich für das evangelische Wien zunächst nicht von großer Bedeutung, weil damals noch in der Stadt selbst in den Stadtpalais des Adels Gottesdienste möglich waren.

Dies änderte sich aber schlagartig, als das Landhausministerium im Jahr 1578 geschlossen wurde. Um 1580 sind denn auch die ersten entsprechenden Nachrichten überliefert, die verraten, dass in dem so nahe bei den Stadtmauern Wiens liegenden St. Ulrich reges evangelisches kirchliches Leben herrschte. Allerdings mussten damals die Gottesdienste, da ja das alte Kirchlein 1574 abgetragen worden war, in einem der Hofgebäude gefeiert werden. Der erste namentlich bekannte Pfarrer von St. Ulrich war Hans Dittrich. Sein Wirken so nahe bei der Hofburg war dem Landesherrn ein besonderer Dorn im Auge. Erzherzog Ernst wies die Behörden an, Dittrich „in aller Stille" aus dem Verkehr zu ziehen.[15] Doch gelang es dem Pfarrer, vor der drohenden Verhaftung durch ein Fenster zu fliehen.[16] An und für sich wäre sein Wirken in St. Ulrich legal gewesen, vielleicht war es aber eine vermutete heimliche seelsorgerliche Tätigkeit in der Stadt, mit der man das Vorgehen gegen ihn begründete. Jedenfalls war Dittrich offenbar bereits nach kurzer Zeit wieder auf seinem Posten.[17] In den 1580er-Jahren wird in St. Ulrich die Tätigkeit eines Pfarrers namens Trometer erwähnt, von dem in den katholischen Quellen ausdrücklich gesagt wird, dass er in einem bürgerlichen Haus predigte und die Sakramente spendete. Zu ihm strömten Gottesdienstbesucher und -besucherinnen sowohl aus der Stadt als auch aus der Umgebung von Wien.[18] Sein Nachfolger war Maximilian Biber, der bei heimlichen Gottesdiensten in der Stadt ertappt und am 20. März 1588 verhaftet, aber nach einem Eid,

Kat.Nr. 9.9 Kirche und Hof von St. Ulrich, 1683

12 Zur Besitzgeschichte: Elfriede Faber: Der Hof zu St. Ulrich. Ein Beitrag zur Geschichte des VII. Wiener Gemeindebezirkes, in: Jahrbuch des Vereins für Geschichte der Stadt Wien 44/45 (1989), S. 27–50, hier S. 37–50.
13 Ebd., S. 44.
14 Ebd., S. 38f.
15 Ebd., S. 43.
16 Theodor Wiedemann: Geschichte der Reformation und Gegenreformation im Lande unter der Enns, Bd. 2, Prag 1880, S. 214.
17 Mayr, Wiener Protestantengeschichte, S. 101f.
18 Wiedemann, Reformation und Gegenreformation, Bd. 2, S. 217.

seine Predigttätigkeit zu beenden, wieder freigelassen wurde.[19] Damals existierte am Hof zu St. Ulrich auch eine evangelische Schule. Lehrer war der Wiener Bürger Cosmas Trinkl, der 22 Knaben unterrichtete: „Er lernte ihnen schreiben und lesen, an Sonn- und Feiertagen lese er seinem Weibe und Kindlein die Postille[20] vor, wo nun Einer oder Ander zuhören wolle, könne er solches nicht wehren.“[21]

All diese Aktivitäten wurden anscheinend mit dem Jahr 1588 eingestellt. Zu diesem Zeitpunkt begann man katholischerseits nämlich die 1574 abgetragene Kapelle als große Kirche neu zu errichten. Gleichzeitig wurde in St. Ulrich eine eigene katholische Pfarre eingerichtet, die dem größten Grundbesitzer der Gegend, dem Schottenstift, übertragen wurde. St. Ulrich wurde damit der Pfarre St. Michael, der die alte Kapelle zugeordnet gewesen war, entzogen.[22] Es handelte sich um einen für die beginnende Gegenreformation typischen Schachzug. Mit diesen Veränderungen scheint jedenfalls die evangelische Predigttätigkeit im Hof zu St. Ulrich zunächst zum Erliegen gekommen zu sein.[23] Damals gerieten auch die Nachkommen und Erben des Lorenz Ostermayr in wirtschaftliche Schwierigkeiten. Ihr Vormund war Johann Baptista Pacheleb, ein überzeugter Protestant und vermögender Inhaber der Grundherrschaft Oberwaltersdorf. Er übernahm das Lehen im Jahr 1604 selbst.[24]

Mit der *Kapitulationsresolution* von 1609 begann — wie gleichzeitig in Hernals — die zweite Blüte des Hofs von St. Ulrich als evangelisches Zentrum im Weichbild der Stadt. Zeitweise scheint die Zahl der dorthin Strömenden so hoch wie jene der nach Hernals Ziehenden gewesen zu sein.[25] Wieder stand kein Kirchengebäude zur Verfügung, die Gottesdienste

Kat.Nr. 9.7 Schloss Inzersdorf, vor 1672

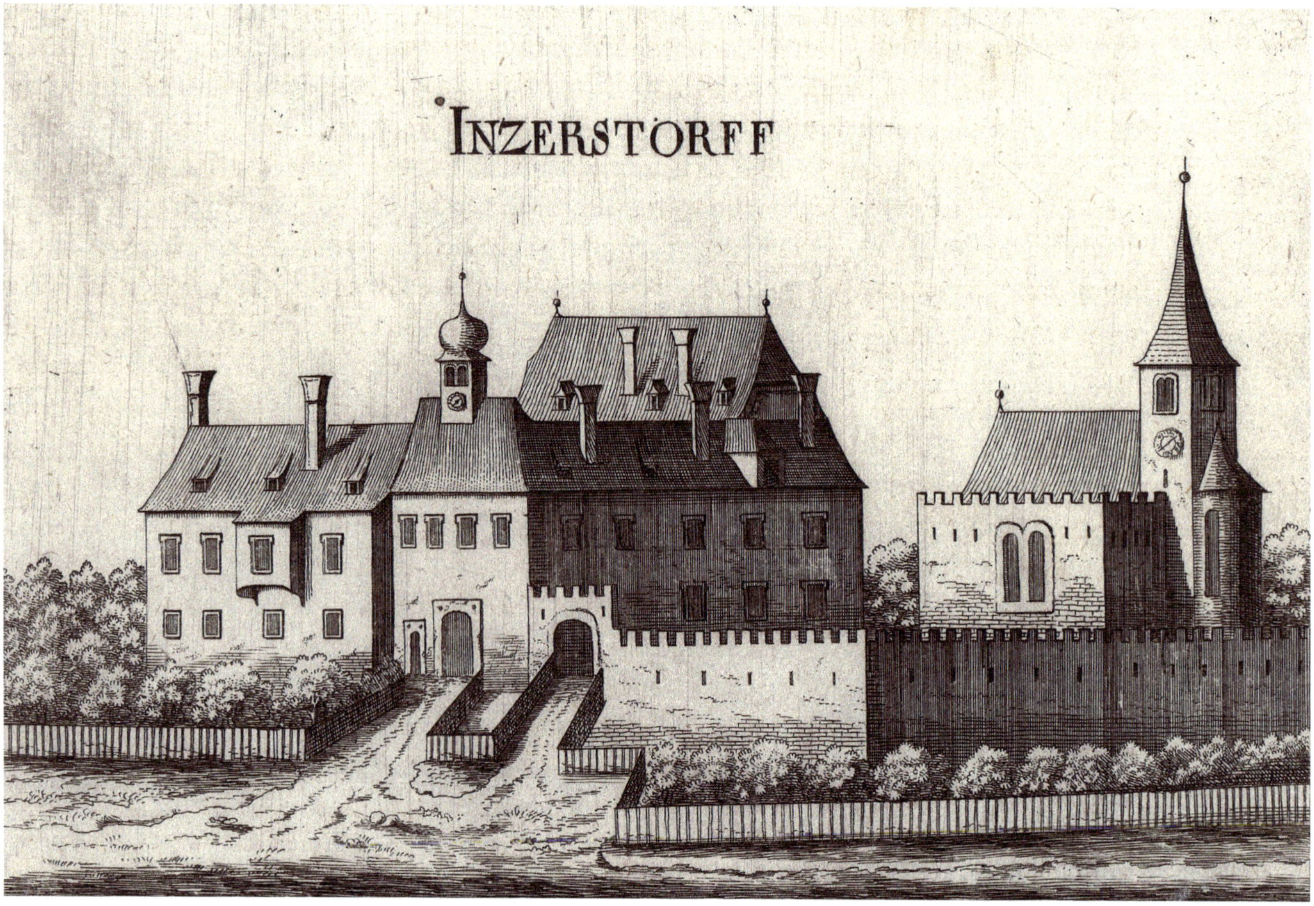

müssen abermals in einem der Hofgebäude abgehalten worden sein. Der katholische Kaplan der neu erbauten Ulrichskirche konnte dem Erzherzog und dem Konsistorium genauestens über die evangelischen Aktivitäten berichten.

In dieser Situation stieß die katholische Obrigkeit erneut in eine der sich hier bietenden rechtlichen Grauzonen vor, die bislang „gewohnheitsrechtlich" zugunsten des evangelischen Adels und damit des Lehensinhabers Pacheleb geregelt worden waren, nun aber vom Landesherrn in seinem Sinn ausgelegt und schrittweise durchgesetzt wurden. In einem ersten Schritt reklamierte das Schottenstift, dass der Hof zu St. Ulrich seinem Rechtsstatus nach kein „Freihaus" sei und deshalb die *Kapitulationsresolution* von 1609, die dem Adel auf seinen Besitzungen Religionsfreiheit garantierte, in diesem Fall nicht gelte. Wie die Pfarre selbst gehöre er eigentlich zur Jurisdiktion des Schottenstifts. Daraufhin wurde ein Rechtsgutachten eingeholt, dessen (vermutlich kaiserlich bestellte) Gutachter dem Schottenstift recht gaben. Die nun erhobene Klage seitens des Abtes des Schottenstifts gegen die evangelische Seelsorge, die vom Lehensinhaber zu Unrecht beansprucht werde, führte schlussendlich im Oktober 1614 per Dekret des Landesherrn zur Ausweisung des evangelischen Pfarrers Johann Hochschildt. Das „zunechst bey ihrer Kays(erlichen) Maj(estät) Residenz" liegende evangelische Zentrum wurde geschlossen. Begründet wurde dies im Dekret auch damit, dass es sich dabei um ein „gantz neues und niemals gebräuchiges Exercitium" handle, womit man katholischerseits einfach auf den Alleinanspruch der katholischen Ulrichskirche verwies und das Recht des Religionsexerzitiums auf dem Hof selbst leugnete. Johann Baptist Pacheleb wurde das Lehen entzogen, der Hof zu St. Ulrich geschätzt und dann zum Kauf angeboten.[26]

Die evangelischen Stände des Landtags reagierten auf dieses rechtlich höchst zweifelhafte Vorgehen empört und richteten eine politisch gewichtige Beschwerdeschrift im Namen des gesamten evangelischen Adels Niederösterreichs an den Landesherrn Erzherzog Matthias, der diese aber unbeantwortet ließ. Daraufhin legten ihm die Stände gleich zu Beginn des nächsten Landtags im April 1615 die Sache wieder vor, woraufhin Matthias reagieren musste. Er beharrte einfach auf seiner Vorgangsweise und wiederholte nur den Inhalt des Dekrets vom Oktober des Vorjahres. Die für die beginnende Gegenreformation so typische Vorgangsweise des Landesherrn war damit erfolgreich.

INZERSDORF ◖ Die kleine, heute durch einen Neubau des 19. Jahrhunderts ersetzte alte Inzersdorfer Kirche befand sich gemeinsam mit dem (ebenfalls nicht mehr erhaltenen) alten Schloss innerhalb einer zinnenbekrönten Wehrmauer.[27] Inhaber waren zunächst der im Jahr 1559 genannte Hieronymus Beck (1525–1596), ab 1562 die Geyer von Osterburg, unter denen das Inzersdorfer Schloss offenbar mit finanzieller Unterstützung anderer evangelischer Adeliger zu einem evangelischen Predigtzentrum ausgebaut wurde. Bis zur Auflösung des Landhausministeriums im Jahr 1578 scheint Inzersdorf eine mehr oder weniger kleine evan-

19 Ebd. Seine Verhaftung war der Anlass für die Schrift Georg Scherers *Eigentliche Abcontrafeiung einer newen unerhörten Monstranzen* von 1588, die das geheime Agieren der Prediger innerhalb der Stadtmauern anschaulich schildert (siehe Kat.Nr. 9.1). Zum Schicksal Bibers siehe Paul Dedic: Kärntner Exilanten des 17. Jahrhunderts, in: Carinthia I 140 (1950), S. 768–803, hier S. 769f.

20 Evangelische Lesepredigten, die verbreitetsten stammten aus der Feder von Luther und Johannes Spangenberg (1484–1550).

21 Wiedemann, Reformation und Gegenreformation, Bd. 2, S. 218.

22 Faber, St. Ulrich, S. 44.

23 Mayr, Wiener Protestantengeschichte, S. 102.

24 Faber, St. Ulrich, S. 43.

25 Ebd., S. 44.

26 Ebd., S. 44f. Zu den Vorgängen und dem Wortlaut der Dekrete siehe Bernhard Raupach: Erläutertes Evangelisches Österreich, oder Dritte und letzte Fortsetzung, Hamburg 1740, S. 321–322, Beylagen, S. 183–196, insbes. S. 183f.

27 Abbildung in der Topographie Georg Matthias Vischers von 1672 (siehe Kat.Nr. 9.5).

gelische Landpfarre gewesen zu sein. Aus dieser Zeit kennen wir die Namen von drei Pfarrern: Kaspar Tränklander, Berthold Heincenus und ab 1576 Abraham Ströbel. Mit dem Ende des Landhausministeriums wurde das Pfarrerteam sofort verstärkt. Ströbel bekam im Jahr 1578 Theophylact Sartory (Sartorius) als Kollegen zur Seite gestellt.[28]

Dies war auch notwendig, um den im selben Jahr einsetzenden Ansturm von Gläubigen aus Wien bewältigen zu können. Katholische Zeitgenossen berichten, dass an Sonn- und Feiertagen 70 bis 80 voll besetzte Wagen nach Inzersdorf fuhren, 100 Reiter und große Scharen Fußgängerinnen und Fußgänger strömten dorthin. Nach dem Reichshofrat Eder sangen beziehungsweise „brüllten" junge Männer dabei auf der Fahrt laut das evangelische Kirchenlied *Erhalt uns Herr bei deinem Wort*. Ebenso kamen Gläubige aus dem Süden, aus Brunn, Mödling, Perchtoldsdorf, und aus den umliegenden Dörfern nach Inzersdorf. Mindestens 2.000 Personen versammelten sich so an den Sonntagen im Inzersdorfer Schlossbereich.[29] Da das kleine Kirchengebäude eine solche Menge nicht fassen konnte, verlegte man die Gottesdienste ins Freie in den Schlosshof. Auf dem Friedhof wurde eine Kanzel errichtet (ein sogenannter Pastorenturm[30]), davor Gestühl aufgestellt.[31]

Der katholischen Seite war das neue evangelische Zentrum in Inzersdorf natürlich ein Dorn im Auge. Fälle wie das von Wien etwa acht Kilometer entfernte und damit noch gut erreichbare Inzersdorf oder das noch näher gelegene Hernals waren der Grund dafür, dass der habsburgische Landesherr am Beginn der Gegenreformation als Erstes das „Auslaufen" verbot. In Inzersdorf wurden die Geyer von Osterburg von Erzherzog Ernst sofort daran erinnert, dass sich die seelsorgerliche Tätigkeit ihrer Pfarrer allein auf das Gebiet ihrer Inzersdorfer Grundherrschaft erstreckte. Kanzel und Gestühl mussten wieder beseitigt werden.[32] Pfarrer Sartory wurde im Jahr 1579 sogar ausgewiesen, weil er aus Gewissensgründen den Gehorsam gegenüber dem landesherrlichen Dekret verweigerte. Er wollte weiterhin Gläubige, die aus benachbarten katholischen Pfarren nach Inzersdorf zum Gottesdienst beziehungsweise zur Seelsorge, Taufe und Trauung „ausliefen", nicht abweisen.[33] An seiner Stelle holten die Geyer von Osterburg gleich darauf Leonhard Fehler und (wohl als Nachfolger von Ströbel) Johann Hosius, der aus Hernals gekommen war, dessen Pfarre Rudolf II. im Jahr 1578 hatte schließen lassen.[34] Wie wichtig Inzersdorf für die Wiener Evangelischen war, zeigen namhafte Stiftungen für den Betrieb der dortigen Einrichtungen beziehungsweise für die Gehälter der Pfarrer.[35]

Das „Auslaufen" nach Inzersdorf konnte in der Folge vom Landesherrn nicht unterbunden werden, auch wenn es Schwankungen unterlag. So klagt noch im Jahr 1585 der Reichshofrat Georg Eder darüber, dass das „Auslaufen" nach Inzersdorf nicht nachlasse.[36] Vier Jahre davor, im Herbst 1581, war dort die Spitzenzahl erreicht worden, an den Sonntagen besuchten an die 4.000 Menschen den Gottesdienst. Danach ist ein starkes Auf und Ab festzustellen, je nachdem, ob das „Auslaufen" während

28 Wiedemann, Reformation und Gegenreformation, Bd. 3, Prag 1882, S. 585.

29 Ebd.; Mayr, Wiener Protestantengeschichte, S. 111.

30 Solche reformatorischen Pastorentürme, also Predigtkanzeln auf dem Friedhof, sind heute noch in Steyr und Spitz an der Donau erhalten.

31 Mayr, Wiener Protestantengeschichte, S. 111.

32 Bibl, Berichte des Reichshofrates, S. 72.

33 Zu ihm Bernhard Raupach: Presbyterologia Austriaca Oder Historische Nachricht von dem Leben, Schicksalen und Schriften der Evangelisch-Lutherischen Prediger […] nebst einer kleinen Nachlese, Hamburg 1741, S. 154f.; zu den Vorgängen insgesamt und zur diesbezüglichen Korrespondenz siehe ders.: Erläutertes Evangelisches Österreich, Das ist fortgesetzte historische Nachricht von den vornehmsten Schicksahlen der Evangelisch-Lutherischen Kirchen in dem Ertz-Hertzogthum Oesterreich, Hamburg 1736, S. 319–324, bes. S. 324; Mayr, Wiener Protestantengeschichte, S. 112.

34 Raupach, Presbyterologia, S. 65.

35 Wiedemann, Reformation und Gegenreformation, Bd. 3, S. 587.

36 Bibl, Berichte des Reichshofrates, S. 150 (Schreiben vom 25. August 1585).

der verschiedenen gegenreformatorischen Anläufe schärfer oder milder geahndet wurde.[37] Immer wieder wurden die Prediger, weil sie regelmäßig den landesherrlichen Befehl, pfarrfremde Personen abzuweisen, missachteten, eingekerkert oder ausgewiesen. Postwendend besetzten die Geyer von Osterburg die Pfarrstellen mit namhaften Personen (wie etwa Wilhelm Friedrich Lutz [1551–1597] oder Johann Schubart) neu, woraufhin die neuen Prediger von den katholischen Behörden erneut nach Wien zum Verhör geladen wurden usw.[38] Von Beginn an wurden auch immer wieder Spione in die Gottesdienste eingeschleust, was entsprechenden Unmut hervorrief. Aus den späten 1580er- und den 1590er-Jahren sind uns nur mehr wenige Pfarrernamen bekannt. Trotz aller Behinderungen und Bedrängungen scheint aber der Seelsorgebetrieb aufrechterhalten, und Gottesdienstbesucher und -besucherinnen aus anderen Orten und Pfarren scheinen weiterhin nicht abgewiesen worden zu sein.[39]

Deutlich wird in den Quellen auch im Fall von Inzersdorf, dass es sich dabei um keine Privatinitiative des Inzersdorfer Grundherrn allein handelte, sondern dass es im Zentrum der Religionspolitik des gesamten evangelischen landständischen Adels von Niederösterreich stand.[40] Als letzte Maßnahme forderte deshalb der Landesherr vom Grundherrn Geyer von Osterburg die Unterschrift unter einen Revers mit der Verpflichtung, in Inzersdorf die Seelsorge an pfarrfremden Personen zu verbieten, „welchen Revers er wohl gefertiget von sich geben doch demselben keineswegs nachgelebt" habe.[41] Da sowohl Pfarrer als auch Grundherr weiter den Gehorsam verweigerten und aus Gewissensgründen Widerstand leisteten, erklärte der Landesherr zu Beginn des Jahres 1603 in einem nächsten Schritt die Garantien der *Religionskonzession* von 1568 für Inzersdorf wegen Ungehorsams für ungültig und erließ den Befehl, die Kirche in Inzersdorf zu schließen. Dies stellte einen erstmaligen, eindeutigen Bruch der *Religionskonzession* dar. Der Pfarrer wurde in Haft genommen, jedoch vom zuständigen Richter eigenmächtig freigelassen, der dafür seinerseits eingekerkert wurde.[42] Danach war in Inzersdorf für fünf Jahre kein evangelischer Gottesdienst möglich.

Das Vorgehen des Landesherrn in Inzersdorf blieb aber für die Zukunft ein Stachel im Fleisch der evangelischen niederösterreichischen Stände, die dies nicht vergaßen. Hinzu kam noch, dass die Kirchengebäude von Kriegsvolk mutwillig devastiert und profaniert wurden.[43] Nicht zufällig geriet Inzersdorf deshalb plötzlich in den Brennpunkt des religionspolitischen Kampfs. Im Jahr 1608 hatten sich die niederösterreichischen Stände auf dem Landtag in Wien versammelt. Ihr erstes Ziel war es, schriftliche Zusicherungen vom designierten König und Landesherrn Matthias in der Religionsfrage zu erreichen, bevor sie ihm huldigten. Matthias aber verweigerte diese strikt. In dieser höchst angespannten Situation nahmen die Stände demonstrativ und als politisches Zeichen das evangelische Zentrum in Inzersdorf trotz landesfürstlicher Sperre erneut in Betrieb. Matthias reagierte heftig und ließ die Kirche sofort wieder schließen. Geyer von Osterburg wurde nächtens in Schloss Inzersdorf verhaftet und des Landfriedensbruchs beschuldigt. Man brachte ihn nach Wien und kerkerte ihn unter demütigenden Umständen in der Burg ein. Dieses Vorgehen war der unmittelbare Anlass für den einseitigen Abbruch

37 Mayr, Wiener Protestantengeschichte, S. 111f.
38 Ebd., S. 112–114; Wiedemann, Reformation und Gegenreformation, Bd. 3, S. 585–588.
39 Mayr, Wiener Protestantengeschichte, S. 113.
40 So warf man Geyer von Osterburg konkret vor, dass er „aus dieser privaten Kirchen und casa ein Haupt- und General Sachen, welche alle Stände berühren, machen wollen [...]". Zit. n. Wiedemann, Reformation und Gegenreformation, Bd. 3, S. 588.
41 Ebd.
42 Ebd., S. 588f.
43 Raupach, Erläutertes Evangelisches Österreich, Dritte Fortsetzung, Beylagen Nr. XII B, S. 61.

Kat.Nr. 9.8 Vösendorf, um 1825

der Landtagsverhandlungen seitens der zutiefst empörten evangelischen Stände, die aus dem Landtag in Wien auszogen und sich in Horn versammelten, um den *Horner Bund* von 1608 gegen den Landesherrn zu schließen. Es war der Beginn jener Entwicklungen, die schließlich zur *Kapitulationsresolution* von 1609 führen sollten.[44]

Mit der *Kapitulationsresolution*, die die alten Rechte der *Religionskonzession* erneut in Kraft setzte, konnte Inzersdorf wieder legal als Gottesdienstzentrum geführt werden. Im Jahr 1610 wurde Johan Jentzsch, der aus Sachsen gekommen war, für kurze Zeit Pfarrer, danach wird ein Johann Baptist Lachschildt genannt.[45] Im Jahr 1622 klagte der katholische Pfarrer von Atzgersdorf, dass ihm wegen des „Auslaufens“ der Atzgersdorferinnen und Atzgersdorfer nach Inzersdorf ein hoher Verdienstentgang entstehe und er deswegen in wirtschaftliche Schwierigkeiten geraten sei.[46] Als 1625 die evangelische Pfarre Hernals endgültig vom Landesherrn geschlossen wurde, fanden die drei exilierten Hernalser Pfarrer Johann Mülberger, Elias Ursinus und David Steudlin samt Kantor Andreas Rauch auf ihrem Weg ins Exil zunächst in Inzersdorf Unterschlupf. Am 16. November 1625 hielt Mülberger in Inzersdorf seine letzte Predigt, die zwei Jahre später von ihm in Nürnberg in Druck gegeben wurde.[47] Mülberger zog nach Pottendorf weiter, um schließlich als Pfarrer in seiner Heimatstadt Regensburg Zuflucht zu finden. Ursinus und Steudlin blieben noch bis zur endgültigen

44 Ebd., S. 178f. (das Protestschreiben der Stände in: Beylagen, S. 60–65); Reingrabner, Der Horner Bund, S. 185–187.

45 Mayr, Wiener Protestantengeschichte, S. 114; zu Jentzsch: Raupach, Presbyterologia, S. 68f.

46 Wiedemann, Reformation und Gegenreformation, Bd. 3, S. 219.

47 *Vale Mülbergianum*, siehe Kat.Nr. 9.30.

Schließung im Jahr 1627 in Inzersdorf.[48] Auch wenn ab nun kein evangelischer Gottesdienst mehr möglich war, sind in dieser Region noch bis gegen die Jahrhundertmitte zahlreiche Lutheraner belegt.[49]

VÖSENDORF ◖ Ungefähr eine Wegstunde weiter südlich von Inzersdorf lag die Herrschaft Vösendorf. Ende der 1570er-Jahre befand sie sich im Besitz von Wilhelm von Hofkirchen (1529–1584), im Jahr 1597 ging sie an Georg Andrä von Hofkirchen. Schon von 1573 bis 1578 war hier ein strenger Lutheraner namens Johann Behem als Prediger tätig.[50] Als 1577 die Seelsorge für Pfarrfremde verboten wurde und Behem sich nicht daran hielt, wurde er in der Nacht festgenommen und in Wien inhaftiert. Gleichzeitig versuchte man das adelige Patronatsrecht auf juristischem Weg wieder für den Bischof zurückzugewinnen.[51]

Auch in Vösendorf setzte der große Zulauf erst mit 1578 ein, und es sind in den 1580er-Jahren dieselben Schwankungen bei den Besucherzahlen festzustellen. Vösendorf wirkte insbesondere auf den benachbarten Markt Mödling, aber auch auf die Perchtoldsdorfer Bevölkerung anziehend.[52] Sehr erfolgreich scheint um 1583 Wilhelm Friedrich Luzius (1551–1597) aus Tübingen gewirkt zu haben, doch auch er musste dem Druck des Landesherrn weichen.[53] Aus dem Jahr 1588 existiert einer der typischen lebendigen Berichte von Bischof Khlesl über das damals gerade starke „Auslaufen" nach Vösendorf. Nicht nur Adelige, sondern auch Wiener Bürger und Beamte wanderten dorthin: „alßo daß geen Vösendorf die verschienen heilig zeitt, nämlichen am Palmsontag und am heiligen Ostertag viel über die 100 Wagen gefahren. Ich geschweig der Fußgeher und deren, so geritten sind und was aus solchem besen Exempl für ein Anzal Seelen aus den umliegenden Märkten und Flecken abgewendet, verfürt und eines mit dem andern verderbt wird [...]".[54]

Der Landesherr reagierte mit der Erneuerung der Verbote.[55] Im Jahr 1590 zitierte er die Prediger von Vösendorf und Inzersdorf zu sich und verlangte von ihnen die Unterschrift unter einen Revers, sich künftig „fremder Seelsorge" zu enthalten, das heißt, Gottesdienstbesucher und -besucherinnen aus Wien oder den umliegenden Pfarren also abzuweisen. Die Pfarrer verweigerten ihre Unterschrift unter Berufung auf ihr Gewissen, lieber wollten sie auf die Pfarrstellen verzichten. Nach kurzer Haft wurden sie ausgewiesen.[56] Im Jahr 1592 waren beide Pfarrstellen wieder besetzt.[57] Gleichzeitig mit der Ausweisung der Pfarrer im Jahr 1590 war in Wien wegen Vösendorf ein typischer gegenreformatorischer Prozess angestrengt worden. Die Patronatsrechte der Vösendorfer Kirche hatte im 15. Jahrhundert noch das Wiener Bistum innegehabt. Auf diese alten Rechte, die lange Zeit nicht mehr gegolten hatten beziehungsweise angewandt worden waren, berief man sich nun und hoffte, sie so wiederzuerlangen, was gelang. Die Kirche musste zurückgegeben werden. Ab 1592 fanden die Gottesdienste (unter der Leitung der zwei neuen Pfarrer) deshalb nicht mehr in der Kirche, sondern im Schloss statt.[58]

48 Wiedemann, Reformation und Gegenreformation, Bd. 3, S. 589f.
49 Mayr, Wiener Protestantengeschichte, S. 114.
50 Raupach, Presbyterologia, S. 9; Mayr, Wiener Protestantengeschichte, S. 115f.
51 Bibl, Katholische Gegenreformation, S. 44–46.
52 Mayr, Wiener Protestantengeschichte, S. 114f.
53 Raupach, Erläutertes Evangelisches Österreich, Dritte Fortsetzung, S. 40; zu Luzius: Raupach, Presbyterologia, S. 97–99; Wiedemann, Reformation und Gegenreformation, Bd. 3, S. 578.
54 Bibl, Denkschrift, S. 161, Anm. 1.
55 Bernhard Raupach: Evangelisches Österreich, das ist historische Nachricht von den vornehmsten Schicksalen der Evangelisch-Lutherischen Kirchen in dem Ertz-Hertzogthum Oesterreich, Hamburg 1732, S. 177f.
56 Ebd., S. 183f.
57 Ebd., S. 188.
58 Bibl, Denkschrift, S. 166; Wiedemann, Reformation und Gegenreformation, Bd. 3, S. 579 (vermutlich zeitlich falsch eingeordnet).

Wie in Inzersdorf charakterisiert also die 1580er- und 1590er-Jahre jenes typische Ringen mit dem Landesherrn, der immer wieder die Prediger, die sich nicht an das Verbot „fremder Seelsorge" hielten, zitierte, auswies oder dem Grundherrn befahl, sie deshalb zu entlassen. Die Klagen der umliegenden katholischen Pfarrer, denen die Gemeinde größtenteils davonlief und die dadurch finanzielle Einbußen erlitten, taten ihr Übriges.[59] Stets sind die Stellen — wenn oft auch nach Vakanzen — nachbesetzt worden. Auch die neuen Prediger handelten nach ihrem Gewissen, und das Spiel begann von vorn. Georg Andrä von Hofkirchen war einer jener Adeligen, die sich weigerten, Ferdinand II. im Jahr 1619 zu huldigen. Nach der Niederlage der protestantischen Partei in der Schlacht am Weißen Berg im Jahr 1620 wurden ihm deshalb die Lehen und damit Vösendorf entzogen.[60] Die evangelische Seelsorge in Vösendorf war damit zu Ende.

Auffällig ist auch hier, dass, wie in Inzersdorf, in der Umgebung des Ortes noch bis in die Jahrhundertmitte ein beträchtlicher Teil der Bevölkerung evangelisch und widerständig blieb. Noch 1644 sind aus Sicht des katholischen Pfarrers von 800 Seelen mindestens 190 lutherisch gesinnt gewesen — die Dunkelziffer nicht eingerechnet.[61]

HERNALS ◖ Das mit ansehnlichem Grundbesitz ausgestattete Schloss in Hernals war ein landesfürstliches Lehen und seit 1515 im Besitz der Geyer von Osterburg. In seiner unmittelbaren Nähe befand sich die Kirche St. Bartholomäus. Hernals, das nur eine halbe Gehstunde von Wien entfernt lag, war eine eigene Pfarre, die Pfarrstelle besetzte der Grundherr.[62] Bereits in den 1540er-Jahren hat ein Pfarrer namens Schwaiger

Kat.Nr. 9.5 Die Ansicht von Hernals von Matthäus Merian zeigt das „Auslaufen" der Wiener Protestanten zum Gottesdienst in die evangelische Hochburg.

reformatorisch Gottesdienst gefeiert. Obwohl er im Jahr 1548 vom Bischof abgesetzt worden ist, scheinen seine unmittelbaren Nachfolger Simon Jakl und Christoph Prunner dies auch getan zu haben, denn Letzterer wurde im Jahr 1562 ebenfalls der Diözese verwiesen.[63] Irgendwann vor 1568 taucht dann Andreas Mügländer in Hernals als Pfarrer auf. Mügländer war offenbar ein mutiger, entschlossener lutherischer Bekenner, der Konfrontationen und harte Worte gegen die „Papisten“ nicht scheute, dafür persönliche Unbill in Kauf nahm und anscheinend auch einmal handgreiflich werden konnte. Er wurde zur prägenden Gestalt bis in die 1570er-Jahre. Er beschäftigte die katholischen und landesherrlichen Behörden und stiftete Unruhe.[64] Noch 1599 erinnerte sich Erzherzog Matthias daran, dass Mügländer viele Monate eingekerkert, ja sogar in Eisen gelegt worden war.[65]

In Mügländers Amtszeit fällt der erste Bedeutungsanstieg der Hernalser Pfarre. Bis 1568 scheint Hernals mehr oder weniger nur von regionaler Bedeutung gewesen zu sein. Dies änderte sich mit der *Religionskonzession* von 1568, die für Hernals einen enormen Aufschwung brachte. Die Wienerinnen und Wiener, aber auch die Bevölkerung der nahe gelegenen Dörfer besuchten nun völlig legal in Scharen St. Bartholomäus in Hernals. Sie ließen dort ihre Kinder taufen und sich trauen.[66] Mügländer scheint aber trotzdem noch zusätzlich in Wien selbst Seelsorge betrieben und gottesdienstliche Handlungen vorgenommen zu haben. Er war jedenfalls im Jahr 1570 im Visier von Maximilian II., der damals den scharfen Befehl gab, Mügländers habhaft zu werden und ihn auszuweisen, falls er abermals innerhalb der Stadtmauern verbotenerweise sein Unwesen treiben würde.[67] Mügländers Nachfolger wurde Benedict Wolf, eine anschauliche zeitgenössische Kurzbeschreibung eines seiner Gottesdienste ist überliefert.[68] Hernals wurde so immer mehr zum Dorn im Auge der katholischen Obrigkeit. Im Jahr 1574 wurde Johann Hosius Pfarrer zu Hernals und zwei Jahre später zusätzlich der angesehene und fähige Ambrosius Ziegler aus Klagenfurt nach Hernals berufen, dem zu Ehren die Kärntner Stände sogar eine Medaille hatten prägen lassen.[69] Dem erkrankten Ziegler wurde für kurze Zeit Salomon Schweigger (1551–1622) an die Seite gestellt, bis dieser im November 1577 als Gesandtschaftsprediger mit der Delegation von Joachim von Sinzendorf (1544–1594) nach Konstantinopel ging.[70] Die Besetzungen zeigen, dass Hernals regelrecht zum evangelischen Zentrum aufgebaut wurde und der Zulauf groß gewesen sein muss. Ziegler, der sich deutlich von den flacianischen Predigern im Landhaus abgrenzte und deshalb mit dem Landhausprediger Josua Opitz (1542–1585) über dessen gerade erschienene Schrift *Menschenspiegel* in Konflikt geriet,[71] verstarb schon 1578.

Zu dieser Zeit hatten bereits die ersten strategischen gegenreformatorischen Maßnahmen des neuen Landesherrn Rudolf II. und seines Statthalters Erzherzog Ernst eingesetzt. Die Seelsorge an pfarrfremden Personen und damit das „Auslaufen“ waren am

59 Siehe die Klagen der Pfarrer bei Wiedemann, Reformation und Gegenreformation, Bd. 3, S. 579.
60 Ebd., S. 580.
61 Siehe dazu die Berichte ebd., S. 580–582.
62 Verein für Landeskunde von Niederösterreich (Hg.): Topographie von Niederösterreich 4 (1896), S. 190.
63 Wiedemann, Reformation und Gegenreformation, Bd. 2, S. 26.
64 Ebd., Bd. 4, Prag 1884, S. 26f.; ebd., Bd. 2, S. 138f.; Mayr, Wiener Protestantengeschichte, S. 104. An ihn erinnert heute ein Mosaik an einem Haus in der Jörgerstraße.
65 Franz Christoph Khevenhüller: Annales Ferdinandei Oder Wahrhaffte Beschreibung Kaysers Ferdinandi Des Andern [...], Leipzig 1721, Sp. 2086; Raupach, Presbyterologia, S. 126f.
66 Mayr, Wiener Protestantengeschichte, S. 98.
67 Wiedemann, Reformation und Gegenreformation, Bd. 2, S. 138f. (Brief Maximilians II. vom 21. September 1570).
68 Zit. n. ebd., Bd. 4, S. 27.
69 Zu Ziegler siehe Raupach, Presbyterologia, S. 209–211; Mayr, Wiener Protestantengeschichte, S. 105. Zu seinem Wirken in Klagenfurt siehe Oskar Sakrausky: Die Villacher Katechismus-Handschrift Johann Hausers vom Jahre 1572, in: Carinthia I 171 (1981), S. 120–123.
70 Zu Schweigger siehe Raupach, Presbyterologia, S. 167f., S. 209.
71 Ebd., S. 209f.; Mayr, Wiener Protestantengeschichte, S. 104. Zum *Menschenspiegel* von Opitz siehe Kat.Nr. 8.5 und 8.6.

1. Juni 1577 erstmals verboten worden, ebenso die evangelische Seelsorge in der Stadt. Praktisch zeitgleich mit dem Landhausministerium in der Herrengasse wurde nun von Rudolf II. im März 1578 auch die Kirche St. Bartholomäus in Hernals geschlossen.[72] Diese Maßnahme widersprach eigentlich der *Religionskonzession*. Wieder wurde dabei ein bis dahin ungeklärter Rechtsbereich ausgenutzt: Im Jahr 1577 überschrieben Adam und Balthasar Geyer von Osterburg zur Tilgung von Steuerschulden die Herrschaft an die niederösterreichischen Stände, verabsäumten aber, die formale Bestätigung des Landesherrn einzuholen. Dieser bis dahin in einem solchen Fall in der Praxis unbedeutende juristische Makel bildete für den Landesherrn nun einen willkommenen juristischen Vorwand, die Kirche von Hernals sperren zu lassen. Zwar zeigten die Stände die Überschreibung daraufhin postwendend dem Landesherrn an, doch dieser weigerte sich, die Kirche wieder zu öffnen. Lange stand das Hernalser Pfarrzentrum im Mittelpunkt eines juristischen Streits, die Stände drängten auf ein unparteiisches Schiedsgericht, noch 1618 sollten sie deshalb an der Universität Tübingen ein Rechtsgutachten in Auftrag geben.[73]

Im Jahr 1582 erwarben die Geyer von Osterburg Hernals erneut von den Ständen.[74] In den folgenden, zum Teil pfarrerlosen Jahren scheint der Lehrer in Hernals unter Wahrnehmung des allgemeinen Priestertums aller Gläubigen zumindest teilweise die Aufgaben eines Pfarrers wahrgenommen zu haben, indem er an Sonn- und Feiertagen Hausandachten gehalten und bei sich zu Hause aus der lutherischen Postille vorgelesen hat.[75] Damals hatte das „Auslaufen" wieder verstärkt eingesetzt. Ein evangelischer Pfarrer, „David von Kagran" genannt, residierte in Hernals. Er wohnte zwar im Pfarrhaus, da er aber die gesperrte Kirche nicht nutzen konnte, wurden die Gottesdienste in einem Saal des Schlosses gefeiert, was der Landesherr nicht verhindern konnte. Dies sollte noch lange so bleiben. Bei großem Andrang predigte er sogar aus einem Fenster, das über diesem Saal lag, zur im Hof versammelten Menge. Manchmal wurden im Pfarrhof Abendmahlgottesdienste gefeiert.[76] Der evangelische Lehrer beerdigte in dieser Zeit häufig die verstorbenen Kinder und hielt für sie die Leichenpredigten.[77] Das Wiederaufleben der Gottesdienste in Hernals — wenn auch im Schloss gefeiert — bedeutete für die umliegenden katholischen Pfarren eine empfindliche Schwächung. Die katholischen Pfarrer der Nachbardörfer, wie jener in Ottakring, legten dementsprechend Beschwerde ein.[78] In der Folge wurde das Auslaufen stärker überwacht, wenn auch — wie immer — nie völlig unterbunden. Die geschilderte Praxis scheint die folgenden zwei Jahrzehnte hindurch weiter üblich gewesen zu sein.

Am 15. Oktober 1587 verkauften die Geyer von Osterburg — wieder ohne die Bestätigung des Landesherrn einzuholen — die Herrschaft Hernals an Wolfgang Jörger.[79] Damit übernahm eines der bedeutendsten Adelsgeschlechter Österreichs die Herrschaft Hernals. Die Jörger, die schon früh persönlich mit Luther und seiner Familie verbunden waren und sich der Reformation besonders verpflichtet fühlten, waren mächtig und finanzstark.[80] Sie bauten das alte Schloss zu einer modernen Renaissanceresidenz

72 Bibl, Katholische Gegenreformation, S. 46, S. 95, S. 96f.

73 Raupach, Erläutertes Evangelisches Österreich, Dritte Fortsetzung, S. 308ff.; Bibl, Denkschrift, S. 161, insbes. S. 166; siehe Kat.Nr. 9.12.

74 Heinrich Wurm: Die Jörger von Tollet (Forschungen zur Geschichte Oberösterreichs, Bd. 4), Linz 1955, S. 109.

75 Wiedemann, Reformation und Gegenreformation, Bd. 2, S. 317.

76 So Khlesl in einem Brief vom 27. September 1588, ebd., Bd. 4, S. 28.

77 Ebd., Bd. 2, S. 316f. (anschaulicher Bericht des Ottakringer Pfarrers Stephan Mayer).

78 Ebd.

79 Wurm, Die Jörger von Tollet, S. 109.

80 Rudolf Leeb: Luthers Kontakte nach Oberösterreich, in: Karl Vocelka, Rudolf Leeb, Andrea Scheichl (Hg.): Renaissance und Reformation (Ausstellungskatalog Oberösterreichische Landesausstellung), Linz 2010, S. 51–53; Wurm, Die Jörger von Tollet, passim.

aus, deren Aussehen uns auf Stichen überliefert ist.[81] Die Gottesdienste fanden in einem Saal im Schloss statt, der auf der Abbildung bei Merian bemerkenswerterweise in der Beschreibung eigens ausgewiesen wurde.[82] Unter den Jörgern kam es in Hernals zu einem regelrechten Neustart, insbesondere im Jahr 1609 mit der *Kapitulationsresolution*, die allgemein das „Auslaufen“, aber auch ausdrücklich die Errichtung von Predigtzentren in der Nähe Wiens wieder erlaubte.[83]

Nun wurde Hernals — auch mithilfe der niederösterreichischen Stände — zu einer regulären evangelischen Pfarre für Wien ausgebaut. Hoch qualifizierte Prediger wurden berufen (die Pfarre war stets mindestens doppelt besetzt), ebenso ein hochbegabter Kantor. Auch der Name eines Schulrektors (Burkhard Brödersen) ist überliefert.[84] Die Pfarrer waren: Mag. Johann Sartorius (1609–1615), Mag. Johann Snoilshik (1609–1617), Mag. Simon Mann (ebenfalls 1609–1617), Mag. Erasmus Zollner (der 1611 und 1614 das Team verstärkte), Mag. Johann Mülberger (1615–1625) sowie Elias Ursinus (1618–1625) und David Steudlin (1618–1625).[85] Adel und Bürger gaben Porträtstiche der Geistlichen in Auftrag, um ihre Wertschätzung für die Prediger, aber auch die Bedeutung von Hernals über die Grenzen Österreichs hinaus öffentlich zu dokumentieren.[86] In Hernals existierte ein evangelischer Buchladen, der den katholischen Bischof Khlesl besonders störte. Dem betreffenden Buchhändler namens Barthlme Diettерich wurde im Jahr 1611 der Verkauf evangelischer Bücher an die Wiener Bevölkerung verboten.[87]

Hernals ist das einzige der evangelischen Zentren außerhalb der Stadtmauern Wiens, wo wir wenigstens für die Spätphase einen gewissen Einblick in das kirchliche Leben haben. Die Quellengrundlage bieten die gedruckten Predigten beziehungsweise Leichenpredigten und Andachten der Hernalser Prediger,[88] aber auch die Musikdrucke des bedeutenden Kantors und Komponisten Andreas Rauch.[89] Sie entstanden zu einer Zeit, als der Druck der Gegenreformation immer stärker wurde. Insbesondere jene Predigten und Andachten, die nach dem Beginn des Dreißigjährigen Krieges gehalten wurden, sind von Bußgesinnung und einer apokalyptischen Weltsicht förmlich durchtränkt. Aus ihnen entnehmen wir auch, dass die Prediger auf den Straßen nun von Katholiken ausgepfiffen, ausgelacht und verspottet würden. Die „Turteltaube der wahren evangelischen Lehre“ werde von den Habichten verfolgt.

Kat.Nr. 9.27 Das Klaglied des Predigers Elias Ursinus aus Anlass der Schließung der evangelischen Pfarre Hernals fand in den evangelischen Territorien Verbreitung.

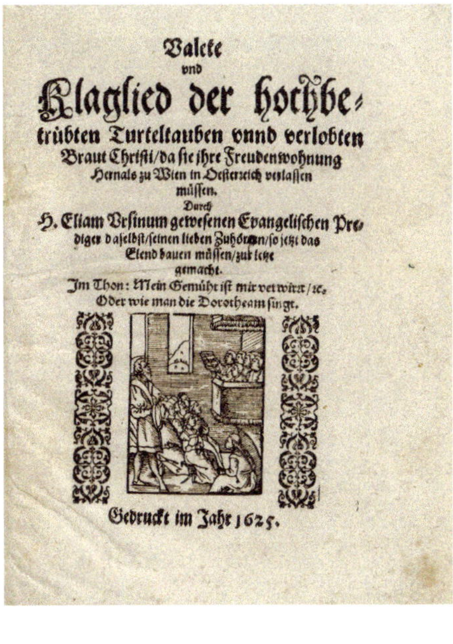
Valete
vnd
Klaglied der hochbetrübten Turteltauben vnnd verlobten
Braut Christi/da sie jhre Freudenwohnung
Hernals zu Wien in Oesterreich verlassen
müssen.
Durch
H. Eliam Vrsinum gewesenen Evangelischen Prediger daselbst/seinen lieben Zuhörern/so jetzt das
Elend bauen müssen/zur letze
gemacht.
Jm Thon: Mein Gemüht ist mir verwirrt/ec.
Oder wie man die Dorotheam singt.
Gedruckt im Jahr 1625.

81 Siehe Kat.Nr. 9.22, 9.16 und 9.5.

82 Siehe Kat.Nr. 9.5.

83 Franz Christoph Khevenhüller: Annales Ferdinandei VII, Leipzig 1722, S. 163: genannt werden ausdrücklich Inzersdorf, Hernals und Tribuswinkel; Raupach, Evangelisches Österreich, S. 242f.

84 Überliefert durch sein Stammbuch, siehe Georg Loesche: Zwei Wiener evangelische Stammbücher: Ein Kulturbild aus dem dreißigjährigen Kriege, Wien 1923, S. 37f.

85 Zu ihnen siehe Raupach, Presbyterologia, S. 155f., S. 170f., S. 211, S. 127–129, S. 196–198, S. 177–181; ders.: Zwiefache Zugabe zu dem Evangelischen Österreich deren erstere ein Supplement [...], Hamburg 1744, S. 77, S. 81; Mayr, Wiener Protestantengeschichte, S. 106–108; zum Wirken und der Berufung einiger Pfarrer siehe Raupach, Erläutertes Evangelisches Österreich, Dritte Fortsetzung, S. 328–334. Im Jahr 1617 waren die Stände bereit, einem möglichen Hauptpfarrer das sehr hohe Jahresgehalt von 2.000 Gulden zu bezahlen.

86 Siehe Kat.Nr. 9.15–17, 9.20–22 und 9.25.

87 Raupach, Erläutertes Evangelisches Österreich, Dritte Fortsetzung, S. 303f., S. 309.

88 Gesammelt von Josef Karl Mayr: Sieben neue Leichenpredigten, in: Jahrbuch der Gesellschaft für die Geschichte des Protestantismus in Österreich 71 (1955), S. 67–89; ders.: Weitere 13 Predigtdrucke, in: ebd. 73 (1957), S. 61–112; ders.: Letzte Leichenpredigten, in: ebd. 75 (1959), S. 97–104; ders.: Von Hernals bis Inzersdorf. Was uns die Predigtdrucke zu sagen haben, in: ebd. 76 (1960), S. 37–53; ders.: Evangelisches Leben in Wien am Beginn des 17. Jahrhunderts, in: ebd. 68/69 (1953), S. 113–144; siehe auch Erika Uhl: „Feste Burg“ und Kalvarienberg, unveröff. Diss. Univ. Wien 1993, S. 71–74.

89 Josef Pausz: Andreas Rauch. Ein evangelischer Musiker in den Wirren der Gegenreformation, Wien 1992.

Kat.Nr. 9.16 Johannes Sartorius, 1614

Kat.Nr. 9.15 Johannes Snoilshik, 1613

Kat.Nr. 9.20 Simon Mann, nach 1600

Kat.Nr. 9.17 Johann Mülberger, 1619

Kat.Nr. 9.22 Elias Ursinus, 1619

Kat.Nr. 9.25 David Steudlin, 1619

Christus schicke sich an, Österreich zu verlassen. In solchen Zeiten dürfe man nicht verzagt und „weich" werden, sondern müsse mutig predigen, laut die Wahrheit bekennen und die Dinge ohne Rücksicht beim Namen nennen. An der Wiener Bevölkerung wird von den gestrengen Predigern in diesen letzten Jahren des Hernalser Pfarrzentrums in den Bußpredigten der Passionszeit nicht mit Kritik gespart: Wien sei eine hochmütige und prächtige Stadt mit stolzen Lustgärten, die in Lastern stecke. Die Wiener und Wienerinnen werden als „Freßhälse, Mastschweine, Saufgurgeln und Venuskinder" tituliert. Auf den Banketten, Maskenbällen und Fastnachtstänzen zeige sich die Vergnügungssucht. Der modische Übermut nehme zu. Die evangelischen Pfarrkinder sahen dies in der Mehrheit offenbar nicht so. Die Prediger wurden von ihnen zur Rede gestellt. Die Pfarrkinder meinten, ihre Prediger sollten vor allem die „Ballsaison" nicht derart kritisieren. Deutlich werden in den Predigten auch die Schrecken des beginnenden Krieges benannt und dieser — ebenso wie die Häresien und die Gegenreformation — als Strafe Gottes gedeutet. Diese Anschauungen fanden übrigens auch in den Predigerporträts ihren ikonografischen Niederschlag.[90] Welchen Ton die Predigten und Andachten vor dieser Spätzeit im 16. Jahrhundert angeschlagen haben und welche Inhalte sie hatten, bleibt leider im Dunkeln.[91] Wie ernst die Lage empfunden und wie sie theologisch-seelsorgerlich gedeutet wurde, zeigt ein in Nürnberg gedrucktes Gebet, das in Hernals gesprochen wurde.[92] Am 6. August 1523 wurde eine vermutlich von Pfarrer Elias Ursinus verfasste „Vermahnung" von der Kanzel verlesen, in der die Gemeinde unter anderem dazu aufgefordert wird, beständig bei der Wahrheit zu bleiben, sie wird vor dem Abfall gewarnt und ihr wird die Emigration nahegelegt.[93]

Als im Jahr 1625 Hernals geschlossen, den Jörgern die Güter entzogen und die Pfarre dem Domkapitel von St. Stephan übergeben wurde, wurden auch die Pfarrer und Schulmeister ausgewiesen. Aus diesem Anlass dichtete Pfarrer Elias Ursinus zum Abschied sein berührendes Gedicht *Valete und Klaglied der hochbetrübten Turteltauben und verlobten Braut Christi, da sie ihre Freudenwohnung zu Hernals zu Wien in Österreich verlassen müssen*, das in Nürnberg im Druck erschien und wie alle genannten Drucke auch von Protestanten in den evangelischen Territorien und Städten im Reich gelesen wurde. In dem 21 Strophen umfassenden Gedicht heißt es unter anderem:

„Nun muß ich dich verlassen / Hernals du Gottes Saal
Da wir beysammen sassen / in Freiden manichsmal
Unter des höchſten Schutze / und seinen Flügeln breit
Wider des Teufels Trutze / yn Freuden lange Zeit

Europa niemals kannte / ein größere Kommun
In ihrem circkh und Landen / an einem Ort sag ich nun,
Als sich hier befunden / bei Wien in Öſterreich
Wie bald iſt sie entschwundn / Und einer Witwen gleich

Nun behüt' dich Gott in Frieden / du liebes Öſterreich,
Es muß doch sein geschieden / von dannen trauriglich.
Laßt uns das Elend bauen / mit Chriſto hie ein Zeit,
So werden wir ihn schauen / dort in der Ewign Freid."[94] ■

90 Siehe etwa den Stich von Mülberger (Kat.Nr. 9.17).

91 Zum Ganzen einführend Mayr, Evangelisches Leben, S. 120–124.

92 Das Gebet liegt als Druck vor: Kat.Nr. 9.29; Mayr, Evangelisches Leben, S. 129.

93 In einer Handschrift der Österreichischen Nationalbibliothek erhalten (Cod. 7409); Loesche, Stammbücher, S. 32; Mayr, Evangelisches Leben, S. 128f.

94 Elias Ursinus: Valete vnd Klaglied der hochbetrübten Turteltauben vnnd verlobten Braut Christi, da sie ihre Freudenwohnung Hernals zu Wien in Oesterreich verlassen müssen, o. O. 1625 (fehlt in VD17), Strophen 3, 14 und 21 (siehe Kat.Nr. 9.27).

Ein zweites Wittenberg?

Wie evangelisch war Wien im 16. Jahrhundert?

Astrid Schweighofer

> **„Das religionwesen ist alhie in 20 jaren ubler nie gestanden, alls eben jetzo. Ausser des heufflens, so die frummen heylige vatter der Societet Jesu bis anhero auffgehalten, ist es alles gefallen. Die sacramenta werden nicht mer bey den haupt- und pfarrkirchen, sonder alle im landthaus gesuecht und prophaniert, also das bey s. Steffan etwo ain gantz monat uber zway kinder nicht zue tauff gebracht werden."**[1]

Was Reichshofrat Georg Eder (1523–1587) über die religiösen Zustände im Wien des Jahres 1577 schreibt, ist wohl etwas überzeichnet, spiegelt aber die Besorgnis der katholischen Seite angesichts der Stärke des Protestantismus.[2] Bereits 1558 hatte der Jesuit Petrus Canisius (1521–1597) seine Befürchtung ausgesprochen, Wien könnte sich zu einem zweiten Wittenberg oder Genf entwickeln.[3] Der Hofprediger Martin Eisengrein (1535–1558) stellte im Jahr 1569 fest, dass „kaum mehr eine Spur zu finden [sei], daß man in Wien einmal katholisch gewesen war",[4] ebenso sorgte sich der Klosterrat im Jahr 1576, „dass die katholische Religion meistentheils allhie gar erlöschen [wird]".[5]

„Der Hofprediger Martin Eisengrein (1535–1558) stellte im Jahr 1569 fest, dass ‚kaum mehr eine Spur zu finden [sei], daß man in Wien einmal katholisch gewesen war'."

Die reformatorischen Ideen hatten in Wien ab den 1520er-Jahren rasch an Boden gewonnen. Von entscheidender Bedeutung für deren Ausbreitung waren die mehrheitlich evangelischen Adeligen. In ihrer Rolle als Grundherren besetzten sie die Pfarrkirchen ihres Rechtsbereichs auf dem Land mit evangelischen Predigern. In der Stadt förderten sie die evangelische Predigt unter großem Zulauf des Bürgertums in ihren Freihäusern. Allerdings waren die Gottesdienste in den Stadtpalais des Adels weder vor noch nach der *Religionskonzession* von 1568 und der drei Jahre später ausgefertigten *Assekuration* rechtlich gedeckt. Denn Maximilian II. hatte den Adeligen die Abhaltung lutherischer Gottesdienste lediglich auf dem Land gestattet, nicht aber in den landesfürstlichen Städten und Märkten, und damit auch nicht in Wien. Dass er im Jahr 1574 trotzdem das sogenannte Landhausministerium in der Wiener Herrengasse erlaubte, hatte nicht zuletzt seinen Grund darin, dem Zulauf der Bürger zu den zahlreichen Privatgottesdiensten Einhalt zu gebieten.[6]

Vor dem Hintergrund dieser Kluft zwischen Theorie und Praxis, vor dem Hintergrund auch der eingangs zitierten Aussagen von katholischen Zeitgenossen, denen noch unzählige, über Jahrzehnte gehende Klagen der Wiener Bischöfe und anderer Geistlicher über die Nichteinhaltung von Fasten- und Festzeiten, über den Rückgang der Gottesdienstbesucher und -besucherinnen, die mangelnde Teilnahme an Beichte und Kommunion, die Missstände in den Klöstern, über heimliche „Winkelprediger" und nicht zuletzt über das „Auslaufen" nach Hernals, Inzersdorf und Vösendorf hinzuzufügen wären,[7] stellt sich die Frage, wie evangelisch Wien in der zweiten Hälfte des 16. Jahrhunderts und zu Beginn des 17. Jahrhunderts wirklich war. Das rege, aber eben illegale evangelische Leben in der Stadt lässt jedenfalls auf eine weitgehende Protestantisierung der Bevölkerung schließen. Offizielle Zahlen hinsichtlich der konfessionellen Verhältnisse in Wien fehlen jedoch, wir müssen uns also mit Schätzungen der Sekundärliteratur zufrieden geben.[8] Moritz Smets (1828–1890) beispielsweise schreibt, die Lutheraner hätten um 1550 „fast die Hälfte der Einwohner Wiens" gestellt,[9] Theodor Wiedemann schätzt die Zahl der Katholiken in Wien im Jahr 1629, also zu einer Zeit, als die Gegenreformation auf Hochtouren lief, aufgrund der ihm vorliegenden Kommunikantenzahlen auf „nur ein Dritttheil".[10]

Die folgenden Ausführungen stellen den Versuch dar, die Stärke des Protestantismus im Wien der Reformationszeit darzulegen und die Aussagekraft der zitierten katholischen Berichte zu prüfen. Die Quellenlage ist diesbezüglich äußerst dürftig. Als brauchbar erweisen sich vor allem Richard Matts Studie zu den Wiener Bürgertestamenten im Zeitraum von 1578 bis 1627[11] sowie diverse Hinweise auf evangelische Begräbnisstätten und evangelische Grabdenkmäler (Epitaphe) des 16. und frühen 17. Jahrhunderts.

1 Dr. Georg Eder an den Oberstkämmerer Adam Freiherrn von Dietrichstein am 12. Jänner 1577, zit. n. Karl Schrauf (Hg.): Der Reichshofrath Dr. Georg Eder. Eine Briefsammlung. Als Beitrag zur Geschichte der Gegenreformation in Niederösterreich, Bd. 1 (1573–1578), Wien 1904, S. 93–95, hier S. 95.

2 Rudolf Leeb: Der Streit um den wahren Glauben — Reformation und Gegenreformation in Österreich, in: ders., Maximilian Liebmann, Georg Scheibelreiter u. a.: Geschichte des Christentums in Österreich. Von der Spätantike bis zur Gegenwart (Österreichische Geschichte, hg. von Herwig Wolfram, Ergänzungsbd.), Wien 2003, S. 145–279, S. 489–511, hier S. 251.

3 Josef Karl Mayr: Wiener Protestantengeschichte im 16. und 17. Jahrhundert, in: Jahrbuch der Gesellschaft für die Geschichte des Protestantismus in Österreich 70 (1954), S. 41–133, hier S. 42.

4 Zit. n. ebd., S. 42. Siehe dazu, mit exakter Quellenangabe, die 2015 an den Universitäten Paris-Sorbonne und Wien eingereichte Dissertation von Clarisse Sophie Roche: La frontière incertaine. Recomposition de l'identité chrétienne à Vienna au XVIe siècle (1523–1594), unveröff. Diss. Paris, S. 429.

5 Theodor Wiedemann: Geschichte der Reformation und Gegenreformation im Lande unter der Enns, Bd. 2, Prag 1880, S. 202.

6 Leeb, Der Streit, S. 208f., S. 171–173, S. 177–179, S. 222; Karl Vocelka: Kirchengeschichte, in: ders., Anita Traninger (Hg.): Die frühneuzeitliche Residenz (16. bis 18. Jahrhundert) (Wien. Geschichte einer Stadt, hg. von Peter Csendes, Ferdinand Opll, Bd. 2), Wien/Köln/Weimar 2003, S. 311–363, hier S. 313–318.

7 Siehe etwa Wiedemann, Reformation und Gegenreformation, S. 92–97, S. 121f., S. 163f., S. 167f., S. 173–178, S. 209f., S. 216–218; Viktor Bibl: Eine Denkschrift Melchior Khlesls über die Gegenreformation in Niederösterreich (c. 1590), in: Jahrbuch für Landeskunde von Niederösterreich 8 (1909), S. 155–171, hier S. 159f. Zur Situation der katholischen Kirche siehe Vocelka, Kirchengeschichte, S. 319–321.

8 Vocelka, Kirchengeschichte, S. 316.

9 Moritz Smets: Wien im Zeitalter der Reformation, Preßburg 1875, S. 49.

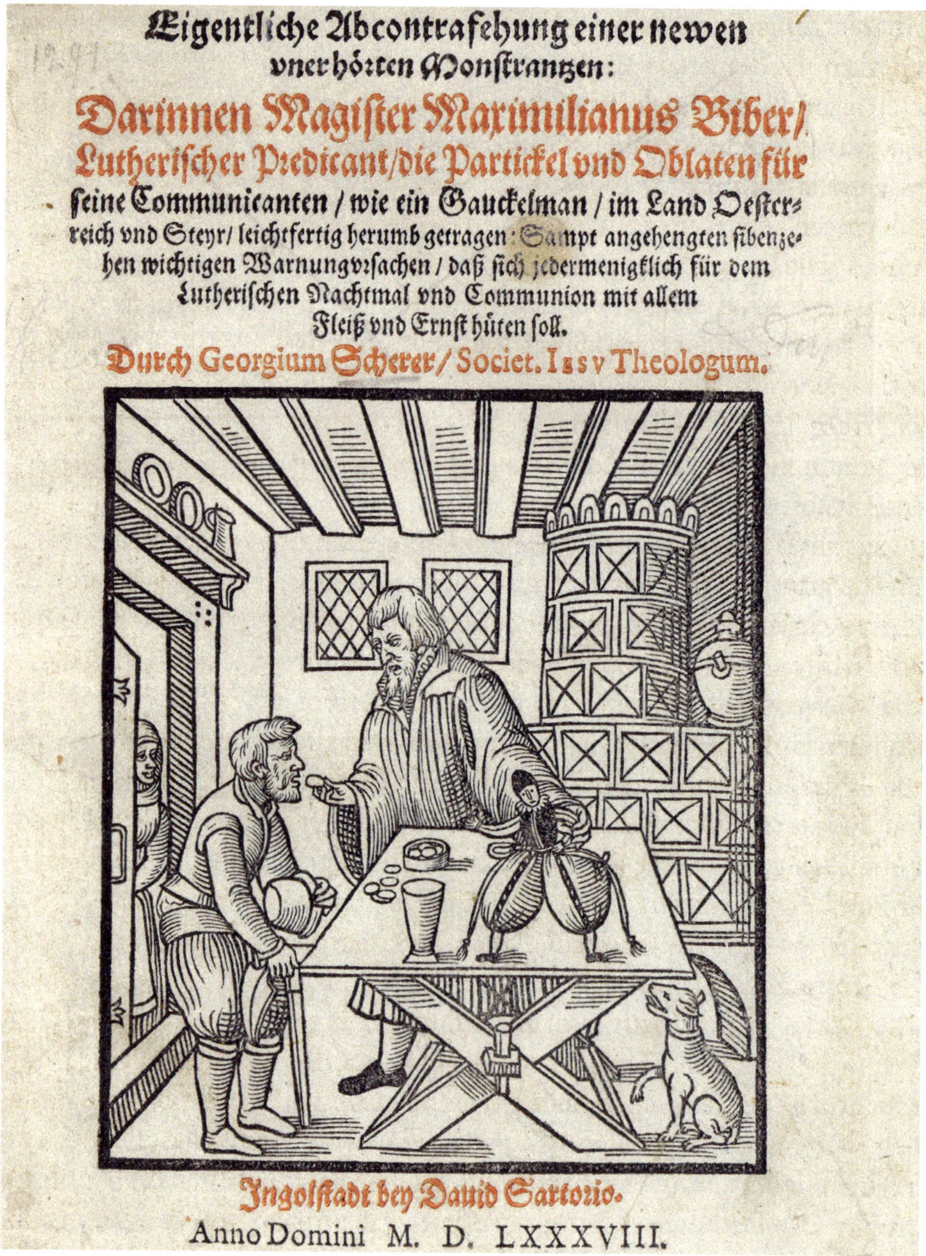
Eigentliche Abcontrafehung einer newen
vnerhörten Monstrantzen:
Darinnen Magister Maximilianus Biber/
Lutherischer Predicant/die Partickel vnd Oblaten für
seine Communicanten / wie ein Gauckelman / im Land Oester-
reich vnd Steyr/ leichtfertig herumb getragen: Sampt angehengten sibenze-
hen wichtigen Warnungvrsachen / daß sich jedermenigklich für dem
Lutherischen Nachtmal vnd Communion mit allem
Fleiß vnd Ernst hüten soll.
Durch Georgium Scherer/ Societ. IESV Theologum.
Ingolstadt bey David Sartorio.
Anno Domini M. D. LXXXVIII.

Kat.Nr. 9.1 Nicht zuletzt die zahlreichen Beschwerden über heimlich aktive protestantische Prediger — wie hier über Maximilian Biber, der, als Puppenspieler getarnt, Hostien in einer Puppe in die Stadt schmuggelte — bezeugen ein reges illegales evangelisches Leben in Wien.

TESTAMENTE ◖ Richard Matt unterscheidet in seiner Studie drei Kategorien von erhaltenen Testamenten, nämlich katholische, protestantische und christliche. Bis Mitte/Ende der 1570er-Jahre seien ausschließlich katholische und christliche Testamente erhalten, dezidiert protestantische würden sich erst ab 1576/1578 finden, und auch da nur wenige — um die 170/180 bis zum Jahr 1627.[12] Matt führt diesen Umstand zu Recht auf die für die Protestanten schwierige religionspolitische Lage vor der Erteilung der *Religionskonzession* im Jahr 1568 und eine damit verbundene Vorsicht in Bezug auf ein öffentliches Bekenntnis zum Protestantismus zurück. Er geht weiter davon aus, dass der in den Testamenten auftauchende Begriff „christlich" nichts anderes als „evangelisch" bedeutet — im Gegensatz zu

10 Wiedemann, Reformation und Gegenreformation, S. 254.
11 Richard Matt: Die Wiener protestantischen Bürgertestamente von 1578–1627, in: Mitteilungen des Vereines für Geschichte der Stadt Wien 17 (1938), S. 1–51.
12 Ebd., S. 6, S. 11.

> „Das rege, aber eben illegale evangelische Leben in der Stadt lässt jedenfalls auf eine weitgehende Protestantisierung der Bevölkerung schließen. Offizielle Zahlen hinsichtlich der konfessionellen Verhältnisse in Wien fehlen jedoch."

dem klar zuordenbaren „christlich-katholisch" — und damit auch die christlichen Testamente als evangelische anzusehen sind, was die Zahl der als evangelisch einzustufenden Testamente um ein Vielfaches erhöht.[13] Sieht man von den bei Testamenten üblichen formelhaften Wendungen ab, fallen bestimmte Begrifflichkeiten, vor allem aber Widmungen und Wünsche in Bezug auf Art und Ort der Bestattung auf, welche Rückschlüsse auf die Konfession des Erblassers oder der Erblasserin erlauben. So sind etwa Testamente, in denen der Wunsch nach einer Bestattung in geweihter Erde ausgesprochen wird, als eindeutig katholisch zu identifizieren.[14] Dezidiert protestantische Bezüge, nämlich Widmungen für das Landhausministerium, gibt es im Testament von Margareta Apfelbaum aus dem Jahr 1578, die „den dreien Herren Prädikanten im Landhaus" je einen „Doppel-Dukaten" und den dortigen Schullehrern zehn Pfund vermachte,[15] oder bei Hieronymus Au von der Au, der im Jahr 1577 unter anderem verfügte: „Die opera Lutheri, deren sein es 12 Bücher, in Fall ich Zeit meines Lebens selbst nit vergib, sondern nach meinem Tod noch vorhanden sind, so soll man sie der Schule übergeben, wo man das Wort Gottes nach der Augsburgerischen Confession in Uebung hat."[16]

Zu Beginn des 17. Jahrhunderts finden sich zahlreiche Widmungen für Hernals, sei es für die dortigen Armen,[17] für die Kirche und Schule,[18] sei es „[f]ür die Errichtung eines Taufsteins in Hernals, wo das Exerzitium evangelischer Lehre gehalten wird", wie es im Testament des kaiserlichen Dieners, Bürgers und Handelsmannes Georg Eggl vom 11. März 1611 heißt.[19]

Richard Matt zufolge hat die Zahl der protestantischen Erblasser bei Weitem jene 170/180 als eindeutig protestantisch erkennbare Testamente überstiegen. Er spricht von 2.800 als protestantisch einzustufenden Testamenten (eben inklusive der „christlichen" Testamente) und — unter Hinzuzählung der in den Dokumenten vermerkten Zeugen, Verwandten, Bekannten — von rund 30.000 aktenkundigen Personen. Leider ist nicht eindeutig ersichtlich, welchen Zeitraum er hier im Blick hat (circa 1550 bis 1627 oder 1578 bis 1627) und ob er mit den 30.000 Genannten Personen evangelischer Konfession meint.[20] Dessen ungeachtet zeigt sich anhand der Testamente die weite Verbreitung des Protestantismus innerhalb des Wiener Bürgertums. Matt sieht zumindest

13 Ebd., S. 10f.
14 Ebd., S. 11.
15 Ebd., S. 16.
16 Ebd.
17 Siehe das Testament von Isabella Graf (17. Februar 1610), ebd., S. 17.
18 Siehe die Testamente von Melchior Auer (6. September 1610) oder Elias Füllnstein (15. April 1611), ebd., S. 18.
19 Ebd.
20 Ebd., S. 11. Siehe auch Arthur Stögmann: Staat, Kirche und Bürgerschaft: Die katholische Konfessionalisierung und die Wiener Protestanten zwischen Widerstand und Anpassung (1580–1660), in: Andreas Weigl (Hg.): Wien im Dreißigjährigen Krieg. Bevölkerung — Gesellschaft — Kultur — Konfession (Kulturstudien, Bd. 32), Wien/Köln/Weimar 2001, S. 482–564, hier S. 520.

für die Jahre von 1578 bis 1580 ein konfessionelles 1:1 in der Stadt. In den Vororten dürfte — mit Ausnahme von Hernals, Inzersdorf und Vösendorf — der Katholizismus überwogen haben (mit 10:7).[21]

EPITAPHE ◖ Neben den Testamenten stellen Epitaphe eine mögliche Quelle in Hinblick auf die Frage nach der Stärke des Protestantismus in Wien dar. Bei Epitaphen handelt es sich um an der (Kirchen-)Wand angebrachte, oft mit Bildern versehene Grabdenkmäler, die nicht unmittelbar mit dem Bestattungsort verbunden sind.[22] Besonders prächtige Epitaphe dürften sich auf dem kaiserlichen Gottesacker vor dem Schottentor (heute im Bereich von Hof 8 und Hof 9 des ehemaligen Allgemeinen Krankenhauses im neunten Wiener Gemeindebezirk) befunden haben, der nicht zuletzt auch deshalb den Ruf hatte, der „schönste Friedhof von Alt-Wien" zu sein.[23] Der im Jahr 1570 angelegte Gottesacker umfasste einen 1576 geweihten katholischen Teil und einen nicht geweihten evangelischen Teil, wobei auch Gräber von Evangelischen im katholischen Bereich zu finden waren.[24] Ein eigener evangelischer Friedhof war damals eine Besonderheit, denn de facto war ein solcher erst mit der von Erzherzog Matthias erteilten *Kapitulationsresolution* von 1609 erlaubt.[25] Unumstritten war die katholisch-evangelische Belegung des neuen Gottesackers freilich nicht.[26] Der Wiener Bischof Johann Caspar Neubeck (1545–1594) klagte im Jahr 1590, dass die Zahl der Begräbnisse in der Stadt seit der Erweiterung des Gottesackers und der Anlage des Kreuzgangs durch die Evangelischen zurückgegangen sei, und sprach seine Befürchtung aus, dass „die Lutheraner [...] bei den Epithaphien [sic!] mit Worten, Gemälden und Figuren allerlei einführen, was zur Schmach der kathol. Religion unleidlich ist".[27]

Leopold Senfelder (1864–1935) hat sich anhand der erhaltenen Friedhofsurbare[28] mit den Epitaphen des Gottesackers vor dem Schottentor beschäftigt. Jene Epitaphe, welche nicht bereits den Zerstörungen infolge der Wiener Türkenbelagerung von 1683 zum Opfer gefallen waren, dürften spätestens mit der Auflösung des Friedhofs im Jahr 1784 verloren gegangen sein.[29] Kenntnis von den bildlichen Darstellungen der Epitaphe haben wir vor allem für den katholischen Teil, für den evangelischen nennt Senfelder nur wenige Darstellungen (etwa *Der Brunn des Lebens*, Nr. 1, oder *Adam u. Eva im Baradeiss*, Nr. 4).[30] Von Interesse ist die im Jahr 1584 erworbene Gruft des Wiener Ratsbürgers und Kaufmanns Lazarus Henckel d. Ä. (von Donnersmarck) (1551–1624), der im Jahr 1591 über dieser einen Turm mit drei Glocken und folgender Inschrift erbauen ließ:[31]

> „Mit Gottes Hülff bin Ich aufgeführt
> Und mit dreyen Glocken geziert
> Auf Lazari Henggel Kosten erbaut
> Der bis an sein End Gott vertraut

21 Matt, Bürgertestamente, S. 13.

22 Renate Kohn: Zwischen standesgemäßem Repräsentationsbedürfnis und Sorge um das Seelenheil. Die Entwicklung des frühneuzeitlichen Grabdenkmals, in: Mark Hengerer (Hg.): Macht und Memoria. Begräbniskultur europäischer Oberschichten in der Frühen Neuzeit, Wien/Köln/Weimar 2005, S. 19–46, hier S. 24–26.

23 Leopold Senfelder: Der kaiserliche Gottesacker vor dem Schottenthor, in: Berichte und Mitteilungen des Altertums-Vereines zu Wien 36/37 (1902), S. 215–271, hier S. 219.

24 Ebd., S. 220–222.

25 Georg Loesche: Geschichte des Protestantismus im vormaligen und im neuen Österreich, Wien/Leipzig 1930, S. 110.

26 Senfelder, Gottesacker, S. 231.

27 Wiedemann, Reformation und Gegenreformation, S. 221; Senfelder, Gottesacker, S. 224; Wiedemann zufolge wurde es den Evangelischen daraufhin sogar verboten, Epitaphe aufzustellen. Wiedemann, Reformation und Gegenreformation, S. 222.

28 Senfelder, Gottesacker, S. 240.

29 Ebd., S. 230, S. 237, S. 239.

30 Ebd., S. 238f., S. 256.

31 Ebd., S. 223. Die Gruft befand sich im katholischen Teil. Ebd., S. 221f.

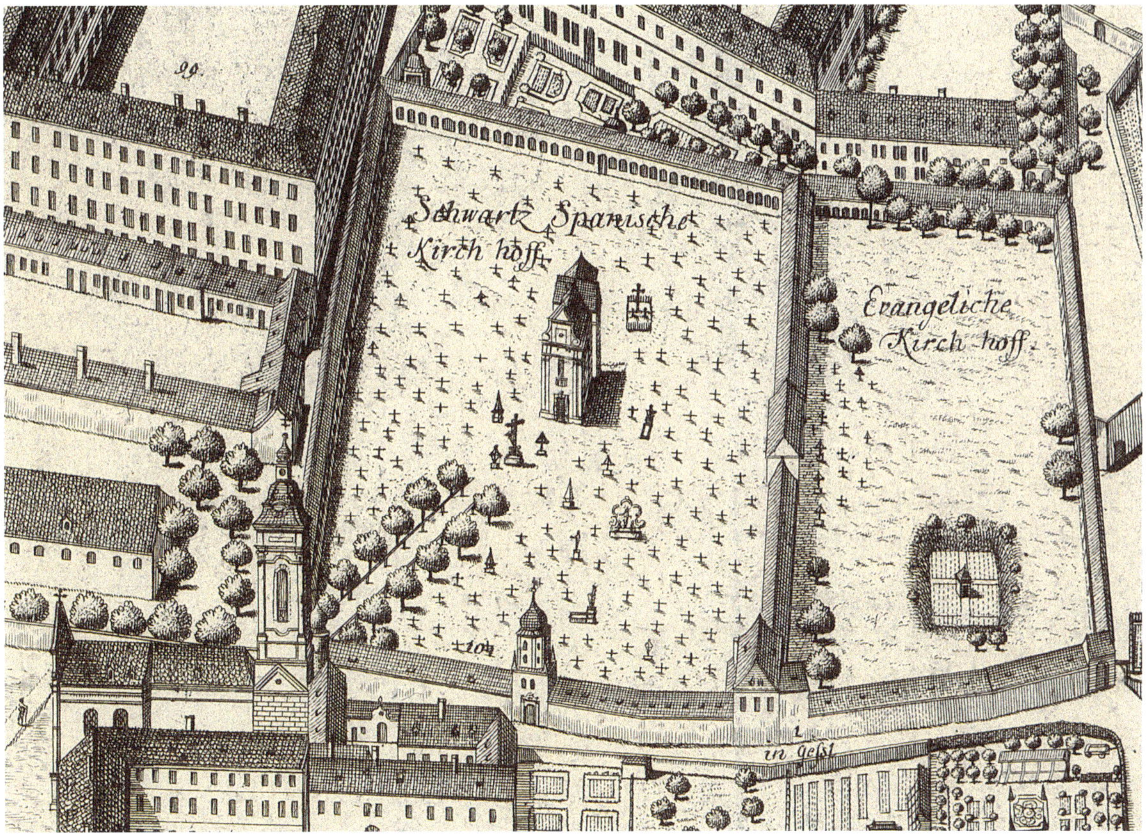

Kat.Nr. 12.13 Der Friedhof vor dem Schottentor um 1778, der rechte Bereich ist mit „Evangelische Kirch hoff“ bezeichnet.

Kaiserlicher Gottesacker vor dem Schottentor (aus: Mathias Fuhrmann: Historische Beschreibung der Römisch. Kaiserl. und Königlichen Residenz-Stadt Wien, Teil 2, Bd. 2, Wien 1767, Wien Museum, Inv.Nr. 105.740/35)

Inschrift am Pastorenturm des Friedhofs in Steyr (OÖ): Die Bezeichnung „Schlafhaus“ bringt die reformatorische Vorstellung zum Ausdruck, wonach die Toten bis zur Auferstehung schlafen, und eben nicht im Fegefeuer schmachten.

> Die soll man umb neun kreuzer leitten
> Allen in Gott entschlaffenen Leuthen
> Welches gelt soll werden geben aus
> Zu vnderhaltung dieses Schlaffhauss“[32]

Die Bezeichnung „Schlafhaus“ für Friedhof begegnet einem auch auf der Inschrift des Pastorenturms des im Jahr 1584 angelegten Renaissancefriedhofs in Steyr in Oberösterreich und bringt die reformatorische Vorstellung zum Ausdruck, wonach die Toten bis zur Auferstehung schlafen, und eben nicht im Fegefeuer schmachten.[33]

Der Gottesacker vor dem Schottentor war zweifellos die zentrale Begräbnisstätte für die Wiener Lutheraner.[34] In der Zeit davor wurden evangelische Wienerinnen und Wiener, sofern sie sich überhaupt öffentlich zum Protestantismus bekannten, vermutlich ohne viel Aufsehen auf den katholischen Stadtfriedhöfen bestattet – wurde ihnen ein evangelisches Begräbnis in der Stadt verwehrt, wichen sie auf die Friedhöfe der Patronatskirche der evangelischen Adeligen auf dem Land aus.[35] Die Adeligen

32 Zit. n. ebd., S. 223.
33 Rudolf Leeb: Inschrift des Pastorenturmes auf dem Friedhof von Steyr, in: ders., Karl Vocelka, Andrea Scheichl (Hg.): Renaissance und Reformation (Katalog zur Oberösterreichischen Landesausstellung), Linz 2010, S. 568.
34 Stögmann, Staat, S. 530; Matt, Bürgertestamente, S. 12.
35 Bernhard Raupach: Erläutertes Evangelisches Österreich, Das ist fortgesetzte historische Nachricht von den vornehmsten Schicksahlen der Evangelisch-Lutherischen Kirchen in dem Ertz-Hertzogthum Oesterreich, Hamburg 1736, S. 209; Mayr, Wiener Protestantengeschichte, S. 61f.

selbst ließen sich in der Regel nicht in Wien begraben, sondern bevorzugten die Familiengrablegen auf ihren Herrschaftssitzen.[36] Als der Protestant Graf Niklas von Salm eine Bestattung in der Erbgrablege seiner Familie im Dorotheerkloster[37] wünschte, entsprach Erzherzog Ernst diesem Wunsch im Jahr 1581 unter der Voraussetzung, den Leichnam so zu bestatten, „dass bei solchen Conduit inn oder ausser der stat anniche Predig oder Teutsch gesang nit für genomben, noch ainiche Predicanten dabei zu sein gestattet werde".[38] Salms Begräbnis sollte also möglichst unauffällig, in jedem Fall frei von jeglichem evangelischen „Gehabe" ablaufen.

In Hinblick auf die Bestattung Evangelischer auf den katholischen Friedhöfen der Stadt stellt sich die Frage nach der konfessionellen Zuordnung von Epitaphen im Sinne von Glaubenszeugnissen an oder in Wiener Kirchen wie etwa St. Stephan oder St. Michael anhand von Inschriften und bildlichen Darstellungen. Beide Kirchen weisen einen beachtlichen Bestand sowohl adeliger als auch bürgerlicher Grabdenkmäler auf.[39] Als „typisch evangelische" Bildmotive nennt die Literatur biblische, vor allem alttestamentliche Themen (zum Beispiel Jona und der Wal, die Taufe Christi, die Vision des Ezechiel, „Gesetz und Gnade"-Bilder),[40] wobei „auf die höchstens relative Anwendbarkeit dieser Erkenntnis zur Zuordnung des Auftraggebers zu einer der Konfessionen" verwiesen wird[41] — ausschließen kann man jedenfalls dezidiert katholische Motive wie die Krönung Mariens oder die Anbetung von Heiligen.[42] Auch deutsche Bibelzitate aus der Lutherübersetzung erlauben wegen ihrer allgemeinen Verbreitung (auch im katholischen Bereich)[43] nur in Einzelfällen konfessionsspezifische Rückschlüsse.[44] Ebenso sind Redewendungen, die sich auf die Auferstehung beziehen (etwa die Hoffnung auf eine „fröhliche Auferstehung"), in beiden Konfessionen zu finden.[45]

Im Gegensatz zu Innerösterreich (Steiermark,[46] Kärnten, Krain) und Oberösterreich,[47] wo wir mit den „Gesetz und Gnade"-Darstellungen eindeutige Belege für evangelische Epitaphe haben,[48] ist bei den evangelischen Grabdenkmälern in Wien von einer Beschränkung auf allgemein christliche, eher „neutrale" Bildmotive (vor allem Tod und Auferstehung Christi) auszugehen. Die rechtliche Situation der Evangelischen in der Residenzstadt Wien und eine damit verbundene Vorsicht in Hinblick auf ein allzu plakatives, weil visuelles Bekenntnis zum Protestantismus mag hier, wie im Fall der Testamente, eine Rolle gespielt haben.[49] Ein für unser Thema bemerkenswertes Epitaph befindet sich an der Außenseite des Südchors von St. Stephan. Es handelt sich dabei um das Grabdenkmal des Wiener Kaufmanns und Ratsherrn Franz Lackner aus dem Jahr 1571, dessen Bildprogramm im Kontext der „Gesetz

36 Andreas Zajic: Zwischen Zentrum und Peripherie. Memoria und politische Integration des niederösterreichischen Adels in Spätmittelalter und Früher Neuzeit, in: Hengerer, Macht und Memoria, S. 319–346, hier S. 323f., S. 328f.

37 Heute befindet sich am Ort des ehemaligen Klosters St. Dorothea das Dorotheum (Dorotheergasse, 1. Wiener Gemeindebezirk).

38 Zit. n. Wiedemann, Reformation und Gegenreformation, S. 214.

39 Mark Hengerer: Zur symbolischen Dimension eines sozialen Phänomens: Adelsgräber in der Residenz (Wien im 17. Jahrhundert), in: Weigl, Wien im Dreißigjährigen Krieg, S. 250–352, hier S. 319; Ingeborg Schemper-Sparholz: Die Grabdenkmäler, in: St. Michael. Stadtpfarrkirche und Künstlerpfarre von Wien 1288–1988 (Ausstellungskatalog Historisches Museum der Stadt Wien), Wien 1988, S. 236–243, hier S. 236.

40 Andreas Zajic: „Zu ewiger gedächtnis aufgericht". Grabdenkmäler als Quelle für Memoria und Repräsentation von Adel und Bürgertum im Spätmittelalter und in der Frühen Neuzeit. Das Beispiel Niederösterreichs (Mitteilungen des Instituts für Österreichische Geschichtsforschung, Ergänzungsbd. 45), Wien/München 2004, S. 223; Gustav Reingrabner: Zur „Kunst der Reformation" in Österreich, in: Jahrbuch der Gesellschaft für die Geschichte des Protestantismus in Österreich 94 (1978), S. 7–66, hier S. 38f., S. 42.

41 Zajic, Zu ewiger gedächtnis, S. 223f.; Gustav Reingrabner: Der evangelische Adel in Niederösterreich — Überzeugung und Handeln, in: Jahrbuch der Gesellschaft für die Geschichte des Protestantismus in Österreich 90/91 (1975), S. 3–59, hier S. 11, S. 13.

42 Zajic, Zu ewiger gedächtnis, S. 226, S. 297f.

43 Siehe etwa die Wandmalerei im Refektorium des ehemaligen Paulinerklosters in Wiener Neustadt. Renate Kohn (Bearb.): Die Inschriften der Stadt Wiener Neustadt (Die Deutschen Inschriften, Bd. 48; Wiener Reihe, Bd. 3: Die Inschriften des Bundeslandes Niederösterreich, Teil 2), Wien 1998, S. 152f., Nr. 223.

44 Zajic, Zu ewiger gedächtnis, S. 287, S. 289, S. 298f.; Reingrabner, Der evangelische Adel, S. 13.

45 Ebd., S. 11; Zajic, Zu ewiger gedächtnis, S. 296.

> „Insgesamt wird man, wenn aufgrund der Quellenlage auch mit Vorsicht, den bisherigen Angaben folgen und, bei einer geschätzten Einwohnerzahl von 25.000 bis 50.000 (inklusive der Vorstädte), ab der Mitte des 16. Jahrhunderts auf jeden Fall von einer Dominanz des Protestantismus sprechen können."

und Gnade"-Darstellungen anzusiedeln und in jedem Fall als reformatorisch beeinflusst anzusehen ist.[50]

Für eine eindeutige konfessionelle Zuordnung aller in Wien erhaltenen Epitaphe bedürfte es einer systematischen Erfassung der Bildprogramme[51] und damit verbundener prosopografischer Forschungen vor allem in Hinblick auf die Konfession des oder der Verstorbenen.[52] Die daraus abgeleiteten Ergebnisse würden erstmals exaktere Rückschlüsse auf die konfessionellen Verhältnisse im Wien der Reformationszeit erlauben.

RESÜMEE ◖ Wien war im 16. Jahrhundert stark evangelisch geprägt und die katholische Kirche in arger Bedrängnis. Wenn Reichshofrat Eder, wie eingangs zitiert, darüber klagt, dass monatlich nicht mehr als zwei Kinder in St. Stephan getauft würden und die Menschen in Scharen zu den evangelischen Gottesdiensten im Landhaus strömten, lag er damit offenbar nicht völlig falsch, und seine Befürchtung, dass „die hauptkirch [St. Stephan] in kurtz zue ainer wuesten werde",[53] war nicht unbegründet. Denn das evangelische Leben blühte innerhalb der Stadtmauern. In den Palais der evangelischen Adeligen wurden Gottesdienste und Hausandachten gehalten, die Bibel und evangelische Postillen gelesen, Prädikanten tauften die Kinder und reichten das Abendmahl. Mitte der 1570er-Jahre war es den Protestanten sogar offiziell erlaubt, im Haus der niederösterreichischen Stände in der Wiener Herrengasse evangelischen Kultus auszuüben. Außerhalb der Stadtmauern besaßen die evangelischen Zentren Hernals, Inzersdorf und Vösendorf eine enorme Strahl- und Anziehungskraft für die evangelischen Wienerinnern und Wiener.[54] Diese waren also seelsorgerlich immer gut versorgt, auch wenn die religionspolitischen Verhältnisse das religiöse Leben erschwerten.

46 Helfried Valentinitsch: Die mittelalterlichen und frühneuzeitlichen Inschriften der Oststeiermark — wirtschafts- und sozialgeschichtliche Aspekte, in: Gernot Peter Obersteiner (Red.): Festschrift Gerhard Pferschy zum 70. Geburtstag (Forschungen zur geschichtlichen Landeskunde der Steiermark, Bd. 42; Zeitschrift des historischen Vereines für Steiermark, Sonderbd. 25; Veröffentlichungen des steiermärkischen Landesarchivs, Bd. 26), Graz 2000, S. 297.

47 Günter Merz: Von der Reformation geprägte Kunstdenkmäler in Oberösterreich, in: Vocelka, Leeb, Scheichl, Renaissance und Reformation, S. 291–300, hier S. 292–296.

48 Siehe etwa das Außenfresko an der katholischen Kirche in Ranten in der Steiermark oder das Epitaph des Wolfgang von Schaunberg an der katholischen Stadtpfarrkirche in Eferding in Oberösterreich.

49 Rudolf Leeb: „Adam" — Ein Gesetz und Gnade-Bild am Stephansdom?, in: Amt und Gemeinde 55 (2004) 11/12, S. 221f. Zu Andreas Zajics Ablehnung dieser Vermutung siehe Zajic, Zu ewiger gedächtnis, S. 296f.

50 Leeb, Adam, passim (mit weiteren Literaturangaben).

51 Für St. Stephan ist derzeit eine Inschriftenedition in der Reihe *Die Deutschen Inschriften* in Vorbereitung. Renate Kohn, Richard Perger (Bearb.): Die Inschriften der Dom- und Metropolitankirche St. Stephan II (1521–1683) (Die Deutschen Inschriften; Wiener Reihe, Bd. 9: Die Inschriften der Stadt Wien, Teil 2).

Die Stärke des Protestantismus in der Residenzstadt Wien zeigt sich insbesondere anhand der besprochenen Testamente, bestätigt sich aber auch durch die einzigartige Tatsache eines eigenen evangelischen Friedhofsareals vor den Toren der Stadt. Eine eindeutige konfessionelle Zuordnung war bis zur *Religionskonzession* von 1568 und der damit verbundenen Legalisierung des Protestantismus nicht möglich. Auch danach traten Sympathisantinnen und Sympathisanten mit dem Protestantismus nicht immer offen als solche hervor. Insgesamt wird man, wenn aufgrund der Quellenlage auch mit Vorsicht, den bisherigen Angaben folgen und, bei einer geschätzten Einwohnerzahl von 25.000 bis 50.000 (inklusive der Vorstädte),[55] ab der Mitte des 16. Jahrhunderts auf jeden Fall von einer Dominanz des Protestantismus sprechen, in Spitzenzeiten den Anteil der Evangelischen sogar mit 70 bis 75 Prozent veranschlagen können. Wie sonst, wenn nicht aufgrund der Dominanz der neuen Konfession und einer von der Obrigkeit und der katholischen Kirche offenbar empfundenen Bedrohung, sind die scharfen gegenreformatorischen Maßnahmen zu erklären, die in Wien mit Kaiser Rudolf II. und Erzherzog Ernst in den späten 1570er-Jahren einsetzten und ab den 1620er-Jahren voll zum Durchbruch kamen?[56] Langfristig führten diese Maßnahmen zu einer konfessionellen Umwälzung in Wien und zu einer religiösen Homogenisierung im Sinne des Katholizismus.[57] Dieser Prozess währte freilich Jahrzehnte. Von katholischer Seite waren noch geraume Zeit Klagen über heimliche evangelische Prädikanten in der Stadt zu hören. Viele evangelische Wienerinnen und Wiener, die ihrem Glauben nicht abschwören wollten und finanziell abgesichert waren, wählten das Exil. Unter jenen, vor allem Angehörige der niederen Bevölkerungsschichten, die nicht auswanderten oder sich zum Katholizismus bekehrten, hielt sich die evangelische Frömmigkeitspraxis noch zumindest bis zur Mitte des 17. Jahrhunderts.[58]

52 Eine reichhaltige Quelle wären diesbezüglich Ratsprotokolle, die für Wien allerdings nicht mehr erhalten sind. Für diesen Hinweis danke ich Dr.[in] Renate Kohn, der Leiterin der Arbeitsgruppe Inschriften des Mittelalters und der Frühen Neuzeit am Institut für Mittelalterforschung der Österreichischen Akademie der Wissenschaften.

53 Dr. Georg Eder an den Oberstkämmerer Adam Freiherrn von Dietrichstein am 12. Jänner 1577, zit. n. Schrauf, Reichshofrath, S. 95.

54 Mayr, Wiener Protestantengeschichte, passim, hier S. 42–48, S. 60–81.

55 Andreas Weigl: Residenz, Bastion und Konsumptionsstadt: Stadtwachstum und demographische Entwicklung einer werdenden Metropole, in: ders., Wien im Dreißigjährigen Krieg, S. 31–105, hier S. 31.

56 Stögmann, Staat, S. 500–564; Vocelka, Kirchengeschichte, S. 323–332.

57 Stögmann, Staat, S. 564. Zu den konfessionellen Verhältnissen im Wiener Stadtregiment siehe Johann Pradel: Die Wiener Ratsbürger im ersten Drittel des 17. Jahrhunderts, unveröff. Diss. Univ. Wien 1972, S. 146–156.

58 Stögmann, Staat, S. 564; Vocelka, Kirchengeschichte, S. 330–332.

Auf den Spuren einer unterdrückten Musikkultur

Geistliche Musik der Reformationszeit in Wien

Hanns Stekel

Hans J. Moser hat beim Erscheinen seiner Gesamtdarstellung der Musik der Reformation in Österreich das Gesamtbild mit einer archäologischen Ausgrabung verglichen.[1] Damit ist nicht nur der fragmentarische Charakter der Forschung zu diesem Thema treffend beschrieben, das Bild passt in ganz besonderer Weise zur Situation der evangelischen Musik in Wien im 16. und 17. Jahrhundert: Es sind Reste, Spuren und Indizien, die uns überliefert sind. Sie zeugen von den Bemühungen, protestantische Musikkultur zum Blühen zu bringen, die aber im Gesamten gesehen erfolglos geblieben und lange Zeit in Vergessenheit geraten sind.

An den geglückten Zentren evangelischer Musik in dieser Zeit, wie Linz, Graz oder Steyr, kann man ablesen, was zum Erfolg nötig gewesen wäre: ein funktionierendes Schulwesen, der Aufbau einer Gottesdienst- und Kirchenmusikkultur, das Engagement von kompetenten Musikern, Raum für die musikalische Bürgerkultur protestantischer Prägung, wie sie sich besonders im Meistergesang manifestiert hat, und die Auseinandersetzung mit den humanistischen Strömungen der Zeit durch den Adel.[2] All das finden wir zwar in Ansätzen auch in Wien, verschiedene Faktoren, die noch zu beleuchten sein werden, verhinderten hier aber eine Blüte, wie wir sie aus anderen Städten in Österreich kennen. So bleiben nur die Suche nach Spuren und Indizien und auch die Frage nach den Ursachen, die eine funktionierende protestantische Musikkultur in Wien verunmöglicht haben.

1 „Aufgegrabenes Pompeji der deutschen Musikgeschichte", mitgeteilt von Othmar Wessely in seiner Rezension zu Hans J. Moser: Die Musik im frühevangelischen Österreich, Kassel 1954, in: Jahrbuch der Gesellschaft des Protestantismus in Österreich 70 (1954), S. 137.

2 Hanns C. Stekel: Musik der Reformationszeit in Oberösterreich, in: Karl Vocelka, Rudolf Leeb, Andrea Scheichl (Hg.): Renaissance und Reformation (Ausstellungskatalog Oberösterreichische Landesausstellung), Linz 2010, S. 301–307, hier S. 301.

Kat.Nr. 9.33 Musikalischer Neujahrswunsch der niederösterreichischen Stände aus Hernals

SCHULE UND GOTTESDIENST ❨ Die evangelische Schule war in gewisser Weise ein musikalisches Zentrum und hatte großen Anteil an der raschen Verbreitung des Protestantismus. Außerhalb Wiens wurden meist bestehende Schulen mit neuen Schwerpunkten weitergeführt, und auch kleinere Städte bemühten sich um eine gut funktionierende Schule.

Die Musik hatte einen besonderen Platz im Schulleben. Schulchöre und Instrumentalisten gestalteten die Gottesdienste, Trauungen, Taufen, Beerdigungen, aber auch weltliche Anlässe, wie die Feste des Adels, musikalisch. Musiktheorie war Teil des Curriculums, und in vielen evangelischen Schulen bestand auch die Möglichkeit, ein Instrument zu lernen. An den erhaltenen Schulordnungen von Linz, Enns und Loosdorf sehen wir, dass Musik und Musikunterricht ganz wesentlich den Schulalltag bestimmten. Gemäß dem Ideal, den Gottesdienst zu einem musikalischen Ereignis werden zu lassen, lernten die Schüler Woche für Woche einstimmige Choräle, die das Volk mitsingen konnte, aber auch kunstvolle polyphone und deutsche Motetten.

Der Musikunterricht lag in den Händen des Kantors, der an größeren Schulen auch von Hilfslehrern, Kollegen oder älteren Schülern unterstützt wurde. Die Stellung des Kantors war also wichtig, dementsprechend bemühte man sich, gut ausgebildete und kompetente Kantoren zu gewinnen. Viele kamen von namhaften Universitäten in Deutschland — Leipzig, Regensburg oder München — und waren hervorragende Musiker und Komponisten.[3]

Auch in Wien bemühte man sich daher, eine evangelische Schule zu etablieren. Die Stände kauften im Jahr 1546 ein Haus nahe der Minoritenkirche und begannen einen bescheidenen Schulbetrieb, der aber bereits 1554 wieder eingestellt wurde.[4] Über den Musikunterricht an dieser ersten Schule wissen wir nichts. Ein weiterer Versuch wurde im Zuge der Verbesserung des konfessionellen Klimas unter Maximilian II. gestartet.[5] Dieser Bemühung waren ebenfalls nur wenige Jahre (1574 bis 1576) beschieden. Immerhin ist uns aus dieser Phase der Name des Kantors, Jakob Donat (Jacobus Donatus), überliefert. Der erhaltene Anstellungsvertrag nennt die üblichen Aufgaben eines Kantors. Es ist anzunehmen, dass er mangels eines Rektors auch dessen Aufgaben zu erfüllen hatte.[6]

Die Gottesdienste, die der Kantor und die Schüler musikalisch zu gestalten hatten, fanden in dieser Zeit im Landhaussaal am Minoritenplatz statt. Wie überliefert ist, hatte Jakob Donat

3 Ders.: Musikpädagogik an den evangelischen Schulen in Österreich im 16. Jahrhundert, in: Jahrbuch für die Geschichte des Protestantismus in Österreich 126 (2010), S. 34–46, hier S. 37–44.

4 Die Gründe für das Scheitern des ersten Versuchs, eine Landschaftsschule in Wien aufzubauen, sind wohl in der schlechteren Stellung der Stände in der Hofresidenz Wien, im Fehlen eines geordneten evangelischen Pfarrwesens, der Konkurrenz durch ein sehr gutes Ordensschulwesen, aber auch internen Streitigkeiten zu sehen. Gustav Reingrabner: Zur Geschichte der protestantischen Landschaftsschule in Wien, in: Wiener Geschichtsblätter 27 (1972), S. 314–322, hier S. 316f.; Grete Mecenseffy: Wien im Zeitalter der Reformation des 16. Jahrhunderts, in: Wiener Geschichtsblätter 29 (1974), S. 228–239, hier S. 236.

5 Religionskonzession von 1571.

6 Reingrabner, Landschaftsschule, S. 319.

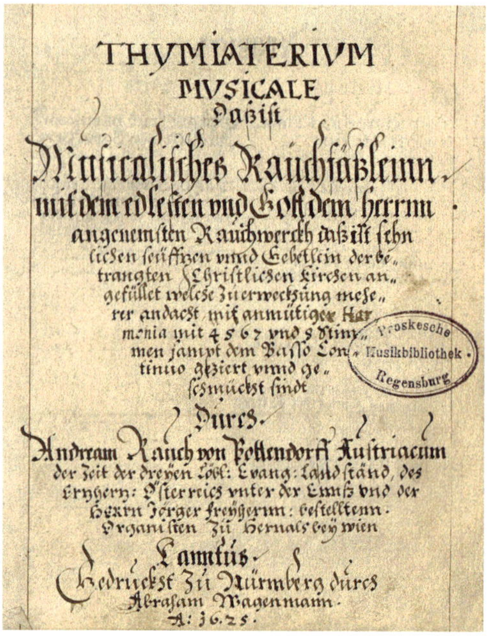

Kat.Nr. 9.34 Andreas Rauch: *Thymiaterium musicale. Das ist: Musicalisches Rauchfäßleinn*, entstanden während Rauchs Wirken in Hernals

anfangs dafür nur vier Knaben zur Verfügung, am Ende sollen es 16 gewesen sein. Im Wesentlichen dürften sich die musikalischen Beiträge auf einstimmige Lieder zur Unterstützung der Gemeinde beschränkt haben, für die Einstudierung kunstvoller Motetten fehlte der Schule wohl das nötige Potenzial.[7] Auch kann man hier nicht von einer gewachsenen Gemeinde sprechen: Die Teilnehmerinnen und Teilnehmer am Gottesdienst waren in Wien weilende oder durchreisende Adelige, Wienerinnen und Wiener und deren Besucher.[8] Das sonst für die evangelischen Gemeinden so typische Zusammenspiel von Gemeinde und Schule besonders in musikalischer Hinsicht konnte hier nicht verwirklicht werden. So ist denn auch die einzige musikalische Spur evangelischer Kirchenmusik in Wien eine *Kleine Hochzeitsmusik* von Adam Händl-Gallicus, ein vierstimmiger Satz zu einer Umdichtung des Lutherliedes zu Psalm 128. Hintergrund und Zusammenhang dieses im Jahr 1561 bei Johann Singriener (ca. 1480–1545) gedruckten Werks bleiben aber im Dunkeln.[9]

HERNALS UND DIE UMLANDGEMEINDEN ◖ Angesichts der prekären Lage in Wien und der Tatsache, dass tausende Evangelische — im letzten Drittel des 16. Jahrhunderts die Mehrheit der Bevölkerung — keine Möglichkeit hatten, Gottesdienste zu besuchen oder ein Gemeindeleben aufzubauen, verwundert es nicht, dass Alternativen gesucht wurden. So zogen Sonntag für Sonntag 10.000 Menschen und mehr in die Umlandgemeinden Hernals, Inzersdorf, Rodaun oder zum Freihof St. Ulrich.[10] „Hernals und die übrigen protestantischen Adelsherrschaften um Wien waren gleichsam die religiösen Zentren der Wiener Protestanten."[11]

Besonders Hernals entwickelte sich unter den Adelsgeschlechtern der Geyer von Osterburg und dann der Jörger zu einem Zentrum des Protestantismus — auch in musikalischer Hinsicht. Dort hatte man jene Bedingungen geschaffen, die wir aus anderen, erfolgreichen Gemeinden in Österreich kennen. Musikalische Einblattdrucke, Bürgertestamente und Predigten zeichnen das Bild einer lebendigen Kirchenmusik.[12]

Mit der Anstellung von Andreas Rauch (ca. 1592–1656) als Organist und Kirchenmusiker hatte man einen Glücksgriff getan. Denn, anders als etwa ein Johannes Brassicanus (ca. 1570–1634) oder ein Daniel Hitzler (1576–1635) in Linz,[13] begann er seinen

7 Karl Joseph Mayr: Wiener Protestantengeschichte im 16. und 17. Jahrhundert, in: Jahrbuch der Gesellschaft für die Geschichte des Protestantismus in Österreich 70 (1954), S. 41–133, hier S. 65f.; Gustav Reingrabner: Evangelischer Gottesdienst in Wien in der Reformationszeit, in: Wiener Geschichtsblätter 56 (2001), S. 315–329, hier S. 316.
8 Ebd., S. 321.
9 Moser, Musik, S. 42.
10 Der sonntägliche Auszug wurde „Auslaufen" genannt. Die Zahlen schwanken stark. In der ersten Phase um 1578 sollen es 6.000, in der zweiten Phase um 1609 bis zu 10.000 Menschen gewesen sein. Liselotte Westmüller: Helmhard Jörger und die protestantische Gemeinde zu Hernals, in: Jahrbuch der Gesellschaft für die Geschichte des Protestantismus in Österreich 81 (1965), S. 152–181, hier S. 157.
11 Zit. n. Westmüller, Jörger, S. 157. Weitere Versuche, evangelische Gemeinden aufzubauen, gab es in Vösendorf, Rodaun, Margareten, Penzing, Hadersdorf, Währing und Döbling. Reingrabner

Newes Thymiaterium
Oder
Rauchfäßlein:
In welchem
Ein vollkommene Meß:
Wie auch
Underschiedliche Geistliche Concerten/
von drey und vier Stimmen/ als einer guten le-
bendigen/ zwey Violinen/ Fagotto/ und dem darzu
gehörigen General Baßs.
Dem Allerhöchsten zum Andächtigen Gruß
auffgericht und angezündt
Von
Andrea Rauchen / Potten: Austriac: Mit-
burgern in der Königl: Freystatt Oedenburg
in Nider Ungarn/ rc.

VOX PRIMA.

Gedruckt und Verlegt/durch David Hautten/
Buchhändlern in Wien und Lucern.
Im 1651. Jahr.

Kat.Nr. 9.37 Andreas Rauch: *Newes Thymiaterium oder Rauchfäßlein*, Stimmbücher

Dienst in Hernals nach eigener Angabe im Jahr 1610 als 18-Jähriger,[14] als die Gemeinde einen Neuaufbau begann.[15]

Im Lauf der Jahre entwickelte er sich zu einem der bedeutendsten Musiker des österreichischen Protestantismus der Reformationszeit und bestimmte die kirchenmusikalische Entwicklung bis 1625, ehe er über Inzersdorf und Vösendorf nach Ödenburg emigrierte, wo er bis zu seinem Lebensende bleiben sollte.[16] Wo oder bei wem er gelernt hat, weiß man nicht. Von seinen Werken, die sich zum Großteil durch besondere Qualität auszeichnen, sind aus der Zeit in Hernals besonders hervorzuheben: *Thymiaterium musicale. Das ist: Musicalisches Rauchfäßlein*, gedruckt bei Wagemann in Nürnberg im Jahr 1625, und das *Musicalische Stammbüchlein* mit geistlichen und weltlichen Gesängen, ebenfalls in Nürnberg im Jahr 1627 erschienen. Das *Thymiaterium* ist eine Sammlung von 25 kleineren geistlichen Kompositionen mit deutschen und lateinischen Texten aus Gesangbuch und Bibel. Rauch verwendete gern unterschiedliche Stile in seinen Werken, je nach Bestimmung und Anlass seiner Kompositionen. So erinnern die Motetten des *Thymiateriums* in ihrer Einfachheit ein wenig an Johannes Eccard (1553–1611), die späteren Werke aus der Ödenburger Zeit eher an Claudio Monteverdi (1567–1643) oder Heinrich Schütz (1585–1672).[17]

Rauchs Wirken lässt erahnen, wie gut es um die Kirchenmusik in Hernals bestellt war: Predigt und Abendmahl, umrahmt von kunstvollen Vokal- und auch Instrumentalkompositionen, dazwischen einstimmige Choräle zum Mitsingen. Der dafür notwendige Chor scheint existiert zu haben, denn es gab auch eine evangelische Schule in Hernals, über die wir nur wissen, dass sie im Jahr 1615 zur Landschaftsschule gemacht wurde. Auch die Namen zweier Rektoren sind uns überliefert. Es ist anzunehmen, dass Rauch dort auch als Kantor gewirkt hat oder in die musikalische Ausbildung involviert war.

Doch auch dieses positive Kapitel des Protestantismus in Wien währte nicht lang, nach mehreren abgewehrten Versuchen wurde im Jahr 1615 die Kirche von Hernals gesperrt, zehn Jahre später war dann auch der evangelische Gottesdienst in der Schlosskapelle der Jörger nicht mehr möglich.[18]

Über die Musik in den anderen Umlandgemeinden ist wenig bekannt, sie sind in ihrer Bedeutung nicht mit Hernals vergleichbar.

MEISTERGESANG UND BÜRGERKULTUR ◖ Der Meistergesang war ein besonderes musikalisches Phänomen, das mit dem Protestantismus einherging. Bedingt durch die deutsche Übersetzung der

weist im Unterschied zu anderen Autoren darauf hin, dass die Rechtslage für die Umlandgemeinden keineswegs klar und eindeutig war. Die Perioden funktionierender Gottesdiensttätigkeit und Gemeindearbeit gehen im Wesentlichen auf die Hartnäckigkeit einzelner Adeliger und Prediger zurück. Reingrabner, Gottesdienst, S. 327f.

12 Moser, Musik, S. 47.

13 Johannes Brassicanus, Kantor in Regensburg und ab 1609 in Linz; Daniel Hitzler, seit 1611 Oberprediger an der Landhauskirche in Linz, Musiker und Musikpädagoge.

14 Geboren 1592 in Pottendorf in Niederösterreich.

15 Vorwort zum *Thymiaterium musicale* 1625; Josef Pausz: Andreas Rauch. Ein evangelischer Musiker — 1592–1656, Wien 1992, S. 11.

16 Er starb als Organist der Kirche St. Ulrich in Ödenburg im Jahr 1656.

17 Helmut Federhofer: Andreas Rauch, in: The New Grove, Bd. 15, New York 1980, S. 603.

18 Westmüller, Jörger, S. 160.

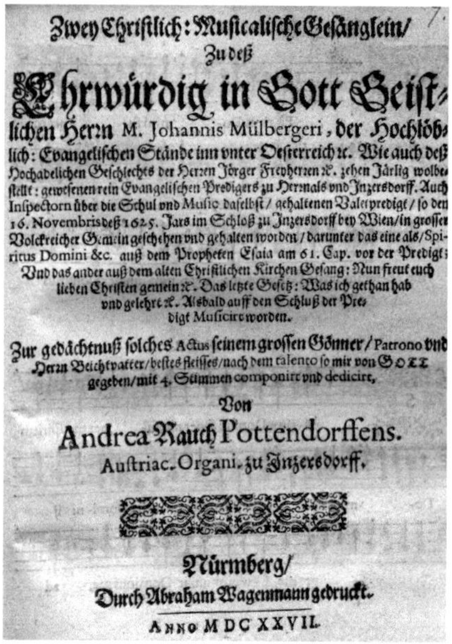

Zwey Christlich: Musicalische Gesänglein/
Zu deß
Ehrwürdig in Gott Geistlichen Herrn M. Johannis Mülbergeri, der Hochlöblich: Evangelischen Stände inn unter Oesterreich rc. Wie auch deß Hochadelichen Geschlechts der Herren Jörger Freyherren rc. zehen Järlig wolbestellt: gewesenen rein Evangelischen Predigers zu Hernals und Inzersdorff. Auch Inspectorn über die Schul und Music daselbst/ gehaltenen Valetpredigt/ so den 16. Novembris deß 1625. Jars im Schloß zu Inzersdorff bey Wien/ in grosser Volckreicher Gemein geschehen und gehalten worden/ darunter das eine als/ Spiritus Domini &c. auß dem Propheten Esaia am 61. Cap. vor der Predigt; Und das ander auß dem alten Christlichen Kirchen Gesang: Nun freut euch lieben Christen gemein rc. Das letzte Gesetz: Was ich gethan hab und gelehrt rc. Alsbald auff den Schluß der Predigt Musicirt worden.

Zur gedächtnuß solches Actus seinem grossen Gönner/ Patrono und Herrn Beichtvatter/ bestes fleisses/ nach dem talento so mir von GOTT gegeben/ mit 4. Stimmen componirt und dedicirt,

Von
Andrea Rauch Pottendorffens.
Austriac. Organi. zu Inzersdorff.

Nürmberg/
Durch Abraham Wagenmann gedruckt.
ANNO MDCXXVII.

Kat.Nr. 9.35 Andreas Rauch: *Zwey Christlich : Musicalische Gesänglein*, uraufgeführt in der evangelischen Gemeinde in Inzersdorf

Bibel entstand in der zweiten Hälfte des 16. Jahrhunderts eine musikalische Bürger- und Handwerkerbewegung, die besonders in kleineren Städten großen Zulauf hatte und sehr zur Verbreitung des Protestantismus beitrug. Österreich war zwar nie ein Kernland des Meistergesangs wie Augsburg oder Nürnberg, es entstanden aber dennoch in einigen Städten bis nach Mähren Singschulen oder Zusammenkünfte durchreisender Meister. Linz, Wels und Steyr kann man als Zentren des österreichischen Meistergesangs bezeichnen. Dort gab es feste Singschulen mit eigenen „Tabulaturen" (Ordnungen). Thematisches und textliches Fundament war die deutsche Bibel Luthers, die dadurch natürlich besondere Verbreitung fand. Schon in der Vorform des Meistergesangs, in der Singspruchdichtung, ging es in der Hauptsache um pädagogische Ziele, um Belehrung und Vermittlung von Wissen, das damals vornehmlich theologisches Wissen war. Durch die Reformation rückte die Bibel in den Mittelpunkt, und man bemühte sich sehr, trotz der Versform in Strophenform möglichst eng am Originaltext zu bleiben und freie Nachdichtungen zu vermeiden.

Es gibt einige Hinweise, dass auch in Wien der Meistergesang praktiziert wurde, richtig Fuß fassen konnte er aber nicht. Weder ist die Existenz einer Singschule bezeugt, noch eine Tabulatur überliefert. Vielmehr scheint es immer wieder Versammlungen von durchreisenden Meistersingern gegeben zu haben, die temporäre Singschulen abgehalten haben. Karl Julius Schröer berichtet von einer handschriftlichen Sammlung von Meisterliedern, in der sich Hinweise finden, dass Lorenz Wessel (1529–1576) in Wien gewesen und als Meistersinger in Erscheinung getreten ist. Auch in einem Meisterlied von 1597 wird Wien erwähnt.[19] Lorenz Wessel erlangte als Verfasser einer Tabulatur für die Singschule in Steyr besondere Bedeutung. Sie ist in Hans und Philipp Haders Liederbuch von 1621 in einer Abschrift von Hans Winter erhalten. Näheres über seinen Aufenthalt in Wien ist jedoch nicht bekannt.[20] Hans J. Moser berichtet noch von einem erhaltenen Meisterlied aus Wien, einem Osterlied des Schlossers Karl Veit mit dem Titel *Freu dich du werte Christenheit*.[21]

„Der Meistergesang war ein besonderes musikalisches Phänomen, das mit dem Protestantismus einherging. Bedingt durch die deutsche Übersetzung der Bibel entstand in der zweiten Hälfte des 16. Jahrhunderts eine musikalische Bürger- und Handwerkerbewegung, die besonders in kleineren Städten großen Zulauf hatte und sehr zur Verbreitung des Protestantismus beitrug."

19 Karl Julius Schröer: Meistersinger in Österreich, in: Karl Bartsch (Hg.): Germanistische Studien, Bd. 2, Wien 1875, S. 203, S. 216. Die Handschrift nennt ein Gedicht von Wessel auf Epheser 5 aus dem Jahr 1562 sowie eines auf 4. Mose „gedichtet zu Wien" von 1568.

20 „Tabulatur undt Ordnung der Singer in Steyr", zit. n. Stekel, Musik, S. 302.

21 Moser, Musik, S. 11.

Kat.Nr. 9.36 Andreas Rauch: *Concentus votivus* mit Widmung an Ferdinand II. (Abschrift des 19. Jahrhunderts)

WIEN — EINE BESONDERE STADT UND EIN BESONDERES UMFELD ◖ Auf den ersten Blick erscheint die Sachlage eindeutig: In der Residenzstadt Wien wurden die Bildung und Organisation protestantischer Gemeinden, evangelischer Gottesdienste und damit auch evangelische Kirchenmusik durch die Habsburger nachhaltig verhindert. Man ist versucht zu fragen, ob das außerhalb Wiens da und dort funktionierende Modell evangelischer Musikerziehung und Kirchenmusik selbst bei mehr Raum in Wien überhaupt eine Chance gehabt hätte. Dazu kommt der Eindruck, dass die Habsburger offenbar ihrerseits die Musik bewusst als Werkzeug der Gegenreformation einsetzten.

Die lutherische Reformation ist von Beginn an besonders musikfreundlich aufgetreten.[22] Luther und sein Kreis erkannten die hohe pädagogische und spirituelle Bedeutung der Musik und gingen ganz pragmatisch vor. Dabei setzte man auf Bewährtes wie den einstimmigen Volksgesang mit eingängigen Melodien und deutschem Text und Motetten im Stile Josquins,[23] die sich durch hohe Textverständlichkeit auszeichneten. Dazu kam noch die Hereinnahme von Instrumentalmusik, alles getragen durch

22 Diese musikfreundliche Haltung wurzelte in der Person des Reformators Martin Luther selbst. Er war ein guter Sänger und Lautenist und verfügte über ein beachtliches musiktheoretisches und kompositorisches Wissen. Er bezog die Musik immer wieder in sein theologisches Denken mit ein, was die musikalische Praxis erheblich inspirierte.

23 Josquin Desprez (ca. 1450–1521), französischer Meister der Frührenaissance. Stilbildend in seiner kontrapunktischen Arbeit und Textbehandlung.

> „Dem deutschen Weg der Musik in den Gebieten der Reformation setzten die Habsburger bewusst den italienischen Weg entgegen, der am engsten mit dem Katholizismus verbunden war."

evangelische Schulen, die ihrerseits die Musik als Bildungs- und Erziehungsmittel handhabten. Beide, Gemeinde und Schule, profitierten davon, und dieses Modell war im deutschen Sprachraum sehr erfolgreich. Dadurch entstand ein deutscher Weg in der Musik, der sich von den Entwicklungen in Italien und Frankreich erfolgreich absetzte. Diese mit der lutherischen Reformation aufkommende musikalische Entwicklung stellte die Forschung unter das treffende Schlagwort „Innovation aus Tradition".[24] Mit dem Anknüpfen an bestehende Hörgewohnheiten, dem Bemühen um Verständlichkeit und ästhetische Vielfalt erreichte man den Alltag und das Empfinden auch der „einfachen" Menschen.

Dies alles gelang vielerorts am Land und in kleineren und mittleren Städten, in denen der Adel Räume schaffen konnte und auch die eigene Musikpflege einbrachte. Wien hingegen war im 16. Jahrhundert ein musikalisches Zentrum von europäischem Format. Die Stadt war darüber hinaus ein Brennpunkt der europäischen Renaissance, getragen von Universität und Staatskanzlei.[25] Besondere Bedeutung erlangte dabei die Wiener Hofmusikkapelle, die von den Habsburgern sorgsam aufgebaut und gepflegt wurde. Sie wurde zum klingenden Symbol geistlicher Macht, denn die Hofmusikkapelle war eine geistliche Institution und stand unter der Oberaufsicht des Hofpredigers und der Hofkapläne. Ihr Pendant war das Trompetenkorps als musikalisches Sinnbild der weltlichen Macht.[26] Unter Maximilian I. gewann die Hofmusikkapelle stets an Bedeutung und zog berühmte Musiker aus vielen Ländern an. Ihre Neuordnung unter Ferdinand I. machte sie zu einem nationalen und internationalen Vorbild.[27] Die Liste der Musiker an den Höfen der Habsburger zu jener Zeit ist beeindruckend: Paul Hofhaimer (1459–1537), Heinrich Isaac (1450–1517), Arnold von Bruck (ca. 1500–1554), Jacob Vaet (1529–1567) und andere wirkten dort. Dem deutschen Weg der Musik in den Gebieten der Reformation setzten die Habsburger bewusst den italienischen Weg entgegen, der am engsten mit dem Katholizismus verbunden war.[28]

Das Wirken der Hofkapelle war nicht nur auf den höfischen Bereich beschränkt. Täglich wurden Gottesdienste und offizielle Veranstaltungen in Wien musikalisch gestaltet, die Musiker der

24 So Friedrich Blume, Laurenz Lütteken u. a..; Laurenz Lütteken: Tradition — Reformation — Innovation. Das 16. Jahrhundert als musikhistoriographisches Problem, in: Peter Wollny (Hg.): Musikgeschichte im Zeichen der Reformation, Jahrbuch der Ständigen Konferenz Mitteldeutsche Barockmusik, Beeskow/Berlin 2005, S. 13–22, hier S. 18.

25 Otto Rommel (Hg.): Wiener Renaissance, in: Klassiker Wiener Kultur, Wien/Zürich 1947, S. 9f.

26 Walter Pass: Reformation und katholische Erneuerung, in: Rudolf Flotzinger, Gernot Gruber (Hg.): Musikgeschichte Österreichs, Bd. 1: Von den Anfängen zum Barock, Graz/Wien/Köln 1977, S. 231–268, hier S. 232.

27 Ders.: Musik in Burgen und Schlössern, in: Gottfried Kraus: Musik in Österreich, Wien 1989, S. 66; Herbert Lauermann: Wien — Gezeiten einer Musikstadt, in: Kraus, Musik in Österreich, S. 9–12, hier S. 9.

28 Diese Strategie lässt sich an allen Höfen der Habsburger beobachten, als weiteres Beispiel sei hier München genannt. Obwohl zahlreiche Niederländer am Hof in Wien in leitender Funktion tätig waren — Jacobus Vaet, Philippe de Monte (1521–1603), Jakob Regnart (1540–1599) —, dominierte die italienische Musik. Der erste italienische Kapellmeister in Wien war Camillo Zanotti (1545–1591) unter Ferdinand II. Walter Klaus: Die Hofkapellen, in: Kraus, Österreich, S. 72–75, hier S. 75.

Hofkapelle waren auch sonst in der Kirchenmusik der Stadt präsent. Für den einfachen Wiener Bürger war es daher möglich, in hoher Frequenz hervorragende Musikaufführungen zu hören, stilistisch auf dem Niveau der Zeit.[29]

Vereinzelt taucht in der Literatur die Vermutung auf, dass es einige unter den Musikern der Hofkapelle gegeben hat, die insgeheim dem Protestantismus zugeneigt waren und dies musikalisch zum Ausdruck brachten.[30] Als Beispiel sei hier Arnold von Bruck genannt, der die Wiener Hofkapelle von 1527 bis 1546 leitete. Er verfasste Lieder zu evangelischen Texten und verbrachte seine letzten Jahre in Linz. Daraus einen Hang zum Protestantismus abzuleiten, scheint angesichts der Usancen am Hof aber als sehr unwahrscheinlich.[31] Allerdings scheint es so, dass man im Geiste des Wiener Humanismus besonders unter Musikern die Reformation anfangs als kirchliche Erneuerungsbewegung gesehen hat.

Das trifft wohl auch auf eine weitere wichtige Persönlichkeit des Wiener Musiklebens zu: Georg von Slatkonia (1456–1522), seit 1513 Residenzialbischof von Wien und oberster Kapellmeister. Er war unter Kaiser Maximilian I. zum Kantor und Hofkaplan bestellt worden, ehe er im Jahr 1513 mit dem Bischofsamt auch die Leitung der Hofkapelle übernahm. Er erweiterte das Repertoire und machte sie zum musikalischen Zentrum der Hauptstadt. Slatkonia gehörte auch zum Humanisten- und Gelehrtenkreis Maximilians I., dem unter anderem der Dichter Johannes Cuspinianus (1473–1529) angehörte. Wie Slatkonia zur neuen Lehre stand, ist nicht hinreichend dokumentiert. Interessant ist jedenfalls, dass er sich im Streit um die Veröffentlichung der päpstlichen Bulle im Jahr 1520, welche 41 der 95 Thesen Luthers verurteilte, indirekt auf die Seite der Universität stellte, die die Veröffentlichung verweigerte. Er kam der Aufforderung, die Bulle an den Kirchentüren anzuschlagen, nicht nach. Erst ein persönliches Schreiben von Karl V. setzte die Bekanntmachung des Dokuments durch.[32]

Slatkonia war auch für den Auftritt des lutherischen Predigers Paul Speratus (1484–1551) am 12. Jänner 1522 in Wien verantwortlich — er überließ ihm seine Kanzel im Wiener Stephansdom. Diese Predigt hatte nachhaltige Wirkung auf die Wiener Bevölkerung. Über seine Beweggründe gibt es nur Mutmaßungen, vielleicht ist Annemarie Fenzl zu folgen, die darauf hinweist, dass Slatkonia so wie Arnold von Bruck und andere einfach Musiker und Künstler war, der „inmitten von Vorgängen, denen er sich nicht gewachsen fühlte, [...] als Künstler mehr Unausgesprochenes spürte als normale Zeitgenossen".[33]

Wien war also kein guter Boden für die evangelische Kirchenmusik. Verfolgt man aber den musikhistorischen Faden weiter, so sind doch Einflüsse evangelischer Musik nach Österreich eingedrungen und haben hier nachhaltig gewirkt.

29 Pass, Burgen und Schlösser, S. 66.

30 Hans J. Moser behauptet sogar, dass „Kaiser Ferdinand zahlreiche Protestanten in seinem Dienst hatte". Moser, Musik, S. 13.

31 Othmar Wessely: Arnold von Bruck — Leben und Umwelt. Mit Beiträgen zur Musikgeschichte des Hofes Ferdinands I. von 1527 bis 1545, Bd. 2, Habil. Univ. Wien 1958, S. 289–291.

32 Annemarie Fenzl: Bischof Georg von Slatkonia, seine Person und seine Einbettung in die Problematik der Zeit am Beginn der Reformation, in: Theophil Antonicek, Elisabeth Hilscher, Hartmut Krones (Hg.): Die Wiener Hofmusikkapelle, Bd. 1: Georg von Slatkonia und die Wiener Hofmusikkapelle, Wien/Köln/Weimar 1999, S. 49–73, hier S. 50–56.

33 Ebd., S. 72.

VI

Katholische Reform und Gegenreformation

Zwischen Luther und Canisius

Wiener Bischöfe und Wiener Pfarren in der Reformationszeit

Johann Weißensteiner

Im Epochenjahr 1517, in dem Martin Luther mit der Veröffentlichung seiner 95 Thesen zum Ablass jenen Prozess einleitete, der schließlich zur Auflösung der religiös-kirchlichen Einheit Europas führen sollte, hatte das erst im Jahr 1469 gegründete Bistum Wien in der Person von Georg Slatkonia (1456–1522) seit vier Jahren erstmals einen Bischof, der tatsächlich in der Stadt residierte.[1] Bis dahin war die Diözese Wien von anderen, meist ungarischen Bischöfen mitverwaltet worden. Diese Tatsache zeigt deutlich, dass die Bistumserrichtung im Jahr 1469 auf Betreiben von Kaiser Friedrich III. weniger pastoralen Notwendigkeiten als dem kaiserlichen Repräsentationsbedürfnis — das Bistum beziehungsweise Erzbistum (seit 1722) Wien unterstand bis 1918 dem Patronat des Landesfürsten, mit dem auch das Recht, den jeweiligen Bischof zu bestimmen, verbunden war — entsprochen hat. Die späte Gründung und die von Anfang an unzureichende Dotation des Bistums sollten das Wirken und die kirchenpolitischen Möglichkeiten der Wiener Bischöfe das gesamte 16. Jahrhundert hindurch behindern und einschränken. Die Bischöfe waren in der Regel nicht in der Lage, sich gegen ältere Institutionen, vor allem das im Jahr 1365 gegründete Kollegiat- beziehungsweise Domkapitel (seit 1469), die im gleichen Jahr gegründete Universität und die Stadt Wien, die über das Kirchenmeisteramt die Finanzverwaltung von St. Stephan, der Wiener Hauptkirche, kontrollierte und das Verleihungsrecht für zahlreiche Stiftungen an Wiener Kirchen hatte, durchzusetzen.

1 Franz Loidl: Geschichte des Erzbistums Wien, Wien 1983, S. 34–37.

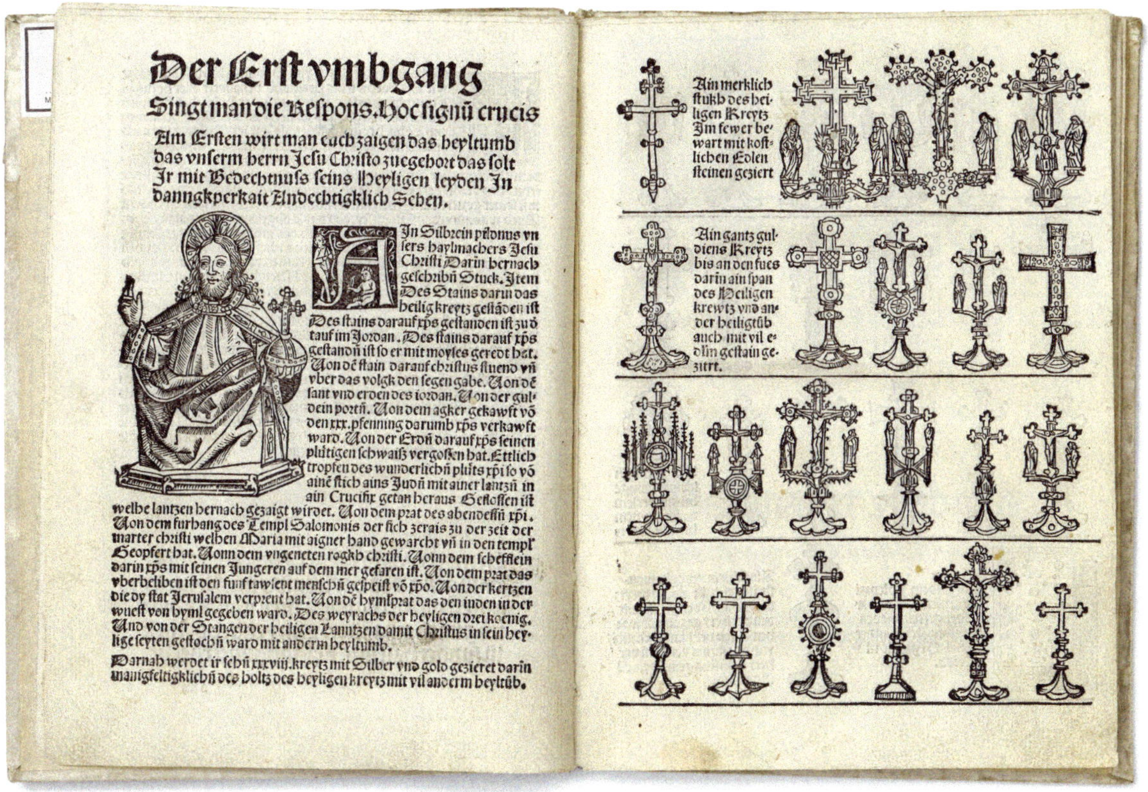

Kat.Nr. 2.2 Das *Wiener Heiltumsbuch* enthält ein genaues Verzeichnis des Reliquienschatzes von St. Stephan.

Zur Zeit ihrer Errichtung umfasste die Diözese Wien drei Stadtpfarren (St. Stephan als ursprüngliche „Wiener Pfarre", St. Michael und die Schottenpfarre) und 17 Landpfarren: Gumpendorf, Oberlaa, Maria Lanzendorf, Simmering, Ober St. Veit, Penzing, Ottakring, Hernals, Währing (mit dem Vikariat Döbling), Atzgersdorf, Inzersdorf, Vösendorf, Hennersdorf, Laab im Walde, Laxenburg, Mödling und Perchtoldsdorf. Die Zuteilung der Pfarren Mödling und Perchtoldsdorf an die Diözese Wien hatte vor allem finanzielle Gründe: Das Einkommen der beiden Pfarren wurde dem Dompropst (Perchtoldsdorf) oder dem Domdechanten (Mödling) zugewiesen, die so für den Verlust, den sie durch die Übertragung ihrer bisherigen Dotation an das neu gegründete Bistum Wien erlitten, entschädigt wurden. So finden sich auch in der Diözese Wien jene Missstände, die Anlass zur Kritik an der Kirche und an der hohen Geistlichkeit boten: Bischöfe und Prälaten bezogen zwar die Einkünfte ihrer „Pfründe", übten aber selbst in der Regel die Seelsorge nicht aus, sondern bestellten für diese möglichst billige Priester.

SICH DEN HIMMEL ERKAUFEN — STIFTUNGEN, RELIQUIEN UND BRUDERSCHAFTEN ◖ In der Forschung herrscht heute Einigkeit darüber, dass die Reformation in einer Zeit höchster religiöser Intensität entstand. In ihrem Bestreben, sich und den verstorbenen Angehörigen durch „gute Werke" den Himmel zu sichern und die Zeit im Fegefeuer abzukürzen,[2] waren die Menschen zu vielen Leistungen und Andachtsübungen bereit: Wer es sich leisten konnte, traf noch zu seinen Lebzeiten Anordnungen für die Feier eines würdigen Begräbnisses, wobei nicht nur am Begräbnistag,

2 In einer Verbrüderungsurkunde vom 10. August 1501 sprechen die Augustiner-Chorfrauen von Klosterneuburg das Motiv, den Himmel zu gewinnen und die Zeit im Fegefeuer zu verkürzen, ganz deutlich aus: „guten dingen, die da furderung thun und dienendt dem menschn nach seinem tod pald und furderlich zu erlangen das ewig leiben und mindern die swer pen und kurtzen die tag des fegfewrs". Diözesanarchiv Wien (künftig: DAW), Urkundenreihe 15010810.

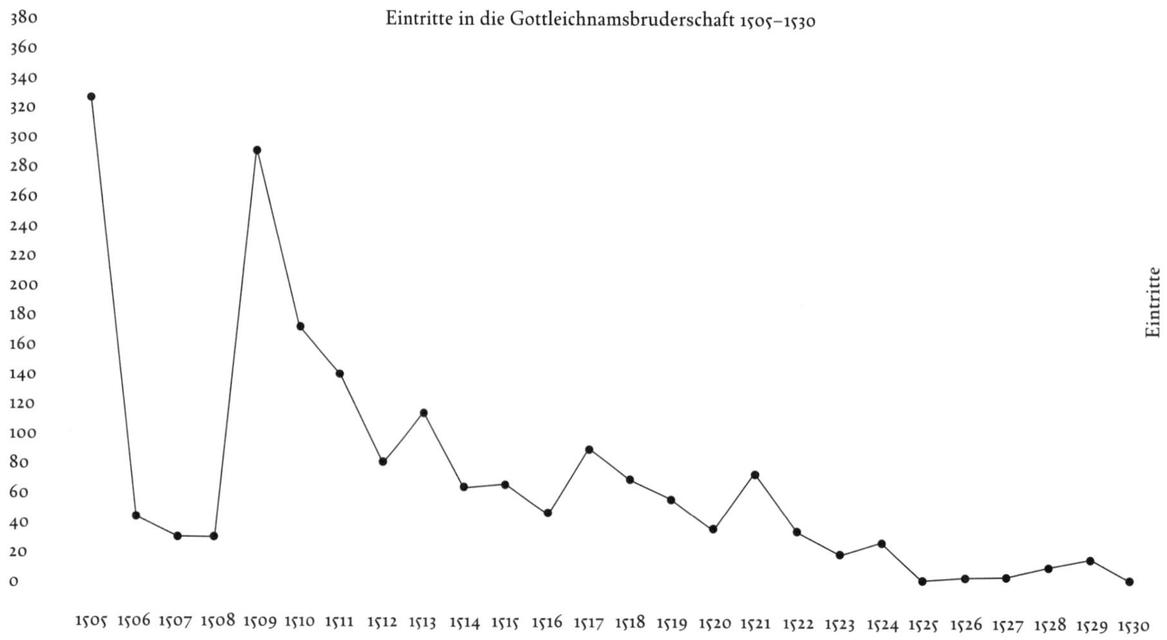

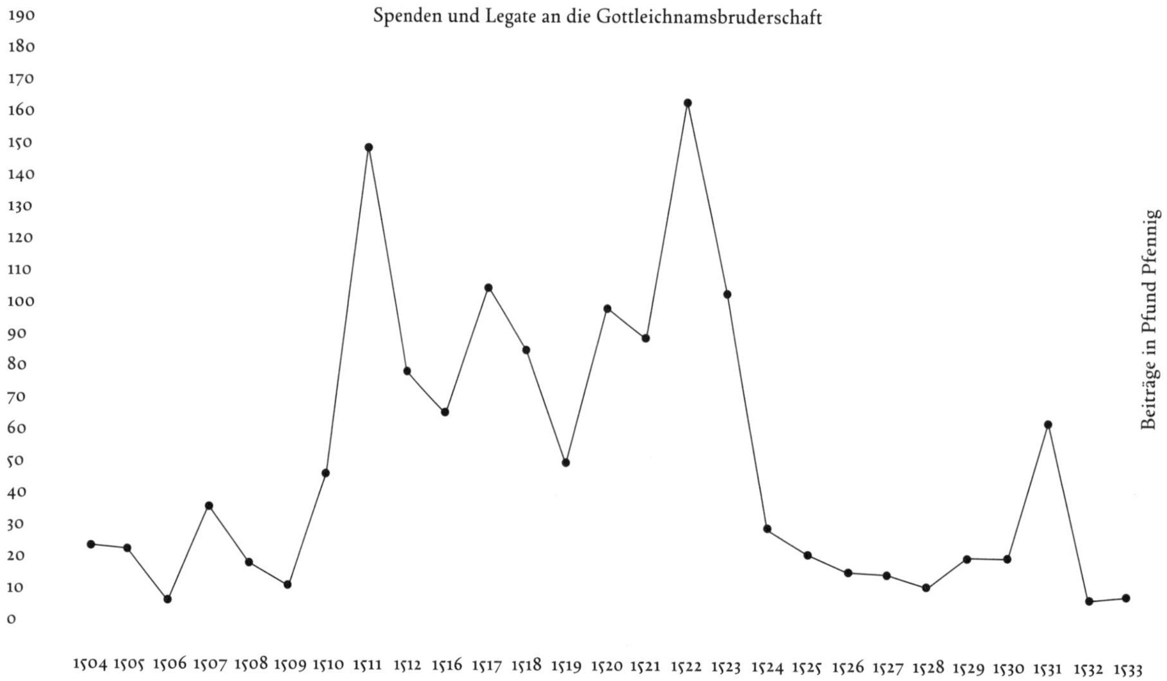

sondern auch am siebenten und am dreißigsten Tag nach dem Tod eine Messe gelesen wurde. Auch am Jahrestag des Todes wurden Messen gelesen, oft mit vorangehender Vigilfeier am Vorabend und entsprechenden Gebeten. Um möglichst viele zur Teilnahme am Begräbnis und zum Gebet am Jahrestag zu bewegen, wurde in den entsprechenden Stiftungen die Verteilung von Geld und Nahrungsmitteln an Arme bestimmt.

Die Menschen vertrauten auf die Fürsprache der Heiligen und verehrten deren Reliquien. In Wien war der in der Hauptsache auf Herzog Rudolf IV. zurückgehende reiche Reliquienschatz von St. Stephan eine besondere Attraktion. In den Jahren 1483 bis 1485 wurde ein eigenes Gebäude für die jährliche Heiltumsweisung, der Heiltumsstuhl auf dem Stephansfreithof, errichtet. Im Jahr 1502 ließ der Wiener Ratsherr Matthäus Heuperger (gest. 1515) das sogenannte *Wiener Heiltumsbuch,* ein genaues Verzeichnis (mit Abbildungen) des Reliquienschatzes von St. Stephan, drucken. Im Jahr 1514 erschien ein Nachtrag mit dem Verzeichnis der in der Zwischenzeit gefassten Reliquien. An der kostbaren Fassung der Reliquien beteiligte sich, wie die entsprechenden Schenkungseintragungen in den Custosraittungen von St. Stephan zeigen, geradezu die gesamte Stadt. Alles, was gut und kostbar war, wurde nach St. Stephan zur Fassung der Reliquien geschenkt. Angespornt wurden die Gläubigen dabei auch durch den Umstand, dass die Namen derer, die für die Fassung der Reliquien spendeten, bei den jährlichen Reliquienweisungen, verbunden mit der Bitte, für das Seelenheil des Spenders zu beten, öffentlich verlesen wurden.

Die große Geldnot des Landesfürsten angesichts der zunehmenden Bedrohung durch die Türken bedeutete für den Reliquienschatz von St. Stephan den tiefsten Einschnitt in seiner Geschichte. Im Jahr 1526 wurden aus dem Reliquienschatz rund 700 Kilogramm Silber (3.000 Mark) und 3,5 Kilogramm Gold (15 Mark) abgeliefert und eingeschmolzen;[3] aus dem Erlös wurde die Wiederherstellung der Wiener Stadtbefestigungen finanziert. Eine weitere Ablieferung von Edelmetall und Edelsteinen erfolgte im Jahr 1531. Die Reliquien waren nun entblößt; tatsächlich hörte die jährliche Heiltumsweisung mit dem Jahr 1526 auf.[4] Von diesem tiefen Einschnitt hat sich, mitbedingt auch durch die bald einsetzenden konfessionellen Auseinandersetzungen und die Kritik der Reformatoren am Reliquienkult, der Reliquienschatz von St. Stephan nie wieder erholt. So klagt der Wiener Bischof Johann Caspar Neuböck (Bischof 1574–1594) im Jahr 1585, dass die Reliquien bei St. Stephan nur in schlechten Säcken und Schachteln herumgetragen werden.

Das öffentliche religiös-kirchliche Leben in Wien wurde in den ersten zwei Jahrzehnten des 16. Jahrhunderts vor allem von den Mitgliedern der Gottleichnamsbruderschaft bei St. Stephan bestimmt und geprägt. Die Bruderschaft entstand schon im 14. Jahrhundert und wurde im Jahr 1497 mit der Tischlerbruderschaft bei den Wiener Dominikanern vereinigt. Im Jahr 1504 übernahm der Wiener Ratsherr Matthäus Heuperger[5] gemeinsam mit Wilhelm Rollinger (1450–1521), Hans Rogkner und Marx Hebensgrueber die Leitung der Gottleichnamsbruderschaft. Damit gehörte nun auch die jährliche Abhaltung des Passionsspiels bei St. Stephan am Fronleichnamstag, die bis 1486 noch ausschließlich zu den Agenden des Kirchenmeisters von St. Stephan gezählt hatte, zu den Aufgaben der Bruderschaft. Die erste organisatorische Maßnahme der neuen Bruderschaftsleitung war im Jahr 1505 die Teilung des Passionsspieles. Mit Zustimmung des Wiener Stadtrats wurde beschlossen — mit Rücksicht auf die mit der großen Fronleichnamsprozession verbundenen Strapazen für die Priester und die Ratsherren —, den ersten Teil des Spiels (bis zur Kreuztragung) schon am Dreifaltigkeitssonntag (Sonntag vor Fronleichnam) durchzuführen und nur den zweiten Teil und das Ende des Spiels (Kreuztragung und Kreuzigung) am Fronleichnamstag selbst. Der nächste Schritt war es, die Approbation der Bruderschaft durch den Papst und gegebenenfalls entsprechende

3 1778 wurde der Metallwert auf rund 51.000 Gulden berechnet. DAW, Bestand Domkapitel, Nachrichten von der Domkustodie (Smitmer), fol. 13r.

4 DAW, Handschriften, Gottleichnamsbruderschaft bei St. Stephan, Raitbuch 1524–1534: Bis 1526 ließ die Bruderschaft anlässlich der jährlichen Heiltumsweisung für die Mitglieder der Bruderschaften beten; ab 1527 fehlt diese Rechnungsrubrik.

5 Ernst Tomek: Spaziergänge durch Alt-Wien, Graz 1927, S. 170–183; Maria Capra: Das Spiel der Ausführung Christi bei St. Stephan in Wien, in: Jahrbuch der Gesellschaft für Wiener Theaterforschung 1945/46, S. 116–157.

„Der religiöse Eifer der Laien war in dieser Zeit des ausgehenden Mittelalters durchaus größer als der des Klerus."

päpstliche beziehungsweise bischöfliche Ablässe zu erlangen. Gleichzeitig wurde auch das Wiener Domkapitel, das während der Sedisvakanz des Wiener Bischofsstuhls die Diözesanleitung innehatte, um seine Zustimmung für die neu organisierte Bruderschaft gebeten. Diese Zustimmung wurde mit 3. Dezember 1507 erteilt, wobei die Domherren ausdrücklich festhielten, durch die Bruderschaft dürften die liturgischen Verpflichtungen der einzelnen Domherren nicht vermehrt werden. Der religiöse Eifer der Laien war also in dieser Zeit des ausgehenden Mittelalters durchaus größer als der des Klerus. Im Dezember 1508 trafen die ersehnten Bullen aus Rom ein. In einer großen Feier wurden diese am 28. Dezember 1508 von der Klosterkirche des Hl.-Geist-Spitals in Wien eingeholt und über die Malteserkirche nach St. Stephan geleitet, wo sie feierlich verkündet wurden. Diese Feier war der eigentliche Neubeginn der Gottleichnamsbruderschaft bei St. Stephan.

Hauptaufgabe der Bruderschaft war die feierliche Verehrung des allerheiligsten Altarsakraments. Dazu wurde an jedem Donnerstag in der Domkirche eine Sakramentsprozession abgehalten und anschließend ein feierliches Hochamt gesungen. An jedem ersten Donnerstag jeden Monats wurde die Prozession besonders feierlich um die Domkirche herumgeführt. Weitere Aufgaben waren die Abhaltung von feierlichen Begräbnissen für die Mitglieder sowie das fünfmalige Totengedenken zu den Quatembertagen (Fasten- und Bußtage zu Beginn der vier Jahreszeiten) und am Freitag nach Allerseelen. Auch karitative Pflichten nahmen die Mitglieder auf sich: Bei den Sakramentsprozessionen wurden Spenden an die Armen verteilt, ebenso leisteten die Mitglieder armen Delinquenten, die zur Hinrichtung geführt wurden, Beistand. Sie kauften für diese dicke Mäntel, um sie vor der Witterung zu schützen, und bemühten sich um geistlichen Beistand für die zum Tode Verurteilten durch einen Welt- oder Ordenspriester. Tatsächlich werden in den Raitbüchern der Bruderschaft zum Jahr 1510 entsprechende Ausgaben für die Begleitung von sechs Gehenkten, vier Geräderten und einem Enthaupteten verzeichnet.[6]

Insgesamt traten im Zeitraum 1505 bis 1530 mindestens 1.880 Personen in die Bruderschaft ein. Auch die Wiener Männer- und Frauenklöster nahmen regen Anteil an der Gottleichnamsbruderschaft. So werden unter den „Einnahmen" der Bruderschaft die vielen Gebets- und Messverpflichtungen, die fast alle Wiener Klöster für die Mitglieder der Bruderschaft übernahmen, angeführt. Die Franziskaner etwa verpflichteten sich, zusammen 56.000 Messen für die Bruderschaftsmitglieder zu lesen und eine Million Vaterunser zu beten.[7]

Durch rund 30 Jahre prägte die Gottleichnamsbruderschaft die Feier von Ostern und Fronleichnam in Wien: Am Palmsonntag veranstaltete die Bruderschaft die „ainraitung Christi" auf einem Palmesel, der um die Stephanskirche gezogen wurde, am Karfreitag hielten Mitglieder der Bruderschaft, in schwarze Mäntel gehüllt und rosafarbene (zur Erinnerung an das kostbare Blut Christi) Windlichter in den Händen tragend, die Totenklage für

6 DAW, Handschriften, Gottleichnamsbruderschaft bei St. Stephan, Raitbuch 1504–1515.

7 Genannt werden für das Jahr 1509 St. Jakob, St. Hieronymus, Himmelpfortkloster, St. Laurenz und das Schottenkloster; für das Jahr 1510 St. Maria Magdalena, St. Klara, Ersame Frauen im Bürgerselhaus und die Schwestern vom dritten Orden; für das Jahr 1511 St. Nikolaus vor dem Stubentor.

Eintragung von Caspar Tauber im Bruderschaftsbuch der Gottleichnamsbruderschaft bei St. Stephan, Blatt 60, fünfte Rubrik von oben. Auf der rechten Seite ist die Zahlung des Bruderschaftsgeldes vom letzten Quartal 1516 bis zum zweiten Quartal 1522 vermerkt. (Diözesanarchiv Wien)

den verstorbenen Herrn und geleiteten ihn zum Heiligen Grab, wobei auch klagende Frauen mitgingen, am Dreifaltigkeitssonntag und am Fronleichnamstag (die Teilung des Spiels auf zwei Tage wurde im Jahr 1510 wieder aufgegeben) führten rund 200 Mitglieder der Bruderschaft das große Wiener Passionsspiel auf dem Neuen Markt und auf dem Stephansfreithof auf.

Ab 1513 nahmen die Eintritte in die Bruderschaft allmählich, ab 1520 markant ab. Ebenso gingen die Spenden und Legate an die Bruderschaft ab 1524 deutlich zurück.

LUTHERS REFORMATIONSSCHRIFTEN UND DIE RELIGIÖSE NEUORIENTIERUNG EINES WIENER KAUFMANNS ☾ Mitglied der Gottleichnamsbruderschaft war auch der Wiener Kaufmann Caspar Tauber (gest. 1524). Er wohnte in der Dorotheergasse und trat im Herbst 1516 mit seiner Frau Genovefa in die Bruderschaft ein. Wie das penibel geführte Bruderschaftsbuch ausweist, bezahlte er bis zum zweiten Quartal des Jahres 1522 regelmäßig das Bruderschaftsgeld, dann verließ er die Bruderschaft. In der Zwischenzeit waren die von Martin Luther im Jahr 1520 veröffentlichten Reformationsschriften *An den christlichen Adel deutscher Nation von des Christlichen Standes Besserung*, *Von der babylonischen Gefangenschaft der Kirche* und *Von der Freiheit eines Christenmenschen* auch in Wien bekannt geworden und hatten offensichtlich sogar Menschen wie Caspar Tauber dazu bewogen, ihre bisherige unreflektierte religiöse Praxis zu überdenken. Wie Martin Luther, der in seinem „Turmerlebnis" zur Erkenntnis kam, dass der Mensch durch seinen Glauben allein gerettet wird und nicht durch „gute Werke" und religiöse Leistungen, werden nun auch andere gedacht haben. Tatsächlich hat Caspar Tauber in den zwei Jahren zwischen seinem Austritt aus der Bruderschaft und seiner Hinrichtung als Ketzer eine völlig neue religiöse Orientierung erfahren und auch andere Menschen von dieser zu überzeugen versucht. Die mit der Inquisition gegen Caspar Tauber von Amts wegen — die theologische Fakultät der Universität Wien war im Jahr 1452 von Papst Nikolaus V. (1447–1455) mit dem Inquisitionsrecht betraut worden — befasste theologische Fakultät fasste die Lehren Taubers in folgenden Punkten zusammen:[8] Leugnung der Transsubstantiationslehre, Leugnung des Fegefeuers, Ablehnung der Marien- und Heiligenverehrung, Ablehnung der kirchlichen Segnungen und des Gebrauches von Kerzen, Ablehnung des Weihepriestertums und Propagierung des allgemeinen Priestertums aller Gläubigen. Caspar Tauber hat seine Lehren wohl auch gegenüber Personen, die jahrelang mit ihm an den Zeremonien der Gottleichnamsbruderschaft teilgenommen haben, vertreten. Tatsächlich traten in den Jahren 1522 bis 1524 46 Personen — darunter mit dem Laubenherrn Hanns Vorster ein Berufskollege Taubers — aus der Bruderschaft aus. Tauber selbst wurde am 17. September 1524 als Ketzer hingerichtet.

Das Vorgehen gegen ihn entsprach ganz der Strategie, die Kaiser Karl V. im Reich und sein Bruder, Erzherzog Ferdinand I., in den österreichischen Ländern zur Bekämpfung der reformatorischen Bewegung verfolgten: Nach der Leipziger Disputation von Martin Luther mit Johannes Eck (1486–1543) im Jahr 1519 und der Verurteilung einzelner Lehrsätze Luthers durch die theologischen Fakultäten Köln und Löwen erließ Papst Leo X. am 15. Juni 1520 die Bulle *Exsurge Domine*, mit der Luther unter Androhung des Bannes aufgefordert wurde, binnen 60 Tagen seine irrigen Lehrmeinungen zu widerrufen. Am 10. Dezember 1520 verbrannte Luther diese Bannandrohungsbulle öffentlich zu Wittenberg. Daraufhin erfolgte am 3. Jänner 1521 mit der Bulle *Decet Romanum Pontificem* die Exkommunikation Luthers und seiner Anhänger. Der seit dem Hochmittelalter (Ketzergesetze Kaiser Friedrichs II.) bestehenden Gepflogenheit entsprechend, musste auf die Exkommunikation Luthers die Verhängung der Reichsacht über ihn folgen. Kaiser Karl V. hatte sich aber in seiner Wahlkapitulation verpflichtet, keinen ohne vorhergehendes Verhör zu ächten. Luther selbst hatte seinerseits den Kaiser und den Adel des Reichs für seine Sache aufgerufen; so wurde er vor Kaiser und Reichstag zitiert und stand am 17. April 1521 ebenda. Wegen seines Widerrufs erbat er sich Bedenkzeit. Am folgenden Tag erklärte er feierlich: „Werde ich nicht durch Zeugnisse der Schrift oder klare Vernunftgründe überzeugt — denn ich glaube weder Papst noch Konzilien allein, da es am Tage ist, dass sie öfter geirrt haben —, so bleibe ich überwunden durch die von mir angeführten Schriftstellen und mein Gewissen gefangen durch Gottes Wort. Daher kann und will ich nichts widerrufen. Denn gegen das Gewissen zu handeln, ist beschwerlich, unheilsam und gefährlich. Gott helfe mir, Amen!“ Daraufhin erließ Kaiser Karl V. am 25. Mai 1521 das *Wormser Edikt*, Luther und seine Anhänger wurden geächtet, die Verbrennung ihrer Schriften befohlen.

In Wien wurde die Universität schon im November 1520 von Johannes Eck im Auftrag des Papstes dazu aufgefordert, lutherische Bücher einzuziehen und dem Rektor zur öffentlichen Verbrennung zu übergeben.[9] Während der Rektor und Bischof Slatkonia, die von der theologischen Fakultät entsprechend informiert wurden, untätig blieben, war die theologische Fakultät zur unbedingten und kompromisslosen Befolgung des Auftrags bereit, konnte sich aber mit ihrer Auffassung gegen

8 Rudolf Kink: Geschichte der kaiserlichen Universität zu Wien, Bd. 1, Teil 2: Urkundliche Beilagen, Wien 1854, S. 133f.
9 Ebd. S. 120–129.

Kat.Nr. 10.2 Bischof Johann Fabri

die übrigen Fakultäten und den Rektor, den sie als „ganzen Lutheraner und Hasser des Papstes" bezeichnete, nicht durchsetzen. Erst als Kaiser Karl V. am 30. Dezember 1520 in einem Mandat an die Universität Wien die Veröffentlichung der Bannandrohungsbulle und die Durchführung der in dieser enthaltenen Maßnahmen gegen Luther, seine Anhänger und Lehren anordnete, erließ der Rektor einen Aufruf zur Abgabe lutherischer Bücher. Bischof Slatkonia hat in diese Auseinandersetzungen nicht eingegriffen, die theologische Fakultät brach daher alle Kontakte mit dem Bischof in Fragen des Vorgehens gegen die reformatorische Bewegung ab. Als dann am 12. Jänner 1522 der ehemalige katholische Priester Paul Speratus (1484–1551) im Stephansdom in einer Predigt schonungslos auf die Doppelmoral des Welt- und Ordensklerus, der zwar den Zölibat versprochen hatte, jedoch — oft mit entsprechenden erkauften Dispensen legitimiert — nicht lebte, hinwies, war es wieder die theologische Fakultät, die eine entsprechende Untersuchung gegen Speratus einleitete und ihn dann in Abwesenheit exkommunizierte.[10]

DEN NEUEN GLAUBEN VERBIETEN — EDIKTE UND VISITATIONEN ◖ Vom 27. Juni bis 7. Juli 1524 wurde bei einer Zusammenkunft der Herrscher von Bayern und der österreichischen Länder und zahlreicher süddeutscher Bischöfe — der Wiener Bischof, Johann von Revellis, war nicht vertreten — mit einem päpstlichen Legaten ein Aktionsprogramm gegen Luther und seine Anhänger beschlossen. In politischer Hinsicht wurde bestimmt, das *Wormser Edikt* rigoros durchzuführen, gleichzeitig aber auch innerkirchliche Maßnahmen zur Hebung von Bildung und Sittlichkeit des Klerus zu ergreifen.

So ergingen von Erzherzog beziehungsweise König Ferdinand I. seit 1523 immer wieder Mandate, die die Verbreitung und das Lesen reformatorischer Bücher verboten, im Jahr 1528 wurde Bischof Revellis mit der Bücherzensur betraut. Im gleichen Jahr wurde auch im Auftrag des Landesfürsten mit der Überprüfung der Pfarren und Klöster in Form von Visitationen begonnen, die in den Jahren 1544, 1555, 1561 und 1566 wiederholt wurden.[11] Diese Untersuchungsberichte[12] bezeugen den Niedergang des alten Kirchenwesens in den einzelnen Pfarren und den fortschreitenden Verfall der Klöster, auch in Wien.

DIE WIENER BISCHÖFE FABRI UND NAUSEA ◖ Die Bischöfe, die in dieser Zeit die Diözese Wien leiteten, stammten aus der engsten Umgebung des Herrschers. Trotzdem waren sie nicht in der Lage, in ihrer Diözese die Stellung der katholischen Konfession zu behaupten.

Als Bischof Johann Fabri (1478–1541) im Jahr 1530 nach längerem Zögern die Leitung der Diözese Wien übernahm,[13] war er

10 Ebd. S. 128f.

11 Robert Waißenberger: Die hauptsächlichen Visitationen in Österreich ob und unter der Enns sowie in Innerösterreich: in der Zeit von 1528 bis 1580, phil. Diss. Univ. Wien 1949.

12 Sie wurden von Theodor Wiedemann in seinem Werk Geschichte der Reformation und Gegenreformation im Lande unter der Enns, Bd. 1–5, Prag/Leipzig 1879–1885, auszugsweise veröffentlicht.

13 Zu Bischof Fabri siehe Christian Radey: Dr. Johann Fabri,

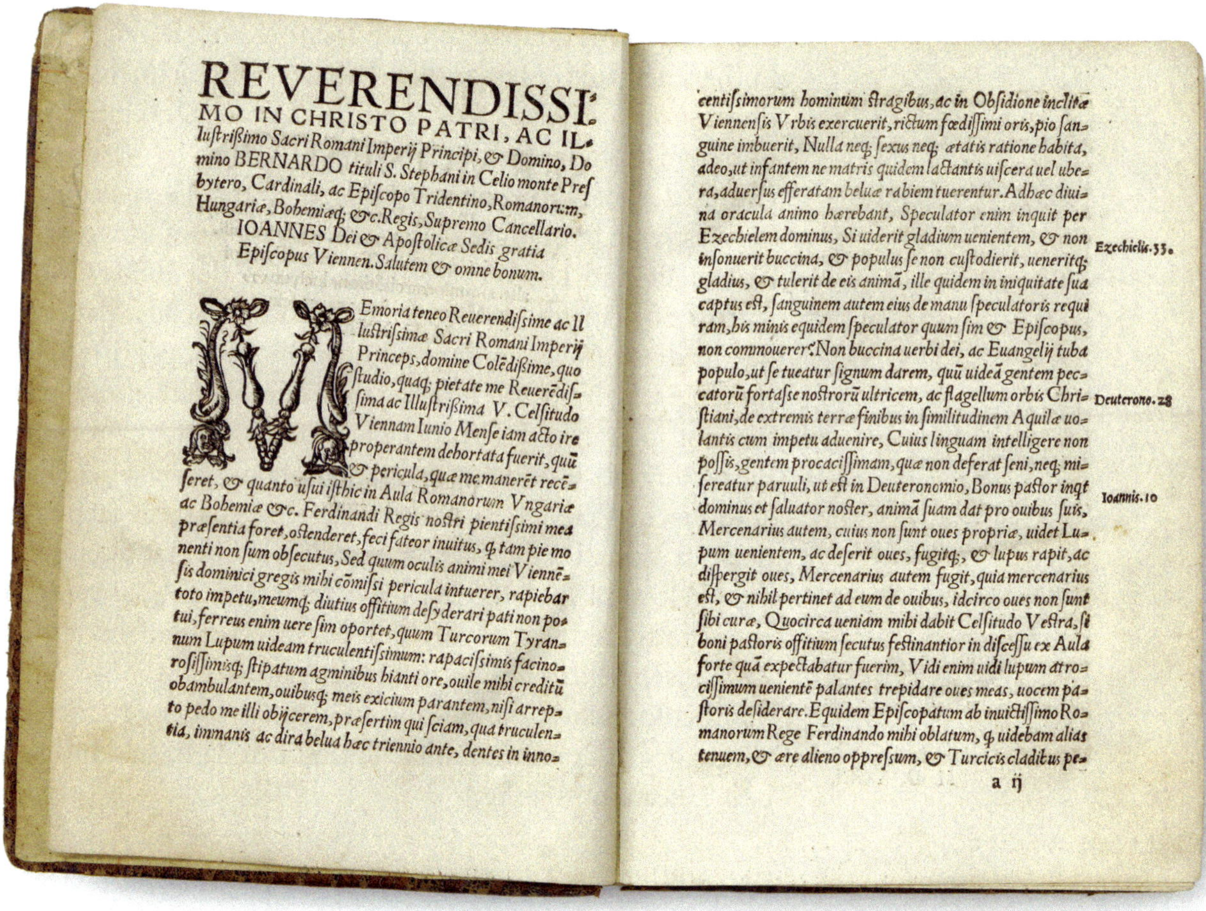

REVERENDISSI-
MO IN CHRISTO PATRI, AC IL-
luſtriſsimo Sacri Romani Imperij Principi, & Domino, Do
mino BERNARDO tituli S. Stephani in Celio monte Preſ
bytero, Cardinali, ac Epiſcopo Tridentino, Romanorum,
Hungariæ, Bohemiæq; &c. Regis, Supremo Cancellario.
IOANNES Dei & Apoſtolicæ Sedis gratia
Epiſcopus Viennen. Salutem & omne bonum.

MEmoria teneo Reuerendiſsime ac Il
luſtriſsimæ Sacri Romani Imperij
Princeps, domine Colēdiſsime, quo
ſtudio, quaq; pietate me Reuerēdiſ-
ſima ac Illuſtriſsima V. Celſitudo
Viennam Iunio Menſe iam acto ire
properantem debortata fuerit, quū
& pericula, quæ me manerēt recē-
ſeret, & quanto uſui iſthic in Aula Romanorum Vngariæ
ac Bohemiæ &c. Ferdinandi Regis noſtri pientiſsimi mea
præſentia foret, oſtenderet, feci fateor inuitus, q̧ tam pie mo
nenti non ſum obſecutus, Sed quum oculis animi mei Viennē-
ſis dominici gregis mihi cōmiſsi pericula intuerer, rapiebar
toto impetu, meumq; diutius offitium deſyderari pati non po-
tui, ferreus enim uere ſim oportet, quum Turcorum Tyran-
num Lupum uideam truculentiſsimum: rapaciſsimis facino-
roſiſſimisq; ſtipatum agminibus hianti ore, ouile mihi creditū
obambulantem, ouibusq; meis exicium parantem, niſi arrep-
to pedo me illi obijcerem, præſertim qui ſciam, qua truculen-
tia, immanis ac dira belua hæc triennio ante, dentes in inno-
centiſsimorum hominum ſtragibus, ac in Obſidione inclitæ
Viennenſis Vrbis exercuerit, rictum fœdiſſimi oris, pio ſan-
guine imbuerit, Nulla neq; ſexus neq; ætatis ratione habita,
adeo, ut infantem ne matris quidem lactantis uiſcera uel ube-
ra, aduerſus efferatam beluæ rabiem tuerentur. Adhæc diuina oracula animo hærebant, Speculator enim inquit per
Ezechielem dominus, Si uiderit gladium uenientem, & non Ezechielis. 33.
inſonuerit buccina, & populus ſe non cuſtodierit, ueneritq;
gladius, & tulerit de eis animā, ille quidem in iniquitate ſua
captus eſt, ſanguinem autem eius de manu ſpeculatoris requi
ram, his minis equidem ſpeculator quum ſim & Epiſcopus,
non commouerer? Non buccina uerbi dei, ac Euangelij tuba
populo, ut ſe tueatur ſignum darem, quū uideā gentem pec-
catorū fortaſse noſtrorū ultricem, ac flagellum orbis Chri- Deuterono. 28
ſtiani, de extremis terræ finibus in ſimilitudinem Aquilæ uo-
lantis cum impetu aduenire, Cuius linguam intelligere non
poſſis, gentem procaciſſimam, quæ non deferat ſeni, neq; mi-
ſereatur paruuli, ut eſt in Deuteronomio, Bonus paſtor inqt Ioannis. 10
dominus et ſaluator noſter, animā ſuam dat pro ouibus ſuis,
Mercenarius autem, cuius non ſunt oues propriæ, uidet Lupum uenientem, ac deſerit oues, fugitq;, & lupus rapit, ac
diſpergit oues, Mercenarius autem fugit, quia mercenarius
eſt, & nihil pertinet ad eum de ouibus, idcirco oues non ſunt
ſibi curæ, Quocirca ueniam mihi dabit Celſitudo Veſtra, ſi
boni paſtoris offitium ſecutus feſtinantior in diſceſſu ex Aula
forte quā expectabatur fuerim, Vidi enim uidi lupum atro-
ciſſimum uenientē palantes trepidare oues meas, uocem paſtoris deſiderare. Equidem Epiſcopatum ab inuictiſſimo Romanorum Rege Ferdinando mihi oblatum, q̧ uidebam alias
tenuem, & ære alieno oppreſſum, & Turcicis cladibus pe-
a ij

Kat.Nr. 10.3 Die Predigten Bischof Fabris gegen den türkischen „Erzfeind“

zunächst mit den Folgen der Türkeneinfälle konfrontiert. Viele Kirchen und Pfarrhöfe waren zerstört, Priester waren getötet worden, und es zeigte sich ein zunehmender Mangel an Priestern. Wo es ging, setzte Fabri wieder Priester ein (die meisten Pfarren unterstanden dem Patronat des Bischofs), in einigen Fällen wurden Pfarren zusammengelegt (Währing mit Döbling, Oberlaa mit Maria Lanzendorf, Schwechat mit Simmering, die Rossau wurde St. Stephan zugeteilt). In der weitläufigen Pfarre Atzgersdorf, zu der auch die Filiale Mauer gehörte, wollte der Herrschaftsinhaber von Mauer, Graf Lodron, für Mauer eine selbstständige Pfarre errichten, scheiterte jedoch am Widerstand des Pfarrers von Atzgersdorf, der aus finanziellen Gründen seine einträgliche Filiale nicht verlieren wollte. Tatsächlich galt die Sorge vieler Priester vor allem der Sicherung ihrer materiellen Existenz und weniger den pastoralen Bedürfnissen ihrer Pfarrangehörigen. So musste noch 1582 der Pfarrer von Ottakring gemahnt werden, sich nach der Verrichtung seiner Gottesdienste, die er als Benefiziat in Kirchen in der Stadt zu verrichten hatte, sofort in seine Pfarre zu begeben, um dort seinen Pfarrkindern zur Verfügung zu stehen.[14] Neben der Bedrängung durch die Osmanen erwähnt Bischof Fabri auch schon die Verfolgung von Priestern durch Lutheraner und führt dazu die Verhältnisse in Mödling, Brunn und Perchtoldsdorf an. Als Bischof von Wien war Fabri immer wieder mit Kompetenzstreitigkeiten mit der Stadt Wien, dem Domkapitel, exemten Orden und der Universität konfrontiert.

Bischof von Wien (1530–1541), Wegbereiter der katholischen Reform, Rat König Ferdinands, unveröff. Diss. Univ. Wien 1976.

14 DAW, Wiener Konsistorialprotokoll, Bd. 7 (1581–1587), fol. 295r–298r und fol. 343r–364r: Visitation der Landpfarren des Bistums Wien.

Eine Besserung für die Gesamtkirche erwartete Bischof Fabri von einem allgemeinen Konzil. So begrüßte und ersehnte er das im Jahr 1536 von Papst Paul III. endlich angekündigte Konzil und verfasste für dieses ausführliche *Praeparatoria*, die er dem Papst widmete. In seiner eigenen Diözese sollte ein wissenschaftlich gebildeter und vorbildlich lebender Klerus die katholische Sache stärken. So stiftete er im Jahr 1539 das sogenannte *Collegium trilingue* zu St. Nikolaus in der Singerstraße (ehemaliges Zisterzienserinnenkloster) für zwölf arme Studenten, die die Universität Wien besuchen und Priester werden wollten. Diese Stiftung versiegte jedoch bald nach dem Tod des Bischofs am 21. Mai 1541. Auf Bischof Fabri folgte im Jahr 1541 sein bisheriger Koadjutor Friedrich Nausea (ca. 1496–1552). Als Diözesanbischof hatte er vor allem mit dem großen Priestermangel, der schlechten Disziplin des Domkapitels und den Eingriffen in seine Jurisdiktion durch andere Institutionen zu kämpfen, sodass er zeitweise daran dachte, auf sein Bistum zu resignieren. Die Reformation war schon weit fortgeschritten, das Schulwesen weitgehend protestantisch geworden. Auch die Verschärfung der Bücherzensur und die von Nausea geforderte Religionsprüfung für Schullehrer konnten keine Abhilfe schaffen. Die Religiosität des Volkes und das Festhalten am katholischen Glauben gingen zurück, althergekommene Prozessionen mussten eingestellt werden. Bei der Fronleichnamsprozession, die am Oktavtag von Fronleichnam, dem 27. Juni 1549, durchgeführt wurde, kam es zu einem Eklat: Ein Bäckerjunge entriss dem Priester die Monstranz und schleuderte sie mit Schmähworten zu Boden. Er wurde gefangen genommen und nach mehrmonatiger Haft und Folter auf ausdrücklichen Befehl von König Ferdinand I. hingerichtet. Der König ordnete an, an der Stelle dieses Frevels eine entsprechende Denksäule zu errichten.

Neben seiner bischöflichen Tätigkeit engagierte sich Nausea besonders intensiv in Konzilsfragen. Schon 1538 legte er seine Vorstellungen über ein von ihm als dringend notwendig bezeichnetes Konzil vor. Darin bezeichnete er auch die Reform des Papstes und der Kurie als Aufgabe des Konzils. Als Hauptursache für das Entstehen und die Erfolge der Reformation sah Nausea das moralische Versagen der Bischöfe, der Kurie und der Päpste und kritisierte die Auswüchse des spätmittelalterlichen Pfründenwesens. Ab September 1551 nahm Nausea an den Konzilsberatungen in Trient teil und forderte — aus seiner Kenntnis der in Wien bereits gehandhabten Praxis — die Gewährung des Laienkelchs, also die Spendung der Kommunion in den beiden Gestalten (*sub utraque*) von Brot und Wein, zu diesem Zeitpunkt schon eine feststehende Übung bei den Evangelischen. Er konnte sich aber damit nicht durchsetzen. Am 6. Februar 1552 starb Bischof Nausea in Trient.

Kat.Nr. 10.5 Bischof Friedrich Nausea

Friderich Nauſea Biſchoff zu Wien.

FRiderich ſo mit dem zunam̃en Nauſea geheiſſen/iſt in Oſtfrancken erborẽ. Als dieſer mit einem guten kopff begaabet/hat er von jugent auff fleiſſig geſtudieret/vnd iſt ein treffenlich gelehrt mañ wordẽ/alſo das er auch mit groſſer frolockung Doctor der Rechtẽ vnd Theologie promouieret. Wie er alſo Eraſmo bekãdt vnd guter freündt geweſen/ auch mit ſonderbarer wolredenheit bezieret/hat jn König Ferdinand zu ſeinẽ prediger geordnet/ vnd letſtlich nach Johanne Faber an das Biſtumb zu Wien gefürderet/ im 1541 jar. Als er zu dieſer würdigkeit kom̃en/hat er nicht deſterminder ſein volck in offentlicher predig vnderwiſen/auch Luthero vnd ſeinem anhang groſſen widerſtand gethon. Weil jhm aber die lehr deß Euangelij / vnd der heiligen geſchrifft genugſam bekandt/ ſolle er offt geſagt haben: Jch begere von hertzen / das der Bapſt zu Rom mit ſeinen Biſchoffen ein malen witzig wurde / vnnd ein Chriſtenliche Reformation anrichtete. Welches er mit viel anderen frommen ehrlichen vnd gelehrten menneren in dieſen letſten zeiten gemein ge-

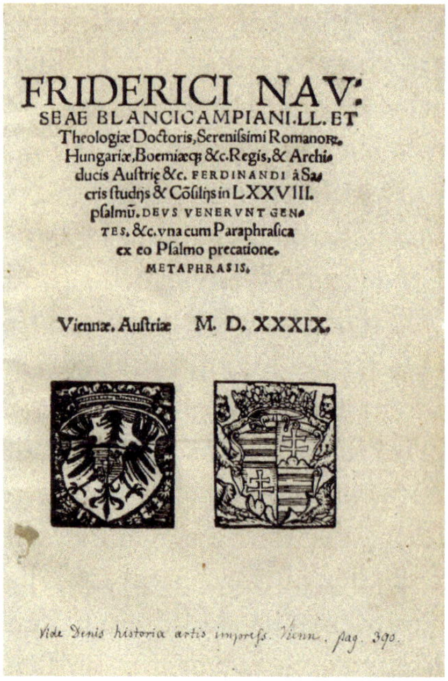
FRIDERICI NAV: SEAE BLANCICAMPIANI. LL. ET Theologiæ Doctoris, Serenissimi Romanorum, Hungariæ, Boemiæque &c. Regis, & Archiducis Austriæ &c. FERDINANDI à Sacris studijs & Cõsilijs in LXXVIII. psalmũ. DEVS VENERVNT GENTES. &c. vna cum Paraphrasica ex eo Psalmo precatione. METAPHRASIS.

Viennæ. Austriæ M. D. XXXIX.

Kat.Nr. 10.6 Eine gedruckte Predigt Bischof Nauseas

DIE JESUITEN IN WIEN — EIN NEUER ORDEN RETTET DEN ALTEN GLAUBEN ❨ Schon früh hatte Bischof Nausea Kontakte zur Gesellschaft Jesu geknüpft und stand seit 1545 in Korrespondenz mit Petrus Canisius (1521–1597). Dieser vom heiligen Ignatius von Loyola (1491–1556) gegründete und im Jahr 1540 päpstlich approbierte Orden verkörperte einen völlig neuen Ordenstyp: An die Stelle der bisherigen zentralen Elemente des Ordenslebens wie Chorgebet, Kontemplation und Leben in der Klausur des Klosters traten das missionarische Wirken nach außen und der besondere Gehorsam gegenüber dem Papst.

Im Jahr 1550 wandte sich König Ferdinand I. direkt an Ignatius von Loyola und erbat die Entsendung von Jesuiten nach Wien. Als diese ein Jahr später eintrafen, wurden sie zunächst im weitgehend leer stehenden Dominikanerkloster untergebracht, im Jahr 1554 wurden sie in das verwaiste Karmeliterkloster Am Hof übersiedelt. In der Zwischenzeit waren weitere Jesuiten nach Wien entsandt worden, unter ihnen auch Petrus Canisius. Dieser sollte nach dem frühen Tod von Christoph Wertwein am 20. Mai 1553, der im Jahr 1552 auf Bischof Nausea gefolgt war, nach dem Wunsch von König Ferdinand I. Bischof von Wien werden, was der jedoch ablehnte, sodass er nur für ein Jahr mit der Administration des Bistums betraut wurde.

In die Zeit des Aufenthalts von Petrus Canisius in Wien (1552 bis 1556) fallen entscheidende kirchliche Reformmaßnahmen. So erließ am 1. Jänner 1554 König Ferdinand I. angesichts der offensichtlichen Missstände in Liturgie und Seelsorge ein großes Reformdekret für die Domkirche St. Stephan. Bischof und Dompropst wurden an ihre Pflicht gemahnt, persönlich zu residieren (entsprechend wurden die Verbindungen der Dompropstei mit der Pfarre Perchtoldsdorf und der Domdechantei mit der Pfarre Mödling gelöst) und an bestimmten Hochfesten selbst den Gottesdienst zu verrichten oder zu predigen. Die Zahl der Domherren wurde aufgrund der zu geringen Einkünfte von 24 auf 16 verringert. Zwei Domprediger, von denen einer aus der Reihe der Domherren genommen werden sollte, sollten sich allein dem Predigen widmen. Sie sollten das Doktorat der Theologie erworben haben. Ebenso wurde die Abhaltung von Predigten an allen Sonn- und Feiertagen, an den Mittwochen und Freitagen der Adventzeit und an allen Tagen der Fastenzeit angeordnet. Das Dekret enthält auch eine eigene Anweisung bezüglich der Zeit der sonntäglichen Nachmittagspredigten: Diese sollten um zwei Uhr gehalten werden, damit die Zuhörerinnen und Zuhörer anschließend gleich die Vesper und die Komplet hören konnten und so „von andern unnützen sachen" abgehalten werden. Den hohen Stellenwert, den König Ferdinand I. den Predigten beigemessen hat, zeigt schließlich auch die Bestimmung, dass während der Predigt keine andere Messe gelesen werden durfte.

Die hohen Erwartungen, die König Ferdinand I. und Petrus Canisius an das Reformdekret geknüpft haben mochten, erfüllten sich nicht: Nur von 1560 bis 1562 versah

Kat.Nr. 10.9 Petrus Canisius

mit Martin Eisengrein (1535–1578) tatsächlich ein Wiener Domherr und promovierter Theologe die Domkanzel. Spätestens seit 1608 waren dann Patres des Jesuitenordens — in ununterbrochener Reihenfolge bis 1773 — die Domprediger von St. Stephan.[15]

Im Reformdekret von 1554 wurde auch schon eine Neuordnung des Stiftungswesens der Domkirche angekündigt. Die entsprechende Reformation der Benefizien bei St. Stephan wurde mit 24. Juli 1556 erlassen. Nach einer Situationsanalyse (viele Benefiziengüter waren so herabgekommen, dass kein Benefiziat mehr davon leben konnte) wurde Folgendes verordnet: Aus den verschiedenen Benefizien, deren Verleihung der Stadt Wien zustand, wurden acht sogenannte behauste Benefizien gebildet, die dem jeweiligen Benefiziaten ein Einkommen von 60 Gulden jährlich sicherten, außerdem hatte jeder Benefiziat ein eigenes Haus, dessen Mietwert mit 20 Gulden jährlich angenommen wurde. Jeder Benefiziat war dazu verpflichtet, wöchentlich vier Messen — persönlich, und nicht durch Vertreter — auf die Intention der einzelnen Stifter zu lesen. Außerdem waren die Benefiziaten verpflichtet, an den üblichen Festgottesdiensten und Prozessionen der Domkirche teilzunehmen. Ausdrücklich wurde festgelegt, diese Benefizien nur an schon geweihte Priester oder an Kleriker, die sich verpflichteten, binnen Jahresfrist die Priesterweihe zu empfangen, zu verleihen. In ähnlicher Weise wurden auch die Benefizien, die dem Patronat des Landesfürsten unterstanden, zusammengelegt. Bei gering dotierten Stiftungen wurde die Zahl der zu lesenden Stiftmessen reduziert. Ebenso wurde eine bessere Einteilung der Messen vorgeschrieben: War es bis dahin üblich gewesen, dass bis zu vier Messen zugleich gelesen wurden, daneben aber die übrige Gottesdienstzeit (vormittags) nicht genützt wurde, so sollten die Messen nun in strenger Reihenfolge gelesen werden. An den Sonn- und Feiertagen sollten während der Predigt keine Stiftmessen zelebriert werden. Und es wurde davon abgegangen, die Messen an verschiedenen Altären zu lesen, vielmehr verfügte man, diese „so viel als möglich auf dem mittleren Altar vor dem Chor, so allem Volkh in der Khirchen der gemainist und sichtbariste altar" zu lesen. Schließlich wurde den Benefiziaten eingeschärft, die Messen „lauter und verstendiglich" zu lesen. Abschließend wurden eine jährliche Überprüfung der einzelnen Benefiziatenhäuser (in die keine „verdächtigen oder leichtfertigen Inleuth" aufgenommen werden sollten) und Stiftungsgüter sowie die Anlegung

15 Johannes Wrba: Jesuiten als Domprediger in Wien (1553–1773), in: Beiträge zur Wiener Diözesangeschichte 35 (1994), S. 11–13.

eines eigenen Benefizienbuchs angeordnet. Ähnlich wurde dann im Jahr 1567 auch das Stiftungswesen bei St. Michael neu geordnet.

Das stets auf Öffentlichkeit berechnete Wirken der Jesuiten in Wien machte bei der Wiener Bevölkerung bald großen Eindruck: Im September 1555 fanden erstmals Theateraufführungen statt, ab 1556 predigten Jesuiten regelmäßig in der Domkirche, im Jahr 1559 wurde mit einer Druckerei begonnen und in der Karwoche 1560 in der Kirche Am Hof erstmals ein Heiliges Grab aufgestellt.[16] Vorübergehend waren die Jesuiten auch mit der Aufsicht über das Kaiserspital betraut. Sie hielten die Insassen zum Messebesuch an und zogen häretische Bücher ein, weshalb ihnen bald nach dem Regierungsantritt von Kaiser Maximilian II. im Jahr 1564 die Aufsicht über dieses Spital wieder entzogen wurde. Im Jahr 1576 wurde mit dem Bau einer großen Orgel begonnen. Auch diese Anschaffung sollte dazu beitragen, die Gläubigen wieder an die katholische Kirche zu binden und dem Einfluss der Evangelischen zu entziehen.

Kat.Nr. 10.12 Kardinal Melchior Khlesl

DER LAIENKELCH IN WIEN ◖ Auf dem Konzil von Trient war in der Sitzung vom 17. September 1562 die Entscheidung bezüglich des Laienkelchs noch dem Papst vorbehalten worden, nach Beendigung des Konzils gewährte am 16. April 1564 Papst Pius IV. auch für die österreichischen Länder, Böhmen und Ungarn den Laienkelch.[17] Die Jesuiten lehnten in ihrer kompromisslosen Art diese Form der Kommunionspendung strikt ab. Dagegen wurde sie, wie aus den für die Jahre 1581 bis 1584 (in diesem Jahr wurde die Erlaubnis, die Kommunion unter beiden Gestalten zu spenden, von Papst Gregor XIII. wieder aufgehoben) überlieferten Kommunikantenzahlen der Wiener Pfarren und Klöster hervorgeht,[18] in Wien oft ausschließlich oder mit großer Mehrheit praktiziert. Auch sonst hatten sich vor allem in den Landpfarren der Diözese Wien in Liturgie, Seelsorge und Lebensweise der Priester geradezu Mischformen aus katholischen und evangelischen Formen entwickelt. So zeigte sich bei der Visitation der Landpfarren im Jahr 1582, dass die meisten Pfarrer ganz förmlich verheiratet waren oder eine Konkubine hatten. Die wenigsten besaßen eine Ausgabe der Beschlüsse des Konzils von Trient, in Liturgie und Katechese wurden auch evangelische Werke verwendet. Die katholischen Fastengebote wurden oft nicht mehr beachtet, auch an den Freitagen wurde Fleisch gegessen.

16 Archiv der Österreichischen Jesuitenprovinz, Historia domus professae, tomus I, 1550–1650, pag. 6r, pag. 7v, pag. 8–9r.

17 Arthur Stögmann: Die Gewährung des Laienkelches und seine Annahme in den Ländern Ferdinands I., unveröff. Dipl.-Arb. Univ. Wien 1991.

18 DAW, Wiener Konsistorialprotokoll, Bd. 7 (1581–1587), fol. 177v (1581), fol. 219v (1582), fol. 365v (1583) und fol. 454v (1584). Angaben über die Spendung des Laienkelches finden sich auch bei den Visitationsberichten zu den Landpfarren.

DER BEGINN DER GEGENREFORMATION ◖ Kaiser Maximilian II. hatte auf Drängen des Adels, der das im Augsburger Religionsfrieden von 1555 den Landesfürsten zugestandene Reformationsrecht auch für seine Herrschaften in Anspruch nahm, diesem das Recht zur Ausübung des Augsburger Bekenntnisses zugestanden. Nach seinem Tod im Jahr 1576 setzten unter seinem Sohn und Nachfolger Rudolf II. (reg. 1576–1612) energisch betriebene Versuche ein, die österreichischen Erbländer wieder „katholisch zu machen".[19] Bischof Johann Caspar Neuböck (1574 bis 1594 Bischof von Wien) nützte die geänderte religionspolitische Lage und bemühte sich ab 1577 um die Reaktivierung der Gottleichnamsbruderschaft bei St. Stephan. Die theologische Deutung des Abendmahls war lange Zeit einer der Streitpunkte zwischen katholischen und reformatorischen Theologen gewesen. Mit der Wiedereinführung der Gottleichnamsbruderschaft und deren öffentlichen Auftritten sollte der Sieg der katholischen Auffassung deutlich signalisiert werden. Tatsächlich gab es ab dem 7. Februar 1578 die ersten Eintritte in die Bruderschaft, darunter der Bürgermeister Hanns vom Thau (1529–1601), der Stadtrichter und der Stadtanwalt, drei Mitglieder des Inneren und ein Mitglied des Äußeren Rats, die Pröpste von St. Dorothea und Klosterneuburg, der Schottenabt, die Oberinnen von St. Laurenz und St. Jakob, kaiserliche und niederösterreichische Räte, der Pfarrer des Bürgerspitals und der von Brunn und der Schulmeister bei den Schotten.[20] Unter welch schwierigen Verhältnissen die Wiederbelebung versucht wurde, beweist die Tatsache, dass die Fronleichnamsprozession am 29. Mai des Jahres 1578, an der auch Kaiser Rudolf II. und die Erzherzöge Ernst und Maximilian teilnahmen, wegen eines drohenden Volksauflaufs auf dem Graben abgebrochen werden musste.[21]

In der Stadt Wien selbst war nach der Ausweisung des evangelischen Landhauspredigers Josua Opitz (Opitius, 1542–1585) im Jahr 1578 die Abhaltung evangelischer Gottesdienste nicht mehr möglich. So blieb nur das „Auslaufen" zu den evangelischen Gottesdiensten in Hernals, Vösendorf und Inzersdorf. Diese Pfarren der Diözese Wien, die dem Patronat von Adeligen (Hernals: Jörger) unterstanden, waren schon seit der Mitte des 16. Jahrhunderts zu Zentren evangelischen kirchlichen Lebens geworden.[22] Erst als in der ersten Phase des Dreißigjährigen Krieges Kaiser Ferdinand II. (Kaiser 1619–1637) nach den Erfolgen der katholischen Partei die Möglichkeit hatte, sein schon in Innerösterreich erprobtes Modell der gewaltsamen Rekatholisierung auch im Land unter der Enns durchzuführen[23] und im Jahr 1627 alle evangelischen Prädikanten und Schullehrer auswies, endete das evangelische Leben in und um Wien. Bezeichnenderweise wurde die Herrschaft Hernals mit der Pfarre — wohl auf Betreiben des Jesuitenschülers Melchior Khlesl (1552–1630) — dem Wiener Domkapitel übertragen. Das „Auslaufen" wurde von den jährlichen Prozessionen zum Kalvarienberg in Hernals abgelöst.

19 Thomas Winkelbauer: Ständefreiheit und Fürstenmacht. Länder und Untertanen des Hauses Habsburg im konfessionellen Zeitalter, Teil 2 (Österreichische Geschichte, hg. von Herwig Wolfram, 1522–1699), Wien 2003, S. 114–116; Rudolf Leeb, Maximilian Liebmann, Georg Scheibelreiter u. a.: Geschichte des Christentums in Österreich. Von der Spätantike bis zur Gegenwart (Österreichische Geschichte, hg. von Herwig Wolfram, Ergänzungsbd.), Wien 2003, S. 251–255.

20 DAW, Pfarrakten St. Stephan 1577–1579.

21 Wiedemann, Reformation und Gegenreformation, Bd. 2, Prag 1880, S. 207.

22 Zu Hernals siehe Erika Uhl: Hernals: „feste Burg" und Kalvarienberg, unveröff. Dipl.-Arb. Univ. Wien 1993.

23 Johann Franzl: Ferdinand II. Kaiser im Zwiespalt der Zeit, Graz/Wien/Köln 1978.

Seuchen, Kriege, Ketzer

Die Krise der Universität Wien im Jahrhundert der Reformation und die Berufung der Jesuiten

Ulrike Denk

Die Universität Wien, die im 15. und frühen 16. Jahrhundert zu den meistfrequentierten Hochschulen Europas gehörte, erlitt in den 1520er-Jahren einen massiven Einbruch der Hörerzahlen. Ein Grund dafür war die ständige Bedrohung Wiens durch die Osmanen. In dem auf die Belagerung 1529 folgenden Wintersemester wurden lediglich zwei Studenten immatrikuliert. Daneben schmälerten wiederholt auftretende Seuchen und Stadtbrände sowie eine allgemeine Wirtschaftskrise die Attraktivität der *Rudolphina.*[1] Diverse Universitätsgründungen ab der Mitte des 15. Jahrhunderts sorgten für zusätzliche Konkurrenz.[2]

Sinkende Hörerzahlen bedeuteten geringere universitäre Einkünfte, die großteils aus von den Studenten zu entrichtenden Gebühren bestanden.[3] Direkt betroffen waren die Lehrer, die für ihre Vorlesungen Kollegiengelder erhielten.[4] Daneben erlitten auch andere Universitätsangehörige wie der Pedell, dessen Einkünfte unter anderem aus Immatrikulations- und Promotionsgebühren bestanden,[5] oder Betreiber von Studentenhäusern finanzielle

1 Ulrike Denk: Schulwesen und Universität, in: Karl Vocelka, Anita Traninger (Hg.): Die frühneuzeitliche Residenz (16. bis 18. Jahrhundert) (Wien. Geschichte einer Stadt, hg. von Peter Csendes, Ferdinand Opll, Bd. 2), Wien/Köln/Weimar 2003, S. 365–421, hier S. 366.

2 Kurt Mühlberger: Ferdinand I. als Neugestalter der Universität Wien. „[...] das Generalstudium, gleichsam eine hervorragende Pflanzstätte zur Verbreitung der Religion und zur richtigen Führung des Staates [...]“, in: Wilfried Seipel (Hg.): Kaiser Ferdinand I. 1503–1564. Das Werden der Habsburgermonarchie (Ausstellungskatalog Kunsthistorisches Museum Wien), Wien 2003, S. 265–275, hier S. 266–269.

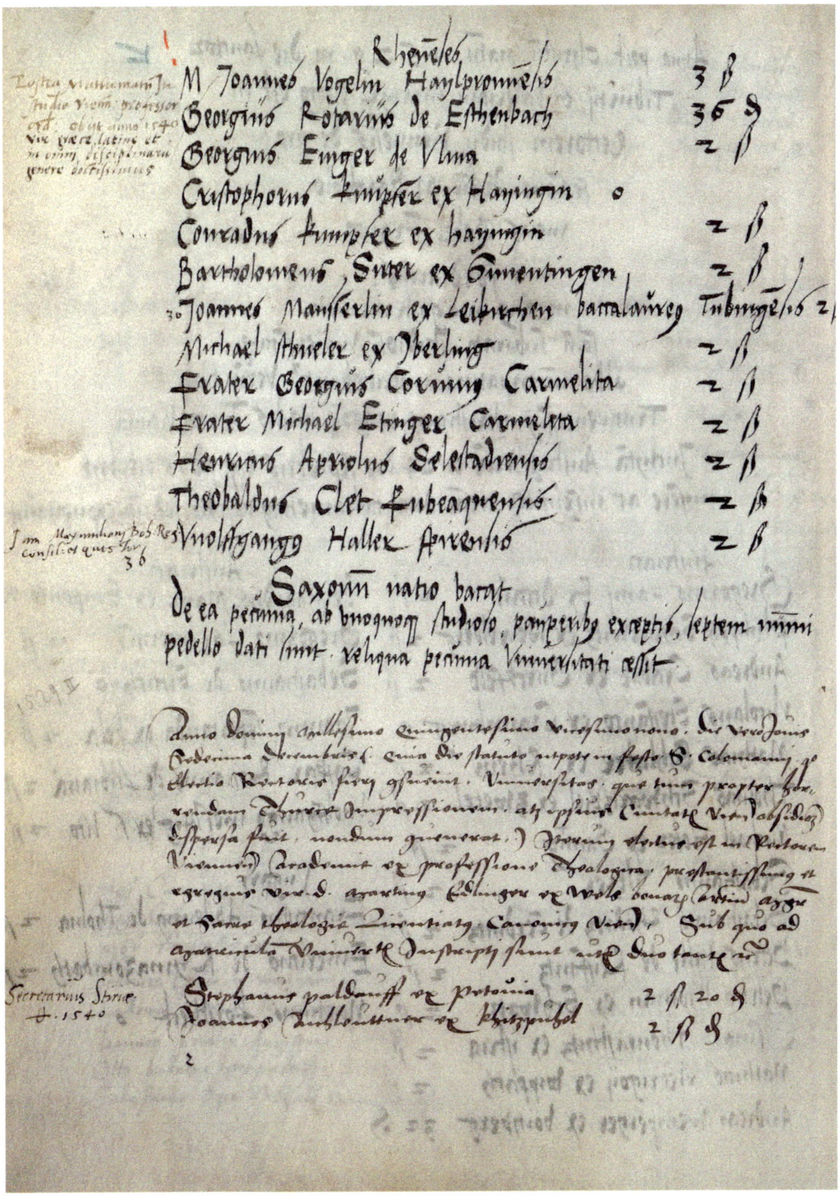

Seite aus der Hauptmatrikel der Universität Wien mit Erwähnung der Türkenbelagerung von 1529 und dass deshalb nur zwei Personen immatrikuliert wurden (Archiv der Universität Wien, Sign. M 3, fol. 28)

▸ Eintrag zum Wintersemester 1529/30, in: UAW, M 4, fol. 28v

„Anno domini millesimo quingentesimo vicesimo nono die vero jovis sedecima decembris (quia die statuto utpote in festo S. Colomanni quo electio rectoris fieri consuevit, universitas que tum propter horrendam Thurce impressionem atque ipsius civitatis Viennensis obsidionem dispersa fuit, nondum convenerat) iterum electus est in rectorem Viennensis academie ex professione theologica prestantissimus et egregius vir dominus Martinus Edlinger ex Wels bonarum artium magister et sacre theologie licentiatus canonicus Viennensis. Sub quo ad matriculam universitatis inscripti sunt utique duo tantum etc.

Stephanus Paldauff ex Petouia 2 sol. 20 den. Joannes Aichleuttner ex Khitzpuhel 2 sol. den."

[Randanmerkung zu Paldauff: „Secretarius Stiriae obiit 1540"]

„Im Jahr des Herrn 1529 am Donnerstag, den 16. Dezember, wurde aus der theologischen Fakultät der hervorragende und ehrenvolle Herr Martin Edlinger aus Wels, Magister art., Lizenziat der Theologie und Wiener Kanoniker, zum Rektor der Universität Wien gewählt (weil nämlich am Fest des heiligen oder hl. Koloman, dem Tag, an dem statutengemäß die Wahl des Rektors vorzunehmen ist, die Universität wegen des schrecklichen Angriffs der Türken und der Belagerung der Stadt Wien selbst, zerstreut war und niemand gekommen ist). Unter diesem [erg. Rektor] wurden in die Matrikel der Universität nur zwei [erg. Personen] eingetragen.

Stephanus Paldauff aus Petta [Ptuj, SLO] 2 Schilling 20 Pfennige [1 Schilling entspricht 8 Pfennigen]

Johannes Aichleuttner aus Kitzbühel 2 Schilling"

[Randanmerkung zu Paldauff]: „steirischer Sekretär, gestorben 1540" ■

Darstellung einer Konsistorialsitzung. Kupferstich von G. C. Eimmart (aus: Ignaz Theodor Bonanno: Calendarium Academicum, Wien 1693, Archiv der Universität Wien, Sign. 106.I.261)

Einbußen. Letztere suchten ihre Einkünfte durch die statutenwidrige Vermietung an universitätsfremde Personen aufzubessern, wie Visitationsberichte belegen. Die Fakultäten verzeichneten ebenfalls schwindende Mitgliederzahlen, da die genannten Faktoren auch auf Graduierte abschreckend wirkten.

Den Hauptgrund für den Niedergang sahen die Zeitgenossen allerdings in den Lehren Martin Luthers.[6] So hielt der Mediziner Wilhelm Puelinger über sein Dekanat 1527/28 fest, dass es kaum Berichtenswertes gäbe, weil die Universität fast komplett verlassen und ohne Studenten sei, wofür die Angriffe Luthers auf die Universitäten verantwortlich seien.[7] Tatsächlich sprach Luther den Hochschulen als Teil des katholischen Erziehungssystems jegliche positive Wirkung ab und betrachtete sie als Einrichtungen des Teufels.[8] Als Gegenmaßnahme schlug er eine Neugestaltung des gesamten Schul- und Universitätswesens vor. Diese wahrhaft „Christlichen schulen"[9] dienten sowohl religiösen als auch weltlichen Zwecken: So benötigten Gläubige für die selbstständige Bibellektüre im Sinne des allgemeinen Priestertums ausreichende Bildung, während für Pastoren die theologische Schulung auf Universitätsniveau unumgänglich war, um den in Glaubensdingen kursierenden Irrmeinungen und Überinterpretationen entgegenzuwirken. Daneben sah Luther gebildete Männer und Frauen als wesentlichen Faktor für die Aufrechterhaltung des Allgemeinwohls an.[10] Auf dem Universitätssektor führten diese Überlegungen zur Ausformung eines protestantisch geprägten Hochschulwesens. Die neuen Universitätsträger grenzten sich ebenso deutlich von katholischen Heterodoxien ab, wie dies katholische Hochschulen bezüglich protestantischen Gedankenguts taten.[11]

VON DER KORPORATION ZUR STAATSLEHRANSTALT ◖ Die Lehren Luthers fanden in den österreichischen Ländern und auch an der Universität Wien zahlreiche Anhänger. Diese dominierten die drei weltlichen Fakultäten, während die theologische Fakultät verfiel und seit 1533 nur mehr dem Namen nach existierte. Die Protestanten gerieten rasch in Opposition zu dem seit 1521 regierenden Landesfürsten Ferdinand I.: Dieser befahl der Universität im Jahr 1524, die Schriften Luthers zu prüfen, um daraus Argu-

3 Denk, Schulwesen, S. 371.
4 Ebd.
5 Universitätsstatut über die Funktionen und Gebühren des Pedellen, 3. August 1366, ediert in: Rudolf Kink: Geschichte der kaiserlichen Universität zu Wien, Bd. 2: Statutenbuch der Universität, Wien 1854, Nr. 7, S. 40–42, hier S. 40f.
6 Denk, Schulwesen, S. 365f.
7 Karl Schrauf (Hg.): Acta facultatis medicae universitatis Vindobonensis, Bd. 3: 1490–1558, Wien 1904, S. 171.
8 Henning Schluß: Die Reformation als Bildungskatastrophe — Luthers Pädagogik zwischen Mangel und Utopie, in: Reformationsgeschichtliche Sozietät der Martin-Luther-Universität Halle-Wittenberg (Hg.): Spurenlese. Wirkungen der Reformation auf Wissenschaft und Bildung, Universität und Schule, Leipzig 2014, S. 69–89, hier S. 73.
9 Zit. n. ebd., S. 77. Das Zitat stammt aus Luthers Schrift *An die Ratherren aller Städte deutschen Lands, daß [!] sie christliche Schulen aufrichten und erhalten sollen* (1524).
10 Ebd., S. 77f.
11 Wolfgang E. J. Weber: Protestantismus, Universität und Wissenschaft. Kritische Bemerkungen zu einer historischen Aneignung, in: Reformationsgeschichtliche Sozietät, Spurenlese, S. 19–38, hier S. 22–26.

„Die Lehren Luthers fanden in den österreichischen Ländern und auch an der Universität Wien zahlreiche Anhänger. Diese dominierten die drei weltlichen Fakultäten, während die theologische Fakultät verfiel und seit 1533 nur mehr dem Namen nach existierte."

mente gegen seine Lehren abzuleiten. Während die Juristen und Mediziner ihre Unzuständigkeit erklärten, berief sich die Artistenfakultät auf das im Jahr 1520 erlassene Verbot, lutherische Bücher zu lesen.[12]

Konfrontiert mit konfessionellen, sozialen (Bauernkriege) und ständischen Unruhen (Wiener Neustädter Blutgericht), plante Ferdinand zur Festigung und zum Ausbau seiner Herrschaft eine moderne, von loyalen katholischen Beamten getragene Zentralverwaltung. Als deren Ausbildungsstätte war die Universität Wien vorgesehen.[13] Dies wird in der Instruktion für den niederösterreichischen Hofrat (1521) deutlich, in der Ferdinand die Kriterien für die Bestätigung von Privilegien seines Vorgängers Maximilians I. festlegte. Während der Hofrat in den meisten Fällen eigenständig handeln durfte, hatte er die Privilegien des Bischofs von Wien, der Städte Wien, Krems und Stein und der Wiener Universität inhaltlich auf „irrung" zu untersuchen. Zur Vermeidung künftiger Streitfälle war die Minderung oder Erweiterung von Rechten zu überlegen und dem Landesfürsten darüber Bericht zu erstatten, der über die Privilegienbestätigung entschied. Die Nennung der Universität gemeinsam mit dem Wiener Bischof als dem höchsten geistlichen Repräsentanten und den wichtigsten landesfürstlichen Städten zeigt ihren Stellenwert in den Reformplänen Ferdinands.[14]

Allerdings war die *Rudolphina* in ihrem aktuellen Zustand für diese Pläne kaum brauchbar. Außer den geschilderten finanziellen und personellen Problemen war die Hochschule durch Jurisdiktionsstreitigkeiten mit der Stadt und dem Bischof geschwächt.[15] Eine erste Untersuchung im Jahr 1524 nannte neben den Rechtsstreitigkeiten die mangelhafte Dotation als Hauptursache des Verfalls, weshalb die niederösterreichische Regierung vier Jahre später vorschlug, der Universität die Güter des aufgelösten Klosters St. Ulrich in Wiener Neustadt zu übertragen und von den Prälaten eine Zahlung einzuheben.[16] Diese Pläne wurden im Jahr 1533 im sogenannten *Ersten Reformgesetz* umgesetzt. Dieses sah außerdem die Kontrolle der desolaten Stipendienstiftungen, eine Reduzierung der Lehrkanzeln und Verbesserungen bei den Dotationszahlungen vor.[17]

Ein Jahr später wurde das Konsistorium — bis dahin ein Gerichtsgremium der Dekane und der Prokuratoren der Nationen (Korporationen von Universitätsangehörigen ähnlicher geografischer Herkunft) unter Vorsitz des Rektors — zur zentralen Universitätsbehörde aufgewertet. Der Universitätskanzler und der landesfürstliche Superintendent erhielten als Vertreter des Wiener Bischofs und des Landesfürsten Sitz und Stimme und leiteten gemeinsam mit dem Rektor die Konsistorialsitzungen. Die Befugnisse des Superintendenten, der direkt dem Fürsten verantwortlich war, wurden deutlich erweitert: Hatte er bisher nur die landesfürstlichen Gelder kontrolliert, wurden ihm nun sämtliche Universitätskapitalien anvertraut. Daneben überwachte er Lehrer

12 Denk, Schulwesen, S. 371.
13 Mühlberger, Neugestalter, S. 269.
14 Josef Pauser: Privilegienkonfirmation in der Zeit Ferdinands I. Die Bestätigung der Privilegien der Städte Krems und Stein und ihr Privilegienverzeichnis von 1528, in: Mitteilungen des Instituts für Österreichische Geschichtsforschung 117 (2009), S. 284–311, hier S. 287–290.
15 Mühlberger, Neugestalter, S. 270.
16 Denk, Schulwesen, S. 372.
17 Mühlberger, Neugestalter, S. 270.

und Studenten.[18] Die Versammlung der graduierten Mitglieder, die bis dahin über Universitätsangelegenheiten entschieden hatte (Studenten waren nur bei Entscheidungen über finanzielle Belastungen stimmberechtigt), wurde aufgehoben.[19]

1537 erfolgte im *Zweiten Reformgesetz* die Neuorganisation der Studienpläne mit der Festlegung der Lehrbücher und Unterrichtsstunden sowie der Pflichten und Zahl der besoldeten Lehrer — Letztere wurde nach der Reduzierung von 1533 wieder leicht erhöht.[20] Die frei lesenden, aus den Kollegiengeldern bezahlten Lehrer wurden überflüssig, da nur Lehrveranstaltungen der besoldeten Professoren für die Graduierung verpflichtend waren.[21]

Die *Reformatio Nova* vom 1. Jänner 1554 stellte den Abschluss der Universitätsreformen Ferdinands I. dar. Frühere Verfügungen wurden bekräftigt oder adaptiert: Darunter fällt zum Beispiel die Abschaffung der Kollegiengelder für die Pflichtvorlesungen an der Artistenfakultät,[22] da die Professoren ohnedies ausreichende Gehälter bezogen. Allerdings erfolgte die Auszahlung trotz der Aufstockung der Universitätseinkünfte nur unregelmäßig.[23]

Damit war die Hochschule von einer relativ unabhängigen Korporation zur Staatslehranstalt für die Beamtenausbildung geworden. Der Superintendent fungierte als verlängerter Arm des Landesfürsten und übte über die von ihm kontrollierten Finanzen Druck auf die Universitätsangehörigen aus.[24]

MASSNAHMEN ZUR REKATHOLISIERUNG DER UNIVERSITÄT ◖ Neben der Ausbildung von Staatsdienern war die Wiederherstellung des katholischen Charakters der Universität Ziel der Reformen Ferdinands. Dementsprechend wird in der *Reformatio Nova* die Universität als „hervorragende Pflanzstätte zur Verbreitung der Religion und zur richtigen Führung des Staates“ definiert.[25] Allerdings verfolgte Ferdinand dieses Ziel nicht mit demselben Nachdruck wie die Frage der Beamtenausbildung. Zwar erließ er im Jahr 1536 das Verbot, Absolventen der Universität Wittenberg in Wien zur Repetition (Anerkennung des an einer anderen Universität erworbenen Grades) zuzulassen,[26] und er verfügte 1546, dass Professoren durch den Bischof von Wien auf ihre Rechtgläubigkeit zu prüfen seien. Dennoch konnten Protestanten weiterhin in Wien studieren und lehren, wie das Beispiel des Johann Schrötter zeigt. Schrötter war kaiserlicher Leibarzt und lehrte von 1554 bis 1557 an der medizinischen Fakultät. Dank kaiserlicher Unterstützung war ihm dies trotz vorherigen Studiums in Wittenberg und seines offenen Bekenntnisses zum Protestantismus möglich.[27] Er profitierte (wie andere) von § 7 der *Reformatio Nova*, der statt der Prüfung durch den Bischof ein einfaches Gelöbnis vor dem Rektor vorsah.[28] Ferdinands Nachfolger Maximilian II., der nicht nur universitätspolitisch auf Ausgleich zwischen den Konfessionen setzte, ermöglichte im Jahr 1564 Protestanten die Graduierung: Anstelle des tridentinischen Glaubensbekenntnisses, das Pius IV. in einer im selben Jahr erlassenen Bulle für Promovenden gefor-

18 Ulrike Denk: Alltag zwischen Studieren und Betteln. Die Kodrei Goldberg, ein studentisches Armenhaus an der Universität Wien, in der Frühen Neuzeit (Schriften des Archivs der Universität Wien, Fortsetzung der Schriftenreihe des Universitätsarchivs, Universität Wien, hg. von Kurt Mühlberger, Thomas Maisel, Johannes Seidl, Bd. 16), Göttingen 2013, S. 66.

19 Ebd., S. 55f.

20 Mühlberger, Neugestalter, S. 271.

21 Denk, Kodrei Goldberg, S. 67.

22 Ebd., S. 135.

23 Mühlberger, Neugestalter, S. 272.

24 Denk, Schulwesen, S. 373.

25 Zit. n. Mühlberger, Neugestalter, S. 272.

26 Denk, Schulwesen, S. 373.

27 Joseph Ritter von Aschbach: Die Wiener Universität und ihre Gelehrten 1520 bis 1565 (Geschichte der Wiener Universität, Bd. 3), Wien 1888, S. 266–269.

28 Kurt Mühlberger: Bildung und Wissenschaft. Kaiser Maximilian II. und die Universität Wien, in: Friedrich Edelmayer, Alfred Kohler (Hg.): Kaiser Maximilian II. Kultur und Politik im 16. Jahrhundert (Wiener Beiträge zur Geschichte der Neuzeit, Bd. 19), Wien/München 1992, S. 203–230, hier S. 212.

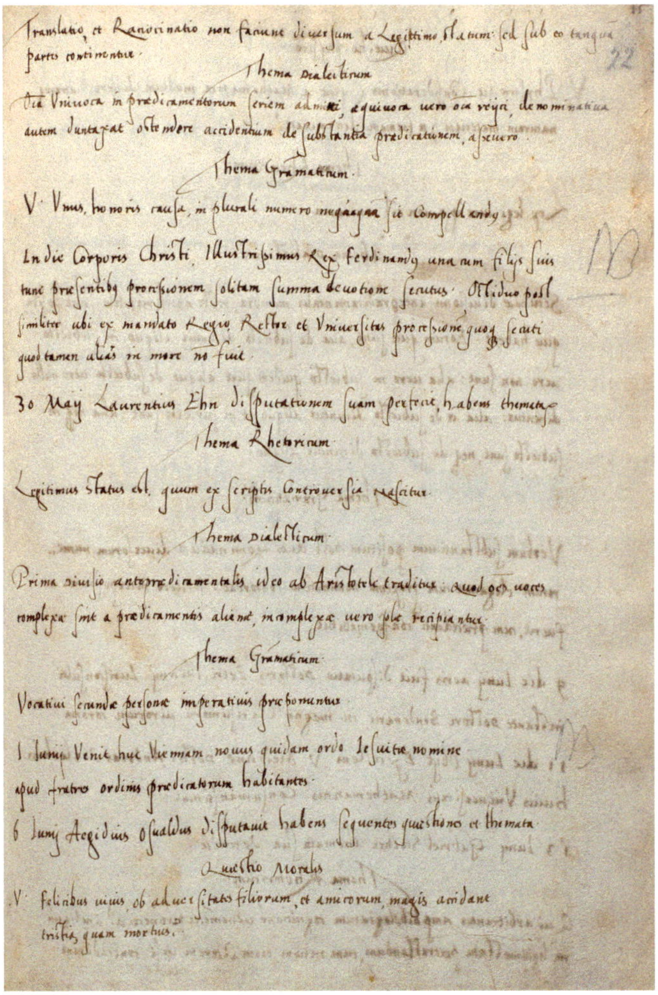

Translatio, et Ranovinatio non faciunt diversum a Legittimo statum: sed sub eo tanquam partes continentur.

Thema Dialecticum

Vox Univoca in predicamentorum seriem admitti, aequivoca vero omnino reijci, denominativa autem duntaxat ostendere accidentium de substantia predicationem, asseuero.

Thema Gramaticum

V. Unus, honoris causa, in plurali numero negandus sit compellandus.

In die Corporis Christi, Illustrissimus Rex Ferdinandus una cum filiis suis tunc presentibus processionem solitam summa devotione secutus. Octiduo post similiter ubi ex mandato Regio, Rector et Universitas processionem quoque secuti quod tamen alias in more non fuit.

30 May Laurentius Ehn disputationem suam perfecit, habens themata

Thema Rhetoricum

Legitimus status est, cum ex scriptis Controversia nascitur.

Thema Dialecticum

Prima divisio antepredicamentalis ideo ab Aristotele traditur: quod omnes voces complexae sint a predicamentis alienae, incomplexae vero ple recipiantur.

Thema Gramaticum

Vocativi secundae personae imperativis preponuntur.

1 Junij Venit huc Viennam nouus quidam ordo Iesuitae nomine apud fratres ordinis predicatorum habitantes.

6 Junij Aegidius Osualdus disputavit habens sequentes questiones et themata

Questio Moralis

V. Felicibus viris, ob adversitates filiorum, et amicorum, magis accidant tristitia, quam mortuus.

Seite aus: *Statuta disputationum philosophicarum in bursa rosae de anno 1550–1621.* In dieser Handschrift wurden neben den Themen und Teilnehmern der Übungsdisputationen in der Rosenburse auch kurze Notizen zu verschiedenen Ereignissen festgehalten. Im Juni 1551 wurde ein neuer Orden erwähnt: „1 Junii [1551] Venit huc nouus quidam ordo Iesuitae nomine apud fratres ordinis praedicatorum habitantes". (Archiv der Universität Wien, Sign. R 71.2, fol. 22r)

dert hatte, genügte in Wien das Bekenntnis zur „katholischen" Kirche, was aufgrund des Wortlauts der *Confessio Augustana* auch Protestanten möglich war.[29] Unter Maximilians Nachfolgern wurde dies aufgehoben. Seit 1579 amtierte mit Melchior Khlesl ein wesentlicher Protagonist der katholischen Reform als Universitätskanzler; 1581 setzte er die Ablegung des römisch-katholischen Glaubensbekenntnisses vor der Promotion durch.[30]

Die Rechtgläubigkeit der Studenten war laut *Reformatio Nova* im Rahmen der Bursenvisitationen zu prüfen. Zusätzlich hatte Ferdinand I. im Jahr 1548 das Studium seiner Untertanen auf die Universitäten Wien, Freiburg im Breisgau und Ingolstadt beschränkt.[31] Allerdings wurde die konfessionelle Frage bei den von der Universität durchgeführten Visitationen nicht berührt, Hauptkritikpunkte waren die mangelhafte Auslastung und Finanzierung der Häuser. Dementsprechend neigte ein beträchtlicher Teil der Bursenbewohner zum Protestantismus, wie es für die Kodrei Goldberg durch einen Bericht des Jesuiten Hieronymus Nadal aus dem Jahr 1557 belegt ist.[32]

Die religiöse und sonstige Verwahrlosung der Studentenhäuser hatte den Wiener Bischof Johann Fabri bereits 1539/40 zur Einrichtung einer katholischen Musterlehranstalt, des *Collegium trilingue*, veranlasst. Fabri war vor allem im Universitätsbereich ein entschiedener Vertreter der katholischen Reform — neben Wien war er auch an Neuordnungen an den Universitäten Tübingen und Freiburg im Breisgau beteiligt.[33] Das im ehemaligen Kloster St. Niklas in der Singerstraße eingerichtete Kolleg bot fachliche Ausbildung sowie Schulung im katholischen Sinn für zwölf Stipendiaten, die bereits bei ihrer Aufnahme auf konfessionelle Zuverlässigkeit geprüft wurden.[34] Der Tagesablauf im Kolleg war durch eine detaillierte Gebetsordnung geprägt. Die von Fabri verfassten Texte behandeln zentrale katholische Glaubenssätze und deren Verteidigung gegen Ungläubige.[35] Aufgrund der unzureichenden Finanzierung ging das Kolleg bald zugrunde und wurde in Form von Einzelstipendien in die Bruckburse übertragen.[36]

Der Entwurf Fabris enthält Punkte, die in der Folgezeit bei der Rekatholisierung der Universität zum Tragen kamen: die Konzentration auf die Studenten als die kommende Generation

29 Ebd., S. 217f.
30 Mühlberger, Neugestalter, S. 272.
31 Denk, Schulwesen, S. 373.
32 Dies., Kodrei Goldberg, S. 180.
33 Dies.: Das *Collegium trilingue* des Bischofs Johann Fabri. Ein Konzept zur katholischen Reform an der Wiener Universität, ungedr. phil. Dipl.-Arb. Univ. Wien 1998, S. 34–36.
34 Ebd., S. 47.
35 Ebd., S. 61–70.
36 Ebd., S. 101f.

der Universitätsangehörigen, die enge Verbindung von fachlicher und religiöser Ausbildung und die gelebte katholische Praxis — wesentliche Punkte im Erziehungskonzept der im Jahr 1551 nach Wien berufenen Gesellschaft Jesu.

DIE JESUITEN ALS MOTOR DER KATHOLISCHEN REFORM AN DER UNIVERSITÄT WIEN

❡ Ferdinand I. hatte nach persönlichen Kontakten mit Nicolaus Bobadilla und Claude Jay in den 1540er-Jahren das Potenzial des Ordens für die von ihm begonnene Universitätsreform erkannt und Ignatius von Loyola 1550 um Bewilligung zur Errichtung eines Jesuitenkollegs in Wien ersucht. Im Jänner 1551 stimmte der Ordensgründer diesem Plan zu und entsandte im April Jay und Peter Schorich nach Wien, die an der Universität Theologie lehrten. Unter den im Folgejahr nach Wien Beorderten war Petrus Canisius, der Einzige der ersten Wiener Jesuiten, der die Landessprache beherrschte.[37]

Die im Jesuitenkolleg im Jahr 1553 errichtete Schule diente als Vorbereitung für das Universitätsstudium. Hier lernten die Schüler lateinische Grammatik und Syntax und festigten sie durch Lektüre verschiedener Autoren. Daneben wurde Griechisch gelehrt, und Vorlesungen und Disputationen zur Logik wurden angeboten. Im Unterschied zu Kloster- und Stadtschulen wurden nicht alle Schüler gemeinsam, sondern nach Klassen getrennt unterrichtet. Die Schule war in erster Linie für Ordensmitglieder gedacht, zog aber bald zahlreiche auswärtige Schüler an, was durchaus im Sinne der Jesuiten war: Da sie neben dem Fachunterricht auch Unterweisung in Religion und Christenlehre (basierend auf dem von Canisius 1555

Jesuitenkirche und Akademisches Kolleg, 1724. Kupferstich von H. Sperl nach einer Zeichnung von Salomon Kleiner, 1724 (Wien Museum, Inv.Nr. 250.129)

Eid des Rektors auf die Unbefleckte Empfängnis Mariens (Immaculata-Eid). Kupferstich von G. C. Eimmart (aus: Ignaz Theodor Bonanno: Calendarium Academicum, Wien 1693, Archiv der Universität Wien, Sign. 106.I.340)

verfassten Katechismus) anboten und die praktische Religionsausübung in den Tagesablauf integrierten, beeinflussten sie damit die konfessionelle Ausrichtung der Schüler.[38]

Spätestens mit der Einführung von artistischen und theologischen Vorlesungen im Jahr 1570 trat die Jesuitenschule in offenen Wettstreit mit der Universität.[39] Neben den moderneren Unterrichtsmethoden war der kostenlose Schulbesuch ein wesentlicher Grund für ihre Anziehungskraft.[40] Die Rivalität führte zu kleinlichen Schikanen auf beiden Seiten: So verweigerte die Universität Jesuitenschülern die Graduierung und Lehrern die Aufnahme in die Fakultäten, während die Jesuiten Lehrveranstaltungen zeitgleich mit Vorlesungen an der Universität ansetzten.[41]

Die Landesfürsten bemühten sich um Ausgleich zwischen Orden und Hochschule. 1558 erklärte Ferdinand I. den Ausschluss der Jesuitenlehrer aus den Fakultäten für unzulässig und übertrug ihnen zwei theologische Lehrkanzeln. Dagegen hob er das dem Jesuitenkolleg im Jahr 1563 bewilligte Promotionsrecht bald wieder auf, da dies die Privilegien der Universität massiv bedrohte.[42] Maximilian II. verbot nach einer Beschwerde der Hochschule 1573 den Jesuiten den zeitgleichen Unterricht im Kolleg und die Promotion Ordensfremder, bestätigte aber die Schule und die dem Orden übertragenen Lehrkanzeln.[43]

Neben der fachlichen Konkurrenz war vor allem der Gegensatz zwischen den nach wie vor protestantisch geprägten Fakultäten und dem der katholischen Reform verpflichteten Orden für das angespannte Verhältnis ausschlaggebend. Als Gegenmaßnahme, die gleichzeitig der Rekatholisierung dienen sollte, wurde 1593 erstmals die Vereinigung von Universität und Kolleg erwogen. Aufgrund der Ablehnung auf beiden Seiten bedurfte es einiger Anläufe, bis dieser Plan umgesetzt wurde: Durch die *Sanctio pragmatica* vom 13. Oktober 1623 erhielten die Jesuiten den Großteil der theologischen und philosophischen Lehrkanzeln. Außerdem wurden ihnen das Herzogskolleg und zahlreiche Bursengebäude überlassen, die für den Bau der Jesuitenkirche und des neuen Kolleggebäudes abgerissen wurden. Der Rektor des Jesuitenkollegs erhielt Sitz und Stimme im Konsistorium. Die Inkorporierung des Kollegs stellte einen entscheidenden Schritt zur Rekatholisierung der Universität dar. In den Folgejahren wurde die Aufnahme in die Universität auf Katholiken beschränkt. Ab 1649 mussten Kandidaten vor der Graduierung oder der Übernahme eines Universitätsamts den Eid auf die Immaculata ablegen.[44] Die durch die *Sanctio pragmatica* begründete Vormachtstellung der Jesuiten an der Universität blieb bis zu den Universitätsreformen Maria Theresias und der Aufhebung des Ordens 1773 erhalten.

■

37 Johannes Wrba SJ: Ignatius, die Jesuiten und Wien, in: Kurt Mühlberger, Thomas Maisel (Hg.): Aspekte der Bildungs- und Universitätsgeschichte 16. bis 19. Jahrhundert (Schriftenreihe des Universitätsarchivs, Universität Wien, Bd. 7), Wien 1993, S. 61–90, hier S. 63–68 bzw. S. 73f.
38 Ebd., S. 75–77.
39 Mühlberger, Maximilian II., S. 227f.
40 Denk, Schulwesen, S. 374.
41 Ebd., S. 377f.
42 Ebd., S. 378.
43 Mühlberger, Maximilian II., S. 228.
44 Denk, Schulwesen, S. 380–382.

Der „Kniefall der 5.000" im Jahr 1579 und die Strategien der Rekatholisierung

Die Residenzstadt Wien und der Beginn der barocken Konfessionskultur

Martin Scheutz

Ein Kniefall als demonstrative Selbsterniedrigung in der Öffentlichkeit erzwingt Reaktionen, wie nicht nur der im Jahr 1076 vor Papst Gregor VII. kniende Kaiser Heinrich IV., der im Jahr 1970 in Warschau vor dem Holocaustdenkmal kniende Willy Brandt oder heute die knienden Bettler in den Wiener U-Bahn-Stationen deutlich in unserem Erinnerungshaushalt belegen. Diese öffentliche Selbsterniedrigung erhöht als demonstrative Geste paradoxerweise den Druck auf den Adressaten dieser Körpergebärde, wie sich an einem Beispiel aus dem protestantischen Wien des Jahres 1579 gut zeigen lässt.

Nach dem Herrschaftsantritt von Erzherzog Rudolf II. im Jahr 1576 und nach langen Verhandlungen, die sich vor allem an der Interpretation der (in der sogenannten *Religionskonzession* im Jahr 1568 und in der *Assekuration* im Jahr 1571) erfolgten Religionszugeständnisse Kaiser Maximilians II. gegenüber den Herren und Rittern der niederösterreichischen Länder entzündeten, erfolgte schließlich am 1. Oktober 1577 die zeremonielle Erbhuldigung der niederösterreichischen Stände. Schon bald nach Regierungsantritt leiteten der in Spanien erzogene Rudolf II. (reg. 1576–1611/12) und sein in Wien weilender Statthalter Erzherzog Ernst (1553–1595) im Verband mit dem Passauer Bischof Urban von Trennbach (reg. 1561–1598) erste Maßnahmen zur Rekatholisierung Wiens ein. Die Politik der weltlichen und geistlichen Reformkräfte zielte auf ein schleichendes Zurückdrängen des Protestantismus ab und sollte beispielsweise Ämter bei Hof und in der Regierung für Evangelische immer schwerer zugänglich machen. Nicht nur der Kampf um die Einhaltung der katholischen Fastengebote und Heiligenfeste, sondern vor allem um den evangelischen Gottesdienst und um die Schule im Niederösterreichischen Landhaus, dem konfessionellen Zentrum des Wiener Protestantismus und der niederösterreichischen Stände in der Herrengasse, wurde intensiviert.

Seit den 1520er-Jahren hatte der evangelische Glaube in Wien zunehmend Fuß gefasst, sodass die Stadt etwa im Jahr 1558 dem jesuitischen Prediger Petrus Canisius (1521–1597) polemisch als ein zweites Wittenberg erschien und 1568 der Hofprediger Martin Eisengrien (1504–1567) in Wien kaum mehr katholische Spuren nachzuweisen glaubte — man könne an Sonn- und Feiertagen gar aus jeder Gasse einen Prädikanten hören.[1] Gestützt auf die zwischen den Landständen und dem Landesfürsten mühsam errungenen Verhandlungspositionen, die nur dem Adel Religionsfreiheit zusicherten, schnürte die landesfürstliche Macht die protestantische Religionsausübung in den landesfürstlichen Städten und Märkten des Landes langsam, aber sukzessive ein.

Der Herrschaftsantritt Rudolfs im Jahr 1576 weist Züge eines neuen, entschlosseneren Umgangs mit der Religionsfrage auf. Der neue, aus Freiburg im Breisgau stammende Bischof Johann Caspar Neubeck (1574/75–1594) entpuppte sich im Verband mit den seit 1551 in Wien ansässigen Jesuiten als energischer und durch Visitationen Macht aufbauender Reformator. Neubeck gründete im Jahr 1577 eine Bruderschaft zu Ehren des Allerheiligsten Sakraments. Im Dienste der Sakramentsfrömmigkeit stand auch die im darauffolgenden Jahr erstmals seit Langem in Wien wieder gefeierte Fronleichnamsprozession, die beim Einbiegen in den Kohlmarkt, der trotz des hohen Feiertags bewusst als „protestantischer“ Milchmarkt bespielt wurde, beinahe in Tumulten eskaliert wäre (siehe Abb. S. 242). Schon im Mai 1578 ließ Rudolf die innerstädtische Religionsausübung des protestantischen Adels, der in seinen Wiener Adelspalästen („Freihäusern“) Privatgottesdienste, Metten oder Vespern abhielt, einschränken. Die Ausweisung der drei Landhausprädikanten (darunter der bekannte Josua Opitz) und des Schulmeisters im Juni 1578 bedeutete einen wesentlichen Einschnitt für das protestantische Wien.

Um Druck auf den neuen Landesfürsten Rudolf II. beziehungsweise auf seinen Statthalter Erzherzog Ernst aufzubauen, wählten im Jahr 1579 die überwiegend protestantischen Wiener Bürger und Mitbürger, darunter viele Handwerker, einen traditionellen Weg zur Sichtbarmachung ihres Widerstands, den übrigens auch die Landstände anderer österreichischer Länder anwandten — den Kniefall.[2] Auf die Einschränkung der Religionsausübung reagierte die in sich politisch gespaltene Wiener Bürgerschaft mit einer „Sturmpetition“.[3] Von Haus zu Haus ließen die Bürger und Handwerker nächtens nach Art der frühneuzeitlichen

1 Josef Karl Mayr: Wiener Protestantengeschichte im 16. und 17. Jahrhundert, in: Jahrbuch der Gesellschaft für die Geschichte Protestantismus in Österreich 70 (1954), S. 41–133, hier S. 42. Eine neuere monografische Gesamtdarstellung zum Thema fehlt. Wichtige Beiträge sind Ernst Tomek: Das kirchliche Leben und die christliche Charitas, in: Anton Mayer (Hg.): Geschichte der Stadt Wien, Bd. 5: Vom Ausgange des Mittelalters bis zum Regierungsantritt der Kaiserin Maria Theresia, 1740 (Teil 2), Wien 1914, S. 160–330; ders.: Kirchengeschichte Österreichs, Bd. 2: Humanismus, Reformation und Gegenreformation, Innsbruck/Wien 1949; Arthur Stögmann: Staat, Kirche und Bürgerschaft: Die katholische Konfessionalisierung und die Wiener Protestanten zwischen Widerstand und Anpassung (1580–1660), in: Andreas Weigl (Hg.): Wien im Dreißigjährigen Krieg. Bevölkerung — Gesellschaft — Kultur — Konfession (Kulturstudien, Bd. 32), Wien/Köln/Weimar 2001, S. 482–564; ders.: Die Gegenreformation in Wien. Formen und Folgen für die städtische Gesellschaft (1580–1660), in: Rudolf Leeb, Susanne C. Pils, Thomas Winkelbauer (Hg.): Staatsmacht und Seelenheil. Gegenreformation und Geheimprotestantismus in der Habsburgermonarchie (Veröffentlichungen des Instituts für Österreichische Geschichtsforschung, Bd. 47), Wien/München 2007, S. 273–288; Karl Vocelka: Kirchengeschichte, in: ders., Anita Traninger (Hg.): Die frühneuzeitliche Residenz (16. bis 18. Jahrhundert) (Wien. Geschichte einer Stadt, hg. von Peter Csendes, Ferdinand Opll, Bd. 2), Wien/Köln/Weimar 2003, S. 311–363. Zur Rekatholisierung in den österreichischen Städten siehe Martin Scheutz: Kammergut und/oder eigener Stand? Landesfürstliche Städte/Märkte und der „Zugriff“ der Gegenreformation, in: Leeb, Pils, Winkelbauer, Staatsmacht und Seelenheil, S. 309–337. Als zentrales Buch zur „katholischen Welt“ der Vormoderne muss Peter Hersche: Muße und Verschwendung. Europäische Gesellschaft und Kultur im Barockzeitalter, 2 Bde., Freiburg im Breisgau 2006, gelten.

2 Arno Strohmeyer: Rituelle Kommunikation in vormodernen Herrschaftsordnungen: Kniefälle des oberösterreichischen und steirischen Adels (ca. 1570–1630), in:

Kat.Nr. 8.11 Der Wiener „Milchkrieg“ nach einer Darstellung des Züricher Chorherrn Johann Jakob Wick: Zum ersten Mal seit 15 Jahren fand am 29. Mai 1578 wieder eine Fronleichnamsprozession in Wien statt. Im Zentrum des Bildes findet sich der Wiener Bischof Caspar Neubeck auf dem Kohlmarkt, unter einem gebrochenen Baldachin am Boden kauernd, die Monstranz liegt auf dem Boden. In der rechten Bildhälfte ist Rudolf II., umringt von seiner Leibgarde, zu sehen, im Vordergrund drängen Soldaten die Menschenmenge zurück.

Aufstände „ansagen“, dass man am 19. Juli 1579 morgens „ainen gemainen fuessfall“ vor dem Sitz des Stadtherrn vornehmen werde. Während Statthalter Erzherzog Ernst die Messe besuchte, versammelten sich die Bürger vor der Wiener Hofburg, und ein 15-köpfiger bürgerlicher Ausschuss überreichte Erzherzog Ernst fußfallend eine „böse supplicationsschrifft pro confessione Aug[sburgense]“, welche der Statthalter auch, mit der Zusicherung, sie zu lesen, annahm. „Und alls“ Erzherzog Ernst „an das fenster gangen, den pövel zue sehen, sein sye alle bey 6.000 personen uff die knie nidergefallen und mit heller stim auffgeschrien, inen das worth gottes und die seligkait zue willigen, umb gottes willen, umb gottes willen, und also widerum abgezogen“.[4] Diese tendenziöse Darstellung des prokatholischen bayerischen Reichshofrats Georg Eder (1523–1587) enthüllt den appellativen Charakter des Kniefalls: Man wollte den Statthalter und den Kaiser zu eindeutigen religiösen Zugeständnissen und zur Zulassung des „Evangeliums“ auch für die Stadt zwingen. Erzherzog Ernst lavierte sich jedoch geschickt durch diese schwierige Situation, indem er sich auf die bereits ergangenen kaiserlichen Erlässe in Religionssachen berief, aber von einer Bestrafung der Anführer des Kniefalls weitgehend absah. Lediglich einzelne Wiener Bürger, die gleichzeitig landesfürstliche Beamte waren, wurden entlassen.

zeitenblicke 4 (2005) 2, http://www.zeitenblicke.de/2005/2/Strohmeyer/index_html (15.5.2016); ders.: Konfessionskonflikt und Herrschaftsordnung. Widerstandsrecht bei den österreichischen Ständen (1550–1650) (Veröffentlichungen des Instituts für Europäische Geschichte Mainz, Abteilung für Universalgeschichte, Bd. 201), Mainz 2006, S. 90–94.

3 Viktor Bibl: Die Einführung der katholischen Gegenreformation in Niederösterreich durch Kaiser Rudolf II. (1576–1580), Innsbruck 1900, S. 134–147.

4 Viktor Bibl: Die Berichte des Reichshofrates Dr. Georg Eder an die Herzoge Albrecht und Wilhelm von Bayern über die Religionskrise in Niederösterreich (1579–1587), in: Jahrbuch für Landeskunde von Niederösterreich 8 (1909), S. 67–154, hier S. 90; Mayr, Wiener Protestantengeschichte, S. 85–88.

DAS KONZEPT DER KONFESSIONALISIERUNG ◖ Nach der Modellvorstellung des am Beginn der 1980er-Jahre von Wolfgang Reinhard (geb. 1937) und Heinz Schilling (geb. 1942) entwickelten Konfessionalisierungsparadigmas ging es bei der katholischen Konfessionalisierung in einem siebenstufigen Prozess[5] zuerst um die Wiedergewinnung klarer theologisch-dogmatischer Grundlagen (etwa beim Konzil von Trient zwischen 1545 und 1563 mit der Festlegung der Siebenzahl der Sakramente). In einem zweiten Schritt sollten zuverlässige Multiplikatoren der neu reformierten Konfessionskultur in bestimmten Bereichen herangebildet (Priester, Schulmeister, Beamte, aber auch Juristen) und für den Dienst im „Konfessionsstaat" ausgebildet werden. Prüfungen, die das neue Wissen bei dieser Schicht absichern sollten, wurden eingeführt, etwa die Ablegung eines Eides oder formale Ausbildungswege an konfessionellen Landesuniversitäten. Planmäßige Propaganda sollte drittens zu einer wirksamen Indoktrination der Untertanen mittels Bildern, Büchern, Katechismen, Liedern, Predigten und Ähnlichem beitragen. In einem vierten Schritt mussten zuverlässige katholische Multiplikatoren gezielt auf allen Ebenen (von der Grundschule bis zur Universität) aufgebaut werden. Zur Kontrolle der Rekatholisierung wurden fünftens Informations- und Überwachungsmechanismen wie weltliche und geistliche Visitationen geschaffen. Ein besonders wichtiger Punkt war sechstens die öffentliche Repräsentation der katholischen Konfessionskultur in Form von Riten, Prozessionen und öffentlichkeitswirksamen Demonstrationen. Die Untertanen hatten einerseits daran teilzunehmen, andererseits dienten die breit ausgebildeten Sakraments-, Heiligen- und Reliquienkulte oder die Wallfahrten den neuen Eliten auch als Unterscheidungsriten gegenüber anderen Konfessionen. Schließlich lässt sich siebentens auch eine konfessionelle Sprachregelung bemerken, die sich am deutlichsten in der Vornamensgebung nach Heiligennamen (etwa Josef, Johann Nepomuk oder Maria, Elisabeth) zeigt. So finden sich etwa unter den 6.200 Bediensteten des Wiener Hofs im 18. Jahrhundert Heiligennamen wie Johannes, Josef oder Franz am häufigsten.

Der Schweizer Historiker Heinrich Richard Schmidt (geb. 1952) sah dagegen die katholische Konfessionalisierung im 16. Jahrhundert leicht modifiziert folgendermaßen ablaufen: „1. Säuberung der Beamtenschaft, der städtischen Räte und Zünfte von Evangelischen; 2. Eid von Beamten, Lehrern und Graduierten auf das Tridentinum; 3. Vertreibung evangelischer Prediger und Lehrer; 4. Zulassung nur von ‚geprüften' katholischen Priestern; 5. Sequestration [Konfiskation] evangelischer Bücher und Verbot der Teilnahme an auswärtigen protestantischen Gottesdiensten; 6. Visitation zur Rekatholisierung der Bevölkerung; 7. Ausweisung notorischer Protestanten."[6]

Das Beispiel Wien fügt sich gut in diese sich allmählich verschärfenden Stufenmodelle der insgesamt viel diskutierten und hinterfragten Konfessionalisierungsforschung ein. Es zeigt den schleichenden, in unterschiedlicher Dynamik und mit Brüchen verlaufenden Rekatholisierungsprozess in den deutschen Erbländern. Ein Spezifikum des Wiener Fallbeispiels ist dabei sicherlich die Vielzahl der Akteure, deren Vernetzung und deren unterschiedliche Machtkompetenz in diesem Prozess: Neben dem Stadtrat und der Bürgerschaft, dem Landesfürsten beziehungsweise dessen Statthalter lassen sich die seit 1551 in Wien ansässigen Jesuiten, die alten wie neuen Orden

5 Wolfgang Reinhard: Zwang zur Konfessionalisierung? Prolegomena zu einer Theorie des konfessionellen Zeitalters, in: Zeitschrift für Historische Forschung 10 (1983), S. 257–277, hier S. 263.

6 Heinrich Richard Schmidt: Konfessionalisierung im 16. Jahrhundert (Enzyklopädie deutscher Geschichte, Bd. 12), München 1992, S. 41.

(besonders des 17. Jahrhunderts) und der Bischof als zusätzliche Akteure wahrnehmen. Als besonders wichtig erweist sich die Rolle des seit 1612 wieder in der Stadt an der Donau befindlichen Wiener Hofs, der als eine Art Konversionsmaschine funktionierte und viele erfolgshungrige Adelige, aber auch die zahlreichen bürgerlichen und unterbürgerlichen Bediensteten zur *Anbequemung* an den katholischen Glauben zwang.[7]

EIN WECHSELVOLLER BEGINN DER KATHOLISCHEN KONFESSIONALISIERUNG UND SCHLIESSLICH EINE BAROCK-KATHOLISCHE METROPOLE ◖ Nach der erzwungenen Ausweisung der Landhausprädikanten im Jahr 1578 reagierten die Wiener Evangelischen mit verstärktem „Auslaufen“ in die umliegenden Adelsgüter, wobei vor allem Vösendorf (Wilhelm von Hofkirchen, 1529–1584), Inzersdorf (Adam Geyer von Geyersperg) und das im Besitz der Jörger befindliche Hernals zu wichtigen Zentren der evangelischen Religionsausübung heranreiften. Die Stadtbewohnerinnen und -bewohner besuchten den Gottesdienst nicht mehr in ihren angestammten Pfarren, sondern hörten den Gottesdienst oder die Auslegungen der Bibel in den Schlosskirchen der protestantischen Adeligen im Weichbild der Residenzstadt Wien. Die folgenden Jahre bis 1609 sind einerseits von rekatholisierenden Nadelstichen des noch schwachen Inneren Rats, des Bischofs wie des Landesfürsten und andererseits von einer elastischen, ablehnenden Reaktion der protestantischen Wiener Bürger geprägt. Ein Katz-und-Maus-Spiel mit einem sicheren Sieger am Ende entspann sich. Verschiedene Prädikanten tauchten in der Stadt auf, wurden vertrieben, protestantische Bücher konfisziert, die katholischen Fastengebote missachtet oder der im Jahr 1583 eingeführte Gregorianische Kalender negiert beziehungsweise betont langsam akzeptiert.[8]

Katholische Neubürger wie der „Nürnberger“ Hanns vom Thau der Ältere (1529–1601), der Grazer Andre Rieder, der Welser Georg Fürst (1520–1603), der aus dem oberpfälzischen Neuenburg stammende Paul Wiedemann oder bürgerliche Aufsteiger wie der Schneidersohn Augustin Haffner (um 1550–1616) und der Mautnersohn Daniel Moser (1570–1639) nützten im Sinne eines Elitentauschs diese Zeit des Wandels zum Aufstieg und fanden allmählich Zugang zu den höchsten Gremien oder gar zum Bürgermeisteramt der Residenzstadt.[9] Die Konfessionsverhältnisse in den politischen Gremien drehten sich langsam, aber stetig. Mit Hanns vom Thau d. Ä. agierte zudem in den Jahren 1578/79 ein prononciert katholischer Bürgermeister; der aus zwölf Inneren Räten bestehende Stadtrat wies im Jahr 1582 nur mehr einen Protestanten auf. Noch 1577 waren dagegen neben dem Bürgermeister und dem Stadtrichter nur zwei Katholiken im

Wappen des Wiener Bürgermeisters Daniel Moser aus dem von ihm angelegten Wappenbuch der Stadt Wien (Künstler Johann Schlagwein). Der Wiener Bürger Daniel Moser (1570–1639), Sohn des Mautners von der Wiener Schlagbrücke, war mehrmals Stadtrichter und 1610 bis 1613, 1616 bis 1623 und 1626 bis 1637 Bürgermeister der Stadt Wien. (Wiener Stadt- und Landesarchiv, Handschriften, A290: Fol. 33r)

Inneren Rat, der Äußere Rat blieb längere Zeit protestantisch dominiert. Der sich verstärkt abzeichnende Machtkampf zwischen dem seit 1593 als Statthalter in den niederösterreichischen Ländern agierenden Erzherzog Matthias und dem zunehmend antriebslosen „Prager" Kaiser Rudolf II. ließ in der Residenzstadt Wien eine Pattsituation entstehen, welche die evangelische Religionsausübung bis zum Beginn des 17. Jahrhunderts begünstigte. Nach den Zugeständnissen von Erzherzog Matthias an die niederösterreichischen Stände in der sogenannten *Kapitulationsresolution* von 1609, die eine freie Religionsausübung auch in den Märkten und Städten erlaubte, folgte eine zweite Blütezeit des Protestantismus in den österreichischen Städten, die bis in die frühen 1620er-Jahre reichte. Das zuvor verbotene „Auslaufen" der Wiener Protestanten in die Vorstädte zu den Schlosskapellen der Adeligen beziehungsweise in die nahe gelegenen Städte (etwa Pressburg/Bratislava, Ödenburg/Sopron) wurde durch die *Religionskapitulation* erlaubt.

Diese labile konfessionelle Situation wurde vom Wiener Bäckersohn und Konvertiten Melchior Khlesl (1552–1630) genützt, der in wechselnden Funktionen als Passauer Offizial (seit 1580), als Bischof von Wiener Neustadt (seit 1588) und als Bischof von Wien (seit 1598) im kirchlichen Wirkungsfeld als eine der wichtigsten Personen der Rekatholisierung tätig war. Der streitbare Khlesl erlangte aber vor allem auch als Leiter des Geheimen Rates in seiner politischen Funktion große Bedeutung, weil er versuchte, „altkirchliche" Rechtstitel mit Vehemenz durchzusetzen. Khlesl war der Motor hinter dem Dekret vom 22. Dezember 1585, worin in den niederösterreichischen Städten und Märkten jeder evangelische Gottesdienst verboten wurde und nur mehr katholische Neubürger Zulass in die Städte erlangten. Gemeinsam mit einer vom Militär eskortierten Religionsreformationskommission rekatholisierte er bis 1589 mehrere Städte und Märkte eigenhändig, indem die jeweiligen evangelischen Stadträte abgesetzt wurden.

An den Religionsverhandlungen der Stände mit dem Landesfürsten 1618/19 nahmen keine Wiener Bürger teil; der aufseiten des Landesfürsten stehende Wiener Bürgermeister Daniel Moser untersagte den Wiener Bürgern eine Teilnahme an diesen Verhandlungen, zudem ließ er im Jahr 1619 1.500 Bürger bewaffnen und die Stadttore vor den heranrückenden Truppen der ständischen Opposition schließen. Dagegen öffnete Moser am 5. Juni 1619 während der „Sturmpetition" protestantischer Adeliger bei Ferdinand II. (reg. 1619–1637) den katholischen Entsatztruppen das Fischertor. Unter den zahlreichen in der Folge geächteten Adeligen befand sich auch der Inhaber der für die Wiener Protestanten wichtigen Grundherrschaft Hernals, Helmhard von Jörger, dessen Güter schließlich im Jahr 1625 konfisziert und an das Wiener Domkapitel übergeben wurden, was dem „Auslaufen" der Wiener Bürger ein endgültiges Ende bereitete. 1627 erging aufgrund eines kaiserlichen Generalmandats ein endgültiges Verbot aller Prädikanten in Niederösterreich, was das Ende für die Prädikanten in Inzersdorf und Vösendorf bedeutete. Bereits zwei Jahre davor wurde den sogenannten Sechzehnern, einem geheimen, gewählten „Schattenkabinett" der Protestanten für den Wiener Stadtrat, das halbe Vermögen entzogen, und die Mitglieder der Sechzehner wurden aus dem Rat entfernt, ein Teil

7 Ines Peper: Konversionen im Umkreis des Wiener Hofes um 1700 (Veröffentlichungen des Instituts für Österreichische Geschichtsforschung, Bd. 55), Wien 2010.

8 Martin Scheutz: „Den neuen bäpstischen calender anlangende, würdet derselb [...] durchaus nit gehalten." Der Gregorianische Kalender als politischer und konfessioneller Streitfall, in: ders., Wolfgang Hameter, Meta Niederkorn-Bruck (Hg.): Ideologisierte Zeit. Kalender und Zeitvorstellungen im Abendland von der Antike bis zur Neuzeit (Querschnitte, Bd. 17), Wien 2005, S. 116–143, hier S. 122f.

9 Stögmann, Staat, S. 513f.

davon dürfte bald danach ausgewandert sein — vier ehemalige Sechzehner lassen sich im Jahr 1630 als Regensburger Bürger nachweisen.[10] Seit 1623 durfte nur mehr an Katholiken das Bürgerrecht erteilt werden beziehungsweise konnten nur mehr Katholiken als Amtsinhaber auftreten, eine größere, nicht näher quantifizier- und spezifizierbare Auswanderungswelle aus Wien war die Folge.[11] Im Gegenzug erfolgte eine gezielte Ansiedelungspolitik von reformorientierten Orden (etwa der reformierten Franziskaner, der Paulaner, der Barnabiten), die — am Beispiel der Kommunikantenzahlen des 17. Jahrhunderts ersichtlich[12] — den traditionellen Stadtpfarren rasch den Rang abliefen.

Seit dem Jahr 1630 durchzogen Reformationskommissionen das Land Österreich unter der Enns, die eine gewaltsame Reformation des „gemeinen Mannes" anstrebten, wobei die Pfarrer jedes Dekanats dem Dechanten ein Verzeichnis der „Unkatholischen" zu erstellen hatten. Der Lebenswandel der Geistlichen und die Stiftungen wie Benefizien der Pfarrer mussten erhoben werden. Die niederösterreichische Regierung veranlasste im Jahr 1632 die Wiener Hausbesitzer, die in ihrem Haus wohnenden Protestanten zu denunzieren, die dann anschließend vor den Offizial des Passauer Bischofs zitiert und zur Teilnahme am Bekehrungsunterricht der Franziskaner und der Jesuiten „aufgefordert" wurden, über deren Erfolg beziehungsweise Misserfolg wiederum an den Offizial Bericht rückerstattet werden musste.[13] Gegen Ende der 1620er-Jahre veranlasste der auch über Zensurkompetenz verfügende Bischof Khlesl, gestützt auf ein Denunziationsnetz, verstärkt Büchervisitationen, deren Ziel das Auffinden von verbotener protestantischer Literatur darstellte. Um 1650 gab es zwar noch Protestanten in Wien, die Führungsspitze des Wiener Protestantismus war aber entweder durch Emigration oder durch Assimilation gekappt worden, Schlupflöcher für Protestanten wurden aufgrund der rekatholisierenden Maßnahmen und des vermehrt auskunftsfreudigen Denunziationsnetzes zunehmend gestopft. Der Großteil der „offen ‚Unkatholischen'" in dieser Zeit stammte „aus unterprivilegierten Bevölkerungsgruppen, die bis dahin der Aufmerksamkeit der Rekatholisierung entgangen waren: unter anderen Diener und Dienerinnen von Adeligen und Bürgern, Handwerksgesellen, Weinhauerknechte und Brauereiarbeiter, vielfach Personen, die nicht das Bürgerrecht besaßen und ein sehr geringes Einkommen hatten".[14]

Mit Ferdinand III. (reg. 1637–1657) und dem Ende des Dreißigjährigen Kriegs gelangte die Rekatholisierung zu neuer institutioneller Form und verstärkter Durchschlagskraft. Zu Beginn des Jahres 1652 wurde in Republikation älterer Patente der Kampf gegen die „Uncatholischen" erneut aufgenommen: Diese mussten sich innerhalb von sechs Wochen ab der Publikation „zu dem allein seeligmachenden wahren Catholischen Glauben bequemen / und in Glaubens-Sachen fleissig und embsig von denen Geistlichen Personen unterrichten lassen".[15] „Uncatholische" Prediger, Schulmeister, Bücher und Schriften duldete man nicht, Ausreisen zum Zweck des „uncatholischen Exercitio" wurden mit Ausnahme der im Westfälischen Frieden im Jahr 1648 vertraglich festgelegten Personen (Herren- und Ritterstand, Reichshofräte)[16] verboten und Strafen im Übertretungsfall festgelegt. Vor allem die Wirte und „Leutgeben" mussten strenge Aufsicht über allenfalls „auslaufende" Personen üben. Denunzi-

10 Stögmann, Gegenreformation, S. 279.

11 Die Abfahrtsgelder (im Jahr 1620 609 Gulden) erreichten im Jahr 1625 mit 24.446 Gulden einen Höchststand. Richard Matt: Die Wiener protestantischen Bürgertestamente von 1578–1627, in: Mitteilungen des Vereins für Geschichte der Stadt Wien 17 (1938), S. 1–51, hier S. 47.

12 Stögmann, Gegenreformation, S. 282.

13 Ebd., S. 283.

14 Ebd., S. 288.

15 Codex Austriacus, Bd. 2 (Wien 1704) 209 [Wien, 1652 Jänner 4].

„Die Kommission bildete drei Kategorien: Bekehrungswillige, zur Hoffnung Anlass Gebende, Zweifelhafte und schließlich ‚Hartnäckige', denen man hohe Abfahrtsgelder und die Zurücklassung ihrer Kinder androhte."

anten stellte man ein Drittel des Strafgeldes als Belohnung in Aussicht. Der Wiener Bischof Philipp Friedrich Graf Breuner (1639–1669) schlug Mitte des 17. Jahrhunderts für Wien — die Protestantenzahl vermutlich überschätzend — eine Zahl von 25.000 Protestanten gegenüber 125.000 Katholiken an.[17]

Ebenfalls 1652 wurden, ähnlich wie im heutigen Niederösterreich,[18] sogenannte Reformationskommissionen eingesetzt, die als weltlich dominierte Untersuchungskommissionen unter dem Vorsitz hoher geistlicher Würdenträger (etwa des Abts des Schottenviertels Petrus Heister, 1649–1662, für das Schottenviertel; des Wiener Offizials Stephan Zwirschlag, 1640–1655, für das Widmer- und Stubenviertel; des Propsts des Augustiner-Chorherrenstiftes Klosterneuburg Bernhard Schmeddingh, 1648–1675, für das Kärntnerviertel) „Unkatholische" vorladen ließen. Die Hausbesitzer hatten erneut unter Nennung von protestantischen Verdächtigen Bewohnerlisten zu erstellen.[19] Der Nachweis der Beichte und der Empfang des Altarsakraments unter einerlei Gestalt schufen auch äußerliche Kriterien der Kontrolle. Im März 1652 lag eine aus 537 Personen bestehende Liste der Wiener „Uncatholischen" vor:[20] 173 Personen aus dem Kärntnerviertel, 189 im Schottenviertel, 127 im Stubenviertel und 48 aus dem Widmerviertel. Im Frühjahr 1652 begann man mit der Vorladung dieser „Uncatholischen", die sich entweder gleich bekehren sollten oder sich mindestens 40 Mal von einem Katecheten „informieren" lassen mussten, ehe sie die Bewilligung zur Emigration erhielten. Die Kommission kontrollierte in der Folge vor allem ihre Bereitschaft, die Geistlichen zu „konsultieren", drohte im Verweigerungsfall Beugestrafen an oder strafte die Unbotmäßigen. Führende Geistliche der Stadt, wie der in der Michaelerkirche agierende barnabitische Starprediger Florentinus Schilling (gest. 1670), versuchten in Einzelgesprächen, flankiert von der verpflichtenden Teilnahme an katechetischen Predigten, die „Uncatholischen" zu überzeugen beziehungsweise zur Konversion zu bringen.

Unterschiedliche Strategien der Protestanten als Reaktion auf diesen rekatholisierenden Zugriff lassen sich feststellen: Auch vielmalige „Informationen" — etwa 80 Einzelgespräche — führten bei manchen nicht zur Konversion, weil viele im Sinne einer lebensweltlichen Kulttradition in dem Glauben sterben wollten, in dem sie erzogen worden waren. Manche verließen die Stadt heimlich, andere erschienen nicht zu den Verabredungen oder wechselten den Dienst (etwa in die Dienste von Niederlegern oder Reichshofräten). Mieter der Freihäuser entzogen sich dem Zugriff der Stadt, indem sie auf die „exterritorialen" (außerhalb der Zugriffsmöglichkeit des Magistrats liegenden) Rechte der adeligen Freihausbesitzer pochten. Die Kommission bildete drei Kategorien: Bekehrungswillige, zur Hoffnung Anlass Gebende, Zweifelhafte und schließlich „Hartnäckige", denen man hohe

16 Arndt Schreiber: Adeliger Habitus und konfessionelle Identität. Die protestantischen Herren und Ritter in den österreichischen Erblanden nach 1620 (Mitteilungen des Instituts für Österreichische Geschichtsforschung, Ergänzungsbd. 58), Wien 2013, S. 31–36.

17 Grete Mecenseffy: Geschichte des Protestantismus in Österreich, Graz/Köln 1956, S. 184.

18 Gustav Reingrabner: Die Gegenreformation im Waldviertel, in: Georg Kuhr, Gerhard Bauer (Hg.): Verzeichnis der Neubekehrten im Waldviertel 1652–1654. Codex 7757 Vindobonensis der Nationalbibliothek Wien (Quellen und Forschungen zur fränkischen Familiengeschichte, Bd. 3), Nürnberg 1992, S. 1–64.

19 Siehe die Edition von Arthur Stögmann: Die „Reformationskommission" im Wiener Kärntnerviertel (1652–1654). Edition, Regesten, Kommentar, Staatsprüfungsarbeit am Institut für Österreichische Geschichtsforschung, Wien 1995.

20 Ders., Staat, S. 551–562.

„Die Hoffnungslosen sollten im Dezember 1654 des Landes verwiesen, die Neubekehrten aber weiter im Auge behalten werden.“

Abfahrtsgelder und die Zurücklassung ihrer Kinder androhte.[21] Von den 537 als protestantisch gekennzeichneten Personen konnten nach drei Jahren 193 mit der „rechten Wahrheit“ und in Abwendung des „Irrtums“ als bekehrt gelten, bei 112 bestand keine Hoffnung mehr, 31 Frauen, deren Männer (schon) katholisch waren, verweigerten einen Übertritt; 22 wurden aus der „Reformation“ (meist lutherische Handelsdiener im Dienst ausländischer Handelsherren) entlassen, und 22 mussten auch weiterhin die „Informationen“ anhören. Der abschließende Bericht der Kärntnerviertelkommission lässt den Aufwand der Kontrolle erkennen:[22] Ursula Huber beispielsweise wurde nicht weniger als 77 Mal „informiert“ — die Kommission rechnete sich bei ihr keinerlei Hoffnung auf Bekehrung aus. Auch beim Bierführer Bartholomäus Lindemayr und seiner Frau Eva schien „chrysam und tauf verlohren“ — andere Personen lenkten unter Druck dagegen ein. Damit hatte die Rekatholisierung auch den „gemeinen“ Mann und damit einen hohen Grad an Erschließungstiefe erreicht. Die Hoffnungslosen sollten im Dezember 1654 des Landes verwiesen, die Neubekehrten aber weiter im Auge behalten werden. Die katechetischen Predigten wurden auf lediglich zwei Kirchen beschränkt, mehr war nach 1654 offenbar nicht mehr notwendig.[23]

KATHOLISCHES UND PROTESTANTISCHES WIEN ◖ Der Sieg der katholischen Konfessionalisierung in Wien bedeutet aber nicht das vollständige Verschwinden des evangelischen Wien nach 1648.[24] Sowohl die dänische wie die schwedische als auch die reformierte niederländische Gesandtschaft unterhielten eigene Gesandtschaftskapellen, die von den in Wien ansässigen Diplomaten, den evangelischen Handwerksgesellen, den evangelischen Reichshofräten, den evangelischen Fabrikarbeitern der Seiden- und Baumwollmanufakturen, den evangelischen Buchhändlern oder etwa den evangelischen Wiener Niederlegern, besonders privilegierten Großhändlern, eifrig besucht wurden, wenn auch argwöhnisch von den landesfürstlichen Behörden überwacht. Nach eigenen Angaben sorgte sich um 1760 der dänische Gesandtschaftsprediger, der in der Nähe der Schottenkirche residierte, um 600 bis 800 Personen, andere Zahlen sprechen für die Zeit Karls VI. sogar von 8.000 Protestanten in der Stadt. Die Ausstattung der dänischen Gesandtschaftskapelle war durchaus eindrucksvoll: „In dem Saal und Vorsaal sitzen mehrentheils die gemeinen Leute, auf der einen Seite die vom männlichen, auf der andern die vom weiblichen Geschlecht. In dem grösten Nebenzimmer sitzen die Soldaten, Handwerksbursche, Laquayen, Kutscher etc. und auf erhöheten Bänken, unsere Schulkinder. Des anderen Nebenzimmers bedienen sich die adelichen Personen, und in dem dritten befinden sich einige der Herren Niederläger, mit ihren Familien und

21 Stögmann, Reformationskommission, S. 36.

22 Ebd., S. 115–124, hier S. 115, S. 120

23 Ebd., S. 124.

24 Martin Scheutz: Legalität und unterdrückte Religionsausübung. Niederleger, Reichshofräte, Gesandte und Legationsprediger. Protestantisches Leben in der Haupt- und Residenzstadt Wien im 17. und 18. Jahrhundert, in: ders., Rudolf Leeb, Dietmar Weikl (Hg.): Geheimprotestantismus und evangelische Kirchen in der Habsburgermonarchie und im Erzstift Salzburg (17./18. Jahrhundert) (Veröffentlichungen des Instituts für Österreichische Geschichtsforschung, Bd. 51), Wien/München 2009, S. 209–236.

andern geehrten Leuten. Die Kirchen Bibliothek hat in diesen Zimmer auch ihren Plaz gefunden."[25] Die umtriebigen Prediger der verschiedenen Gesandtschaftskapellen avancierten für manchen der österreichischen Geheimprotestanten zu wichtigen Anlaufstationen, wo die protestantischen Bauern aus Innerösterreich oder aus dem Land ob der Enns geistlichen Trost und Rat für ihre Probleme fanden.

DIE VERSÄULUNG DER STADT MIT VOTIVSÄULEN, NEUE ÖFFENTLICHE FRÖMMIGKEITSFORMEN UND VIELE PROZESSIONEN ◖ Im Zuge der vom Wiener Neustädter Bischof Melchior Khlesl wesentlich angestoßenen Klosteroffensive zwischen 1600 und rund 1660 zogen viele neue Orden nach Wien, auch angelockt von der kaiserlichen Residenz, dem Sitz der Nuntiatur und den habsburgischen Zentralbehörden: Barmherzige Brüder (1614), Kapuziner (St. Ulrich 1600, Übersiedlung in die Stadt 1618), Karmeliten (Unbeschuhte 1622, Beschuhte 1662), Paulaner (1624), Klarissen (1625), Barnabiten (1626), Karmelitinnen (1629), Unbeschuhte Augustiner (1631), Benediktiner von Montserrat/Schwarzspanier (1633), Serviten (1638), Ursulinen (1660) und schließlich noch die Trinitarier (1689). Alte Orden versuchten, durch Neubauten dem neuen, repräsentativen Anspruch der Metropole gerecht zu werden, so erbauten etwa die Dominikaner 1622 ein neues Haus. Diese neuen Orden konnten auf unterschiedlichen gesellschaftlichen und sozialen Ebenen der Wiener Bevölkerung ansetzen, um die Inhalte der katholischen Reform zu transportieren. Während etwa die Kapuziner für die sprichwörtlichen kleinen Leute zuständig waren, widmeten sich die Jesuiten dem höfisch-adeligen Publikum und den Universitäten.

Im Stadtbild hinterließ die katholische Konfessionalisierung deutliche Spuren. In Wien zeigt sich nach Darlegung des protestantischen „Reiseführers" Johann Basilius Küchelbecker (1697–1757) die Versäulung der Wiener Stadtplätze durch Votivsäulen im Sinne einer „skulpturalen Landnahme"[26] augenfällig, aber auch in anderen Städten war dies merkbar.[27] In der Erzählung Küchelbeckers eroberten neue Säulen langsam die wichtigsten Wiener Plätze. Nach Küchelbecker wurde eine erste Säule zu Ehren von Maria Immaculata auf dem Platz der alten Babenberger-Residenz Am Hof errichtet. Dieser im Jahr 1646 zum Dank für den Abzug der Schweden gelobten und im folgenden Jahr aufgestellten Mariensäule folgte mit der 1679 in Holz und schließlich 1693 in Stein fertiggestellten Dreifaltigkeits- und Pestsäule bald eine zweite landesfürstliche, 19 Meter hohe Säule auf der besten Bühne der Stadt — dem Wiener Graben. Die dritte Votivsäule auf einem der großen Wiener Plätze sollte schließlich die Prangersäule auf dem Hohen Markt ersetzen, indem Kaiser Leopold I. im Jahr 1702 als Dank für die Eroberung der Festung Landau in der bayerischen Rheinprovinz und für die glückliche Rückkehr seines Sohnes Joseph aus dem Spanischen Erbfolgekrieg eine Säule zu Ehren des heiligen Joseph gelobte. Ein hölzernes Provisorium wurde deshalb im Jahr 1706 nach einem Entwurf von Johann Bernhard Fischer von Erlach (1656–1723) auf dem Hohen Markt in Wien aufgestellt. Aber erst unter Karl VI. gelangte im

25 Johann Hieronymus Chemnitz: Vollständige Nachrichten von dem Zustande der Evangelischen und insonderheit von ihrem Gottesdienste bey der Königlich Dänischen Gesandschafts Capelle in der Kayserlichen Haupt und Residenzstadt Wien, o. O. 1761, S. 14f.

26 Herbert Karner: Der Kaiser und seine Stadt. Identität und stadträumliche Semantik im barocken Wien, in: Jan Hirschbiegel, Werner Paravicini, Jörg Wettlaufer (Hg.): Städtisches Bürgertum und Hofgesellschaft. Kulturen integrativer und konkurrierender Beziehungen in Residenz- und Hauptstädten vom 14. bis ins 19. Jahrhundert (Residenzforschung, Bd. 25), Ostfildern 2012, S. 141–160, hier S. 148.

27 Martin Scheutz: Säulentausch — Dreifaltigkeitssäulen ersetzen altmodische Pranger in österreichischen Städten des 18. Jahrhunderts, in: Martina Stercken, Christian Hesse (Hg.): Kommunale Selbstinszenierung, Zürich 2016 (in Druck).

Jahr 1729 (Vollendung 1732) eine Steinskulptur zur Ausführung, die sich zur mächtigen Brunnenanlage mit den Statuen von Maria, Joseph und dem Hohen Priester („Vermählungsbrunnen“) auswuchs. Der lange der Gerichtsbarkeit und dem Fischverkauf gewidmete Platz (Ort der Wiener Schranne) hatte durch die Errichtung des mächtigen Josephsbrunnens eine bedeutende „Veränderung der Platzsemantik“[28] erfahren. Nicht mehr das Exponieren von Straftätern oder das grausame Schauspiel des Todes durch Hinrichtungen, sondern die kaiserliche Repräsentation und die zeitgenössisch propagandistisch überhöhte *Pietas Austriaca* dominierten nun den Platz. Die Votivsäule von 1732 rückte — anders als der noch am Rand des Platzes angesiedelte Pranger — deutlich ins Zentrum des Hohen Markts, die mit dem Pranger verbundene innerstädtische Friedenssicherung wich zunehmend einem an der Dreifaltigkeit, der Marienfrömmigkeit und den Heiligen orientierten nachtridentinischen Leitbild. In Linz ersetzte im Jahr 1716 die neue Dreifaltigkeitssäule den alten Pranger auf dem Hauptplatz, in Perchtoldsdorf (1713), Baden (1714), Linz (1716), Neunkirchen (1723), Zwettl (1727), Villach (1739) und Korneuburg (1747) gestaltete sich das ähnlich.

Kat.Nr. 12.15 Kaiser Leopold I. kniet als Schutzherr seines Landes vor der Wiener Pest- und Dreifaltigkeitssäule. Weltliche und himmlische Sphäre begegnen einander auf dieser Säule.

PIETAS AUSTRIACA UND VOLKSFRÖMMIGKEIT ◖ Die Zeit nach 1648 wird in der Forschung meist unter dem vom habsburgischen Kaiserhaus propagierten Begriff der *Pietas Austriaca*,[29] der eine Union von Kirche und frühmodernem Staat unterstellt, subsumiert. Dieser ideologisch hochaufgeladene Begriff der Frömmigkeitsgeschichte betont vor allem die Eucharistie und die Dreifaltigkeit, die persönliche Frömmigkeit der Habsburger, die Gottesfurcht und die Mildtätigkeit der Herrscher, welche als vorbildlich für ihre Untertanen galten. Der szenischen Verbildlichung einer neuen Sakralität und der rituellen Durchsetzung dieser Vorstellung kam im rekatholisierten Stadtraum der Residenzstadt eine große Bedeutung zu. Der Kaiser, aber auch die hofnahen Eliten demonstrierten mit unzähligen Aufzügen, aber auch durch Stiftungen eine über Emotionen (Gesang/Musik, Theatralik, Gerüche etc.) erfahrbare Gottesnähe, die stark am Szenischen interessiert war. Der Wiener Hof propagierte bis in die 1760er-Jahre hinein die öffentlichen Gottesdienste, den Besuch der Heiligen Gräber zu Ostern, das feierliche Begehen des Fronleichnamsfests, die Ausfahrten des Hofs in die Klöster, die Wallfahrten, die Prozessionen und die in der Nachfolge Christi stehenden Fußwaschungen am Gründonnerstag besonders stark.[30]

28 Karner, Der Kaiser und seine Stadt, S. 158.

29 Anna Coreth: Pietas Austriaca. Österreichische Frömmigkeit im Barock, Wien, 2. Aufl. 1982; Kerstin Schmal: Die Pietas Maria Theresias im Spannungsfeld von Barock und Aufklärung. Religiöse Praxis und Sendungsbewußtsein gegenüber Familie, Untertanen und Dynastie (Mainzer Studien zur neueren Geschichte, Bd. 7), Frankfurt a. M. 2001; Thomas Winkelbauer: Ständefreiheit und Fürstenmacht. Länder und Untertanen des Hauses Habsburg im konfessionellen Zeitalter (Österreichische Geschichte, hg. von Herwig Wolfram, 1522–1699, Teil 2), Wien 2004, S. 185–239.

Schüssel für die Fußwaschung (Österreichisches Volkskundemuseum, Inv.Nr. ÖMV/27212)

Neben dem Begriff der *Pietas Austriaca* dominierte lange Zeit in der Forschung der heute veraltete Begriff der „Volksfrömmigkeit“[31], der als Konzept neben die von einer sozialen Höhenschicht geprägten „Elitenfrömmigkeit“ gestellt wurde. Neuere Forschungen versuchen weniger zu polarisieren, sondern eher den gemeinsamen, sowohl die Eliten als auch die „kleinen Leute“ umfassenden Kern der Frömmigkeitsformen darzustellen. Konzepte der „Religiosität der vielen“ und der „Breitenreligiosität“ weisen vermehrt darauf hin, dass viele Frömmigkeitsformen des Spätmittelalters von unterschiedlichen sozialen Gruppen in alten und neuen Formen wiederbelebt wurden. Es ist mitunter schwer feststellbar, ob und wie soziale, politische und ökonomische Eliten auf Frömmigkeitsformen breiter Schichten städtischer Bewohnerinnen und Bewohner einwirkten und umgekehrt.

Als wichtiges Element der katholischen Konfessionalisierung erscheint die Beichte, die im Sinne einer sozialdisziplinierenden Erziehung der Untertanen, aber auch als Informationsquelle der Obrigkeit angewandt wurde. Jeder Bewohner der Stadt hatte mindestens einmal pro Jahr zu beichten, eigene Beichtregister mussten von den Pfarrern angelegt und geführt werden. Zur Intensivierung der Pfarrseelsorge fanden im 17. und 18. Jahrhundert vermehrt Volksmissionen auch in vielen städtischen Pfarren statt, die als eine Art „umgekehrte Wallfahrt“ nach innen angelegt waren und eine intensivierte Seelsorge innerhalb der Pfarren darstellten.[32] Meist machten kleine Gruppen von barfüßigen, fastenden und bewusst bescheiden auftretenden Volksmissionaren in den Pfarren Station, predigten mehrmals pro Tag, legten den Katechismus aus und forderten die Pfarrangehörigen zur Beichte und zur Kommunion auf. Die aus Italien stammende sogenannte segnerische Methode zeichnete sich durch besonders theatralische Formen aus. In Predigten auf großen Plätzen und bei öffentlichen Bußprozessionen wurden Umarmungen zur Versöhnung innerhalb der Gemeinden, demonstrative Reliquienverehrung und die Gründung von Bruderschaften eingefordert.

BRUDERSCHAFTEN ALS LAIENORGANISATIONEN ◖ Als „Rückgrat des sozialen, religiösen und staatlichen Lebens“[33] in der Vormoderne können die tausenden in der Habsburgermonarchie verstreuten Bruderschaften bezeichnet werden (siehe Abb. S. 252). Sie waren die zentralen „vereinsartigen“ Einrichtungen und belegten die Bedeutung der Laien im kirchlichen Leben. Stände- und geschlechtsübergreifend angelegt, kannten mitteleuropäische Bruderschaften in der Regel kein Ausschließlichkeitsprinzip, sondern männliche und weibliche Untertanen konnten in mehreren Bruderschaften gleichzeitig Mitglied sein, was die Spezifika von bestimmten Bruderschaftstypen (wie die dominikanischen Rosenkranzbruderschaften, die Sakramentsbruderschaften etc.) mitunter verwischte.

30 Martin Scheutz: Der „vermenschte Heiland“. Armenspeisung und Gründonnerstags-Fußwaschung am Wiener Kaiserhof, in: Susanne C. Pils, Jan Paul Niederkorn (Hg.): Ein zweigeteilter Ort. Hof und Stadt in der Frühen Neuzeit (Forschungen und Beiträge des Vereins der Stadt Wien, Bd. 44), Wien 2005, S. 177–241.

31 Andreas Holzem: „Volksfrömmigkeit“. Zur Verabschiedung eines Begriffs, in: Theologische Quartalschrift 182 (2002) 3, S. 258–270.

32 Martin Scheutz: Seelenjäger und „umgekehrte Wallfahrten“. Volksmissionen und Missionare als Druckmittel gegenüber Geheimprotestanten — eine universelle und eine regionale Geschichte, in: ders., Leeb, Weikl, Geheimprotestantismus, S. 395–429.

33 Hersche, Muße und Verschwendung, Bd. 1, S. 396, siehe den europäischen Überblick zu Bruderschaften, S. 396–439.

Auszug einer nicht näher bekannten Bruderschaft aus der Schottenkirche, Bernardo Bellottto, gen. Canaletto: Die Freyung in Wien, Ansicht von Nordwesten, 1758–1761 (Kunsthistorisches Museum Wien, Inv.Nr. GG 1652)

Die geistlichen Verpflichtungen der Bruderschaften ergaben sich oft schon im Namen: Arme-Seelen-Bruderschaften widmeten sich etwa einer angemessenen Beerdigung der Toten. Hofrat Franz Josef Freiherr von Heinke (1726–1803), Kopf der josephinischen Kirchenpolitik, unterschied die große Anzahl der verschiedenartigen Bruderschaften — allein in Niederösterreich um 1780 688, in Wien 116 Bruderschaften — funktionell in Bezug auf ihre Zielsetzungen in mehrere Typen:[34] 1. einzelnen Heiligen gewidmete Bruderschaften (Apollonia, Antonius, Barbara, Benedikt, Monika, Rochus, Sebastian etc.), 2. Bruderschaften zum Zweck der „Verehrung einiger Religionsgeheimnisse“ (Dreifaltigkeit, Corporis Christi etc.), 3. Bruderschaften, „welche auf Leistung der Hilfe für die Seelen im Fegfeuer abzielten“, und schließlich, anders geartet, 4. die von den Jesuiten geförderten Christenlehrbruderschaften. In der im Jahr 1750 im Wiener Professhaus der Jesuiten gegründeten Wiener Christenlehrbruderschaft waren 1.600 Knaben (in 14 Scharen) und insgesamt 2.000 Mädchen (in 17 Scharen) eingeschrieben, die regelmäßig an den Kinder-Lehr-Prozessionen teilnehmen mussten (siehe Abb. S. 253).[35] Diese Bruderschaften als „Wallfahrtsbüro des kleinen Mannes“ waren nicht nur für die musikalische Ausgestaltung der Messen verantwortlich, begleiteten die Leichenzüge der Mitglieder und sponserten Altäre, sondern sie organisierten auch die zahlreichen Wallfahrten und Prozessio-

34 Zu den Zahlen für Wien und Niederösterreich Ferdinand Maaß: Der Josephinismus. Quellen zu seiner Geschichte in Österreich 1760–1790. Amtliche Dokumente aus dem Wiener Haus-, Hof- und Staatsarchiv, dem Allgemeinen Verwaltungsarchiv und dem Archiv des Wiener Schottenstiftes, Bd. 3: Das Werk des Hofrats Heinke 1768–1790 (Fontes Rerum Austriacarum, Bd. II/73), Wien 1956, S. 355, S. 357.

Mit Missionen in Wien vergleichbar: Beispiel einer Volksmission aus St. Veit an der Glan 1723 (Bild aus dem Jahr 1725 aus der Stadtpfarrkirche). Der Stadtplatz von St. Veit mit der 1715/16 errichteten Pestsäule in der Mitte wird von der jesuitischen Mission bespielt. Eine Taube als Zeichen der Heiligen Dreifaltigkeit beherrscht neben Gottvater und Sohn das obere Bildfeld; darunter Maria, die Schlange der Häresie zertretend, und der Jesuitenmissionar Franz Xaver. Im Bildfeld darunter die Pfarrgemeinde als Gesamtheit dargestellt.

nen inner- und außerhalb der Stadt. Als klassische Nahwallfahrten, die gleichermaßen Andacht, Abenteuer, gesuchter sozialer Freiraum, Alkoholexzess und geistliche Übung waren, galten Klosterneuburg, Lainz, Maria Brunn, Maria Enzersdorf und der Kalvarienberg in Hernals sowie die Wallfahrtskirche Maria Geburt in Hietzing. Die „barocke" Frömmigkeitskultur war vor allem an Sichtbarkeit interessiert, und deshalb fanden viele Frömmigkeitsbezeugungen wie die Heiligenbilderverehrung in der Öffentlichkeit statt. Das seit 1697 im Stephansdom verehrte Bild von Maria Pócs stand im Zusammenhang mit den Kriegen gegen das Osmanische Reich und hatte einer weitverbreiteten Legende zufolge Tränen vergossen. In der Vorstadt siedelte sich im Jahr 1660 im Barnabitenkloster das populäre, schon bald breit verehrte Maria-Hilf-Bild an — neben dem Mariazeller Bildtypus fand diese ursprünglich in Passau beheimatete Kultform die weiteste Verbreitung innerhalb der Habsburgermonarchie.

Noch die *Briefe eines Eipeldauers an seinen Herrn Vetter in Kakran über d'Wienstadt* des josephinischen Aufklärers Joseph Richter (1749–1813) und das Wiener Volksstück der Zeit Ferdinand Raimunds (1790–1836) und Johann Nestroys (1801–1862) sind voll von bizarren und aus heutiger Sicht verwunderlichen Relikten der katholischen Konfessionalisierung — das Glück der „kleinen Leute" beispielsweise im Lotto wurde etwa über religiös-magische Mittel gesucht. Nachrichten aus einer Zeit, als die Inhalte katholischer Konfessionalisierung schon längst ihren obrigkeitlichen Schrecken verloren hatten und in der Lebenswelt der „kleinen Leute" zu einem populären Selbstläufer geworden waren. Der Wiener Bibliomane und Volkskundler Gustav Gugitz (1874–1964) bändigte diese kaleidoskopartigen und widersprüchlichen „barocken" Frömmigkeitsformen in den starren Regeln des Alphabets:[36] Frömmigkeit und Frömmelei, Galanteriemesse, Klingelbeutel, Geißler, Gnadenbilder, Kinderlehre, Predigtkritiker, Prozessionen, Schwatzkommission und Versehgang und Wallfahrten ...

35 Karl Vocelka: Religiöse Zeremonien in der Öffentlichkeit am Beispiel des barocken Wien, in: Irmgard Christa Becker (Hg.): Die Stadt als Kommunikationsraum. Reden, Schreiben und Schauen in Großstädten des Mittelalters und der Neuzeit (Stadt in der Geschichte, Bd. 36), Ostfildern 2011, S. 91–100, hier S. 95; allgemeiner Thomas Winkelbauer: Volkstümliche Reisebüros oder Werkzeuge obrigkeitlicher Disziplinierung? Die Laienbruderschaften der Barockzeit in den böhmischen und österreichischen Ländern, in: ders., Leeb, Pils, Staatsmacht und Seelenheil, S. 141–160.

36 Gustav Gugitz: Bibliographie zur Geschichte und Stadtkunde von Wien nebst Quellen- und Literaturhinweisen, Bd. 1, Wien 1947, S. 205–223.

Wien nach der Gegenreformation

Was blieb von der Reformation?

Rudolf Leeb

Welche Auswirkungen hat es auf das politische und soziale Verhalten und auf die Psyche einer Stadtbevölkerung, wenn sie gleichsam über Nacht ihren Glauben wechseln muss? Die evangelischen Wienerinnen und Wiener waren zuvor über drei bis vier Generationen hinweg in der lutherischen Kultur groß geworden, Katholiken und Protestanten hatten pragmatisch und friedlich zusammengelebt.[1] Erst mit dem Einsetzen der Gegenreformation „von oben" traten die ersten Konflikte auf, die kleinere katholische Minderheit wurde ab nun gefördert, und Konvertiten wurden belohnt, sie konnten Karriere machen. Nach der Niederlage der protestantischen Partei in der Schlacht am Weißen Berg wurden nicht nur Adelige, sondern auch reiche Wiener Bürger, die für die protestantische Partei politisch optiert hatten, enteignet. Viele wanderten aus oder wurden ausgewiesen. Bei Weitem die größere Zahl an Protestanten blieb aber in der Stadt. Bald mussten die Hausbesitzer die Evangelischen, die in ihren Häusern wohnten, anzeigen. Die Obrigkeit widmete sich zuerst den Eliten, ab 1654 versuchte sie mit Nachdruck, auch Dienstboten, Handwerker, Knechte etc. mit einer Mischung aus Druck, Strafandrohung, Belohnung und begleitender positiver seelsorgerlicher Arbeit zu rekatholisieren. Um 1654 waren es so nur mehr 112 „halsstarrige" Personen, die unerlaubterweise Protestanten waren — es erging der Befehl, sie auszuweisen. Das erklärte Ziel war, die Zahl der Nichtkatholischen konsequent zu reduzieren.[2] Vom kaiserlichen Hof ging ab jetzt ein steigender

1 Hinzuweisen ist aber auf die Täufer, die in Wien auch nach der Frühreformation weiter verfolgt wurden.

2 Arthur Stögmann: Die Gegenreformation in Wien. Formen und Folgen für die städtische Gesellschaft (1580–1660), in: Rudolf Leeb, Susanne C. Pils, Thomas Winkelbauer (Hg.): Staatsmacht und Seelenheil. Gegenreformation und Geheimprotestantismus in der Habsburgermonarchie (Veröffentlichungen des Instituts für Österreichische Geschichtsforschung, Bd. 47), Wien/München 2007, S. 273–288; siehe auch den Beitrag von Martin Scheutz im vorliegenden Katalog.

Kat.Nr. 12.1 Allegorie Erzherzog Ferdinands als Gegenreformator

Konversionsdruck aus, der am Ende enorm war.[3] Daneben entwickelte sich im Lauf der Zeit eine blühende barocke Frömmigkeit, die von allen Schichten getragen wurde und in der Öffentlichkeit sowie bei der täglichen religiösen Praxis omnipräsent war.[4] Hinter all dem stand die Überzeugung, dass — und diese religiös-politische Anschauung war beiden Konfessionen gemeinsam — nur der wahre Glaube die Wohlfahrt und die Prosperität des Staates (*salus rei publicae*) und einen modernen Staatsaufbau sichere (etwa bei der Abwehr der Türkengefahr). Mit anderen Worten: Was geschieht mit einer Bevölkerung, die mehr oder weniger mit Zwang zum wahren Glauben gebracht wird?[5] Religion und religiöse Überzeugungen gehören zu den persönlichsten Bereichen des Menschen. Welche Auswirkungen hatte dies für den Einzelnen, die Gemeinschaft und die Nachkommen?

Die Forschung — sowohl die sogenannten Profanhistoriker als auch die Kirchenhistoriker — hat sich seit dem Ende des 19. Jahrhunderts verstärkt diesen Fragen gewidmet. Die österreichische Geschichtsforschung hat sich die längste Zeit mehr mit der Gegenreformation und ihren Folgen als mit der Reformationsgeschichte selbst beschäftigt. Dies gilt auch für die Protestantengeschichtsschreibung.[6] Man fragte nicht: Was blieb von der Reformation?, sondern eher: Was blieb von der Gegenreformation? Mittels der Arbeiten Friedrich Heers beeinflusst diese Frage den einschlägigen Diskurs bis heute. Heer publizierte im Jahr 1981 sein Buch *Der Kampf um die österreichische Identität*, das in der intellektuellen Welt Österreichs bis heute einflussreich ist.[7] Er erblickte in der Gegenreformation gleichsam *das* historische „Trauma" der österreichischen Vergangenheit. Die Rekatholisierung mit Feuer und Schwert, durch Bücherverbrennungen und Zwangsbekehrungen hätte die Intelligenz unterdrückt und psychische Deformationen erzeugt, sie sei die erste Wurzel des österreichischen Selbsthasses. Die Identitätsschwierigkeiten Österreichs — insbesondere gegenüber Deutschland — hätten ihren Ursprung in der Gegenreformation. Seit damals bis 1945 hätte es in verschiedenen Schattierungen ein Hin und Her zwischen Deutschnationalismus mit einer Hinneigung nach Deutschland als dem „Mutterland" der Reformation und einer Orientierung nach dem katholischen Österreich gegeben.

3 Ines Peper: Konversionen im Umkreis des Wiener Hofes um 1700 (Veröffentlichungen des Instituts für österreichische Geschichtsforschung, Bd. 55), Wien u. a. 2010.

4 Ernst Tomek: Das kirchliche Leben und die christliche Caritas in Wien, in: Alterthumsvereine zu Wien (Hg.): Geschichte der Stadt Wien, Bd. 5: Vom Ausgange des Mittelalters bis zum Regierungsantritt der Kaiserin Maria Theresia, 1740, Wien 1930, S. 160–330; Karl Vocelka: Kirchengeschichte, in: ders., Anita Traninger (Hg.): Die frühneuzeitliche Residenz (16. bis 18. Jahrhundert) (Wien. Geschichte einer Stadt, hg. von Peter Csendes, Ferdinand Opll, Bd. 2), Wien/Köln/Weimar 2003, S. 323–341.

5 Arno Herzig: Der Zwang zum wahren Glauben. Rekatholisierung vom 16. bis zum 18. Jahrhundert, Göttingen 2000.

6 Rudolf Leeb: Das Erbe der Protestantengeschichtsforschung in Österreich. Die Fragestellungen der Vergangenheit und die Perspektiven für die künftige Forschung, in: Carinthia I 189 (1999), S. 711–723.

7 Friedrich Heer: Der Kampf um die österreichische Identität, Wien u. a., 3. Aufl. 2001.

> „Es ist in der Tat schwer vorstellbar, dass die unfreiwillige und für die meisten Untertanen letztlich durch eine Art von ‚struktureller Gewalt' erzwungene Rekatholisierung keinerlei Spuren in der kollektiven Psyche oder in der Mentalität hinterlassen haben soll."

Die Nachwirkungen dieses Narrativs sollten nicht unterschätzt werden. Noch Ernst Hanisch datiert in seiner magistralen Geschichte Österreichs im 20. Jahrhundert die erste wichtige, nachhaltig formative Phase des neuzeitlichen Österreich in das 17. Jahrhundert. Österreich sei damals entstanden — einerseits im Kampf gegen die Türken als den äußeren Feind, zum anderen auch im Kampf gegen den inneren Feind, den Protestantismus. Daraus resultiere das typische Ineinander von absolutistischer Monarchie, Militär, Bürokratie und katholischer Kirche, daher komme die starke staatlich-bürokratische Tradition. Die bürgerliche Gesellschaft konnte sich in der Folge nicht frei entfalten, sondern wurde vom Staat paternalistisch umfangen. In der Gegenreformation selbst seien die Menschen systematisch zum Heucheln angeregt worden, es habe sich zum Teil um eine „brutale Gehirnwäsche und Disziplinierung der Menschen" gehandelt. Die katholische Kirche habe versucht, die intimen Lebensbereiche der Bevölkerung in den Griff zu bekommen: „Kalte Gebetsnächte sollten die heißen Liebesnächte ersetzen."[8] Bis in die Gegenwart finden sich Überlegungen zum Wahlverhalten von Regionen mit hohem Protestantenanteil. Solche und ähnliche Argumente und Sichtweisen tauchen bis heute in politischen Diskursen in Österreich auf. Sie sind zumeist beim liberalen Flügel der Konservativen und im eher linken politischen Spektrum beheimatet. Doch auch die Wahrnehmung des österreichischen Protestantismus im öffentlichen Rundfunk ist nicht selten von dieser Sichtweise geprägt.[9]

Es ist in der Tat schwer vorstellbar, dass die unfreiwillige und für die meisten Untertanen letztlich durch eine Art von „struktureller Gewalt" erzwungene Rekatholisierung keinerlei Spuren in der kollektiven Psyche oder in der Mentalität hinterlassen haben soll. Die Menschen waren drei bis vier Generationen lang in einem evangelischen Milieu und einer evangelischen Kultur groß geworden. Diese Fragen dürfen keineswegs losgelöst von den positiven seelsorgerlichen Bemühungen der katholischen Reform beziehungsweise der Kirche der katholischen Reform betrachtet werden, die versuchte, auch durch Seelsorge und ohne Gewalt ihre Schäflein zurückzugewinnen. Wir verfügen aber noch nicht über das historische Instrumentarium, um die psychischen und mentalitätsgeschichtlichen Folgen der damaligen Geschehnisse beziehungsweise der damaligen psychohistorischen Prozesse nachzeichnen zu können. Es fehlt auch an Quellen, zum Beispiel an sogenannten Ego-Dokumenten, die uns tragfähige Rückschlüsse zu dieser Frage erlauben könnten. Wir sind jedenfalls noch nicht in der Lage, die eingangs genannten Fragen oder die Thesen Friedrich Heers fundiert bestätigen zu

Kat.Nr. 12.7 Johann Hieronymus Chemnitz: Bericht über das evangelische Gemeindeleben in der dänischen Gesandtschaftskapelle in Wien

Vollständige
Nachrichten
von dem Zustande
der
Evangelischen
und insonderheit von ihrem
Gottesdienste
bey der
Königlich Dänischen Gesandschafts
Capelle
in der Kayserlichen Haupt und Residenzstadt
Wien,
verfasset
von
Johann Hieronymus Chemnitz
Königlich Dänischen Legations Prediger.
1761.

können. Heers Thesen gehen ja von einem Nachwirken der Gegenreformation bis in unsere Tage aus. Zu bedenken ist, dass die von ihm angesprochenen Phänomene — falls sie so zutreffen — auch andere Wurzeln haben können, wie etwa im Josephinismus mit seiner strengen Verwaltung und seiner manchmal beobachtbaren „paternalistischen Entmündigung" der Untertanen oder in der Zeit des Vormärz oder in der unterdrückten Revolution von 1848 und der danach folgenden Restauration etc. Es mag sein, dass für bestimmte ländliche Regionen Österreichs exemplarische Untersuchungen mit einer solchen Fragestellung gewisse Ergebnisse zeitigen könnten, jedoch wohl kaum für Städte und hier am wenigsten für die Metropole Wien — befinden wir uns doch in einer Zeit des enormen Bevölkerungswachstums und des Zuzugs aus den verschiedensten Regionen der Monarchie und aus den deutschen Territorien. Wir können also die eingangs gestellte Frage „Was blieb von der Gegenreformation?" heute noch nicht beantworten.

PROTESTANTISMUS IN WIEN ZWISCHEN GEGENREFORMATION UND TOLERANZPATENT VON 1781 ◖ Auch wenn die Wiener Bürger — zunächst zumindest nach außen hin — katholisch werden mussten, so haben nach der Gegenreformation doch weiter Protestanten in der Stadt gelebt.[10] Die wichtigste Gruppe waren die mit kaiserlichen Privilegien ausgestatteten sogenannten Niederleger. Es handelte sich um Großkaufleute oder Fernhändler, die in Wien Warenlager betrieben und die Waren den Wiener Händlern zum Kauf anboten. Wichtig waren auch die Fabrikbesitzer und Teile ihrer Belegschaft (Meister, Facharbeiter). Buchhändler waren ebenfalls evangelisch.[11] Diese Gruppen durften legal als Protestanten in der Stadt leben. Die Duldung dieser Berufsgruppen war eine wirtschaftliche Notwendigkeit. Wien stellte hier keinen Sonderfall dar, auch in anderen Städten — wie zum Beispiel in Graz — durften legal Händler und Fachhandwerker leben, wenn sie sich ruhig verhielten und ihren Glauben nicht öffentlich zeigten oder dafür warben.[12] Allerdings hatten in Wien die Protestanten gegenüber jenen in anderen Städten einen Vorteil: Sie konnten nämlich in der Stadt evangelischen Gottesdienst besuchen. In den exterritorialen Gesandtschaften (Botschaften) der protestantischen Länder — es handelte sich meist um angemietete Wohnungen oder Häuser — durften nämlich Gesandtschaftskapellen eingerichtet werden, in denen fähige und zum Teil bedeutende evangelische Pfarrer wirkten. Über die Gemeinden der Gesandtschaftskapellen sind wir recht gut unterrichtet. Die wichtigste für die Lutheraner war die dänische Gesandtschaftskapelle,[13] phasenweise war für sie auch die schwedische

8 Ernst Hanisch: Der lange Schatten des Staates. Österreichische Gesellschaftsgeschichte im 20. Jahrhundert (Österreichische Geschichte, hg. von Herwig Wolfram, 1890–1990), Wien 1994, S. 25.

9 Leonhard Jungwirth: Die Wahrnehmung des österreichischen Protestantismus in der Öffentlichkeit seit 1945, in: Jahrbuch für die Geschichte des Protestantismus in Österreich 132/133 (2016/17) (im Druck).

10 Zum Folgenden siehe grundlegend Martin Scheutz: Legalität und unterdrückte Religionsausübung. Niederleger, Reichshofräte, Gesandte und Legationsprediger. Protestantisches Leben in der Haupt- und Residenzstadt Wien im 17. und 18. Jahrhundert, in: ders., Rudolf Leeb, Dietmar Weikl (Hg.): Geheimprotestantismus und evangelische Kirchen in der Habsburgermonarchie und im Erzstift Salzburg (17./18. Jahrhundert) (Veröffentlichungen des Instituts für Österreichische Geschichtsforschung, Bd. 51), Wien/München 2009, S. 209–236.

11 Erika Stökl: Der Protestantismus in Wien 1781–1848, in: Jahrbuch der Gesellschaft für die Geschichte des Protestantismus in Österreich 68/69 (1953); Scheutz, Legalität, S. 216–220.

12 Paul Dedic: Duldung und Aufenthalt evangelischer Ausländer in Graz am Ende des 17. Jahrhunderts, in: Jahrbuch der Gesellschaft für die Geschichte des Protestantismus in Österreich 57 (1936), S. 71–78.

13 Karl von Otto: Evangelischer Gottesdienst in Wien vor dem Toleranzpatent, in: Jahrbuch der Gesellschaft für die Geschichte des Protestantismus in Österreich 7 (1886), S. 120–131; Wilhelm Kühnert: Das Taufbuch der schwedischen Gesandtschaftskapelle in Wien 1733–1786, in: ebd. 68/69 (1953), S. 99–111; Christian Stubbe: Vom dänischen Gesandtschaftsprediger Burchardi in Wien: Ein Beitrag zur Geschichte des evangelischen Gottesdienstes in Wien vor dem Toleranzpatent, in: ebd. 53 (1932), S. 52–60; ders.: Zwei Dokumente, in: ebd. 54 (1933), S. 161f.; ders.: Die Dänische Gesandtschaftsgemeinde in Wien und ihre letzten Prediger (Beiträge und Mitteilungen des Vereins für Schleswig-Holsteinische Kirchengeschichte, Bd. 9), Kiel 1932; Scheutz, Legalität, S. 224f.

Gesandtschaftskapelle von Bedeutung.[14] Über Erstere, ihr Gemeindeleben und die Situation der in Wien lebenden Protestanten besitzen wir sogar einen anschaulichen Bericht ihres ehemaligen Predigers, des bedeutenden Gelehrten Johann Hieronymus Chemnitz (1730–1800).[15] Diese Gottesdienststätten dienten auch für die Gesandten aus den deutschen evangelischen Territorien (Kursachsen, Kurhannover etc.) als reguläre Pfarrgemeinde. Für die Reformierten in Wien war die holländische Gesandtschaftskapelle zuständig.[16] In den Gesandtschaftskapellen herrschte ein voll entwickeltes lutherisches beziehungsweise reformiertes Leben.

Für die katholische Obrigkeit waren sie schwer zu überwachen, weil der Gottesdienstbesuch nicht wirklich kontrolliert werden konnte. Es war möglich, dass auch nicht befugte Personen, wie Gäste, Gastarbeiter oder gar österreichische geheimprotestantische Untertanen, den Gottesdienst in den Gesandtschaftskapellen (es handelte sich um große Räume oder Säle in den Wohnungen) besuchten. Im Jahr 1736 hat deshalb der Wiener Erzbischof Kardinal Sigmund von Kollonitsch (1677–1751) an Kaiser Karl VI. eine Beschwerdeschrift gerichtet, in der er sich über die dortigen Umtriebe beschwert: „Drittens vermest sich allhier alles, was aus dem protestantischen Hauffen nur gehen oder kriechen kan[n], in die allhiesige[n] Beth-Häuser und Privat-Oratorien derer protestantischen Gesandten ganz ohngescheuet und mit aller ersinnlichen Freyheit zu gehen, da es doch von Oesterreichischen Landes-Gebothen so hoch verboten, und den allhiesigen Gesandtschaften in Ansehen ihrer hohen Principalen nur verstattet ist, daß selbe mit ihrer Familie und Dienerschafft in der Stille und geheim ihrem gewöhnlichen Andachts-Wesen abwarten, nicht aber daß sie alle in der Stadt befindliche Forastieri, Passagier, Fremdlinge, Kunst- und Handwerks-Leuthe darzu einladen zu lassen oder ihnen freyen Zutritt bewilligen können."[17] Kollonitsch war bestrebt, die Privilegien möglichst restriktiv auszulegen. Er beschwerte sich auch über den ständigen Import evangelischer Literatur und die vielen evangelischen Buchhändler in Wien. Er erblickte im Protestantismus — trotz aller geltenden Verbote — eine wachsende Konfession in der Stadt. Der Hof war angesichts der Beschwerde des angesehenen und einflussreichen Erzbischofs zwar sensibilisiert, aber bezüglich der in der Beschwerde geforderten Einschränkungen skeptisch. Man fürchtete ebensolche in den katholischen Gesandtschaftskapellen in protestantischen Ländern des Reichs, wo zumeist die Habsburger die Schutzherren waren.[18]

Es ist wahrscheinlich, dass die Pfarrer der Gesandtschaftskapellen, die vom Halleschen Pietismus geprägt waren, gleichsam in „missionarischer Absicht" und pietistischer Bekennerfreude zu dieser Zeit verstärkt Aktivitäten gesetzt hatten, die in der Stadt

14 Heinrich Blume: Die schwedische Gesandtschaftskapelle in Wien im Jahr 1782, in: Jahrbuch der Gesellschaft für die Geschichte des Protestantismus in Österreich 51 (1930), S. 142f.; Scheutz, Legalität, S. 224f.

15 Johann Hieronymus Chemnitz: Vollständige Nachrichten vom Zustande der Evangelischen und insonderheit von ihrem Gottesdienste bey der Königlich Dänischen Gesandtschafts Capelle in der Kayserlichen Haupt und Residenzstadt Wien, o. O. 1761 (siehe Kat.Nr. 12.7). Zu ihm siehe auch Gustav Reingrabner: Eine evangelische Predigt aus der Zeit vor dem Toleranzpatent gehalten in der dänischen Gesandtschaftskapelle in Wien, in: Jahrbuch der Gesellschaft für die Geschichte des Protestantismus in Österreich 95 (1979), S. 49–52.

16 Hermann Rippel: Die holländische Gesandtschaftskapelle als Vorgänger der reformierten Gemeinde in Wien, in: Peter Karner (Hg.): Die evangelische Gemeinde H.B. in Wien, Wien 1986, S. 27–45; Ulrich Gäbler: Studenten in Leiden. Exulanten in Seeland. Gesandtschaftsprediger in Wien. Österreichische Protestanten und die Niederlande im 17. und 18. Jahrhundert, in: Jahrbuch für die Geschichte des Protestantismus in Österreich 98 (1982), S. 234–239.

17 Abgedruckt auch in Bernhard Raupach: Erläutertes Evangelisches Österreich, oder Dritte und letzte Fortsetzung, Hamburg 1740, S. 263; siehe Sigmund von Kollonitsch: Gravamina Religionis Catholicae & in specie Archi-Diocoesos Viennis Conttra Haereticos accrescentes, Wien 1736 (Kat.Nr. 12.11).

18 Scheutz, Legalität, S. 228f.

19 Zoltán Csepregi: Prediger Hallischer Prägung im Dreieck Wien-Pressburg-Ödenburg, in: Interdisziplinäre Pietismusforschungen. Beiträge zum ersten internationalen Kongress für Pietismusforschungen, Tübingen 2005, S. 689–699; Lázló Szelestei Nagy: Gerhard Cornelius Driesch in Wien und Pressburg, in: Interdisziplinäre Pietismusforschungen, S. 317–324; siehe auch die Regesten von Briefen mit Berichten aus Wien: Zoltán Csepregi:

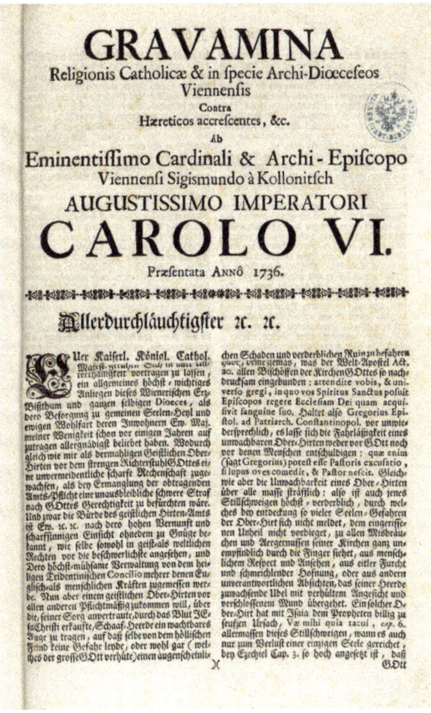
GRAVAMINA
Religionis Catholicæ & in specie Archi-Diœceseos Viennensis
Contra
Hæreticos accrescentes, &c.
Ab
Eminentissimo Cardinali & Archi-Episcopo Viennensi Sigismundo à Kollonitsch
AUGUSTISSIMO IMPERATORI
CAROLO VI.
Præsentata Annô 1736.

Allerdurchläuchtigster ꝛc. ꝛc.

Kat.Nr. 12.11 Beschwerdeschrift des Kardinals Kollonitsch über die protestantischen „Umtriebe" in der dänischen Gesandtschaftskapelle

spürbar wurden und Wellen schlugen. Die pietistisch gesinnten Gesandtschaftsprediger beobachteten überdies alle Vorgänge, die die Protestanten in Ungarn, aber auch in Österreich betrafen, genau und erstatteten insbesondere über die Bedrängungen und Verfolgungen genauen Bericht untereinander beziehungsweise vermittelten sie diese Informationen in die europäischen pietistischen Netzwerke.[19] Aus ihnen erfahren wir etwa, dass Geheimprotestanten aus Mähren den Gottesdienst in den Gesandtschaftskapellen besuchten.[20] Auch geheimprotestantische Bauern aus Innerösterreich taten regelmäßig dasselbe.[21] Der Gesandtschaftsprediger Christian Kortholt berichtet am 2. Juli 1738, dass Erzbischof Kollonitsch und andere Kleriker alle Kraft dafür aufwenden würden, die Privilegien für die Protestanten in Wien außer Kraft zu setzen. Damals hatten 100 evangelische Familien das Privileg, Handwerk zu betreiben, sie mussten dafür sechs Gulden jährlich an Gebühren entrichten.[22] Im Jahr 1733, als gerade die Massenausweisung von über 20.000 Salzburger evangelischen Bauern stattgefunden hatte, wird aus Wien von den Pietisten hoffnungsvoll berichtet: „[D]ie anzahl der heimlichen jünger vermehret sich mercklich."[23] Damals versuchten jedenfalls die Gesandtschaftsprediger, das evangelische Gemeindeleben in Wien pietistisch umzuformen, wobei sie jedoch an Grenzen stießen, insbesondere bei den Niederlegern — einer der Prediger wollte deshalb Wien wieder verlassen.[24]

Das protestantische Leben dieser Kreise im Wien des 18. Jahrhunderts war offenbar lebendig. Trotz der Hochblüte der *Pietas Austriaca* wurden die Protestanten Wiens deutlich als bestimmte Größe wahrgenommen. Noch Joseph II. wird in den Kronprinzenvorträgen um 1760 geraten, dass in Wien die Zahl der Nichtkatholischen nicht zu sehr wachsen dürfe, die „bißherige Convivenz" müsse gemäßigt werden.[25] Die Konflikte und Beschwerden bezüglich der Gesandtschaftskapellen hatten übrigens ihr Pendant in den katholischen Gesandtschaftskapellen in protestantischen Ländern und in Städten wie Hamburg, Stockholm oder London.[26]

Zur Beurteilung der Stellung der Protestanten in Wien im 17. und 18. Jahrhundert ist überdies ein Vergleich mit der rechtlichen

Pietas Danubiana/Pietismus im Donautal. 1693–1755. 437 Schreiben zum Pietismus in Wien, Preßburg und Oberungarn, Budapest 2013 (http://medit.lutheran.hu/csepregi_zoltan_pietas_danubiana_1693-1755.pdf).

20 Ebd., S. 261. Brief vom 10. Jänner 1725: „Dann und wann kommen aus Böhmen und Mähren noch evangel. leute zu mir, um das h. abendmal sub utraque zu empfangen, über welche ich mich zu freüen bewegen werde, weil sie bey ihrer einfelt recht aufrichtig und eyfrig sind, auch versichern, daß ihres gleichen in allen dorffern und flecken zu finden wären."

21 Beispiele aus der Steiermark aus den 1770er-Jahren bei: Dieter Knall: Aus der Heimat gedrängt. Letzte Zwangsumsiedlungen steirischer Protestanten nach Siebenbürgen unter Maria Theresia (Forschungen zur geschichtlichen Landeskunde der Steiermark, Bd. XLV), Graz 2002, S. 137, S. 139, S. 142, S. 185. Die Geheimprotestanten in Oberösterreich konnten in die näher liegende Herrschaft Ortenburg oder nach Regensburg „auslaufen", um dort evangelische Abendmahlsgottesdienste zu besuchen.

22 Csepregi, Pietas Danubiana, S. 413f., S. 459f., S. 462.

23 Ebd., S. 385f. (Brief von Christian Nicolaus Möllenhof [1698–1748] vom 27. Mai 1733).

24 Einen Einblick bietet: Scheutz, Legalität, S. 232–235; Csepregi, Pietas Danubiana, S. 463: August Gottfried Pauli will wegen der Renitenz der Kaufleute Wien wieder verlassen (Brief vom 13. April 1737).

25 Friedrich Hartl: Kirche und Religion im Zeitalter Maria Theresias. Eine Darstellung aus den Kronprinzenvorträgen für Joseph (II.), in: Österreichisches Archiv für Kirchenrecht 30 (1979), S. 132–167, hier S. 141.

26 Alexander Schunka: Konfessionelle Liminalität. Kryptokatholiken im lutherischen Territorialstaat des 17. Jahrhunderts, in: Joachim Bahlcke, Rainer Bendel (Hg.): Migration und kirchliche Praxis. Das religiöse Leben frühneuzeitlicher Glaubensflüchtlinge in alltagsgeschichtlicher Perspektive, Weimar/Wien 2008, S. 119f., Anm. 28; Frank Hatje: Zwischen Repräsentation und Konfession. Konflikte um Bedeutung, Nutzung und Architektur eines Hamburger Stadtpalais im 18. Jahrhundert, in: Susanne Rau, Gert Schwerthoff (Hg.): Zwischen

Lage der weiteren nichtkatholischen Gruppen in Wien hilfreich, nämlich ein Vergleich mit jener der Juden und der Orthodoxen. Er macht den Platz beziehungsweise den „Raum", der den Protestanten in Wien zugewiesen wurde, besser sichtbar.

Die Juden Wiens erlebten gleichzeitig mit der Gegenreformation seit dem Ende des 16. Jahrhunderts einen Aufstieg. Bedeutende Mitglieder der jüdischen Gemeinde waren in dieser Zeit und während des Dreißigjährigen Kriegs als Finanziers und Geldgeber für den Kaiser wichtig. Im Jahr 1624 wurde ihnen im „underen Werd" (heute Wien-Leopoldstadt) die „Judenstadt" zugewiesen. Sie besaßen einen eigenen Rechtsstatus und genossen Rechtsschutz. Zwischen 1669 und 1671 wurden die Juden Wiens und Niederösterreichs von Kaiser Leopold I. ausgewiesen. Nur die „Hofjuden" (Hoffaktoren) durften sich weiterhin in Wien dauerhaft niederlassen, Gemeindegründung und Synagogenbau waren Juden nicht erlaubt, am Sonntag zur Zeit der Gottesdienste herrschte für sie ein Ausgangsverbot bis zehn Uhr.[27] Im Vergleich zu den Juden waren die Protestanten demnach bis 1669/70 deutlich schlechter gestellt. Schon 1574 (noch bevor das evangelische Zentrum im Landhaus in der Herrengasse bewilligt wurde) hatten die evangelischen Stände beklagt, dass in Wien Juden und anderen Völkern Synagogen und Kirchen bewilligt würden, den evangelischen Christen aber nicht.[28] Solche Stimmen wurden am Beginn der Gegenreformation in Österreich immer wieder laut. Und in der Tat: Im Unterschied zu den Juden durfte kein Wiener Bürger Protestant sein. Nur wenigen aus dem Ausland stammenden Privilegierten war es erlaubt, ihre Konfessionszugehörigkeit in den Gesandtschaftskapellen zu leben. Die Gottesdienste in den Gesandtschaftskapellen waren allerdings für die Öffentlichkeit nicht sichtbar, sie fanden in angemieteten Wohnungen und in Privathäusern statt. Demgegenüber wurden den Juden bis 1669/70 kaum Beschränkungen auferlegt. Nach 1670/71 ähnelte allerdings die Lage der Protestanten jener der Juden. Im Unterschied zu den Juden war es für sich still verhaltende Protestanten relativ leicht, in die expandierende Metropole zu ziehen, während dies für Juden kaum möglich war. Im 18. Jahrhundert lebten in Wien bezeichnenderweise etwa 500 Juden, während die Zahl der Protestanten um 1760 vom dänischen Gesandtschaftspfarrer auf 2.000 geschätzt wurde,[29] wobei mit einer Dunkelziffer zu rechnen ist. Das waren immerhin vier Prozent der damaligen Wiener Bevölkerung, die etwa 50.000 betrug.

Die Griechisch-Orthodoxen — meist osmanische Untertanen — zogen nach dem Frieden von Passarowitz 1718 verstärkt nach Wien.[30] Sie waren als Händler für Wien von wirtschaftlicher Bedeutung. Bereits 1723 besaßen sie ein kaiserliches Privileg, das

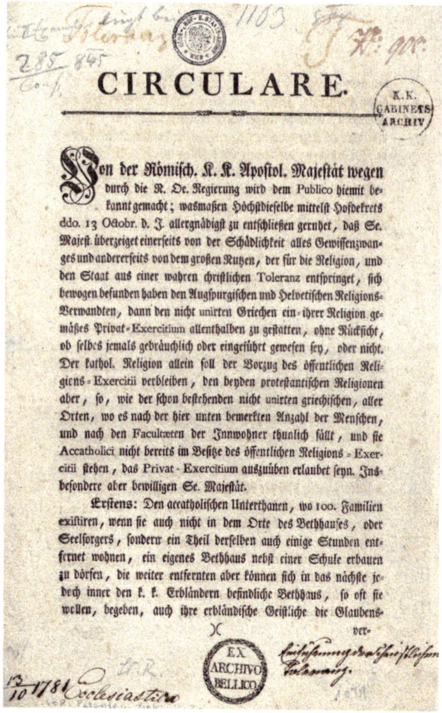

CIRCULARE.

Von der Römisch. K. K. Apostol. Majestät wegen durch die N. Oe. Regierung wird dem Publico hiemit bekannt gemacht; wasmaßen Höchstdieselbe mittelst Hofdekrets ddo. 13 Octobr. d. J. allergnädigst zu entschließen geruhet, daß Se. Majest. überzeiget einerseits von der Schädlichkeit alles Gewissenzwanges und andererseits von dem großen Nutzen, der für die Religion, und den Staat aus einer wahren christlichen Toleranz entspringet, sich bewogen befunden haben den Augspurgischen und Helvetischen Religions-Verwandten, dann den nicht unirten Griechen ein- ihrer Religion gemäßes Privat-Exercitium allenthalben zu gestatten, ohne Rücksicht, ob selbes jemals gebräuchlich oder eingeführt gewesen sey, oder nicht. Der kathol. Religion allein soll der Vorzug des öffentlichen Religions-Exercitii verbleiben, den beyden protestantischen Religionen aber, so, wie der schon bestehenden nicht unirten griechischen, aller Orten, wo es nach der hier unten bemerkten Anzahl der Menschen, und nach den Facultæten der Innwohner thunlich fällt, und sie Accatholici nicht bereits im Besitze des öffentlichen Religions-Exercitii stehen, das Privat-Exercitium auszuüben erlaubet seyn. Insbesondere aber bewilligen Se. Majestät.

Erstens: Den accatholischen Unterthanen, wo 100. Familien existiren, wenn sie auch nicht in dem Orte des Bethhauses, oder Seelsorgers, sondern ein Theil derselben auch einige Stunden entfernet wohnen, ein eigenes Bethhaus nebst einer Schule erbauen zu dörfen, die weiter entfernten aber können sich in das nächste jedoch inner den k. k. Erbländern befindliche Bethhaus, so oft sie wollen, begeben, auch ihre erbländische Geistliche die Glaubens-

ver-

Kat.Nr. 12.17 Die Verlautbarung des *Toleranzpatents* Josephs II.

Gotteshaus und Taverne (Norm und Struktur, Bd. 21), Köln u. a. 2004, S. 155–182.

27 Sabine Hödl: Die Juden, in: Vocelka, Traninger, Residenz, S. 282–310; Barbara Staudinger: Die Zeit der Landjuden und der Wiener Judenstadt 1496–1670/71, in: Eveline Brugger, Martha Keil, Albert Lichtblau u. a.: Geschichte der Juden in Österreich (Österreichische Geschichte, hg. von Herwig Wolfram, Ergänzungsbd.), Wien 2006, S. 280–294; Christoph Lind: Juden in den habsburgischen Ländern 1670–1848, in: Brugger, Keil, Lichtblau u. a., Geschichte der Juden in Österreich, S. 330–353.

28 Josef Karl Mayr: Wiener Protestantengeschichte im 16. und 17. Jahrhundert, in: Jahrbuch der Gesellschaft für die Geschichte des Protestantismus in Österreich 70 (1954), S. 41–133, hier S. 63.

29 Scheutz, Legalität, S. 220, Anm. 60 (dort offenbar irrtümlich 8.000 statt 800 für die Seelenzahl der dänischen Gesandtschaftskapellengemeinde angegeben).

30 Felix Czeike: Historisches Lexikon Wien, Bd. 2, Wien 2004, S. 597f.

Kat.Nr. 12.20 Die zwei nach den Vorschriften des *Toleranzpatents* gebauten Bethäuser in der Dorotheergasse (gegenüber der katholischen Dorotheerkirche)

im Jahr 1726 durch den Hofkriegsrat bestätigt wurde: Sie durften eine Kirche samt Gemeinde errichten und ihren Gottesdienst ungehindert feiern. Allen in Wien lebenden Orthodoxen war es erlaubt, den griechisch-orthodoxen Gottesdienst zu besuchen.[31] Von Beginn an waren die in Wien lebenden Orthodoxen demnach bessergestellt als die Protestanten, bei denen nur rechtlich privilegierte Personen das Recht hatten, den Gottesdienst in den Gesandtschaftskapellen zu besuchen. Im Untergrund lebende evangelische Untertanen der Erblande oder sich still verhaltende evangelische Handwerker und Dienstboten waren davon ausgeschlossen. Der Protestantismus blieb für die Untertanen der Erblande grundsätzlich verboten. Dieser Vergleich macht noch einmal die Konsequenz und Härte der habsburgischen Herrschaft gegenüber dem Protestantismus in ihren Erblanden deutlich. Die Protestanten besaßen von allen drei nichtkatholischen Gruppen — wenn man das 17. und 18. Jahrhundert bis zum *Toleranzpatent* von 1781 insgesamt betrachtet — die geringsten Rechte, obwohl es sich bei ihnen um die größte nichtkatholische Gruppe handelte.

DIE NACH AUSSEN HIN MONOKONFESSIONELLE KATHOLISCHE STADT UND DAS VERBOT DER ÖFFENTLICHEN REPRÄSENTATION DES PROTESTANTISMUS ◖ In der Großstadt Wien war also trotz erfolgreicher Gegenreformation keine katholische Monokonfessionalität möglich. Die katholische Konfessionalisierung fand in der Realität ihre Grenzen. Städtisches Leben in einer wachsenden Metropole war ohne die Angehörigen anderer Konfessionen einfach nicht möglich. Der ständige Zuzug anderskonfessioneller Personen in die prosperierende Stadt konnte in der Praxis nicht kontrolliert werden. Sehr wohl konnte aber die katholische Monokonfessionalität als politischer Anspruch und als Ausdruck des staatlichen Selbstverständnisses nach außen hin demonstriert werden. Dies geschah durch die Visualisierung der katholischen Frömmigkeitskultur und der *Pietas Austriaca* im öffentlichen Raum auf eindrucksvolle Weise.[32] Umgekehrt waren die öffentliche Repräsentation und die öffentliche Zurschaustellung des Protestantismus verboten, seine Sichtbarkeit im öffentlichen Leben wurde so weit wie möglich reduziert. Dies betraf etwa die Erkennbarkeit des evangelischen Pastors im öffentlichen Raum beim Versehgang, die unterbunden wurde, indem er nicht die Kleidung eines Pastors tragen durfte. Der einzige Bereich, wo die Sichtbarkeit des Protestantismus nicht eingeschränkt werden konnte, war der evangelische Friedhof vor dem Schottentor, zu dem die evangelischen Leichenkondukte zogen, die auch als solche erkennbar waren, sowie die Friedhofsanlage selbst mit ihren Grabmälern. Zwar gab es auch hier von jesuitischer Seite Versuche, den Zug des Kondukts durch das Haupttor über den katholischen Friedhof zu dessen evangelischem Teil zu unterbinden,

31 Willibald Plöchl: Die Wiener ordothoxen Griechen. Eine Studie zur Rechts- und Kulturgeschichte der Kirchengemeinden zum Hl. Georg und zur Hl. Dreifaltigkeit und zur Errichtung der Metropolis von Austria (Kirche und Recht, Bd. 16), Wien 1983, S. 29–34; Georgios Chr. Tsigaras: Die Kirche zum Heiligen Georg in Wien. Geschichte und Kunst, Thessaloniki 2005, S. 31f., S. 33f.

32 Mehr als eine Einführung: Thomas Winkelbauer: Ständefreiheit und Fürstenmacht. Länder und Untertanen des Hauses Habsburg im konfessionellen Zeitalter, Teil 2 (Österreichische Geschichte, hg. von Herwig Wolfram, 1522–1699), Wien 2003, S. 185–239; Anna Coreth: Pietas Austriaca. Katholische Frömmigkeit im Barock, Wien, 2. Aufl. 1982; Franz Matsche: Gegenreformatorische Architekturpolitik. Casa Santa-Kopien und Habsburger Loreto-Kult nach 1620, in: Jahrbuch für Volkskunde NF 1 (1978), S. 81–118.

Vermutlich ein protestantisches Grabdenkmal: das „Lackner-Epitaph“ am Wiener Stephansdom

doch waren die entsprechenden Eingaben bei den Behörden nicht erfolgreich.[33] Insgesamt wurde so für den Bereich der öffentlichen Repräsentation die katholische Monokonfessionalität weitestgehend durchgesetzt. Noch die Toleranzbethäuser, die nach dem *Toleranzpatent* von 1781 gebaut wurden, trugen die Merkmale des vorangegangenen sogenannten konfessionellen Zeitalters: Denn sie durften nach außen nicht ihr „Kirchesein“ repräsentieren, sie waren nur Bethäuser. Im *Toleranzpatent* war explizit alles verboten, was die evangelischen Gotteshäuser als eine Kirche erkennbar machen konnte: Kein Turm mit Glocken, keine Langfenster, kein öffentlicher Eingang von der Straße durften gebaut werden. Ausdrücklich wurde bestimmt, dass die Bethäuser einem bürgerlichen Haus gleichen mussten. Gemäß dem staatlichen Selbstverständnis, das hier dem theologischen Urteil der katholischen Kirche folgte, gab es nur eine wirkliche „Kirche“, nämlich die katholische, die das auch als einzige Konfession nach außen hin repräsentieren durfte. Ihr oblag sogar noch bis 1848 die offizielle Matrikenführung der neu gegründeten evangelischen Gemeinden. Den Protestanten war nach dem Wortlaut des *Toleranzpatents* eben nur ein „Privatexercitium“[34] gestattet, sie wurden indirekt über die katholische Kirche definiert: Die Amtssprache bezeichnete sie als „Akatholiken“.[35] Erst die Revolution von 1848 und endgültig das *Protestantenpatent* von 1861 sollten diese Einschränkungen beseitigen.

WAS BLIEB IN WIEN VON DER REFORMATION? ◖ Festzuhalten bleibt: Seit den Anfängen der Reformation hat es in Wien immer Evangelische gegeben. Es existiert eine Kontinuität des Protestantismus seit dem 16. Jahrhundert bis in die Gegenwart. Diese Kontinuität wurde aber in der Zeit zwischen der Gegenreformation und dem *Toleranzpatent* von 1781 nicht von der autochthonen Wiener Bevölkerung am Leben erhalten, sondern von privilegierten Zugezogenen, die im Lauf der Zeit vielleicht selbst zu Wienern werden konnten. Volle Integration und bürgerliche Rechte und Karriere waren bis 1781 in der Regel aber nur bei einer Konversion möglich.

Protestantisch geprägte Überreste aus dem Jahrhundert der Reformation haben sich in Wien selbst kaum erhalten. Hinzuweisen ist auf die erhaltenen Archivalien und auf die in Wien

33 Leopold Senfelder: Der kaiserliche Gottesacker vor dem Schottentor, in: Berichte und Mittheilungen des Alterthums-vereines zu Wien 96/97 (1902), S. 231f.

34 Karl Schwarz: Exercitium religionis privatum, in: Zeitschrift der Savigny-Stiftung für Rechtsgeschichte. Kanonistische Abteilung 74 (1988), S. 495–518.

35 Zum Toleranzbethaus: Rudolf Leeb, Erwin Herold: Das österreichische josephinische Toleranzbethaus. Zur historischen Einordnung eines Symbols, in: Jahrbuch für die Geschichte des Protestantismus in Österreich 107/108 (1991/92), S. 3–23; zum Toleranzpatent: Peter F. Barton (Hg.): Im Zeichen der Toleranz. Aufsätze zur Toleranzgesetzgebung des 18. Jahrhunderts im Reiche Joseph II., ihren Voraussetzungen und ihren Folgen, Wien 1981; ders. (Hg.): Im Lichte der Toleranz. Aufsätze zur Toleranzgesetzgebung des 18. Jahrhunderts im Reiche Joseph II., ihren Voraussetzungen und ihren Folgen, Wien 1981; Josef Karniel: Die Toleranzpolitik Joseph II., Gerlingen 1986; Reinhard Stauber: Umbruch zur Toleranz — Die Rahmenbedingungen der josephinischen Reformen, in: Wilhelm Wadl (Hg.): Glaubwürdig bleiben. 500 Jahre protestantisches Abenteuer (Ausstellungskatalog Kärntner Landesausstellung in Fresach), Klagenfurt 2011, S. 326–338; Rudolf Leeb: Josephinische Toleranz, Toleranzgemeinden und Toleranzkirchen, Toleranzbethaus, in: Joachim Bahlcke, Stefan Rhodewald, Thomas Wünsch (Hg.): Religiöse Erinnerungsorte in Ostmitteleuropa, Berlin 2013, S. 965–977 (Lit.).

aufbewahrten Drucke und Stiche der Wiener Prediger und des Komponisten Andreas Rauch, die Zeugnisse der damaligen evangelischen Kultur und Frömmigkeit sind — wobei zu bedenken ist, dass die meisten dieser Drucke aus einer kurzen Zeitspanne, nämlich vom Beginn des 17. Jahrhunderts stammen. Denkmäler und Kunstdenkmäler, die sofort und eindeutig als protestantisch identifizierbar sind, fehlen in der Stadt. Sie sind in der Gegenreformation untergegangen. Der Mangel an evangelischen Denkmälern in Wien dürfte aber noch eine andere Ursache haben: Es ist zu bedenken, dass das Verbot des öffentlichen Kultus im Wien des 16. Jahrhunderts auch Auswirkungen auf die öffentliche Repräsentation des Protestantismus in der Stadt haben musste. Von reformatorischen Bildthemen geprägte Denkmäler mit ebensolchen Inschriften waren im öffentlichen Raum in Wien damals nicht möglich. Denn das Verbot des öffentlichen evangelischen Gottesdienstes hatte anscheinend seinen Zwilling in einem Verbot der öffentlichen Repräsentation der Reformation in der Residenzstadt des katholischen Landesherrn. Mit Sicherheit sind evangelisch geprägte Kunstdenkmäler in den privaten Räumen vorhanden gewesen, sie haben sich aber nicht erhalten. Einzig auf dem evangelischen Friedhof vor dem Schottentor waren ehemals solche eindeutig als evangelisch zu identifizierende Denkmäler vorhanden. Der Friedhof existiert leider nicht mehr. In anderen Regionen und Orten Österreichs, die einst von der Reformation dominiert wurden und wo evangelische Pfarrkirchen existierten, gab es keinerlei Einschränkungen in der öffentlichen Darstellung des Protestantismus. Im Unterschied zu Wien sind dort noch heute reformatorisch geprägte Denkmäler (darunter Kirchenbauten) erhalten geblieben, die sich oft auch an repräsentativen Orten befinden. Die einzigen Spuren aus der Reformationszeit im Stadtbild Wiens finden sich am ehesten auf den Grabdenkmälern aus dieser Zeit. Die Bildthemen und Inschriften auf ihnen sind nämlich zumeist überkonfessionell gehalten: Dargestellt ist häufig die Kreuzigung, es fehlen weitgehend Heiligenbilder und Ähnliches — eine Verbindung zum „alten Glauben" wird in diesen Fällen nicht hergestellt oder vermieden. Sie waren für Angehörige beider Konfessionen lesbar und wurden als gut christlich aufgefasst. Nach unserem momentanen Kenntnisstand ist hier mit einer relativ hohen Wahrscheinlichkeit das sogenannte Lackner-Epitaph von 1571 am Stephansdom die einzige Ausnahme: Es weist eine ungewöhnliche Ikonografie auf.[36] Dort finden wir auf einem — auch qualitativ bemerkenswerten Relief — die Darstellung einer Auferstehungs- beziehungsweise einer Rettungsszene, die Anklänge an ein lutherisches „Gesetz und Gnade"-Bild aufweist. Christus allein rettet hier die Toten aus der Unterwelt. In der Mitte des Bildfelds befindet sich eine Darstellung des „Menschen", der zwischen Sünde und Errettung/Gnade steht (ähnlich dem „Gesetz und Gnade"-Bild des sogenannten Prager Typus).[37] Trotzdem bleibt das Bild auch in diesem Fall in konfessioneller Hinsicht zurückhaltend und war auch für katholische Betrachter letztlich akzeptabel. Trifft unsere Interpretation zu, dann ist davon auszugehen, dass diese „doppelte Lesbarkeit" bewusst angestrebt worden ist, weil es sich eben um ein Denkmal im öffentlichen Raum handelte.

36 Rudolf Leeb: „Adam" — Ein Gesetz und Gnade-Bild am Stephansdom?, in: Amt und Gemeinde 55 (2004) 11/12, S. 218–223.

37 Zu diesem Bildtypus: Heimo Reinitzer: Gesetz und Evangelium. Über ein reformatorisches Bildthema, seine Tradition, Funktion und Wirkungsgeschichte, 2 Bde., Hamburg 2006, S. 449, Nr. 772 („Lackner-Epitaph" am Stephansdom).

I

Eine neue Zeit

Buchdruck

Die Erfindung des Buchdrucks mit beweglichen Lettern durch Johannes Gutenberg in der Mitte des 15. Jahrhunderts und die schnelle Verbreitung der neuen Technologie führten zu einer Revolution der Kommunikation. Anstelle des mühevollen handschriftlichen Kopierens von Texten konnten diese jetzt schnell und preisgünstig in vielen Exemplaren erzeugt werden. Bücher und Flugschriften, Einblattdrucke und Kalender bestimmten den Informationsstand jenes relativ kleinen Teils der Bevölkerung, der lesen konnte. ◖ Der Buchdruck war nicht nur für die Verbreitung naturwissenschaftlicher Erkenntnisse, des Wissens über die Entdeckungen und politischer Nachrichten, sondern insbesondere auch für die konfessionellen Auseinandersetzungen im 16. Jahrhundert von ausschlaggebender Bedeutung. Ohne den Buchdruck hätte sich die Reformation nicht in dieser Geschwindigkeit im gesamten deutschen Sprachraum verbreiten können. (KV)

1.1
Nachbau einer Druckerpresse des 16. Jahrhunderts, 2010
Holz, Metall, Höhe: 190 cm, Länge: 211 cm, Breite: 130 cm
Villach, Evangelisches Diözesanmuseum
¶ Der Revolution der Information und Kommunikation am Beginn der Neuzeit — *der Explosion des gedruckten Wortes*, wie ein deutscher Historiker das nannte — lag eine Erfindung von Johannes Gutenberg (um 1400–1468) zugrunde, die schon lange davor in China gemacht worden war: der Druck mit beweglichen Lettern. Die Druckerpresse als Symbol dieser wichtigen Veränderung stellt hingegen keine große Innovation dar, sie ist der Mechanik der Wein- und Ölpressen entlehnt. (KV)

1.2 →
Jobst Amman (1531–1591) nach Theodor de Bry (1528–1598), Werkstatt
„Der Kramer mit der newe Zeittung"
Frankfurt: Jacob Kempner 1589
Radierung (Reproduktion), 30 × 22 cm
Staatsbibliothek zu Berlin, Preußischer Kulturbesitz, Historische Drucke, Sign. Einbl. YA 2230 kl
¶ Die Grafik gibt einen Einblick in die Verbreitung von Drucken, vor allem von Flugschriften, die im 16. Jahrhundert in großer Zahl erschienen. Neben der Möglichkeit, diese Drucke in der Druckerei (Offizin) zu kaufen, waren wandernde Händler, die auch das ländliche Publikum erreichten, von besonderer Bedeutung. (KV)
¶ Lit.: Hermann Wäscher: Das deutsche illustrierte Flugblatt, Dresden 1955/56; Emil Weller: Die ersten deutschen Zeitungen, hg. mit einer Bibliographie (1505–1599), Stuttgart/Tübingen 1872.

Der Kramer mit der newe zeittung.
Ihr liebe gütte fromme Herzen,
Die ihr hört Newe Zeittung gern.
Hie bring ich euch ein gantzen hauffen,
Die wil ich euch al bar verkauffen.
Ist alles war vnd nichts erlogen,
Wirdt Euwer keiner nit betrogen,
Groß wunder sagt euch meine Zeittung,
Von der armada beider seitten,
Auß Franckreich vnd auß Engellandt,
Geb ich bericht euch aller handt.
Ich trag nicht briff wie andre botten,
Die euch verieren vnd euwer spotten,
Was ich hab ist nach allem lust,
Drey tag erlogen vor der post,
Dieß must ihr alles glauben frey,
Weill alles noch ist frisch vnd new,
Auch geb ich euch es wolfeil hin,
Weil ich des gelts benöttiget bin,
Mein wammest ist sehr boß vnd schwach,
Ist zeit das ich ein anders mach.
Auff das ab gehe die Newe mehr,
Von der Hertzog von guisen sehr,
Hab ich mit gantzem fleiß gethan,
Mir auch frantzösisch Hosen an,
Vnd das ir wüst, so wil nit ich.
Sie bleiben stehn, lang seumen mich,
Drumb so euch mein fuchsschwantz gefelt,
Kaufft ihn, das ich löß euwer gelt,
Anfeddern ist der augen schein,
Was ich muß für ein vogel sein.
Gedruckt bey Jacob Kempner

1.2

Renaissance und Humanismus

Schon im späten Mittelalter begann in Italien ein Prozess der Hinwendung zur Antike, die man verherrlichte und zum Vorbild für die Gegenwart machte. Diese „Wiedergeburt" *(Rinascimento)* der Antike mit der Nachahmung deren Sprache, Literatur und Kunst wurde erstmals vom italienischen Künstler und Künstlerbiografen Giorgio Vasari so benannt und erlebte ihre Blüte im 15. und 16. Jahrhundert nicht nur in Italien, sondern auch nördlich der Alpen. ◖ Die Ideenwelt der Renaissance und des Humanismus war konstitutiv für Wissenschaft und Kunst. Latein war schon im Mittelalter eine Sprache, die viele verstanden und als *Lingua franca* sprachen, jetzt wurde es dem klassischen Latein angenähert und war als Sprache der Gebildeten — auch über jede nationale Grenze hinaus — unverzichtbar. Die Beschäftigung mit der Antike und deren Nachahmung wurden zu einem wesentlichen Element des Lebens. (KV)

1.3

← 1.3
Hermes Schallautzer (Schallauczer) (1503–1561) und Wolfgang Lazius (1514–1565) Exempla aliquot S. vetustatis Rom. in saxis quibusdam, opera [...] D. Hermetis Schallauczeri [...] una cum interpretatione Wolfgangi Lazii [...] Wien: Raphael Hofhalter 1560
Wienbibliothek im Rathaus, Sign. B-6076

¶ Hermes Schallautzer war Wiener Bürgermeister und spielte vor allem als Festungsbaumeister eine große Rolle für die Stadtgeschichte, der Humanist Wolfgang Lazius war sein Neffe. Bei den Bauarbeiten für die modernen, „italienischen" Befestigungsanlagen der Stadt fand man römische Relikte, vor allem Inschriftensteine, welche die beiden sammelten. Die Rückbesinnung auf die Antike entspricht dem Zug der Zeit. Die Steine wurden in einem Lapidarium im Garten Schallautzers aufgestellt. Die Beschäftigung mit der Antike beweist auch das ausgestellte Buch, das die beiden verfassten. (Zu Lazius siehe Kat.Nr. 5.17) (KV)

¶ Lit.: Felix Czeike: Hermes Schallauczer, in: Jahrbuch des Vereins für Geschichte der Stadt Wien 15/16 (1959/60), S. 70–81.

Ein neues Weltbild und die Beschäftigung mit der Natur

Auch die Naturwissenschaften veränderten das Weltbild. Glaubte man lange Zeit, dass die Erde der Mittelpunkt des Universums sei, um den sich die Sonne drehte, wurde durch Nikolaus Kopernikus dieses Weltbild auf den Kopf gestellt. Die kopernikanische Wende erkannte, dass die Erde sich um die Sonne dreht, und verwarf die von der Kirche verteidigte geozentrische Theorie. ◖ Nicht nur der Blick in den Himmel war neu und revolutionär, auch die irdische Umwelt wurde anders wahrgenommen. Die Betrachtung der Natur gewann eine neue Dimension, sowohl in der wissenschaftlichen Beschäftigung als auch in der Kunst. Die Menschen begannen sich mit der Welt, die sie umgab, auseinanderzusetzen, anstatt ihr Wissen aus den Schriften der antiken Schriftsteller zu beziehen. (KV)

NICOLAI COPERNICI

net, in quo terram cum orbe lunari tanquam epicyclo contineri diximus. Quinto loco Venus nono menſe reducitur. Sextum denicꝫ locum Mercurius tenet, octuaginta dierum ſpacio circũ currens. In medio uero omnium reſidet Sol. Quis enim in hoc pulcherimo templo lampadem hanc in alio uel meliori loco poneret, quàm unde totum ſimul poſsit illuminare? Siquidem non inepte quidam lucernam mundi, alij mentem, alij rectorem uocant. Trimegiſtus uiſibilem Deum, Sophoclis Electra intuentẽ omnia. Ita profecto tanquam in ſolio regali Sol reſidens circum agentem gubernat Aſtrorum familiam. Tellus quocꝫ minime fraudatur lunari miniſterio, ſed ut Ariſtoteles de animalibus ait, maximã Luna cũ terra cognationẽ habet. Concipit interea à Sole terra, & impregnatur annuo partu. Inuenimus igitur ſub hac

REVOLVTIONVM LIB. I. 10

hac ordinatione admirandam mundi ſymmetriam, ac certũ harmoniæ nexum motus & magnitudinis orbium: qualis alio modo reperiri non poteſt. Hic enim licet animaduertere, nõ ſegniter contemplanti, cur maior in Ioue progreſſus & regreſſus appareat, quàm in Saturno, & minor quàm in Marte: ac rurſus maior in Venere quàm in Mercurio. Quodcꝫ frequentior appareat in Saturno talis reciprocatio, quàm in Ioue: rarior adhuc in Marte, & in Venere, quàm in Mercurio. Præterea quòd Saturnus, Iupiter, & Mars acronycti propinquiores ſint terræ, quàm circa eorũ occultationem & apparitionem. Maxime uero Mars pernox factus magnitudine Iouem æquare uidetur, colore duntaxat rutilo diſcretus: illic autem uix inter ſecundæ magnitudinis ſtellas inuenitur, ſedula obſeruatione ſectantibus cognitus. Quæ omnia ex eadem cauſa procedunt, quæ in telluris eſt motu. Quòd autem nihil eorum apparet in fixis, immenſam illorũ arguit celſitudinem, quæ faciat etiam annui motus orbem ſiue eius imaginem ab oculis euaneſcere. Quoniã omne uiſibile longitudinem diſtantiæ habet aliquam, ultra quam non amplius ſpectatur, ut demonſtratur in Opticis. Quòd enim à ſupremo errantium Saturno ad fixarum ſphæram adhuc plurimum interſit, ſcintillantia illorum lumina demõſtrant. Quo indicio maxime diſcernuntur à planetis, quodcꝫ inter mota & non mota, maximam oportebat eſſe differentiam. Tanta nimirum eſt diuina hæc Opt. Max. fabrica.

De triplici motu telluris demonſtratio. Cap. XI.

CVm igitur mobilitati terrenę tot tantacꝫ errantium ſyderum conſentiant teſtimonia, iam ipſum motum in ſumma exponemus, quatenus apparentia per ipſum tanquã hypoteſim demonſtrentur, quẽ triplicẽ omnino oportet admittere. Primum quem diximus [illegible] à Græcis uocari, diei noctiſcꝫ circuitum proprium, circa axem telluris, ab occaſu in ortum uergentem, prout in diuerſum mundus ferri putatur, æquinoctialem circulum deſcribendo, quem nonnulli æquidialem dicunt, imitantes ſignificationem Græcorum,

c ij

1.4

⇤ 1.4

Nikolaus Kopernikus (1473–1543) / Andreas Osiander (Hosemann) (1498–1552)
De revolutionibus orbium cœlestium, libri VI. Opus jam recens natum et aeditum
Nürnberg: Johann Petreium 1543
Wien, Österreichische Nationalbibliothek, Sammlung von Handschriften und alten Drucken, Sign. 72.C 36* Alt.Rara

¶ Kopernikus war Domherr im Fürsterzbistum Ermland/Warmia in Preußen und beschäftigte sich mit Astronomie, Kartografie und Mathematik. Mit seinem Hauptwerk *De revolutionibus orbium cœlestium, libri VI* hat er die Sicht der Welt revolutioniert — nicht umsonst spricht man von der kopernikanischen Wende. Mit seiner These, dass nicht die Erde, sondern die Sonne der Mittelpunkt des Universums ist, begründete er das heliozentrische Weltbild, das noch lange von der Kirche bekämpft wurde. Das große Werk von Kopernikus wurde vom reformatorischen Theologen Andreas Osiander gegen den Widerstand Luthers und Melanchthons mit einigen Änderungen im Vergleich zum Originaltext herausgegeben. (KV)

¶ Lit.: Martin Carrier: Nikolaus Kopernikus, München 2001; Jürgen Hamel: Nicolaus Copernicus. Leben, Werk und Wirkung, Heidelberg/Berlin/Oxford 1994; Jochen Kirchhoff: Kopernikus, Reinbek 1985; Dava Sobel: Und die Sonne stand still. Wie Kopernikus unser Weltbild revolutionierte, Berlin 2012; John Freely: Kopernikus. Revolutionär des Himmels, Stuttgart 2015; Wolfgang Neuber, Thomas Rahn, Claus Zittel: The making of Copernicus. Early modern transformations of the scientist and his science, Leiden 2015.

↓ 1.5

Albrecht Altdorfer (ca. 1480–1538)
Gebirgslandschaft mit großem Baum und Kirche, 1525
Feder in Braun, leicht aquarelliert, 27,5 × 19,4 cm
Wien, Albertina, Inv.Nr. 24658

¶ Altdorfer, der als Maler, Kupferstecher und sogar als Baumeister arbeitete, war neben dem in Vorarlberg geborenen Wolf Huber (ca. 1485–1553) einer der wichtigsten Vertreter der Donauschule, in deren Gemälden die Landschaft eine zentrale Rolle spielte. Das Bildgeschehen und die Menschen und Tiere gehen oft in der Landschaft gewissermaßen verloren. Die Entdeckung der Natur und deren Darstellung als Hintergrund oder eigenes Bildsujet sind typisch für die Kunst der Renaissance. (KV)

¶ Lit.: Christopher S. Wood: Albrecht Altdorfer and the origins of landscape, London 1993.

1.5

Die Entdeckung der Perspektive und des menschlichen Körpers

Die Kunst der Renaissance unterscheidet sich in vielen Punkten grundsätzlich von der mittelalterlichen Kunst: Die Natur wird ins Bild einbezogen, der goldfarbene Hintergrund verschwindet und wird durch die Darstellung der Landschaft verdrängt. Das Bild der Menschen wird ebenfalls realistischer und individueller, an die Stelle von typologischen Darstellungen treten porträtgetreue Bilder von Individuen, die auch anatomisch richtig dargestellt werden. Die Nacktheit des Menschen — nicht nur in biblischen Motiven wie Adam und Eva, sondern auch in mythologischen Darstellungen — wird zu einem zentralen Thema der Kunst. ◖ Ein anderes Charakteristikum der neuen Kunst der Renaissance ist die Perspektive, die reale Räume abzubilden imstande ist. Zwar spielen religiöse Themen immer noch eine große Rolle, doch durch die Reformation werden manche Themen wie Heiligenlegenden nicht mehr nachgefragt. Dagegen erleben Landschaftsbilder und Porträts — bis hinein ins Bürgertum — eine große Blüte. (KV)

1.6

⇤ 1.6

Jost Amman (1539–1591)
Der Goldschmied Wenzel Jamnitzer (1507/08–1585), um 1570

Kupferstich, 17,9 × 25,9 cm (Platte), 19,4 × 30 cm (Blatt)
Wien Museum, Inv.Nr. 83.571

¶ Wenzel Jamnitzer war nicht nur Goldschmied, Kupferstecher und Medailleur, sondern veröffentlichte im Jahr 1568 auch ein Buch mit dem Titel *Perspectiva corporum regularium*, das sich mit der perspektivischen Darstellung auseinandersetzt, die eine wesentliche Neuerung der Renaissancekunst gegenüber der gotischen Malerei war. Den Stich von Jamnitzer bei der Arbeit fertigte Jost Amman an, ein Schweizer Kupferstecher, der vor allem in der Reichsstadt Nürnberg wirkte. (KV)

¶ Lit.: Wenzel Jamnitzer und die Nürnberger Goldschmiedekunst 1500–1700. Goldschmiedearbeiten — Entwürfe, Modelle, Ornamentstiche, Schmuck, Porträts (Ausstellungskatalog Germanisches Nationalmuseum), Nürnberg 1985; Manfred H. Grieb (Hg.): Nürnberger Künstlerlexikon. Bildende Künstler, Kunsthandwerker, Gelehrte, Sammler, Kulturschaffende und Mäzene vom 12. bis zur Mitte des 20. Jahrhunderts, München 2007; Klaus Pechstein, Gerhard Bott: Wenzel Jamnitzer, München 1985.

1.7 (Abb. S. 17)

Raub der Sabinerinnen, niederländisch (?), 2. Hälfte 16. Jh.

Buchsbaumholz, Höhe: 32,4 cm
Kunsthistorisches Museum Wien, Kunstkammer, Inv.Nr. KK 7239

¶ Die Figurengruppe stellt ein in der Kunst häufig dargestelltes Motiv dar, das mit der Gründungsgeschichte Roms zu tun hat. In der Stadt Rom herrschte Frauenmangel, und so wandte einer der Gründerväter, Romulus, eine List an: Er lockte Bewohner benachbarter Städte zu einem Fest, bei dem sie überfallen und ihrer Frauen beraubt wurden.
Der Konflikt endete schließlich glimpflich, da die Frauen später ihre römischen Männer und Kinder vor den Kriegern ihrer eigenen Stadt beschützten.
Die Szene des Frauenraubs hat in der Spätrenaissance oder dem Manierismus an spezifischer Beliebtheit gewonnen, weil die Darstellung des Kampfs in einer überaus bewegten *Figura serpentinata*, die man umschreiten und somit aus unterschiedlichsten Blickwinkeln betrachten konnte, ebenso wie die Nacktheit der Figuren dem Kunstideal dieser Zeit entsprachen. (KV)

Die Fortschritte der Anatomie

Die Beschäftigung mit dem menschlichen Körper in der Anatomie hat nicht nur die Malerei verändert und neu geprägt, sondern war auch für die Medizin wesentlich. Die anatomischen Studien wurden von der Kirche verboten und verfolgt, dennoch betrieb man zunehmend mit Sektionen solche Forschungen, die zu vertieften Kenntnissen des Körpers und der Lage der einzelnen Organe führten. Basierend auf solchen Studien entwickelte sich die Medizin weiter, war aber noch lange von den großen Durchbrüchen der *scientific revolution* ab dem 17. Jahrhundert entfernt. (KV)

1.8 →

Andreas Vesalius (eigentl. Witinck) (1514–1564)
Anatomia, Deudsch. Ein kurtzer Auszug der beschreibung aller glider menschlichs Leybs […] Nürnberg: Jul. Paulo Fabricio 1551

Wien, Österreichische Nationalbibliothek, Sammlung von Handschriften und alten Drucken, Sign. *69.A.7 Alt.Prunk

¶ Andreas Vesalius stammte aus dem flämischen Gebiet der spanischen Niederlande, er war einer der größten Anatomen seiner Zeit und wurde Leibarzt Kaiser Karls V. und dann des spanischen Königs Philipp II. Er war einer der Ersten, die an Leichen den Aufbau des Körpers studierten — oft waren es Opfer von Hinrichtungen, die als Anschauungsmaterial dienten. Trotz der Einwände der Kirche gegen diese Vorgehensweise führte Vesalius auch öffentliche Obduktionen (1537 in Löwen/Leuven/Louvain und 1540 in Bologna) durch. Sein Hauptwerk *De humani corporis fabrica libri septem*, das hier in einer deutschen Übersetzung gezeigt wird, stellt einen Meilenstein der Kenntnis des menschlichen Körpers dar, dessen Darstellung — etwa hinsichtlich der Lage der inneren Organe — schon weitgehend der Realität entspricht. (KV)

¶ Lit.: Andrew Cunningham: The Anatomical Renaissance. The resurrection of the anatomical projects of the ancients, Aldershot u. a. 2003; Charles Donald O'Malley: Andreas Vesalius of Brussels, 1514–1564, Berkeley u. a. 1964; Stephanie Ursula Nestawal: Die Anatomie im 16. Jahrhundert. Zwischen Tradition und Fortschritt. Andreas Vesalius „de humani corporis fabrica libri septem" als erstes revolutionäres Lehrbuch der Anatomie, unveröff. Dipl.-Arb. Univ. Wien 2004.

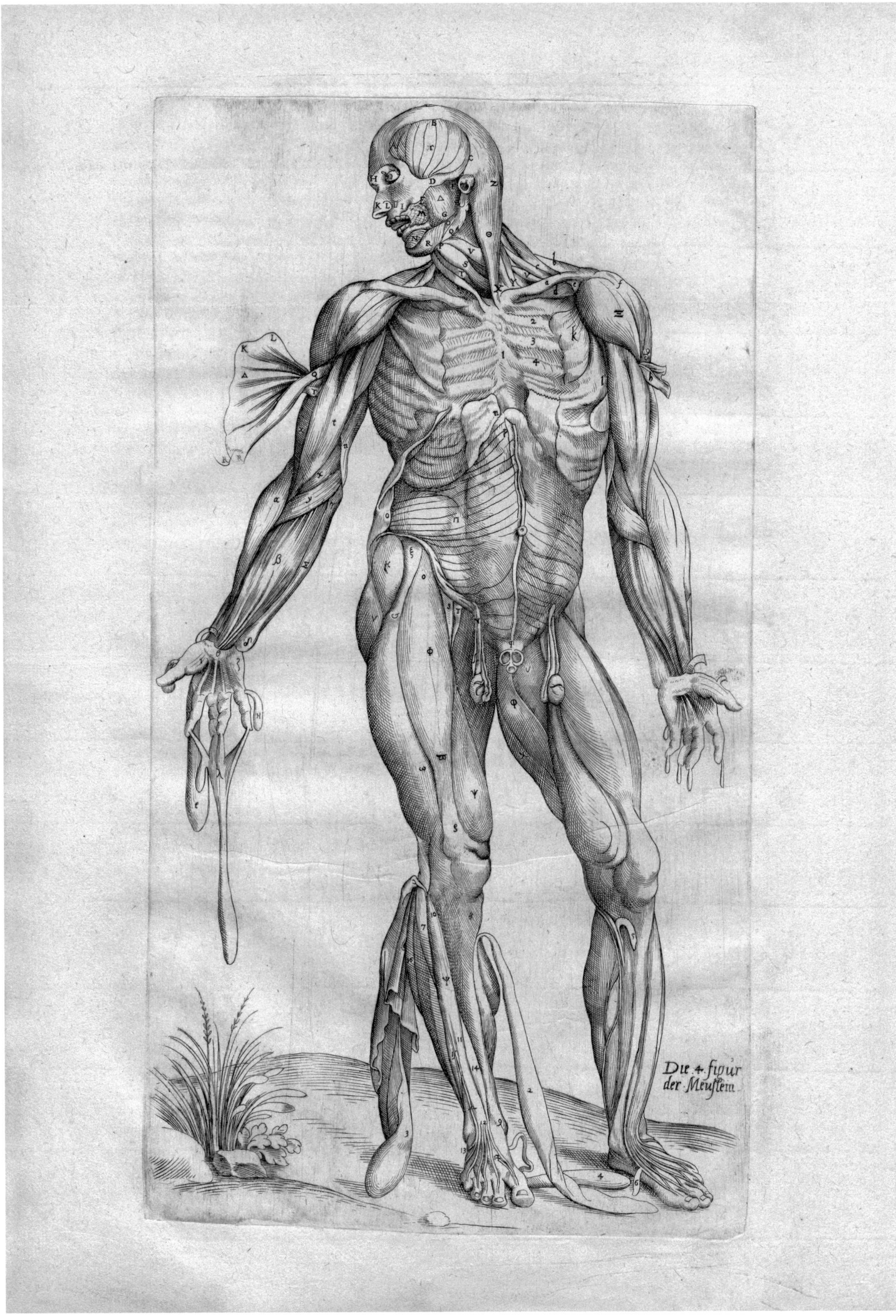

1.8

Globalisierung

Neue wissenschaftliche Geräte wie Kompass, Quadrant, Taschenuhr, und neue Formen von Schiffen schufen die Voraussetzungen für die „Entdeckungsgeschichte“. Die Fahrten der Portugiesen rund um Afrika nach Indien und besonders die Entdeckungen der beiden Amerikas durch Kolumbus hatten gravierende Folgen. Ein neues Bild der Welt, wie es sich in zeitgenössischen Globen manifestiert, entstand und verfeinerte sich im Lauf der Zeit mehr und mehr. ◖ Die „Entdeckungen“ insbesondere der alten Kulturen der Azteken und Inkas in Lateinamerika brachten viele neue Produkte und großen Reichtum an Gold und Silber nach Europa. Für die beiden Amerikas und für Afrika bedeuteten sie durch die Ausrottung bzw. den Sklavenhandel unermessliches Leid. Die Globalisierung mit dem Austausch von Tieren, Pflanzen und Krankheitskeimen, die Europäisierung Amerikas und die Zerstörung der alten einheimischen Kulturen sind wesentlich Resultate dieser Zeit. (KV)

1.9

←1.9
Joseph Mayer
Tafelaufsatz in Form einer Galeere, Ulm, Ende 16. Jh.
Buchsbaumholz, Rahmen: Messing, Silber, teilweise vergoldet, Höhe: 41 cm, Länge: 41 cm, Breite: 15,7 cm
Kunsthistorisches Museum Wien, Kunstkammer, Inv.Nr. KK 6864
¶ Das dargestellte Schiff ist eine Art von Karavelle, ein Segelschiff (hier nur mit einem statt der meist mehreren Masten), wie es als Kriegsschiff und für die „Entdeckungsfahrten“ verwendet wurde. Die fälschliche Bezeichnung als Galeere bezieht sich auf einen Schiffstyp, der im Mittelmeer eingesetzt wurde, aber für die großen Fahrten nach Übersee nicht geeignet war. Galeeren sind Ruderschiffe für Seeschlachten mit schlankem und sehr flachem Rumpf. (KV)

1.10 (Abb. S. 21)
Geschützquadrant, süddeutsch, Ende 16. Jh.
Kupferlegierung, vergoldet, Höhe: 8,4 cm, Breite: 10,5 cm, Tiefe: 1,9 cm

Kunsthistorisches Museum Wien, Kunstkammer, Inv.Nr. KK 718
¶ Die astronomische Grunderfindung des Quadranten konnte nicht nur in der Artillerie, sondern auch in der Schifffahrt eingesetzt werden. Der Quadrant ermöglichte die Bestimmung der Position von Gestirnen und damit die Orientierung auf dem Meer. (KV)

1.11
Kompass mit Stundenumwandler, süddeutsch, 1587
Kupferlegierung, vergoldet, Länge: 15 cm, Breite: 6,5 cm, Tiefe: 0,8 cm
Kunsthistorisches Museum Wien, Kunstkammer, Inv.Nr. KK 779
¶ Eine weitere wichtige Erfindung war der Kompass, der ebenfalls schon lang in China Verwendung fand. Auch dieses Instrument war für die Orientierung der Schiffe unentbehrlich und bildete eine der Voraussetzungen für die weiten Reisen der „Entdecker" um 1500 und danach. (KV)

1.12 (Abb. S. 20)
Caspar Vopelius (1511–1561) Erdglobus, um 1544
Pappe, Gips, Papier, Kupferstiche, Holz, Höhe: 59 cm, Durchmesser: 36 cm
Salzburg Museum, Inv.Nr. K 1630–49
¶ Caspar Vopelius, auch Vopel oder nach seinem Geburtsort Meydebachius genannt, studierte und wirkte in Köln als Lehrer am Gymnasium. Er war auch Astronom und Kartograf und schuf einige bekannte frühe Himmels- und Erdgloben. Der ausgestellte Globus bildet die Erde nach dem damals bekannten Wissensstand ab. (KV)

1.13
Stein mit Kreuz, Mexiko, 16. Jh. (?)
Sandstein, Höhe: 22,3 cm, Breite: 15,5 cm, Tiefe: 11,5 cm
Weltmuseum Wien, Inv.Nr. 12412 (Sammlung: k. k. Münz- und Antikenkabinett / Kaiser Maximilian von Mexiko)
¶ Die Konquistadoren, die in der Neuen Welt die Reiche der Azteken und Inkas mit deren alten Kulturen zerstörten, waren getrieben von der Gier nach Gold, aber auch von der Vision, die Menschen zu christianisieren und damit der „Erlösung" zuzuführen. Die Verwendung des Kreuzes kann als Symbol für diese Intention stehen. (KV)

1.14 0415
Steigbügel in Form eines Kreuzes, Mexiko, 16. Jh. (?)
Eisen, Leder, Pflanzenfaser, Höhe: 47 cm, Breite: 30 cm, Tiefe: 8,5 cm, Gewicht: 4,4 kg
Weltmuseum Wien, Inv.Nr. 12524 (Sammlung: k. k. Münz- und Antikenkabinett / Kaiser Maximilian von Mexiko)

„Denn nimpt der widerumb das Holtz / der den todtschlagen sol / vnd sagt: Ja hie bin ich / ich will dich tödten / den die deinen haben meine Freunde auch viel getödtet vnd gessen. Antwort er / wenn ich todt bin / so habe ich noch viel Freunde / die werden mich wol rechen / darmit schlegt er jhm hinden auff den Kopf / daß jhm das Hirn darauß springt / alßbaldt nehmen jhn die Weiber / ziehen jhn auff das Fewer / kratzen jm die Haut alle ab / machen jn gantz weiß / stopffen jm den Hindersten mit einm Holtz zu / auff daß jm nichts entgehet." Hans Staden → 1.15

1.15 ⇥
Hans Staden (ca. 1525–1576) [Sammlung der Reisen nach dem abendländischen Indien]. Drittes Buch Americae, Darinn Brasilia durch Johann Staden von Homberg auß Hessen, auß eigener erfahrung in Teutsch beschrieben
Frankfurt: Theodor de Bry 1593
Wien, Österreichische Nationalbibliothek, Sammlung von Handschriften und alten Drucken, Sign. 77.C 30 (Vol. 3) Alt. Prunk
¶ Hans Staden war ein deutscher Landsknecht, der im Jahr 1548 in portugiesische Dienste trat und zwei Reisen nach Brasilien unternahm, wo er gegen indigene Stämme kämpfte. Er schildert in seinem Buch sein abenteuerliches Leben, vor allem seine Berichte über den Kannibalismus der Tupinambá werden in der Forschung diskutiert, ebenso wie die Frage seiner alleinigen Verfasserschaft. Jedenfalls ist dieses Buch eine der ersten Schilderungen der Bevölkerung Brasiliens im 16. Jahrhundert, das auch Landschaften, Tiere (z. B. das Gürteltier) und Pflanzen (z. B. die Süßkartoffel) erstmals beschreibt. (KV)
¶ Lit.: Eve M. Duffy, Alida Metcalf: The Return of Hans Staden. A Go-between in the Atlantic World, Baltimore 2012.

1.16 ⇥
Goncalo Fernandez de Oviedo y Valdés (1478–1557) La hystoria general de las Indias agora nuevamente impressa
Salamanca: Juan de Junta 1547
Wien, Österreichische Nationalbibliothek, Kartensammlung und Globenmuseum, Sign. 393317-C.K.
¶ Der Autor wuchs am spanischen Hof auf, ging dann nach Italien und wurde schließlich königlich spanischer Berichterstatter in Westindien. In dieser Eigenschaft unternahm er fünf lange Reisen in die Neue Welt und arbeitete gleichzeitig an seinem Lebenswerk, der *Historia de las Indias*, deren gesamte Veröffentlichung er nicht mehr erlebte. Das Buch spiegelt die sozialen Konflikte in den Kolonien und beschreibt die Zustände in der Neuen Welt aus erster Hand, ist aber nicht immer nur eine Quelle der reinen Wahrheit. (KV)

1.15

Vorrede.

nommen/mit diesem Truck/vnd Beschreibung der Historien/Gott in allwege zu loben vnd preysen/vnd auß Christlichem Gemüht/die Werck vnd Gnad an jhm erzeigt/wo er kan vnd mag an tag zu bringen. Vnd wann diß nicht sein vornemens were(welchs dann erbarlich vnd recht ist/so wolte er viel lieber diese Mühe vnd Arbeit/Verseumniß/auch angewendtes Kostens/der nicht gering auff diesen Truck vnd Formen zum schneiden ergangen ist/enthaben seyn.

Ob wol diese Historia aber durch den Anthorem dem Durchleuchtigen/Hochgebornen Fürsten vnd Herrn/Herrn Philipsen/Landtgraffen zu Hessen/Graff zu Catzenelnbogen/Dietz/Ziegenhain vnd Nidda/seinem Landtsfürsten vnd Gnädigen Herrn/vnderthäniglich dedicirt vnd zugeschrieben/vnd in seiner Gnad Namen offentlich in Truck hat lassen außgehen/vnd lange zeit zuvor her von hochgemeltem F. vnserm Gnädigen Herrn/in meiner vnd anderer viel Gegenwertigkeit/den Hans Staden Examniert/vñ von allen stücken seiner Schifffahrt vnd Gefänckniß gründtlich außgefraget vnd erforsch/davon ich dañ vielmals E.G. sampt andern Herrn vnderthänig angezeigt vnd erzehlet habe. Vnd dieweil ich E.G. vor einem sonderlichen Liebhaber solcher vñ dergleichen Astronomischen vnd Cosmographischen Künste zu seyn/lange zeit vermerckt/habe ich diese meine Præfation oder Vorred E.G. vnderthäniglich wöllen zuschreiben/Welche E.G. gnädiglich also von mir wölle annemen/biß so lang ich etwas trifftigers/in E.G. Namen/in Truck verfertigen werde. Mich hiemit E.G. vnderthäniglich befehlende. Datum Marpurgk am tag Thomæ. Anno 1556.

Innhalt deß Buchs.

I.

Von zweyen Schifffahrten/so Hans Staden in Neundthalb jaren volnbracht hat.

Ist die erste Reyse auß Portugalia/die ander auß Hispania/in die newe Welt Americam geschehen.

II.

Wie er allda in der Landtschafft der Wilden Leut Toppinikin genannt (so dem König zu Portugal zustehen) für einen Büchsenschützen gegen die Feinde dahin gebrauchet sey.

Letzlichen/von den Feinden gefangen vnd weggeführet/zehendhalben Monat lang in der Gefahr gestanden/daß er getödt von den Feinden/vnd gefressen solt worden seyn.

III.

Item/wie Gott gnädiglichen vnd wunderbarlicher weise/diesen Gefangenen nach vorgeleßnem jar erlöset/vnnd er in sein geliebtes Vatterland wider heym kommen sey.

Alles Gott zu Ehren vnd Dancksagung seiner milten Barmhertzigkeit/in Truck gegeben.

Wunder,

I. Capittel. I

Wunderbarliche vnd warhafftige Beschreibung der wilden nacketen Menschenfresser/wie dieselbigen Johannes Staden von Homberg auß Hessen bürtig/in eigener Person mit grosser Gefahr erkündigt/vnd dem Durchleuchtigen Hochgebornen Fürsten vnd Herren/Herren Philippo/Landtgraffen zu Hessen/rc. dedicirt vnd zugeschrieben.

ICh Hans Staden von Homberg in Hessen/name mir für/weñs Gott gefellig were/Indiam zu besehen/zoge der meynung von Bremen nach Holandt/zu Campen kame ich bey Schiffe/die wolten in Portugal Saltz laden/da fuhre ich mit hin/Vnd wir kamen den 29. Tag Aprilis/deß Jars 1547. an/bey einer Statt genannt Sanct Tuual

Homberg. Bremen. Campen.

B

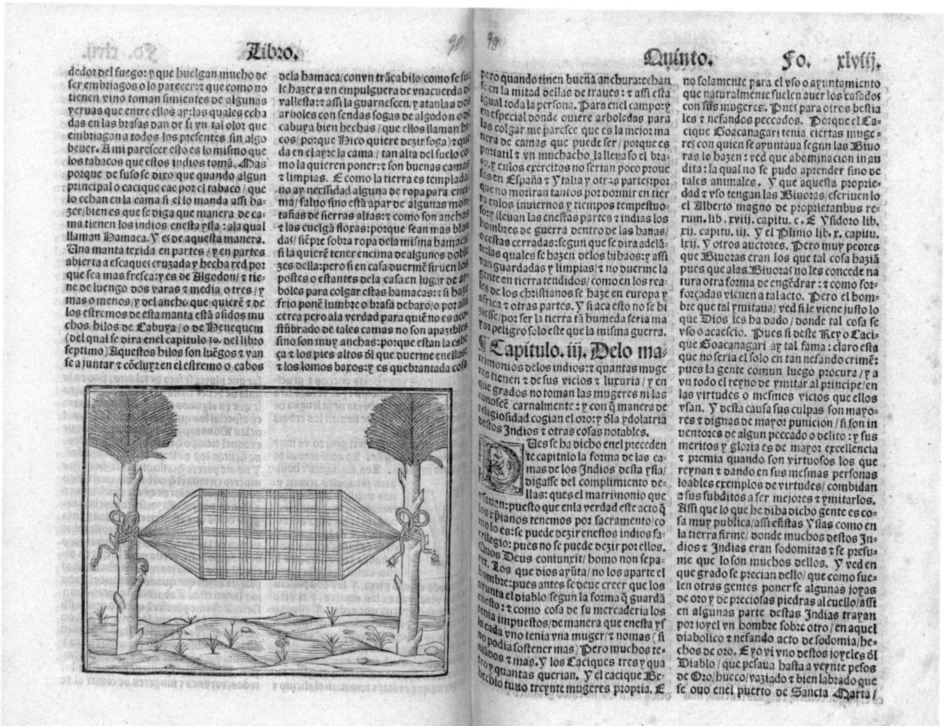

Libro. Quinto. Fo. xlviij.

dedor del fuego: y que huelgan mucho de ser embriagos o lo parecer: ⁊ que como no tienen vino toman simientes de algunas yeruas que entre ellos ay: las quales echadas en las brasas dan de si vn tal olor que embriagan a todos los presentes sin algo beuer. A mi parescer esto es lo mismo que los tabacos que estos indios tomã. Mas porque de suso se dixo que quando algun principal o cacique cae por el tabaco/que lo echan en la cama si el lo manda assi hazer/bien es que se diga que manera de cama tienen los indios enesta ysla: ala qual llaman Hamaca. Y es de aquesta manera. Una manta texida en partes/y en partes abierta a escaques cruzada y hecha red porque sea mas fresca: y es de Algodon/⁊ tiene de luengo dos varas ⁊ media o tres/y mas o menos/y del ancho que quierẽ ⁊ de los estremos de esta manta estã asidos muchos hilos de Cabuya/o de Henequem (del qual se dira enel capitulo 10. del libro septimo) Aquestos hilos son luẽgos ⁊ van se a juntar ⁊ cõcluyr en el estremo o cabos dela hamaca/con vn trãcahilo/como se suele hazer a vn empulguera de vna cuerda de vallesta: ⁊ assi la guarnescen/y atanla a dos arboles con sendas sogas de algodon o de cabuya bien hechas/que ellos llaman hicos (porque Hico quiere dezir soga) ⁊ queda en el ayre la cama/tan alta del suelo como la quieren poner: ⁊ son buenas camas ⁊ limpias. E como la tierra es templada no ay necssidad alguna de ropa para encima/saluo sino estã apar de algunas montañas de sierras altas: ⁊ como son anchas ⁊ las cuelgã floxas: porque sean mas blandas/siẽpre sobra ropa dela misma hamaca si la quierẽ tener encima de algunos dobezes della: pero si en casa duermẽ siruen los postes o estantes dela casa en lugar de arboles para colgar estas hamacas: ⁊ si haze frio ponẽ lumbre o brasa debaxo/o por alli cerca pero ala verdad para quiẽ no es acostũbrado de tales camas no son apazibles sino son muy anchas: porque estan la cabeça ⁊ los pies altos dl que duerme enellas: ⁊ los lomos baxos: y es quebrantada cosa pero quando tinen buena anchura: echanse en la mitad dellas de traues: ⁊ assi esta igual toda la persona. Para enel campo: y en especial donde ouiere arboledas para las colgar me parescé que es la mejor manera de camas que puede ser/porque es portatil ⁊ vn muchacho la lleua so el braço. y enlos exercitos no serian poco prouechosas en España ⁊ Ytalia y otras partes: porque no moriran tantos por dormir en tierra enlos inuiernos y tiempos tempestuosos: y lleuan las enestas partes ⁊ indias los hombres de guerra dentro de las hauas/o cestas cerradas: segun que se dira adelãte: las quales se hazen delos bihaos: y assi van guardadas y limpias/⁊ no duerme la gente en tierra tendidos/como en los reales de los christianos se haze en europa y africa ⁊ otras partes. Y si aca esto no se hiziesse/por ser la tierra tã humeda seria mayor peligro solo este que la misma guerra.

Capitulo. iij. Delo matrimonios delos indios: ⁊ quantas mugeres tienen ⁊ de sus vicios ⁊ luxuria/y en que grados no toman las mugeres ni las conoscẽ carnalmente: y con q̃ manera de religiosidad cogian el oro: y dla ydolatria destos Indios ⁊ otras cosas notables.

Ues se ha dicho enel precedente capitulo la forma de las camas de los Indios desta ysla/digasse del complimiento dellas: ques el matrimonio que vsauan: puesto que enla verdad este acto q̃ los xpianos tenemos por sacramento/como lo es: se puede dezir enestos indios sacrilegio: pues no se puede dezir por ellos. Quos Deus coniunxit/homo non separet. Los que dios ayũta/no los aparte el hombre: pues antes se deue creer que los ayunta el diablo/segun la forma q̃ guardã enesto: ⁊ como cosa de su mercaderia los tenia impuestos/de manera que enesta ysla cada vno tenia vna muger/⁊ no mas (si no podia sostener mas) Pero muchos tenian dos ⁊ mas. Y los Caciques tres y quatro y quantas querian. Y el cacique Behechio tuuo treynte mugeres propria. E no solamente para el vso o ayuntamiento que naturalmente suelen auer los casados con sus mugeres. Pues para otros bestiales ⁊ nefandos peccados. Porque el Cacique Goacanagari tenia ciertas mugeres con quien se ayuntaua segun las Biuoras lo hazen: ved que abominacion inaudita: la qual no se pudo aprender sino de tales animales. Y que aquesta propriedad ⁊ vso tengan las Biuoras/escriuen lo el Alberto magno de proprietatibus rerum. lib. xviij. capitu. c. E Ysidoro lib. xij. capitu. iij. Y el Plinio lib. x. capitu. lxij. Y otros auctores. Pero muy peores que Biuoras eran los que tal cosa haziã pues que alas Biuoras no les concede natura otra forma de engẽdrar: ⁊ como forforçadas vienen a tal acto. Pero el hombre que tal ymitaua/ved si le viene justo lo que Dios les ha dado/donde tal cosa se vso o acaescio. Pues si deste Rey o Cacique Goacanagari ay tal fama: claro esta que no seria el solo en tan nefando crimẽ: pues la gente comun luego procura/y a vn todo el reyno de ymitar al principe/en las virtudes o mesmos vicios que ellos vsan. Y desta causa sus culpas son mayores ⁊ dignas de mayor punicion/si son inuentores de algun peccado o delito: y sus meritos y gloria es de mayor excellencia ⁊ premia quando son virtuosos los que reynan ⁊ dando en sus mesmas personas loables exemplos de virtudes/combidan a sus subditos a ser mejores ⁊ ymitarlos. Assi que lo que he diba dicho gente es cosa muy publica/assi enistas Yslas como en la tierra firme/donde muchos destos Indios ⁊ Indias eran sodomitas ⁊ se presume que lo son muchos dellos. Y ved en que grado se precian dello/que como suelen otras gentes poner se algunas joyas de oro y de preciosas piedras al cuello/assi en algunas parte destas Indias trayan por joyel vn hombre sobre otro/en aquel diabolico ⁊ nefando acto de sodomia/hechos de oro. E yo vi vno destos joyeles dl Diablo/que pesaua hasta a veynte pesos de Oro/hueco/vaziado ⁊ bien labrado que se ouo enel puerto de Sancta Marta/

1.16

Gesellschaft

Die Gesellschaft der Frühen Neuzeit war streng hierarchisch gegliedert. Die Stände, die eine politische Macht und ein Gegengewicht zum Kaiser darstellten, waren die oberste soziale Schicht des Reichs. Doch eine nach Berufsgruppen gegliederte Struktur war auch in den Städten die Grundlage der Gesellschaft. ◖ In der Renaissance entstand ein neues Menschenbild, das zunächst in der adeligen Oberschicht große Auswirkungen hatte und sich dann als Vorbild für andere Gruppen entfaltete. Der „Höfling" *(Cortegiano)*, wie ihn z. B. der italienische Erfolgsautor Baldassare Castiglione, dessen Werk in vielen Auflagen und Übersetzungen erschien, entwarf, entsprach dem Ideal eines allseitig gebildeten und in verschiedenen Künsten bewanderten „neuen Menschen". (KV)

1.17

|← 1.17
Michel (Michael) Wolgemut (1434–1519) / Wilhelm Pleydenwurff (1420–1472)
Ständehierarchie des Heiligen Römischen Reichs
Doppelseite 183v/184r in: Hartmann Schedel (1440–1514) Buch der Chroniken und Geschichten mit Figuren und Bildnissen von Anbeginn der Welt bis auf diese unsere Zeit
Nürnberg: Anton Koberger 1493
Holzschnitt, koloriert, 44 × 72 cm
Wien, Österreichische Nationalbibliothek, Sammlung von Handschriften und alten Drucken, Sign. Ink 30-50

¶ Die Schedel'sche Weltchronik von 1493 ist eine der bedeutenden Inkunabeln (vor 1500 gedrucktes Buch) der Welt mit unzähligen Illustrationen.
Die gezeigte Grafik, die symbolisch die Stände (den Kaiser, die sieben Kurfürsten, geistliche und weltliche Fürsten, Grafen und Herren sowie Vertreter der Reichsstädte) des Heiligen Römischen Reichs abbildet, stammt vom Holzschnittspezialisten Michael Wolgemut aus Nürnberg und seinem Bruder Wilhelm Pleydenwurff. Im Umkreis dieser Künstler ist auch Albrecht Dürer (1471–1528) zu finden. (KV)

¶ Lit.: Christoph Reske: Die Produktion der Schedelschen Weltchronik in Nürnberg, Wiesbaden 2000; Elisabeth Rücker: Hartmann Schedels Weltchronik, das größte Buchunternehmen der Dürerzeit, München 1988; Bernd Posselt: Konzeption und Kompilation der Schedelschen Weltchronik (Monumenta Germaniae historica, Bd. 71), Wiesbaden 2015.

1.18 (Abb. S. 16)
Baldassare Castiglione (1478–1529)
Hofman, Ein schon holdselig Buch, in Welscher sprach der Cortegiano [...] Nunmals in [...] Teutsch [...] transferiert
München: Adam Berg 1565
Wien, Österreichische Nationalbibliothek, Sammlung von Handschriften und alten Drucken, Sign. 35.V.58 Alt.Prunk

¶ Der Adelige Baldassare Castiglione, der eine solide humanistische Ausbildung erfuhr, lebte an verschiedenen der kleineren Renaissancehöfe in Italien, am Hofe der Sforza in Mailand/Milano, der Gonzaga in Mantua/Mantova und der Montefeltre in Urbino. Später wirkte er als Gesandter des Herzogs von Urbino in Rom und als apostolischer Nuntius in Spanien. Sein erstmals im Jahr 1528 gedrucktes Buch *Il Libro del Cortegiano* ist nicht nur ein Meisterwerk der italienischen Literatur der Renaissance, sondern wurde auch ein internationaler Bestseller, der das Verhalten des Adels in Europa prägte. Castiglione entwickelte das Bild eines allseits gebildeten, in allen Künsten dilettierenden Höflings, dessen Intention sein sollte, den Damen, die Castiglione sehr schätzte und als gleichwertige Wesen ansah, zu gefallen. Das Buch war für die Neuorientierung der Erziehung und Sozialisierung des neuzeitlichen Adels von gewaltiger Bedeutung. (KV)

¶ Lit.: Peter Burke: Die Geschicke des Hofmann. Zur Wirkung eines Renaissance-Breviers über angemessenes Verhalten, Berlin 1996.

„Einer sollichen manier vnd geſtalt will ich vnsers Hofmans ansehen haben, das es nit weybischer / waicher art seye / wie sich etlichen mit sonderm fleyß bemühen / die jnen nicht allein die härl krauß machen / vnd auch die augpraw ropfen: sonder sich wol gar wie die aller haylosigiſten und vnehrlichſten weiber anſtreichen; vnd wan sy gehen oder ſtehen / auch an alln jhre geberden / ein sollichen waichen krafftlosigkeit anzuesehen / als wölle ein glid vom anderen fallen: im reden jre wörter so kumerlich und kläglich pronuntiern / als wöllen sy in demselben punct den geiſt aufgeben: vnd jhe mehr sy bei leüten hochs ſtandts je sy sich solcher Termin gebrauchen.“

Baldassare Castiglione → 1.18

2

Alter Glaube — Neue Lehre

Religion am Ende des Mittelalters

Am Vorabend der Reformation stand das kirchliche Leben auch in Wien in Blüte. Es war geprägt vom Streben nach Heilssicherheit, das heißt, man wollte sich und nahestehende Verstorbene vor der Sündenstrafe im Fegefeuer retten. Oft wurden von den Gläubigen hohe Geldmittel für die Jenseitsvorsorge aufgewendet, vor allem für die Stiftung von Seelenmessen und den Erwerb von Ablässen. Die florierende Reliquienverehrung war ebenfalls mit Ablässen verbunden. ◖ Das Heilsbedürfnis der Gläubigen traf dabei auf eine Kirche mit strukturellen Schwächen in Verwaltung und Seelsorge. Durch den immer weiter steigenden Geldbedarf der kirchlichen Hierarchie und der Kurie geriet die Ablasspraxis außer Kontrolle. Es entstand das Missverständnis, kirchliche Gnaden könnten mit Geld erworben werden bzw. die Kirche sei vor allem an Geld interessiert. Dies bedingte eine Vertrauenskrise gegenüber dem Klerus, die sich im „Pfaffenhass" entlud. Die nicht immer priesterlich lebenden und oft schlecht ausgebildeten Geistlichen besaßen in dieser heilsbedürftigen Zeit in den Augen der Gläubigen überdies das Machtmonopol bei der Vermittlung der göttlichen Gnaden. ◖ Die neuen reformatorischen Lehren fielen deshalb auf fruchtbaren Boden. Der „Pfaffenhass" war zwar nicht die Ursache der Reformation, er verlieh ihr aber gerade in Wien enorme Durchschlagskraft. (RL)

2.1 →

Andreasaltar — Altarretabel aus St. Pölten, um 1480
Öl auf Holz, 120 × 162,5 cm
Diözesanmuseum St. Pölten

¶ Der ursprüngliche Aufstellungsort dieses ikonografisch bemerkenswerten Altars, der sich vor seiner Aufstellung im Diözesanmuseum St. Pölten in Privatbesitz befand, war vermutlich die ehemalige Friedhofskapelle St. Andreas in St. Pölten.
Der Andreasaltar ist gemeinsam mit dem sogenannten Graner-Altar im Stadtmuseum Regensburg gewiss jenes Bilddenkmal, an dem die spätmittelalterliche Jenseitsvorsorge bzw. die dahinterstehenden Motive sowie die damit verbundene enorme religiöse Betriebsamkeit am Vorabend der Reformation am eindrücklichsten und klarsten vor Augen geführt werden. Der Altar zeigt im geöffneten Zustand im Altarschrein die Statue des hl. Andreas und auf den Flügeln Szenen aus dem Leben des Heiligen. Im geschlossenen Zustand finden sich auf den Standflügeln vier Szenen aus dem Leben Marias (Verkündigung, Heimsuchung, Geburt Christi, Marientod). Von besonderem Interesse sind jedoch die Außenseiten der beweglichen Flügel, die der mittelalterliche Gläubige im geschlossenen Zustand des Altars — und damit am häufigsten — zu sehen bekam. Die linke Flügelaußenseite bietet nämlich eine anschauliche Darstellung der mittelalterlichen Fegefeuerlehre. In der oberen Bildhälfte sieht man einen Priester beim Feiern einer Seelenmesse. Es ist der Moment der Elevation der Hostie durch den Priester während der Eucharistie. Die anwesenden Gläubigen knien deshalb. Einer von ihnen hält eine Kerze in der Hand. Neben dem Altar steht ein Mann, der einem Bedürftigen in zerschlissenen Kleidern ein Almosen, nämlich eine Münze, in die hingehaltene Schale gibt. In der unteren Bildhälfte sehen wir die Darstellung des Fegefeuers, in dem sich die nackten, armen Seelen befinden, die hier ihre Sünden abbüßen. Das Besondere am Altarflügel ist nun die eindrückliche und höchst anschauliche Demonstration des Nutzens von der in der oberen Bildhälfte dargestellten Seelenmesse und dem guten Werk (Almosen). Ihre Wirkungen werden durch dunkle Linien/Strahlen angezeigt: Von der Hostie führen drei Strahlen zu drei armen Seelen im Fegefeuer hinab, die davon am Kopf getroffen werden. Es sind diese drei Seelen, die von den Engeln ergriffen und aus dem Fegefeuer gerettet werden. Ein vierter Strahl, der von der Schale des Bettlers mit der Münze ausgeht, trifft gleichfalls eine arme Seele, die ebenso von einem Engel aus dem Fegefeuer gezogen wird. Seelenmesse und gute Werke kommen direkt den Toten im Fegefeuer zugute. Die Zeit im Fegefeuer wird verkürzt bzw. beendet. Die Seelenmesse vermag dabei mehr als das gute Werk. Die Lebenden können demnach für die Toten im Fegefeuer etwas tun und sollen es auch, wie dem zeitgenössischen Betrachter durch diese Darstellung nahegelegt wird: nämlich durch das Stiften von Seelenmessen und das Tun guter Werke. Wir befinden uns in jener Zeit, in der die schon längst geübte Praxis des Erwerbs von Ablässen zur Verkürzung der Zeit im Fegefeuer von Papst Sixtus IV. mit der Bulle *Salvator noster* im Jahr 1476 nun auch lehramtlich bestätigt wurde. Je näher wir dem 16. Jahrhundert kommen, desto leichter wurde es, solche Ablässe für Geld (und mit immer weniger Bußgesinnung) zu erwerben.
Der rechte Flügel zeigt in der oberen Hälfte die Deesis, also Christus als Weltenrichter mit Johannes und Maria, wie er am Ende der Zeiten zum Gericht erscheint. Unten findet gerade die Auferstehung statt, die nach dem Urteil des Weltenrichters Geretteten schreiten zu Petrus, die Verurteilten in die Hölle und damit in den ewigen Tod, der etwas anderes ist als das Sterben.
Der linke Flügel mit der Darstellung des Fegefeuers war deshalb im Unterschied zu jenem auf der rechten Seite mit dem Weltgericht für die Gläubigen in gewis-

ser Weise wohl auch ein Bild der Hoffnung, denn hier wurde gezeigt, dass die Menschen die Möglichkeit und die Chance haben, etwas zu tun. Die Kirche und ihre Kleriker konnten helfen, wenn man Messen stiftete, Ablässe kaufte und gute Werke tat. Im späten Mittelalter bzw. am Vorabend der Reformation scheint aber dieses Modell der Jenseitsvorsorge für viele rasch an Plausibilität verloren zu haben, weil Gnade und Erlösung immer mehr mit Geld gegengerechnet und damit veräußerlicht wurden. Hinzu kamen die Missstände und die Strukturschwächen in der Kirche sowie der „Pfaffenhass", also die Vertrauenskrise gegenüber jenen, die allein die geistliche Macht besaßen, die Gnaden zu spenden. Nicht anders ist es zu erklären, dass dieses Jenseitsvorsorgemodell für weite Teile der Bevölkerung am Beginn der Reformation in den 1520er-Jahren ohne Druck nur durch die neuen Argumente seine Überzeugungskraft verlieren konnte. Die Reformation hielt dem mittelalterlichen Konzept der Jenseitsvorsorge entgegen, dass der Mensch allein wegen seines Glaubens während seines Lebens gerettet und ihm deswegen seine Sünden vergeben werden könnten. Der Gottesdienst ist auch kein Messopfer mehr, sondern in ihm wird dem lebenden Menschen Gnade zugesprochen. Den Toten hat man zu gedenken, aber für sie braucht der Mensch, sofern sie geglaubt haben, nichts mehr zu tun, denn sie sind als Erlöste bei Gott bzw. ruhen nach ihrem Tod bis zur Auferstehung am Ende der Zeiten in „Schlafkämmerlein". Die frei gewordenen Stiftungsgelder wurden für die Allgemeinheit eingesetzt (karitative Einrichtungen). Ein neues Verhältnis zwischen den Lebenden und den Toten war damit konstituiert. Die katholische Reform versuchte später eine Antwort darauf zu geben. Sie gab dabei die alten mittelalterlichen Überzeugungen nicht auf, sondern sie beseitigte ihre Missbräuche. (RL)

¶ Lit.: Peter Jezler: Jenseitsmodelle und Jenseitsvorsorge, in: ders. (Hg.): Himmel, Hölle, Fegefeuer. Das Jenseits im Mittelalter (Ausstellungskatalog Schweizerisches Landesmuseum), Zürich 1994, S. 23, S. 25f. (Abb. 13); Susanne Wegmann: Auf dem Weg zum Himmel: das Fegefeuer in der deutschen Kunst des Mittelalters, Köln/Wien 2003, S. 77–105 (Kat.Nr. 2.13); Thomas Aigner, Herbert Berndl-Forstner, Friedrich Schragl (Bearb.): Der St. Pöltner Andreasaltar (Ausstellungskatalog Diözesanmuseum St. Pölten), St. Pölten 1998.

2.1

2.2 (Abb. S. 119 und 219)

Matthäus Heuperger († 1515)
Wiener Heiltumsbuch (In Disem Puechlein ist Verzaichent das Hochwirdig Heyligtüb so man In der Loblichen stat Wienn In Osterreich alle iar an sontag nach dem Ostertag zezaigen pfligt)
Wien: Johann Winterburger 1502

Wienbibliothek im Rathaus, Sign. A-17757

¶ Der Stephansdom in Wien verfügte über eine bedeutende und weit über die Grenzen der Stadt hinaus bekannte Sammlung von Reliquien. Das *Heiltumsbuch* von 1502 stellt ein bebildertes Verzeichnis der Reliquien dar, die zu bestimmten Zeiten vom 1483 erbauten Heiltumsstuhl aus in einer Reliquienweisung gezeigt wurden. Dabei konnte Ablass gewonnen werden. Der Heiltumsstuhl wurde um 1700 abgerissen. Der Autor des *Heiltumsbuchs* ist der ursprünglich aus Tirol stammende Wiener Bürger Matthäus Heuperger, der Ratsherr und auch Mitglied der Fronleichnamsbruderschaft zu St. Stephan war. (KV)

2.3

↑ 2.3

Hans Burgkmair d. Ä. (1473–1531)
Heiltumsweisung (Vorzeigen der Reliquien) der mit päpstlichen Privilegien ausgestatteten Reliquiensammlung des Florian Waldauf vor der Stadtkirche von Hall in Tirol auf Blatt 125v in: Haller Heiltumsbuch, 1509/10

Holzschnitt, eingeklebt in Handschrift, 32 x 44,5 cm (geöffnet)
Hall in Tirol, Pfarrarchiv

¶ Beim *Haller Heiltumsbuch* handelt es sich um ein Autograf des Florian Waldauf (ca. 1450–1510), Protonotar bei Kaiser Maximilian I. Vermutlich sollte das Manuskript für einen geplanten Druck dienen, zu dem es aber nicht gekommen ist. Ursprünglich war die Handschrift mit 154 Unikatholzschnitten ausgestattet, vier davon sind verloren. Waldauf hatte im Lauf seines Lebens eine bedeutende Reliquiensammlung (um die 2.000 Reliquien) angelegt bzw. erworben, die er im Dezember 1501 der Stadtpfarrkirche Hall stiftete (eine Abschrift des Stiftungsbriefs ist im *Heiltumsbuch* enthalten). Nach zeitgenössischem Verständnis stellte Waldauf damit viel Gnade vielen

Menschen zur Verfügung, denn die Sammlung war mit päpstlichen Privilegien, das heißt Ablässen, ausgestattet. Man konnte an 35 Tagen im Jahr Ablässe in Hall erwerben. Die Heiltumsweisung fand immer am dritten Sonntag nach dem Tag des hl. Georg statt. Neben dem *Wiener* und dem *Nürnberger Heiltumsbuch* handelt es sich beim *Haller Heiltumsbuch* um die dritte erhaltene Darstellung von Heiltumsweisungen aus dem Spätmittelalter.

Die Darstellung zeigt fünf infulierte Kleriker (das heißt Kleriker, die das Recht hatten, bischöfliche Insignien zu tragen, wie z. B. Äbte) im Obergeschoß des Heiltumsstuhls, was auf die Bedeutung der Reliquiensammlung schließen lässt. Der Ausrufer zeigt mit einem vergoldeten Zeigestab gerade auf eine Armreliquie und verliest ihre Bedeutung und vielleicht den damit verbundenen Ablassbrief. Jeweils sieben Reliquien zusammen wurden in Gruppen unter Trompetenklang und Gesängen auf die Bühne getragen und dem Volk gezeigt. Unter dem Balkon mit den Klerikern findet sich auf einer Tribüne eine Gruppe von Soldaten im Harnisch. Vor ihnen stehen dicht gedrängt die nach Hall gepilgerten Teilnehmer an der Heiltumsweisung. Unter ihnen befinden sich zwei Personen, die Parabolspiegel in den Händen halten, die auf die Reliquie ausgerichtet sind. Es handelt sich um sogenannte Wallfahrtsspiegel, mit denen man die Reliquien samt ihrer segensreichen Kraft gleichsam einfangen und mit nach Hause nehmen wollte — ein für die Frömmigkeit am Vorabend der Reformation typisches Phänomen.

Hall wurde als internationales Montanzentrum in den frühen 1520er-Jahren ein Brennpunkt der Reformation in Tirol. Im Jahr 1524 stellte man deshalb die alte Form der Heiltumsweisung dort ein. Teile der Reliquiensammlung sind noch heute in barocker Inszenierung in der Stadtpfarrkirche Hall ausgestellt. Der Heiltumsstuhl, der auf den Kirchplatz hin orientiert war, fiel im Jahr 1670 einem Erdbeben zum Opfer. (RL)

¶ Lit.: Josef Garber: Das Haller Heiltumsbuch mit den Unika-Holzschnitten Hans Burgkmair d. Ä., in: Jahrbuch der Kunsthistorischen Sammlungen des allerhöchsten Kaiserhauses 32 (1915), S. I–CLXXVII (grundlegend); Heiltum und Wallfahrt (Ausstellungskatalog Tiroler Landesausstellung Stift Wilten, Abtei St. Georgenberg-Fiecht), Innsbruck 1988, S. 138–148; Anton Legner: Reliquien in Kunst und Kult zwischen Antike und Aufklärung, Darmstadt 1995, insbes. S. 95f., S. 129; René Hurtienne: Haller Waldauf-Reliquien in Nürnberg — Nürnberger Reliquien in Hall? „Transportierte Frömmigkeit" im Spätmittelalter, in: Forum Hall in Tirol. Neues zur Geschichte der Stadt, Bd. 2, Hall 2008, S. 300–321; Hartmut Kühne: Ostensio Reliquiarum. Untersuchungen über Entstehung, Ausbreitung, Gestalt und Funktion der Heiltumsweisungen im römisch-deutschen Regnum (Arbeiten zur Kirchengeschichte, Bd. 75), Berlin/New York 2000, S. 446–464; siehe auch Kat. Nr. 2.2.

2.4
Hl. Jacobus, Andenken an Santiago de Compostela, nordspanisch (Santiago de Compostela?), Anfang 16. Jh.
Gagat (Azabache, Bergpech), Höhe: 19,5 cm, Breite: 8,3 cm
Kunsthistorisches Museum Wien, Kunstkammer, Inv.Nr. KK 214

2.5
Hl. Jacobus, Andenken an Santiago de Compostela, nordspanisch (Santiago de Compostela?), Anfang 16. Jh.
Gagat (Azabache, Bergpech), Höhe: 10,9 cm, Breite: 5,5 cm
Kunsthistorisches Museum Wien, Kunstkammer, Inv.Nr. KK 215
¶ Der Legende nach liegt in Santiago de Compostela der Apostel Jakob begraben. Dieser Heilige spielte in Spanien im Kampf

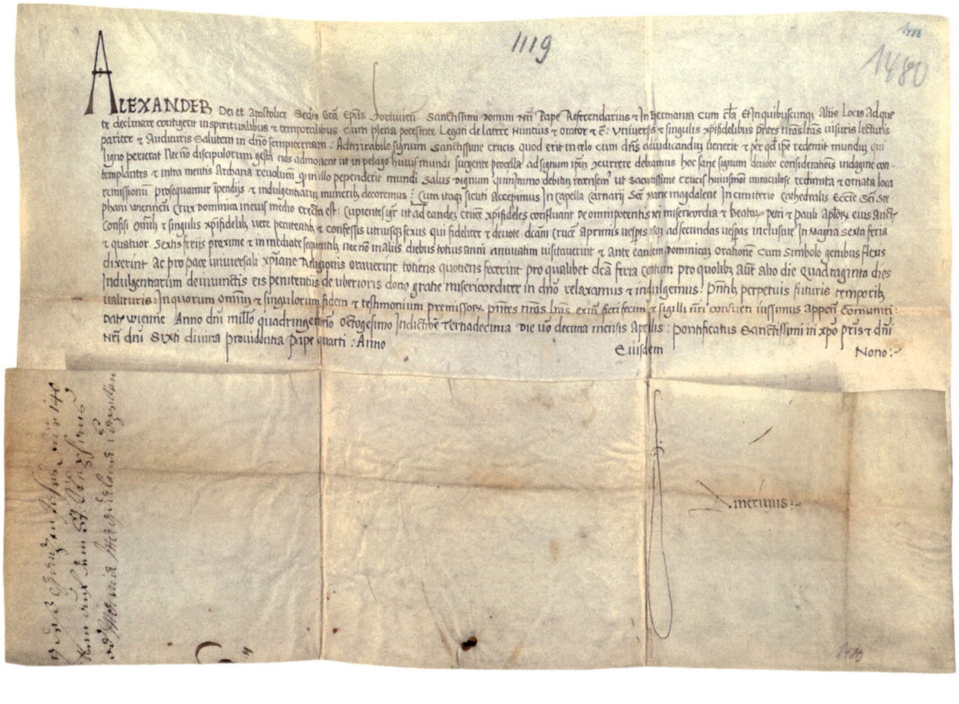
ALEXANDER

2.6

„Darumb (für den Weingarten in Mödling) sullen sy (die Zechmeiſter von vnnser lieben frawn Zech und Bruderschaft) der obgenannten frawn Kathrein (Witwe Hainrichs Ingelſteter) an Allerheiligen abent irer ableibung acht tag vor der hinnach ungeuerlich aus der benanten irer zech vnd bruderschaft jerlich und ewiglich aufrichten vnd begeen lassen ainen Jartag in Allerheiligen Tumbkirchen zu sand Steffan zu Wienn, des nachts mit ainer gesungenen vigily, des morgens mit ainem gesungenen selambt nach sit vnd gewonhait irer bruderschaft ordenlich vnd an alle sawmung durch der obgenannten frawen Kathrein vnd aller gelaubigen seln hails willen." ■ → 2.7

2.7

gegen die Araber (Mauren) im Mittelalter eine große Rolle. Als Maurentöter (Matamoros) wurde er auf der Iberischen Halbinsel verehrt, sein Kult verbreitete sich allerdings über ganz Europa und führte zur Ausbildung des Pilgerwegs nach Santiago, der mit vielen kunsthistorisch bedeutsamen Zwischenstationen eine Straße der Kultur in Europa war. (KV)

¶ Lit.: Klaus Herbers: Politik und Heiligenverehrung auf der Iberischen Halbinsel. Die Entwicklung des „politischen Jakobus", in: Jürgen Petersohn (Hg.): Politik und Heiligenverehrung im Hochmittelalter, Sigmaringen 1994, S. 177–275.

← 2.6

Ablassurkunde, ausgestellt von Bischof Alexander von Forli für die Maria-Magdalena-Kapelle auf dem Friedhof bei St. Stephan in Wien, 10. April 1480

Handschrift auf Pergament, 23,5 × 36 cm

Diözesanarchiv Wien, Urkundenreihe 14800410

↑ 2.7

Messstiftung: Der Liebfrauenzeche zu St. Stephan wird ein Weingarten mit der Verpflichtung überlassen, für die Eigentümerin jährlich eine Messe lesen zu lassen, Wien, 22. Dezember 1475

Handschrift auf Pergament, 21 × 43,5 cm

Diözesanarchiv Wien, Urkundenreihe 14751222

¶ Am Vorabend der Reformation kam es zu einer besonderen Blütezeit spätmittelalterlicher Frömmigkeitsformen: Die Sorge um das Seelenheil spielte eine tragende Rolle im Alltag der Menschen. Die Lebensunsicherheiten im Diesseits führten dazu, dass das Denken und Handeln auf das Jenseits gerichtet wurden. Doch auch dort musste man sich angesichts des drohenden Fegefeuers empfehlen. Die Kirche wusste auf diese Gesinnung zu reagieren: Reliquien- und Heiligenverehrung, Wallfahrten, Messstiftungen und Ablasshandel erreichten einen wahren Höhepunkt. Die ganze Gesellschaft wurde von diesen Frömmigkeitsformen erfasst und durchdrungen. Riesige Ablasskampagnen wurden inszeniert, Seelenmessen gegen Entgelt verlesen, Altäre und Kapellen gestiftet. Das war für die geistliche wie für die weltliche Obrigkeit freilich wirtschaftlich äußerst lukrativ. Diese beiden Urkunden veranschaulichen den Geschäftscharakter der Heilsvermittlung: So vermachte etwa die Wiener Kürschnerwitwe, Frau Kathrey, den Erlös zweier Weingärten der Pfarre St. Stephan. Als Gegenleistung sollten — so die Stiftungsurkunde — jährlich zu Allerheiligen Vigilien gesungen und zwei Seelenmessen gesprochen werden, wohl für die im Fegefeuer geglaubte Seele ihres verstorbenen Mannes.

Die Ablassurkunde des Bischofs Alexander Forli sprach hingegen jenen, die in der Friedhofskapelle zu St. Stephan am Karfreitag oder an den vier folgenden Freitagen das Vaterunser und das Glaubensbekenntnis beteten, für den Karfreitag einen Ablass von 100 Tagen und für die anderen Tage einen Ablass von 40 Tagen Fegefeuer zu. Meist wurde ein solcher Nachlass zeitlicher Sündenstrafen mit einer an das Zeitmaß angemessenen Spende verbunden. Nicht unerklärbar ist daher auch der bekannte Reim: „Sobald das Geld im Kasten klingt, die Seele in den Himmel springt." Dieser kirchlichen Praxis der Geldbeschaffung wie auch den spätmittelalterlichen Frömmigkeitsformen widersprach Martin Luther entschieden; und er lehnte sich damit gegen Papst und Kurie auf, die mehr und mehr als Betreiber des Messstiftungswesens und des Ablasshandels fungierten. (LJ)

¶ Lit.: Bernd Moeller: Die letzten Ablaßkampagnen. Der Widerspruch Luthers gegen den Ablaß in seinem geschichtlichen Zusammenhang; ders., Hartmut Boockmann, Karl Stackmann (Hg.): Lebenslehren und Weltentwürfe im Übergang vom Mittelalter zur Neuzeit. Politik — Bildung — Naturkunde — Theologie. Bericht über Kolloquien der Kommission zur Erforschung der Kultur des Spätmittelalters 1983 bis 1987 (Abhandlungen der Akademie der Wissenschaften in Göttingen, Bd. 179), Göttingen 1989, S. 539–567; Martin Brecht: Martin Luther. Sein Weg zur Reformation 1483–1521, Stuttgart, 2. Aufl. 1983; Nikolaus Paulus: Geschichte des Ablasses am Ausgang des Mittelalters, Darmstadt, 2. Aufl. 2000; Georg Scheibelreiter: Das Christentum in Spätantike und Mittelalter — von den Anfängen bis in die Zeit Friedrichs III., in: ders., Rudolf Leeb, Maximilian Liebmann u. a.: Geschichte des Christentums in Österreich. Von der Spätantike bis zur Gegenwart (Österreichische Geschichte, hg. von Herwig Wolfram, Ergänzungsbd.), S. 13–144, insbes. S. 133–144.

Luthers Thesen und die Folgen

Die Ablassthesen Martin Luthers wurden ohne sein Wissen publiziert und verbreiteten sich sehr schnell. Sie legten den Finger auf einen wunden Punkt der spätmittelalterlichen kirchlichen Praxis, der zugleich in finanzieller Hinsicht große Bedeutung hatte. Luthers Thesen zweifelten zwar am Ablass, sie stellten aber noch kein reformatorisches Programm dar. Dieses wurde erst in den Jahren danach entwickelt. ◖ Die Reformation hielt dem mittelalterlichen Konzept der Jenseitsvorsorge entgegen, dass der Mensch allein wegen seines Glaubens und seiner Bußgesinnung während seines Lebens gerettet werden könnte und ihm deswegen seine Sünden vergeben würden. Angesichts der religiösen Praxis im Spätmittelalter war es allen verständlich, wenn es hieß, dass Gottes Gnade gratis ist. Der Gottesdienst war kein Messopfer mehr, das den Seelen im Fegefeuer zugute kommen konnte, sondern in ihm wurde den lebenden Menschen Gnade zugesprochen. Der Toten hatte man zu gedenken, aber für sie brauchte der Mensch, sofern sie geglaubt hatten, nichts mehr zu tun, denn sie waren als Erlöste bei Gott. Die Lehre vom Priestertum aller Gläubigen, nach der es keinen eigenen geistlichen geweihten Stand gibt und im Prinzip jeder Priester sein kann, war in der damaligen Situation attraktiv und einleuchtend. ◖ Für die Reformation gibt es auch keine besonderen, von der übrigen Welt abgegrenzten heiligen Dinge wie etwa Reliquien oder heilige Orte. Heilig ist nur Gott selbst, und Heiligkeit herrscht nur dort, wo er mit seinem biblischen Wort anwesend ist: in der Predigt, im Gottesdienst und im Glauben der Gemeinde. (RL)

2.8 (Abb. S. 2)
Martin Luther (1483–1546)
95 Thesen zu Ablass und Gnade
Erstdruck, Nürnberg: Hieronymus Höltzel 1517
Einblattdruck, 40 × 28 cm
Wien, Österreichisches Staatsarchiv, Abteilung Haus-, Hof- und Staatsarchiv, Sign. SB Reformationsschriften 1

¶ Martin Luthers Thesenanschlag an der Tür der Wittenberger Stadtkirche vom 31. Oktober 1517 blieb als Auftaktereignis der Reformation im geschichtlichen Bewusstsein verhaftet. Ob sich der Thesenanschlag allerdings tatsächlich in der überlieferten Weise ereignete, lässt sich nicht mit Sicherheit feststellen. Unbestritten ist aber, dass Luther 95 Thesen zu Ablass und Gnade verfasste, mit denen er sich gegen die Ablasskampagnen der Kirche wandte. Seit dem ausgehenden 14. Jahrhundert hatte sich das Bekanntmachen und Erteilen von Ablässen in straffer und aufwendiger Organisation etabliert und erstreckte sich bald über weite Territorien. Allein seit 1505 hatte es sieben großflächig angelegte Ablasskampagnen in Deutschland gegeben. Der Ablasshandel war neben der Kirche und ihren Sakramenten gleichsam zu einem zusätzlichen Heilsangebot geworden, das zudem einen nicht zu verachtenden finanziellen Gewinn für weltliche und geistliche Obrigkeiten abwarf. Der Ablasshandel des umstrittenen Dominikanermönchs Johann Tetzel (ca. 1460–1519) sowie die vom Mainzer und Magdeburger Erzbischof Albrecht von Brandenburg-Hohenzollern (1490–1545) initiierte Ablasskampagne gaben schließlich Anlass zu Luthers Abfassung der 95 Thesen. Er kritisierte vor allem die sensationsgierige Anpreisungsweise des Ablasshandels sowie die Missverständnisse, die sich in der einfachen Bevölkerung ergeben und von denen er im Beichtstuhl erfahren hatte. Dahinterstehend richtete sich seine Kritik allerdings auch gegen das gesamte System der Ablasskampagne, das heißt gegen die vom Ablasshandel profitierende weltliche wie auch die geistliche Obrigkeit. Man enthielte den Menschen Gottes freie Gnade vor bzw. verkaufe diese teuer. Das wurde von seinen Gegnern ausgeschlachtet: Luther, der zunächst eigentlich nur auf akademischem Niveau über die Ablasskampagnen diskutieren wollte, wurde der Ketzerei verdächtigt und angeklagt. Ein Exemplar der 95 Thesen dürfte Erzbischof Albrecht persönlich an Papst Leo X. übermittelt haben. Die Untersuchung der Causa Lutheri wurde daraufhin dem *Magister sacri palatii*, Silvester Prierias (1456–1523), übertragen. Sein Ergebnis lag im Mai 1518 vor, er urteilte, Luthers Auffassungen von kirchlicher Autorität und Ablass seien häretisch. Inzwischen hatte Luther seine 95 Thesen zudem in seinem *Sermon von Ablass und Gnade* zusammengefasst und damit über Flugschrif-

AETHERNA IPSE SVAE MENTIS SIMVLACHRA LVTHERVS
EXPRIMIT·AT VVLTVS CERA LVCAE OCCIDVOS
·M·D·X·X·

2.9

AETHERNA IPSE SVAE MENTIS SIMVLACHRA LVTHERVS
EXPRIMIT·AT VVLTVS CERA LVCAE OCCIDVOS
·M·D·X·X·

2.10

ten seine Ansichten einer weitaus breiteren Öffentlichkeit zugänglich gemacht, als sie durch die Thesendrucke erreicht worden war. Die Reformation nahm ihren Lauf.
Insgesamt sind nur drei Erstdrucke der 95 Thesen erhalten geblieben, davon sind zwei Plakatdrucke (Nürnberg und Leipzig) sowie einer ein Buchdruck von vier Seiten (Basel). Bei dem hier ausgestellten Exemplar handelt es sich um den Nürnberger Plakatdruck aus der Werkstätte Hieronymus Höltzels. Dieser zählt die 95 Thesen mit arabischen Ziffern, allerdings zählt er dreimal bis 25 und einmal bis 20. So machte es auch der Basler Drucker Adam Petri (1454–1527), jedoch mit römischen Zahlen. Der wie Höltzel ebenfalls mit arabischen Ziffern durchzählende Leipziger Drucker Jakob Thanner kam schließlich auf nur 87 Thesen; ihm unterliefen — wohl unter Zeitdruck — Zahlenstürze und andere Fehler, die ihn schließlich zu dieser falschen Anzahl kommen ließen. Schlussendlich bleibt gleich: Mit seinen 95 Thesen brachte Martin Luther einen ungeahnt großen Stein ins Rollen. (LJ)

¶ Lit.: Josef Benzing: Lutherbibliographie. Verzeichnis der gedruckten Schriften Martin Luthers bis zu dessen Tod, Baden 1966, S. 16 (Nr. 87); Erwin Iserloh, Peter Fabisch (Hg.): Dokumente zur Causa Lutheri (1517–1521), Teil 1: Das Gutachten des Prierias und weitere Schriften gegen Luthers Ablaßthesen (Corpus Catholicorum, Bd. 41), Münster 1988, bes. S. 19–32; Gergely Csukás: Martin Luthers 95 Thesen gegen den Ablass, in: Karl Vocelka, Rudolf Leeb, Andrea Scheichl (Hg.): Renaissance und Reformation (Ausstellungskatalog Oberösterreichische Landesausstellung), Linz 2010, S. 436 (Kat.Nr. 3.17); Moeller, Die letzten Ablaßkampagnen, S. 539–567; Brecht, Martin Luther; Paulus, Geschichte des Ablasses.

↖ 2.9
Lucas Cranach d. Ä. (1472–1553)
Martin Luther als Augustinermönch, 1520
Kupferstich (Reproduktion), 13,9 × 9,7 cm
Wien, Albertina, Inv.Nr. DG1929/78

¶ Bei diesem Stich handelt es sich um das älteste authentische Luther-Porträt. Von ihm sind nur drei zeitgenössische Drucke nachweisbar. Es zeigt den 37-jährigen Mönch des Augustiner-Eremiten-Ordens in Mönchshabit und mit Tonsur. Cranach schuf ein eindrückliches Individualporträt des gerade berühmt werdenden Luther, dessen Gesichtszüge noch ganz den ernsten und nach Wahrhaftigkeit strebenden Asketen verraten, der als solcher bei seiner Teilnahme an öffentlichen Disputationen tiefen Eindruck hinterließ. Insofern ist dieser Stich von höchstem dokumentarischem Wert. Als Bildunterschrift lesen wir: „AETHERNA IPSE SVAE MENTIS SIMULACHRA LUTHERVS / EXPRIMIT. AT VVLTVS CERA LVCAE OCCIDVOS / M.D.X.X.“ (Das unvergängliche Abbild seines Geistes drückt Luther selbst aus, Lucas dagegen zeichnet die sterbliche Gestalt. 1520). Die Bildunterschrift des Lucas Cranach weist Luther bereits eine besondere historische Stellung zu: Das Abbild seines Geistes wird unvergänglich sein.
Das Porträt wurde offenbar nur in ganz kleiner Auflage gedruckt und hat zeitgenössisch praktisch keine Verbreitung gefunden. Massenhaft verbreitet wurde ein anderes Lutherbildnis, nämlich jenes, das Luther in einer Arkade zeigt (Kat.Nr. 2.10). (RL)

¶ Lit.: Johannes Ficker: Älteste Bildnisse Luthers, Magdeburg 1920, Sonderdruck aus: Zeitschrift des Vereins für Kirchengeschichte der Provinz Sachsen 17 (1920), 1 und 2; ders.: Die Bildnisse Luthers aus der Zeit seines Lebens, in: Luther-Jahrbuch 16 (1934), S. 103–161; Kristin Bühler-Oppenheim, Dieter Koepplin, Tilman Falk (Hg.): Lukas Cranach. Gemälde, Zeichnungen, Druckgraphik (Ausstellungskatalog Kunstmuseum Basel), Bd. 1, Basel 1974, S. 88 (Kat.Nr. 34); Martin Warnke: Cranachs Luther. Entwürfe für ein Image, Frankf. a. M. 1984, S. 24–30.

← 2.10
Lucas Cranach d. Ä.
Martin Luther als Augustinermönch in einer Nische, 1520
Kupferstich (Reproduktion), 17 × 11,7 cm
Wien, Albertina, Inv.Nr. DG1929/80

¶ Das kurz nach dem ältesten Porträt Luthers (Kat.Nr. 2.9) entstandene Bildnis, das dieselbe Bildunterschrift aufweist, hat jenes zum Vorbild. Allerdings finden sich bezeichnende und lehrreiche Unterschiede: Luthers Halbfigur wird hier in eine Nische eingepasst und ihm damit visuell gleichsam Würde zugesprochen. Er hält nun ein aufgeschlagenes Buch in der Hand, die Linke ist im Redegestus erhoben: Luther wird als Lehrender dargestellt. Die Gesichtszüge sind milder und freundlicher, der eindrucksvolle Asket ist kaum mehr spürbar, der Reformator blickt mehr in die Ferne. Luther erscheint dem Betrachter als zugänglicher, die individuelle bzw. die intensive psychologische Ausstrahlung ist ganz zurückgetreten. Offenbar ist

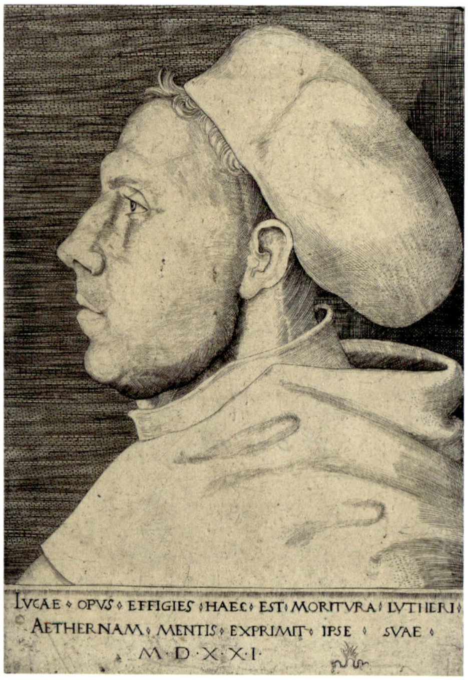

2.11

2.12

dieses sanftere Porträt Luthers bewusst dazu ausgewählt worden, verbreitet zu werden. Es war das offizielle Bildnis, das der Hof in Wittenberg verbreitet wissen wollte. Zu diesem Zweck griff man auf traditionellere Bildformeln zurück. Es handelt sich um das erste offizielle Bildnis Luthers, das in den kommenden Jahren (unter anderem als Porträt in reformatorischen Schriften) zu *dem* Porträt Luthers wurde — diesem Bildnis begegnete die breite Öffentlichkeit in Variationen als Erstes. Es handelt sich in gewisser Weise um ein Stück „Medienpolitik“ bzw. um mehr oder weniger gezielte Arbeit am „Image“ des Reformators. (RL)

¶ Lit.: Ficker, Älteste Bildnisse Luthers; ders.: Die Bildnisse Luthers; Bühler-Oppenheim, Koepplin, Falk, Lukas Cranach, S. 92f. (Kat.Nr. 36); Jutta Zander-Seidel, in: Gerhard Bott (Hg.): Martin Luther und die Reformation in Deutschland (Ausstellungskatalog Germanisches Nationalmuseum), Frankf. a. M. 1983, S. 175 (Kat.Nr. 215); Warnke, Cranachs Luther, S. 24–30, insbes. S. 27–30.

← 2.11

Lucas Cranach d. Ä.
Martin Luther (im Profil mit Doktorhut), 1521
Kupferstich (Reproduktion), 20,7 × 15 cm
Wien, Albertina, Inv.Nr. DG1929/81

¶ Das Porträt, das vor der Abreise Luthers zum Reichstag von Worms entstanden ist, zeigt ihn streng im Profil mit dem Doktorhut, wodurch dem Bildnis eine etwas monumentalere Wirkung verliehen wird. Auch hier ist die Wirkung auf die Öffentlichkeit einkalkuliert: Luther wirkt gefestigt und entschlossen. Mit der Wahl der strengen Profilansicht wurde Luther in eine Reihe von hochgestellten und prominenten Personen, wie Karl V., Albrecht von Brandenburg und Jakob Fugger (1459–1525), gestellt, von denen ebensolche Profilbildnisse im Umlauf waren. Auch dieses Porträt war verbreitet und wurde von anderen Künstlern nachgestochen, in einem dieser Fälle (Daniel Hopfer, 1470–1536) ist Luthers Haupt sogar von einer Gloriole umgeben. Die Bildunterschrift lautet: „LVCAE OPVS EFFIGIES HAEC EST MORITVRA LVTHERI / AETHERNAM MENTIS EXPRIMIT IPSAE SVAE / M:D:X:X:I:“ (Dieses Bildnis der sterblichen Gestalt Luthers ist des Lucas Werk, das Ewige seines Geistes prägt er selbst.) Sie wiederholt damit inhaltlich jene auf den Porträts des Jahres 1520. Nach dem Reichstag von Worms fanden solche Luther-Porträts großen Absatz. (RL)

¶ Lit.: Bühler-Oppenheim, Koepplin, Falk, Lukas Cranach, S. 91 (Kat.Nr. 38); Zander-Seidel, in: Bott, Martin Luther, S. 175–177 (Kat.Nr. 216 und 217), S. 41–49.

↖ 2.12

Hans Baldung Grien (1484/85–1545)
Martin Luther mit der Taube des Heiligen Geistes, Straßburg 1521
Holzschnitt (Reproduktion), 15,5 × 11,2 cm
Wien, Albertina, Inv.Nr. DG1931/75

¶ Baldung hat für diesen Holzschnitt das von Cranach für die Öffentlichkeit kreierte Luther-Porträt von 1520 (Kat.Nr. 2.10) zur Vorlage genommen. Im vorliegenden Fall ist aber Luthers Haupt von einer Gloriole bzw. einem Heiligenschein umgeben. Über seinem Haupt schwebt die Taube des Heiligen Geistes: Luther erscheint als göttlich erleuchteter christlicher Lehrer. Dies wird auch durch die Bildüberschrift unterstrichen: „Martinus Luther ein dyener Jhesu Christi, vnd ein wideruffrichter Christlicher leer.“ Dieses Porträt ist ungefähr zeitgleich mit dem Reichstag zu Worms entstanden, auf dem sich Luther bekanntlich vor Kaiser und Reich weigerte, seine Lehre zu widerrufen. Mit diesem Bildnis sollte Luther nicht als Heiliger im altgläubigen Sinn interpretiert werden, sondern Baldung setzte die allen bekannten und verständlichen traditionellen ikonografischen Mittel ein, um eine besondere, fromme Person bzw. um die geistliche Würde und Bedeutung des Reformators zum Ausdruck zu bringen. Es ist möglich, dass dieser Holzschnitt zu einer Zeit entstand, als Luther unter Vortäuschung einer Entführung bereits auf die Wartburg verbracht worden war, wo er inkognito lebte, in der Öffentlichkeit aber das Gerücht entstand, Luther sei ermordet worden. In diesem Fall würde es sich bei diesem Holzschnitt um die Verklärung eines ermordeten Bekenners der Wahrheit, gleichsam um ein Märtyrerbild handeln. Die Virulenz dieses Gerüchts vom Tod Luthers belegt übrigens auch ein Tagebucheintrag Albrecht Dürers, der sich um den „mit dem heiligen Geist erleuchteten Mann“ sorgte. (RL)

¶ Lit.: Konrad Hoffmann, in: Bott, Martin Luther, S. 175–177 (Kat. Nr. 280); Peter-Klaus Schuster: Luther als Heiliger, in: Werner Hofmann (Hg.): Luther und die Folgen für die Kunst (Ausstellungskatalog Hamburger Kunsthalle), München 1983, S. 152–155 (Kat.Nr. 27).

2.13 →

Martin Luther
Eigenhändiger Brief an Johannes Cuspinian, 17. April 1521

Handschrift, 1 Blatt, 1 Seite, mit Kuvert, 15 × 22 cm
Wien, Österreichische Nationalbibliothek, Sammlung von Handschriften und alten Drucken, Sign. Autogr. 13/43-2

¶ Die Bedeutung dieses Luther-Autografs liegt in seinem Abfassungsdatum und -ort. Luthers Brief entstand nämlich in einem für ihn biografisch entscheidenden, aber auch historisch besonderen Moment: Er verfasste ihn am Vorabend vor seinem berühmten Auftritt vor Kaiser und Reich am Reichstag zu Worms, der am 18. April 1521 stattfand und auf dem Luther sich unter Berufung auf sein Gewissen weigerte, seine Bücher und Lehren zu widerrufen. Luther kündigt hier in diesem nach Wien gerichteten Brief Cuspinian bereits an, dass er am nächsten Tag „nicht ein Strichelchen" widerrufen wolle, sofern ihm Gott gnädig sei. Luther hatte in Worms wohl den Bruder von Johannes Cuspinian namens Niklas kennengelernt, der ihn vielleicht zur Aufnahme der Korrespondenz angeregt hatte. Luthers Brief an Cuspinian hat zwar für die Reformationsgeschichte Wiens keinerlei direkte Auswirkung und Bedeutung, er illustriert aber das hohe Ansehen Wiens als Humanistenzentrum. Zugleich zeigt er, dass Wien und die österreichischen Länder von Beginn an selbstverständlicher Teil des Geschehens waren. (RL)

¶ Lit.: Martin Luther: Weimarer Ausgabe, Briefe, Bd. 2, S. 299–301, Nr. 397; Peter F. Barton: Die Geschichte der Evangelischen in Österreich und Südostmitteleuropa, Bd. 1, Wien u. a. 1985, S. 120–123.

2.14 →I

On Aplas von Rom kan man wol selig werden: durch anzaigung der göttlichen hailigen gschryfft
Augsburg: Raminger 1521
München, Bayerische Staatsbibliothek, Sign. Res/4 Polem. 3365,33

¶ Das Titelbild des Drucks, der eine Schrift gegen den Ablass beinhaltet, zeigt auf historisch korrekte Weise eine Ablasskampagne, vermutlich im Rückblick jene, die im Jahr 1517 zum Ablassstreit geführt hat. In der Mitte eines Kirchenraums ist ein großes Ablasskreuz aufgerichtet, das von zwei Fahnen mit den päpstlichen Wappen von Leo X. (rechts jenes der Medici) flankiert wird. Links liest ein Dominikaner (vielleicht eine Anspielung auf Johannes Tetzel) von der Kanzel den Text der Ablassurkunde vor. Vor ihm auf dem Boden steht die Ablasstruhe, in die die Ablassgelder kommen. Rechts wirbt ein Mönch bei einfachen Gläubigen für den Erwerb des Ablasses. Rechts im Bildvordergrund wird gerade ein Ablassbrief gekauft und bezahlt — am Tisch vermutlich ein Vertreter des Bankhauses Fugger, das die Ablasskampagne finanziell organisierte. (RL)

¶ Lit.: Einführend zum Ablass: Wilhelm Ernst Winterhager: Artikel „Ablass", in: Friedrich Jaeger (Hg.): Enzyklopädie der Neuzeit, Bd. 1, Stuttgart 2005, S. 14–19; Bernd Moeller: Die letzten Ablasskampagnen, in: ders.: Die Reformation und das Mittelalter, Göttingen 1991, S. 53–72.

2.15 →I

Martin Luther / Philipp Melanchthon / Johann Schwertfeger
Illustrationen: Lucas Cranach d. Ä.
Passional Christi und Antichristi
Straßburg: Johann Prüß d. J. 1521
Wien, Österreichische Nationalbibliothek, Sammlung von Handschriften und alten Drucken, Sign. 15032-B Alt.Rara

¶ Das wegen seiner anschaulichen und zugleich drastischen Bildpaare aus der Hand des Lucas Cranach bekannte *Passional Christi und Antichristi* stellt eine der schärfsten antipäpstlichen polemischen Schriften der frühen Reformation dar. Es entstand nach dem Bann Luthers durch den Papst und der Verhängung der Reichsacht über Luther auf dem Reichstag zu Worms 1521, also zu der Zeit, als die Grenzlinien gezogen worden waren und Luther im Papsttum (dabei teilweise durchaus in mittelalterlicher Tradition stehend) den Antichristen erblickte.
Als Verfasser des Textes gilt Luther unter Mitarbeit von Philipp Melanchthon (1497–1560) und Johann Schwertfeger (1488–1524). In 13 antithetischen Bildpaaren (26 Holzschnitte) werden das demütige und bescheidene Leben und die Passion Christi dem ungeistlichen und verweltlichten Leben des Papstes gegenübergestellt. Die Bilder werden mit kurzen Bildunterschriften kommentiert. Die Bilder der jeweils linken Seite, die das Leben Christi zeigen, stehen bewusst in der Tradition der spätmittelalterlichen Andachtsbilder,

„Deine Liebenswürdigkeit, weitberühmter Cuspinian, läßt mich mitten aus dieser Unruhe einen Brief wagen, da ich schon früher deine Bekanntschaft wegen deines Rufes ersehnte. Nimm mich deshalb ins Album deiner Freunde auf! Soeben stand ich vor dem Kaiser und seinem Bruder und wurde gefragt, ob ich meine Bücher widerrufen wolle. Ich antwortete, sie seien von mir; im Übrigen würde ich mich morgen über den Widerruf äußern. Nicht ein Strichelchen werde ich widerrufen, wenn mir Christus gnädig ist." Martin Luther → 2.13

2.13

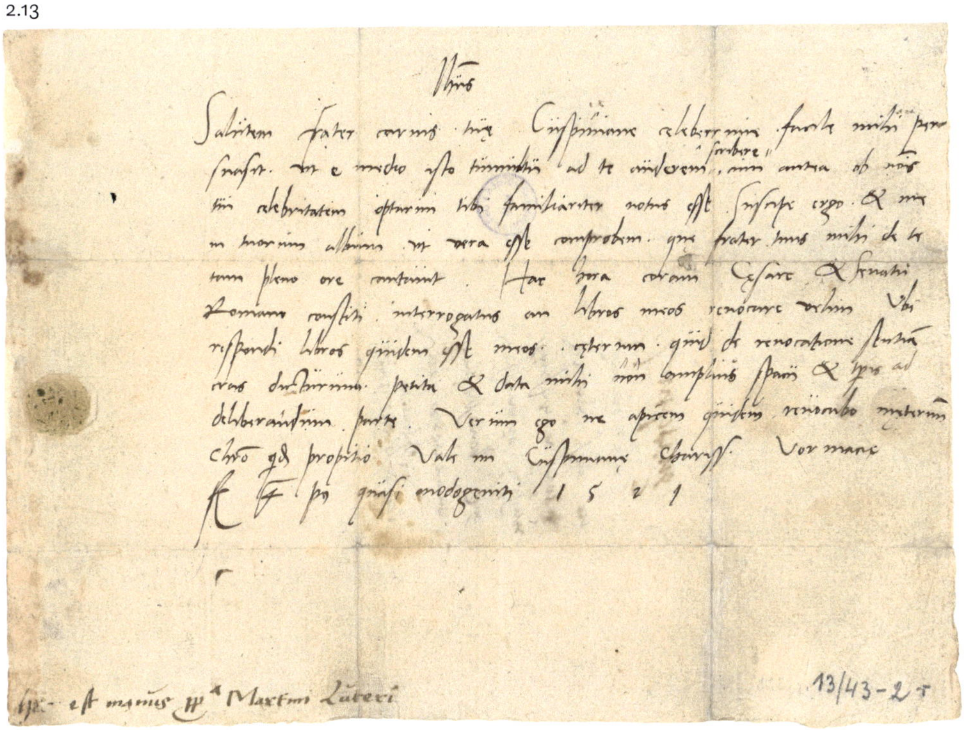

Der herre jre füß den jüngeren wüsch

Abluit ille pedes.

¶ So ich eüwer füß hab gewaschen der ich eüwer herr vñ meister bin/vill mer solt jr einand᷑ vnder euch die füß waschen. Hiemit hab ich euch ein anzeigung vñ beyspiel geben/wie ich jm thon hab/also solt jr hinfür auch thůn. Warlich warlich sag ich euch/ ď knecht ist nit mer dañ sein herre/so ist auch nicht der geschickte botte mer dan der jn gesandt hat/Wist jr dz? Selig seind jr so jr das thůn werdent. Joan. 13.

Dem Bapst sein füß man kyssen můß

Reges iis oscula probent.

¶ Der Bapst fleisßt sich etlicher tyrañen vnd häydi-nischer fürsten missbruch nach zů folgen/ die jre füß zů küssen dar reichen/damit es war werde/ dz geschri-bē ist. Welcher disser bestien bilde nicht anbettet/sall getöd werden. Apocalip. 13. Söllichs küssens darff sich der Bapst in seynē decretalen vnuerschempt rü-men. c. cū olim de pri. cle. si sumus pon. de sen. excō.

2.15

Von Aplas von Rom kan man wol selig werden durch anzaigung der götlichen hailigen geschryfft.

2.14

jene der rechten Seite zeigen deren Verkehrung ins Gegenteil durch das Papsttum — in jedem Holzschnitt wird der Papst als das Gegenteil von Christus in Szene gesetzt. Deutlich wird mit den Bildpaaren und den Texten der Papst bzw. das Papsttum als der Antichrist gedeutet. Die Schrift war nicht zuletzt wegen der plakativen und aussagekräftigen Bildpaare Cranachs eine der populärsten reformatorischen Kampfschriften und erlebte im 16. Jahrhundert zahlreiche Neuauflagen.
Bei der vorliegenden Ausgabe der Österreichischen Nationalbibliothek handelt es sich um einen Nachschnitt aus Straßburg, die um zwei weitere Bildpaare auf insgesamt 15 erweitert wurde. Mit den neu hinzugefügten Bildpaaren wurden unter anderem auch zeitgenössische sozialkritische Themen angesprochen. (RL)

¶ Lit.: Martin Luther: Weimarer Ausgabe, Bd. 9, S. 677–715; Hildegard Schnabel: Lucas Cranach d. Ä. Passional Christi und Antichristi, Berlin 1972; Bühler-Oppenheim, Koepplin, Falk, Lukas Cranach, S. 330 (Kat.Nr. 218); Schuster, in: Hofmann, Luther und die Folgen, S. 178f. (Kat.Nr. 50); Astrid Schweighofer, in: Vocelka, Leeb, Scheichl, Renaissance und Reformation, S. 447 (Kat.Nr. 7.2); Sascha Salatowsky, in: Bild und Botschaft. Cranach im Dienst von Hof und Reformation (Ausstellungskatalog Herzogliches Museum Gotha, Museumslandschaft Hessen Kassel), Halle/Heidelberg 2015, S. 114f. (Kat.Nr. 12).

2.16 ↗

Johannes Eck (1486–1543)
Disputatio Joan. Eckij Theologi Viennae Pannoniae habita cu[m] epistola ed Reurendissimum Episcopum Eistettensem [...]
Augsburg: Miller 1517
Wienbibliothek im Rathaus, Sign. A-75677 (VD16 E 314)

¶ Johannes Eck, aufstrebender Professor an der Universität Ingolstadt, versuchte im Jahr 1517 an der Universität Wien seine Thesen zu einer neuen Wirtschaftsethik im Zusammenhang mit dem sogenannten oberdeutschen Zinsstreit in einer Disputation der Öffentlichkeit vorzustellen. Eck vertrat — trotz des kirchlichen Zinsverbots — die Meinung, dass bei Kreditvergabe ein maßvoller Zins von fünf Prozent für die Wirtschaft von Vorteil und ethisch vertretbar sei. Erst nach längeren Verhandlungen, bei denen Eck auch den Wiener Bischof und den Hof einschaltete, gelang es ihm, einen Termin für die Disputation zu bekommen. Allerdings strich ihm die theologische Fakultät, die nicht in den Zinsstreit hineingezogen werden wollte, die diesbezüglichen Disputationsthemen, sodass nur mehr über dogmatische Themen disputiert wurde. Eck hat seine Sicht der Dinge bzw. auf die Geschehnisse rund um diese Disputation und die Disputationsthesen in der vorliegenden Schrift veröffentlicht. Bemerkenswert dabei ist, dass Ecks rhetorisch markante „contra"-Formulierungen, die er in der Disputation gegenüber traditionellen Lehrmeinungen ins Feld führte, in Wittenberg einen wichtigen Impuls gaben. Sie beeinflussten die dortige Rhetorik der Disputationen gegen die scholastische Theologie, die bald darauf ab Spätherbst 1517 zum Bruch mit dem alten kirchlichen System führen sollten. Eck selbst hingegen blieb bei der alten Kirche und wurde während der ersten Jahre der Reformation zum wichtigsten theologischen Gegner Luthers. (RL)

¶ Lit.: Therese Virnich: Disputatio Viennae Pannoniae habita (1517) (Corpus Catholicorum, Bd. 6), Münster 1923; H. Voltelini: Eine Disputation an der Universität Wien, in: Monatsblatt des Vereins für Geschichte der Stadt Wien 16 (1937), S. 127–131; Johann Peter Wurm: Johannes Eck und der oberdeutsche Zinsstreit (Reformationsgeschichtliche Studien und Texte, Bd. 137), Münster 1997, S. 200–203; Volker Leppin: Die fremde Reformation: Luthers mystische Wurzeln, München 2016, S. 50–52.

2.16

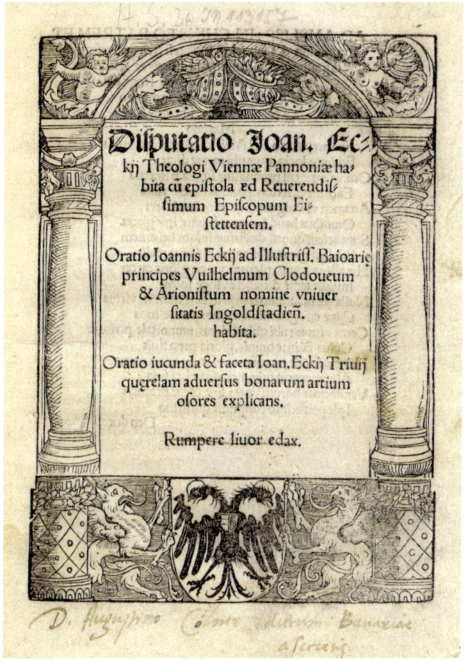
Disputatio Joan. Eckij Theologi Viennæ Pannoniæ habita cũ epistola ed Reuerendissimum Episcopum Eistettensem.
Oratio Ioannis Eckij ad Illustriss. Baioariæ principes Vuilhelmum Clodoueum & Arionistum nomine vniuersitatis Ingoldstadieñ. habita.
Oratio iucunda & faceta Ioan. Eckij Triuij querelam aduersus bonarum artium osores explicans.
Rumpere liuor edax.

↓ 2.17

Georg Pencz (ca. 1500–1550)
Inhalt zweyerlei predig (Illustration zu einem Gedicht von Hans Sachs), 1529
Holzschnitt, koloriert (Reproduktion), 16,5 × 38 cm
Wien, Albertina, Inv.Nr. DG1961/70

¶ Der Holzschnitt gehört zur Gruppe jener frühreformatorischen Flugblätter, die in drastischer und zugleich anschaulicher Weise die wahre der falschen Kirche gegenüberstellen. Eine Menschenmenge, die zwei Predigern zuhört, wird durch eine Mittelsäule in zwei Hälften geteilt und zugleich voneinander getrennt. Rechts sieht man auf einer prunkvoll verzierten Kanzel einen feisten Priester. Die Bildunterschrift referiert den Inhalt seiner Predigt: Die Gebote des Papstes seien alle zu halten, das Seelenheil sei mit bloßen Äußerlichkeiten und Ritualen bzw. dem bloß äußerlichen Erfüllen von Geboten zu erreichen, wie der von Hans Sachs stammende Text illustriert: „Mit knyen neygen, pucken, biegen / Mit glocken leuten, Orgel schlagen / Mit heyltum zeigen kertzen tragen [...] Mit opffren und dem liechtlen prennen / Mit walfart und den Heiligen dienen [...] Mit Bruderschafft und Rosenkrantz [...]". Seine Zuhörer tragen auch alle Rosenkränze in den Händen.

Demgegenüber steht der evangelische Prediger auf einer schlichten und schmucklosen Kanzel, in den Händen der Gläubigen befindet sich die Bibel bzw. das Gebetbuch. Der dem reformatorischen Prediger zugeordnete Text beginnt mit: „Ihr Kinder Christi merkt und hört / fleyssig das heylsam göttlich wort [...]". Danach folgt eine kurze Zusammenfassung der evangelischen Rechtfertigungslehre und der daraus folgenden guten Werke als Antwort der Glaubenden. Der Betrachter wird zur Entscheidung aufgefordert, wobei ihm die Antwort leicht gemacht wird. (RL)

¶ Lit.: Hermann Meuche, Ingeborg Neumeister (Hg.): Flugblätter der Reformation und des Bauernkrieges, Leipzig 1976, S. 36f., S. 117f.; Herbert Zschelletzschky: Die „drei gottlosen Maler" von Nürnberg, Leipzig 1975, S. 284ff.; Robert W. Scribner: For the Sake of Simple Folk. Popular Propaganda for the German Reformation, Cambridge 1981, S. 196ff.; Schuster, in: Hofmann, Luther und die Folgen, S. 195 (Kat.Nr. 68).

2.17

2.18

↑ 2.18
Jörg Breu d. Ä. (ca. 1475/1480–1537) „Ein Frag an eynen Müntzer“ (Flugblatt zum Ablasshandel), um 1530

Holzschnitt und Typendruck, 30,3 × 40 cm
Nürnberg, Germanisches Nationalmuseum, Inv.Nr. HB 15080
¶ Das Bild auf dem Flugblatt stellt die Antwort eines Münzmeisters auf die an ihn gerichtete Frage dar, was mit dem vielen Geld geschehe, das täglich geprägt werde. Die Frage und die Antwort des Münzmeisters finden sich auf dem Text darunter.

Der Münzmeister nennt die Feinde des Geldes: Neben den Falschmünzern, dem Prägen minderwertiger Münzen, den falschen Gewichten und Maßen sowie den luxuriösen, teuren, aber nutzlosen Waren der Kaufleute nennt er an erster Stelle den Papst mit seinen Bullen, Ablässen und Dispensen. Der Papst lasse sich mit diesem eingenommenen Geld Gottes Gnade und das ewige Heil bezahlen. Dabei sei Christus das Heil, der mit seinem Kreuzestod die Schuld der Menschen bereits bezahlt habe — eine deutliche Anspielung auf die neue Rechtfertigungslehre und die damit verbundene Kritik am Ablass. Die rechte Hälfte des Bildfelds nehmen deshalb ein Kardinal und ein Mönch auf prunkvoll aufgezäumten Pferden ein, die eine Ablasskampagne begleiten. Vor ihnen wird von einem Geistlichen gerade der gesiegelte Ablassbrief verlesen. Dargestellt sind auch der

2.19

2.20

INRI
Sehet auff/das ist eyn seltzams thier
Eyn wolff bekleydt mit kirchē geschier
Der laufft in mitte durch die schaff
Eyn roter hůt/der laufft ym nach
Darin do steckt des wolffes vetter
Keyn dürrer baū bringt grüne bletter
Hütter eüch yr schaff/laufft nit beseitz
Von dē/der bei eüch hangt am creütz
Londt disen wolff sein weg auß lauffen
Zů helle wirt er eyn herschafft kauffen
Der schöfflin hat er vyl gefressen
Mit Sathans elen/wirt ym gemessen
Die hirten sein zů wölffen worden
Yn genügt nit/das sie sein beschoren
Yr herte/die sie solten weyden
Lauffen zů streyt auff breyter heyden
Verfürt/erwürgkt durch falsche lere
Das mir mein hertz bekümmert sere
So ich sihe den grossen schaden
Domit die Christenheyt ist beladen
Durch bischoff/päbst vnd Cardināl
Douon weißsagt Ezechiel
Herumb ich predig/lere vnd schreib
Solts auch kostēn meinen leib.

Münzpräger und der Kaufmann. Der Text prangert zugleich den verweltlichten und luxuriösen Lebensstil des Papstes und des Klerus an. (RL)

¶ Lit.: Meuche, Neumeister, Flugblätter, S. 78f.; Schuster, in: Hofmann, Luther und die Folgen, S. 189 (Kat.Nr. 62); Ulrike Eydinger in: Bild und Botschaft, S. 126 (Kat.Nr. 19).

← 2.19

Hans Sebald Beham (1500–1550)
Allegorie auf das Mönchtum, 1521

Holzschnitt, 9,4 × 16,1 cm (Reproduktion)
Staatliche Museen zu Berlin, Kupferstichkabinett, Sign. 290-10

¶ Die äußerst polemische und drastische Darstellung zeigt einen von den drei weiblichen Personifikationen des Hochmuts (*Superbia*), der Zügellosigkeit (*Luxuria*) und des Geizes (*Avaritia*) geplagten Mönch, der von einem armen Bauern (hinter ihm befindet sich die Personifikation der Armut/*Paupertas*) gezwungen wird, ein altgläubiges Buch zu „fressen". Der Antiklerikalismus bzw. der Hass auf die „Pfaffen" und Mönche war ein wichtiger Katalysator der Verbreitung der neuen Lehren, der ihnen Durchschlagskraft verlieh. Häufig wird in den ersten Jahren auch in Texten der Gegensatz zwischen Geistlichen bzw. Mönchen und den vermeintlich einfältigen Laien thematisiert. In den Dialogen erweisen sich die Laien immer als die besseren und gebildeteren Christen, womit auch auf das reformatorische Allgemeine Priestertum aller Gläubigen hingewiesen wird. Dieses Blatt zeigt allerdings eine ungewöhnliche Schärfe in der Darstellung des Themas, illustriert aber die Stimmung in bestimmten Teilen der Bevölkerung. (RL)

¶ Lit.: Zschelletzschky, Die „drei gottlosen Maler", S. 222–230; Scribner, For the Sake of Simple Folk, S. 42–44; Hoffmann, in: Bott, Martin Luther, S. 250 (Kat.Nr. 316).

↑ 2.20

Die päpstlichen Wölfe
Mainz: Johann Schöffer 1521

Holzschnitt, 9,5 × 16,4 cm (Reproduktion)
Stiftung Dome und Schlösser in Sachsen-Anhalt, Sign. F 15

¶ In der linken Bildhälfte des Blatts scharen sich die Schafe als Sinnbild für die Gläubigen um den Gekreuzigten. Die Herde wird aber von Wölfen, die in Kardinals- und Papstgewand gekleidet sind, angegriffen — der „Papstwolf" schleppt ein totgebissenes Schaf im Maul davon. Das Flugblatt illustriert eindrücklich den frühreformatorischen Antiklerikalismus und „Pfaffenhass" und die Kritik an den kirchlichen Missständen: Diejenigen, die die Hirten der Gemeinde sein sollten, sind in Wirklichkeit die Wölfe, die die frommen Schafe Christi töten. Rechts sieht man Luther, dem als Sprecher der Text darunter in den Mund gelegt wird: Er wolle weiter predigen und lehren, auch wenn es ihn das Leben kosten sollte. Dieser Holzschnitt hat in gewisser Weise sein Gegenstück in einem Blatt, auf dem Luther und Jan Hus (ca. 1370–1415) als die eigentlichen guten Hirten für die Herde dargestellt sind. (RL)

¶ Lit.: Meuche, Neumeister, Flugblätter, S. 35, S. 117; Hoffmann, in: Bott, Martin Luther, Kat.Nr. 311 (Luther und Hus als gute Hirten).

3

Wien im Aufruhr

Die Herrschaftsübernahme Ferdinands I. und das Wiener Neustädter Blutgericht

Die Jahrzehnte nach dem Tod Maximilians I. im Jahr 1519 waren für Wien eine Zeit voller Unruhe und Spannungen. Am Beginn stand die „Rebellion“ der niederösterreichischen Stände und der Stadt Wien gegen die von Maximilian eingesetzte Regierung (das *Regiment* genannt). Einer der Wortführer dieser Bewegung war der Wiener Bürgermeister Martin Siebenbürger. ¶ Mit der Herrschaftsübernahme Ferdinands I. in den österreichischen Ländern wurde dieser Widerstand brutal beseitigt. Er war in Spanien in einer Art Frühabsolutismus groß geworden und setzte sofort ein Zeichen eines neuen Regierungsstils. Im Wiener Neustädter Blutgericht wurden die maßgeblichen Führer dieses Aufstands verurteilt und hingerichtet. Unter den Opfern waren neben Adeligen wie Hans von Puchheim und Michael Eitzing auch Siebenbürger und vier weitere Bürger der Stadt, darunter zwei ehemalige Bürgermeister. Das politisch für die Stadt wichtige *Kollegium der Genannten* wurde aufgelöst, und die Stadt Wien erhielt im Jahr 1526 eine neue Stadtordnung, die den Einfluss des Landesfürsten maßgeblich steigerte. (KV)

3.1 (Abb. S. 68)
Renaissancestuhl vom Wiener Neustädter Blutgericht 1522, 16. Jh. (?)
Holz mit Lederpolsterung,
Höhe: 125,5 cm, Breite: 63,5 cm, Tiefe: 54 cm
Stadtmuseum Wiener Neustadt, Inv.Nr. A 56
¶ Zwischen dem Tod Kaiser Maximilians I. im Jahr 1519 und der Ankunft seines Enkels Ferdinand I. in der Stadt bestand eine Art Interregnum in den österreichischen Ländern. Die Macht sollte vom *Regiment* (= Regierung) *der fünf niederösterreichischen Lande* ausgeübt werden, dem sich in Wien Vertreter der Stände entgegenstellten. Niederösterreichische Adelige wie Michael von Eitzing und Hans von Puchheim, aber auch der Wiener Bürgermeister Dr. Martin Siebenbürger (1475–1522) waren die Wortführer der „Rebellion“. Als Ferdinand nach Österreich kam, zeigte er sich sofort von der harten Seite: Im sogenannten Wiener Neustädter Blutgericht im August 1522 wurde den „Aufrührern“ der Prozess wegen Hochverrats gemacht. Acht Todesurteile wurden vollzogen, darunter Eitzing, Puchheim, Siebenbürger und fünf Wiener Ratsherren.
Der Sessel gilt der Überlieferung nach als der, auf dem Ferdinand saß, als er die Todesurteile über die Ratsherren unterfertigte. (KV)
¶ Lit.: Ferdinand I. Herrscher zwischen Blutgericht und Türkenkriegen (Ausstellungskatalog Stadtmuseum Wiener Neustadt), Wiener Neustadt 2003; Alexander Nowotny: Ein Ringen um ständische Autonomie zur Zeit des erstarkenden Absolutismus (1519–1522). Bemerkungen über Bedeutung und Untergang Dr. Martin Siebenbürgers, in: Mitteilungen des Instituts für Österreichische Geschichtsforschung 71 (1963), S. 354–369.

3.2 (Abb. S. 68)
Josef Ferdinand Waßhuber
Hinrichtung der Wiener Ratsherren auf dem Hauptplatz von Wiener Neustadt („Wiener Neustädter Blutgericht“) am 11. August 1522, 1. Hälfte 18. Jh.
Öl auf Leinwand, 84,4 × 143,3 cm
(Reproduktion)
Stadtmuseum Wiener Neustadt, Inv.Nr. B 4

Die Frühreformation in Wien

Vor dem Hintergrund einer politisch bewegten Zeit mit großen Ereignissen wie dem Wiener Neustädter Blutgericht 1522, dem großen deutschen Bauernkrieg 1525/26, der Schlacht bei Mohács 1526 und der Belagerung Wiens durch den osmanischen Sultan Süleyman 1529 waren auch die Auseinandersetzungen religiöser Art in Wien ein Faktor der Unruhe. Der Thesenanschlag Martin Luthers im Jahr 1517 und seine dynamische Wirkung erreichten die Universität und die Bürger Wiens sehr schnell. ◖ Problematisch für die weitere Entwicklung erwies sich natürlich, dass der Landesherr Ferdinand I. nicht nur katholisch blieb, sondern durch seine spanische Sozialisierung seinen „einzig wahren Glauben“ auch vehement gegen „Ketzer“ verteidigte. Schon 1522 hielt Paulus Speratus eine Predigt gegen das Klosterleben im Wiener Stephansdom und vertrat lutherische Ideen. Ein weiterer dramatischer Schritt war die Hinrichtung des Wiener Bürgers Caspar Tauber im Jahr 1524. Damit begann der lange währende Konflikt zwischen der alten Kirche und den reformatorischen Strömungen. (KV)

Der Wiener Drucker Johann Singriener d. Ä. ◖ Der um 1480 in Ötting in Bayern geborene Johann Singriener betrieb von 1510 bis zu seinem Tod 1545 in Wien eine Druckerei, 1510 bis 1514 in Partnerschaft mit Hieronymus Vietor (1480–1546). Nach dem Tod des Wiener Druckers Johannes Winterburger im Jahr 1519 war Singriener in der ersten Hälfte des 16. Jahrhunderts der maßgebliche Drucker Wiens. Er brachte an die tausend Drucke heraus, war de facto Landschafts- und Universitätsdrucker. Er war dreimal verheiratet und hatte drei Söhne. Die beiden älteren Söhne Matthäus und Johann betrieben die Offizin nach dem Tod des Vaters bis 1549 gemeinsam; danach, bis zu seinem Tod 1562, arbeitete Johann d. J. allein und hinterließ an die 150 Drucke.

Singriener d. Ä. hatte es zu Wohlstand und Ansehen gebracht. Die Professoren der Wiener Universität, der Klerus und die Organe der Stadt Wien schätzten die Qualität seiner Arbeit. Der Dompropst von St. Stephan, Paul von Oberstein, war Taufpate seiner Söhne Matthäus und Johann.

Umso überraschender war im Jahr 1963 die Entdeckung, dass Singriener von 1520 bis 1522 mit den alten Drucktypen und Holzschnitten Winterburgers Flugschriften Luthers nachdruckte — ohne oder mit gefälschten Druckvermerken. Weitere Forschungen brachten insgesamt 20 Werke Luthers und weitere 21 reformatorische Schriften aus der Presse Singrieners zutage, darunter sieben von Andreas Bodenstein, genannt Karlstadt (gest. 1541), und vier von Hans Sachs (1494–1576). Daneben druckte er die Bullen Leos X. und die Mandate Erzherzog Ferdinands gegen den Nachdruck lutherischer Schriften. Die Motive für Singrieners Handeln und seine Risikobereitschaft sind nicht nachvollziehbar.

Unter den von Singriener gedruckten Flugschriften Luthers haben sich vier Ausgaben erhalten (Kat.Nr. 3.3, 3.4, 3.5 und 3.7), die ehedem in einem Band zusammengebunden waren und erst um 1960 herausgelöst wurden. Auf dem Titel der ersten Schrift (3.3) verewigte sich der Besitzer: „Wolfg. Severus Maximil.[II.]CæsarisPræcep[tor]“. In allen vier Drucken finden sich Eintragungen und Unterstreichungen von Severus’ Hand. Severus stammte aus der oberösterreichischen (später freiherrlichen) Familie Schiefer (Schifer) und wurde (als Nachfolger des Dichters, Humanisten und Hofhistoriografen Caspar Ursinus Velius, 1493–1539) von Frühjahr 1536 bis Herbst 1538 trotz seines hohen Alters Erzieher der Kinder Ferdinands am Innsbrucker Hof. Severus war begeisterter Anhänger Luthers, ständiger Gast bei Luthers Wittenberger Tischgesellschaften und maßgeblich dafür verantwortlich, dass Ferdinand lang und Maximilian II. fast lebenslang eine zumindest ambivalente Einstellung zum Gedankengut der Reformation hatten.

Die ausgestellten, zwischen 1520 und 1522 in Wien nachgedruckten Drucke zeigen eindrücklich die Virulenz der frühreformatorischen Flugschriften in Wien, die die neuen Lehren äußerst rasch auch in diese Stadt brachten. (HL)

3.3 (Abb. S. 135)
Martin Luther
De captivitate Babylonica ecclesiae. Praeludium Martini Lutheri
Wien: Johann Singriener d. Ä. 1520
Wien, Helmut W. Lang, Vorbesitzer: Wolfgang Severus (erster Druck im Sammelband)
¶ Im Jahr 1520 erschienen innerhalb weniger Wochen drei Nachdrucke der beiden Wittenberger Ausgaben dieses Textes (Drucke von Melchior Lotter d. J., ca. 1490–ca. 1542) in Straßburg, Wien und Basel, danach (um 1521) drei weitere in Leiden, Antwerpen und Paris. Als Vorlage für den Wiener Druck nutzte der Wiener Drucker Singriener ein Exemplar der Straßburger Ausgabe, deren Titelblatt er zeilen- und buchstabengetreu nachbildete, ebenso ließ er das Holzschnittporträt Luthers auf der Titelrückseite nachschneiden. In deutscher Übersetzung gibt es fünf Ausgaben, drei aus Straßburg, zwei aus Augsburg, in niederländischer eine um 1521. (HL)
¶ Lit.: VD 16 L 4188 (online: opacplus.bib-bvb.de); Josef Benzing: Lutherbibliographie. Verzeichnis der gedruckten Schriften Martin Luthers bis zu dessen Tod, bearb. in Verbindung mit der Weimarer Ausgabe unter Mitarb. von Helmut Claus (Bibliotheca bibliographica Aureliana, 10.16.19), Baden-Baden 1966, Nr. 707; Helmut W. Lang: Johann Singriener in Wien als Luther-Nachdrucker (1519–1522), in: Das Antiquariat 17 (1963/1966), S. 281/1–284/4, Nr. 14; Gedeon Borsa: Katalog der Drucke des 16. Jahrhunderts in der Österreichischen Nationalbibliothek. Wien NB 16. Deutsches Sprachgebiet, Bd. 1ff. (Bibliotheca bibliographica Aureliana, 212ff.), Baden-Baden 2007ff., Nr. L 1124.

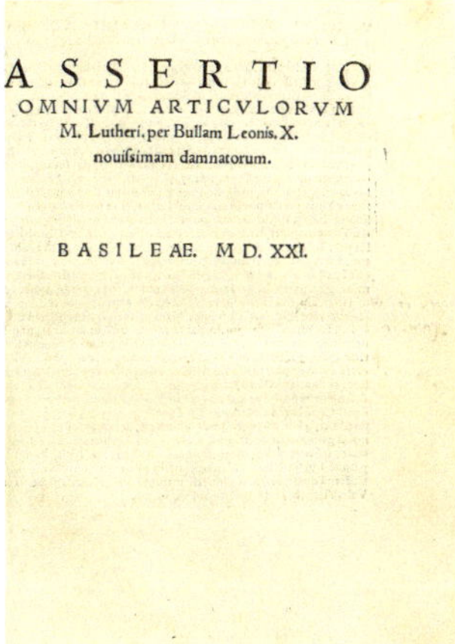

3.4
Martin Luther
Assertio omnium articulorum M. Luther, per bullam Leonis. X. nouissimam damnatorum. Basileæ. M D. XXI
Wien: Johann Singriener d. Ä. 1521
Wien, Helmut W. Lang, Vorbesitzer: Wolfgang Severus (vierter Druck im Sammelband)
¶ Die noch 1520 von Melchior Lotter d. J. herausgegebene Wittenberger Originalausgabe wurde im Jahr 1521 in Worms, zweimal in Basel und in Wien nachgedruckt. Singriener lag offenbar ein Basler Exemplar aus der Offizin Adam Petris (1454–1527) vom März 1521 vor. (HL)
¶ Lit.: VD 16 L 3878; Benzing, Lutherbibliographie, Nr. 783; Lang, Singriener, Nr. 10; Borsa, Wien NB 16, Nr. L1066.

3.5 (Abb. S. 134)
Martin Luther
Iudicium. Martini Lutheri de Votis: scriptum ad Episcopos & Diaconos Vuittẽbergeñ. Ecclesie
Wien: Johann Singriener d. Ä. 1521
Wien, Helmut W. Lang, Vorbesitzer: Wolfgang Severus (zweiter Druck im Sammelband)
¶ Lit.: VD 16 L 5009; Benzing, Lutherbibliographie, Nr. 979; Lang, Singriener, Nr. 13; Borsa, Wien NB 16, Nr. L1295.

3.6 (Abb. S. 132)
Martin Luther
Copia ainer Missive: so Doctor Martinus Luther nach seinem abschid zu Worms zůrugk an die Churfürsten, Fürsten, uñ Stende des heyligen Rœmischen Reychs daselbst versamlet geschriben hatt.
Wien: Johann Singriener d. Ä. 1521
Wien, Helmut W. Lang
¶ Dieser Sendbrief an die Kurfürsten, Fürsten und Stände des Reichs vom 28. April 1521 war eine der meistverbreiteten deutschsprachigen Flugschriften Luthers. In kurzer Zeit erschienen 13 Ausgaben in Hagenau, Wittenberg, Leipzig, Schlettstadt, Erfurt, Wien und Nürnberg, drei in Augsburg und zwei in Worms, eine 14. auf Niederdeutsch in Lübeck. (HL)
¶ Lit.: VD 16 L 3686; Benzing, Lutherbibliographie, Nr. 1039; Lang, Singriener, Nr. 2; Borsa, Wien NB 16, Nr. L1016.

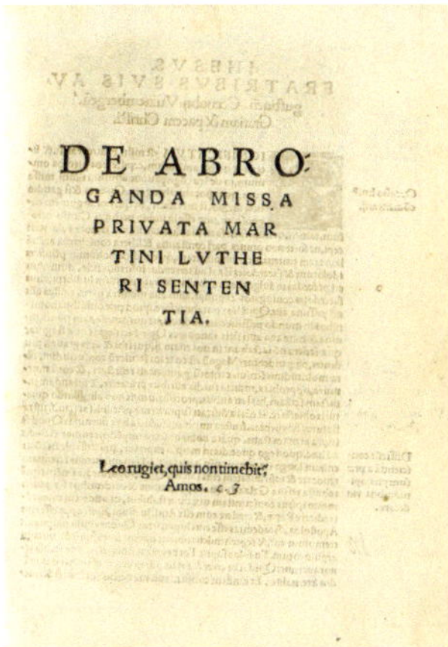

3.7
Martin Luther
De abroganda missa privata Martini Lutheri sententia […]
Wien: Johann Singriener d. Ä. 1522
Wien, Helmut W. Lang, Vorbesitzer: Wolfgang Severus (dritter Druck im Sammelband)
¶ Zwischen Jänner und April 1522 wurde die Wittenberger Originalausgabe aus der Offizin Melchior Lotters d. J. in Straßburg, Wien und Basel nachgedruckt, sieben deutschsprachige Ausgaben kamen in den Jahren 1522 und 1523 heraus. (HL)
¶ Lit.: VD 16 L 3618; Benzing, Lutherbibliographie, Nr. 999; Lang, Singriener, Nr. 11; Borsa, Wien NB 16, Nr. L1001.

3.8 →|
Alexander Seitz (ca. 1473–1544)
Ain Warnung des Sündtfluss oder erschrockenlichen wassers […] mit sampt außlegung der grossen wunderzaychñ zů Wien in Osterreych am hymel erschinen im XX iar
Augsburg: Erhard Oeglin 1521
Wienbibliothek im Rathaus, Sign. A-75669
¶ Alexander Seitz studierte Theologie und Medizin in Tübingen, wo schon vor Luther Kritik an der katholischen Kirche geäußert wurde, und ließ sich dann in Württemberg nieder. Im Zusammenhang mit dem Bauernaufstand des *Armen Konrad* exponierte sich Seitz, ihm drohte sogar die Todesstrafe, und er musste flüchten. Er lebte im Exil in der Schweiz und wurde 1519 Stadtarzt in München. Neben seiner medizinischen Tätigkeit veröffentlichte er vor allem gesellschaftskritische Dramen.
Die vorliegende Flugschrift gehört zu einem sehr beliebten Genre der Frühen Neuzeit: die Deutung von Vorzeichen für das Ende der Welt, eine Auffassung, die viele chiliastische Gruppen im Umfeld der Reformation vertraten, welche die Ankunft des Jüngsten Gerichts als unmittelbar bevorstehend einstuften. (KV)

3.9 (Abb. S. 121)
Paulus Speratus (eigentlich Paul Offer [Hoffer von Spretten]) (1484–1551)
Kupferstich, 16,6 × 11,4 cm
Wien, Österreichische Nationalbibliothek, Bildarchiv und Grafiksammlung, Sign. PORT_00082682_01
¶ Der gebürtige Schwabe Paul Speratus hatte unter anderem in Paris Theologie studiert und wirkte Anfang des 16. Jahrhunderts als Priester und Prediger in verschiedenen süddeutschen Städten wie Augsburg, Würzburg, Salzburg etc. Vor 1520 wurde Speratus ein Anhänger der Reformation und wurde wegen seiner offenen lutherischen Predigt von Erzbischof Lang von Wellenburg aus Salzburg vertrieben. Seit 1517 lebte er mit Anna Fuchs in einer eheähnlichen Gemeinschaft, was damals nicht völlig unüblich war, aber ihm in Augsburg Anfeindung und Kritik einbrachte, vermutlich weil er die Partnerschaft demonstrativ eingegangen war. Im November 1521 erreichte ihn die Berufung als Prediger nach Ofen/Budapest in Ungarn. Auf dem Weg dorthin weilte er auch einige Zeit

Ain Warnung des Sündtfluss oder
erschrockenlichen wassers Des xxiiij.iars auß natürlicher art des
hymels zů besorgen mit sampt außlegung der grossen wunderzaychñ zů Wien in Österreych am hymel erschinen im XX iar.

3.8

in Wien, wo ihm anscheinend seine Verbindung mit Anna Fuchs ebenfalls zum Vorwurf gemacht wurde. Am 12. Jänner 1522 bekam Speratus die Predigterlaubnis für St. Stephan, und er nutzte diese Gelegenheit, seine reformatorischen Ansichten zum Zölibat klar darzulegen. Aber auch das Priestertum aller Gläubigen und vor allem die neue lutherische Rechtfertigungslehre waren Gegenstand seiner Predigt. Es handelt sich dabei um die erste belegte evangelische Predigt in Wien. Speratus schrieb sie später noch einmal aus dem Gedächtnis nieder und gab sie in Druck. Offenbar fielen die neuen Lehren bei der Wiener Bevölkerung auf fruchtbaren Boden. Laut eigenen Angaben hatte Speratus in der Stadt viele Gesinnungsgenossen — ein Umstand, der wohl auch auf die allgemeine humanistisch-antiklerikale Einstellung in Wien zu Beginn der Reformationszeit zurückzuführen ist. Unter anderem deswegen sahen sich die Theologen der Universität, die das Inquisitionsrecht besaß, zum schnellen Vorgehen gegen Speratus gedrängt. Nach zweimaliger Vorladung zum Verhör, der er nicht nachkam, wurden seine Lehren als ketzerisch verurteilt und er selbst am 20. Jänner 1522 exkommuniziert. Er wurde kurzfristig inhaftiert, aber bald wieder entlassen. Speratus wandte sich nach Mähren und bekam in Iglau eine Pfarrstelle, wo er durch den Bischof von Olmütz erneut der Ketzerei angeklagt, eingekerkert und zum Feuertod verurteilt wurde. Nachdem einige Sympathisanten für Speratus intervenierten, kam er nach zwölf Wochen im Kerker frei, mit der Auflage, das Land zu verlassen und nie mehr zu betreten. Im Kerker in Olmütz dichtete er vermutlich sein berühmtes Lied *Es ist das Heil uns kommen her*, das neben anderen im Jahr 1524 in Luthers *Achtliederbuch* veröffentlicht wurde. Speratus weilte zu dieser Zeit bei Luther in Wittenberg und wurde kurz darauf auf dessen Empfehlung als Prediger an den Hof Albrechts von Brandenburg-Ansbach nach Königsberg berufen. Dort führte er die Reformation in Teilen des ehemaligen Deutschordenslandes (Ostpreußen) durch und wurde 1529 lutherischer Bischof von Pomesanien mit Sitz in Marienwerder, wo er bis zu seinem Tod 1551 wirkte. (AB)

¶ Lit.: Rudolf Leeb: Der Streit um den wahren Glauben. Reformation und Gegenreformation in Österreich, in: ders., Maximilian Liebmann, Georg Scheibelreiter u. a.: Geschichte des Christentums in Österreich. Von der Spätantike bis zur Gegenwart (Österreichische Geschichte, hg. von Herwig Wolfram, Ergänzungsbd.), Wien 2003, S. 145–280, hier S. 171f. (mit Anm.); Martin Brecht: Erinnerung an Paul Speratus (1484–1551). Ein enger Anhänger Luthers in den Anfängen der Reformation, in: Archiv für Reformationsgeschichte 94 (2003), S. 105–133; siehe auch den Beitrag von Rudolf Leeb zur Frühreformation in Wien im vorliegenden Katalog.

3.10 ↘

Paulus Speratus (eigentlich Paul Offer [Hoffer von Spretten])
Der Wienner Artickel wider Paulu Speratum sampt seyner Antwurt
Augsburg, ohne Verlagsangabe, 1524

Wien, Österreichische Nationalbibliothek, Sammlung von Handschriften und alten Drucken, Sign. *35.R.179 Alt.Prunk (VD 16 I 211)

¶ Nach seinem Abgang aus Wien gelangte Paul Speratus über Olmütz nach Wittenberg, wo sich eine enge Zusammenarbeit zwischen ihm und Luther entwickelte, die sich im berühmten *Achtliederbuch* niederschlug, das neben Liedern Luthers auch solche von Speratus enthält. Ein Dokument dieser Zusammenarbeit und der Wertschätzung Luthers für Speratus ist auch der vorliegende Druck, in dem eine Schrift Luthers und eine aus der Feder des Speratus enthalten sind. Die Schrift des Letzteren enthält seine Antwort auf die von der Wiener theologischen Fakultät publizierten Artikel, in denen sie den Inhalt seiner Predigt im Stephansdom vom Jänner 1521 verurteilte. Gleichzeitig gab Speratus diese Wiener Predigt, die er aus dem Gedächtnis noch einmal niedergeschrieben hatte, in Druck: Von dem hohen || gel[ue]bd der Tauff/ sampt || andern Ein Sermon czu || Wienn ynn Osterreych || geprediget.|| Paulus Speratus (Königsberg 1524, VD S 8279). Sie war gleichsam der zusätzliche Kommentar zu seiner Antwort auf die Artikel der Wiener Theologen. (RL)

¶ Lit.: Benzing, Lutherbibliographie, Nr. 1903.

3.11 (Abb. S. 125)
Eyn warhafftig geschicht wie Caspar Tauber, Burger zů Wieñ in Österreich für ain Ketzer, und zů dem todt verurtaylt und außgefürt worden ist
Ohne Orts- und Verlagsangabe, 1524
Wienbibliothek im Rathaus, Sign. A-11626
¶ Caspar Tauber war ein reicher Wiener Bürger, der sich mit dem Tuchhandel beschäftigte und im Jahr 1521 als *Genannter* Aufgaben in der Regierung der Stadt übernahm. Er kam früh in Kontakt mit dem Gedankengut der Reformation und kritisierte in einer Flugschrift katholische Dogmen, wie das Fegefeuer, die Heiligenverehrung und die Ohrenbeichte. Umstritten ist die Frage, inwieweit er als Lutheraner oder als Täufer zu werten ist. Im Jahr 1524 wurde er verhaftet, widerrief seine Ansichten, doch am Tag des geplanten öffentlichen Widerrufs verweigerte er und berief sich auf die Bibel. Am 17. September 1524 wurde er in Erdberg enthauptet und dann verbrannt, seine Asche wurde in die Donau gestreut. Tauber ist der erste lutherische Märtyrer Österreichs. (KV)
¶ Lit.: Carl von Otto: Tauberiana, in: Jahrbuch der Gesellschaft für die Geschichte des Protestantismus in Österreich 4 (1883), S. 1–19; Hugo Alker: Tauberiana, in: Jahrbuch der Gesellschaft für die Geschichte des Protestantismus in Österreich 81 (1965), S. 3–11; Richard Perger: Neues über Caspar Tauber, in: Jahrbuch für die Geschichte des Protestantismus in Österreich 98 (1982), S. 90–97; Rudolf Leeb: Beobachtungen zu Caspar Tauber. Zur Rezeption reformatorischen Gedankengutes beim ersten Märtyrer der österreichischen Reformation, in: Jahrbuch für die Geschichte des Protestantismus in Österreich 110/11 (1994/95), S. 21–45.

3.12 (Abb. S. 124)
Leonhard Guttmann
Verantwortung Caspar Taubers, der zů Wien verprant ist worden. Und eyn kurtze unterricht, wer Gottes wort vervolgt
Nürnberg: Hans Hergot 1525
Wienbibliothek im Rathaus, Sign. A-11624

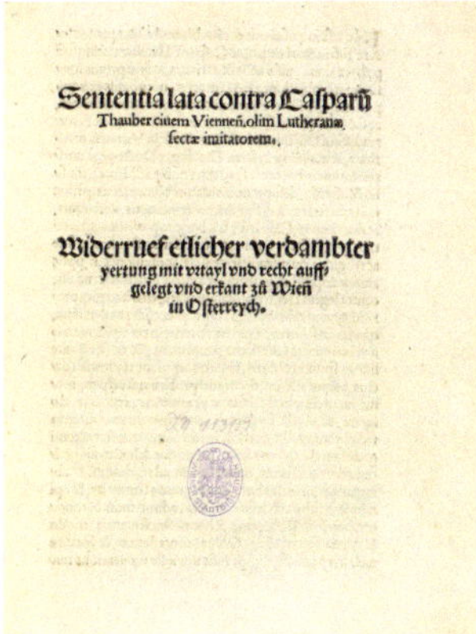
Sententia lata contra Casparũ Thauber ciuem Vienneñ. olim Lutheranæ sectæ imitatorem.
Widerruef etlicher verdambter yertung mit vrtayl vnd recht auffgelegt vnd erkant zů Wieñ in Osterreych.

3.13
Johann von Revellis
Sententia lata contra Casparũ Thauber ciuem Vienneñ. olim Lutheranae sectae imitatorem. Widerruef etlicher verdambter yertung mit urtayl und recht auffgelegt und erkant zů Wieñ in Osterreych
Wien: Johann Singriener d. Ä. 1524
Wienbibliothek im Rathaus, Sign. A-75671
¶ Der Verfasser dieses rechtlichen Textes über den Prozess war Johann von Revellis, von 1523/24 bis 1529 Bischof von Wien. (KV)

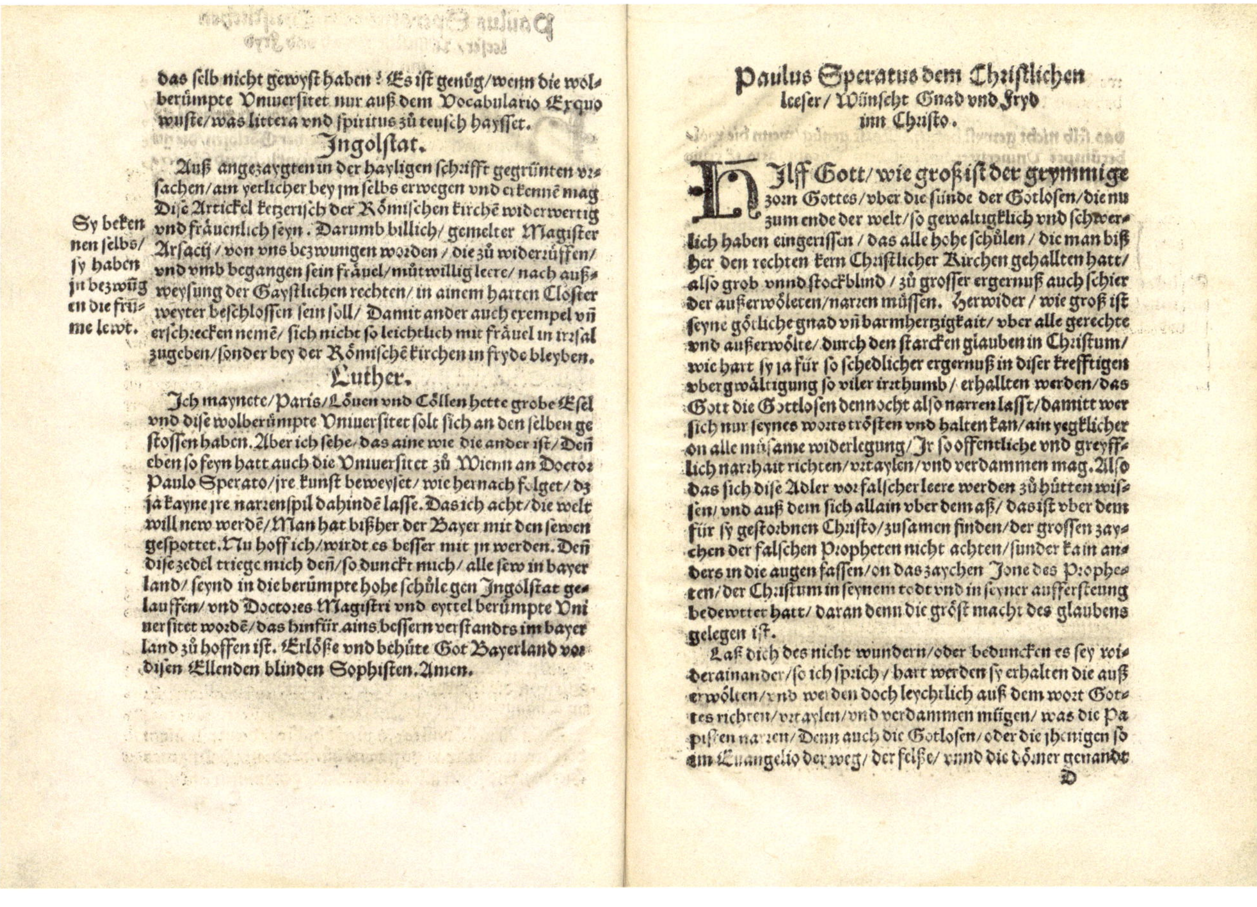
das selb nicht gewyst haben? Es ist genůg/wenn die wolberümpte Vniuersitet nur auß dem Vocabulario Exquo wuste/was littera vnd spiritus zů teusch haysset.

Ingolstat.

Sy bekennen selbs/ sy haben jn bezwũgen die frume lewt.

Auß angezaygten in der hayligen schrifft gegrünten vrsachen/ain yetlicher bey jm selbs erwegen vnd erkennē mag Dise Artickel ketzerisch der Römischen kirchē widerwertig vnd fräuenlich seyn. Darumb billich/ gemelter Magister Arsacij/von vns bezwungen worden/die zů widerrüffen/ vnd vmb begangen sein fräuel/můtwillig leere/ nach außweysung der Gaystlichen rechten/ in ainem harten Closter weyter beschlossen sein soll/ Damit ander auch exempel vñ erschrecken nemē/ sich nicht so leichtlich mit fräuel in irrsal zugeben/sonder bey der Römischē kirchen in fryde bleyben.

Luther.

Ich maynete/Paris/Löuen vnd Cöllen hette grobe Esel vnd dise wolberümpte Vniuersitet solt sich an den selben gestossen haben. Aber ich sehe/das aine wie die ander ist/Deñ eben so feyn hatt auch die Vniuersitet zů Wienn an Doctor Paulo Sperato/jre kunst beweyset/ wie hernach folget/ dz ja kayne jre narrenspil dahindē lasse. Das ich acht/die welt will new werdē/Man hat bißher der Bayer mit den sewen gespottet. Nu hoff ich/wirdt es besser mit jn werden. Deñ dise zedel triege mich deñ/so dunckt mich/ alle sew in bayerland/ seynd in die berümpte hohe schůle gen Ingolstat gelauffen/ vnd Doctores Magistri vnd eyttel berümpte Vniuersitet wordē/das hinfür ains bessern verstandts im bayerland zů hoffen ist. Erlöse vnd behüte Got Bayerland vor disen Ellenden blinden Sophisten. Amen.

Paulus Speratus dem Christlichen leeser/ Wünscht Gnad vnd Fryd imm Christo.

Hilff Gott/ wie groß ist der grymmige zorn Gottes/vber die sünde der Gotlosen/die nu zum ende der welt/so gewaltigklich vnd schwerlich haben eingerissen/ das alle hohe schůlen/ die man bißher den rechten kern Christlicher Kirchen gehallten hatt/ also grob vnnd stockblind/ zů grosser ergernuß auch schier der außerwöleten/narren müssen. Herwider/ wie groß ist seyne götliche gnad vñ barmhertzigkait/ vber alle gerechte vnd außerwölte/ durch den starcken glauben in Christum/ wie hart sy ja für so schedlicher ergernuß in diser krefftigen vbergwältigung so viler irrthumb/ erhallten werden/das Gott die Gottlosen dennocht also narren lasst/damitt wer sich nur seynes worts trösten vnd halten kan/ain yegklicher on alle müsame widerlegung/Jr so offentliche vnd greyfflich narrhait richten/vrtaylen/vnd verdammen mag. Also das sich dise Adler vor falscher leere werden zů hütten wissen/ vnd auß dem sich allain vber dem aß/ das ist vber dem für sy gestorbnen Christo/zusamen finden/der grossen zaychen der falschen Propheten nicht achten/sunder kain anders in die augen fassen/on das zaychen Jone des Propheten/der Christum in seynem todt vnd in seyner aufferstenng bedewttet hatt/ daran denn die gröst macht des glaubens gelegen ist.

Laß dich des nicht wundern/oder beduncken es sey widerainander/so ich sprich/ hart werden sy erhalten die außerwölten/vnd werden doch leychtlich auß dem wort Gottes richten/vrtaylen/vnd verdammen mügen/ was die Papisten narren/Denn auch die Gotlosen/oder die jhenigen so im Euangelio der weg/ der felße/ vnnd die dörner genandt

D

3.10

Die Täufer als Randgruppe der Reformation

Besonders radikal wurden die Täufer (früher meist als Wiedertäufer bezeichnet) verfolgt, die vor allem im ländlichen Raum missionierten und im nahe bei Wien gelegenen Mähren durch einige Adelige toleriert und angesiedelt wurden. Auch in Wien selbst dürfte eine kleine Täufergemeinde bestanden haben. Der später in der Reichsstadt Augsburg hingerichtete Täufer Hans Hut hatte in der Stadt im Jahr 1526 missioniert. Die Erwachsenentaufe und die Absonderung von der „Welt“ charakterisierten diese konfessionelle Gruppe ebenso wie die Ablehnung von Gewalt, des Kriegsdienstes und die Verweigerung des Eides. ¶ Der Landesherr, Erzherzog Ferdinand, bekämpfte die Täufer hart, sein Täufermandat vom 20. August 1527 wurde zu einer wesentlichen rechtlichen Grundlage der Verfolgung dieser Gruppe. Die Hinrichtung des Täuferführers Balthasar Hubmaier in Wien im Jahr 1528 war ein weit über die Stadt hinaus wahrgenommenes Signal. Auch in den weiteren Jahren der ersten Jahrhunderthälfte des 16. Jahrhunderts kam es in Wien zu Hinrichtungen von Täufern. (KV)

3.14 (Abb. S. 127)
Generalmandat Ferdinands I. „die falschen Sekten und Lehren betreffend“ („Großes Ketzermandat von Ofen“), 20. August 1527
Druck, 74 × 37 cm
Wien, Österreichisches Staatsarchiv, Abteilung Haus-, Hof- und Staatsarchiv, Sign. StK Patente 1-100
¶ Mit dem *Großen Ketzermandat von Ofen* versuchte Ferdinand der in seinen Erblanden aufflammenden Frühreformation Einhalt zu gebieten. Das Mandat versuchte, auf dem für die katholischen Behörden unübersichtlich gewordenen religiösen Gebiet (Lutheraner, Einflüsse Zwinglis, Täufer und andere radikal-reformatorische Tendenzen) Orientierung zu geben. Als Häresien werden unter anderem das allgemeine Priestertum und die Leugnung des Fegefeuers genannt. Anhängern der neuen Lehre wurde der Landesverweis angedroht.
Als Verfasser des Mandats gilt Johannes Fabri (1478–1541), der vormals in Konstanz als Generalvikar wirkte und dort schon mit Zwingli zu tun hatte. Er stand als Berater nun in Diensten Ferdinands I. und sollte im Jahr 1530 Bischof von Wien werden. (RL)
¶ Lit.: Grete Mecenseffy: Quellen zur Geschichte der Täufer, Bd. 1, Gütersloh 1964, S. 3–12, Nr. 3 (Text); Leeb, Der Streit, S. 165–167.

↗ 3.15
„Märtyrer Tafel“ mit dem Eintrag der hingerichteten Täufer in Wien, 16. Jh.
Aus der ältesten Chronik der Hutterer, Bonhomme-Bruderhof, South Dakota, fol 165r.
Reproduktion aus: A. J. F. Zieglschmid: Die älteste Chronik der Hutterischen Brüder, Ithaca, New York 1943, Tafel XX
¶ Die Täufer, von den Zeitgenossen als Wiedertäufer bezeichnet, weil sie konsequent die Erwachsenentaufe vertraten, wurden sowohl von katholischer als auch von protestantischer Seite auf der Grundlage des *Generalmandats von Ofen* (Kat.Nr. 3.14) und des *Wiedertäufermandats* des Reichstags von Speyer von 1529 verfolgt. Die Täufer — und hier vor allem jene, die sich nach den *Schleitheimer Artikeln* von 1527 richteten — verstanden sich ab ca. 1525, nachdem sie sich von ihren sozialrevolutionären Zielen in der Zeit der Bauernkriege abgewandt hatten, als die kleine Schar der wahrhaft Glaubenden, die sich von den etablierten Kirchen und überhaupt von der verdorbenen Welt zu separieren hat. Sie verschrieben sich einer „freikirchlichen“ Gemeindeordnung. Die Täufer fassten das Martyrium als Bestätigung ihres rechten Glaubens auf, sie entwickelten eine Theologie des Martyriums, denn ihrer Überzeugung nach gehörte zur wahrhaft christlichen Existenz auch die Bereitschaft, seinen Glauben nicht zu verleugnen, sondern für ihn sogar zu sterben. Daher wurden Informationen über Mitglieder der Gemeinde, die hingerichtet wurden, gesammelt und aufgeschrieben. Das Eindrucksvollste dieser Verzeichnisse findet sich im *Geschichtbuch der Hutterischen Brüder* mit dem Eintrag „Märtyrer Tafel, wie Gott zu allen Ecken deutscher Lande sein Wahrheit mit Blut bezeuget und an Tag gebracht hat“, das Märtyrer des 16. Jahrhunderts auflistet. Diese Martertafel gibt auf der hier abge-

3.15

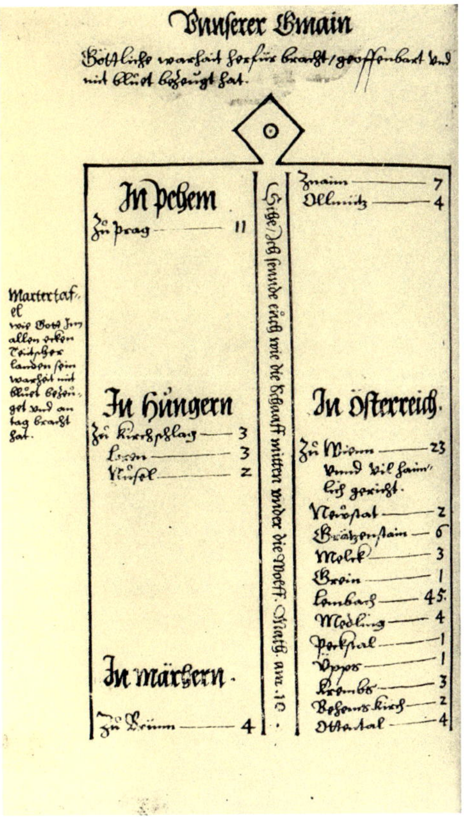

3.16

bildeten Seite die Zahl von 23 in Wien hingerichteten Täufern an. Bemerkenswerterweise ist für Wien — als einzigem Fall in der Martertafel — ergänzend hinzugefügt „Unnd vil haimlich gericht“, womit auf heimliche Hinrichtungen hingewiesen wird, die auch andernorts, wie etwa in Tirol, belegt sind. Die Zahl der betreffenden Hinrichtungen war den Täufern nicht bekannt. Die Behörden ließen solche heimliche Hinrichtungen manchmal durchführen, um Unruhe oder Sympathiekundgebungen für die Täufer bei öffentlichen Hinrichtungen zu vermeiden.

Bemerkenswert und aussagekräftig ist auch das „Layout“ der Seiten der Martertafel, die das Selbstverständnis der Täufer zum Ausdruck bringt. In unserem Fall steht in der das Textfeld in zwei Spalten teilenden vertikalen Leiste das Zitat aus Matthäus 10, 16 „Sihe, ich sennde euch wie die Schaaf mitten under die Wolff“: Es ist das Merkmal der die Botschaft der Bibel wahrhaft lebenden Gemeinde, dass sie von der Welt verfolgt wird. (RL/KV)

¶ Lit.: Peter Burschel: Sterben und Unsterblichkeit. Zur Kultur des Martyriums in der frühen Neuzeit, München 2004; Hans-Jürgen Goertz: Die Täufer. Geschichte und Deutung, München, 2. Aufl. 1988; siehe auch den Beitrag von Martin Rothkegel im vorliegenden Katalog.

↗ 3.16
Nach Christoffel van Sichem (1581–1658)
Balthasar Hubmaier (ca. 1485–1528), 1609
Kupferstich, 16,4 × 11,7 cm
Wien Museum, Inv.Nr. 217.157

¶ Balthasar Hubmaier stammte aus der Nähe von Augsburg, studierte dort und in Freiburg, wo er mit Johannes Eck (1486–1543), dem radikalen Vertreter des Katholizismus, der mit Luther disputiert hatte, zusammenkam und ihn nach Ingolstadt begleitete. Später wirkte er in Regensburg und war auch Wallfahrtsprediger und Marienverehrer. Im Jahr 1521 wurde er Pfarrer in Waldshut und freundete sich in der Folge mit Ulrich Zwingli (1484–1531) an, nahm reformatorisches Gedankengut auf und wurde aus Waldshut vertrieben. Seine Auseinandersetzung mit der Tauffrage führte ihn in den Umkreis der Täufer, er heiratete und ging nach Zürich, wo es allerdings zum Bruch mit Zwingli kam. Stets verfolgt, führte ihn sein weiteres Schicksal nach Mähren.

Im Jahr 1527 wurde er im Auftrag Erzherzog Ferdinands I. verhaftet und nach Wien gebracht, er verweigerte einen Widerruf seiner Glaubensgrundsätze (z. B. die Ablehnung der Kindertaufe und des Eides) und wurde am 10. März 1528 beim Stubentor als Ketzer verbrannt. Seine Frau wurde in der Donau ertränkt. (KV)

¶ Lit.: Christof Windhorst: Balthasar Hubmaier. Professor, Prediger, Politiker, in: Hans-Jürgen Goertz (Hg.): Radikale Reformatoren. 21 biografische Skizzen von Thomas Müntzer bis Paracelsus, München 1978, S. 125–136; Torsten Bergsten: Balthasar Hubmaier. Seine Stellung zu Reformation und Täufertum (1521–1528), Kassel 1961; Goertz, Die Täufer; Christof Windhorst: Täuferisches Taufverständnis: Balthasar Hubmaiers Lehre zwischen traditioneller und reformatorischer Theologie (Studies in medieval and reformation thought, Bd. 16), Leiden 1976.

↓ 3.17
Balthasar Hubmaier (ca. 1485–1528) „Rechenschaft des Glaubens", Burg Kreuzenstein, 3. Jänner 1528
Handschrift, 32,5 × 44 (geöffnet)
Wien, Österreichisches Staatsarchiv, Abteilung Haus-, Hof- und Staatsarchiv, Sign. LA ÖA Niederösterreich 2, fol. 160–191

¶ Balthasar Hubmaier, um 1485 in Friedberg bei Augsburg geboren, Domprediger in Regensburg und Prediger in Waldshut, kam in Zürich mit täuferischem Gedankengut in Kontakt, ließ sich taufen und geriet als Wiedertäufer in Konflikt mit der römischen Kirche, zugleich aber auch mit Martin Luther. Hubmaier gilt als der bedeutendste Theologe unter den Täufern. Mit zahlreichen Anhängern wurde er von Leonhard Graf Liechtenstein in Nikolsburg/Mähren aufgenommen. Nach einer Zitation nach Wien zusammen mit seinen Grundherren Hans und Leonhard von Liechtenstein wurde er gefangen genommen und nach einigen Wochen Haft in Wien auf die Burg Kreuzenstein gebracht. Dort versuchte unter anderen auch Johannes Fabri (1478–1541), der bedeutende theologische und religionspolitische Berater Ferdinands I. und spätere Bischof von Wien, ihn zum Widerruf zu bewegen. Hubmaier hatte um dieses Treffen gebeten. Beide führten ein längeres Gespräch, das seinen Niederschlag in einer Schrift Fabris fand (Kat.Nr. 3.18). Am 3. Jän-

▸ „Ich will auch gott tag vnnd nacht ernstlich bitten, das er mir auß seiner göttlichen gnaden zuerkennen gebe mittel vnd weg, durch die E(ure) ku(nigliche) m(ajestä)t vnnd die gantz Christenhait möge zu Cristenlicher wolfart vnd friden khumen. Der gott, der bey mir ist in der triebseligkayt, wiert mich erhören." ▪

Balthasar Hubmaier → 3.17

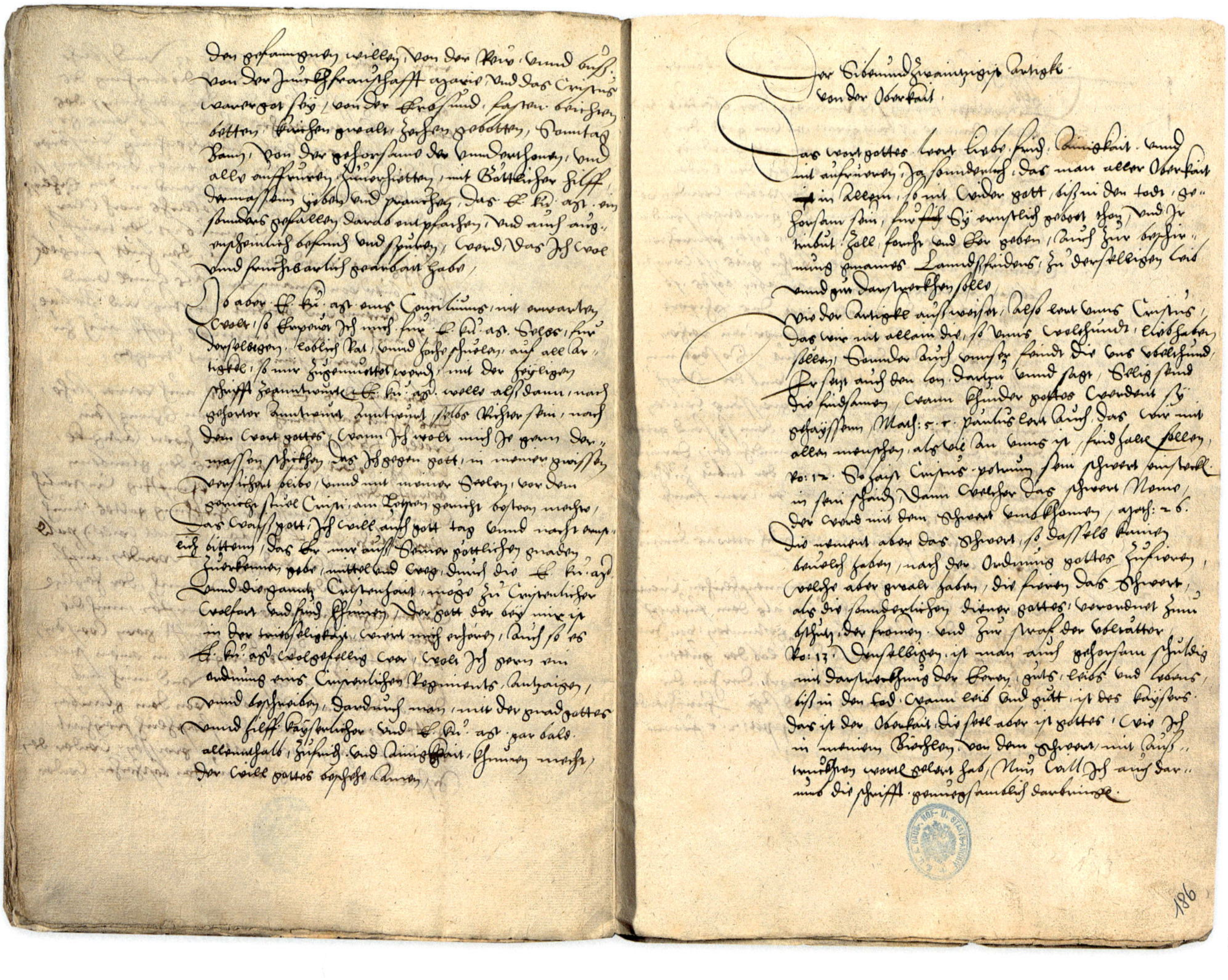

3.17

ner unterfertigte Hubmaier auf Burg Kreuzenstein seine eigenhändig geschriebene Rechtfertigungsschrift *Rechenschaft des Glaubens*. Sie ist an Kaiser Ferdinand I. gerichtet. In 27 Artikeln legt er seine Lehre dar, beim entscheidenden Punkt über die Taufe und die Sakramente beharrt er auf seiner Position. Ein Widerruf erfolgte nicht. Am 10. März 1528 wurde er vor dem Wiener Stubentor auf dem Scheiterhaufen verbrannt. Seine standhafte Frau wurde drei Tage später in der Donau ertränkt. (EDP)

¶ Lit.: Gunnar Westin, Torsten Bergsten (Hg.): Balthasar Hubmaier. Schriften (Quellen zur Geschichte der Täufer, Bd. 9; Quellen und Forschungen zur Reformationsgeschichte, Bd. 29), Gütersloh 1962, S. 458–491; Johann Loserth: Artikel Hubmaier, Balthasar, in: Mennonitisches Lexikon, Bd. 2, Frankf. a. M./Meierhof 1937, S. 353–363, insbes. S. 361–363; Martin Rothkegel: Radikalität und Toleranz: Das Täufertum von der frühreformatorischen Bewegung zur geduldeten Minderheit in Mähren und Oberungarn, in: Vincenc Rajšp, Karl W. Schwearz, Boguslaw Dybás u. a. (Hg.): Die Reformation in Mitteleuropa, Wien/Ljubljana 2011, S. 149–172, insbes. S. 156–159; siehe auch den Beitrag von Martin Rothkegel im vorliegenden Katalog.

3.18 (Abb. S. 156)

Johannes (Johann) Faber (Fabri) (1478–1541)

Ursach warumb der Widerteuffer Patron unnd erster Anfenger Doctor Balthasar Hübmayr zů Wienn auff den zehendten tag Martij. Anno.1528. verbrennet sey

Wien, ohne Verlagsangabe, 1528

Wienbibliothek im Rathaus, Sign. A-9675

¶ Während seiner Haft auf Burg Kreuzenstein richtete Balthasar Hubmaier ein Bittgesuch an Ferdinand I., um ein Gespräch mit Johann Fabri, dem politischen Berater Ferdinands I. in Religionsfragen, führen zu können. Ferdinand I. bewilligte dieses Gespräch. Fabri und Hubmaier kannten einander aus gemeinsamen Studienzeiten und waren offenbar miteinander befreundet gewesen. Fabri publizierte einen Bericht über das Gespräch (*Doctoris Joannis Fabri, Adversvs Doctorem Balthasarvm Pacimontanvm, Anabaptistarvm Nostri Saecvli, Primvm Avthorem, Orthodoxae Fidei Catholica Defensio,* Leipzig 1528). Es fand am Jahresende 1527 in einer ruhigen und konstruktiven Atmosphäre statt, Fabri wurde unter anderem vom Rektor der Universität Wien, dem Theologen Ambrosius Salzer, begleitet. Themen waren das Verhältnis von Schrift und Tradition, das Messopfer, Heiligenverehrung und die Lehre vom Fegefeuer, den guten Werken, vom freien Willen, natürlich die Kindertaufe und anderes. Am Schluss äußerte Hubmaier die Absicht, eine Rechtfertigungsschrift zu verfassen und sie Kaiser Ferdinand I. zu überreichen (Kat.Nr. 3.17). Hubmaier widerrief nicht und wurde am 10. März 1528 hingerichtet. Bereits mit dem folgenden Tag, nämlich dem 11. März, ist die vorliegende Flugschrift Fabris datiert. Fabri wollte damit Gerüchten vorbeugen, dass Hubmaier zu Unrecht verurteilt worden sei. Die Öffentlichkeit sollte erfahren, dass — trotz aller Bemühungen um Hubmaier — mit ihm ein Häretiker und Ketzer, der „Wiedertäufer Patron" hingerichtet worden sei. Fabri sollte in der Folge zu einem der Hauptgegner der Täufer werden, er gilt auch als Verfasser des wichtigen, vor allem gegen die Täufer gerichteten Patents von Ofen von 1527 (Kat.Nr. 372). (RL)

¶ Lit.: Christian Neff: Artikel Faber, Johann, in: Mennonitisches Lexikon, Bd. 1, S. 624–626; Loserth, Artikel Hubmaier, S. 353–363, insbes. S. 361f.; zur Person Fabris siehe Kat.Nr. 10.2–10.4.

3.19 (Abb. S. 160)

Hans Hut (ca. 1490–1527)

Ain christliche underrichtung wie gőtliche geschrifft vergleycht und geurtaylt soll werden [...]

Wien: Singriener um 1530

Wien, Österreichische Nationalbibliothek, Sammlung von Handschriften und alten Drucken, Sign. 79.L.174 Alt.Prunk

¶ Hans Hut, um 1490 im fränkischen Dorf Haina geboren, gehörte der mystisch-apokalyptischen Richtung des Täufertums an. Während seiner Zeit als Buchführer zwischen Wittenberg und Nürnberg gelangte er unter den Einfluss von Andreas Bodenstein (genannt Karlstadt, ca. 1477–1541) und Thomas Müntzer (ca. 1490–1525) und übernahm deren Verwerfung der Kindertaufe. Zu Pfingsten 1526 ließ er sich in Augsburg von Hans Denck (ca. 1495–1527) taufen. Kurze Zeit später nahm er seine Missionstätigkeit auf. Von der Erwartung des nahenden Weltendes zu Pfingsten 1528 erfüllt, wollte er gemäß der Offenbarung des Johannes (Offb 7) jene 144.000 Erwählten und Frommen mit einem Kreuzzeichen auf der Stirn „versiegeln", welche vom Gericht an den Gottlosen verschont werden bzw. dieses vollziehen sollten. Das Einschreiten der Obrigkeit zwang ihn zur Flucht ins mährische Nikolsburg, wo er mit den Täufern um Balthasar Hubmaier (Kat.Nr. 3.17) in Konflikt geriet. Hut setzte seine Tätigkeit daraufhin auf dem Gebiet des heutigen Österreich (u. a. in Wien, Linz, Salzburg, Steyr, Wels) fort. Im Sommer 1527 kehrte er nach Augsburg zurück. Nachdem er dort an einer großen Täuferversammlung teilgenommen hatte, wurde er verhaftet und mehrere Monate lang verhört. Er starb am 6. Dezember 1527 bei einem Fluchtversuch, das über ihn verhängte Urteil „Tod durch Verbrennen" wurde posthum vollstreckt. Hans Huts Schrift *Ain christliche vnderrichtung* erschien Anfang 1527 anonym und ohne Wissen des Verfassers in Augsburg, versehen mit einem Vorwort des Karmelitermönchs Johann Landsperger. Inhalt ist die rechte Auslegung der Heiligen Schrift anhand der drei Artikel des apostolischen Glaubensbekenntnisses. Bei der vorliegenden Ausgabe handelt es sich um einen Wiener Nachdruck aus dem Jahr 1530. (AS)

¶ Lit.: Goertz, Radikale Reformatoren; Werner O. Packull: Mysticism and the Early South German-Austrian Anabaptist Movement 1525–1531 (Studies in Anabaptist and Mennonite History, Bd. 19), Scottdale, Pa. 1977; Gottfried Seebaß: Artikel Hut, Hans, in: Theologische Realenzyklopädie 15 (1986), S. 741–747; ders.: Müntzers Erbe. Werk, Leben und Theologie des Hans Hut (Quellen und Forschungen zur Reformationsgeschichte, Bd. 73), Gütersloh 2002, insbes. S. 25–36; ders.: Die Reformation und ihre Außenseiter. Gesammelte Aufsätze und Vorträge. Zum 60. Geburtstag des Autors, hg. von Irene Dingel, Göttingen 1997, insbes. S. 203–243.

4

Augsburg 1530: Das evangelische Bekenntnis

Die Confessio Augustana — das Augsburger Bekenntnis

Das Augsburger Bekenntnis wurde im Jahr 1530 auf dem Reichstag zu Augsburg von den evangelischen Territorien und Reichsstädten Kaiser Karl V. vorgelegt. Es war von Philipp Melanchthon verfasst worden und diente als Bekenntnis aller evangelischen Reichsstände, in dem die gemeinsame Lehrgrundlage dargelegt wurde. ◖ Das Augsburger Bekenntnis wurde mit dem Augsburger Religionsfrieden von 1555 Teil der Reichsverfassung und damit die Grundlage für die nun entstehende evangelische Konfessionskultur in den lutherischen Territorien und Reichsstädten. Es ist bis heute zentraler Bestandteil der Bekenntnisschriften der lutherischen Kirchen auf der ganzen Welt. (RL)

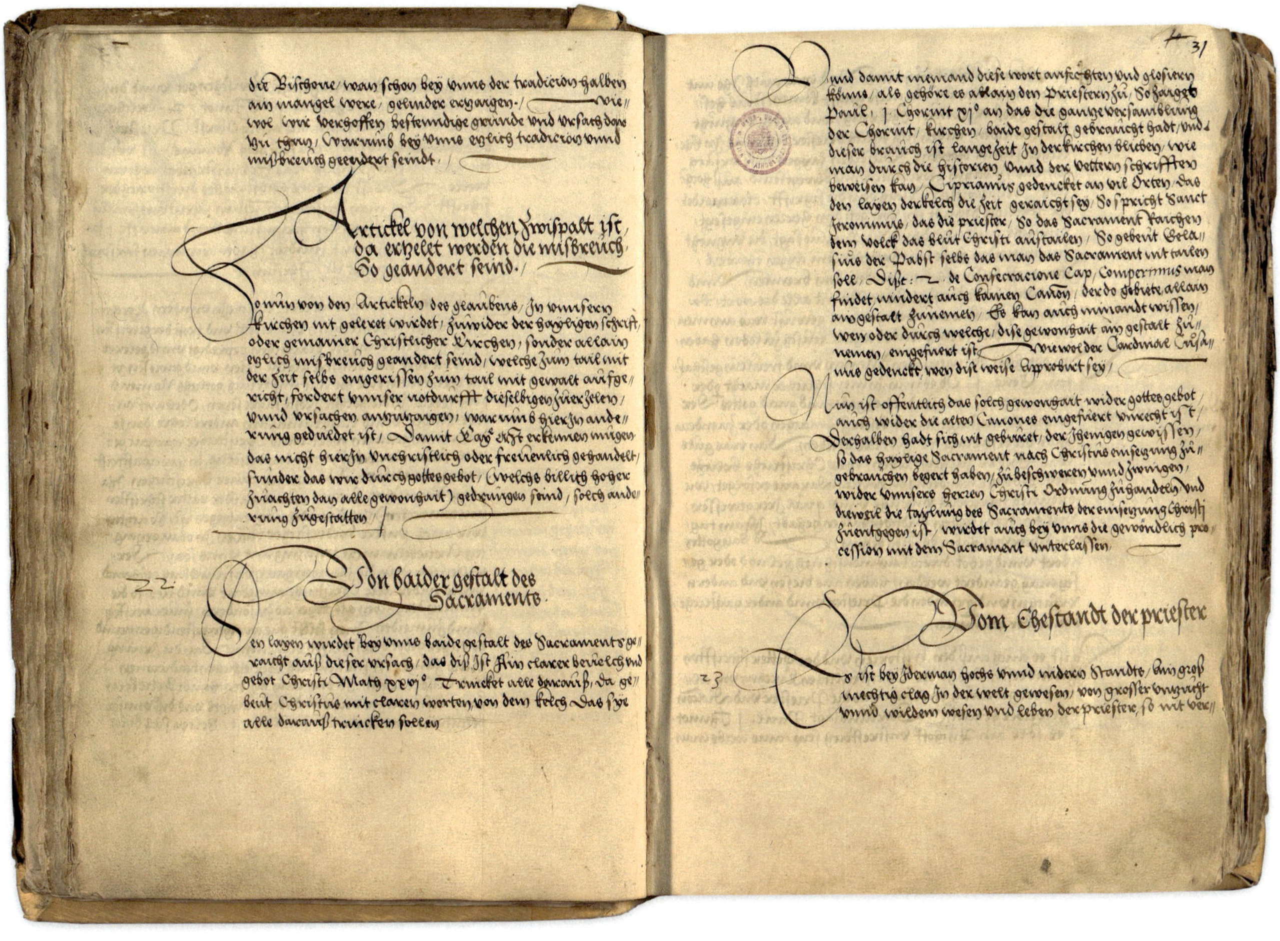

4.1

|← 4.1

Das Augsburger Bekenntnis („Confessio Augustana"), 1530
Zeitgenössische Abschrift des deutschen Originals
Blätter 21–51 im Band: Handlung zu Augspurg Anno 1530 der Religion und Glaubenshalber
Handschrift, 24 × 33 × 10 cm (geschlossener Band)
Wien, Österreichisches Staatsarchiv, Abteilung Haus-, Hof- und Staatsarchiv, Sign. MEA RTA 5, Fasc. 3

¶ Im Auftrag des Kurfürsten Johann Friedrich von Sachsen (1503–1554) und in Absprache mit Martin Luther, der sich seit 1521 in Reichsacht befand, verfasste Philipp Melanchthon (1497–1560) diese Verteidigungsschrift der Reformation. Auf dem Reichstag von Augsburg wurde sie am 25. Juni 1530 durch den sächsischen Kanzler dem Kaiser und den Reichsfürsten vorgelegt. In dieser weltweit einzigen Überlieferung in einer in der Kanzlei des Mainzer Erzbischofs angefertigten Abschrift blieb die *Confessio Augustana* erhalten. Nach der Auflösung des Heiligen Römischen Reichs im Jahr 1806 gelangte sie mit Reichsakten des Mainzer Erzkanzlerarchivs noch im 19. Jahrhundert in das Wiener Haus-, Hof- und Staatsarchiv.Die Abfassung der *Confessio Augustana* durch Philipp Melanchthon im Jahr 1530 sollte den den reformatorischen Lehren gemachten Vorwurf der Häresie entkräften und zur Vorbereitung von Gesprächen mit der altgläubigen Partei dienen. Das Augsburger Bekenntnis legt dar, dass die reformatorischen Lehren keine Neuerung darstellen, sondern mit den altkirchlichen Bekenntnissen übereinstimmen und die Reformation nur die alte apostolische Kirche der ersten Jahrhunderte wiederherstellen wolle (Art. 1–21). Es fordert deshalb die Beseitigung der ihrer Meinung nach während des Mittelalters in die Kirche eingedrungenen falschen Lehren und Missstände (Art. 22–28). (EDP)

¶ Lit.: Wilhelm Maurer: Historischer Kommentar zur Confessio Augustana, 2 Bde., 1976 und 1978; Bernhard Dittrich: Das Traditionsverständnis in der Confessio Augustana und in der Confutatio (Erfurter Theologische Studien, Bd. 51), Leipzig 1983; Wolf-Dieter Hauschild: Die Confessio Augustana und die altkirchliche Tradition, in: Kerygma und Dogma 26 (1980), S. 142–163; Bernhard Lohse: Augsburger Bekenntnis, Confutatio und Apologie, in: Theologische Realenzyklopädie, Bd. 4, Berlin/New York 1979, S. 616–639 (Lit.); Irene Dingel (Hg.): Die Bekenntnisschriften der Evangelisch-Lutherischen Kirche, Göttingen 2014.

4.2 →

Andreas Herneisen (1538–1610)
Gedenkbild auf die Übergabe der Augsburger Konfession 1530 (sogenanntes Konfessionsbild), Nürnberg 1599
Öl auf Leinwand, 99,5 × 185 cm
Nürnberg, Germanisches Nationalmuseum, Leihgabe Museen der Stadt Nürnberg, Kunstsammlungen, Inv.Nr. Gm556

¶ Konfessionsbilder, die eine typische Erscheinungsform des sogenannten konfessionellen Zeitalters sind, dienten zur konfessionellen Selbstvergewisserung jener Gemeinden, Städte und Territorien, für die das Augsburger Bekenntnis die Grundlage ihres Kirchenwesens darstellte. Sie waren in der Regel für die lutherischen Kirchenräume, manchmal auch für andere öffentliche Räume (Rathäuser, Schulen) gedacht, wo sie die konfessionelle Identität der Gemeinde repräsentierten. Noch heute befinden sie sich häufig vor Ort an den Kirchenwänden. Wo unser Nürnberger Beispiel einst gehangen hat, ist unbekannt. In einem angedeuteten und nicht klar definierten Kirchenraum sind, auf verschiedene Schauplätze verteilt, die Übergabe des Augsburger Bekenntnisses auf dem Reichstag zu Augsburg 1530, die zwei evangelischen Sakramente

„Art. IV.
De Iuſtificatione

Item docent, quod homines non possint iuſtificari coram Deo propriis viribus, meritis aut operibus, sed gratis iuſtificentur propter Chriſtum per fidem, quum credunt se in gratiam recipi et peccata remitti propter Chriſtum, qui sua morte pro noſtris peccatis satisfecit. Hanc fidem imputat Deus pro iuſtitia coram ipso, Rom. 3 et 4"

„Der 4. Artikel
Von der Rechtfertigung

Weiter wird gelehrt, dass wir Vergebung der Sünden und Gerechtigkeit vor Gott nicht erlangen mögen durch unser Verdienst, Werk und Genugtun, sondern dass wir Vergebung der Sünden bekommen und vor Gott gerecht werden aus Gnaden um Christi willen durch den Glauben, so wir glauben, dass Christus für uns gelitten hat, und dass uns um seinetwillen die Sünde vergeben und Gerechtigkeit und ewiges Leben geschenkt wird. Denn diesen Glauben will Gott für Gerechtigkeit vor ihm halten und zurechnen, wie St. Paulus sagt. Röm. 3 und 4."

„Art. VI.
De Nova Obedientia

Item docent, quod fides illa debeat bonos fructus parere, et quod oporteat bona opera manda-ta a Deo facere propter voluntatem Dei, non ut confidamus per ea opera iuſtificationem coram
Deo mereri. Nam remissio peccatorum et iuſtificatio fide apprehenditur, sicut teſtatur et vox Chriſti Luc. 17, 10: Quum feceritis haec omnia, dicite: Servi inutiles sumus. Idem docent et veteres scriptores ecclesiaſtici."

„Der 6. Artikel
Vom neuen Gehorsam

Auch wird gelehrt, dass solcher Glaube gute Früchte und gute Werke bringen soll, und dass man müsse gute Werke tun, alles, was Gott geboten hat, um Gottes willen, doch nicht auf solche Werke zu vertrauen, um dadurch Gnade vor Gott zu verdienen. Denn wir empfangen Vergebung der Sünde und Gerechtigkeit durch den Glauben an Christus, wie Christus selbst spricht Luk. 17: ‚So ihr dies alles getan habt, sollt ihr sprechen: Wir sind untüchtige Knechte.' Also lehren auch die Väter."

→ 4.1

4.2

Taufe und Abendmahl und weitere typisch evangelische Gottesdiensthandlungen dargestellt. Das heißt, abgebildet werden die für das Luthertum typischen Merkmale, die aus dem Inhalt des Augsburger Bekenntnisses für das kirchliche Leben resultieren. Alle Szenen werden auf dem Bild mit Texten (entweder Bibelzitate oder historische Kommentare) erläutert. Wie bei allen Konfessionsbildern begegnet uns hier also eine Kombination einer Darstellung eines historischen Ereignisses, an welches das Bild erinnern soll, mit einem lutherischen Lehrbild.
Das Gemälde ist ikonografisch vor allem deshalb von großer Bedeutung, weil es das erste Beispiel des Bildtypus Konfessionsbild darstellt. Dieser Bildtypus ist hier offenbar von seinem Maler Andreas Herneisen erfunden worden. Er kombinierte dabei zwei ältere lutherische Bildtraditionen: Die eine waren Darstellungen des Gekreuzigten, umgeben von Szenen mit Luthers Predigt und mit der Spendung der evangelischen Sakramente. Die zweite waren erste Versuche der Darstellung der Übergabe der *Confessio Augustana*. Diese beiden Traditionen wurden von Herneisen hier erstmals kombiniert. In der Folge konnte innerhalb dieses neuen Bildtypus in den Bildkompositionen der Schwerpunkt mehr auf dem Gekreuzigten liegen oder auf dem historischen Ereignis der Übergabe der *Confessio* an Kaiser Karl V. Auf dem rechten Bildrand ist Kaiser Karl V. dargestellt, der mit seinem Zepter auf das Augsburger Bekenntnis zu seinen Füßen weist. Vor ihm knien die evangelischen Fürsten bzw. Vertreter der evangelischen Reichsstände, die ihm die Bekenntnisschrift übergeben haben. Rechts unten am Bildrand finden sich die Wappen der Unterzeichner des Bekenntnisses. Links davon im Zentrum ist die Austeilung des evangelischen Abendmahls unter beiderlei Gestalt dargestellt, weiter links davon die Taufe. Rechts vom Gekreuzigten erblickt man einen Prediger auf der Kanzel, der mit seiner Hand auf den Gekreuzigten und die ihm zugeordneten Texte verweist, was das reformatorische „Christus allein/solus Christus" illustrieren soll. Rechts vom Prediger findet gerade eine Trauung statt, die im Unterschied zur katholischen Kirche nun kein Sakrament mehr ist, sondern ein „weltlich Ding", das unter dem Segen Gottes steht. Links oben die Darstellung einer Beichte mit Absolution, als Erinnerung an die wahre Buße und Reue, und daneben der Katechismusunterricht. Links oben im Eck wird Vertretern der falschen Lehre der Zutritt zur Kirche verwehrt.
Andreas Herneisen, Nürnberger Bürger und Protestant, war im Fränkischen sowohl für evangelische als auch katholische Auftraggeber tätig und machte sich als Freskenmaler einen Namen. In seiner letzten Wirkungsphase in Nürnberg spezialisierte er sich mit diesem Bild auf die Herstellung von (in den Pfarrgemeinden offenbar gefragten) Konfessionsbildern. (RL)
¶ Lit.: Kurt Löcher: Germanisches Nationalmuseum. Die Gemälde des 16. Jahrhunderts, Stuttgart 1997, S. 254–257; Gertrud Schiller: Ikonographie der christlichen Kunst, Bd. 4.1, Gütersloh 1976, S. 154–161; Angelika Marsch: Bilder zur Augsburger Konfession, Weißenborn 1981; Wolfgang Brückner: Lutherische Bekenntnisgemälde des 16. bis 18. Jahrhunderts. Die illustrierte Confessio Augustana, Regensburg 2007, S. 128–146, S. 255f. (Kat.Nr. 1).

4.3 →|

Albrecht Dürer (1471–1528)
Philipp Melanchthon, 1526

Kupferstich, 17,5 × 13 cm
Wien, Albertina,
Inv.Nr. DG1930/1558

¶ Albrecht Dürers berühmter Kupferstich zeigt den 29-jährigen humanistischen Gelehrten, Reformator und Schulreformer anlässlich der Einweihung der höheren Lateinschule, also des „humanistischen" Gymnasiums, in Nürnberg. Die vorbereitende Federzeichnung Dürers, die er im Hause Willibald Pirckheimers (1470–1530) anfertigte, ist erhalten. Es handelt sich um das früheste Bild des Reformators. Melanchthon (1497–1560) war bereits mit 17 Jahren zum Magister promoviert worden und galt als wissenschaftliches Wunderkind. 21-jährig wurde er als Professor an die Universität Witten-

berg berufen und dort Mitstreiter Luthers. Drei Jahre später verfasste er die erste Dogmatik des Protestantismus, die *loci communes*. Er war es auch, der das Augsburger Bekenntnis verfasste. Beide Werke haben die uneingeschränkte Anerkennung Luthers gefunden. Nach Luthers Tod übernahm er die Führung an der Wittenberger Fakultät und geriet in den Sog der innerlutherischen theologischen Diskussionen um Luthers Erbe.
Die lateinische Bildunterschrift lautet übersetzt: „Dürers geübte Hand konnte das Antlitz des Philipp zeichnen, wie er lebt, nicht jedoch seinen Geist." Die Bildunterschrift entspricht damit inhaltlich jenen der frühen Luther-Bildnisse Cranachs und verrät auch hier humanistischen Geist. (RL)

¶ Lit.: Hans Tietze, Erica Tietze: Kritisches Verzeichnis der Werke Albrecht Dürers, Bd. II,2, Leipzig 1938, S. 61; Gottfried Seebaß: Dürers Stellung in der reformatorischen Bewegung, in: ders.: Die Reformation und ihre Außenseiter, Göttingen 1997, S. 79–112; Sibylle Harksen: Bildnisse Philipp Melanchthons, in: Philipp Melanchthon. Humanist, Reformator, Praeceptor Germaniae, Berlin 1963, S. 270–287, insbes. S. 271; Eckhard Schaar, in: Werner Hofmann (Hg.): Köpfe der Lutherzeit (Ausstellungskatalog Hamburger Kunsthalle), München 1983, S. 162f. (Kat.Nr. 66); Sabine Fastert: Individualität versus Formel. Zur Bedeutung der Physiognomik in den graphischen Portraits Albrecht Dürers, in: Frank Büttner, Gabriele Wimböck (Hg.): Das Bild als Autorität. Die normierende Kraft des Bildes, Münster 2004, S. 227–260, insbes. S. 243–260.

4.3

5

Die Stadt und der Herrscher

Die Dynastie

Die Dynastie der Habsburger herrschte seit 1282 im Osten Österreichs. Nach einigen kleineren Gebietserweiterungen im Süden und Westen beherrschte sie am Ende des Mittelalters grob gesprochen das Gebiet des heutigen Österreich. Durch eine Serie von politischen Hochzeiten, Erbverträgen und für die Habsburger günstigen Todesfällen stieg die Familie zu einer der wichtigsten in Europa auf. Eine Linie beherrschte Spanien mit seinen italienischen Besitzungen und den Kolonien in Lateinamerika sowie Burgund, eine andere die österreichischen Erblande. Dazu kamen ab 1526 auch Böhmen und Ungarn, wo sich die Habsburger aber zunächst nur in Teilen des Landes durchsetzten. ¶ Die Residenz der österreichischen Linie des Erzhauses war Wien, das allerdings mit der Übernahme der böhmischen Königskrone in Konkurrenz zu Prag stand. Ferdinand I. und Maximilian II. pendelten zwischen den beiden Städten, doch Rudolf II. verlegte im Jahr 1583 seine Residenz ganz nach Prag, was die Bedeutung und auch die Wirtschaft Wiens schwächte. ¶ Während Ferdinand I. streng katholisch war und z. B. die Jesuiten nach Wien berief, sympathisierte sein Sohn Maximilian II. mit dem Gedankengut der Reformation, konnte sich aber nicht für eine Konversion entscheiden. Er wird heute als Vertreter der *via media,* eines Wegs des Kompromisses zwischen den beiden Konfessionen, charakterisiert. ¶ Unter seinen Söhnen Rudolf II. und Ernst, die beide in Spanien erzogen wurden, setzten die ersten vehementen gegenreformatorischen Maßnahmen ein, die, nach einer kurzen positiven Phase für die Lutheraner in der Zeit des Bruderzwists zwischen Rudolf II. und Matthias, nach der Schlacht am Weißen Berg im Jahr 1620 unter dem erzkatholischen Kaiser Ferdinand II. zu einer vollen Durchsetzung der Rekatholisierung führten. (KV)

5.1 →
Stammbaum des Hauses Habsburg, um 1535
Holzschnitt, aquarelliert, 73,8 × 53,3 cm
Kunstsammlung und Museen Augsburg, Inv.Nr. G 4822-71
¶ Die Familie Habsburg regierte seit dem Beginn des Spätmittelalters in den österreichischen Ländern und war mit dem Anspruch bzw. der Erwerbung Böhmens und Mährens nach 1526 sowie mit der regelmäßigen Wahl zum Herrscher im Heiligen Römischen Reich zur wichtigsten Familie Mitteleuropas aufgestiegen. Die genealogische Herleitung — in realistischen und fiktiven Ahnentafeln — war im frühen 16. Jahrhundert besonders ausgeprägt. (KV)

5.2 (Abb. S. 24)
Jacob Cornelisz van Oostsanen (ca. 1470–1533)
Maximilian I., Maria von Burgund, Philipp der Schöne und Karl V., 1518
Holzschnitt, 24 × 26,4 cm
Wien, Albertina, Inv.Nr. DG 1949/510
¶ Der Aufstieg der habsburgischen Familie zu einem wichtigen Machtfaktor in Europa begann mit der Hochzeit Maximilians I. im Jahr 1477 mit der reichsten Erbin Europas, Maria von Burgund. Damit fielen die wohlhabenden, kulturell und wirtschaftlich hoch entwickelten burgundischen Länder (Benelux-Staaten und Teile Frankreichs) an diese Familie. Die Kinder aus dieser Ehe heirateten in einer Doppelhochzeit ein Geschwisterpaar der spanischen Herrscherfamilie, was letztendlich zur Erwerbung Spaniens mit seinen Nebenländern (in Italien und die Kolonien in Amerika) führte und den Aufstieg des „Erzhauses“ endgültig besiegelte. Der Holzschnitt des niederländischen Malers und Grafikers Jan Cornelisz zeigt Maximilian und seine Frau mit ihrem einzigen Sohn und dem älteren der beiden Enkel, dem späteren Kaiser Karl V. (KV)
¶ Lit.: Hermann Wiesflecker: Kaiser Maximilian I., München 1971–1986 (5 Bde.); Manfred Hollegger: Maximilian I. 1459–1519, Herrscher und Mensch einer Zeitenwende, Stuttgart 2005; Sieglinde Hartmann: Kaiser Maximilian I. (1459–1519) und die Hofkultur seiner Zeit (Jahrbuch der Oswald-von-Wolkenstein-Gesellschaft, Bd. 17), Wiesbaden 2009.

5.3 (Abb. S. 79)
Veit Kels (gest. 1594/95)
Medaillon mit Bildnissen von Maximilian I., Karl V. und Ferdinand I., 1536
Buchsbaumholz, Rahmen: Messing, Durchmesser: 4,6 cm
Kunsthistorisches Museum Wien, Kunstkammer, Inv.Nr. KK 4242
¶ Das wunderbar feine und detailreiche Holzmedaillon zeigt

5.1

NOMINA PRINCIPVM, COMITVM, ET
BARONVM, QVI TVLERVNT PHERETRVM SACRÆ CÆSAREÆ MAIESTATIS
FERDINANDI DEMORTVI.
Heinricus
Georgius
Principes de Lignitz.
Carolus Christophorus Princeps de Minsterbergk
Venceslaus Princeps de Descho.
Ludouicus Comes de Oetting.
Don Francisco de Castilia.
Gasparus Comes à Lodron.
Franciscus Comes à Turri.
Sigismundus de Herberstain Baro.
Casparus de Herberstain Baro.
Ioannes de Schoenkirchen Baro.
Guilhelmus à Rogendorff Baro.
Ioannes à Scharffenberg Baro.
Nicolaus Hasius Baro.
Bohuslaus Fœlix à Lobkouuitz Baro.
Laurentius Schlick Comes in Passaun.
Ioannes à Schauuanbergk Baro.
Zdencko à Leype Baro.
Theodericus à Kunouuitz Baro.
Leonhardus ab Harrach iunior Baro.
Balthasar Tahy Baro.
PHERETRVM.
Ioannes à Francolin fecialis Romanus.
Wilhelmus à Pœllenstrass fecialis Germanicus.
Z 8

5.5

Maximilian mit seinen beiden Enkelsöhnen. Der ältere Karl erbte alle habsburgisch regierten Gebiete, er wurde als Carlos I. spanischer König und als Karl V. Kaiser des Heiligen Römischen Reichs. In den Erbverträgen von Worms (1521) und Brüssel (1522) trat er seinem jüngeren Bruder Ferdinand die österreichischen Länder ab. Es gab somit zwei Linien des Hauses, die ältere spanische (bis 1700) und die jüngere österreichische (manchmal auch deutsche genannt). (KV)

5.4 (Abb. S. 73)
Erzherzog Ferdinand (1503–1564), um 1520
Öl auf Holz, 25,7 × 18,4 cm
Kunsthistorisches Museum Wien, Gemäldegalerie, Inv.Nr. GG 6914
¶ Der jüngere Enkel Maximilians I., Erzherzog Ferdinand, wuchs in Spanien auf und war dort sehr beliebt. Sein um drei Jahre älterer Bruder Karl, der in Burgund erzogen wurde und die Konkurrenz Ferdinands in Spanien fürchtete, holte ihn in die Niederlande, schließlich regierte Ferdinand ab 1521 in den österreichischen Erblanden. Im Jahr 1531 wurde er zum römisch-deutschen König gewählt und spielte in der konfessionellen Politik des Reichs, insbesondere beim Zustandekommen des Augsburger Religionsfriedens von 1555, eine gewichtige Rolle. Nach der Abdankung Karls V. 1558 folgte Ferdinand ihm als Kaiser nach und regierte bis 1564. (KV)
¶ Lit.: Ernst Laubach: Ferdinand I. als Kaiser. Politik und Herrscherauffassung des Nachfolgers Karls V., Münster 2001; Alfred Kohler: Ferdinand I. 1503–1564. Fürst, König und Kaiser, München 2003; Martina Fuchs: Kaiser Ferdinand I. Ein mitteleuropäischer Herrscher (Geschichte in der Epoche Karls V., Bd. 5), Münster 2005; dies.: Kaiser Ferdinand I. Aspekte eines Herrscherlebens (Geschichte in der Epoche Karls V., Bd. 2), Münster 2003.

↑ 5.5
Wolf(gang) Mauerpeck (Meyerpeck) / Johann Mayr / Joachim Sorg
Das Leichenbegängnis Ferdinands I. am 6. August 1565
Tafel 28 („PHERETRVM") aus: Bartholomäus Hannewald: Parentalia Divo Ferdinando [...]
Radierung, koloriert, 39,2 × 44,6 cm
Wien Museum, Inv.Nr. 116.845/29
¶ Bevor Ferdinand I. 1564 starb, legte er in seinem Testament eine Teilung der österreichischen Länder unter seinen drei Söhnen fest. Grund dafür war — vielleicht neben seiner eigenen Erfahrung mit seinem Bruder Karl V. — die Tatsache, dass er sich der konfessionellen Haltung seines ältesten Sohnes Maximilian II. nicht sicher war. Dieser erhielt die Donauländer Nieder- und Oberösterreich und die Anwartschaft auf die Kronen Böhmens, Ungarns und des Reichs. Seine jüngeren Brüder erhielten Innerösterreich (Karl) und Tirol und die Vorlande (Ferdinand).
Da Ferdinand I. testamentarisch seine Bestattung an der Seite seiner Frau, der Jagiellonin Anna, im Prager Veitsdom angeordnet hatte, wurde sein Leichnam 1565 nach Prag überführt. Maximilian II. ließ anlässlich der Überführung in Wien eine große Leichenfeier ausrichten, der vorliegende Band ist ein Bildbericht von diesen Feierlichkeiten. (KV/WÖ)

5.6 (Abb. S. 75)
Nicolas Neufchâtel (1525/1527–ca. 1573), Werkstatt
Kaiser Maximilian II. (1527–1576), nach 1566
Öl auf Leinwand, 81 × 65 cm
Kunsthistorisches Museum Wien, Gemäldegalerie, Inv.Nr. GG 374
¶ Der älteste Sohn Ferdinands I., Kaiser Maximilian II. (1527–1576), wurde schon zu Lebzeiten des Vaters zum König in Böhmen, im Reich und in Ungarn gewählt und folgte seinem Vater nach. Viel diskutiert ist seine Haltung zum Protestantismus, mit dem er sympathisierte, ohne zu diesem Glauben überzutreten. Moderne Forschungen sehen ihn als Vertreter der *via media*, des *Kompromisskatholizismus* oder der *Dritten Kraft*, wie man früher sagte. Seine Regierungszeit war für die Protestanten der Erbländer eine gute Zeit, da er zumindest dem Adel Religionsfreiheit gewährte und keine explizit gegenreformatorischen Maßnahmen setzte.
Das Gemälde stammt von dem niederländischen Maler Nicolas Neufchâtel, der sich auf Niederländisch Colijn van Nieucasteel nannte und vorwiegend Porträts malte. (KV)
¶ Lit.: Viktor Bibl: Maximilian II. der rätselhafte Kaiser — ein Zeitbild, Hellerau bei Dresden 1929; Friedrich Edelmayer (Hg.): Kaiser Maximilian II. Kultur und Politik im 16. Jahrhundert, München 1992; Paula Sutter Fichtner: Emperor Maximilian II, New Haven, Conn. u. a. 2001.

5.7
Elisabeth (1554–1592), Erzherzogin von Österreich, Königin von Frankreich, Stifterin des „Königinklosters" in Wien, 1572
Medaille, Silber,
Durchmesser: 3,8 cm
Wien Museum, Inv.Nr. 29.771
¶ Maximilian II. hatte neben sechs überlebenden Söhnen auch drei Töchter, von denen eine ins Kloster ging. Erzherzogin Anna heiratete nach Spanien — zunächst geplant Don Carlos, dann dessen Vater Philipp II. —, und ihre Schwester Elisabeth wurde mit dem französischen König Karl IX. vermählt, der allerdings schon vier Jahre später starb. Während ihrer Ehe fand im Jahr 1572 die berüchtigte *Bartholomäusnacht*, ein Massaker an den Hugenotten (Calviner) in Paris, statt. Elisabeth soll sich für das Leben (vor allem der deutschen) Protestanten eingesetzt haben. Nach dem Tod Karls verließ Elisabeth Frankreich und kehrte nach Wien zurück. Anfang der 1580er-Jahre gründete sie das Klarissinnenkloster *Maria, Königin der Engel*, das auch Königinkloster genannt wurde.
Joseph II. löste im Jahr 1782 das Kloster auf, das zur ersten lutherischen Kirche Wiens wurde. (KV)
¶ Lit.: Joseph F. Patrouch: Queen's Apprentice. Archduchess Elizabeth, Empress Maria, the Habsburgs, and the Holy Roman Empire, 1554–1569 (Studies in Medieval and Reformation Traditions, Bd. 148), Leiden u. a. 2010; Marianne Strakosch: Materialien zu einer Biographie Elisabeths von Österreich, Königin von Frankreich, unveröff. Diss. Univ. Wien 1965.

5.8 (Abb. S. 76)
Martino Rota (ca. 1520–1583)
Erzherzog Ernst (1553–1595), um 1582
Öl auf Leinwand, 51 × 42,5 cm
Kunsthistorisches Museum Wien, Gemäldegalerie, Inv.Nr. GG 2588
¶ Erzherzog Ernst wuchs mit seinem älteren Bruder Rudolf in Spanien auf und war dessen einziger Vertrauter, da Rudolf mit all seinen anderen Brüdern Schwierigkeiten und Konflikte hatte.
Im Jahr 1572 bewarb sich Ernst um die Krone des Wahlkönigreichs Polen, unterlag aber dem französischen Kandidaten Heinrich von Valois. Danach war er Statthalter in Niederösterreich, Vormund Erzherzog Ferdinands (später Kaiser Ferdinand II.) in Innerösterreich und Statthalter der Niederlande. Er war ein energischer Vertreter der Gegenreformation.
Der dalmatische Grafiker Martino Rota lebte unter anderem in Venedig, Rom und Wien und schuf zahlreiche Porträts, seit 1573 arbeitete er am Wiener Hof Maximilians II. und ging dann mit Rudolf II. nach Prag, wo er auch starb. (KV)
¶ Lit.: Almut Bues: Die habsburgische Kandidatur für den polnischen Thron während des Ersten Interregnums in Polen 1572/1573 (Dissertationen der Universität Wien, Bd. 163), Wien 1984.

5.9 (Abb. S. 76)
Egidius Sadeler (ca. 1570–1629)
Hans von Aachen (1552–1615)
Kaiser Rudolf II. (1552–1612), 1603
Kupferstich, 33,8 × 25,2 cm
Wien Museum, Inv.Nr. 13.149
¶ Maximilian II. galt vor allem den spanischen Verwandten als religiös unzuverlässig, so wurden seine Söhne Rudolf (der spätere Kaiser Rudolf II.) und Erzherzog Ernst in Spanien erzogen. Im Jahr 1571 kamen sie zurück nach Wien, Rudolf wurde in Böhmen, Ungarn und im Reich König und folgte 1576 seinem Vater als Kaiser nach. Im Jahr 1583 übersiedelte er mit seinem Hof nach Prag, wo er Künstler und Wissenschaftler aus vielen Ländern anzog. Dabei spielte deren Konfession keine Rolle. Gegenüber der Bevölkerung setzten der Kaiser und sein jüngerer Bruder Ernst, der Statthalter in Wien war, die ersten harten gegenreformatorischen Maßnahmen, die den Protestantismus in der Stadt Wien selbst fast zum Erliegen brachten.
Der niederländische Maler und Kupferstecher Egidius (Aegidius) Sadeler war eine Art Hofbildberichter in Prag und hat neben vielen religiösen Themen auch die wichtigsten Ereignisse und Personen seiner Zeit verewigt. (KV)
¶ Lit.: Václav Bužek (Hg.): Ein Bruderzwist im Hause Habsburg (1608–1611) (Opera historica, Bd. 14), České Budějovice 2010; Karl Vocelka: Die politische Propaganda Kaiser Rudolfs II. (Veröffentlichungen der Kommission für die Geschichte Österreichs, Bd. 9), Wien 1981; ders.: Rudolf II. und seine Zeit, Wien/Köln/Graz 1985.

5.10 (Abb. S. 78)
Kaiser Matthias (1557–1619)
Kupferstich, 21,5 × 16,4 cm
Wien Museum, Inv.Nr. 16.085
¶ Erzherzog Matthias war einer der vielen jüngeren Brüder Kaiser Rudolfs II. und sein wichtigster Gegenspieler. Nach dem Tod Erzherzog Ernsts war er — da Rudolf unverheiratet blieb und daher keine legitimen Kinder hatte — der Nächste in der Thronfolge. Der ehrgeizige Matthias, der schon davor in den Niederlanden versucht hatte, eine Machtposition zu erwerben, und sich dadurch in seiner Familie verhasst gemacht hatte, war Statthalter in den österreichischen Donauländern, wo er gemeinsam mit dem Bischof und späteren Kardinal Melchior Khlesl (1552–1630) gewaltsam die Gegenreformation durchführte. In seiner Auseinandersetzung um die Macht, dem sogenannten Bruderzwist, musste er, um die Unterstützung der Stände zu gewinnen, religiöse Zugeständnisse machen. Im Jahr 1612 löste er endgültig Rudolf II. als Herrscher ab. In seine Regierungszeit fällt auch — ausgehend von Auseinandersetzungen in Böhmen — der Beginn des Dreißigjährigen Krieges. (KV)
¶ Lit.: Bernd Rill: Kaiser Matthias. Bruderzwist und Glaubenskampf, Graz 1999.

5.11 →
Wolfgang Kilian (1579–1631), nach Lukas Kilian (1581–1663)
Kaiser Ferdinand II. (1578–1637), 1619
Kupferstich, 32 × 24 cm
Wien Museum, Inv.Nr. 102.508
¶ Erzherzog Ferdinand, der Sohn Erzherzog Karls von Innerösterreich und seiner bayerischen Frau Maria, wurde streng katholisch von den Jesuiten in Graz und später in Ingolstadt erzogen. Mit seinem Regierungsantritt in Innerösterreich verschärfte sich das gegenreformatorische Klima in seinen Ländern. Ferdinand war bereit, die konfessionelle Frage auch mithilfe von Gewalt zu lösen. Da weder Rudolf II. noch Matthias legitime Söhne hatten, wurde er im Jahr 1617 zum König von Böhmen gewählt. Die nach dem Tod von Matthias folgenden Wirren und der Prager Fenstersturz führten in den Dreißigjährigen Krieg.

Si cupis augustam FERNANDI cernere formam
Cæsaris, en oculos, ora tibiq, refert.
FERNANDVM in PRIMO tibi reddit imago SECVNDVM
Hoc meus, inquit AVVS, viuit in ære NEPOS.
FIRMATVM COELITVS OMEN.
INVIA VIRTVTI NVLLA VIA.
CERTANTIBVS LEGITIME
I. Kilian. fecit.

5.11

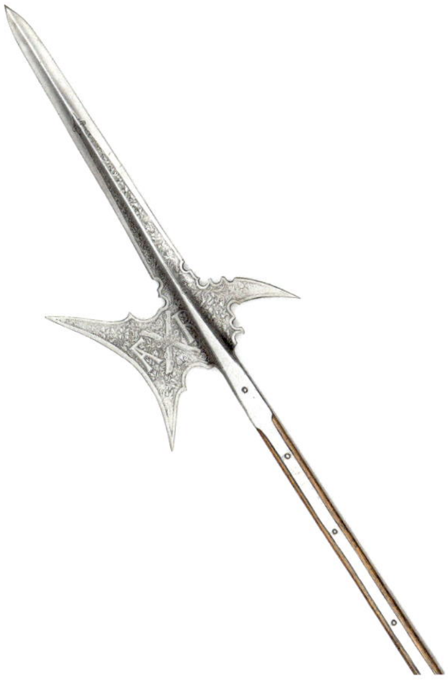
5.12

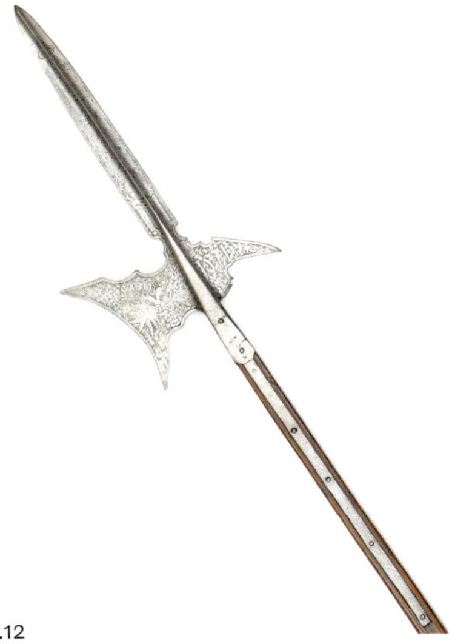
5.13

5.14

5.15

5.16

Die entscheidende Schlacht am Weißen Berg/Bílá hora 1620 war der Beginn für die endgültige Rekatholisierung der böhmischen und österreichischen Länder und die Durchsetzung des Absolutismus. Lukas Kilian war der jüngere Bruder des bedeutenden Kupferstechers Wolfgang und wurde in Augsburg ausgebildet. Der ältere Kilian hatte sich vor allem auf Porträts spezialisiert, es liegen Serien von Angehörigen der bayerischen, der sächsischen Dynastie und auch jener der Habsburger vor. (KV) ¶ Lit.: Thomas Brockmann: Dynastie, Kaiseramt und Konfession. Politik und Ordnungsvorstellungen Ferdinands II. im Dreißigjährigen Krieg (Quellen und Forschungen aus dem Gebiet der Geschichte, N.F. 25), Paderborn 2011; Johann Franzl: Ferdinand II. Kaiser im Zwiespalt der Zeit, Graz u. a. 1989; Robert Bireley: Ferdinand II. Counter-Reformation Emperor 1578–1637, New York u. a. 2014.

↑ 5.12
Trabantenhelmbarte Ferdinand I.
Süddeutsch, 1558
Ätzung: Königskrone, FAR (Ferdinand/Anna, Rex/Regina)
Länge: 241 cm
Wien Museum, Inv.Nr. 126.636
¶ Gardestangenwaffen wie diese und die folgenden wurden von Hartschieren des Wiener Hofs nach deren Ausscheiden aus dem Dienst (nach dem Tod des jeweiligen Herrschers) an das Wiener Bürgerliche Zeughaus verkauft. (WÖ)

↗ 5.13
Trabantenhelmbarte Maximilian II.
Süddeutsch, 1571
Ätzung: MM unter Kaiserkrone, Doppeladler, Devise „Dom(inu)s providebit“ (Gott wird vorsorgen), 1571
Länge: 228,5 cm
Wien Museum, Inv.Nr. 126.205

↗ 5.14
Trabantenhelmbarte Rudolf II.
Süddeutsch, 1596
Ätzung: Mars und Venus, Doppeladler, 1596
Länge: 232 cm
Wien Museum, Inv.Nr. 126.202

↑ 5.15
Trabantenhelmbarte Erzherzog Ernst
Süddeutsch, 1593
Ätzung: EE, Erzherzogswappen, 1593
Länge: 243,2 cm
Wien Museum, Inv.Nr. 126.204

↗ 5.16
Trabantenhelmbarte eines Erzherzogs (vermutlich des späteren Kaisers Matthias)
Süddeutsch, 1595
Ätzung: eine Seite 15, andere Seite 95, Erzherzogswappen
Länge: 252,8 cm
Wien Museum, Inv.Nr. 126.640

Der Hof als kulturelles Zentrum

Die kulturellen Aktivitäten der Bürger Wiens und auch der Universität standen im Schatten der höfischen Kultur, deren Anziehungskraft groß war. Nur einige Gelehrte wie etwa Wolfgang Lazius waren in allen drei Bereichen Universität, Stadt und Hof tätig. ◖ Sowohl was die Bautätigkeit anlangte als auch die Förderung der Künste konnte der Wiener Hof auf eine lange Tradition zurückblicken. Schon mittelalterliche Herrscher wie Rudolf IV. oder Friedrich III. waren kulturell aktiv, doch besonders Maximilian I. förderte die Humanisten und Renaissancekünstler und begründete auch die propagandistische Ausrichtung seiner Familie, deren Repräsentation die Frühe Neuzeit beherrschte. ◖ Im Sinne der Renaissance-Wissenschaft kam es auch am Wiener Hof zu einer stärkeren Beachtung der Natur und der damit zusammenhängenden Wissenschaften. Insbesondere die Botanik, die auch für die Gartenkunst (Hortologie) maßgebliche Bedeutung hatte, wurde gefördert. In Bezug auf das Zusammenwirken zwischen dem Diplomaten Augier Ghislain de Busbecq, der viele neue Pflanzen von seinen Gesandtschaftsreisen aus dem Osmanischen Reich mitbrachte, und dem großen Botaniker Carolus Clusius kann man in der Zeit Maximilians II. von einer ersten Blüte der Naturwissenschaften sprechen. (KV)

5.17
Wolfgang Lazius (1514–1565) Abguss des Kopfs von seinem Grabmonument in der Peterskirche
Gips, patiniert, Durchmesser: 21,3 cm
Wien Museum, Inv.Nr. 31.619
¶ Wolfgang Lazius studierte in Ingolstadt Medizin und ging dann nach Wien, wo sein Doktorat zunächst nicht anerkannt wurde, schließlich erhielt er aber doch eine Professur an der Wiener Universität und wurde im Jahr 1560 sogar deren Rektor.
Bedeutender als seine akademische Karriere war seine Beschäftigung mit Geschichte, speziell mit der Wiener Stadtgeschichte. Auch seine Beziehungen zu Ferdinand I. und dem Hof waren intensiv, Lazius war Leibarzt, Hofhistoriograf und Leiter der kaiserlichen Antiquitäten- und Münzsammlungen. Sein figurales Grabmal in der Peterskirche ist ein gutes Beispiel für die *Memoria* eines Gelehrten der Renaissance. (KV)
¶ Lit.: Max Kratochwill: Wolfgang Lazius, in: Wiener Geschichtsblätter 20 (1965), S. 449–452; Michael Mayr: Wolfgang Lazius als Geschichtsschreiber Österreichs, Innsbruck 1894; Petra Svatek: Wolfgang Lazius — Leben und Werke eines Wiener Gelehrten des 16. Jahrhunderts, in: Wiener Geschichtsblätter 61 (2006), S. 1–22.

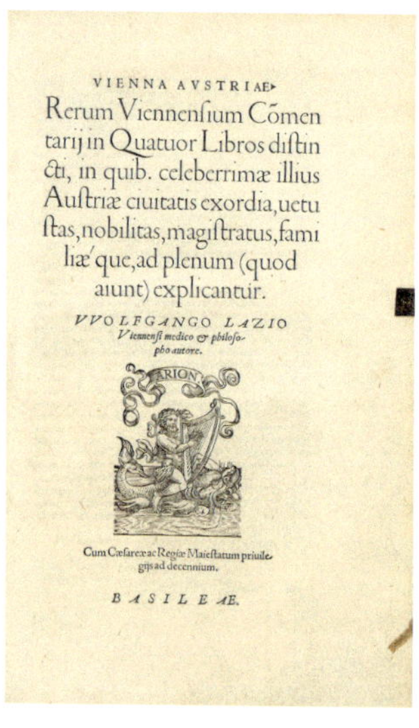

VIENNA AVSTRIAE.
Rerum Viennensium Cōmentarij in Quatuor Libros distincti, in quib. celeberrimæ illius Austriæ ciuitatis exordia, uetustas, nobilitas, magistratus, familiæque, ad plenum (quod aiunt) explicantur.
VVOLFGANGO LAZIO Viennensi medico & philosopho autore.
ARION.
Cum Cæsareæ ac Regiæ Maiestatum priuilegijs ad decennium.
BASILEAE.

5.18 (Abb. S. 42)
Wolfgang Lazius (1514–1565), nach 1567
Holzschnitt, 13,9 × 8,2 cm
Wien Museum, Inv.Nr. 199.860

← 5.19
Wolfgang Lazius
Vienna Austriae
Basel: Johannes Oporinus 1546
Wien Museum, Inv.Nr. 106.129
¶ Das wichtigste Werk von Wolfgang Lazius für Wien war eine in lateinischer Sprache verfasste Stadtgeschichte mit dem Titel *Vienna Austriae.* Die Arbeit von Lazius basierte auf schriftlichen Quellen, aber auch auf archäologischen Funden, die im Zusammenhang mit dem Bau der Stadtbefestigung, an der sein Onkel Hermes Schallautzer (1503–1561, siehe Kat.Nr. 1.3) maßgeblich beteiligt war, gemacht wurden.

Lazius interessierte sich besonders für lateinische Epigrafik und Münzen. Die Stadtgeschichte, die auch viele unüberprüfbare Details und Legenden enthält, war lange Zeit das Standardwerk zu diesem Thema. (KV)

5.20 →
Wolfgang Lazius
Der Statt Wienn Endtliche beschreibung, was sich wehrunder vergangner zeit verloffen hierinen zu vernemmen (fol. 22r–34r in Sammelhandschrift), 1558/59
Handschrift, 32,5 × 22,2 cm
Wien, Österreichische Nationalbibliothek, Sammlung von Handschriften und alten Drucken, Sign. Cod. 8459

↓ 5.21
Wolfgang Lazius / Heinrich Abermann
Historische Beschreibung der Weitberümbten, Kayserlichen Hauptstatt Wienn in Österreich, […] Vor diesem Durch Wolfgang Lazium […] in Latein verfasst. Anjetzo aber […] in unser Teütsche sprach vertirt […] Durch Henricum Abermann […]
Wien: Mathäus Formica 1619
Wienbibliothek im Rathaus, Sign. B-5885/3. Ex
¶ Das große Werk von Wolfgang Lazius zur Geschichte Wiens, die *Vienna Austriae*, verbreitete sich erst durch die Übersetzung von Heinrich Abermann (1583–1621) ins Deutsche in weiteren Kreisen. Der Württemberger Abermann hatte in Wien studiert und war im Jahr 1614 Rektor der *Alma Mater Rudolphina* und ein Jahr später, 1615, bis zu seinem Tod Rektor der Bürgerschule zu St. Stephan. (KV)

5.20
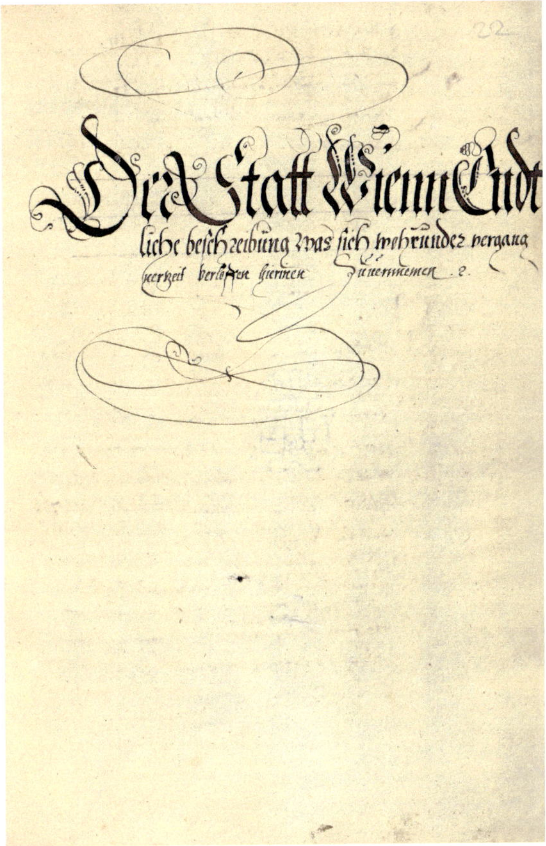

5.21

5.22 (Abb. S. 81)
Esme de Boulonois (1645–1681)
Ogier Ghislain de Busbecq (Augerius Gislenius Busbequius) (1522–1592), 17. Jh.
Stahlstich, 19,1 × 14,1 cm
Wien Museum, Inv.Nr. W 12.575
¶ Ogier Ghislain de Busbecq wurde als uneheliches Kind in Flandern geboren und studierte in Löwen, Paris, Bologna und Padua. Als legitimierter Sohn seines Vaters, der im Dienste Kaiser Karls V. gestanden hatte, trat er in den diplomatischen Dienst der Habsburger ein. Vor allem zu Maximilian II. und der französischen Königin Elisabeth hatte er enge Beziehungen. Im Jahr 1554 reiste er als Botschafter Ferdinands I. zu Sultan Süleyman (reg. 1520–1566) in Konstantinopel, der allerdings nicht in seiner Residenz war, sodass Busbecq ihm nach Amasya, der alten Königsstadt, nachreiste und dabei unter anderem Ankara besichtigte. Noch ein zweites Mal wurde er nach seiner Rückkehr nach Wien für sechs Jahre Botschafter im Osmanischen Reich. Im Jahr 1564 begleitete er die Erzherzöge Rudolf und Ernst nach Spanien und 1570 Erzherzogin Elisabeth nach Frankreich, schließlich wurde er im Jahr 1582 Botschafter Rudolfs II. in Frankreich. (KV)
¶ Lit.: Arend H. Huussen: Het Leven van Ogier Ghislain de Busbecq. En het verhaal van zijn avonturen als keizerlijk gezant in Turkije 1554–1562, Leiden 1949; Ignace Dalle: Un Européen chez les Turcs: Auger Ghiselin de Busbecq (1521–1591), Paris 2008; Zweder Rudolf Willem Maria von Martels Augerius Gislenius Busbequius: leven en werk van de keizerlijke gezant aan het hof van Süleyman de Grote; een biografische, literaire en historische studie met editie van onuitgegeven teksten, unveröff. Diss. Univ. Groningen 1989; Charles Thornton Forster: The Life and Letters of Ogier Ghiselin de Busbecq Seigneur of Bousbecque Knight, Imperial Ambassador, Nachdruck der Ausgabe London 1881 (2012).

5.23 →
Abrechnung des Gesandten Ogier Ghislain de Busbecq über empfangene Gelder sowie Ausgaben für Geschenke an osmanische Würdenträger, 1555–1560
Handschrift, 43 × 31,5 cm (aufgeschlagen)
Wien, Österreichisches Staatsarchiv, Abteilung Haus-, Hof- und Staatsarchiv, Sign. Türkei I 12 Konv. 2, fol. 188–191

AVGERII
GISLENII
BVSBEQVII D. LEGATIONIS TVRCICÆ
Epistolæ quatuor.
QVARVM PRIORES DVÆ ante aliquot annos in lucem prodierunt sub nomine Itinerum Constantinopolitani & Amasiani.
ADIECTÆ SVNT DVÆ ALTERÆ.
Eiusdem de re militari contra Turcam instituenda consilium.
Cum INDICE omnium locupletissimo.
FRANCOFVRTI
Apud heredes Andreæ Wecheli, Claud. Marnium & Ioann. Aubrium.
M. D. XCV.

5.24
Ogier Ghislain de Busbecq Avgerii Gislenii Bvsbeqvii D. Legationis Tvrcicæ Epistolæ quatuor: Qvarvm Priores Dvæ ante aliquot annos in lucem prodierunt sub nomine Itinerum Constantinopolitani & Amasiani [...] Frankfurt: Andreæ Wecheli, Claud. Marnium & Ioann. Aubrium 1595
Wien, Österreichische Nationalbibliothek, Sammlung von Handschriften und alten Drucken, Sign. BE.6T.59 Alt.Prunk
¶ Neben seinen diplomatischen Aufgaben, die er im Osmanischen Reich erfüllte, beschäftigte er sich in seinen vier Briefen mit Land und Leuten dieses exotischen Landes. Busbecq interessierte sich für viele Dinge, sammelte lateinische Inschriften, darunter das *Monumentum Ancyranum* in Ankara, eine weitgehend vollständige Inschrift der *Res gestae divi Augusti*, zeichnete aber auch Reste des Krimgotischen auf. (KV)

5.25 →
Feldflasche mit Darstellung von Tulpen, Hormuz, Persien, 16. Jh.
Holz, vergoldet und bemalt, Höhe: 30 cm, Breite: 23,5 cm, Tiefe: 12 cm
Kunsthistorisches Museum Wien, Hofjagd- und Rüstkammer, Inv.Nr. C 26
¶ Besonders die Botanik — die damals am Habsburgerhof stark mit der Hortologie, der Gartenkunde, zusammenhing — war eines der Sammlungsgebiete Augier Ghislain de Busbecqs. Er bekam vom Sultan Zwiebeln von Tulpen und Hyazinthen sowie Fliederpflänzchen, die er mit nach Wien brachte. Früher schrieb man ihm auch die Einführung der Rosskastanie in der Habsburgermonarchie zu, die man heute eher seinem Nachfolger David Ungnad, Freiherr von Sonneck, im Jahr 1576 zurechnet. Unter den vielen, vor allem griechischen Handschriften, die er in Istanbul erwarb, war auch die Prachthandschrift des Dioskurides (1. Jh. n. Chr.) mit der Darstellung von mehr als 500 Pflanzen, heute eine Zimelie der Wiener Nationalbibliothek. (KV)

5.26 →
Schüssel, Iznik, mit Tulpendekor, 1591–1600
Steingut (Fritte), Bemalung in Kobaltblau auf weißer Engobe unter transparenter Glasur und in Emailfarben auf der Glasur, Durchmesser: 30,4 cm, Höhe: 6,1 cm
Wien, MAK — Österreichisches Museum für angewandte Kunst/Gegenwartskunst, Inv.Nr. KE 1303
¶ Tulpen waren im Osmanischen Reich sehr populär, sie wurden zum Symbol einer ganzen Epoche, der Tulpenzeit (*Lâle Devri*), von 1718 bis 1730. Eine Fritte ist ein Zwischenprodukt bei der Glas- und Keramikschmelze. (KV)

5.27 (Abb. S. 42)
Nach Theodor de Bry Carolus Clusius (Charles de l'Ecluse) (1526–1609)
Kupferstich, 15,1 × 12 cm (Platte), 15,5 × 12,4 cm (Blatt)
Wien Museum, Inv.Nr. 1.323
¶ Der aus Flandern stammende Carolus Clusius war einer der bedeutendsten Botaniker seiner Zeit, der nach Studien in Gent, Löwen, Marburg und Wittenberg und vielen Studienreisen in Europa schließlich von 1573 bis 1576 Hofbotaniker Maximilians II. in Wien wurde. Er erforschte nicht nur die Flora der Alpen (Ötscher, Schneeberg), sondern beschrieb auch erstmals die Pflanzen, die Busbecq aus dem Osmanischen Reich mitgebracht hatte. Im Jahr 1576 wurde er wegen seines protestantischen Glaubens entlassen und fand in Güssing unter dem ebenfalls protestantischen Balthasar Batthyány (1543–1590) Aufnahme. Dort verfasste er grundlegende botanische Werke, wie *Stirpium nomenclator Pannonicus* und das im Jahr 1601 vollendete Werk über Pilze *Rariorum plantarum historia / Fungorum in Pannoniis brevis historia*. Er gilt damit als einer der Begründer der Mykologie. Im Jahr 1593 wurde er Professor für Botanik in den Niederlanden an der Universität in Leiden, wo er auch einen botanischen Garten einrichtete. Eines seiner langfristig wirksamen „Mitbringsel" aus Wien für die Niederlande waren die Tulpen. (KV)
¶ Lit.: Florike Egmond: The World of Carolus Clusius. Natural History in the Making 1550–1610 (Perspectives in economic and social history, Bd. 6), London 2010; Kasper van Ommen (Hg.): The Exotic World of Carolus Clusius 1526–1609 (Ausstellungkatalog, Kleine publicaties van de Leidse Universiteitsbibliotheek, Bd. 80), Leiden 2009.

5.26

5.25

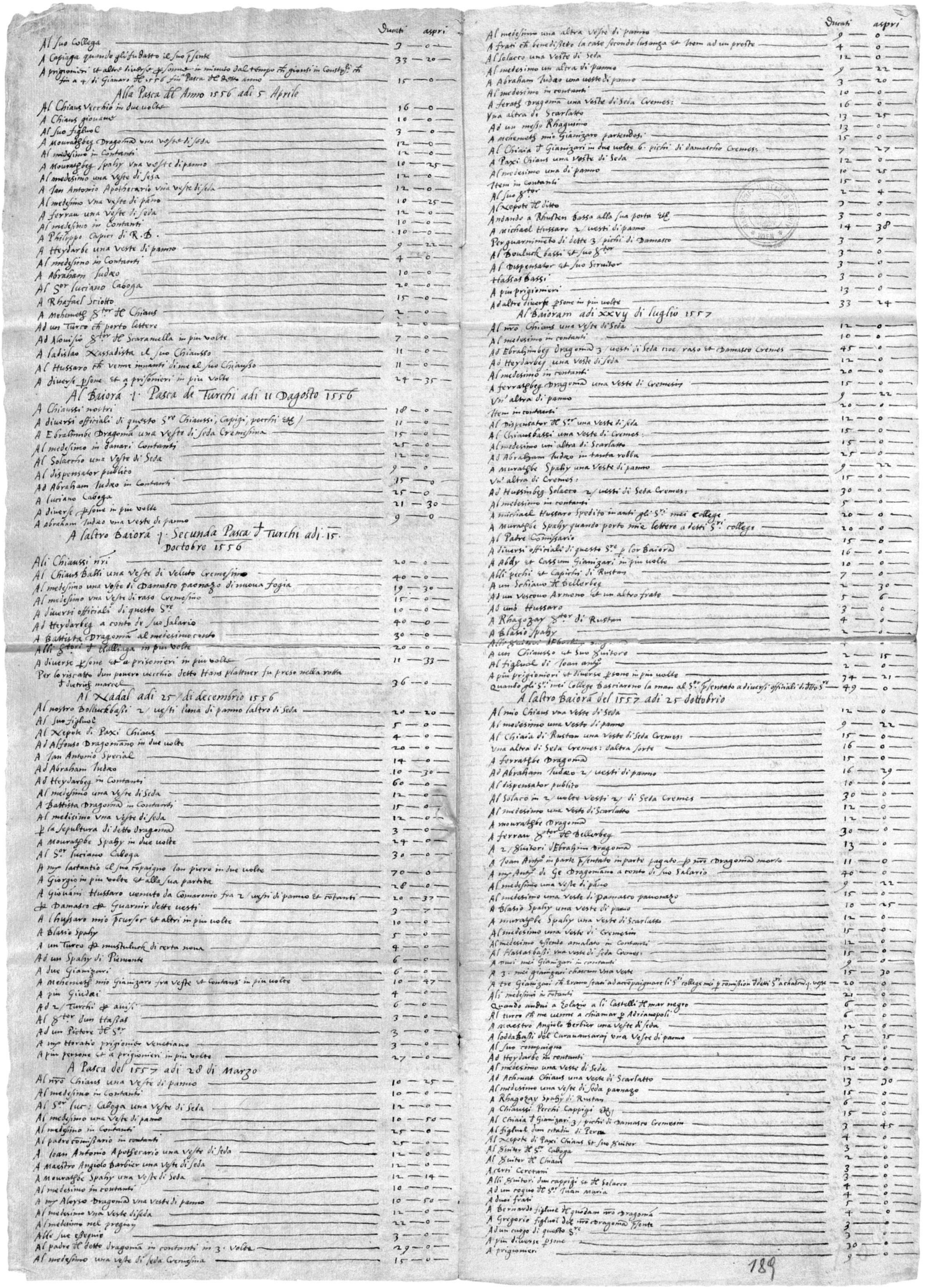

	Ducati	aspri
Al suo Collega	7	0
A Capigia quando gli fu datto il suo presente	33	20
A prigionieri et altre diverse persone in minuto dal tempo che giunsi in Constantinopoli fin a 4 di Gienaro del 1556 fin Pasca de detto anno	15	0
Alla Pasca del Anno 1556 adi 5 Aprile		
Al Chiaus Vecchio in due uolte	16	0
A Chiaus giouane	10	0
Al suo figliuol	3	0
A Mouratbeg Dragomano una veste di seda	12	0
Al medesimo in Contanti	12	0
A Mouratbeg Spahy una veste di panno	10	25
Al medesimo una veste di seda	12	0
A Ian Antonio Apothecario una veste di seda	12	0
Al medesimo una veste di panno	10	25
A Ferrau una veste di seda	12	0
Al medesimo in Contanti	10	0
A Philippo Capiri di R. D.	10	0
A Heydarbe una veste di panno	9	22
Al medesimo in Contanti	4	0
A Abraham Iudeo	10	0
Al Sor Luciano Caboga	20	0
A Rhafael Sciotto	15	0
A Mehemeth Sertor de Chiaus	2	0
Ad un Turco che porto lettere	2	0
Ad Aloisio Sertor de Scaramella in piu volte	7	0
A Ladislao Kassadista el suo Chiausso	11	0
Al Hussaro che venne inanti di me al suo Chiausso	11	0
A diverse persone et a prisonieri in piu volte	24	35
Al Baiora, i. Pasca de Turchi adi 11 Dagosto 1556		
A Chiaussi nostri	18	0
A diversi officiali di questo Sre Chiaussi, Capigi, porchi etc.	11	0
A Ebrahimbe Dragomano una veste di seda Cremesina	15	0
Al medesimo in danari Contanti	25	0
Al Solacchio una veste di seda	12	0
Al dispensator publico	9	0
Ad Abraham Iudeo in Contanti	15	0
A Luciano Caboga	25	0
A diverse persone in piu volte	21	30
A Abraham Iudeo una veste di panno	9	0
A l'altro Baiora, i. Secunda Pasca de Turchi adi 15. Dottobre 1556		
Ali Chiaussi nri	20	0
Al Chiaus Bassi una veste di veluto Cremesino	40	0
Al medesimo una veste di Damasco paonazo di noua fogia	19	30
Al medesimo una veste di raso Cremesino	15	0
A diversi officiali di questo Sre	10	0
Al Heydarbeg a conto de suo salario	40	0
A Battista Dragomano al medesimo conto	30	0
Alli Sertori de Halliaga in piu volte	20	0
A diverse persone et a prisonieri in piu volte	11	33
Per lo riscatto dun pouero vecchio detto Hans Plattner fu preso nella rotta de dietrich marcel	36	0
Al Nadal adi 25 di decembrio 1556		
Al nostro Bolluckbassi 2 vesti liena di panno laltro di seda	20	20
Al suo figliuol	5	0
Al Nepote di Paxi Chiaus	4	0
Al Alfonso Dragomano in due volte	20	0
A Ian Antonio Sperial	20	0
Ad Abraham Iudeo	14	0
Ad Heydarbeg in Contanti	10	30
Al medesimo una veste di seda	60	0
A Battista Dragomano in Contanti	12	0
Al medesimo una veste di seda	15	0
Per la sepultura di detto dragomano	12	0
A Mouratbe Spahy in due volte	3	0
Al Sor Luciano Caboga	24	0
A mr Lactantio el suo compagno Ian piero in due volte	30	0
A Giorgio in piu volte et alla sua partita	70	0
A Giouanni Hussaro venuto da Comaronio fra 2 vesti di panno et contanti	28	0
Per Damasco per Guarnir dette vesti	20	37
A l'hussaro mio cursor et altri in piu volte	3	7
A Blasio Spahy	3	0
A un Turco per mustuluch di certa noua	5	0
Ad un Spahy di Piemonte	4	0
A due Gianizari	6	0
A Mehemeth mio Gianizaro fra veste et contanti in piu volte	6	0
A piu Giudei	10	47
Ad 2 Turchi per auisi	4	0
Al Sertor dun Hassas	6	0
Ad un Pictore de Sre	3	0
A mr Horatio prigionier Venetiano	3	0
A piu persone et a prigionieri in piu volte	3	0
	27	0
A Pasca del 1557 adi 28 di Marzo		
Al nro Chiaus una veste di panno	10	25
Al medesimo in Contanti	10	0
Al Sor Luc. Caboga una veste di seda	12	0
Al medesimo una veste di panno	10	50
Al medesimo in Contanti	25	0
Al padre comissario in contanti	25	0
A Ioan Antonio Apothecario una veste di seda	12	0
A Maestro Angiolo Barbier una veste di seda	12	0
A Mouratbe Spahy una veste di seda	12	14
Al medesimo in contanti	10	0
A mr Aloysio Dragomano una veste di panno	10	50
Al medesimo una veste di seda	12	0
Al medesimo nel pregion	10	0
Alle sue essequie	3	0
Al padre de detto dragomano in contanti in 3. volta	29	0
Al medesimo una veste di seda Cremesina	15	0

	Ducati	aspri
Al medesimo una altra veste di panno	9	0
A frati che benedissero la casa secondo lusanza et item ad un preste	4	0
Al Solacco una veste di seda	12	0
Al medesimo un altra di panno	9	22
A Abraham Iudeo una veste di panno	3	20
Al medesimo in contanti	10	0
A Ferath Dragomano una veste di seda Cremes:	16	0
Vna altra di Scarlatto	13	25
Ad un messo Rhagusino	13	0
A Mehemeth mio Gianizaro partendosi	15	0
Al Chiaia de Gianizari in due volte 6. pichi di damascho Cremes:	7	27
A Paxi Chiaus una veste di seda	12	0
Al medesimo una di panno	10	25
Item in Contanti	15	0
Al suo Sertor	2	4
Al Nepote de ditto	7	0
Andando a Rhusten bassa alla sua porta etc.	3	0
A Michael Hussaro 2 vesti di panno	14	38
Per guarnimento di dette 3 pichi di Damasco	3	7
Al Boulucbassi et suo Sertor	3	0
Al Dispensator et suo Seruitor	3	0
Hassas Bassi	3	0
A piu prigionieri	13	0
Ad altre diverse persone in piu volte	33	24
Al Bairam adi XXVII di luglio 1557		
Al nro Chiaus una veste di seda	12	0
Al medesimo in contanti	10	0
Ad Ebrahimbeg Dragomano 3 vesti di seda cioe raso et Damasco Cremes:	45	0
Ad Heydarbeg una veste di seda	12	0
Al medesimo in contanti	20	0
A Ferratbeg Dragomano una veste di Cremesin	15	0
Vn' altra di panno	9	22
Item in contanti	20	0
Al Dispensator de Sre una veste di seda	12	0
Al Chiausbassi una veste di Cremes:	15	0
Al medesimo un' altra di Scarlatto	15	0
Ad Abraham Iudeo in tanta robba	25	0
A Muratbe Spahy una veste di panno	9	22
Vn' altra di Cremes:	15	0
Ad Hussimbeg Solacco 2 vesti di seda Cremes:	30	0
Al medesimo in contanti	5	0
A Michael Hussaro spedito inanti gli Sri miei College	20	0
A Muratbe Spahy quando porto mie lettere a detti Sri college	20	0
Al Padre Comissario	15	0
A diversi officiali di questo Sre per lor Baiora	16	0
A Abdy et Cassim Gianizari in piu volte	10	0
Alli vecchi et Capichi di Rustan	7	0
A un Schiauo de Bellerbeg	2	30
Ad un Vescouo Armeno et un altro frate	5	6
Ad uno Hussaro	3	0
A Rhagozay Sertor di Rustan	4	0
A Blasio Spahy	2	0
Allo Sertor de Ibrahim	2	0
A un Chiausso et suo Seruitore	2	15
Al figliuol di Ioan Ant°	2	0
A piu prigionieri et diverse persone in piu volte	74	21
Quando gli Sri miei College basciarono la man al Sre presentato a diversi officiali di detto Sre	49	0
A l'altro Baiora del 1557 adi 25 dottobrio		
Al mio Chiaus una veste di seda	12	0
Al medesimo una veste di panno	9	22
Al Chiaia di Rustan una veste di seda Cremes:	15	0
Vna altra di seda Cremes: daltra sorte	16	0
A Ferratbe Dragomano	15	0
Ad Abraham Iudeo 2 vesti di panno	16	29
Al Dispensator publico	10	0
Al Solaco in 2 volte vesti 2 di seda Cremes	30	0
Al medesimo una veste di Scarlatto	12	0
A Mouratbe Dragomano	12	0
A Ferrau Sertor de Bellerbeg	30	0
A 2 Seruitori de Ebrahim dragomano	13	0
A Ioan Antonio in parte presentato in parte pagato per nro Dragomano morto	11	0
A mr Ant° di Ge Dragomano a conto di suo salario	40	0
Al medesimo una veste di pano	9	22
Al medesimo una veste di Damasco pauonazo	15	0
A Blasio Spahy una veste di panno	10	25
A Muratbe Spahy una veste di Scarlatto	12	0
Al medesimo una veste di Cremesin	15	0
Al medesimo essendo amalato in Contanti	12	0
Al Hassasbassi una veste di seda Cremes:	15	0
A uno mei Gianizari in contanti	9	0
A 3. mei gianizari chascun una veste	15	30
A tre Gianizari che erano stati ad accompagnare li Sri college miei per prouision de detti Sri a chascun per veste	20	0
Ali medesimi in contanti	21	0
Quando andai a Solazio a li Castelli del mar negro	6	0
Al turco che me uenne a chiamar per Adrianopoli	6	0
A maestro Angiolo Barbier una veste di seda	12	0
A Soddabassi del Caravansaraj una veste di panno	5	25
Al suo compagno	5	0
Ad Heydarbe in contanti	50	0
Al medesimo una veste di seda	12	0
Al Achmat Chiaus una veste di Scarlatto	13	30
Al medesimo una veste di seda paonazo	15	0
A Rhagozay Spahy di Rustan	6	0
A Chiaussi Vecchi Cappigi etc.	15	0
Al Chiaia de Gianizari 3 pichi di Damasco Cremesin	3	45
Al figliuol dun citadin di Pera	3	0
Al Nepote di Paxi Chiaus et suo Seruitor	4	0
Al Seruitor de Sor Caboga	3	0
Al Seruitor de Chiaus	2	0
A certi Ceretani	3	0
Alli Seruitori dun cappigi et del Solacco	3	0
Ad un regno de Sor Juan Maria	3	0
A duoi frati	4	0
A Bernardo figliuol del quondam nro Dragomano	5	0
A Gregorio figliuol del nro Dragomano presente	4	0
A Dun cuogo di questo Sre	3	0
A piu diverse persone	3	0
A prigionieri	30	0
	9	0

189

5.23

Die Feste der Renaissance und des Manierismus

Der Repräsentation der Dynastie kam in der Frühen Neuzeit besondere Bedeutung zu. Um sich im besten Licht zu zeigen, scheute man keine Kosten. Höhepunkte dieser Repräsentation des Herrschers waren die gewaltigen, kostspieligen Feste der Zeit, die eine Art von Gesamtkunstwerk, an dem alle Hofkünstler mitwirkten, um den Ruhm der Dynastie zu verbreiten, darstellten. Höfische Praktiken des Mittelalters, wie das Turnier, wurden in diesen Festen der Renaissance neu interpretiert, im Sinne einer Verminderung des kriegerischen Elements verfeinert und zu einer Art Theater umgestaltet. Dabei spielten die Humanisten und Dichter, aber vor allem auch die Musiker eine besondere Rolle. Die Pflege der Musik, vor allem des flämischen Stils, der diese Zeit beherrschte, und in geringerem Ausmaß auch der Literatur waren Teil der prachtvollen und kostspieligen Hofkultur dieser Epoche. ¶ Der Teilnehmerkreis solcher höfischer Repräsentationsfeste war sozial sehr beschränkt, nur die oberste Schicht der Bevölkerung, der Adel, konnte daran teilnehmen. Die Bürger der Stadt waren meist Zuseher und traten nur bei den Einzügen der Festgäste in die Stadt Wien mit ihren Rüstungen auf. In den Jahren 1560 und 1571 wurden zwei solche Großereignisse von internationaler Bedeutung in Wien abgehalten. (KV)

5.28 (Abb. S. 80)
Benedictus Chelidonius (eigentlich Benedikt Schwalbe) (ca. 1640–1521)
Voluptatis cum Virtute disceptatio
Wien: Johann Singriener d. Ä. 1515
Wienbibliothek im Rathaus, Sign. A-21801
¶ Maximilian I. hatte nicht nur die Doppelhochzeit mit Spanien zustande gebracht, sondern arrangierte im Jahr 1515 auch einen Fürstentag in Wien, der von nachhaltiger Bedeutung sein sollte. Der König von Polen und Wladislaw II., König in Ungarn und Böhmen und aus der Familie Jagiello, kamen nach Wien, eine Doppelhochzeit wurde vereinbart. Maximilian adoptierte den jungen Sohn Wladislaws, Ludwig II., und verheiratete ihn mit seiner Enkelin Maria. Er selbst heiratete als Vertreter seiner Enkel Karl oder Ferdinand *(per procurationem)* die zwölfjährige Prinzessin Anna Jagiello. Später trat Ferdinand in diesen Ehevertrag ein und konnte nach dem Tod Ludwigs II. in der Schlacht von Mohács 1526 das Erbe der Nachbarländer beanspruchen. Beim Fürstentreffen im Jahr 1515 wurde das dem späteren Kaiser Karl V. gewidmete Huldigungsspiel *Voluptatis cum virtute disceptatio* des Benediktiners und Abtes des Schottenstifts in Wien, Benedictus Chelidonius, von Schülern dieses Stifts aufgeführt. Das Stück behandelt das Thema Herkules am Scheideweg. (KV)
¶ Lit.: Gábor Kiss Farkas: Dramen am Wiener und Ofener Hof. Benedictus Chelidonius und Bartholomeus Frankfordinus Pannonius (1515–1519), in: Martina Fuchs u. a. (Hg.): Maria von Ungarn (1505–1558). Eine Renaissancefürstin (Geschichte in der Epoche Karls V., Bd. 8), Münster 2007, S. 293–312.

5.29 →
Nach Raphael Sadeler
Philippus de Monte (1521–1603), um 1600
Kupferstich, 17,4 × 12,7 cm
Wien Museum, Inv.Nr. W 16.540
¶ Die Musik am Habsburgerhof war von der flämischen Schule geprägt, italienische Musiker spielten nur eine geringe Rolle. Einer der Hauptvertreter, der hier stellvertretend für viele andere Namen genannt werden soll, war Philipp de Monte, der als *maestro di cappella* unter Maximilian II. und dann seit 1576 für Rudolf II., der allerdings Musik nicht so sehr schätzte, tätig war. Die Mehrzahl seiner Kompositionen waren — neben Messen und Chansons — seine ca. 1.200 Motetten und 300 Madrigale. (KV)
¶ Lit.: Carmelo P. Comberiati: Late Renaissance Music at the

Habsburg Court: Polyphonic Settings of the Mass Ordinary at the Court of Rudolf II (1576–1612), New York u. a. 1987; Georges van Doorslaer: La Vie et les Œuvres de Philippe de Monte (Mémoire de la Classe des Beaux-Arts, Collection in-8, [Ser. 2], Tome 1, Fasc. 4), Brüssel 1921; Thorsten Hindrichs: Philipp de Monte (1521–1603). Komponist, Kapellmeister, Korrespondent (Hainholz Musikwissenschaft, Bd. 7), Göttingen 2002.

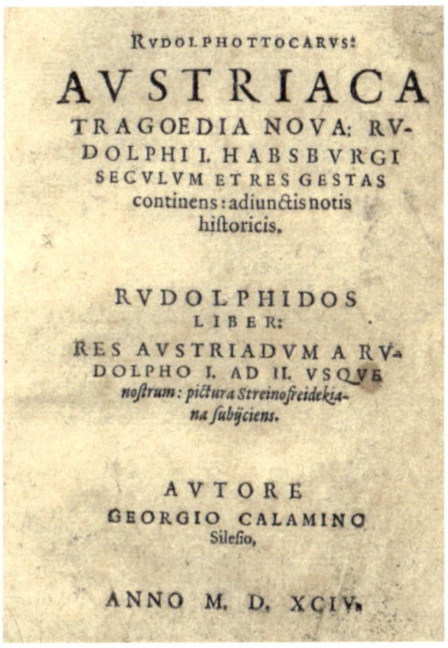
RVDOLPHOTTOCARVS:
AVSTRIACA
TRAGOEDIA NOVA: RVDOLPHI I. HABSBVRGI SECVLVM ET RES GESTAS continens: adiunctis notis historicis.
RVDOLPHIDOS LIBER:
RES AVSTRIADVM A RVDOLPHO I. AD II. VSQVE nostrum: pictura Streinofreidekiana subijciens.
AVTORE GEORGIO CALAMINO Silesio,
ANNO M. D. XCIV.

5.30
Georg Calaminus (eigentl. Rorich, auch Röhrig) (1549–1595)
Rudolphottocarus: Austriaca tragoedia nova: Rvdolphi I. Habsbvrgi secvlvm et res gestas continens: adiunctis notis historicis [...]
Straßburg: Josias Rihelius 1594
Wien, Österreichische Nationalbibliothek, Bildarchiv- und Grafiksammlung, Sign. 261736-A Fid (FKB 211–292)

¶ Die Auseinandersetzung mit der Geschichte der Habsburger, deren Bedeutung und Tradition man systematisch in Szene setzte, besorgten nicht nur Genealogen mit oft fantastisch anmutenden Stammbäumen und Geschichtsschreiber, sondern auch literarische Werke. Der neulateinische Dichter Georg Calaminus unterrichtete an der Linzer Landschaftsschule. Für sein Hauptwerk, die Tragödie *Rudolphottocarus*, die den Kampf des Stammvaters der Habsburger, Rudolf I., mit seinem böhmischen Widersacher Přemysl Ottokar (1232–1278) zum Thema hatte, wurde er im Jahr 1595 vom Kaiser zum *poeta laureatus* gemacht und geadelt. (KV)

¶ Lit.: Helmut Slaby: Georg Calaminus und seine dramatische Dichtung Rudolphottocarus, unveröff. Diss. Univ. Wien 1955; ders.: Mag. Georg Calaminus und sein Freundeskreis, in: Archiv der Stadt Linz (Hg.): Historisches Jahrbuch der Stadt Linz, Linz 1958, S. 73–139; Robert Hinterndorfer: Georg Calaminus. Monographie und zweisprachige Ausgabe seiner Werke, unveröff. Diss. Univ. Wien 1995.

5.31 (Abb. S. 86)
Hans Sebald Lautensack (ca. 1524–1565)
Fußturnier auf dem Burgplatz am 13. Juni 1560 anlässlich des Besuchs von Herzog Albrecht V. von Bayern (aus Francolins Turnierbuch), 1560
Radierung, 38,5 × 50,3 cm (Platte), 39 × 50,8 cm (Blatt)
Wien Museum, Inv.Nr. 110.431

¶ Vor allem in der Regierungszeit Maximilians II. bildeten großartige Feste Höhepunkte der höfischen Kultur in Wien. Im Jahr 1560 veranstaltete Maximilian II. zu Ehren seines Vaters, Kaiser Ferdinand I., ein Turnierfest, von dem eine hervorragende Festbeschreibung des Herolds Hans Francolin (1522–1580) existiert. An diesem Fest nahm auch der bayerische Herzog Albrecht V., der in Wien zu Besuch war, teil. Verschiedene Arten von Turnieren, die jeweils eine „Handlung" hatten, Mummenschanz, Wasserspiele und Feuerwerke, aber auch die Erstürmung eines künstlich errichteten Städtchens an der Donau zu Wasser und zu Land standen auf dem tagelangen Programm. Der Kupferstecher und Holzschneider Hans Sebald Lautensack wurde im Jahr 1560 vom Wiener Drucker Raphael Hofhalter bei der Illustration der Beschreibung der Wiener Festlichkeiten von 1560 beschäftigt. (KV)

¶ Lit.: Karl Vocelka: Die Wiener Feste der frühen Neuzeit in waffenkundlicher Sicht, in: Jahrbuch des Vereins für Geschichte der Stadt Wien 34 (1978), S. 133–148.

5.32 (Abb. S. 83)
Donat Hübschmann (ca. 1530–1583)
Schauspiel (Erstürmung eines aus Holz errichteten Schlosses) auf dem Burgplatz am 17. März 1563 anlässlich des Einzugs Maximilians II. in Wien (aus Caspar Stainhofers Beschreibung des Einzugs), 1566
Holzschnitt, koloriert, 32,6 × 42 cm
Wien Museum, Inv.Nr. 124.501/7

¶ Einen Programmpunkt des Festes verschob man, nachdem die Zeit schon weit fortgeschritten war, vom Tag des Einzugs auf den folgenden Morgen: 1.500 Jünglinge erstürmten ein im Bereich des heutigen Äußeren Burgplatzes aus Holz errichtetes Schloss. Maximilian zeigte sich begeistert und ließ den Knaben je einen silbernen Pfennig überreichen. (WÖ)

¶ Lit.: Caspar Stainhofer: Gründtliche vnd khurtze beschreibung des alten vnnd jungen Zugs: welche bede zu Einbeleittung der Röm. Kay. Mt. &c. Kaiser Maximiliani des Anndern [...], Wien 1566.

↓ 5.33
Hans Mayr
Einzug Maximilians II. in Wien am 16. März 1563 nach der Krönung in Frankfurt (aus Caspar Stainhofers Beschreibung des Einzugs), 1566
Holzschnitt, 42,1 × 60,5 cm
Wien Museum, Inv.Nr. 108.591

¶ Am 16. März 1563 zog Maximilian II. als gewählter römisch-deutscher König von Frankfurt kommend in Wien ein. Das Blatt zeigt Abordnungen des Adels und der Bürger („BVRGERSCHAFT ZV WIEN"), die angetreten waren, den auf einer Galeere flussabwärts reisenden König in den Donauauen vor den Toren der Stadt zu empfangen. In der Folge wurde Maximilian auf einer von

5.33

dekorierten Tannenbäumen gesäumten Route durch die Stadt zur Burg geleitet. An drei Stellen erwarteten ihn große, mit Lob- und Sinnsprüchen sowie künstlerischen Darstellungen geschmückte Triumphpforten. Ein künstlicher Adler, der von der Turmspitze von St. Stephan an einem Seil herabschwebte, drei Weinbrunnen (die insgesamt knapp 5.000 Liter Wein an die Bevölkerung spendeten), des Abends auch Freudenfeuer und Feuerwerke waren weitere Attraktionen. Die Oberkammeramtsrechnungen vermerken rund 7.300 Pfund Ausgaben der Stadt Wien für das Fest (davon 28 Pfund für den Wein), das waren etwa sechs Prozent der gesamten städtischen Ausgaben dieses Jahres. (WÖ)

¶ Lit.: Josef Wünsch: Der Einzug Kaiser Maximilians II. in Wien 1563, in: Berichte und Mitteilungen des Altertums-Vereines zu Wien 46/47 (1914), S. 9–34; Eintrag Maximilian II. in Wien Geschichte Wiki, https://www.wien.gv.at/wiki/index.php?title=Maximilian_II. (10.11.2016).

„Habn di von Wienn baldt vernommen / Vnd sich gerüſtet gleich wie vor / Zu gehen hinaus zum newen Thor / Auff einem Platz luſtig und grün / Da sah man manchen Bürger kün / In seinem Harnisch angethan / Nicht gnugsam ich sie loben kann / Ein jeder hat sich schön bereidt / Zugfallen seiner Oberkeit"

„die beeden eltiſten ir mayeſtatt söhne erczherczog Rudolffus und erczherczog Erneſtus, so neulich wider aus Hispania khommen, mit ein feinlein fuosvolckh, so alle in rott und weis gar woll und köſtlich geklaidet, darunter 57 turnierer gewesen, uffgezogen und aigner persohnn nach gelegenheit irer durchleuchtigkeitt ſterckh und alter gar woll geturniert und die spies gebrochen haben"

Aus: Heinrich Wirrich: Ordentliche Beschreibung des Christlichen / Hochlöblichen und Fürstlichen Beylags oder Hochzeit / so gehalten ist worden durch den Durchleuchtigsten / Hochgeborenen Fürsten unnd Herrn / Herrn Carolen / […] mit dem Hochgeborenen Fräulein Maria / geborne Hertzogin zu Bayrn, Wien 1571

↓ 5.34
Küriss eines Teilnehmers an den Festlichkeiten anlässlich der Hochzeit Karls II. von Innerösterreich mit Maria von Bayern 1571, um 1560
Blanke, schwarz geätzte Teile, dazu ein ursprünglich nicht dazugehörender Mantelhelm mit etwas abweichenden, aber ähnlichen Ätzmustern
Auf Brust und Rücken Schriftband: M(I) SOLA SERA/EN(E)MI MEMORIA (Mir wird vom Feinde nur die Erinnerung bleiben)
Wien Museum, Inv.Nr. 127.345, 127.347–127.352

¶ Die Festivitäten anlässlich der Hochzeit des Sohnes Kaiser Ferdinands I., Erzherzog Karl, mit Maria von Bayern dauerten vom 24. August bis zum 2. September 1571 und waren wohl die prächtigsten Feiern im Wien der Renaissance. Der große Aufwand sollte nicht zuletzt die Anhänger Luthers im katholischen Sinn beeinflussen. Der prunkvolle Harnisch könnte vom Gefolge der aus Spanien zu den Festlichkeiten angereisten Erzherzöge Rudolf (später Kaiser Rudolf II.) und Ernst stammen. Er wurde jedenfalls nach dem Fest an das Wiener Bürgerliche Zeughaus verkauft. (WÖ)

¶ Lit.: Karl Vocelka: Habsburgische Hochzeiten 1550–1600. Kulturgeschichtliche Studien zum manieristischen Repräsentationsfest, Wien/Köln/Graz 1976, S. 47–98; Günther Düriegl: Die Hochzeit Karls II. von Innerösterreich mit Maria von Bayern 1571, in: Wehrhafte Stadt. Das Wiener Bürgerliche Zeughaus im 15. und 16. Jahrhundert (Ausstellungskatalog Historisches Museum der Stadt Wien), Wien 1986, S. 64f.

5.34

6

Bürger und andere Stadtbewohner

Die Universität Wien

Die Universität Wien war im späten Mittelalter mit rund 6.000 Studenten die größte Universität im Heiligen Römischen Reich. Eine Reihe bedeutender Gelehrter, wie der Astronom Georg von Peuerbach (1423–1461) oder der Astronom, Mathematiker und Instrumentenbauer Regiomontanus (eigentlich Johannes Müller von Königsberg, 1436–1476), machte Wien zu einem wichtigen Zentrum der Wissenschaft. ◖ Dieser Aufschwung verstärkte sich noch unter Kaiser Maximilian I., der unter anderem den deutschen Humanisten Conrad Celtis (eigentlich Konrad Pickel, 1459–1508) nach Wien berief. Dieser gründete im Jahr 1497 die *Sodalitas Danubiana* und im Jahr 1501 das *Collegium poetarum et mathematicorum,* eine Gelehrtengesellschaft, die sich der Poetik, der Rhetorik, der Mathematik und den Naturwissenschaften widmete. ◖ In dieser Blütezeit der Wiener Universität bestanden enge Beziehungen zum Gelehrtenkreis rund um Maximilian, in dem ebenfalls viele Humanisten beschäftigt waren: neben Celtis vor allem Johannes Cuspinian (eigentlich Johannes Spießheimer, 1473–1529), Johann Stabius (ca. 1468–1522) und der Schweizer Professor für Poetik Joachim Vadian (eigentlich Joachim von Watt, 1484–1551). ◖ Schon in den 1520er-Jahren begann der Verfall der Universität — die Zahl der inskribierten Studenten ging durch Pestepidemien und durch die Belagerung durch die Osmanen dramatisch zurück. ◖ Der Humanismus allerdings blieb weiterhin in Wien beheimatet, wobei neben der *Alma Mater Rudolphina* besonders der Habsburgerhof eine führende Stellung einnahm. Der für die Stadtgeschichte bedeutsame Wolfgang Lazius (1514–1565) war Rektor der Universität, aber auch ein wichtiger Humanist am Hof. Andere, wie der Polyhistor und Emblematiker Johannes Sambucus (eigentlich János Zsámboky, 1531–1584) oder der Leibarzt des Kaisers, Johannes Crato von Crafftheim (eigentlich Johann Krafft, 1519–1585), hatten ihren Lebensmittelpunkt zwar in der Hofburg, waren allerdings ebenso mit der Universität eng verbunden. (KV)

6.1 →
Joseph Stoufs nach Rudolf Hoffmann
Ulrich Zwingli (1484–1531)
Lithografie, 50,6 × 34,7 cm
Wien: F. Paterno um 1850
Wien Museum, Inv.Nr. W 7.350
¶ Einer der Studenten in Wien im späten Mittelalter spielte später in der Reformation eine bedeutsame Rolle. Der Schweizer Huldrych oder Ulrich Zwingli (1484–1531) studierte im Jahr 1498 als 15-Jähriger in Wien und ging anschließend nach Basel, wo er im Jahr 1506 zum Priester geweiht wurde. Er war Pfarrer in Glarus, Feldprediger in den Feldzügen von 1512 bis 1515, dann Leutpriester am Großmünster in Zürich, wo er erste reformatorische Gedanken entwickelte. Im Jahr 1522 veröffentlichte er eine Schrift mit dem Titel *Von Erkiesen und Freiheit der Speisen,* die sich mit dem Fasten auseinandersetzte. Die Dominikaner warfen ihm Ketzerei vor, aber er konnte vor dem Großen Rat in Zürich seine Thesen erfolgreich verteidigen. Damit setzte sich die Reformation in Zürich durch. Im Jahr 1531 brach ein Religionskrieg in der Eidgenossenschaft aus, bei dem Zwingli in der Schlacht bei Kappel gefangen genommen, getötet, sein Leichnam gevierteilt und verbrannt wurde. Sein Nachfolger in Zürich wurde Heinrich Bullinger (1504–1575). Im Zusammenschluss mit den Calvinisten im *Consensus Tigurinus* 1549 wurde die reformierte Kirche begründet. (KV)
¶ Lit.: Ulrich Gäbler: Huldrych Zwingli. Eine Einführung in sein Leben und sein Werk, Zürich, 3. Aufl. 2004; Gottfried Wilhelm

6.1

6.2

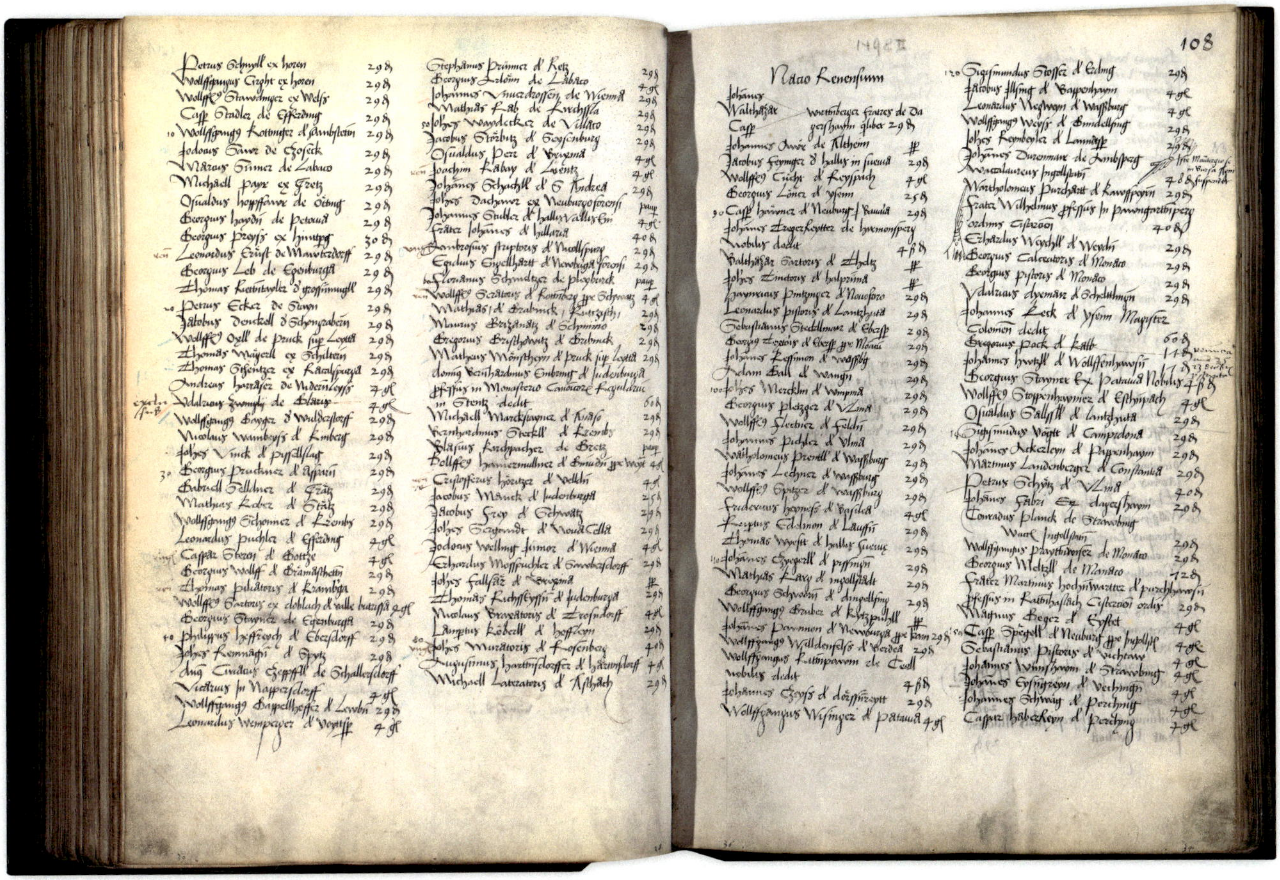

„exclusus Udalricus Zwinglii de Glaris“

Locher: Die Zwinglische Reformation im Rahmen der europäischen Kirchengeschichte, Göttingen und Zürich 1979; Peter Opitz: Ulrich Zwingli. Prophet, Ketzer, Pionier des Protestantismus, Zürich 2015.

↑ 6.2

Matrikel der Universität Wien 1451–1548 mit Eintrag 1498 II A 27: „Udalricus Zwinglii de Glaris 4 gr.“ — durchgestrichen mit dem Vermerk „exclusus“, 1498

Handschrift, 35 × 55 × 8 cm (aufgeschlagen)

Archiv der Universität Wien, Sign. Kodex M 3

¶ Die Matrikel der Universität Wien weist bei der Eintragung des Studenten Huldrych Zwingli für das Wintersemester 1498/99 eine Streichung des Namens auf mit dem zusätzlichen Vermerk „exclusus“. Zum Sommersemester 1500 findet sich der Name Zwinglis wieder — es fehlt allerdings der Vermerk der Wiederaufnahme Zwinglis in den Universitätsverband, der an und für sich nötig wäre. Der Ausschluss aus dem Universitätsverband war die schwerste aller Strafen, die die Universität aussprechen konnte. Doch ist für Zwingli in den Quellen nichts Derartiges überliefert. Deshalb spricht viel dafür, dass der Eintrag „exclusus“ samt der Streichung von späterer Hand stammt, um die Universität vom Makel des Studiums des späteren Ketzers zu reinigen. Die Gegner Zwinglis haben einen derartigen schwerwiegenden Vorfall, den man Zwingli ankreiden hätte können, auch nie erwähnt. In den Matriken fehlt vor allem das nötige „reinclusus“ bzw. „reincorporatus“ bei der zweiten Immatrikulation. Offenbar hat man bei der nachträglichen Einfügung des „exclusus“ den späteren Eintrag übersehen. Zwingli selbst hat in einem Selbstzeugnis von 1525 einmal glaubwürdig bekannt, dass er selbst als er noch jung war, nie schändlich gelebt habe und niemals wegen irgendeiner Schandtat bestraft worden sei. Mit größter Wahrscheinlichkeit hat Zwingli demnach von 1498 bis 1502 ununterbrochen in Wien studiert. (RL)

¶ Lit.: Georg Finsler: Zwinglis Ausschluß von der Wiener Universität, in: Zwingliana II (1912), S. 466–471; Gäbler, Zwingli, S. 27; Erwin Liebert: Zwingli in Wien, in: Peter Karner (Hg.): Die evangelische Gemeinde H.B. in Wien, Wien 1986, S. 9–12.

6.3 (Abb. S. 40)

Hans Burgkmair d. Ä. (1473–1531)
Konrad Celtis (1459–1508), 1508

Holzschnitt (Reproduktion), 25,2 × 14,5 cm

Wien, Österreichische Nationalbibliothek, Bildarchiv und Grafiksammlung, Sign. PG 122.184:I(s)

¶ Conrad Celtis war der Sohn eines Winzers, er ging in Würzburg zur Schule und studierte in Köln und Heidelberg. Auf seinen Bildungsreisen besuchte er nicht nur Italien, sondern auch Ungarn, wo er mit dem Gelehrtenkreis um König Matthias Corvinus (1443–1490) in Kontakt kam. Er lehrte an verschiedenen Universitäten und wurde im Jahr 1487 am Reichstag in Nürnberg von Kaiser Friedrich III. zum *poeta laureatus* gekrönt. 1497 berief ihn Kaiser Maximilian I. als Professor für Rhetorik und Poetik an die Universität Wien. Auf seine Initiative ging das *Collegium poetarum et mathematicorum* zurück, dessen Vorsteher er wurde. Im Jahr 1491 gründete er eine *Sodalitas litteraria Rhenana*, 1497 in Wien die *Sodalitas litteraria Danubiana*. Eine seiner bleibenden Leistungen war die Entdeckung der *Tabula Peutingeriana*, einer spätantiken römischen Straßenkarte, die später von Prinz Eugen von Savoyen (1663–1736) erworben wurde und die heute in der Österreichischen Nationalbibliothek aufbewahrt wird. Celtis liegt im Wiener Stephansdom begraben, wo auch ein Epitaph an ihn erinnert. (KV)

¶ Lit.: Peter Luh: Kaiser Maximilian gewidmet. Die unvollendete Werkausgabe des Conrad Celtis und ihre Holzschnitte (Europäische Hochschulschriften, Reihe 28: Kunstgeschichte, Bd. 377), Frankfurt a. M. 2001; Jörg Robert: Konrad Celtis und das Projekt der deutschen Dichtung. Studien zur humanistischen Konstitution von Poetik, Philosophie, Nation und Ich, Tübingen 2003.

6.4 (Abb. S. 39)
Hans Burgkmair „Insignia Poetarum" — die Insignien des „Collegium poetarum et mathematicorum", in: Konrad Celtis: Rhapsodia [...] Augsburg: Johann Othmar 1505
Holzschnitt, 23,4 × 17,5 cm
Wien, Österreichische Nationalbibliothek, Musiksammlung, Sign. Mus *44.V.55
¶ Der Einblattholzschnitt des bedeutenden Künstlers Hans Burgkmair stellt die Insignien (Szepter, Lorbeerkrone, Ring, Birett, Siegel) der gelehrten Gesellschaft dar. Conrad Celtis, der dem *Collegium* vorstand, hatte das Recht der Dichterkrönung, also der Verleihung des Titels *poeta laureatus*, bekannt sind allerdings nur wenige Fälle solcher Ehrungen, so etwa die Dichterkrönung von Johann Stabius im Jahr 1502. (KV)
¶ Lit.: Joseph Ritter von Aschbach: Die Wiener Universität und ihre Humanisten im Zeitalter Kaiser Maximilians I. (Geschichte der Universität Wien, Bd. 2), Wien 1877; Gustav Bauch: Die Rezeption des Humanismus in Wien, Breslau 1903 (Neudruck Aalen 1986); Rudolf Kink: Geschichte der kaiserlichen Universität zu Wien, Bd. 1, Teil 1: Geschichtliche Darstellung der Entstehung und Entwicklung der Universität bis zur Neuzeit, Bd. 2: Statutenbuch der Universität, Wien 1854; Kurt Mühlberger: Poetenkolleg und Dichterkrönung in Wien, in: Rainer A. Müller (Hg.): Bilder — Daten — Promotionen. Studien zum Promotionswesen an deutschen Universitäten der frühen Neuzeit (Pallas Athene. Beiträge zur Universitäts- und Wissenschaftsgeschichte, Bd. 24), Stuttgart 2007, S. 84–119.

6.5 (Abb. S. 18)
Die Celtis-Truhe („Celtis-Kiste"), Holzbehältnis zur Verwahrung der Insignien des „Collegium poetarum et mathematicorum", 1508
Holzkiste, Temperabemalung an fünf Seiten, herausziehbarer Deckel mit aufgeklebtem Pergamentblatt, 31 × 31 × 31 cm
Archiv der Universität Wien, Inv.Nr. 114.1
¶ Die prunkvolle Truhe diente zur Aufbewahrung von Stiftbrief, Lorbeerkranz, Szepter, Birett, Ring und Siegel des *Collegium poetarum*. Auf dem Deckel ein Pergamentblatt mit der Inschrift: „Privilegia divi Maximiliani Romanorum imperatoris, archiducis Austrie etc., achademie Viennensi pro laureandis poetis concessa ductu ac industria insignis et primi Germanie laureati poete Conradi Celtis, qui ob innatam virtutem laurum cum sigillo argenteo eidem achademie dono dedit, nulli absque consistorii consensu communicanda. Anno 1508."
Die Kiste ist mit verschiedenen Symbolen (wilde Männer und Kaiserkrone, Wappen Maximilians I., allegorische Darstellung der Philosophie nach einem Holzschnitt von Albrecht Dürer, griechische Inschriften, lorbeergekrönter Apoll im Parnass) reich geschmückt. (KV)

6.6
Siegeltypar des „Collegium poetarum et mathematicorum", um 1501, und späterer Lackabdruck
Silbertypar mit beweglichen Haltebügeln an der Rückseite, Abdruck des Typars in Siegellack, Durchmesser: 4,1 cm
Archiv der Universität Wien, Inv.Nr. 26.1 und 1a

6.7 (Abb. S. 42)
Nach Theodor de Bry (1528–1598)
Joachim Vadian (Vadianus) (eigentlich von Watt, 1484–1551)
Kupferstich, 15 × 9,3 cm
Wien Museum, Inv.Nr. 12.001
¶ Vadianus stammte aus einer Leinenhändlerfamilie in St. Gallen in der Schweiz und studierte ab 1501 in Wien, wo er später auch lehrte, er unternahm aber auch Reisen nach Italien. Ab 1512 hatte er in Wien den Lehrstuhl für Poetik inne und wurde im Jahr 1514 in Linz von Kaiser Maximilian I. zum *poeta laureatus* gekrönt. 1517 promovierte er zum Doktor der Medizin und kehrte nach St. Gallen zurück. Er war in Kontakt mit Zwingli und förderte die Reformation. Vadian stieg bis zum Bürgermeister von St. Gallen auf und führte die Reformation auch im Kloster St. Gallen durch. (KV)
¶ Lit.: Conradin Bonorand: Aus Vadians Freundes- und Schülerkreis in Wien (Vadian-Studien, Bd. 8), St. Gallen 1965; ders.: Joachim Vadian und die Täufer, in: Schweizer Beiträge zur allgemeinen Geschichte 11 (1953), S. 44–72.

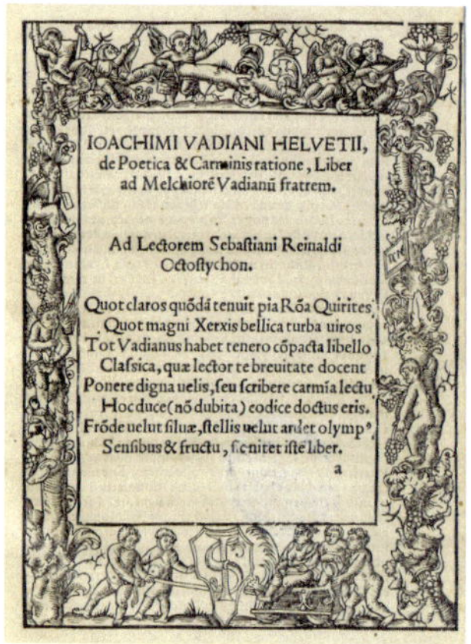
IOACHIMI VADIANI HELVETII,
de Poetica & Carminis ratione, Liber
ad Melchiorē Vadianū fratrem.

Ad Lectorem Sebastiani Reinaldi
Octostychon.

Quot claros quōdā tenuit pia Rōa Quirites,
Quot magni Xerxis bellica turba uiros
Tot Vadianus habet tenero cōpacta libello
Classica, quæ lector te breuitate docent
Ponere digna uelis, seu scribere carmia lectu
Hoc duce (nō dubita) codice doctus eris.
Frōde uelut siluæ, stellis uelut ardet olymp',
Sensibus & fructu, sic nitet iste liber.
a

6.8
Joachim Vadian (Vadianus) (eigentlich von Watt, 1484–1551)
Joachimi Vadiani Helvetii, de Poetica & Carminis ratione, Liber ad Melchiorē Vadianū fratrem
Wien: Hans Singriener für Lukas Alantsee 1518
Wienbibliothek im Rathaus, Sign. A-249160
¶ Das Buch über die humanistische Dichtkunst, über Stil und Versformen gilt heute als End- und Höhepunkt dieser Gattung, fand aber bei den Zeitgenossen wenig Rezeption. Gewidmet ist es dem jüngeren Bruder Vadians, Melchior, der ebenfalls in Wien studierte. (KV)

6.9 (Abb. S. 42)
Johannes Cuspinian (eigentlich Johannes Spießheimer, 1473–1529)
Fotografie nach einem Gemälde von Lukas Cranach d. Ä.
Winterthur, Sammlung Oskar Reinhart „Am Römerholz", Inv.Nr. 1925.1
¶ Cuspinian wurde als Sohn eines Schweinfurter Ratsbürgers

6.11

geboren und kam im Jahr 1493 nach Wien, wo er studierte. Er war im Jahr 1500 Rektor der Wiener Universität und dann noch viermal Dekan der medizinischen Fakultät sowie Superintendent der Universität Wien. Er lehrte Latein, Philosophie und Medizin, dichtete selbst und gab antike Texte heraus. Neben seiner Tätigkeit als Gelehrter war er seit 1501 auch Diplomat im Dienste Kaiser Maximilians I. und nahm Ämter in der Stadtverwaltung ein. Insbesondere am Fürstentreffen und der Doppelhochzeit von 1515 war er maßgeblich beteiligt (siehe Kat. Nr. 5.28). Seine historischen Werke, die *Austria*, eine Geschichte Österreichs, und sein Buch *De Caesaribus et Imperatoribus Romanis* wurden erst nach seinem Tod gedruckt. (KV)

¶ Lit.: Hans Ankwicz-Kleehoven: Der Wiener Humanist Johannes Cuspinian. Gelehrter und Diplomat zur Zeit Kaiser Maximilians I., Graz u. a. 1959; Richard Perger: Cuspiniana, in: Wiener Geschichtsblätter 26 (1971), S. 168–177; Christian Gastgeber, Elisabeth Klecker (Hg.): Johannes Cuspinianus (1473–1529). Ein Wiener Humanist und sein Werk im Kontext (Singularia Vindobonensia, Bd. 2), Wien 2012.

↓ 6.10

Grabdenkmal des Johannes Cuspinian (eigentlich Johannes Spießheimer, 1473–1529) und seiner zwei Ehefrauen in St. Stephan, nach 1529

Fotografie von Michael Malina, Wien, Österreichische Akademie der Wissenschaften, Institut für Mittelalterforschung, Arbeitsgruppe Inschriften

¶ Cuspinians Grabmal in St. Stephan in der Kreuzkapelle links vom Eingang stellt ihn mit seiner ersten Frau Anna Putsch und seiner zweiten Gattin Agnes, geborene Stainer, verwitwete Kisling, und den acht Kindern aus erster Ehe dar. Die hier übersetzt wiedergegebene Inschrift zeugt von einem gesunden Selbstbewusstsein des Humanisten. (KV)

¶ Lit.: Ilse E. Friesen: Humanisten-Epitaphien im Dom von St. Stephan und die Anfänge der Renaissance-Skulptur in Wien, in: Wiener Geschichtsblätter 44 (1989), S. 53–77; Aloys Bergenstamm: Aufschriften in Gruften, Säulen, Grundsteinen und Häusern in Wien, in: Gerhard Fischer (Hg.): Denn die Gestalt dieser Welt vergeht. Geschichte der Kirchen, Häuser, Gassen und Plätze der Stadt Wien, aufgezeichnet von dem Altertumsfreunde Aloys Bergenstamm (1754–1821), Wien 1996.

„Zuerst habe ich die Musen und die Künste des Apoll vervollkommnet, war ich doch Arzt und dann gleichzeitig auch Dichter. Mich, der ich in Schweinfurt zu Größerem geboren wurde, hat der Kaiser beglückt und mit dem Amt eines Präses ausgestattet. Daher sollen folgende Worte auf mein Grab geschrieben werden: ‚Ich war Cuspinian. Ich habe einige Schriftdenkmäler der unermesslichen Geschichte hinterlassen. In diesen wird Cuspinian immerdar weiterleben.' Er lebte 56 Jahre lang und starb im Jahre 1529 im Monat April, am 19. Tag. Dr. Johannes Cuspinian, weiland Präfekt der Stadt Wien. Anna Maria, Mutter von 8 Kindern; Agnes, seine 2. Frau."

Inschrift am Grabdenkmal Cuspinians → 6.10

6.10

← 6.11

Inschrifttafel vom Hause Johann Cuspinians, Singerstraße 10 / Liliengasse 1, 1510

Steinmetzarbeit, roter Marmor, 45 × 99 cm, Gewicht: 56 kg

Wien Museum, Inv.Nr. 38.431

¶ Cuspinian hatte das Haus in der Singerstraße im Jahr 1503 erworben und 1510 neu erbauen lassen, dieses Gebäude diente auch der *Sodalitas Danubiana*, deren Gründungsmitglied Cuspinian war, als Tagungsort.

„CVSPINIANS. SODALITATI. LRARIE. DANVBIANE / VIRIS ERVDITISS: IMEMORIA.SEPTSA.F.F. / IOANN GRACCS.PIERS. IOAN. CVSPIANS. IOA.STABIVS / CONRADS CELTIS. THEODR. VLSEIS ANDES STIBORIS / GABREVBOLIVS.GVILHE POLYNIS. IOA BVRGRIVS / LADIS.SVNTHEI. STEPH.ROSINS. HENEVTYCS / MVSAE NOVEM. CARITES. TRIS."

„Cuspinian hat [diese Tafel] dem donauländischen Bund hochgelehrter Männer zum immerwährenden Andenken machen lassen. Johann Gracchus Pierius [Krachenberger], Johann Cuspinian [Spießheimer], Johann Stabius, Conrad Celtis, Dietrich Ulsenius, Andreas Stiborius [Stöberl], Gabriel Eubolius [Guetrater], Wilhelm Polymnius [Pülinger], Johann Burgrius [Burger], Ladislaus Sunthaym, Stephan Rosinus, Heinrich Eutychus [Geratwohl]. Neun Musen, drei Grazien."

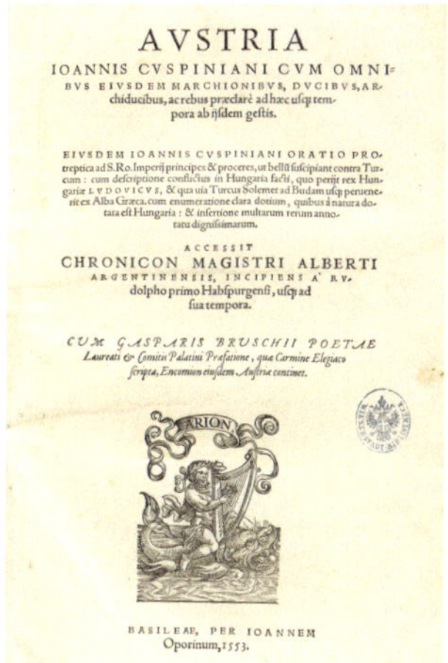

6.12

Johannes Cuspinian
Austria / Ioannis Cuspiniani cum omnibus eiusdem marchionibus, ducibus, archiducibus, ac rebus praeclare ad haec usque tempora ab iisden gestis
Basel: J. Oporinus 1553

Wienbibliothek im Rathaus, Sign. B-6321

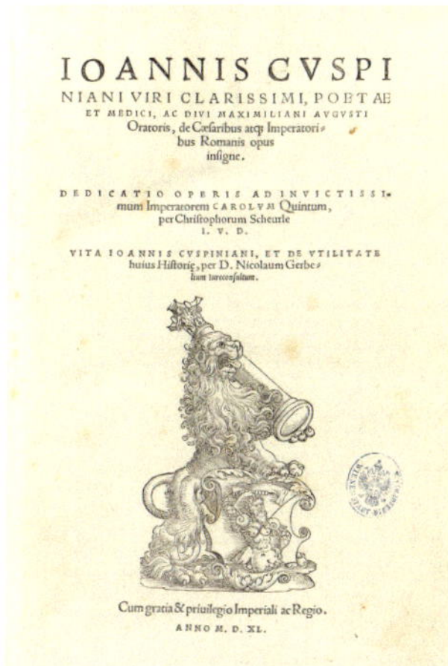

6.13

Johannes Cuspinian
Iohannis Cuspiniani viri Clarissimi, Poetae et Medici, ac divi Maximiliani Augusti Oratoris, de Caesaribus atque Imperatoribus Romanis opus insigne
Basel: ohne Verlagsangabe, 1540

Wienbibliothek im Rathaus, Sign. C-5724

↑ 6.14

Reformgesetz Ferdinands I. für die Universität Wien (Reformatio nova), 1554

Handschrift auf Pergament mit Siegel, 50 × 70 cm (aufgeschlagen)
Archiv der Universität Wien, Sign. Ladula XXXIX.1

¶ Schon 1533 nahm Ferdinand I. eine Reform der Universität in Angriff, sie betraf vor allem die Stipendien und die Zahl der Lehrkanzeln. Im Jahr darauf wertete man das Konsistorium auf, in das man auch Vertreter des Landesfürsten und des Bischofs aufnahm, was die herrscherliche Kontrolle verstärkte. Im Jahr 1537 wurden die Lehrpläne, die Lehrbücher und die Pflichten der Lehrenden neu geregelt, ein Unterricht auf Kollegiengeldbasis war nicht mehr möglich. All das fasste die *Reformatio nova* vom 1. Jänner 1554 nochmals zusammen und machte die Universität damit zu einer staatlichen Lehranstalt, die vor allem der Ausbildung von Beamten dienen sollte. (KV)

▸ „Volumus ut inter quatuor Juris professores primus Juris canonici ordinarius professor primam matutinum lectionem aestate hora sexta profiteatur, ac primo anno primum, secundo secundum, tertio tertium, quarto uero quartum et quintum Decretalium libros absoluat. Et postque non nisi unus Juris Canonici professor habendus est, statuimus ut is ordinariae suae Decretalium lectioni constitutiones sexti et clementinarum ita simul iungere accomodareque uelit. Vt auditores ex lectione sua sufficientem Juris Canonici cognitionem haurite ac assegui queant."

„Wir wollen, dass unter den vier Professoren des Rechts der Professor ordinarius des Kirchenrechts die erste Morgenvorlesung, im Sommer zur sechsten Stunde, anbietet, und im ersten Jahr das erste, im zweiten Jahr das zweite, im dritten Jahr das dritte, im vierten Jahr dagegen das vierte und fünfte Buch der Dekretalen [päpstlichen Dekrete, die das Kirchenrecht bilden] erledigt. Ist danach nur ein Professor des Kirchenrechts anzustellen, so legen wir fest, dass er seiner ordentlichen Vorlesung über die Dekretalen die Verordnungen des liber Sextus und der Clementinen sogleich anschließen und anpassen wolle. Auf dass die Hörer aus seiner Vorlesung hinreichend Kenntnis des Kirchenrechts schöpfen und erlangen können." ■

¶ Lit.: Kurt Mühlberger: Ferdinand I. als Neugestalter der Universität Wien. „[…] das Generalstudium, gleichsam eine hervorragende Pflanzstätte zur Verbreitung der Religion und zur richtigen Führung des Staates […]“, in: Wilfried Seipel (Hg.): Kaiser Ferdinand I. 1503–1564. Das Werden der Habsburgermonarchie (Ausstellungskatalog Kunsthistorisches Museum Wien), Wien 2003, S. 265–275.

6.15 →
Theodor de Bry (1528–1598) nach Jean-Jacques Boissard (ca. 1528–1602)
Johannes Sambucus (János Zsámboky) (1531–1584), 1597/1599
Kupferstich, 19,8 × 15,2 cm
Wien Museum, Inv.Nr. 47.526
¶ Johannes Sambucus stammte aus Tyrnau/Trnava, damals Ungarn, heute Slowakei, und studierte in Wien, Leipzig, Wittenberg, Ingolstadt und Straßburg sowie in Paris. Nach seinem Abschluss der Studien als Magister unternahm er weite Reisen in Europa, in den Niederlanden und in Italien, wo er in Padua zum Doktor der Medizin promovierte. Im Jahr 1560 ließ er sich in Wien nieder. Seine Spezialität war die Emblematik, sein im Jahr 1564 erschienenes Buch *Emblemata* war ein großer Erfolg. Sambucus wurde Hofarzt und Hofhistoriograf Kaiser Maximilians II. und publizierte viele Beschreibungen und Karten Ungarns. Auch er wohnte in der Singerstraße im Haus Nr. 3. Seine Bibliothek wird heute in der Handschriftensammlung der Österreichischen Nationalbibliothek aufbewahrt. (KV)
¶ Lit.: Johannes Sambucus: Emblemata et aliquot nummi antiqui operis, Antwerpen 1566 (Neudruck Hildesheim u. a. 2002); Hans Gerstinger (Hg.): Aus dem Tagebuch des kaiserlichen Hofhistoriographen Johannes Sambucus (1531–1584). Cod. Vind. lat. 9039 (Österreichische Akademie der Wissenschaften, Sitzungsberichte, phil.-hist. Klasse, Bd. 248, Abhandlung 2), Wien 1965; ders.: Die Briefe des Johannes Sambucus (Zsamboky) 1554–1584 (Österreichische Akademie der Wissenschaften, Sitzungsberichte, phil.-hist. Klasse, Bd. 255), Graz u. a. 1968; Arnoud S. Q. Visser: Joannes Sambucus and the Learned Image. The Use of the Emblem in Late-Renaissance Humanism, Leiden/Boston 2005.

6.15

6.16

↑ 6.16
Nach Theodor de Bry (1528–1598)
Johannes Crato von Craftheim (eigentlich Johann Krafft, 1519–1585), Textblatt und Porträt, um 1600
Kupferstich, 13,7 × 16,8 cm
Wien Museum, Inv.Nr. 168.211
¶ Johannes Crato von Craftheim (auch Kraftheim) stammte von einem Breslauer Handwerker und Ratsherrn ab, er studierte in Wittenberg Theologie und hatte engen Kontakt zu Martin Luther und Philipp Melanchthon (1497–1560). Dann widmete er sich in Padua der Medizin und kehrte schließlich nach Breslau zurück, wo er sich bei der Bekämpfung einer Pestepidemie auszeichnete. Er konvertierte zum Protestantismus, stand aber auch im Verdacht, Calvinist zu sein. Dennoch wurde er im Jahr 1560 zum Leibarzt Kaiser Ferdinands I. ernannt und blieb auch unter Maximilian II. in dieser Position, er wurde geadelt und mit Ehren überhäuft. Er übte großen Einfluss auf Maximilian und dessen religiöse Orientierung aus, schließlich folgte er Rudolf II. nach Prag, wo er in Konflikte mit den Jesuiten geriet, was ihn dazu brachte, sich auf seine Güter in Schlesien zurückzuziehen. Von Crato und dem Hofwundarzt Petrus Suma stammt die erste schriftlich festgehaltene Sektion, nämlich die Kaiser Maximilians II. im Jahr 1576. (KV)
¶ Lit.: Johann Crato von Krafftheim: Ordnung der Praeservation: Wie man sich zur zeit der Jnfection vorwahren, Auch Bericht, wie die rechte Pestilentz erkandt, vnd curirt werden sol. — Jetzo aber alles mit fleiß auffs new vbersehen, vnd corrigiert, Franckfurt am Mayn: Feyerabend 1585; Ernst Scharizer: Johannes Crato von Krafftheim, in: Heilmittelwerke-Jahrbuch 1958, S. 65–69.

6.17 (Abb. S. 44)
Mathias Cornax (1508–1564)
Erster „Kaiserschnitt“ (eigentlich Laparotomie), 1549
In: Mathias Cornax: Ein seltzam warhaftig geschicht, von einer Mitburgerin zu Wienn, welche bey vier jaren ein todt Kindt im leib tragen […]
Wien: Hans Khol 1550
Holzschnitt, 18 × 28 cm
Wien, Österreichische Nationalbibliothek, Sammlung von Handschriften und alten Drucken, Sign. 53.X.6 Alt.Prunk
¶ Der aus Olmütz/Olomouc stammende Mathias Cornax war Arzt, Apotheker und Professor der medizinischen Fakultät in Wien. Er brachte es viermal zum Dekan seiner Fakultät und im Jahr 1552 zum Rektor der Universität Wien. 1549 führt er erstmals gemeinsam mit einem Hofchirurgen und zwei Stadtchirurgen eine Bauchöffnung an einer Patientin (Margarethe Wolczer, Wirtin beim „Roten Krebs“) zur Entfernung einer extrauterinen (außerhalb der Gebärmutter eingenisteten) Schwangerschaft durch. (KV)
¶ Lit.: Hans-Rudolf Fehlmann, Kurt Ganzinger: Dr. Mathias Cornax. Ein Wiener Arzt-Apotheker des 16. Jahrhunderts, in: Wiener Geschichtsblätter 30 (1975), S. 130–134.

Die Stadt der Bürger

Nur ein geringer Teil — im 16. Jahrhundert wohl nie mehr als 2.000 — der in Wien lebenden 20.000 bis 30.000 Menschen waren Bürger. In der Regel waren es Männer, die Handel betrieben oder ein Gewerbe ausübten. Frauen, Kinder, Lehrlinge, Gesellen, Knechte und Mägde waren vom Bürgerrecht ausgeschlossen, ebenso alle, die „unehrliche" Tätigkeiten ausübten, wie Henker, Abdecker, Gerber, Schauspieler, Gaukler, Bettler etc. ◖ Die Verwaltung der Stadt wurde durch die Stadtordnung Ferdinands I. im Jahr 1526 100 Bürgern übertragen, die dabei allerdings völlig der Kontrolle des Landesfürsten unterstellt waren. Diese Ratsbürger mussten ein Haus besitzen, und um in den engeren Führungskreis zu gelangen, durften sie auch kein Handwerk betreiben. Alljährlich am 21. Dezember wählten sie einen Bürgermeister und besetzten frei gewordene Ratsposten. Dem Landesfürsten stand es frei, aus den gewählten Personen die ihm genehmen zu bestätigen. So konnte er Protestanten aus den Ämtern der Stadt fernhalten. (WÖ)

↓ 6.18
Augustin Hirschvogel (1503–1553)
Ansicht der Stadt Wien von Südwesten, um 1572
Kupferstich, koloriert, 16 × 47,5 cm
Bez.: VIENNA AUSTRIAE METROPOLIS, URBS TOTO ORBE NOTISSIMA CELBRATISSIMAQ(UE) UNICUM HODIE IN ORIENTE CONTRA SAEVISSIMUM TURCAM INVICTUM PROPUGNACULUM.
Aus: Georg Braun, Franz Hogenberg: Civitates orbis terrarum, Bd. 1, Köln um 1572
Wien Museum, Inv.Nr. 8.633

↗ 6.19
Wolfgang Schmeltzl
Ein Lobspruch der hochlöblichen und weitberümbten Küniglichen Stat Wienn in Österreich, welche wider den Tyrannen und Erbfeind Christi nit die wenigist, sonnder die höchst Hauptbefestigung der Christenhait ist [...]
Wien: Singrieners Erben, 1547
Wienbibliothek im Rathaus, Sign. A-124601
◖ Der aus der Oberpfalz stammende Wolfgang Schmeltzl (Kemnatz um 1500–1557 St. Lorenzen am Steinfeld) war ab 1541 Schulmeister bei den Schotten. Als solcher verfasste er jährlich ein Drama zur Aufführung durch die Schüler. Daneben schrieb er Komödien, von denen manche am Hof oder im Rathaus aufgeführt wurden. Berühmt wurde sein *Lobspruch* auf Wien, der in 1.600 Knittelversen durch die Stadt führt und ganz von der Begeisterung des Wahlwieners für seine neue Heimatstadt durchdrungen ist. Das hier ausgestellte Exemplar ist — soweit bekannt — das einzige erhaltene der Erstausgabe. (WÖ)

6.20 (Abb. S. 71)
Stadtordnung Erzherzog Ferdinands I. für Wien, Augsburg, 12. März 1526
Pergamentlibell, 28 Blatt, mit eigenhändiger Unterschrift, 30 × 38 cm (aufgeschlagen)
Wiener Stadt- und Landesarchiv (MA 8), Sign. Hauptarchiv — Urkunden, U3: 57
◖ Nach dem Ständeaufstand und dem Wiener Neustädter Blutgericht 1521/22 (siehe Kat.Nr. 3.1) hob Ferdinand I. die mittelalterlichen Gremien städtischer Selbstverwaltung auf. Das wenige Jahre später erlassene neue Wiener

6.18

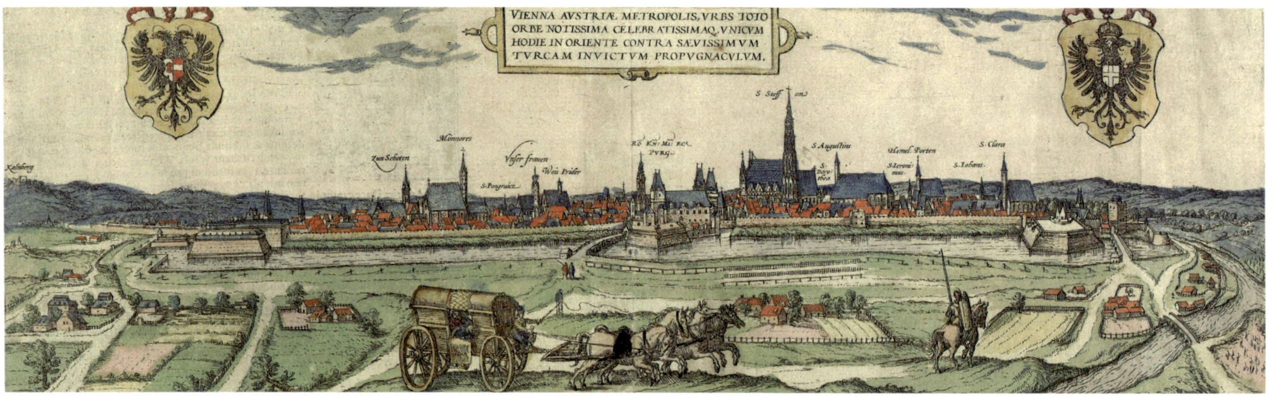

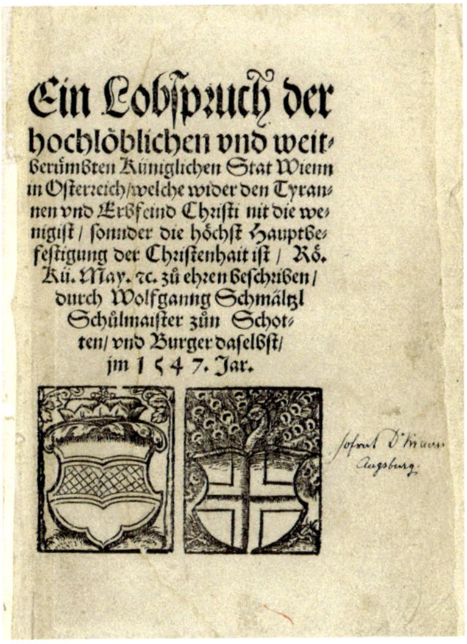
Ein Lobspruch der hochlöblichen vnd weitberümbten Küniglichen Stat Wienn in Österreich/welche wider den Tyrannen vnd Erbfeind Christi nit die wenigist/ sonnder die höchst Hauptbefestigung der Christenhait ist/ Rö. Kü. May. &c. zů ehren beschriben/ durch Wolfgang Schmältzl Schůlmaister zůn Schotten/ vnd Burger daselbst/ im 1547. Jar.

6.19

Stadtrecht bedeutete eine deutliche Einschränkung der städtischen Autonomie. Die Mitwirkung an politischen Entscheidungen wurde auf 100 Personen beschränkt, die den Inneren und Äußeren Rat, das Stadtgericht und das Bürgermeisteramt besetzten, wobei diese Gremien durch gegenseitige Wahlvorgänge miteinander verwoben waren. Letztlich reduzierte sich das Wahlrecht allerdings auf ein Vorschlagsrecht, denn der Stadtherr, das heißt, der Landesfürst, konnte aus den „erwellten Personen" nach seinem „Gefallen nemen". Als eine Art ständiger Vertreter des Landesfürsten kontrollierte der Stadtanwalt die städtischen Gremien, er konnte gegen jeden Beschluss Einspruch erheben. Die städtischen Amtsträger waren nunmehr de facto landesfürstliche Beamte, die auch auf den Landesherrn vereidigt wurden. (WÖ)

6.21–23 →

Drei Fenster der Bürger- oder Ratsstube des Alten Rathauses, 1571–1574

Mehrfarbige Kabinettsscheiben in Bleirutenfassungen, Silbergelbätzung, Bemalung in Schwarz- und Braunrot

6.21 Bindenschild in bekröntem Doppeladler und Beschr.: „Statt Wien Wappen / 1574", 41,3 × 29,1 cm

6.22 Doppeladler, von zwei Greifen gehalten, und Beschr.: „Der Stat Wien Wappen 1571", Durchmesser: 24 cm

6.23 Bindenschild, von zwei Greifen gehalten, und Beschr.: „1571", Durchmesser: 24,5 cm

Wien Museum, Inv.Nr. 31.592–31.594

¶ Vom 14. Jahrhundert bis zur Eröffnung des Neuen Rathauses an der Wiener Ringstraße im Jahr 1883 befand sich das Zentrum der Stadtverwaltung im Bereich Salvatorgasse / Stoß im Himmel / Wipplingerstraße. Die heutige Fassade an der Wipplingerstraße erhielt der Komplex allerdings erst zu Beginn des 18. Jahrhunderts, in der Folge wurde auch das Innere vollständig umgestaltet. Bauteile des Alten Rathauses aus der Zeit von Renaissance und Reformation, wie die originalen Säulen und Wappenträger der Salvatorkapelle oder die hier gezeigten Glasfenster, befinden sich im Wien Museum. (WÖ)

„Burgermaister̃s Waal. Gleicherweise alle Jar an sand Thomans tag. Durch den Stat vnd aussern Rate. vnd durch die zwelff beysetzer ain Burgermaister in solherweise erwellt werden das jr yeder ainen tauglichen Erbern verstendigen Burger der behaust vnd kain handwercher sey. […] Daraus mögen wir oder vnser Regierung die tauglichst person zu Burgermaister nemen […]."

Aus der Stadtordnung Ferdinands I. für Wien → 6.20

↓ 6.24

Verzaichnus der personen, so vom 1401 bis auf diee zeitt in dieser kayserlichen haubttstatt Wienn zu Österreich um stattanwaldt, bürgermeister und richterambt auch in den innern stattrath gebraucht worden […], 1588–1601

Handschrift, 31,5 × 22 cm

Wien, Österreichische Nationalbibliothek, Sammlung von Handschriften und alten Drucken, Sign. Cod. 8019 Han

¶ Das im Jahr 1588 angelegte Verzeichnis enthält die Namen der obersten städtischen Amtsträger, das heißt, der Stadtanwälte, der Bürgermeister, der Stadtrichter und der Inneren Räte ab dem beginnenden 15. Jahrhundert. Es wurde bis 1601 fortgeführt. Aufgeschlagen sind die Eintragungen für die Jahre 1588 und 1589 mit Hanns von Thau (siehe Kat.Nr. 6.32) als Bürgermeister. (WÖ)

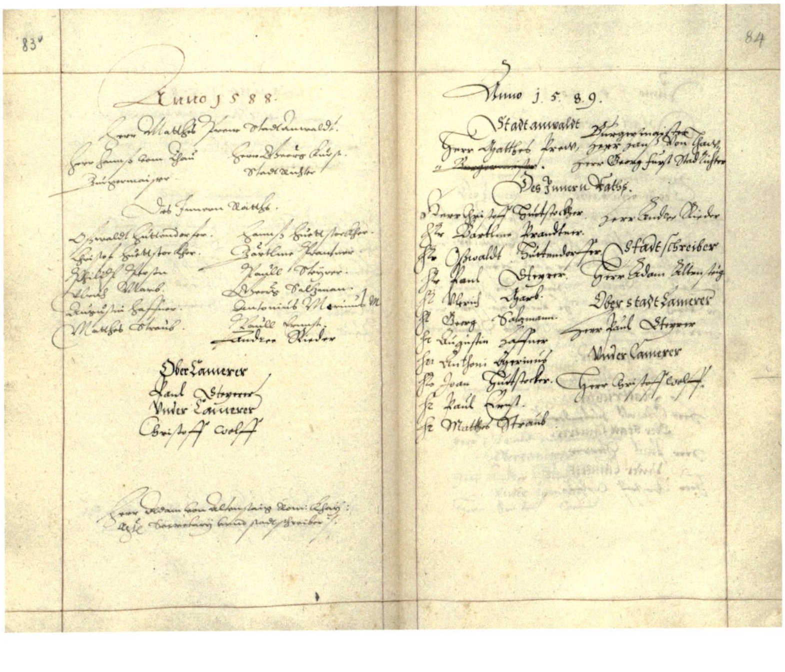
83v
Anno 1588.
84
Anno 1589.
Stadtanwaldt
Des Innern Raths.
Stadtschreiber
Ober Camerer
Vnder Camerer

6.24

6.21

6.22

6.23

↓ 6.25
Lineal mit den Namen des Bürgermeisters Daniel Moser, der Stadträte sowie der Mitglieder der Stadtkanzlei, 1616
Eisen, graviert, Länge: 103,6 cm
Wien Museum, Inv.Nr. 37.616

VORDERSEITE:
Consul & Senator Civit: Vien
Herr Sebastian Wemig Röm.Khay. Matt.Rath u. Stattanwalt
Herr Daniel Moser Röm.Khay. Matt.Rath u. Burgermaister
Herr Georg Metzner & C
Herr Christoph Lehner & C
Herr Veith Resch
Herr Martin Kheckh Dr
Herr Latzarus Reuckhek
Herr Georg Hösch[…]
Herr Thobiaß Pampel
Herr Andreas Pfeiffer
Herr Balthasar Doppelhamer
Herr Johann Häringshauser
Herr Withalmb Reichhardt
Herr Carl Auer Dr.
Herr Peter Osth[…] Secretarius
Hannswolff Strigl Engrosist

RÜCKSEITE:
Zu Ehren der Löbliché Wienerisché Statt Canzley Geschrieben Ao 1616
Johann Widmer D
Stattschreiber R.C.
Florian Pontulsi Secretari & C
Mattheus Maurer
Grundschreiber & C
Georg Watzelt Expeditor & C
Georg Mayburger Sollicitator
Jobst Brugl Ingrossist

6.26 →
Hans Sebald Lautensack Hermes Schallautzer, Bürgermeister von Wien, 1560
Kupferstich und Radierung, 23,7 × 16,5 cm
Wien, Albertina, Inv.Nr. DG1933/41

¶ Hermes Schallautzer (1503–1561) entstammte einer alten ratsbürgerlichen Familie, aus der zahlreiche hohe Amtsträger hervorgingen. Er war in den Jahren 1538 und 1539 Bürgermeister, von 1540 bis 1543 Stadtrichter. Ab 1546 leitete er als Superintendent der landesfürstlichen Gebäude den Bau eines Arsenals in der Gegend der heutigen Renngasse, das — durch einen Kanal mit dem Donaukanal verbunden — den Bau von Kriegsschiffen innerhalb der schützenden Stadtmauern ermöglichen sollte. Im Jahr 1547 wurde er mit dem Neubau der Festungsanlagen betraut, unter seiner Leitung wurden die ersten Basteien errichtet. In Zusammenarbeit mit seinem Neffen, dem Historiografen Wolfgang Lazius (siehe Kat.Nr. 5.17–21), sammelte er bei den Bauarbeiten gefundene römische Inschriftensteine (siehe auch Kat.Nr. 1.3). (WÖ)

¶ Lit.: Felix Czeike: Wien und seine Bürgermeister. Sieben Jahrhunderte Wiener Stadtgeschichte, Wien/München 1974, S. 153–155.

6.25

6.27
Wappen des Wiener Bürgermeisters Sebastian Hutstocker, 1546
Radierung, 21,1 × 21,4 cm
Wien, Albertina,
Inv.Nr. DG 1930/2199
¶ Sebastian Hutstocker (Huetstoker) (gest. 1557) wurde im Jahr 1544 Mitglied des Inneren Stadtrats und gleichzeitig (bis 1546) der für die Finanzen der Stadt verantwortliche Oberkämmerer. In den Jahren 1549 und 1550 sowie von 1553 bis 1555 war er Bürgermeister. In seine Amtszeit fielen heftige religiöse Auseinandersetzungen, es ist anzunehmen, dass er als Teilnehmer der Fronleichnamsprozession 1549 Augenzeuge des „Monstranzfrevels" war. Er selbst stand eindeutig auf katholischer Seite — anders übrigens als der vermutlich aus der gleichen Familie stammende Christian Hutstocker (gest. 1612, Bürgermeister 1576–1577), der mit den Protestanten zumindest sympathisierte. (WÖ)
¶ Lit.: Felix Czeike: Wien und seine Bürgermeister. Sieben Jahrhunderte Wiener Stadtgeschichte, Wien/München 1974, S. 157f., S. 162.

6.28
Joachim Deschler
Christian Tannstetter, Äußerer und Innerer Rat der Stadt Wien, 1557
Silbermedaille,
Durchmesser: 5 cm
Vs.: CHRISTIERN. TANNSTETTER. CIVIENNEN: AETA: SVE: 41 und Brustbild, auf dessen Schnittfläche Mi. u.: 1557
Rs.: FATA. VIAM. INVENIENT. Wappen
Wien Museum, Inv.Nr. 26.998
¶ Christian Tannstetter (1516–1573) war der Sohn des berühmten Mathematikers, Astronomen und Mediziners Georg Tannstetter (1482–1535) mit dem Humanistennamen Collimitius.

6.26

6.29

Von 1543 bis 1547 war er Mitglied des Äußeren Rats und von 1550 bis 1567 des Inneren Rats der Stadt Wien. (WÖ)

↗ 6.29
Hans Übermann, Bürgermeister von Wien, um 1550/1560
Radierung, 32 × 21 cm
Monogr. re. u.: BT
Wien Museum, Inv.Nr. 12.723
¶ Hans Übermann (gest. 1570) war Leinwandhändler, im Jahr 1537 wurde er Äußerer Rat, ab 1553 Innerer Rat. In den Jahren 1556/57 und 1566/67 war er Bürgermeister. In seiner Amtszeit wurde das Hofquartierbuch angelegt, das erstmals alle Häuser in der Stadt erfasste. In religiösen Fragen lehnte er jede Kooperation mit den protestantischen Ständen strikt ab. (WÖ)
¶ Lit.: Czeike, Wien und seine Bürgermeister, S. 160.

6.30
Joachim Deschler
Georg Prandstetter, Bürgermeister von Wien, um 1570
Silbermedaille,
Durchmesser: 3,6 cm
Rs.: GEORG PRANTSTETER Wappen
Wien Museum, Inv.Nr. 7.784
¶ Georg Prandstetter (1508/09–1574) gehörte ab 1554 dem Inneren Rat an, 1556/57 war er Stadtrichter, 1558/59, 1568/69 sowie 1572/73 Bürgermeister. Er engagierte sich für die Erziehung und den Unterricht von Bürgertöchtern, indem er die Umwandlung von Klöstern in entsprechende Schulen vorantrieb und in seinem Testament große Summen für eine diesbezügliche Stiftung widmete.
¶ Lit.: Czeike, Wien und seine Bürgermeister, S. 160f.

6.31 →
Franz Igelshofer, Stadtschreiber von Wien, mit seinem Sohn Leonhard, 1565
Holzschnitt, 16 × 12,2 cm
Monogr. li. und re. o.: H / M (Hans Muelich [?])
Wien Museum, Inv.Nr. 24.076
¶ Franz Igelshofer (Iglshofer) (1505–ca. 1567) war von 1541 bis 1576 Stadtschreiber von Wien. Igelshofer förderte Wolfgang Lazius (siehe Kat.Nrn. 5.17–21) und Wolfgang Schmeltzl (siehe Kat. Nr. 6.19), die ihn in ihren Werken erwähnen. Im Jahr 1561 wurde er in den Adelsstand erhoben. Der Stadtschreiber leitete die städtische Kanzlei, welche die Korrespondenz der Stadt führte,

6.31

Beschlüsse und Verordnungen des Rats ausfertigte, beglaubigte Abschriften ausstellte und Dokumente archivierte. Er nahm an den Sitzungen des Rats als Protokollführer teil, war aber selbst nicht stimmberechtigt. Die Namen der Stadtschreiber sind seit dem 13. Jahrhundert fast lückenlos bekannt. Ab dem 16. Jahrhundert war ein Jusstudium Voraussetzung für das Amt, das bis zur josephinischen Magistratsreform 1783 bestand. (WÖ)

¶ Lit.: Altertumsverein zu Wien (Hg.): Geschichte der Stadt Wien, Wien: 1897–1918, S. 4, S. 9, S. 121; Stichwort Stadtschreiber, in: Wien Geschichte Wiki, https://www.wien.gv.at/wiki/index.php?title=Stadtschreiber (10.11.2016).

↓ 6.32

Bürgermeister Hanns von Thau als Obrist eines Bürgerregiments beim Empfang der Braut von Erzherzog Karl von Innerösterreich 1571, 1869

Faksimile von Albert von Camesina nach Wirrich: Ordentliche Beschreibung des […] Beylags oder Hochzeit, so da gehalten ist worden durch Carolen, Ertzherzogs zu Österreich […] mit Maria Hertzogin zu Bayrn … den XXVI Augusti in der Kayserlichen Statt Wien […].
Lithografie, koloriert,
32,9 × 47,3 cm
Wien Museum, Inv.Nr. 21.017/1

¶ Hanns von Thau (1529–1601) wurde im Jahr 1556 Beisitzer des Stadtgerichts, 1522 Stadtrichter, 1564 Innerer Rat und 1566 Oberkämmerer. Er war fünfmal für jeweils zwei Jahre Bürgermeister: 1570/71, 1574/75, 1578/79, 1582/83 und 1588/89. Die Abbildung zeigt ihn als Akteur

6.32

im Rahmen eines der glänzendsten Feste im Wien der Renaissancezeit: der Hochzeit Erzherzog Karls von Innerösterreich mit Maria Anna von Bayern im August 1571. Thau rückte damals an der Spitze des Stadtrats und begleitet von der in zehn Fähnlein geteilten Wiener Bürgerschaft aus, um zunächst Karl, dann seinen Bruder Ferdinand, später die aus Spanien angereisten Kaisersöhne Rudolf (den späteren Kaiser) und Ernst und schließlich am 24. August die Braut zu empfangen und in die Stadt zu geleiten. Thau blieb in den sich zuspitzenden religiösen Konflikten immer auf katholischer Seite: In der sogenannten Sturmpetition appellierten im Jahr 1579 Tausende Protestanten an Erzherzog Ernst, ihnen Glaubensfreiheit zu gewähren. Das gleichzeitig überreichte *Bürgerlibell* hatten auch die Äußeren Räte und die Stadtgerichtsbeisitzer unterzeichnet, während der Innere Rat und der Bürgermeister katholisch blieben oder es zumindest vermieden, sich auf protestantischer Seite zu exponieren. Thau stimmte auch gegen eine Resolution des Landtags, die dieser als Antwort auf die unnachgiebige Haltung des Erzherzogs verfasste. (WÖ)
¶ Lit.: Czeike, Wien und seine Bürgermeister, S. 161–163.

6.33–34
Supralibros des Wiener Bürgermeisters Bartholomäus Prantner, um 1580
Druckstock und Abzug
Druckstock: Holz, geschnitzt, 14 × 12 × 2 cm
Abzug: 12,5 × 14,6 cm
Rundschrift um das Wappen: WIE ES GOT SCHICKT / BARTOLOMEUS PRANTNER.
Wien Museum, Inv.Nr. 105.051/1 und 2

¶ Bartholomäus Prantner (gest. 1599) wurde 1569 Äußerer Rat, 1573 Stadtgerichtsbeisitzer, 1574 Innerer Rat und 1576 Stadtrichter. In den Jahren 1580/81, 1584/85 und von 1592 bis 1595 war er Bürgermeister. In seinem ersten Amtsjahr an der Spitze des Magistrats erklärte er, sich dem Gebot Erzherzog Ernsts, der den Städten und Märkten jede Mitwirkung in Religionsangelegenheiten untersagte, fügen zu wollen. Ins letzte Jahr seiner zweiten Bürgermeisterperiode fällt das Dekret Rudolfs II., das das Bürgerrecht an das katholische Bekenntnis band. Im gleichen Jahr stiftete er übrigens gemeinsam mit anderen Ratsherren ein Steinrelief mit Passionsszenen für St. Stephan (heute an der südlichen Wand des Südchors), das Martin Luther als Teil der Menge zeigt, die Christus mit der Dornenkrone verspottet. (WÖ)
¶ Lit.: Czeike, Wien und seine Bürgermeister, S. 163; Hans Tietze: Geschichte und Beschreibung des St. Stephansdomes in Wien (Österreichische Kunsttopographie, Bd. 23), Horn 1931, S. 362f. (Relief).

6.35
Severin Brachmann
Georg Fürst, Bürgermeister von Wien, 1581
Silbermedaille,
Durchmesser: 3,1 cm
Vs.: I. M. GEORG FVRST. DE. AETA. LXI. Brustbild
Rs.: S. GEORG. FV-RST. D. E. I. 581.
Wien Museum, Inv.Nr. 30.477

¶ Georg Fürst (1520–1603) wandte sich erst in relativ hohem Alter der Kommunalpolitik zu, durchschritt deren übliche Stationen aber besonders schnell: Er wurde im Jahr 1577 Äußerer Rat, ein Jahr später Stadtgerichtsbeisitzer, 1579 Innerer Rat, 1584 Oberkämmerer, 1588 Stadtrichter, 1589 wurde ihm der Adelstitel verliehen, in den Jahren 1590/91 und 1602/03 war er Bürgermeister. Wie Bartholomäus Prantner demonstrierte er seine katholische Gesinnung, indem er sich in die Reihe der Stifter des erwähnten Reliefs (siehe Kat.Nr. 6.33) für St. Stephan stellte. (WÖ)

↘ 6.36
Reliefkachel mit Kreuzigungsgruppe, um 1555
Hafnerton, bunt glasiert, 57 × 37 cm
Wien Museum, Inv.Nr. 114.413
¶ Arbeit eines Wiener Hafners nach Blatt 11 der Holzschnittpassion von Lukas Cranach dem Älteren.

6.37–44 ⇥
Christus und sieben Apostel vom Haus „Zu den zwölf Aposteln", Wien 1, Hafnersteig 7
Farbiger, gebrannter Ton,
Höhe: 65 cm
Wien Museum, Inv.Nr. 117.067/1-8

¶ Die Figuren waren von 1566 bis ins frühe 19. Jahrhundert als Hauszeichen an der Fassade des Hauses „Zu den zwölf Aposteln" im „Saw-Winghel [Sauwinkel] vom Rothen-Thuern [Rotenturmtor]", an der heutigen Adresse Hafnersteig 7, angebracht. Wie viele Hauszeichen verwiesen sie auf das Gewerbe des Besitzers — das Gebäude gehörte von 1566 bis zumindest 1587 dem Hafnermeister Clemens Passauer. Anlässlich einer Renovierung des Hauses wurden die Figuren abgenommen; bei der Gründung des Museums für Kunst und Industrie (heute Museum für angewandte Kunst) befanden sie sich — damals schon Eigentum der Stadt Wien — in dessen Bestand. Zwölf Figuren sind erhalten, einige allerdings nur noch in Fragmenten. (WÖ)
¶ Lit.: Renata Kassal-Mikula (Hg.): Steinerne Zeugen. Relikte aus dem alten Wien (Ausstellungskatalog Wien Museum Hermesvilla), Wien 2008, S. 40–43.

6.36

6.37–6.43

Juden

Nach der Wiener Gesera, der Zerstörung der mittelalterlichen jüdischen Gemeinde in den Jahren 1420/21, sollte in Wien und Niederösterreich auf „ewige" Zeiten eine Wiederansiedlung von Juden verboten sein. Die finanzpolitischen Realitäten führten aber zu immer wieder neuen Versuchen, Juden anzusiedeln. Daher pendelte die Politik gegenüber den Juden zwischen Ausweisung, Ausgrenzung und partieller Duldung. Um das Jahr 1600 wurden erstmals wieder Gemeindestrukturen greifbar, und 1620 wurde unter Ferdinand II. wieder eine Gemeinde offiziell anerkannt, die aber vier Jahre später in ein eigenes Wohngebiet, ein sogenanntes Ghetto, im Unteren Werd übersiedeln musste. ◖ Durch die Spaltung der Christenheit erlangten jüdische Konvertiten für Protestanten und Katholiken eine gewisse Bedeutung. Eine erfolgreiche Judenmission konnte die eigene Glaubwürdigkeit und den eigenen Wahrheitsanspruch festigen. Die Kenntnisse der Konvertiten im Hebräischen und in der rabbinischen Literatur machten sie in den Augen der Christen besonders vertrauenswürdig. Allerdings trugen sie auch zur Tradierung und Formung eines negativen Judenbildes bei, das sie vielfach zur höheren Glaubwürdigkeit ihres Glaubenswechsels verbreiteten. In Wien erlangten Paulus Weidner und Antonius Margaritha Bedeutung. Besonders Margarithas Schriften, in denen er die Juden einer grundsätzlichen Christenfeindschaft und der Illoyalität gegenüber dem Kaiser beschuldigte, dienten Martin Luther als Argumentationshilfe bei seiner antijüdischen Agitation. (GM)

6.45

↑ 6.45
Johannes Pfefferkorn (1469–1521)
Ich heyss ain büchlein der iuden peicht, In allen orten vindt man mich leicht […]
Augsburg: J. Nadler 1508
Wienbibliothek im Rathaus, Sign. A-34380

¶ Enttäuschte Hoffnungen im Zuge der gescheiterten messianischen Bewegung von Ascher Lemlein, der für 1503 die Erscheinung des Messias vorausgesagt und eine breite Anhängerschaft unter den deutschen Juden gefunden hatte, führten Johannes Pfefferkorn zur Konversion zum Christentum. Hier gab er seine Endzeiterwartung nicht auf, sondern übertrug sie in die neue Religion. Auch im Christentum des 16. Jahrhunderts fielen wegen der umwälzenden Ereignisse und der einschneidenden politischen, sozialen, religiösen und kulturellen Veränderungen apokalyptische Erwartungen auf einen fruchtbaren Boden. Pfefferkorn sah in der Bedrohung durch die Türken und der inneren Krise der Kirche Zeichen für das Weltenende und die Konversion der Juden als Teil der christlichen Eschatologie und seine eigene Taufe als eine beispielhafte Tat. In seinen missionarischen Schriften, die unter dem Einfluss der Kölner Dominikaner immer mehr zu Schmähschriften gegen das Judentum wurden, suchte er die Richtigkeit des christlichen Glaubens zu beweisen. In der *iuden peicht* rechtfertigt er seine Vorgehensweise und behauptet, durch Verhöhnung jüdischer Bräuche Juden zum Christentum bekehren zu wollen. Über Protektion der Kölner Dominikaner und ihren Kampf gegen das Judentum erhielt Pfefferkorn ein Mandat zur Beschlagnahmung aller jüdischen Schriften. Nach Protesten gegen sein Vorgehen setzte der Kaiser beim Reichstag in Worms 1510 eine Untersuchungskommission ein und ordnete die Rückgabe der Bücher an. Der in die Kommission berufene Johannes Reuchlin (1455–1522) wandte sich scharf gegen das Vorgehen Pfefferkorns und wurde dabei von seinen humanistischen Kollegen unterstützt. (GM)

¶ Lit.: Maria Diemling: „Christliche Ethnographien" über Juden und Judentum in der frühen Neuzeit. Die Konvertiten Victor von Carben und Anthonius Margaritha und ihre Darstellung jüdischen Lebens und jüdischer Religion, unveröff. Diss. Univ. Wien 1999; Rebekka Voß: Umstrittene Erlöser. Politik, Ideologie und jüdisch-christlicher Messianismus in Deutschland 1500–1600, Göttingen 2011.

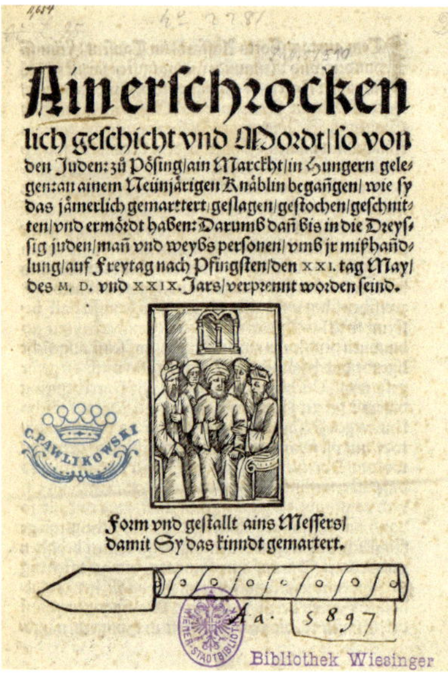
Ain erschrocken
lich geschicht vnd Mordt/ so von
den Juden: zů Pösing/ ain Marckht/ in Hungern gelegen: an ainem Neünjärigen Knäblin begangen/ wie sy
das jämerlich gemarttert/ geslagen/ gestochen/ geschnit-
ten/ vnd ermördt haben: Darumb dañ bis in die Dreyssig juden/ mañ vnd weybs personen/ vmb jr mißhand-
lung/ auf Freytag nach Pfingsten/ den XXI. tag May/
des M. D. vnd XXIX. Jars/ verprennt worden seind.

Form vnd gestallt ains Messers/
damit Sy das kinndt gemartert.

6.46

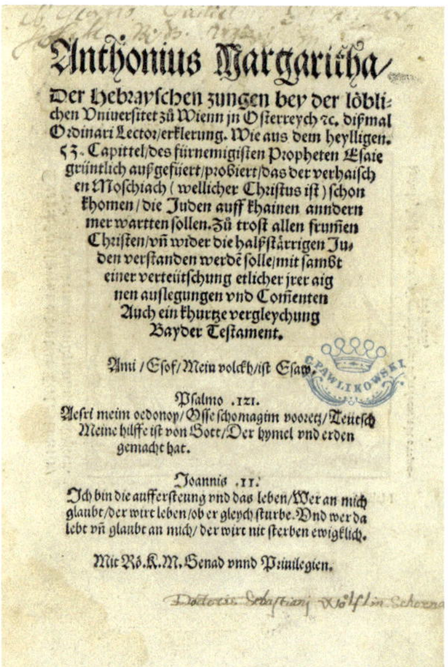
Anthonius Margaritha
Der Hebrayschen zungen bey der löblichen Vniuersitet zů Wienn jn Osterreych &c. dißmal
Ordinari Lector/ erklerung. Wie aus dem heylligen.
53. Capittel/ des fürnemigisten Propheten Esaie
grüntlich außgefüert/ probiert/ das der verhaisch
en Moschiach (wellicher Christus ist) schon
khomen/ die Juden auff khainen anndern
mer wartten sollen. Zů trost allen frumen
Christen/ vñ wider die halßstärrigen Juden verstanden werdẽ solle/ mit sambt
einer verteütschung etlicher jrer aig
nen auslegungen vnd Comenten
Auch ein khurtze vergleychung
Bayder Testament.

Ami / Esof / Mein volckh/ ist Esaw.

Psalmo .121.
Aesri meim oedonop/ Osse schomagim vooretz/ Teutsch
Meine hilffe ist von Gott/ Der hymel vnd erden
gemacht hat.

Joannis .11.
Ich bin die aufferstehung vnd das leben/ Wer an mich
glaubt/ der wirt leben/ ob er gleych sturbe. Vnd wer da
lebt vñ glaubt an mich/ der wirt nit sterben ewigklich.

Mit Rö. K. M. Genad vnnd Priuilegien.

6.47

↑ 6.46
Ain erschrockenlich geschicht und Mordt, so von den Juden zů Pösing, ain Marckht, in Hungern gelegen: an ainem Neünjärigen Knäblin begañgen, wie sy das jämerlich gemarttert, geslagen, gestochen, geschnitten, und ermördt haben: Darumb dañ bis in die Dreyssig juden […] den XXI. tag May des M. D. und XXIX. Jars, verprennt worden seind
Ohne Autoren-, Orts- und Verlagsangabe, um 1529
Wienbibliothek im Rathaus, Sign. A-34500
¶ Im Jahr 1529 wurde das Verschwinden eines Kindes durch den lokalen Feudalherrn in Pösing (Pezinok/Slowakei) dazu genutzt, sich seiner jüdischen Gläubiger zu entledigen. Um einem regulären Verfahren zuvorzukommen, ließ er in aller Eile unter Folter Geständnisse erpressen und danach 30 Juden auf dem Scheiterhaufen verbrennen. Als danach die gleichen Vorwürfe gegen die Juden des benachbarten Marchegg erhoben wurden, gelang es den Beschuldigten, da das angeblich ermordete Kind wieder auftauchte, den Prozess aufzuhalten. In ihrer Not wandten sich die Marchegger Juden an Josel von Rosheim (1476–1554). Durch seine erfolgreichen Interventionen als Fürsprecher (*Schtadlan*) für die deutschen Juden genoss er ein hohes Ansehen. Auch in diesem Fall war seine Intervention erfolgreich, und die Marchegger Juden wurden freigelassen. Der Reformator Andreas Osiander (1498–1552), einer der führenden Hebraisten seiner Tage, begeisterter Schüler Reuchlins und Hauptverfasser der Nürnberger Kirchenordnung von 1533, wandte sich vehement gegen die Ritualmordanschuldigungen. In seiner im Jahr 1540 anonym gedruckten Schrift *Ob es war vn glaublich sey daß die Juden der Christen kinder heymlich erwürgen* zog er Pösing als Beispiel für eine gefährliche, abergläubische und überkommene Form des Judenhasses heran. Dabei spricht er offen aus, dass bei solchen Anklagen die Mörder unter den Christen gesucht werden müssen. Osiander kritisierte auch Luthers antijüdische Ausfälle und entschuldigte sich in einem Brief an den jüdischen Gelehrten Elias Levita (1469–1549) für dessen Hasstiraden. (GM)
¶ Lit.: Maria Diemling: Frühneuzeitliche Stellungnahmen zu Juden und Judentum. Johannes Reuchlin, Erasmus von Rotterdam, Martin Luther, Dipl.-Arb. Univ. Wien 1993; Daniel Gerson: Ritualmordvorwurf in Pösing und Marchegg (1529), in: Wolfgang Benz (Hg.): Handbuch des Antisemitismus. Judenfeindschaft in Geschichte und Gegenwart, Bd. 4: Ereignisse, Dekrete, Kontroversen, Berlin/Boston 2011, S. 354f.

← 6.47
Antonius Margaritha (ca. 1492–1542)
Wie aus dem heylligen 53. Capittel des fürnemigisten Propheten Esaie grüntlich außgefüert probiert das der verhaischen Moschiach (wellicher Christus ist) schon khomen […] Auch ein khurtze vergleychung Bayder Testament
Wien: Johannes Singriener 1534
Wienbibliothek im Rathaus, Sign. A-34422
¶ Der im Jahr 1492 in Regensburg geborene Antonius Margaritha entstammte einer Regensburger Rabbinerfamilie. Die Vertreibung der Regensburger Juden von 1519 dürfte eines seiner Motive zur Konversion gewesen sein. 1521/22 wurde er getauft und arbeitete als Hebräischlehrer in verschiedenen deutschen Städten. Im Jahr 1530 veröffentlichte er sein überaus einflussreiches Buch *Der gantz juedisch Glaub*, in dem er die Juden der Illoyalität gegenüber dem Kaiser sowie der grundsätzlichen Christenfeindschaft beschuldigte, die vor allem auf den Bestimmungen des Talmud beruhen würden. Vier Jahre nach dem Erscheinen seines Erstlings veröffentlichte er in Wien seine Schrift zu Jesaja 53. Dieser Bibelabschnitt über den leidenden Gottesknecht war zentral in der Argumentation der Messianität Jesu und wurde daher häufig als Begründung für Konversionen angeführt. In dieser Schrift legt er auch die Ereignisse vom Reichstag in Augsburg dar. Hier war er in eine aufsehenerregende öffentliche Disputation mit Josel von Rosheim (1476–1554), dem einflussreichen Fürsprecher (*Schtadlan*) der Juden im Heiligen Römischen Reich, geraten, der seine Thesen überzeugend widerlegte, sodass Margaritha verklagt und inhaftiert wurde und die Stadt unter der eidlichen Verpflichtung, sie nicht wieder zu betreten, verlassen musste. (GM)
¶ Lit.: Diemling, „Christliche Ethnographien“; Peter von der Osten-Sacken: Martin Luther und die Juden. Neu untersucht anhand von Anton Margarithas „Der gantz Jüdisch glaub“ (1530/31), Stuttgart 2002.

6.48 (Abb. S. 107)
Martin Luther
Von den Jüden und iren Lügen. Zum andernmal gedruckt, und mehr dazu gethan
Wittemberg: Hans Lufft 1543
Wienbibliothek im Rathaus, Sign. A-34283
¶ In Luthers Frühphase ist sein Verhältnis zum Judentum bestenfalls als ambivalent zu bezeichnen. Einerseits nahm er sie gegenüber christlichen Angriffen in Schutz, andererseits meinte er, dass sie ihr Elend zu Recht erlitten, da sie allzeit Christis größte Feinde gewesen seien. Durch seine am biblischen Wort orientierte und nun „richtige“ Auslegung der Heiligen Schrift erhoffte er sich, die Juden zum Glauben an den wahren Messias, Jesus Christus, bewegen zu können. Die Bekehrung stellte sich für ihn als alternativlose Option dar, da das Judentum keine legitime religiöse Möglichkeit mehr

6.50

sei. Luther geriet immer mehr zur Überzeugung, dass die Bundestreue Gottes in Christus erfüllt sei. Dass dies die Juden nicht erkannten, war für ihn der Beweis, dass sie vom Teufel verführt und verstockt seien. Diese Überzeugung gipfelte in seiner unheilvollen Schrift *Von den Jüden und iren Lügen*. In dieser forderte er, ihre Synagogen niederzubrennen, ihre Häuser zu zerstören, den Rabbinern bei Androhung der Todesstrafe die Lehre zu verbieten und noch vieles mehr, das den Antisemiten des 19. und 20. Jahrhunderts eine reichhaltige Argumentationshilfe bot. All dies in drastischen Worten, die auch in einer Zeit der prinzipiellen Judenfeindschaft in ihrer Hasserfülltheit außergewöhnlich waren. Im Rückblick lesen sich seine Auslassungen wie eine Handlungsanleitung für die nationalsozialistischen antijüdischen Zwangsmaßnahmen. (GM)

¶ Lit.: Thomas Kaufmann: Luthers Juden, Stuttgart 2014; Osten-Sacken, Martin Luther und die Juden.

6.49 (Abb. S. 108)
Patent Ferdinands I. über die Verpflichtung zum Tragen des gelben Rings für Juden, 1. August 1551
Handschrift auf Papier, 34 × 46,5 cm
Wien, Österreichisches Staatsarchiv, Abteilung Haus-, Hof- und Staatsarchiv, Sign. StK Patente 2-111

¶ Im Jahr 1551 erließ Ferdinand I. das „Mandat vom gelben Fleck" für die österreichischen Länder. Dabei handelte es sich um eine Bekräftigung der *Reichspolizeyverordnung* von 1530, die die Kennzeichnung von Juden durch einen „gelben Fleck" — einen gelben Stoffring, der an der Oberbekleidung zu befestigen war — vorschrieb. Ziel derartiger Bestimmungen war die Trennung der jüdischen Bevölkerung von den Christen. Auf Dauer konnte die diskriminierende Maßnahme nicht durchgesetzt werden, da sich einerseits die mährischen Stände wehrten, die für ihre Juden keine Nachteile dulden wollten, und andererseits Karl V. im *Speyrer Judenprivileg* die Kennzeichnungspflicht für zahlungsbereite Juden einschränkte. Auch auf Reisen musste der „gelbe Fleck" nicht getragen werden, da ein hohes Risiko von körperlichen Übergriffen bestand. Im Jahr 1597 beschwerte sich der Landmarschall in Österreich unter der Enns, dass es bei den Juden nur noch in einigen Orten üblich sei, den „gelben Fleck" zu tragen, und die Landstände forderten vehement eine Erneuerung der Kennzeichnungspflicht. In der Praxis konnte dies aber kaum noch durchgesetzt werden. Theoretisch blieb die Kennzeichnungspflicht bis 1624 bestehen, als in einem Privileg der Wiener Gemeinde weitgehende Rechte eingeräumt wurden. (GM)

¶ Lit.: Barbara Staudinger: Die Zeit der Landjuden und der Wiener Judenstadt. 1496–1670/71, in: Eveline Brugger, Martha Keil, Christoph Lind u. a.: Geschichte der Juden in Österreich (Österreichische Geschichte, hg. von Herwig Wolfram, Ergänzungsbd.), Wien 2006, S. 229–337, S. 597–615.

← 6.50
Donat Hübschmann (ca. 1530–1583)
Familienporträt des Paul Weidner (ca. 1525–1585), 1558/59
Blatt 2r in Paul Weidner: Loca praecipua fidei christianae, collecta et explicata a Paulo Weidnero philosophiae ac medicinae doctore ex judaismo ad fidem Christi converso, Wien: Raphael Hoffhalter 1559
Holzschnitt, 21,5 × 15 cm
Wienbibliothek im Rathaus, Sign. A-31547

¶ Der aus Udine stammende Arzt Ascher Judah ben Nathan ließ sich im Jahr 1558 mit seiner Frau und seinen vier Kindern im Stephansdom in Wien taufen. Neben seiner medizinischen Tätigkeit unterrichtete Paulus Weidner, wie er sich fortan nannte, Hebräisch an der Universität Wien und hatte verschiedene Ämter wie Dekan und Rektor inne. Durch gute Beziehungen zum Hof wurde er bereits im Jahr 1560 mit dem Zusatz „von Billerburg" in den Adelsstand erhoben. Auf Geheiß Kaiser Ferdinands I. predigte er vor der jüdischen Gemeinde in Prag, um sie zum christlichen Glauben zu bekehren. Konvertiten wie er galten als wirksame Prediger und Autoren von Missionsschriften. Sein erstes Buch *Loca praecipua fidei* widmete er Kaiser Ferdinand und seinem Sohn Erzherzog Maximilian (als Kaiser Maximilian II.), denen er für das erwiesene Wohlwollen dankt. In der Vorrede schildert er seinen Werdegang und versichert, dass sein Übertritt zum Christentum nicht dem Wunsch nach irdischem Gewinn, sondern der Überzeugung geschuldet sei. Weidner zeigt sich in seiner Argumentation als gebildeter Humanist und geschickter theologischer Polemiker. Anders als etwa Margaritha (siehe Kat.Nr. 6.47) enthält er sich allerdings der üblichen Anschuldigungen gegenüber Juden. Im Jahr 1560 wurde er mit der Zensur von in Prag beschlagnahmten „jüdischen" Büchern beauftragt, die nach seiner Durchsicht aber wieder an die Prager jüdische Gemeinde zurückgestellt wurden. Weidner lehnte die lutherische Lehre ab und war ein demonstrativer Anhänger des Katholizismus. (GM)

¶ Lit.: Maria Diemling: Christliche „Vorzeigekonvertiten" in der frühen Neuzeit, in: Regina Laudage-Kleeberg, Hannes Sulzenbacher (Hg.): Treten Sie ein! Treten Sie aus! Warum Menschen ihre Religion wechseln (Ausstellungskatalog Jüdische Museen Hohenems, Frankfurt am Main und München), Berlin 2012, S. 164–175; Paul J. Diamant: Paulus Weidner von Billerburg 1525–1585, kaiserlicher Leibarzt und Rektor der Universität, in: Mitteilungen des Vereins für Geschichte der Stadt Wien 13/14 (1933), S. 57–64.

6.51 (Abb. S. 110)
Grenzstein des Ghettos im Unteren Werd, 1656
Sandstein, Höhe: 174 cm
Wien Museum, Inv.Nr. 117.080

¶ Dieser Grenzstein markierte einen von insgesamt neun Eckpunkten des Ghettos im „Unteren Werd" und stand an der heutigen Ecke Krummbaumgasse/Große Schiffgasse „gegen dess Hanns Häkner Haus". Die Vorderseite des Steins zeigt ein Kreuz als Siegel der Grundherrschaft des Bürgerspitals St. Marx und einen Davidstern mit eingeschlossenem Kreis. Dieses Zeichen war seit 1655 als Siegel der Wiener Judenschaft gebräuchlich. Die Jahreszahlen 1656 sowie das entsprechende Pendant in hebräischen Lettern (5)416 benennen das Jahr der Aufstellung des Steins. (GM)

¶ Lit.: Bernhard Purin: Grenzstein des Ghettos im Unteren Werd, in: Felicitas Heimann-Jelinek (Hg.): Hier hat Teitelbaum gewohnt (Ausstellungskatalog Jüdisches Museum Wien), Wien 1993, S. 26f.

7

„Vom Kriege wider die Türken“

Die erste Belagerung

Nach dem Tod des ungarischen Königs Ludwig II. im Jahr 1526 erhob Ferdinand I., gestützt auf Erbverträge, Anspruch auf die ungarische Krone. Ein großer Teil des ungarischen Adels verbündete sich jedoch gegen ihn und suchte Rückhalt bei den Osmanen, deren Machtbereich außer der Türkei den größten Teil des Nahen Ostens und fast die gesamte Balkanhalbinsel umfasste. Von nun an standen einander zwei Jahrhunderte lang die Imperien der Habsburger und der Osmanen als direkte Konkurrenten in der Mitte Europas gegenüber. ◖ Im Jahr 1529 wurde Wien erstmals direkter Schauplatz dieses Konflikts: Vom 25. September bis 14. Oktober war die Stadt von der rund 300.000 Mann starken Armee Sultan Süleymans eingeschlossen. Nur unter großen Opfern konnten die rund 17.000 Verteidiger der Stadt mehrere Großangriffe zurückschlagen. Nachschubschwierigkeiten und das Nahen des Winters, der die Mobilität und Versorgung des riesigen Heers zu verunmöglichen drohte, veranlassten die Osmanen schließlich zum Abzug. Im Jahr 1532 versammelte Kaiser Karl V. in Wien ein riesiges Heer, um die Stadt gegen einen neuerlichen Angriff zu verteidigen, doch Süleymans Armee erreichte dieses Mal Wien nicht. (WÖ)

7.1 (Abb. S. 23)
Tizian
Sultan Süleyman (ca. 1495–1566), um 1530/1540
Öl auf Leinwand, 99 × 85 cm
Kunsthistorisches Museum Wien, Gemäldegalerie, Inv.Nr. GG 2429
¶ Die Regierungszeit Sultan Süleymans II., „der Prächtige" und „der Gesetzgeber" genannt, von 1520 bis 1566 gilt als Goldenes Zeitalter des Osmanischen Reichs. Er erweiterte die Grenzen des Imperiums bis Westungarn, nahm die nordafrikanische Küste in Besitz und machte die Türkei zur ersten Seemacht im Mittelmeer. Feldzüge wurden meist vom Sultan persönlich angeführt. Der Krieg um Ungarn führte den Sultan im Jahr 1529 bis vor die Tore Wiens, wo er sein Zelt bei Kaiserebersdorf aufschlug. Unter Süleyman, der zeit seines Lebens zahlreiche Gedichte auf Persisch und Türkisch verfasste, erlebten Künste und Wissenschaften eine Blütezeit. Er genoss auch im Abendland höchsten Respekt: „Die Würde seines Antlitzes und seine ganze Haltung ist der Größe seines Herrschertums gemäß", berichtete der kaiserliche Botschafter nach Wien — eine Beschreibung, die auch in der vorliegenden Darstellung zum Ausdruck kommt. (WÖ)
¶ Lit.: Ferenc Majoros, Bernd Rill: Das Osmanische Reich 1300–1922. Die Geschichte einer Großmacht, Regensburg 1994.

7.2 →
Säbel Sultan Süleymans, um 1550
Hofwerkstatt Istanbul
Geschmiedetes Eisen, teilweise graviert; feuervergoldetes Silber, montiert, teilweise granuliert, teilweise graviert; schwarzes Fischleder, Holzkerne,
Länge: 96 cm
Kunsthistorisches Museum Wien, Hofjagd- und Rüstkammer, Inv.Nr. A 1341

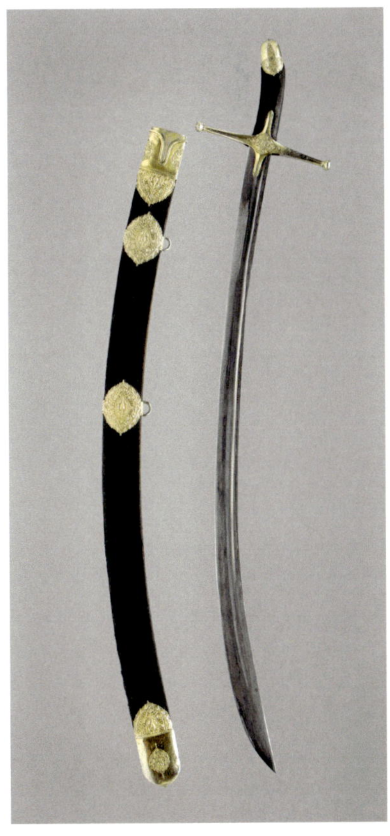
7.2

7.3 (Abb. S. 53)
Barthel Beham
Feldlager der Türken vor Wien mit Ansicht der Stadt von Süden, 1529
Federzeichnung, laviert, 35,5 × 24,5 cm
Bez. li. o.: Vienna Obsessa a Solimanno anno domino 1529
Sign. re. u.: Barthel Beham
Wien Museum, Inv.Nr. 97.022

¶ Der Blick folgt der Hauptstoßrichtung des türkischen Angriffs gegen Wien im Jahr 1529. Im Vordergrund sieht man das Lager des Paschas von Belgrad, der diesen Abschnitt befehligte, im Mittelgrund die Bildsäule Spinnerin am Kreuz und im Hintergrund die Stadt Wien — eine der ältesten authentischen Ansichten der Stadt. Beiderseits des Kärntnertores gehen türkische Minen hoch, davor sind die Ruinen der Vorstadt zu erkennen.
Bartholomäus („Barthel“) Beham gehörte wie sein Bruder Hans Sebald Beham (1500–1550) und Georg Pencz (ca. 1500–1550) zu den drei „gottlosen Malern“, die wegen ihrer schwärmerischen oder täuferischen Anschauungen im Jahr 1525 für kurze Zeit aus Nürnberg verbannt wurden.
(WÖ)

¶ Lit.: Hans Sebald Beham, in: Hubert Stadler: Martin Luther und die Reformation. Gestalten — Ereignisse — Glaubensinhalte — Kontroversen (Hermes Handlexikon), Düsseldorf 1983, S. 53f.

7.4 (Abb. S. 52)
Hans Guldenmundt nach Erhard Schön
Wiens erste Belagerung durch die Türken, 1529
Holzschnitt, 54,8 × 77,1 cm
Illustration zu: Hans Sachs: Historia Der Türkischen Bälegerung der statt Wien mit handlung beyder teyl, auff das Kürtzest ordentlich begriffen, Nürnberg 1529
Wien Museum, Inv.Nr. 31.089

¶ Eine der ältesten Ansichten Wiens, die jedoch kaum nach eigener Anschauung, sondern möglicherweise nach der Wien-Abbildung in der Schedel'schen Weltchronik entstanden ist. Sie wird oft als „Wien von Süden“ bezeichnet, was bedeuten würde, dass es sich bei dem Geschehen im Vordergrund um die Kämpfe vor dem Kärntnertor handelt. Dazu stehen allerdings die Lage der Türme von St. Stephan und Maria am Gestade sowie der Lauf der Donau im Widerspruch. (WÖ)

↓ 7.5
Domenico dei Franceschi und Monogrammist CVF (möglicherweise Cesare Vecellio)
Die Heere Kaiser Karls V. und Sultan Süleymans II. vor Wien, 1529/1532
2. Ausgabe, Venedig: Bortolamio Carampello 1585
Holzschnitt, aus sechs Blättern zusammengesetzt, 52,9 × 239,8 cm
Wien Museum, Inv.Nr. 138.597/1–6

¶ Im Sommer 1532 versuchte die osmanische Armee, geführt von Sultan Süleyman, erneut nach Wien vorzustoßen, wurde jedoch bei Güns/Köszeg in Westungarn aufgehalten. Gleichzeitig versammelte Karl V. in Wien ein großes Reichsheer zur Verteidigung der Stadt. Süleymans Heer marschierte in der Folge Richtung Graz, trat aber noch vor Beginn der kalten Jahreszeit den Rückzug an. Zur dargestellten direkten Konfrontation vor Wien kam es daher in Wirklichkeit nicht. Die Abbildung lässt sich jedoch auch als Zusammenschau der Ereignisse von 1529 (als Süleyman tatsächlich vor Wien stand) und 1532 lesen.
Ebenfalls nur bedingt realistisch, wenn auch eindrucksvoll, ist die Darstellung der osmanischen Schlachtordnung in der rechten Bildhälfte: Vorhut und Nachhut marschieren in halbkreisförmiger Aufstellung, dazwischen umschließt die in der Form eines riesigen Hufeisens angeordnete Kavallerie das eigentliche Zentrum. Dessen innersten Kern bildet der Sultan inmitten einer keilförmigen Formation, gebildet aus den Elite-Infanteristen der Janitscharen, die mit Reflexbögen ausgerüstet sind. Dem Zentrum folgen von Pferden gezogene Kanonen, an den Rändern wird es von Munitionswägen begleitet.
(WÖ)

¶ Lit.: Matthias Pfaffenbichler, in: Ferdinand I. Herrscher zwischen Blutgericht und Türkenkriegen (Ausstellungskatalog Stadtmuseum Wiener Neustadt), Wiener Neustadt 2003, S. 107 (Kat.Nr. 34).

7.6 →
Der Sturm der Türken am 12. Oktober 1529, um 1530/1540
Abguss eines Reliefs von der Tumba des Grafen Niklas Salm in der Votivkirche
Gips, bronziert, 40,5 × 56,5 cm
Wien Museum, Inv.Nr. 17.619

¶ Niklas Graf Salm (1459–1530) leitete 1529 als 70-Jähriger die Verteidigung Wiens gegen die Osmanen und erlag im folgenden Jahr den Verletzungen, die er sich bei den Kampfhandlungen zugezogen hatte. Für ihn wurde in der Kirche des Chorherrenstifts zu St. Dorothea in Wien vermutlich durch den Bildhauer Loy Hering (ca. 1459–1530) ein Hochgrab errichtet, das im Jahr 1787 auf das Schloss seiner Nachfahren in Raitz in Mähren und 1879 schließlich wieder nach Wien in die neu errichtete Votivkirche übertragen wurde.
Der Abguss eines Reliefs von dieser Tumba zeigt den dritten von vier türkischen Großangriffen, die aus den Ruinen der vorstädtischen Siedlung vor dem Kärntnertor — also im Bereich des späteren Karlsplatzes — gestartet wurden. Die kämpfenden

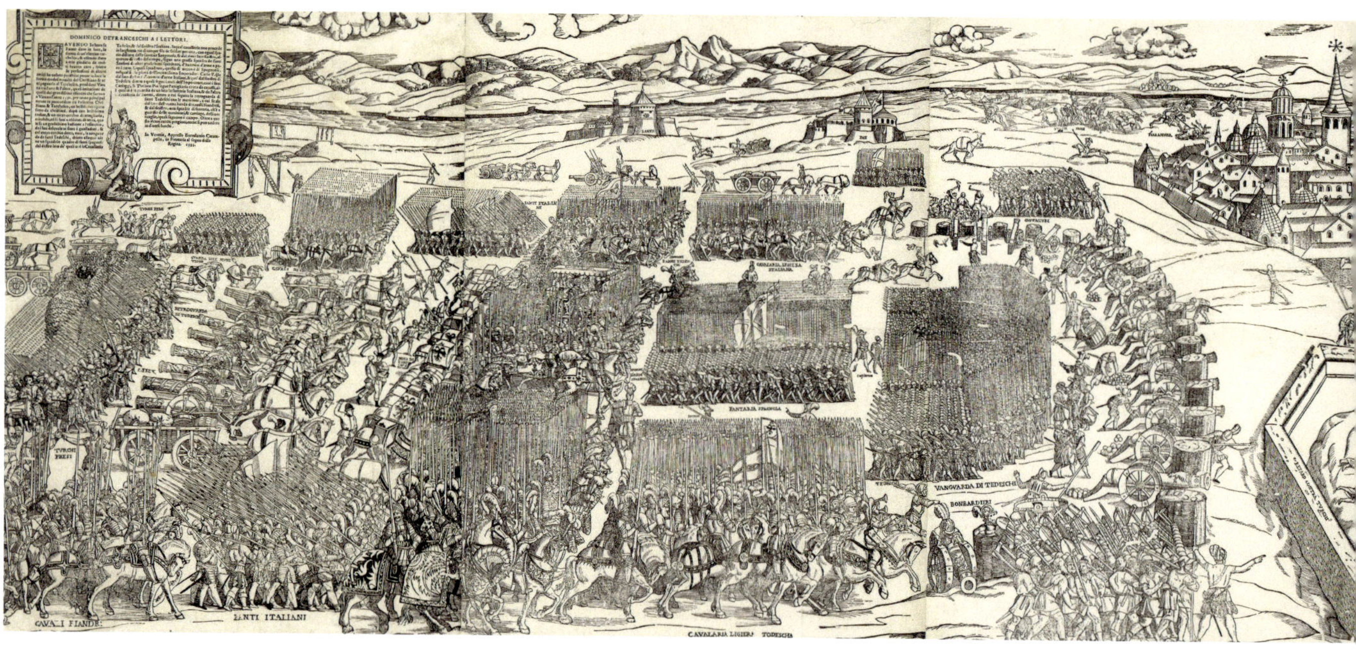

7.6

Massen prallen in den großen, beiderseits des Kärntnertors in die Stadtmauer gesprengten Breschen aufeinander. (WÖ)

7.7 (Abb. S. 54)
Ain gründtlicher und wahrhaffter bericht, Was sich under der belegerung der Stat Wien, Newlich im M.D.xxix. Jar, zwyschen denen inn Wien und Türcken, verlauffen, begeben und zůgetragen hat
Ohne Orts- und Verlagsangabe, nach 1529
Wienbibliothek im Rathaus, Sign. A-11333
¶ Ein Bericht in Form eines Tagebuchs, der auch ein Verhör mit osmanischen Gefangenen in Krems wiedergibt. Der Titelholzschnitt zeigt den Bau von Minen und einen Sturmangriff auf die Stadtmauer und verweist damit auf die zwei Verlaufsformen, die der Kampf um Wien im Jahr 1529 nahm. (WÖ)

7.8 (Abb. S. 54)
Die Belägerung der Statt Wien in Österreych, von dem aller grausamesten Tyrannen unnd verderber der Christenheit dem Türckischen Kayser, genañt Sultan Solimayn […]
Ohne Orts- und Verlagsangabe, nach 1529
Wienbibliothek im Rathaus, Sign. A-13636
¶ Der Titelholzschnitt zeigt den Kampf geharnischter Ritter gegen die Osmanen vor Wien. (WÖ)

7.9

↗ 7.9
Allegorie auf die Abwehr der Türken vor Wien 1529, Nürnberg 1534
Holzschnitt, 12,2 × 8,4 cm
Wien Museum, Inv.Nr. 55.803

7.5

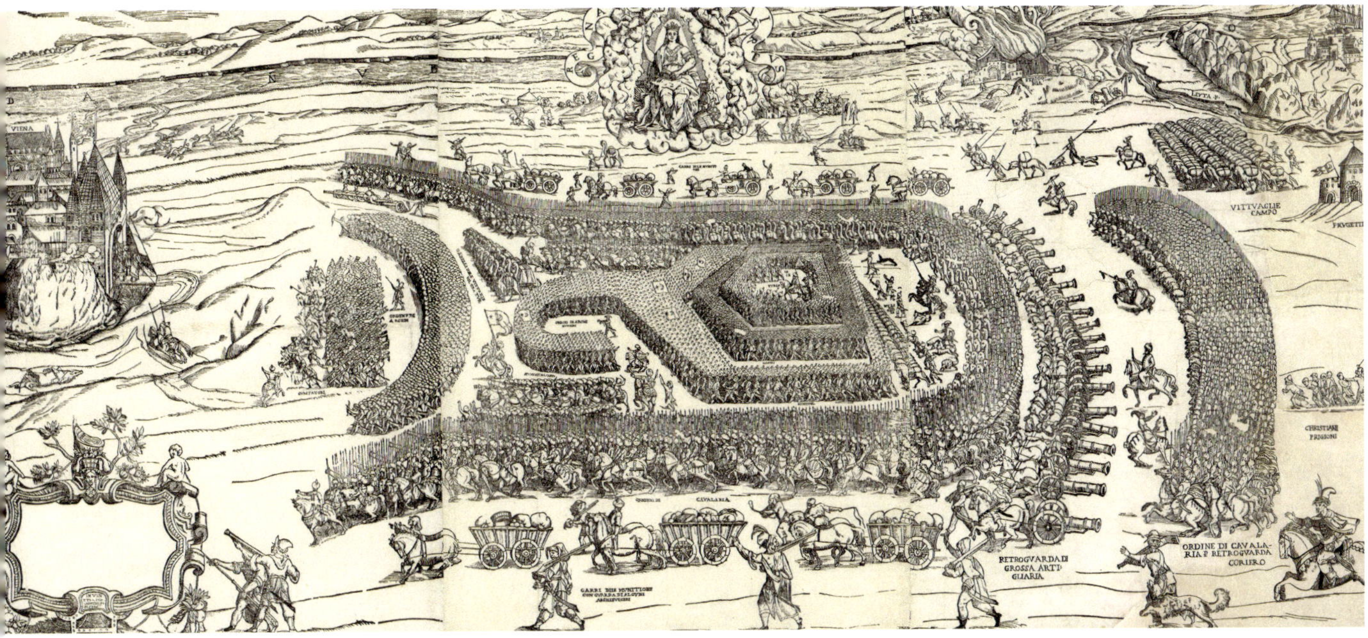

Wien wird Festungsstadt

Die direkte Konfrontation der Habsburger und der Osmanen führte auch nach 1529 zu fast ununterbrochenen Konflikten und Kriegen. Die Habsburger konnten sich im Westen Ungarns behaupten, während die ungarische Tiefebene von der Festung Buda aus als osmanische Provinz regiert wurde. Siebenbürgen wurde ein Fürstentum unter osmanischer Schirmherrschaft und gleichzeitig Zentrum nationalungarischer Bestrebungen. Wien wurde in dieser Zeit zu einem massiven Bollwerk ausgebaut: Anstelle der mittelalterlichen Ringmauer entstand ein mächtiger Gürtel aus Basteien, der bis ins 19. Jahrhundert die Stadt prägte. ◖ In ihrer Propaganda stellten Protestanten wie Katholiken „die Türken“ als Strafe Gottes für die Abweichung der jeweils anderen Seite vom wahren Glauben dar. Wirklich ins Gewicht fielen im Streit der Konfessionen die riesigen Summen, die zur Finanzierung der Türkenkriege aufgebracht werden mussten: Solange die habsburgischen Landesfürsten auf die Geldzuwendungen und Truppenbewilligungen des protestantischen Adels angewiesen waren, unterblieb jeder Versuch einer gewaltsamen Rekatholisierung. (WÖ)

7.10 (Abb. S. 56)
Plan der Wiener Festungswerke von der Burg bis zur Predigerbastei mit Fortifikationsobjekten, 1547
Federzeichnung, koloriert, 69,5 × 124 cm
Wiener Stadt- und Landesarchiv (MA 8), Sign. Pläne und Karten, Sammelbestand, P1: 2G
¶ Nach der Belagerung von 1529 wurde die mittelalterliche Ringmauer aus dem 13. Jahrhundert sukzessive durch eine Befestigung nach italienischer Art ersetzt. Als Erstes wurde im Jahr 1544 die Dominikanerbastei fertiggestellt, es folgten in einem zweiten Schritt die daran anschließenden Teile bis zum Kärntnertor. Der aus Nürnberg stammende Kartograf Augustin Hirschvogel (1503–1553) — er schuf später einen der beiden ersten auf exakten Vermessungen beruhenden Wiener Stadtpläne — legte für diesen Abschnitt das hier gezeigte Projekt

„Auffs erste weil das gewis ist, das der Tuercke gar kein recht noch befelh hat streit an zufahen und die lender anzugreiffen, die nicht sein sind, ist freylich sein kriegen ein lauter frevel und reuberey, dadurch Gott die welt strafft, wie er sonst manch mal durch boese buben auch zu weilen frume leute straffet. Denn er streit nicht aus not odder sein land ym fride zu schutzen, als ein ordenlich Obirkeit thut, sondern er suecht ander land zu rauben und zubeschedigen, die yhm doch nichts thun odder gethan haben, wie ein meer reuber odder strassen reuber. Er ist Gottes rute und des Teueffels diener, das hat keinen zweifel.“

Martin Luther → 7.12

vor, das allerdings nur zum Teil so verwirklicht wurde. Es entstand schließlich ein Gürtel aus sechs bis acht Meter hohen und 20 bis 30 Meter starken Wällen, aus denen in Abständen von 300 bis 400 Metern große Bastionen vorsprangen. Diese Bastionen wurden in Wien meist Basteien genannt — ein Begriff, der schließlich auf die gesamte Festungsanlage ausgedehnt wurde. (WÖ)

↓ 7.11
Hans Sebald Lautensack (ca. 1524–1565)
Ansicht der Stadt Wien von Südwesten mit Untergang des Assyrerkönigs Sennacherib vor Jerusalem (allegorisch für die Türkenbelagerung 1529), 1559
Radierung, 29 × 105,9 cm
Dat. und bez. Mi. u.: 1559/HSL (Ligatur)
Wien Museum, Inv.Nr. 31.041
¶ Lautensack stellt eine alttestamentarische Schlacht als Allegorie der im Jahr 1529 stattgefundenen Belagerung Wiens durch das osmanische Heer vor dem Hintergrund einer Stadtansicht von 1558 dar. Zu diesem Zeitpunkt hatte man bereits begonnen, die mittelalterliche Ringmauer durch die neuen Festungsmauern zu ersetzen. Noch sind zwischen den Basteien Teile der alten, zinnenbekrönten Mauer zu erkennen, und auch der alte Kärntnerturm neben dem Kärntnertor besteht noch. Davor sind zahlreiche „Lucken“, meist aus Gesindehäusern und Weinschenken bestehende, oft durch geflochtene Zäune oder kleine Mauern zusammengefasste Siedlungen, zu sehen. Sie waren entgegen den Intentionen der Stadtbefestigung entstanden, bemühte man sich doch, das Festungsvorfeld, das Glacis, von jeder Bebauung freizuhalten, was allerdings erst vor der Zweiten Türkenbelagerung vollständig durchgesetzt werden konnte. (WÖ)

7.12 (Abb. S. 61)
Martin Luther
Vom Kriege widder die Türcken
Wittenberg: Hans Weiss 1529
Wien, Österreichische Nationalbibliothek, Sammlung von Handschriften und alten Drucken, Sign. 64.H.29 (7) Alt.Prunk
¶ Die westliche Christenheit sah sich durch das schier unaufhaltsame Vordringen der Osmanen

7.11

sowohl politisch als auch religiös mit einer gewaltigen Herausforderung konfrontiert. Die große Mehrheit der Europäer erblickte in ihnen eine Strafe Gottes, die das Christentum aufgrund seiner Sünden traf. Gerne wurde die Schuld unter den Konfessionen hin und her geschoben. In einer Zeit, als einerseits von altkirchlicher Seite Kreuzzüge gegen die Osmanen vorbereitet wurden und andererseits die Täufer radikalen Gewaltverzicht predigten, ließ Luther mit seiner Meinung, wie man gegen die Türken auftreten sollte, wegen der geringen Bedrohung Deutschlands zunächst auf sich warten. Zum einen hatte er in seinen Erläuterungen zu den 95 Thesen den Kampf gegen die Türken verurteilt, da er meinte, die Türken seien eine Geißel Gottes, und man müsse ihr Vorrücken mit ernst gemeinter Buße verhindern und sich dieser nicht mit militärischer Intervention entziehen. Zum anderen war Luther aber auch kein Fürsprecher des Pazifismus und rechtfertigte im Jahr 1526 in seiner Schrift *Ob Kriegsleute auch im seligen Stande sein können* Waffengewalt gegen angreifende Feinde mit dem Liebesgebot. Allerdings schrieb er noch in derselben Schrift, dass er sich einer speziellen Meinung über das Vorgehen gegen die Osmanen enthalten wolle, da sie sich gerade auf dem Rückzug befänden.
Erst als sich die Türkenheere im Jahr 1529 auf den Weg nach Wien machten, sah sich Luther genötigt, seine Ansichten in der Schrift *Vom Kriege widder die Türcken* kundzutun. Darin betonte er, dass die Osmanen sowohl die Strafe Gottes als auch das Werkzeug des Teufels seien. Der Kampf gegen sie obliege sowohl „Christianus“ als auch „Karolus“, also zunächst dem Christen selbst und dann dem Kaiser. Die Zwei-Regimenten-Lehre findet somit auch in Luthers Bild von den Türken und dem Islam Anwendung. Denn es sei die Aufgabe eines Christen, den Teufel als Herrn der Osmanen mit Buße und Gebet zu schlagen. Das rechtfertigte Luther vor allem mit Argumenten, die er muslimischen Schriften, allen voran dem Koran, entnahm. Nachdem Christianus seinen Kampf vollendet habe, solle der Kaiser militärisch gegen die Heere der Türken vorgehen, allerdings nicht als Haupt des Christentums, sondern als profaner, weltlicher Herrscher, denn das Schwert des Kaisers habe in Sachen des Glaubens nichts zu suchen. Dies bedeutete eine eindeutige Absage an die Idee des Kreuzzugs. (AB)

¶ Lit.: Siegfried Raeder: Luther und die Türken, in: Albrecht Beutel (Hg.): Luther Handbuch, Tübingen, 2. Aufl. 2010, S. 224–231, insbes. S. 224–228; Martin Brecht: Luther und die Türken, in: Bodo Guthmüller, Wilhelm Kühlmann (Hg.): Europa und die Türken in der Renaissance, Tübingen 2000, S. 9–27, insbes. S. 14f.; Johannes Ehmann: Luther, Türken und Islam, Heidelberg 2008, S. 271–284.

„So gefiel mir das auch nicht, das man so treib, hetzt und reitzt die Christen und die Fursten, den Tuercken anzugreiffen und zu uberzihen, ehe denn wir selbs uns besserten und als die rechten Christen lebeten, Welche alle beide stueck und ein iglichs ynn sonderheit gnugsam ursach ist, allen krieg zu widderraten. Denn das wil ich keinem heiden noch Tuercken raten, schweigedenn eym Christen, das sie angreiffen odder krieg anfahen (welchs ist nichts anders denn zu blut vergissen und zu verderben raten), da doch endlich kein glueck bey ist, wie ich auch yn buechlin von kriegsleuten geschrieben habe. So gelinget es auch nymer nicht wol, wenn ein bube den andern straffen und nicht zuvor selbs frum werden wil.“ Martin Luther → 7.12

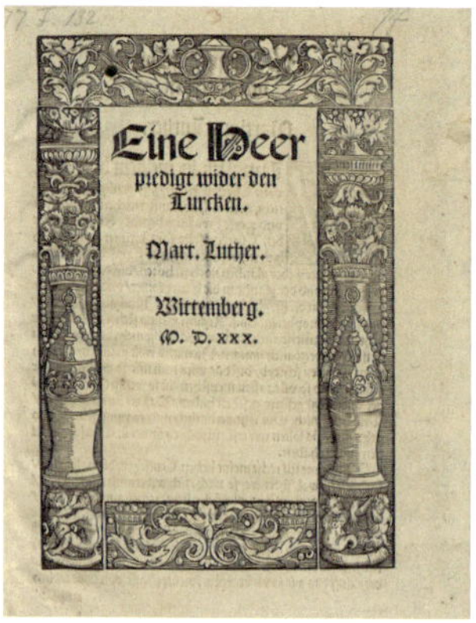
Eine Heer predigt wider den Turcken.
Mart. Luther.
Wittemberg.
M. D. XXX.

7.13
Martin Luther
Eine Heerpredigt wider den Turcken
Nürnberg: Johann Stüchs 1530
Wien, Österreichische Nationalbibliothek, Sammlung von Handschriften und alten Drucken, Sign. 77.F.132 Alt.Prunk

¶ In der Schrift *Eine Heerpredigt wider den Turcken* wurde zum Hauptthema, was Luther in *Vom Kriege widder die Türcken* nur am Rande bemerkt hatte: Die Osmanen seien ebenso wie das Papsttum eine eschatologische Macht im Dienste des Antichristen. Inhaltlich ging er auf das Buch Daniel ein und wandte die eschatologischen Bilder vom Feind Gottes auf Mohammed und die Muslime an, die nun die göttliche Ordnung durcheinanderbrächten, bis der Jüngste Tag anbreche. Demnach habe ein jeder, der einen Türken im Kampf töte, einen Feind Gottes und Christi umgebracht. Gleichsam sei derjenige, der durch einen Muslim getötet werde, ein Märtyrer und Heiliger. Allerdings war es für Luther auch hier wieder unerlässlich, sich vor dem physischen Kampf gegen die Türken in Buße und Umkehr zu üben.
Wichtig war Luther auch der Ratschlag an (potenzielle) christliche Gefangene der Türken: Sie sollten sich mit Gebeten, Geboten und vor allem dem Glaubensbekenntnis ihres christlichen Glaubens vergewissern. Allerdings beschrieb Luther auch, was ihn am Islam beeindruckte: Er verglich die Askese der türkischen Geistlichen mit dem unchristlichen Leben der römischen Priester und Mönche und lobte die Gebetsgottesdienste als schlicht und schön. Allerdings entkräftete er kurz danach wieder seine Lobesworte, indem er meinte, ohne Christus sei das züchtigste und maßvollste Leben nichts. Mit Worten des Trostes an die Gefangenen schloss Luther seine Predigt ab und meinte, wenn man als Christ den Türken diene, bezeuge man schon das Evangelium. Allerdings sei die militärische Hilfe gegen andere Christen nicht erlaubt.
Interessant erscheint, dass Luther bestrebt war, das Wissen über den Islam in Deutschland zu fördern, weswegen er im Jahr 1530 eine weitere Schrift herausgab, die nicht aus seiner Feder stammte. In *De ritu et moribus Turcorum* hatte ein siebenbürgischer Gefangener im 15. Jahrhundert seine Erlebnisse in seiner 20-jährigen Gefangenschaft niedergeschrieben. Luther versah diese Schrift mit einem Vorwort und gab sie neu heraus. (AB)

¶ Lit.: Raeder, Luther und die Türken, insbes. S. 229–231; Brecht, Luther und die Türken, insbes. S. 16–18; Ehmann, Luther, Türken und Islam, S. 311–319.

8

Das Landhaus-ministerium

Ein evangelisches Zentrum in Wien

Mit der *Religionskonzession* von 1568 gab Maximilian II., Kaiser und zugleich Landesherr von Ober- und Niederösterreich, den beiden adeligen Ständen der Herren und Ritter die Erlaubnis, auf ihren Landsitzen und in den dazugehörigen Pfarrkirchen für sie und ihre Untertanen evangelisch-lutherische Gottesdienste zu feiern. Die Städte und Märkte, und vor allem Wien, waren von dieser Kultusfreiheit allerdings ausdrücklich ausgenommen. Dennoch ließen die evangelischen Adeligen auch in ihren Stadthäusern weiterhin evangelisch predigen. ◖ Maximilian II. waren diese lutherischen Privatexerzitien, vor allem der starke Zulauf von Bürgern und Handwerkern, ein Dorn im Auge. Um dem Einhalt zu gebieten und das gottesdienstliche Leben wieder auf den Adel zu beschränken, genehmigte er im Jahr 1574 die Einrichtung des sogenannten Landhausministeriums. Die Stände durften ganz offiziell Prediger, Küster, Kantoren, Organisten und Schulmeister bestellen und im Sitzungssaal des niederösterreichischen Landhauses in der Wiener Herrengasse evangelische Gottesdienste feiern sowie Taufe und Abendmahl empfangen. Das Landhausministerium war deshalb von erheblicher politischer wie auch religiöser Symbolkraft. (RL)

8.1

↙ 8.1
Das Alte Landhaus von der Herrengasse im Jahre 1840, um 1893
Aquarell, 20,4 × 27 cm
Wien Museum, Inv.Nr. 38.508
¶ Seine heutige, klassizistische Gestalt erhielt das niederösterreichische Landhaus in der Wiener Herrengasse (Palais Niederösterreich) infolge der Um- und Ausbauarbeiten durch den Architekten Alois Pichl (1782–1856) in der Mitte des 19. Jahrhunderts. Das Aquarell zeigt das Landhaus vor diesem Umbau. Es handelt sich dabei um eine um 1893 erstellte Kopie eines bereits älteren, vermutlich von dem Lithografen Franz Wolf (1795–1859) angefertigten Stichs aus der Zeit um 1837/38. Die Darstellung gibt im Wesentlichen jenen baulichen Zustand des Landhauses wieder, welcher mit den Umbauarbeiten in der zweiten Hälfte des 16. Jahrhunderts erreicht worden war — das 17. und 18. Jahrhundert brachten lediglich Umgestaltungen im Inneren, weg vom Stil der Renaissance, hin zum Barock. In unmittelbarer Nähe zur kaiserlichen Hofburg gelegen, war das Landhaus das Machtzentrum der protestantisch dominierten Stände des Landes unter der Enns. Im hinteren Quertrakt hin zum Minoritenplatz, dem damaligen Haupttrakt, befand bzw. befindet sich bis heute der große Landhaussaal. Die beiden Seitentrakte beherbergten die Räumlichkeiten der ständischen Verordneten. Im Hintergrund erhebt sich die Minoritenkirche mit Turm. (AS)
¶ Lit.: Anton Eggendorfer, Wolfgang Krug, Gottfried Stangler (Hg.): Altes Landhaus. Vom Sitz der niederösterreichischen Stände zum Veranstaltungszentrum, Wien 2006; Robert H. Beutler: Das Niederösterreichische Landhaus in Wien. Der klassizistische Umbau durch Alois Pichl, unveröff. Dipl.-Arb. Univ. Wien 2003; Leopold Josef Fitzinger: Versuch einer Geschichte des alten niederösterreichischen Landhauses bis zu seinem Umbaue im Jahre 1837 (Archiv für österreichische Geschichte, Bd. 41), Wien 1869; Anton Mayer: Das niederösterreichische Landhaus in Wien 1513–1848 (Berichte und Mitteilungen des Altertums-Vereines zu Wien, Bd. 38), Wien 1904.

8.2 (Abb. S. 60)
Zusammenstellung der von den einzelnen Landtagen (Böhmen, Mähren, Österreich ob und unter der Enns, Kärnten und Tirol) bewilligten Gelder und ihre Verwendung, Juni 1529
Handschrift, 31 × 22 cm, 6 Blatt
Wiener Stadt- und Landesarchiv (MA 8), Sign. Hauptarchiv-Akten, A1: 34b/16. Jh.
¶ Wie die vorliegende Urkunde zeigt, besaßen in der Frühen Neuzeit die habsburgischen Erblande bzw. die Landtage dieser Länder das Steuerbewilligungsrecht, das heißt, sie entschieden über die Höhe der Abgaben an den Landesherrn. Dieses Recht wurde während des 16. Jahrhunderts für die evangelisch dominierten Länder zum stärksten Druckmittel im religionspolitischen Ringen mit dem Landesherrn um die rechtliche Anerkennung der in den Ländern bereits verbreiteten Reformation. Allerdings mussten die Länder umgekehrt ihre vom (unter hohem politischem und finanziellem Druck stehenden) katholischen Landesherrn gewährten Religionsprivilegien von 1568 und 1572 mit enormen Summen gleichsam erkaufen. Im Jahr 1568, als auf den Landtagen die Reformation durch Maximilian II. für die Donauländer legalisiert wurde, bewilligten die betreffenden Landtage 2.500.000 Gulden. (RL)
¶ Lit.: Peter Rauscher: Zwischen Ständen und Gläubigern. Die kaiserlichen Finanzen unter Ferdinand I. und Maximilian II. (Veröffentlichungen des Instituts für Österreichische Geschichtsforschung, Bd. 41), Wien/München 2004.

Die Prediger im Landhausministerium

Als Prediger im Landhaus wurden Josua Opitz, Lorenz Becher, Johann Coelestin, Michael Hugo und Johannes Tettelbach nach Wien berufen. Sie alle waren Vertreter des sogenannten Gnesioluthertums bzw. des Flacianismus, einer Gruppe innerhalb des Luthertums, die für eine klare und scharfe Abgrenzung zur katholischen Seite stand. ¶ Von diesen Predigern war zweifellos Josua Opitz der bedeutendste und beliebteste. Seine teils von harten antikatholischen Ausfällen begleiteten Predigten waren massenwirksam, seine Ausweisung aus Wien war Berichten zufolge von Klagen und Trauer begleitet. Opitz war auch Autor einflussreicher theologischer Werke. (RL)

8.3 (Abb. S. 166)
Jakob Seisenegger (1505–1567) Predigt in der Augustinerkirche, 1561
Öl auf Holz, 70,9 × 48 cm
Graf Harrach'sche Familiensammlung, Schloss Rohrau, NÖ
¶ Dargestellt ist eine Predigt in der Augustinerkirche in Wien. Der mit Chorhemd oder Rochett mit Stola liturgisch gekleidete Prediger weist mit ausgestreckter Hand auf den im Bildzentrum befindlichen Gekreuzigten hin. Die Predigt findet in Gegenwart von Kaiser Ferdinand I. und seinen Söhnen, den Kronprinzen Erzherzog Maximilian und Erzherzog Karl von Steiermark, statt, die den Gottesdienst von ihren Plätzen aus links oben im Oratorium verfolgen. An dem zweiten Pfeiler vorn links findet sich die Jahreszahl 1561. Zu Füßen des Gekreuzigten hat sich der Hofmaler Jakob Seisenegger in betender Haltung selbst dargestellt. Es ist wohl davon auszugehen, dass auch weitere auf dem Bild dargestellte Zuhörer Porträtcharakter haben. Traditionellerweise wird mit guten Gründen die dargestellte Szene mit Predigten des Nuntius Cornelio Musso (1511–1574) verbunden, die dieser im Jahr 1560 in der Augustinerkirche vor dem Kaiser gehalten hat. Musso versuchte damals vor allem den mit dem Luthertum sympathisierenden Kronprinzen Maximilian (der den Predigten allerdings nicht beiwohnte) für das katholische Anliegen zurückzugewinnen und Ferdinand zur Wiederaufnahme

des Konzils von Trient zu bewegen. In dieser Zeit setzten gerade intensive diplomatische Bemühungen um Maximilian ein, an denen sich nicht nur Rom, sondern auch Petrus Canisius, der führende Kopf der Gegenreformation in Wien, beteiligte. Trifft dies zu, so handelt es sich bei diesem Bild um eine kaiserliche Dokumentation des politischen Willens Ferdinands und der päpstlichen Seite, Maximilian im Hinblick auf seine Thronfolge auf die katholische Kirche zu verpflichten, was in kirchenpolitischer Hinsicht damals auch gelungen ist.
Es ist aber auch nicht auszuschließen, dass es sich beim dargestellten Prediger nicht um Musso, sondern um Maximilians „evangelischen" Hofprediger Sebastian Pfauser (1520–1569) handelt. Die liturgische Kleidung spricht nicht dagegen, auch die Gesichtszüge des Predigers stimmen weitgehend überein (siehe Kat.Nr. 8.4). Letzteres gilt allerdings auch für Musso, von dem Porträtstiche erhalten sind.
Höchst auffällig ist außerdem die im Gemälde dargestellte Christozentrik der Predigt, die nahezu an das protestantische „Christus allein/solus Christus" gemahnt. Das hoch aufgerichtete Kreuz mit dem Corpus stellt das Zentrum des Bildes dar und hebt sich von der weißen und kahlen Kirchenwand ab. Nichts an dem Bild ist ikonografisch als eindeutig katholisch identifizierbar, was im Fall einer Darstellung der politischen Festigung der katholischen Sache an und für sich zu erwarten wäre. Zwar existiert auch in der vortridentinischen katholischen Reform die Betonung einer Christusfrömmigkeit, doch bleibt im vorliegenden Fall das Fehlen von ikonografischen Elementen der katholischen Reform auffällig: Es findet sich keinerlei Hinweis auf die Rolle und die Bedeutung der Tradition der Kirche oder Marias.
In diesem Fall wäre das Gemälde ein Erinnerungsbild an das Wirken Pfausers in der Augustinerkirche, das bis 1560 währte.
So oder so stellt das bemerkenswerte Bild einen Reflex auf das Wirken Pfausers in der Augustinerkirche und die damit verbundene politisch hochbrisante Hinneigung des Thronfolgers Maximilian zum Luthertum dar. (RL)

¶ Lit.: Samuel Steinherz: Zwei Predigten des Bischofs Musso in Wien 1560, in: Mitteilungen des Instituts für Österreichische Geschichtsforschung, Ergänzungsbd. 6 (1901), S. 565–574; Kurt Rathe: Jakob Seisenegger. Eine Predigt in Gegenwart von Kaiser Ferdinand I., in: Flugschriften des Vereines zum Schutze und zur Erhaltung der Kunstdenkmäler Wiens und Niederösterreichs, Leipzig 1910; Gernot Heiss, in: Herbert Knittler (Hg.): Adel im Wandel. Politik, Kultur, Konfession, 1500–1700 (Ausstellungskatalog Niederösterreichisches Landesmuseum), Wien 1990, S. 217 (Kat.Nr. 9.01); Siegfried Hofmann, in: Rom in Bayern. Kunst und Spiritualität der ersten Jesuiten (Ausstellungskatalog Bayerisches Nationalmuseum München), München 1997, S. 513 (Kat.Nr. 177); Andrea Stockhammer, in: Artur Rosenauer (Hg.): Geschichte der bildenden Kunst in Österreich. Spätmittelalter und Renaissance, München 2003, S. 504f. (Nr. 259); Angelika Petritsch: Johann Sebastian Pfauser. Hofprediger Maximilians II., in: Jahrbuch für die Geschichte des Protestantismus in Österreich 126 (2010), S. 122–186; siehe auch den Beitrag von Angelika Petritsch im vorliegenden Katalog.

8.4 (Abb. S. 165)
Hans Sebald Lautensack (ca. 1524–1565)
Johann Sebastian Pfauser (1520–1569), um 1559
Kupferstich und Radierung, 30,8 × 22,8 cm (Platte), 31,6 × 23,1 cm (Blatt)
Wien, Albertina, Inv.Nr. DG 1933/43

¶ Johann Sebastian Pfauser, dessen Jugend und Ausbildung im Dunkeln liegen, war in den 1540er-Jahren zunächst Pfarrer in Sterzing und danach kurz in St. Lorenzen im Pustertal in Tirol, wo er sich den Gedanken der Reformation zu öffnen begann. Der populäre Prediger galt offenbar als „reformgesinnter Katholik", als er im Jahr 1553 von Ferdinand I. erstmals zu Probepredigten an den Wiener Hof berufen wurde. Damals kam es zunächst zu keiner dauerhaften Anstellung. Jedoch wurde Pfauser bereits im Lauf des darauffolgenden Jahres von Kronprinz Maximilian (dem späteren Maximilian II.) als Prediger in die Augustinerkirche berufen. Seine Predigten waren höchst beliebt und erfreuten sich regen Zulaufs seitens der Wiener Bevölkerung. Bei seinen Predigten in der Augustinerkirche war neben Angehörigen des Hofes manchmal auch der Landesherr Ferdinand I. persönlich anwesend. Pfauser war zwar „dienstrechtlich" als Katholik angestellt, vertrat aber nach neueren Erkenntnissen eine reformatorische Theologie. Seine öffentliche Stellung zwang ihn dazu, bei seinen öffentlichen Auftritten behutsam vorzugehen. Pfauser verstand es, seine Predigten so zu gestalten, dass reformatorisch gesinnte Zuhörer diese zu Recht als gut evangelisch auffassen konnten, zugleich waren sie aber wegen ihres unpolemischen Charakters auch für katholische Zuhörende annehmbar, vor allem für solche, die Anhänger einer frühen katholischen Reform waren. Der unter dem Schutz des Kronprinzen stehende Pfauser bot in seinen Predigten jedenfalls keine klaren Angriffsflächen für seine Gegner und verteidigte sich stets damit, nur die biblischen Wahrheiten zu verkündigen. Im Reich entstand das Gerücht, dass Kronprinz Maximilian nun einen lutherischen Prediger habe. Dies war von besonderer reichspolitischer Brisanz, da Maximilian genau in diesen Jahren tiefe Sympathien für das Luthertum entwickelte, was zu schweren Vater-Sohn-Konflikten mit Ferdinand I. führte. Die Lage spitzte sich immer weiter zu, sodass im Jahr 1560 Kronprinz Maximilian auf Druck seines Vaters Pfauser entlassen musste. Dieser zog daraufhin nach Württemberg und wurde Superintendent in Lauingen an der Donau, wo er 1569 verstarb. Bis zu seinem Tod bezog er ein Gehalt aus Wien. Maximilian II., der theologisch sehr gebildet war, begann in der Folge eine Art überkonfessionelle Haltung einzunehmen. Die Hoffnungen der protestantischen Seite auf eine Konversion des zukünftigen Kaisers erfüllten sich nicht.
Der Kupferstich Hans Sebald Lautensacks, der seit 1554 in Wien arbeitete, zeigt Pfauser an seinem Schreibtisch. Er meditiert gerade über den vor ihm aufgeschlagenen Psalm 119, Vers 5: „Dein Wort ist meines Fußes Leuchte und ein Licht auf meinem Wege". Durch das offene Fenster erblickt man im Hintergrund in eine Landschaft eingebettet die Taufe Christi. Die Bildunterschrift bezieht sich auf das sechste Jahr Pfausers als Hofprediger in Wien — auf der Tischplatte ist klein die Jahreszahl 1559 angegeben. In der Bildunterschrift wird er als Prediger des „reinen Wortes Gottes" bezeichnet, was auf protestantische Auftraggeber schließen lässt. Vielleicht handelt es sich um eine Art „Gedenkbild", das anlässlich von Pfausers Entlassung im Jahr 1560 verbreitet wurde. Das zeitgenössische Porträt belegt jedenfalls die Prominenz des Hofpredigers in der evangelischen Welt, die in ihm nicht zu Unrecht einen reformatorischen Prediger am katholischen Kaiserhof zu Wien erblickte. (RL)

¶ Lit.: Viktor Bibl: Zur Frage der religiösen Haltung K. Maximilians II., in: AÖG 106 (1918), S. 291–425; Jochen Birkenmeier: Via regia. Religiöse Haltung und Konfessionspolitik Kaiser Maximilians II., Berlin 2005; Petritsch, Pfauser; siehe auch den Beitrag von Angelika Petritsch im vorliegenden Katalog.

8.5 (Abb. S. 178)
Josua Opitz (1542–1585), Landhausprediger in der Herrengasse, um 1580
Holzschnitt, 10,6 × 7,9 cm
Wien, Österreichische Nationalbibliothek, Bildarchiv und Grafiksammlung, Sign. PORT_00009046_01

¶ Im Jahr 1542 wurde Josua Opitz (auch: Opitius) in Neukirchen in der Markgrafschaft Meißen geboren. Als Zehnjähriger ist er schon als evangelischer Prediger in Burkhardtsdorf bei Chemnitz belegt. Im Zuge des *Synergistischen Streits*, der in der zweiten Hälfte des 16. Jahrhunderts innerhalb des lutherischen Lagers entbrannt war, trat Opitz als Vertreter jener Partei auf, die sich Gnesiolutheraner nannte und den Anspruch erhob, die Lehre Luthers in Anbetracht der Streitigkeiten rein und unverfälscht weiterzuführen. Der radikale Flügel dieser Gruppierung konstituierte sich rund um den Luther-

Schüler Matthias Flacius Illyricus (1520–1575) und wurde in der Folge Flacianer genannt. Im Jahr 1566 wurde Opitz wegen seiner flacianischen Gesinnung aus dem Kurfürstentum Sachsen ausgewiesen und wirkte bis 1570 als Diakon in Gera im Vogtland. Dann wurde er nach Regensburg berufen, wo er bereits 1571 das Amt des Superintendenten bekleidete. Nach einiger Zeit wurde öffentlich bekannt, dass Opitz flacianisches Gedankengut predigte. Vom Magistrat der Stadt wurde er deshalb mehrmals verwarnt, nach einiger Zeit von seinem Amt suspendiert und im Februar 1574 gänzlich abgesetzt. So teilte er das Schicksal vieler Flacianer in Mitteldeutschland und ging nach Österreich.

In Wien war den niederösterreichischen Ständen der Herren und Ritter im Jahr 1574 von Kaiser Maximilian II. erlaubt worden, im Landhaus öffentlichen Gottesdienst zu halten, und so wurde Josua Opitz im April in das Amt eines Landhauspredigers berufen. Zu seinen Verpflichtungen gehörten der Gebrauch der neuen Chytraeus-Agende (siehe Kat.Nr. 8.8) sowie regelmäßige Werk-, Sonn- und Feiertagsgottesdienste, die unter der größtenteils evangelischen Bevölkerung Wiens zu großem Andrang führten. Die Anzahl der Befürworter, aber ebenso der Gegner von Opitz, der auf der Kanzel aus seiner flacianischen Gesinnung kein Geheimnis machte, war groß. Gerade seine Polemik gegen Altgläubige, Jesuiten, Mönche, Nonnen etc. machte ihn vor allem auch beim Landesherrn Maximilian II. unbeliebt, der jegliche Art von Extremismus, sei es nun im katholischen oder evangelischen Lager, ablehnte. Nach dessen Tod 1576 wurde von katholischer Seite Beschwerde gegen Opitz beim neuen Landesherrn Rudolf II. eingereicht. Am 10. Mai 1578 wurde er aus seinem Amt im Landhaus entfernt und im Juni aus Wien ausgewiesen, was unter der Wiener Bevölkerung große Bedrückung auslöste. Zunächst fand er mit seiner Frau Aufnahme bei Veit Albrecht von Puchheim (1535–1584) in dessen Schloss in Horn. Möglicherweise hat sich Opitz auch einige Zeit in Donnerskirchen am Neusiedler See in der ungarischen Herrschaft Eisenstadt-Forchtenstein aufgehalten, wo zu dieser Zeit viele flacianische Prediger, die aus dem Reich ausgewiesen worden waren, weilten. Im Jahr 1579 erreichte ihn der Ruf als Prediger nach Büdingen in der Grafschaft Isenburg, wo er 1585 kurz nach seiner Frau an der Pest starb. (AB)

¶ Lit.: Bernhard Raupach: Presbyterologia Austriaca Oder Historische Nachricht von dem Leben, Schicksalen und Schriften der Evangelisch-Lutherischen Prediger [...] nebst einer kleinen Nachlese, Hamburg 1741, S. 132–136; Rudolf Leeb: Der Streit um den wahren Glauben. Reformation und Gegenreformation in Österreich, in: ders., Maximilian Liebmann, Georg Scheibelreiter u. a.: Geschichte des Christentums in Österreich. Von der Spätantike bis zur Gegenwart (Österreichische Geschichte, hg. von Herwig Wolfram, Ergänzungsbd.), Wien 2003, S. 145–279, hier S. 230; Josef Karl Mayr: Vom Geiste des Hauses: der lutherische Landhausprediger Josua Opitz, in: Jahrbuch der Gesellschaft für die Geschichte des Protestantismus in Österreich 71 (1955), S. 9–13; Gustav Reingrabner: Zur Geschichte der flacianischen Bewegung im Lande unter der Enns, in: Jahrbuch für Landeskunde von Niederösterreich 54/55 (1988/89), S. 265–301; https://de.wikipedia.org/wiki/Josua_Opitz (20.8.2016); Rudolf Leeb: Der Einfluss von Cyriakus Spangenberg auf die habsburgischen Erblande und das Erzstift Salzburg, in: Stefan Rhein, Günther Wartenberg (Hg.): Reformatoren im Mansfelder Land, Leipzig 2006, S. 259–279.

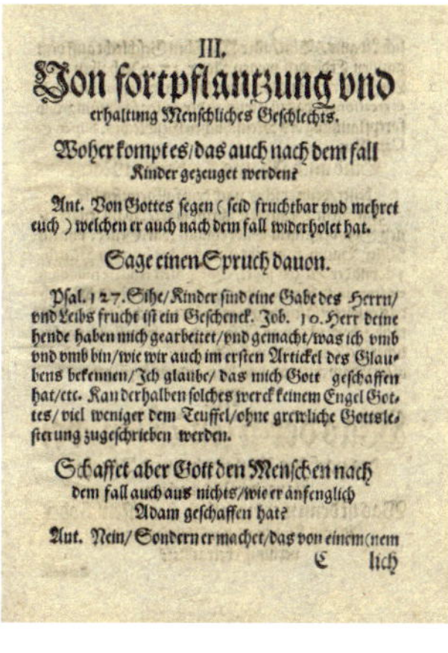
III.
Von fortpflantzung vnd erhaltung Menschliches Geschlechts.
Woher kompt es/das auch nach dem fall Kinder gezeuget werden?
Ant. Von Gottes segen (seid fruchtbar vnd mehret euch) welchen er auch nach dem fall widerholet hat.
Sage einen Spruch dauon.
Psal. 127. Sihe/Kinder sind eine Gabe des Herrn/ vnd Leibs frucht ist ein Geschenck. Job. 10. Herr deine hende haben mich gearbeitet/vnd gemacht/was ich vmb vnd vmb bin/wie wir auch im ersten Artickel des Glaubens bekennen/Ich glaube/ das mich Gott geschaffen hat/etc. Kan derhalben solches werck keinem Engel Gottes/ viel weniger dem Teuffel/ohne greuliche Gottslesterung zugeschrieben werden.
Schaffet aber Gott den Menschen nach dem fall auch aus nichts/wie er anfenglich Adam geschaffen hat?
Ant. Nein/ Sondern er machet/das von einem (nem
E lich

↙ 8.6

Josua Opitz
Menschen Spiegel, Das ist: Von des Menschen stande, Natur vnd Wesen, für und nach dem fall [...]
Ohne Orts- und Verlagsangabe, 1577

Wien, Österreichische Nationalbibliothek, Sammlung von Handschriften und alten Drucken, Sign. 78.S.65 (VD16 ZV 25697)

¶ Bei dem vorliegenden Druck handelt es sich um eine von Josua Opitz in Wien verfasste erfolgreiche Schrift, deren Stärke in der knappen, klaren und kompendienhaften Zusammenfassung der flacianischen Erbsündenlehre liegt. Von ihr sind drei Auflagen bekannt. Die zwei weiteren stammen aus dem Jahr 1578 (VD16 ZV 25694) und 1582 (VD16 O 785). Auf dem Titelblatt gibt Opitz an, dass er die Schrift auf Bitten von Gemeindemitgliedern verfasst habe. Er insistiert in diesem Werk in typisch flacianischer Weise darauf, dass das Menschengeschlecht durch den Sündenfall des ersten Menschenpaares vollkommen verdorben worden und seit damals gleichsam des „Teufels Larve" sei. Erst durch die Wiedergeburt im Glauben und dann endgültig und vollkommen durch die leibliche Auferstehung werde der Mensch von dieser fundamentalen Verderbnis erlöst. Die große Mehrheit des Luthertums folgte dieser radikalen Interpretation der Erbsünden- und damit der Rechtfertigungslehre nicht (*Konkordienformel* von 1577). Trotzdem blieben die Flacianer bei ihrer Meinung und vertraten sie mit großem Bekennermut, wobei sie den Verlust ihrer Stellung sowie soziale Heimatlosigkeit als „wahre Zeugen Christi" für sich und ihre Familien in Kauf nahmen. In an fundamentalistische Argumentation erinnernder Weise meinten sie, dass wer im Kleinen nachgebe, das Ganze verliere. Ein Kennzeichen der Flacianer war ihre scharfe Polemik gegen die „Papstkirche", hinter der sie das Wirken des Antichristen sahen. Am Beginn der Gegenreformation in den österreichischen Ländern wurde diese Überzeugung besonders virulent (siehe Kat.Nr. 8.5). (RL)

8.7 (Abb. S. 180)

Zeugnis für den ausgewiesenen evangelischen Prediger Josua Opitz, 10. August 1579

Handschrift auf Papier, 32 × 21,5 cm (geschlossen)

St. Pölten, Niederösterreichisches Landesarchiv, Ständische Akten B-3-27, fol. 64–65

¶ Das Einsetzen der Gegenreformation in Wien unter Kaiser Rudolf II. und seinem Statthalter Erzherzog Ernst besiegelte das Ende der offiziellen evangelischen Gottesdienste im Wiener Landhaus. Die Landhausprediger Josua Opitz, Johann Tettelbach und Michael Hugo sowie der Schulmeister Paul Sesser wurden am 21. Juni 1578 per kaiserlichem Dekret aus der Stadt gewiesen. Am 10. August 1579 stellten Vertreter der niederösterreichischen Stände den drei ausgewiesenen Predigern ein Zeugnis aus. Sie betonen darin die ordentliche Berufung und das Wohlverhalten des Josua Opitz und drücken ihr Bedauern über den vom Kaiser geforderten Abzug des Predigers aus. Opitz habe sich während seiner Tätigkeit in Wien stets „fleißig getreu unnd aufrecht, seinem Revers gemäß inn der Lehre rain unnd im Leben christlich unnd unsträflich verhalten". Er möge deshalb andernorts wohlwollend aufgenommen werden. (AS)

¶ Lit.: Viktor Bibl: Die Einführung der katholischen Gegenreformation in Niederösterreich durch Kaiser Rudolf II. (1576–1580), Innsbruck 1900, hier S. 88–97; Josef Karl Mayr: Wiener Protestantengeschichte im 16. und 17. Jahrhundert, in: Jahrbuch der Gesellschaft für die Geschichte des Protestantismus in Österreich 70 (1954), S. 41–133, hier S. 74f.

Die niederösterreichische Agende

Mit der Legalisierung der längst im Land bestehenden Reformation im Jahr 1568 wurde auch eine evangelische „Kirchenordnung“ nötig. Die niederösterreichischen Stände beriefen hierzu den bedeutenden Rostocker Theologen David Chytraeus, der die Kirchenordnung erarbeitete. Er wurde dabei von angesehenen niederösterreichischen Pfarrern beraten. Die Kirchenordnung (Agende) wurde 1571 von Kaiser Maximilian II. angenommen und erschien noch im selben Jahr. Sie sollte das gottesdienstliche Leben einheitlich regeln und galt auch für das Landhausministerium. (RL)

8.8 (Abb. S. 171)
David Chytraeus (eigentlich Kochhafe, 1530–1600)
Christliche Kirchenagenda wie bey den zweyen Ständen der Herrn und Ritterschaft im Erzherzogthumb Oesterreich unter der Enns gebraucht wirdt
Krems: ohne Verlagsangabe, 1571
Wienbibliothek im Rathaus, Sign. B-6320

¶ Nachdem Kaiser Maximilian II. im Jahr 1568 dem politischen Druck der Donauländer nachgeben und die Reformation legalisieren musste, konnte in Nieder- und Oberösterreich eine eigene evangelische Kirchenorganisation eingerichtet werden, an deren Spitze sogenannte Verordnetenkollege des Adels (Religionsdeputierte) standen. Maximilian II. hatte bei den Verhandlungen mit den Niederösterreichern die Bedingung gestellt, dass die Donauländer eine eigene Agende (Kirchenordnung bzw. liturgische Ordnung) erarbeiten müssten, die von ihm selbst zu bestätigen sei. Zur Erstellung der Agende wurde von der Universität Rostock David Chytraeus berufen. Ihm beratend zur Seite standen einheimische Theologen, die mit den regionalen Problemen vertraut waren. Auch die adeligen Religionsdeputierten waren eingebunden. Die Agende entstand im Schloss von Spitz in der Wachau. Nach ihrer Billigung durch Kaiser Maximilian II. wurde von diesem die *Assekuration* ausgefertigt, mit der er die *Religionskonzession* von 1568 bestätigte. Chytraeus war ein Theologe Melanchthon'scher Prägung. Philipp Melanchthon (1497–1560) und seine Anhänger hatten in Fragen der Rechtfertigungslehre und der Liturgie eine Position, die zwar klar reformatorisch war, sich aber von radikaleren antikatholischen Tendenzen im Luthertum absetzte. Er vertrat damit eine theologische Linie, die durchaus den religiösen und kirchenpolitischen Überzeugungen Maximilians entsprach, dem radikalere Tendenzen in beiden Konfessionen missfielen. Die Agende war nach den erhaltenen oder nachgewiesenen Exemplaren zu urteilen durchaus verbreitet, auch wenn sie nicht überall genau befolgt wurde. Insbesondere radikale Lutheraner hatten wegen einiger Punkte Bedenken. Die für Niederösterreich erarbeitete Kirchenagende sollte nach dem Willen Maximilians auch von Oberösterreich angenommen werden. Sein Ziel dabei war unter anderem eine stärkere politische Vereinheitlichung der Donauländer. Die oberösterreichischen Stände wehrten sich erfolgreich dagegen und versuchten, eigene Agenden zu erarbeiten, die aber von Maximilian II. nicht bestätigt wurden. Der eigene oberösterreichische Entwurf einer Agende der Zeit um 1571 ist immerhin noch handschriftlich in der Österreichischen Nationalbibliothek erhalten. Der Liturgie und den Bestimmungen der niederösterreichischen Kirchenagende von 1571 begegneten die Wienerinnen und Wiener bei ihren Gottesdienstbesuchen in Hernals, Inzersdorf, Vösendorf etc. (RL)

¶ Lit.: Herbert Krimm: Die Agende der niederösterreichischen Stände vom Jahre 1571, in: Jahrbuch der Gesellschaft für die Geschichte des Protestantismus in Österreich 55 (1934), S. 3–64, 56 (1935), S. 52–87 und 57 (1936), S. 51–70; Carl Ritter von Otto: Geschichte der Reformation im Erzherzogtum Österreich unter Kaiser Maximilian II. (1564–1576), in: Jahrbuch der Gesellschaft für die Geschichte des Protestantismus in Österreich 10 (1889), S. 1–60; Eduard Böhl: Beiträge zur Geschichte der Reformation in Österreich, Jena 1902, S. 260–330; Gustav Reingrabner: Über den lutherischen Gottesdienst und die evangelischen Kirchenordnungen in Niederösterreich, in: Jahrbuch für Liturgik und Hymnologie 17 (1971), S. 165–173; Florian Hermann: „Von Unordnungen ledig und frey gemacht“. Einblicke in die oberösterreichischen Kirchenordnungen des 16. und 17. Jahrhunderts, in: Jahrbuch für die Geschichte des Protestantismus in Österreich 126 (2010), S. 79–121.

„So ist in allweg von nöten, es erforderts auch die Christliche zucht, damit solche Ordnungen in der Kirchen einträchtig erhalten und geübt werden, auff daß der Gläubigen ein Herz, Gemüt, Gedanken unnd Wirkung sey“ aus der Vorrede → 8.8

Loßdo:ffische Schůlordnung.
Auff befelch deß Wolgeborn Herren/Herrn Hanns Wilhelmen/Herrn zů Losenstein vnnd Schallenburg &c. gestelt/im Jar nach Christi Geburt.
M. D. LXXIIII.

8.9
Loßdorffische Schůlordnung. Auff befelch deß Wolgeborn Herren, Herrn Hanns Wilhelmen, Herrn zů Losenstein vnnd Schallenburg & c. gestelt, im[m] Jar nach Christi Geburt. M.D.LXXIIII
Augsburg: Schönig 1574
Stiftsbibliothek Melk, Sign. 1968090-A (VD16 ZV 18867)

¶ Um 1574 gründete der evangelische Adelige Hans Wilhelm von Losenstein im niederösterreichischen Loosdorf (Bezirk Melk) eine lateinische Privatschule, die sogenannte Hohe Schule. Im Jahr 1592 ging diese als Landschaftsschule in den Einflussbereich der Stände des Landes unter der Enns über. Der Aufstieg zur Landschaftsschule war eine Folge der Gegenreformation in Wien und der damit verbundenen Schließung der dortigen Landschaftsschule 1578. In Loosdorf fanden die Stände gleichsam einen „Ersatz", bis auch diese Schule 1627 den gegenreformatorischen Maßnahmen zum Opfer fiel. Die Schulordnung der Hohen Schule von Loosdorf wurde unter maßgeblicher Beteiligung des Loosdorfer Pfarrers Balthasar Masco erarbeitet. Der Druck erfolgte im Jahr 1574 in Augsburg. Markant ist die teilweise äußerst moderne Ausrichtung der Schulordnung. So werden die Lehrer ausdrücklich dazu angehalten, auf die individuellen Begabungen und Fähigkeiten ihrer Schüler Rücksicht zu nehmen. Die Schulordnung ist auf vier Klassen angelegt — eine fünfte Klasse ist bereits skizziert — und enthält detaillierte Übersichten zu Unterrichtsgegenständen und Zeiteinteilung. Besondere Bedeutung kommt dem Religionsunterricht sowie der Musik zu. Darüber hinaus finden sich im Lehrplan die Fächer Latein, Griechisch, Rhetorik, Dialektik, Arithmetik, Poetik, Physik und Astronomie, aber auch, damals unüblich, Geschichte und Geografie. Ein Spezifikum der Loosdorfer Schulordnung, die sich inhaltlich an deutsche protestantische Schulordnungen anlehnt (Kursächsische Schulordnung, Schulordnungen von Straßburg und Lauingen), stellt schließlich die hohe Stellung der deutschen Sprache im Lehrplan dar. Die Loosdorfer Schule zählte in ihrer Blütezeit um 1600 an die 150 Schüler und war mit ihrem innovativen Lehrplan einzigartig in Österreich. Schulhefte aus Loosdorf sind bis heute erhalten. (AS)

¶ Lit.: Helene Miklas: Die protestantische „Hohe Schule" in Loosdorf 1574–1627. Meilenstein auf dem Weg der reformatorischen Pädagogik in Österreich oder eine bloße Episode? (Dissertationen der Universität Wien, Bd. 70), Wien 2001; dies.: Die Geschichte der „Hohen Schule" zu Loosdorf von 1574–1627, in: Jahrbuch für die Geschichte des Protestantismus in Österreich 116 (2000/01), S. 64–131.

Die Auflösung des Landhausministeriums

Die gegenreformatorischen Maßnahmen Kaiser Rudolfs II. und seines Statthalters Erzherzog Ernst setzten dem Landhausministerium nach nur vier Jahren ein Ende. Am 21. Juni 1578 wurden die Prediger mitsamt dem Schulmeister des Landes verwiesen. Auch die im Landhausministerium neu eingerichtete evangelische Buchhandlung, die Druckerei zum Vertrieb protestantischer Schriften sowie die Landschaftsschule wurden geschlossen. ◖ Ab der Zeit gab es offiziell innerhalb der Stadtmauern Wiens keine evangelischen Gottesdienste mehr. Die evangelischen Wienerinnen und Wiener strömten von nun an für Predigt und Sakramentsempfang zu den Adelssitzen in die Vororte Hernals, St. Ulrich, Inzersdorf und Vösendorf. Aber auch geheime Gottesdienste in den Häusern der Stadt sind belegt. (RL)

8.10 (Abb. S. 176)
Inventar der Landhauskapelle (Landschaft Kirchenwesen), 21. Juli 1580
Handschrift, 32,5 × 21,5 cm (geschlossen)
St. Pölten, Niederösterreichisches Landesarchiv, Ständische Akten, Sign. B-3-27, fol. 80–81

¶ Zwischen 1575 und 1578 war es den beiden adeligen Ständen der Herren und Ritter des Landes Österreich unter der Enns (Niederösterreich) vier Jahre lang offiziell erlaubt, im Landhaus in der Wiener Herrengasse evangelische Gottesdienste zu feiern. Das Haus der niederösterreichischen Landstände war damit ein Zentrum evangelischen Lebens in der kaiserlichen Haupt- und Residenzstadt Wien und stellte als solches einen sowohl politischen als auch konfessionellen Gegenpol zur nahe gelegenen Hofburg dar. Das mit 21. Juli 1580 datierte Inventar wurde von dem Beamten Michael Angerer und dem Küster Nathan Brüssel zusammengestellt. Detailliert werden die bei den Gottesdiensten im Landhaussaal verwendeten geistlichen Geräte, Bücher und Paramente (kirchliche Textilien) aufgelistet. Genannt werden zunächst fünf offenbar größere Altartücher aus rotem oder schwarzem Samt, Atlas oder Leinwand mit roten, weißen oder schwarzen Seidenfransen und mit (roter oder schwarzer) Leinwand gefüttert. Ein schwarzes Altartuch aus Atlas mit schwarzen Seidenfransen sticht besonders hervor: Es zeigte das Wappen der Gräfin von Pösing und war mit Stickereien aus Gold, Silber, Perlen und anderen Edelsteinen versehen. Des Weiteren genannt sind zwei schwarze Bahrtücher aus Samt, ebenfalls mit Seidenfransen sowie mit einem weißen Kreuz geziert. Zahlreiche in dem Inventar angeführte kleinere Tücher wurden für die Kommunion verwendet, etwa zum Bedecken der Kelche. Auch die bei den Landhausgottesdiensten gebrauchten Bücher sind aufgelistet, darunter eine in Frankfurt gedruckte deutsche Bibel, Veit Dietrichs *Summaria* über die Bibel, ein deutscher und lateinischer Psalter, ein Psalmbuch und eine Agende. Zuletzt verzeichnet sind ein Becken aus Messing mit einer Kanne für die Taufe der Kinder sowie Oblateisen zur Herstellung von Hostien. Aus dem Jahr 1586 ist ein weiteres Inventar erhalten, das neben den erwähnten Gegenständen einen innen und außen vergoldeten Kelch nennt. (AS)

¶ Lit.: Mayr, Wiener Protestantengeschichte, hier S. 64f.

8.11 (Abb. S. 242)
Johann Jakob Wick (1522–1588)
„Der Milchkrieg zu Wien, an dess Herren Fronlychnams Tag“, 1578
Aquarell, 21,8 × 33 cm
Zentralbibliothek Zürich, Grafische Sammlung und Fotoarchiv, Sign. PAS II 15, Blatt 18 (000003605)

¶ Johann Jakob Wick war seit 1557 reformierter Geistlicher am Zürcher Großmünster. Er legte seit 1559 eine handschriftliche Sammlung mit Illustrationen (Drucke und aquarellierte Zeichnungen) zu zeitgenössischen Ereignissen an, die 24 Bände umfasst. Die Sammlung nimmt die evangelische Perspektive ein, und dies ist auch der Grund für das Vorhandensein des vorliegenden Blatts in der „Wickiana“, die übrigens auch noch eine „geschriebene Zeitung“ zu diesem Ereignis enthält: „Auß Wien den 12. Junij 1578“.

Das Aquarell hält in eindrucksvoller Weise das dramatische Geschehen des sogenannten Milchkriegs in Wien in der Zeit der beginnenden Gegenreformation fest. Im Mai 1578 wurde auf Betreiben der sich langsam wieder im öffentlichen Leben regenden Fronleichnamsbruderschaft erstmals seit Langem eine Fronleichnamsprozession abgehalten. An ihr nahmen Kaiser Rudolf II., seine Brüder Ernst und Maximilian sowie Herzog Ferdinand von Bayern persönlich teil. Die Wiedereinführung der Fronleichnamsprozession war eine bewusste öffentliche bzw. offizielle Inszenierung und Visualisierung der damals einsetzenden Gegenreformation in der mehrheitlich evangelischen Stadt. Die radikal lutherisch gesinnten Geistlichen im Landhaus predigten deshalb auch äußerst polemisch gegen den in ihren Augen in der Öffentlichkeit „herumgetragenen Abgott“.

Als der Zug der Prozession in dieser angespannten Situation vom Kohlmarkt auf den Graben einbog, bahnten die kaiserlichen Garden demonstrativ und offenbar rücksichtslos den Weg für die nachkommende Prozession. Dabei stürzten Marktstände und Milchkrüge um, worauf sich die Spannung in Geschrei und Tumulten entlud — daher der bereits zeitgenössische Name Milchkrieg. Das Gefolge des Kaisers zog den Degen, die Geistlichen warfen ihre Ornate ab und flüchteten nach St. Stephan oder in die umliegenden Häuser. Auch lutherische Anwesende reagierten ähnlich. Die Adeligen, die den „Himmel“ trugen, ließen diesen fallen, um ihre Degen ziehen zu können. Beide Seiten befürchteten gewalttätige Ausschreitungen, die aber letztlich nicht eintraten. Nach einiger Zeit konnte der Zug der Prozession fortgesetzt werden. Die Ereignisse sind bezeichnend für die spannungsgeladene Situation im Jahr 1578. Die betreffenden dramatischen Szenen sind auf dem Blatt aus Zürich höchst lebendig dargestellt, und sie waren es dem evangelischen Zeitgenossen in Zürich wert, in die „Wickiana“ aufgenommen zu werden. (RL)

¶ Lit.: Walter Sturminger: Der Milchkrieg zu Wien, in: Mitteilungen des Instituts für Österreichische Geschichtsforschung 58 (1950), S. 614–624; Mayr, Wiener Protestantengeschichte, S. 71–73; Martin Scheutz: Kaiser und Fleischhackersknecht. Städtische Fronleichnamsprozessionen und öffentlicher Raum in Niederösterreich/Wien während der Frühen Neuzeit, in: Thomas Aigner (Hg.): Aspekte der Religiosität in der Frühen Neuzeit, St. Pölten 2003, S. 62–125.

9

Die evangelischen Zentren vor den Toren der Stadt

Das „Auslaufen"

Im Jahrhundert der Reformation war die deutliche Mehrheit der Bevölkerung Wiens evangelisch geworden. Öffentliches evangelisches Glaubensleben innerhalb der Stadt wurde aber ab 1578 wieder verboten und geahndet. Damit wurden die Güter evangelischer adeliger Grundbesitzer und die ihnen zugeordneten Pfarrkirchen in der Nähe von Wien zu Anziehungspunkten. Dort hatte man das Recht, evangelischen Gottesdienst zu feiern, aber auch zu taufen, zu heiraten und zu beerdigen. ¶ Zeitgenössischen Beobachtern muss sich in manchen Jahren an Sonn- und Feiertagen ein eindrucksvolles Bild geboten haben: Die Wiener strömten zu vielen Tausenden aus den Toren der Stadt hinaus nach St. Ulrich, Hernals, Inzersdorf und Vösendorf, wobei Hernals zum wichtigsten Ziel wurde. Die katholischen Kirchen innerhalb der Stadtmauern leerten sich. ¶ Den Höhepunkt erreichte das „Auslaufen" nach 1609, als Erzherzog Matthias die Existenz dieser Zentren garantieren musste. (RL)

9.1 (Abb. S. 200)
Georg Scherer (1540–1605)
Eigentliche Abcontrafehung einer newen unerhörten Monstranzen: Darinnen Magister Maximilianus Biber Lutherischer Predicant die Partickel und Oblaten für seine Communicaten wie ein Gauckelman im Land Oesterreich und Steyr leichtfertig herumb getragen
Ingolstadt: David Sartorio 1588
Wienbibliothek im Rathaus, Sign. A-13989 (VD16 S 2705)

¶ Den Beginn der heißen Phase der Gegenreformation stellt ab 1577/78 das Verbot des evangelischen Gottesdienstes in den Städten und Märkten dar. Für diese herrschte damit zwar religiöse Gewissensfreiheit, aber keine öffentliche Kultusfreiheit. In der Stadt Wien war der öffentliche Kultus, das heißt, der legale, für alle öffentlich zugängliche evangelische Gottesdienst, ohnehin nur von 1574 bis 1578 möglich gewesen. Danach setzte die besonders intensive Phase des „Auslaufens" in die Orte in der Umgebung der Stadt ein. Zugleich aber gab es auch mehr oder weniger heimliche Gottesdienste in der Stadt selbst. Zu diesem Zweck kamen die evangelischen Pfarrer aus den umliegenden Pfarren inkognito nach Wien, was vom Landesherrn — falls jemand ertappt wurde — geahndet wurde. Der hier vom Jesuiten Georg Scherer angeprangerte Pfarrer Maximilian Biber war offenbar ein eigens für solche heimlichen Gottesdienste oder für Versehgänge oder das Krankenabendmahl abkommandierter Geistlicher. Wie wir aus der Schrift erfahren, hatte er sogar eine für ihn ausgestellte Bestätigung bei sich, nach der es sich bei ihm um einen rechtschaffenen, ordnungsgemäß ordinierten evangelischen Geistlichen handelte. Biber, der aus Kärnten gekommen war, wurde in Wien bei einer heimlichen Spendung des Abendmahls beobachtet und denunziert — die entsprechende Szene ist auf dem Titelblatt dargestellt. Georg Scherer entrüstete sich über den ertappten und inhaftierten Reisepfarrer, denn dieser verwendete bei der Abendmahlsfeier Hostien, die er versteckt in einer Kasperlpuppe mit sich führte, was für den Jesuiten ein Sakrileg darstellte. Auf dem Bild sehen wir Biber, wie er in einer vornehmen Wohnstube mit Kachelofen einem Gläubigen die Hostie reicht, auch der Becher mit dem Abendmahlswein steht auf dem Tisch (das betreffende Gefäß musste keine Kelchform haben). Unbemerkt werden die beiden durch einen Türspalt von einer Frau beobachtet. In seiner Linken hält er die Puppe. Der Holzschnitt auf dem Titelblatt kann gleichsam als Symbolbild für die Existenzbedingungen der Reformation in der Stadt Wien am Ende des 16. und Anfang des 17. Jahrhunderts gelten. (RL)

¶ Lit.: Gottfried Mierau: Das publizistische Werk von Georg Scherer S. J. (1540–1605), unveröff. Diss. Univ. Wien 1968; Hildegard Traitler: Konfession und Politik. Interkonfessionelle Flugschriftenpolemik aus Süddeutschland und Österreich (1564–1612), Frankf. a. M. u. a. 1989, S. 380 (Abb. Nr. 8); siehe auch den Beitrag von Rudolf Leeb über die evangelischen Zentren außerhalb der Stadt im vorliegenden Katalog.

9.2 (Abb. S. 183)
Religionsassekuration Maximilians II., 14. Jänner 1571
Handschrift, 32,5 × 43,5 cm
Wien, Österreichisches Staatsarchiv, Abteilung Haus-, Hof- und Staatsarchiv, Sign. LA ÖA Niederösterreich 5, fol. 167r–168v

¶ Eine Durchsetzung des Augsburger Religionsfriedens von 1555 („cuius regio, eius religio") erwies sich in den habsburgischen Erblanden als schwierig. In den Donauländern (Ober- und Niederösterreich) waren zu dieser Zeit bis zu 90 Prozent des Adels sowie ein Großteil der Städte und Märkte evangelisch. Deshalb drängten die Stände zunehmend auf eine auch für diese Region geltende Regelung, um eine friedliche Koexistenz der Konfessionen zu gewährleisten. Als Druckmittel eigneten sich die hohen Schulden Maximilians II., der seit 1564 über die Donauländer herrschte. Zudem stand dieser dem Luthertum aufgeschlossener gegenüber als seine Brüder (auch durch den Einfluss des ehemaligen Hofpredigers Johann Sebastian Pfauser). Maximilian II. hielt aber an der römisch-katholischen Konfession fest und verschloss sich zunächst der Idee einer Legalisierung des Luthertums. Das Steuerbewilligungsrecht der Landtage und ein finanzielles Entgegenkommen der Stände sowie das Scheitern einer kirchlichen

Reunion auf Reichsebene führten am 18. August 1568 schließlich doch zur sogenannten *Religionskonzession* in Niederösterreich. Mit dieser gestand Maximilian II. dem Adel — nicht aber den Städten und Märkten — die freie Religionsausübung gemäß ihrem Patrimonialrecht zu. Öffentliche Beleidigungen des Luthertums wurden verboten, dem calvinistischen Einfluss allerdings ein Riegel vorgeschoben.
Die *Religionskonzession* war zunächst „nur" eine mündliche Erklärung, hatte dabei aber gleiche Rechtsverbindlichkeit wie ein schriftliches Dokument. Am 7. Dezember 1568 erging sie in schriftlicher Version an den oberösterreichischen Adel. In Niederösterreich blieben Streitpunkte bestehen, die vor allem die Idee einer einheitlichen Kirchenagende für die Evangelischen betrafen. Nachdem mit dem Rostocker Theologieprofessor David Chytraeus (1530–1600) ein für beide Seiten geeigneter Verfasser der Kirchenagende gefunden war, konnte Maximilian II. dessen Version nach leichter Überarbeitung übernehmen (siehe Kat.Nr. 8.8).
Mit seiner *Religionsassekuration* bestätigte Maximilian am 14. Jänner 1571 schlussendlich die *Religionskonzession* unter Einbeziehung der Kirchenagende schriftlich. Die neuen Privilegien des protestantischen Adels wurden abgesichert, die niederösterreichische Rechtssituation weitestgehend geklärt. In Oberösterreich kam hingegen keine Kirchenagende und damit auch keine Assekuration wie in Niederösterreich zustande, was zwar wenig an der religiösen Praxis, aber auch nichts an der diffusen Rechtssituation änderte.
Die niederösterreichische *Religionsassekuration* war damit ein Dokument von höchster Bedeutung. Sie gestand erstmals die offizielle Existenz zweier Kirchen mitsamt ihren organisatorischen Einrichtungen zu. Vorübergehend schienen die Gleichberechtigung der Konfessionen sowie die Stabilisierung des (nieder)österreichischen Protestantismus gesichert.
Die Empörung seitens der römisch-katholischen Kirche sowie der katholischen Herrscherhäuser war jedoch groß; sofort wurden Gegenmaßnahmen gesetzt. Diese ersten protestantischen Triumphe auf österreichischem Boden, das heißt, die *Religionskonzession* und die *Religionsassekuration* (wie auch die *Religionspazifikation* und das *Brucker Libell* in Innerösterreich), waren somit auch Auslöser der Gegenreformation. (LJ)
¶ Lit.: Karl Kuzmány: Urkundenbuch zum oesterreichisch-evangelischen Kirchenrecht, Wien 1856, S. 4f. (Abdruck der *Religionsassekuration*); Rudolf Leeb: Der Streit um den wahren Glauben. Reformation und Gegenreformation in Österreich, in: ders., Maximilian Liebmann, Georg Scheibelreiter u. a.: Geschichte des Christentums in Österreich. Von der Spätantike bis zur Gegenwart (Österreichische Geschichte, hg. von Herwig Wolfram, Ergänzungsbd.), Wien 2003, S. 145–279, hier S. 207–212; Viktor Bibl: Zur Frage der religiösen Haltung K. Maximilians II., Wien 1917; Petr Mat'a: Religionskonzession Kaiser Maximilians II. für Oberösterreich, in: Karl Vocelka, Rudolf Leeb, Andrea Scheichl (Hg.): Renaissance und Reformation (Ausstellungskatalog Oberösterreichische Landesausstellung), Linz 2010, S. 608–610 (Kat.Nr. 22.18).

Relation Der Unter: vnd Oberösterreichische Euangelischen Stände Abgesandten nach Wien: Allda Zwischen Ihrer Königlichen May. zu Hungarn/ etc. vnd jnen den dreyen Österreichischen Evangelischen Ständen/ der Frid tractiert vnd geschlossen worden.
Bibliotheca Archid. Ferdinandi
Getruckt im Jahr 1610.

9.3
Relation Der Unter und Oberoesterreichischẽ Evangelischen Stände Abgesandten nach Wien [...] (enthält die Kapitulationsresolution König Mathias' vom 19. März 1609) Ohne Orts- und Verlagsangabe, 1610
Handschriftlicher Besitzvermerk auf dem Titelblatt: Bibliotheca Archid. Ferdinandi (Erzherzog Ferdinand)
Wien, Österreichische Nationalbibliothek, Sammlung von Handschriften und alten Drucken, Sign. *69.O.529.(1) Alt.Prunk
¶ Aus dem unerbittlichen Widerstand der protestantischen Stände Nieder- und Oberösterreichs gegen die rekatholisierenden Repressionen Erzherzog Matthias' und ihrem 1608 erfolgten Bündnisschluss in Horn resultierte der im Jahr 1609 erfolgte Erlass der *Kapitulationsresolution*. In dieser gewährte Matthias den protestantischen Ständen eine weitere Sicherung ihrer Position und ihrer Libertät auch im Sinne der *Religionskonzession* seines Vaters, Kaiser Maximilian II. Zuvor umstrittene Punkte wurden in der *Kapitulationsresolution* sogar zugunsten der Protestanten ausgelegt. Vor allem für die evangelischen Pfarrzentren rund um Wien — allen voran Hernals — war die *Kapitulationsresolution* von großer Bedeutung, weil ihr Ausbau nun gesetzlich gesichert war. Zuvor war das „Auslaufen" der Wienerinnen und Wiener in die benachbarten Pfarren außerhalb der Stadtmauern immer wieder behindert worden. Um ihren Triumph und um das bedeutende Rechtsdokument der Öffentlichkeit zu präsentieren, wurden die *Kapitulationsresolution* des Erzherzogs sowie die vorangegangenen Verhandlungen von den Mitgliedern der Horner Bewegung im Jahr 1610 publiziert. Die *Kapitulationsresolution* führte in Oberösterreich zu einer Spätblüte der Reformation, vor allem auch in Wissenschaft und Kultur. In Niederösterreich konnte sie der fortschreitenden Rekatholisierung immerhin für eine Weile Einhalt gebieten. (LJ)
¶ Lit.: Grete Mecenseffy: Geschichte des Protestantismus in Österreich, Graz/Köln 1956; Petr Mat'a: Kapitulationsresolution vom 19. März 1609, in: Vocelka, Leeb, Scheichl, Renaissance und Reformation, S. 610f.; Thomas Winkelbauer: Ständefreiheit und Fürstenmacht. Länder und Untertanen des Hauses Habsburg im konfessionellen Zeitalter, Teil 2 (Österreichische Geschichte, hg. von Herwig Wolfram, 1522–1699), Wien 2003, insbes. S. 106–111.

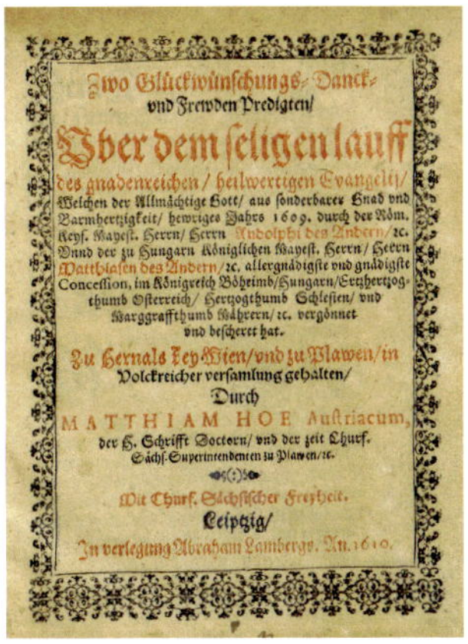
Zwo Glückwünschungs- Danck- vnd Frewden Predigten/ Vber dem seligen lauff des gnadenreichen/ heilwertigen Evangelij/ Welchen der Allmächtige Gott/ aus sonderbarer Gnad vnd Barmhertzigkeit/ hewriges Jahrs 1609. durch der Röm. Keys. Mayest. Herrn/ Herrn Rudolphi des Andern/ etc. Vnnd der zu Hungarn Königlichen Mayest. Herrn/ Herrn Matthiasen des Andern/ etc. allergnädigste vnd gnädigste Concession, im Königreich Böheimb/ Hungarn/ Ertzhertzogthumb Österreich/ Hertzogthumb Schlesien/ vnd Marggraffthumb Mähreren/ etc. vergönnet vnd bescheret hat.
Zu Hernals bey Wien/ vnd zu Plawen/ in Volckreicher versamlung gehalten/
Durch
MATTHIAM HOE Austriacum, der H. Schrifft Doctorn/ vnd der zeit Churf. Sächs. Superintendenten zu Plawen/ etc.
Mit Churf. Sächsischer Freyheit.
Leiptzig/
In verlegung Abraham Lambergs. An. 1610.

9.4
Matthias Hoë von Hoënegg (1580–1645) Zwo Glückwünschungs- Danck- und Freuden-Predigten Uber dem seligen lauff des gnadenreichen heilwertigen Evangelij, Welchen der Allmächtige Gott [...] durch Rudolphi des Andern Und [...] Mathiasen des Andern [...] Concession [...] bescheret hat Leipzig: Lamberg 1610
Wienbibliothek im Rathaus, Sign. A-37359
¶ Matthias Hoë von Hoënegg wurde im Jahr 1580 als Sohn eines lutherischen Juristen und hohen kaiserlichen Beamten in Wien geboren. Der Vater legte großen Wert auf die lutherische Erziehung seiner Söhne, weshalb er sie — als Schutz vor flacianischem und jesuitischem Einfluss in Wien — nach Steyr ins Gymnasium und Matthias anschließend nach Wittenberg zum Theologiestudium schickte. Dieser legte eine steile Karriere hin: Er wurde bald zum Superintendenten von Plauen befördert und predigte auch als dritter Hofprediger des sächsischen Kurfürsten Christian II. (1583–1611) in Dresden. Dorthin wurde er — nach einem kürzeren Pfarrdienst in der Prager Gemeinde — von Christians Nachfolger, Kurfürst Johann Georg I. von Sachsen (1585–1656), im Jahr 1613 erneut berufen. Nunmehr in seiner Funktion als Ober-Hoff-Prediger vermochte er den Kurfürsten und dessen Politik erheblich zu beeinflussen. Matthias Hoë von Hoëneggs Werk und Wirken zeichnete sich vor allem durch starke Polemiken gegen die Calvinisten aus, die er als schlimmer als die „Papisten" erachtete, auch wenn es seinerseits an

9.6

antikatholischer Polemik nicht mangelte. Er war gar der Ansicht, dass die Lutheraner mit den Katholiken eher gemeinsame Sache machen müssten als mit den Calvinisten. Sein anticalvinistisches und prokaiserliches Denken schlug sich im bündnis- und konfessionspolitischen Kurs des Kurfürsten deutlich nieder. Von seinen Gegnern musste sich Matthias Hoë von Hoënegg deshalb auch Bestechungsvorwürfe gefallen lassen, was ihm wiederum Anlass zu wilden Polemiken gab. Erst nachdem sich über die folgenden Jahre zeigte, dass sein politischer Einfluss nicht zum Vorteil des Kurfürstentums und der dort ansässigen Lutheraner gewesen war, wurde auch Matthias Hoë von Hoënegg leiser. Er starb 1645 in Dresden. Am Trinitatissonntag 1609 predigte Matthias Hoë von Hoënegg vor mehreren Tausend Wiener Bürgerinnen und Bürgern, die sich auf offenem Feld in Hernals versammelt hatten. Seine im Jahr 1610 in Leipzig (und Straßburg) zu Druck gelegte Glückwunsch-, Dank- und Freudenpredigt bezog sich auf die *Kapitulationsresolution* Erzherzog Matthias'. Er hob darin seine Hoffnung auf ein blühendes protestantisches Gemeindeleben in Hernals heraus, das nun durch den erzherzoglichen Erlass gewährleistet schien. Diese Hoffnung sollte sich zumindest bis in die 1620er-Jahre erfüllen. (LJ)

¶ Lit.: Traugott Bautz: Artikel Hoë von Hoënegg, Matthias, in: Biographisch-Bibliographisches Kirchenlexikon, Bd. 2, Herzberg 1990, S. 919–921; Matthias Hoë von Hoënegg: Bruchstück einer Selbstbiographie des kursächsischen Oberhofpredigers D. Matthias Hoë von Hoënegg, mitgetheilt von Pfarrer Scheuffler in Lawalde (Sachsen), in: Jahrbuch der Gesellschaft für die Geschichte des Protestantismus in Österreich 13 (1892), S. 28–40, S. 105–135; Pfarrer Scheuffler in Lawalde (Sachsen): Der Zug der österreichischen Geistlichen nach und aus Sachsen, in: Jahrbuch der Gesellschaft für die Geschichte des Protestantismus in Österreich 20 (1899), S. 51–82, hier S. 67f.; Bernhard Raupach: Erläutertes Evangelisches Österreich, Das ist fortgesetzte historische Nachricht von den vornehmsten Schicksahlen der Evangelisch-Lutherischen Kirchen in dem Ertz-Hertzogthum Oesterreich, Hamburg 1736, insbes. S. 237; Josef Karl Mayr: Wiener Protestantengeschichte im 16. und 17. Jahrhundert, in: Jahrbuch der Gesellschaft für die Geschichte des Protestantismus in Österreich 70 (1954), S. 41–133; ders.: Von Hernals bis Inzersdorf, in: Jahrbuch der Gesellschaft für die Geschichte des Protestantismus in Österreich 76 (1960), S. 37–53.

9.5 (Abb. S. 192)
Matthäus Merian d. Ä.
Ansicht von Hernals, 1649
Kupferstich, 23,2 × 31,1 cm
Wien Museum, Inv.Nr. 19.247

¶ Der schweizerisch-deutsche Kupferstecher und Verleger Matthäus Merian der Ältere fertigte noch 1649 einen Kupferstich, der das evangelische Hernals um 1620 zeigt. Noch nicht verblichen war also das Bild vom außerordentlich regen Gemeindeleben, das sich am Sitz der Jörger von Hernals nach dem Erlass der *Kapitulationsresolution* Erzherzog Matthias' im Jahr 1609 entfalten konnte. Noch im selben Jahr hatte Helmhard Jörger den evangelischen Prädikanten Johann Sartorius (ca. 1500–1570) in die Hernalser Bartholomäuskirche bestellt. Im Jahr 1614 fertigte der Nürnberger Kupferstecher Heinrich Ullrich (ca. 1572–1621) ein Porträt des Predigers, das im Hintergrund überaus detailliert

das Schloss und die Kirche der Jörger zeigt. Aufgrund des massiven Zulaufs aus Wien und dem städtischen Umland sowie wegen des Andrangs, evangelische Gottesdienste zu besuchen, evangelisch getauft, verheiratet oder beerdigt zu werden, musste Helmhard aber alsbald zwei, zeitweise sogar drei weitere Prediger einstellen. Nach einer Phase der internen Unstimmigkeiten um die Pfarrführung wurden diese Prediger aber im Jahr 1615 von Elias Ursinus, Johann Mülberger und David Steudlin abgelöst. Diese Herren verhalfen dem Hernalser Gemeindeleben zu einer letzten Hochblüte. Matthäus Merian wusste noch 1649 in seiner *Topographia Merian* von „bißweilen 20. biß in die 40. und 50 tausendt Menschen (von Inheimischen und Frembden)“ zu berichten, die zu den Hernalser Gottesdiensten strömten. Auch wenn diese Zahlen zur Übertreibung neigen, verdeutlichen sie dennoch den ungemein großen Andrang; es waren wohl um die 10.000 Menschen, vielleicht sogar mehr. Das „Auslaufen“ der Wiener Bürgerinnen und Bürger vor die Stadtmauern hielt Merian auch in seinem Kupferstich fest, der zudem eindrücklich das nach 1600 ausgebaute Renaissanceschloss der wohlhabenden Jörger und die Hernalser Bartholomäuskirche zeigt. Den großen Schlosssaal (B) versah er mit dem Hinweis: „Der Sall darin man Bredigt“. Sogar die repräsentativen Räume des Schlossherrn dienten also dem Gottesdienst. Aber auch sie boten den Scharen von Hörerinnen und Hörern nicht immer genügend Platz, sodass manches Mal aus dem Fenster des Saales zu der im Hof versammelten Menge gepredigt wurde. (LJ)
¶ Lit.: Erika Uhl: Hernals: „Feste Burg“ und Kalvarienberg, unveröff. Dipl.-Arb. Univ. Wien 1993; Grete Mecenseffy, Hermann Rassl: Die evangelischen Kirchen Wiens (Wiener Geschichtsbücher, Bd. 24), Wien/Hamburg 1980; Mayr, Wiener Protestantengeschichte; ders., Von Hernals bis Inzersdorf; Matthias Merian: Topographia Germaniae, Bd. 10: Topographia Provinciarum Austriacarum, Frankf. a. M. 1649, S. 42f.; Lucas H. Wüthrich: Artikel Merian, Matthaeus der Ältere, in: Neue Deutsche Biographie, Bd. 17, Berlin 1994, S. 135–138.

← 9.6
„Sahl unnd kürchen sampt Dem Pfarr hauß zu Herrnalß“ (Schloss Hernals), um 1580
Federzeichnung, aquarelliert, 33,1 × 39,1 cm
Nürnberg, Germanisches Nationalmuseum, Inv.Nr. HB 1910
¶ Die von unbekannter Hand gefertigte Federzeichnung zeigt die Herrschaft Hernals, mit aller Wahrscheinlichkeit, bevor sie in den Besitz der Jörger von Tollet kam. Vor allem das Schloss wurde kurz nach seinem Erwerb durch die wohlhabenden oberösterreichischen Adeligen großzügigen Aus- und Umbauarbeiten unterzogen. Das Schloss, seine Gehöfte, die Bartholomäuskirche, der sie umgebende Camposanto und das Pfarrhaus sollen bereits in einem desolaten Zustand gewesen sein, was wohl auch den ständig wechselnden Besitzern geschuldet war. Schon unter den während des 16. Jahrhunderts immer wieder in Hernals ansässigen Geyer von Osterburg wirkten dort evangelische Prediger, und es kamen mehrere Tausend Gläubige zu den Gottesdiensten. Oftmals kamen die Prädikanten und die Gemeinde in Konflikt mit der katholischen Obrigkeit. Im Jahr 1577 soll — während einer vorübergehenden Sperre der Kirche — die Menge die Tür aufgebrochen und den Prediger auf die Kanzel geführt haben. Die Kirche wurde 1578 endgültig gesperrt. Die Repressionen waren zu stark geworden und fanden ihr vorübergehendes Ende erst in der *Kapitulationsresolution* Erzherzog Matthias'. (LJ)
¶ Lit.: Mecenseffy, Rassl, Die evangelischen Kirchen Wiens; Mayr, Wiener Protestantengeschichte; ders., Von Hernals bis Inzersdorf.

9.7 (Abb. S. 186)
Georg Matthäus Vischer (1628–1696) / Tobias Sadler Schloss Inzersdorf, vor 1672
aus: Topographia Archiducatus Austriae, Topographia Archiducatus Austriae inferioris modernae, 1. Teil, Blatt 48
Kupferstich, 14,2 × 18,8 cm
Wien Museum, Inv.Nr. 196.905
¶ Das über eine Kirche verfügende Schloss Inzersdorf wurde im 16. Jahrhundert ebenfalls zu einem Zentrum der vom Adel betriebenen Reformation. Die Inzersdorfer Grundherren Geyer hatten lange Zeit evangelische Prediger in ihren Diensten. Und als im Jahr 1578 die Wiener Landhausgottesdienste eingestellt wurden, besuchten ganze Mengen von Wienerinnen und Wienern — gleich wie in Hernals, Landau und Vösendorf — den Gottesdienst außerhalb der Stadtmauern. Dem katholischen Klerus missfiel dies; er setzte sich für ein Verbot der protestantischen Konfession durch Erzherzog Matthias ein. Die Adeligen konnten einem solchen Verbot allerdings durch ein in Horn geschlossenes Bündnis entgegenwirken. Matthias' *Kapitulationsresolution* erlaubte den protestantischen Ständen zumindest für eine Weile die freie Ausübung ihres Glaubens. In Inzersdorf wirkten etwa bis in die 1620er-Jahre die evangelischen Prediger Johann Mülberger und David Hochschildt, der sich als niederösterreichischer Landschaftsprediger allerdings nur noch in Inzersdorf halten konnte. Der Geistliche und Topograf Georg Matthäus Vischer verewigte — gemeinsam mit dem Wiener Kupferstecher Tobias Sadler — das Inzersdorfer Schloss und die Kirche in seinem bedeutenden, im Jahr 1674 veröffentlichten Atlas *Topographia Archiducatus Austriae inferioris modernae*. (LJ)
¶ Lit.: Georg Ernst Waldau: Oestreich, Steiermarkt, Kärnthen und Krain vom Jahr 1520 biß auf die neueste Zeit, Bd. 2, Anspach 1784; Joseph Feil: Über das Leben und Wirken des Geographen Georg Matthäus Vischer, Wien 1857; Mayr, Wiener Protestantengeschichte; ders., Von Hernals bis Inzersdorf.

9.8 (Abb. S. 190)
Ansicht von Vösendorf, um 1825
Federlithografie, koloriert, 15 × 18,5 cm
Wien Museum, Inv.Nr. 105.209
¶ Das mit aller Wahrscheinlichkeit im 12./13. Jahrhundert erbaute Schloss Vösendorf ging im Jahr 1584 mit den umliegenden Besitzungen an Georg Andreas von Hofkirchen (1562–1623), der es zu einem Zentrum des Luthertums ausbaute. Auch der ab 1611 im Besitz von Schloss Vösendorf stehende Lazarus I. Henckel von Donnersmarck (1551–1624) war ein Betreiber der Reformation und ein Gönner etwa des Regensburger Predigers Johann Mülberger. Für eine geraume Zeit hatte sich hier das Patronatsrecht der Grundherren auf die Protestantisierung der Bevölkerung ausgewirkt sowie eine außerordentliche Anziehungskraft auf die Wiener Protestanten gehabt. Die wichtige Rolle des Adels als maßgeblicher Träger und Förderer der Reformation wird also auch am Beispiel Vösendorfs evident. Der heute noch erhaltene Bau geht auf die zweite Hälfte des 16. Jahrhunderts zurück. Auch die um 1825 von unbekannter Hand gefertigte Federlithografie zeigt diesen Gebäudekomplex. (LJ)
¶ Lit.: Karl Krabicka: Was Heimat ist und Vaterland: Vösendorf, Vösendorf, 2. Aufl. 1995; Ilse Schöndorfer: Schloss Vösendorf und seine Besitzer im Laufe der Zeit, Breitenfurt 2011 (unveröffentlicht); Catharina Holzer: Schloss Vösendorf in Niederösterreich und seine barocke Freskenausstattung in der Sala terrena, unveröff. Dipl.-Arb. Univ. Wien 2013; Mayr, Von Hernals bis Inzersdorf.

9.9 (Abb. S. 185)
Kirche und Hof von St. Ulrich, 1683
Ausschnitt aus der Vogelschau der Stadt Wien von Folbert van Alten-Allen, 1686
Kupferstich (Reproduktion)
Wien Museum, Inv.Nr. 138.525 (Ausschnitt)
¶ Beim „Hof zu St. Ulrich“ handelte es sich um einen Gebäudekomplex von vier Hofstätten und einer Kapelle, Letztere wurde allerdings wegen Baufälligkeit im Jahr 1574 abgetragen. Seine Bedeutung für die Reformationsgeschichte Wiens erhielt er durch seine Lage: Er befand sich zwar außerhalb der Stadtmauern, aber doch in unmittelbarer Nähe zur Stadt und zur Residenz des Kaisers selbst. Lehensherren zu St. Ulrich waren im 16. Jahrhundert evangelische Adelige. Nach der Auflösung des Landhausministeriums im Jahr 1578 begannen die Wienerinnen und Wiener

9.10
9.11

auf der Suche nach Ersatz für den in der Stadt nicht mehr möglichen evangelischen Gottesdienst nach St. Ulrich „auszulaufen". Der Gottesdienst fand in einem der Hofgebäude statt. Diese Gottesdienste waren aufgrund der mit dem Landesherrn vereinbarten *Religionskonzession* von 1568 rechtens, da sie außerhalb der Stadtmauern stattfanden, aber der katholischen Obrigkeit dennoch ein Dorn im Auge. In einem ersten Schritt ersetzte sie die alte, abgetragene Kapelle in St. Ulrich durch einen Kirchenneubau und errichtete zugleich eine neue katholische Pfarre, die dem Schottenkloster zugeschlagen wurde. Die evangelischen Gottesdienste wurden damals offenbar eingestellt, aber mit der *Kapitulationsresolution* von 1609 wiederbelebt. Sie wurden nicht in der neu erbauten katholischen Kirche gehalten, sondern wieder in einem der Hofgebäude. Nach politischen Winkelzügen und einem juristischen Streit wurde vom Landesherrn im Jahr 1614 das evangelische Zentrum in St. Ulrich geschlossen. Die evangelischen Stände reagierten nicht zu Unrecht empört, konnten aber schlussendlich nichts mehr daran ändern. Die Auflösung des evangelischen Gottesdienstes in St. Ulrich stellt ein Musterbeispiel des strategischen Vorgehens am Beginn der Gegenreformation dar. Der Stich von Folbert van Alten-Allen zeigt den Hof in seinem Zustand im Jahr 1683 noch vor der Türkenbelagerung. Die 1588 neu errichtete Kirche St. Ulrich war zwischen 1652 und 1672 erneuert und umgebaut worden und ist als solche auf dem Stich festgehalten. Am Beginn des 18. Jahrhunderts wurde sie durch den noch heute bestehenden Bau ersetzt. (RL)

¶ Lit.: Elfriede Faber: Der Hof zu St. Ulrich. Ein Beitrag zur Geschichte des VII. Wiener Gemeindebezirkes, in: Jahrbuch des Vereins für Geschichte der Stadt Wien 44/45 (1989), S. 27–50; Felix Czeike: St. Ulrich, in: ders.: Historisches Lexikon Wien, Bd. 5, Wien 2004, S. 390; Ferdinand Opll: Wien im Bild historischer Karten. Die Entwicklung der Stadt bis in die Mitte des 19. Jahrhunderts, Wien u. a. 2004; siehe auch den Beitrag von Rudolf Leeb im vorliegenden Katalog.

← 9.10
Grabtafel mit Wappen für Bernhard Jörger (1543–1599), 1599
Kupfer, vermessingt, oval, mit gewölbtem Rand, 22 × 18 cm
Wien, Bezirksmuseum Hernals

↙ 9.11
Grabtafel mit Wappen für Maria Jörger (1584–1601), 1601
Kupfer, vermessingt, oval, mit gewölbtem Rand, 27 × 20 cm
Wien, Bezirksmuseum Hernals
¶ Die Jörger von Tollet waren ein oberösterreichisches Adelsgeschlecht, das sich über etwa 100 Jahre als maßgeblicher Unterstützer und Beförderer der lutherischen Reformation und des österreichischen Protestantismus hervortat. Bernhard Jörgers Vater, Christoph II. Jörger von Tollet (1502–1578), war bei Luther zur Schule gegangen, seine Mutter Dorothea (1497–1556) pflegte persönlichen Briefkontakt mit dem Reformator. Sie war es auch, die den protestantischen Glauben in die Familie brachte. Im Jahr 1587 erwarben die Jörger das vor den Wiener Stadtmauern gelegene, zuvor im Besitz der protestantischen Geyer von Inzersdorf befindliche Hernals, das sie ab 1609 zu einem Zentrum des österreichischen Protestantismus ausbauten. Seine große Bedeutung für die Wiener Protestanten erhielt es, als es in der Stadt keinerlei Gelegenheit mehr gab, protestantische Gottesdienste zu besuchen oder die Sakramente der Taufe und des Abendmahls zu empfangen und sich das Gemeindeleben der Wiener Protestanten in die Orte außerhalb der Stadtmauern verlagerte. (LJ)
¶ Lit.: Heinrich Wurm: Die Jörger von Tollet (Forschungen zur Geschichte Oberösterreichs, Bd. 4), Linz 1955; Elisabeth Gruber: Die Familie Jörger und ihre Rolle in der konfessionellen Geschichte Österreichs, in: Vocelka, Leeb, Scheichl, Renaissance und Reformation, S. 67–73.

9.12 ↗
Rechtsgutachten der juridischen Fakultät der Universität Tübingen bezüglich des rechtmäßigen Besitzes des Lehens Hernals durch Helmhard Jörger, 1618
Handschrift, 32,5 × 21 cm
Wien, Österreichische Nationalbibliothek, Sammlung von Handschriften und alten Drucken, Sign. Cod. 8829
¶ Das Gutachten dokumentiert einen für die Zeit der beginnenden Gegenreformation typischen Rechtsstreit: Es ging dabei um das evangelische Zentrum in Hernals, das für die protestantische Wiener Bevölkerung zur Pfarre geworden war. Die katholische Partei suchte nach Hebeln, das rechtlich abgesicherte Hernals dem evangelischen Adel zu entreißen. Im Jahr 1577 hatten die Geyer von Osterburg zur Tilgung von Steuerschulden beim Land Niederösterreich den evangelischen Ständen Hernals überschrieben. Dabei wurde aber nicht die formale Bestätigung des Landesherrn eingeholt. Die Geyer von Osterburg kauften bald darauf Hernals zurück, veräußerten es dann aber an die Jörger, wobei wieder nicht die formale Bestätigung eingeholt wurde. Dieser bis dahin in der Praxis unbedeutende juristische Makel diente in der Folge dem Landesherrn als willkommener juristischer Vorwand dafür, die Kirche St. Bartholomäus in Hernals sperren zu lassen. Zwar verhinderte das nicht den Aufstieg von Hernals zum bedeutendsten Zielort für die Wiener evangelische Bevölkerung (die Gottesdienste wurden in einem Saal im Schloss gehalten), trotzdem bekämpften die Stände natürlich das Vorgehen des Landesherrn. Bei juristischen Händeln, die ein politisch geschicktes Vorgehen des Landesherrn und seiner Berater verraten, versuchte der Landesherr die bis dahin gewohnheitsrechtlich anerkannten Rechtsverhältnisse juristisch zu seinen Gunsten infrage zu stellen. Das vorliegende Gutachten der Tübinger Universität, das von den niederösterreichischen evangelischen Adeligen erbeten worden war, umfasst 151 Blatt (!) und ist auf den 25. September 1618 datiert. Die Tübinger Juristen vermerken darin unter anderem, dass ihnen das Aktenmaterial über die Besitzverhältnisse der letzten 30 Jahre zugesandt worden war. Das Gutachten versucht den Jörgern und den evangelischen Ständen Niederösterreichs Schützenhilfe zu leisten. Im letzten Abschnitt des Gutachtens werden Helmhard Jörger konkrete Hinweise gegeben, wie er juristisch gegenüber der katholischen niederösterreichischen Regierung argumentieren könne. Bald darauf, am Beginn des Dreißigjährigen Kriegs Ende des Jahres 1618, wurde Hernals vom Landesherrn außer Streit gestellt und den Jörgern recht gegeben. Damit sollten die evangelischen Landstände politisch milde gestimmt werden — das Gutachten selbst dürfte dabei höchstens eine Nebenrolle gespielt haben. (RL)
¶ Lit.: Liselotte Westmüller: Helmhard Jörger und die protestantische Gemeinde zu Hernals, in: Jahrbuch der Gesellschaft für die Geschichte des Protestantismus in Österreich 81 (1965), S. 151–182, hier S. 162–166; siehe dazu auch den Beitrag von Rudolf Leeb im vorliegenden Katalog.

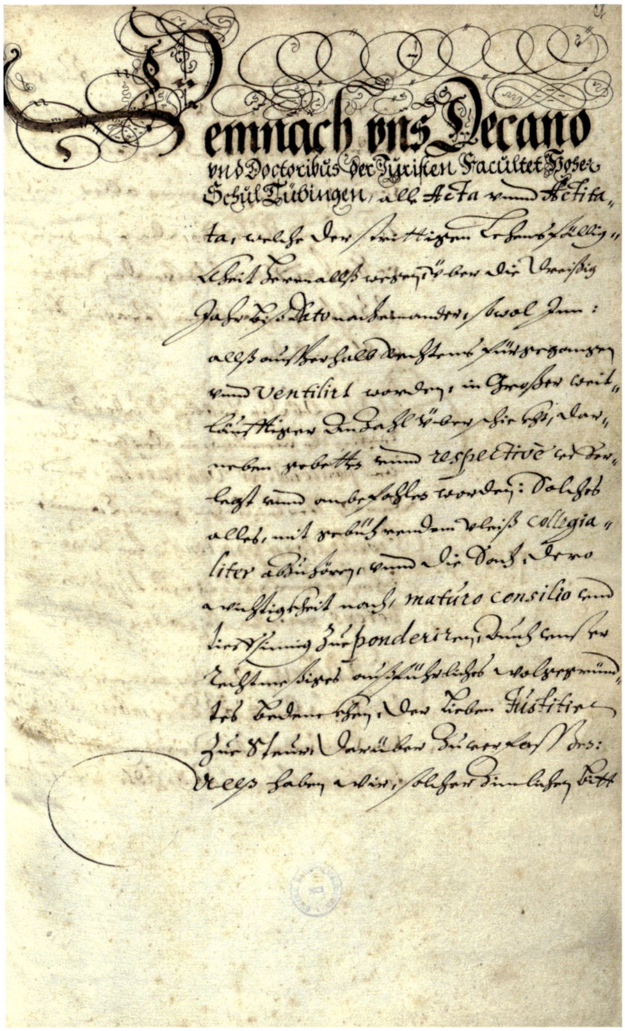
Demnach vns Decano
vnd Doctoribus der Juristen Facultet Hoher
Schul Tübingen, alle Acta vnnd Actita,

9.12

Die Prediger von Hernals

Ab etwa der Mitte des 16. Jahrhunderts bis 1609 war die Pfarrkirche Hernals mit einem evangelischen Pfarrer besetzt. Der auffälligste unter ihnen war der streitbare Andreas Mügländer, der in den 1570er-Jahren wirkte und mit Bekennermut keine Konflikte mit der katholischen Obrigkeit scheute. Er wurde deshalb mehrmals eingekerkert. ◖ Die Hochblüte von Hernals setzte mit den Zugeständnissen von Erzherzog Matthias von 1609 ein. Damals war die Familie Jörger Besitzer von Hernals. Die alte evangelische Predigtstation wurde nun zur evangelischen Pfarre für Wien ausgebaut. Dies hatte zur Folge, dass meistens drei Pfarrer gleichzeitig angestellt sein mussten, um die große Zahl an Gemeindemitgliedern seelsorgerlich betreuen zu können. ◖ Von einigen Pfarrern sind Porträts erhalten. Sie waren vom evangelischen Adel und von Bürgern in Auftrag gegeben worden, um ihre Wertschätzung für die Prediger auszudrücken, aber auch, um die Bedeutung des evangelischen Zentrums in der Öffentlichkeit zu demonstrieren. Die letzten Prediger waren David Steudlin, Johann Mülberger und Elias Ursinus, von denen auch Predigten und Andachten in Druck gegeben worden sind. (RL)

9.13 →
Türeinsatz mit Figur: Evangelischer Prediger (Tür des Sakristeischranks aus der Kirche von Hernals), um 1600
Holz, geschnitzt, Eisenbeschläge; Türeinsatz: 114,5 × 42 cm, Höhe Figur: 38,5 cm
Wien, Bezirksmuseum Hernals, Inv.Nr. 4523
¶ Weil den Wiener oder den in der Nähe von Wien ansässigen Adeligen keine Patronatsrechte zustanden, konnten sich in Wiens nächster Umgebung nur wenige Herrschaftssitze wie Hernals, Inzersdorf oder Vösendorf als Zentren des österreichischen Protestantismus etablieren. Bis zur 1627 erfolgten Ausweisung aller evangelischen Prediger und Schulmeister durch Ferdinand II. blieben diese Prädikanten unter dem Schutz ihrer adeligen Gönner tätig. Die zunehmende Rekatholisierung der Bevölkerung sowie die gegenreformatorischen Maßnahmen der Landesherren konnten bis dahin weder die Adeligen noch die Prediger davon abhalten, reformatorisch zu wirken. Die große Bedeutung der protestantischen Prädikanten (in der letzten Hernalser Hochphase des Protestantismus etwa Elias Ursinus, Johann Mülberger und David Steudlin), die ihnen auch in ihrer beratenden Funktion als Seelsorger und Beichtväter zukam, zeigt sich etwa in dieser um 1600 gefertigten Holzfigur eines Predigers an der Tür des Sakristeischranks aus der Hernalser Kirche. In der Zeit der Gegenreformation wurden daneben zwei Abwehrfiguren angebracht. Dies unterstreicht die hohe Wirksamkeit, die dem lutherischen Prediger und seinem Wort beigemessen worden war. (LJ)
¶ Lit.: Gustav Reingrabner: Evangelischer Gottesdienst in Wien in der Reformationszeit, in: Wiener Geschichtsblätter 56 (2001), S. 315–329; Mayr, Von Hernals bis Inzersdorf.

9.14
Hans Gaißmair
Ambrosius Ziegler, 1570–1575 evangelischer Prediger in Hernals, 1574
Porträtmedaille (Fotografie)
Wien, Kunsthistorisches Museum, Münzkabinett, Inv.Nr. 14994
¶ Ambrosius Ziegler, offenbar ein gebürtiger Württemberger, war dort zunächst Pfarrer in Backnang. Es gibt aber auch eine ältere Überlieferung, nach der er aus Österreich stammt. Von Backnang wurde er im Jahr 1570 an die Spitze des Klagenfurter Kirchenwesens berufen. Klagenfurt, das als Landeshauptstadt im Besitz der Stände war, wurde damals gerade zu einer protestantischen Hochburg ausgebaut. Ziegler stand auch der Landschaftsschule vor. Er wirkte in Klagenfurt segensreich und war angesehen. In dieser Zeit entstand die vorliegende Medaille auf Veranlassung der Stände als Anerkennung für den verdienten Hauptpfarrer. Im Jahr 1575 kam es in Klagenfurt zu einem Konflikt, in der Stadt flammte der damals virulente innerlutherische

9.13

Erbsündenstreit auf. Wie an anderen Orten im Reich erhob sich auch in Klagenfurt der Protest der radikalen Lutheraner gegen die Theologie des Philipp Melanchthon (1497–1560), der ihnen Luthers Erbe zu verwässern schien. Die Klagenfurter Pfarrer neben Ziegler waren Flacianer, das heißt, sie vertraten die Erbsündenlehre des Flacius. Ziegler war Anhänger Melanchthons und damit der gemäßigten Mehrheit im Luthertum zugetan. Der entstandene Streit wurde vom Kärntner Landtag mit der Entlassung aller Pfarrer beendet, um so die Lage zu beruhigen. Ambrosius Ziegler wurde daraufhin nach Hernals berufen, wo er aber wieder in einen Disput mit dem Flacianer Josua Opitz (1542–1585) im Landhausministerium verwickelt wurde. Ziegler erkrankte bald nach seinem Amtsantritt in Hernals und starb schon 1578, er dürfte die Schließung von Hernals durch den Landesherrn nicht mehr erlebt haben.

Die Medaille von 1574 stellt eine bemerkenswerte Auszeichnung für den damaligen Hauptpfarrer von Klagenfurt dar und ist Zeichen seiner Wertschätzung, zugleich aber auch eine religionspolitische Demonstration der Stadt und des Landes. Zieglers Halbfigur auf dem Avers ist sehr erhaben gegeben, er trägt einen langen Vollbart, ein Barett und einen Talar. Mit seiner Rechten weist er auf die Bibel in seiner linken Hand. Auf der Kehrseite der Medaille findet sich eine lange Inschrift, die ihn bemerkenswerterweise als obersten evangelischen Pfarrer Kärntens und rechtmäßigen „Superintendenten" („SVPERINTENDENS ORDINARIUS") anspricht. (RL)

¶ Lit.: Bernhard Raupach: Presbyterologia Austriaca Oder Historische Nachricht von dem Leben, Schicksalen und Schriften der Evangelisch-Lutherischen Prediger [...] nebst einer kleinen Nachlese, Hamburg 1741, S. 209–211; Oskar Sakrausky: Die Villacher Katechismushandschrift Johann Hausers vom Jahr 1572, in: Carinthia I 171 (1981), S. 120–123; Günther Probszt: Die Kärntner Medaillen, Abzeichen und Ehrenzeichen, Klagenfurt 1964.

9.15 (Abb. S. 196)

Heinrich Ullrich (ca. 1572–1621)
Johannes Snoilshik (1565–1617), evangelischer Prediger in Hernals, 1613

Kupferstich, 27,4 × 19,7 cm (Platte), 38 × 25,2 cm (Blatt)
Wien Museum, Inv.Nr. 1.302

¶ Johannes Snoilshik, 1565 in Laibach (Ljubljana), damals Herzogtum Krain, geboren, reiste als Schüler nach Sachsen, wo er als 20-Jähriger sein Theologiestudium an der Universität Wittenberg begann. Zurück in seiner Heimat, trat er das geistliche Amt an und wirkte als Prediger bis 1601. Im selben Jahr musste er aufgrund der gegenreformatorischen Bestrebungen Ferdinands von Innerösterreich zunächst nach Tübingen ins Exil gehen, ab 1602 lehrte er an der theologischen Fakultät in Sontheim. Im Jahr 1609 nahm er das Amt eines Predigers von Hernals an, das ihm die evangelischen Stände Niederösterreichs nach der Wiedererrichtung der dortigen Gemeinde angeboten hatten. Er wirkte in Hernals gemeinsam mit Erasmus Zollner (1489–1554) aus Regensburg und Simon Mann aus Steyr, um den Hauptprediger Johannes Sartorius zu unterstützen. 1615 kam es zu einem Zerwürfnis zwischen Snoilshik und den Ständen, er wurde abgesetzt, blieb aber in Wien, wo er 1617 starb und auf dem evangelischen Teil des Friedhofs vor dem Schottentor bestattet wurde. Seine Nachfolge als Prediger trat Johann Mülberger an. Unter seinem Bild finden sich Worte aus dem Brief des Paulus an die Thessalonicher („nach dem es recht ist bei Gott, zu vergelten Trübsal denen, die euch Trübsal antun"), die möglicherweise auf die Widrigkeiten in der Zeit seiner Tätigkeit als Prediger in Hernals hinweisen. (AB)

¶ Lit.: Westmüller, Helmhard Jörger, S. 167; Raupach, Presbyterologia, S. 170f.; ders.: Supplement zur Presbyterologia Austriaca, Hamburg 1744, S. 77.

9.16 (Abb. S. 196)

Heinrich Ullrich
Johannes Sartorius (Johann Sartory, 1560–1615), evangelischer Prediger in Hernals, 1614

Kupferstich (Reproduktion)
Wien, Österreichische Nationalbibliothek, Bildarchiv und Grafiksammlung, Sign. PORT_00133169_01

¶ Das Leben des Johannes Sartorius liegt aufgrund mangelnder Aufzeichnungen für uns heute größtenteils im Dunkeln. Im Jahr 1560 an unbekanntem Ort geboren, lässt sich dem Kommentar unter dem 1614 entstandenen Kupferstich entnehmen, dass Sartorius bereits 1591 evangelischer Prediger war. Als die niederösterreichischen Stände durch die *Kapitulationsresolution* von 1609 von Kaiser Matthias das

Recht erhielten, auf den Gütern der Adeligen evangelischen Gottesdienst zu feiern, berief der Grundherr von Hernals, Helmhard Jörger, Sartorius als ersten Prediger in die dortige wieder errichtete Gemeinde. Doch der Andrang der auslaufenden Evangelischen aus Wien und den umgebenden Ortschaften war so groß, dass ihm nach kurzer Zeit weitere Prediger zur Seite gestellt werden mussten. Nach seinem Tod 1615 wurde Sartorius auf dem Friedhof vor dem Schottentor bestattet. Auf dem Porträt sind im Hintergrund durch das geöffnete Fenster das Schloss und die Kirche von Hernals zu sehen. Sartorius sitzt an seinem Schreibtisch, vor ihm liegt aufgeschlagen Psalm 119 („Wohl denen, die ohne Tadel leben, die im Gesetz des Herrn wandeln […]"). (AB)
¶ Lit.: Raupach, Presbyterologia, S. 155; Mayr, Von Hernals bis Inzersdorf, S. 37; Westmüller, Helmhard Jörger, S. 167.

9.17 (Abb. S. 196)
Heinrich Ullrich
Johann Mülberger (1586–1630), evangelischer Prediger in Hernals, 1619
Kupferstich, 25,9 × 17,2 cm
Wien Museum, Inv.Nr. 12.730
¶ Johann Mülberger wurde 1586 in Regensburg geboren und studierte in Wittenberg Theologie. Im Jahr 1608 trat er in den Dienst der Jörger und wurde Prediger in Aschach an der Donau in Oberösterreich. Hier heiratete er 1610 seine erste Frau Maria Reuchenspuecher, die drei Töchter gebar. Im Jahr 1615 berief ihn Helmhard Jörger als Nachfolger des abgesetzten Johannes Snoilshik nach Hernals. Dort wirkte er zunächst gemeinsam mit Simon Mann und Johann Sartorius, doch war er nach deren Tod innerhalb eines Jahres auf sich allein gestellt, was aufgrund der großen Zahl an zu betreuenden Menschen offenbar kaum zu bewältigen war. Erst 1618 erhielt er neue Prediger zur Seite gestellt. 1620 predigte er in Jormannsdorf (bei Bad Tatzmannsdorf, heutiges Burgenland), wo er scheinbar um den Jakobitag (25. Juli) eine Trinkkur machte. Aus seinen Hernalser Jahren sind von ihm Hochzeitspredigten und einige Leichenpredigten erhalten, die er unter anderem für die Frau und die beiden Söhne seines Amtskollegen David Steudlin hielt. 1623 starb seine Frau. Nach dem Ende des evangelischen Zentrums in Hernals 1625 lebte er sechs Wochen lang bei Georg Henckel von Donnersmarck auf dessen Schloss in Vösendorf. Danach fand er auf den Gütern des Hans Adam Geyer in Inzersdorf eine neue Wirkungsstätte, von wo seine Abschiedspredigt im Druck überliefert ist. Nach einigen Monaten wurde er nach Pottendorf berufen, wo Ludwig von Königsberg Patronatsherr war. Schließlich wurde er durch das kaiserliche Edikt vom 14. September 1627 wie alle anderen evangelischen Prediger im Land unter der Enns gezwungen, das Land zu verlassen. In Regensburg, wo seine Töchter und seine Mutter lebten, dürfte er offenbar ein weiteres Mal geheiratet haben. Mülberger wurde mehrere Male, unter anderem im Jahr 1619 vom Nürnberger Kupferstecher Heinrich Ullrich, porträtiert. Er blieb seiner Nachwelt als gelehrter Geistlicher in Erinnerung, der sich vor allem der Dichtkunst und der Numismatik verschrieben hatte. (AB)
Das Porträt von Mülberger hebt sich hinsichtlich seiner Komposition und seiner deutlich komplexeren Ikonografie von den anderen bekannten Bildnissen der Hernalser Prediger ab. Die Halbfigur erscheint in einem Medaillon, das oben links von der weiblichen Personifikation des Glaubens (Kreuz und Kelch) und oben rechts von der Hoffnung (Anker) gerahmt wird. Im unteren Bildfeld befinden sich zwei Putti mit brennenden Fackeln. Sie rahmen ihrerseits eine Kartusche mit zwei biblischen Szenen. In der linken Kartuschenrahmung lesen wir „NOSTRI SPECULUM" (unser Zeitalter/unsere Zeit), dort befinden sich Szenen aus Matth. 24, 37–41, der sogenannten Endzeitrede, wo der Betrachter „Mord und Totschlag" erkennt. In der rechten Kartuschenrahmung liest man „NOE SECULUM" (Noahs Zeit, Genesis 6). Hier sind nach Gen. 6 die Ankündigung der Sintflut wegen der Sündigkeit der Menschen bzw. der Befehl Gottes an Noah zum Bau der Arche dargestellt. Beides thematisiert

Scaturigo Salutis
Das ist
Geistliche Betrachtung des Brunnens des Lebens Jesu Christi aus dem 13 Cap: des H. Propheten Zachariæ, gerichtet auf die aigenschafften des Saurbrunns zu Formarsdorff, vnd daselbst im Herrn Hauß am Tag Jacobj Anno 1620. gepredigt, an yetzo aber auff begehrn etlicher fürnehmer Personen auffs new vbersehen, vermehrt vnd zum druckh verfertigt
Durch
M. Ioannem Mülbergerum der dreyen Löblichen Euangelischen Landstände im Ertzhertzogthumb Österreich vnder der Enns, vnd der Herrn Jörger bestellten Prediger zu Hernals etc.

9.19

die Sündigkeit der Menschen, die Szenen zu Matth. 24 sind konkret als eine Anspielung auf die damalige Gegenwart zu verstehen und meinen damit einen Aufruf zur Buße (Matth. 24, 42: „Darum wachet, denn ihr wisst nicht, an welchem Tag euer Herr kommt"). Die apokalyptische Stimmung der Hernalser Spätzeit wird spürbar. Der Text unter Mülberger im Medaillon ist ein Zitat aus Jeremia 20, 7f. und spielt auf das Amt des Predigers an: „Herr, Du hast mich überredet, und ich habe mich überreden lassen. Du bist mir zu stark gewesen […] bin darüber zum Spott geworden […] jedermann verlacht mich." (RL)
¶ Lit.: Raupach, Presbyterologia, S. 127–129; ders.: Erläutertes evangelisches Österreich, oder Dritte und letzte Fortsetzung, Hamburg 1740, S. 331f.; Westmüller, Helmhard Jörger, S. 167–169; Mayr, Von Hernals bis Inzersdorf, S. 39f.

Ein Kurtze vnd Christliche
SERMON,
So bey Ehelicher Trawung/
Deß Edlen vnd Vesten Herrn/
Johañ Kramers/
Handelsman/ in der Keyserlichen befreyten Niederlag/ etc.
Vnd der Ehrn Tugendreichen Jungfraw
MARIA,
Deß Ehrnvesten vnd Wolfürnehmen Herrn/
Caspar Hagers/ Burgers/ deß Aussern Raths vnd Handelsmans in Wien/ vnd Elisabeth/ seiner Haußfrawen einiger geliebten Jungfraw Tochter/ den 16. Februarij, dieses 1621. Jahrs/ zu HerrnAls gehalten worden. Durch
M. Joannem Mülbergern/ der Drey Löblichen Evangelischen LandStändt deß Ertz-Hertzogthumbs Oesterreich vnter der Enß/ vnd der Herrn Jörger bestelten Evangelischen Prediger daselbst.
Gedruckt zu Regenspurg/ bey Matthiæ Müllern.

9.18
Johann Mülberger (1586–1630) Ein Kurtze und Christliche Sermon, So bey Ehelicher Trauung, Deß […] Johañ Kramers […] zu HerrnAls gehalten […] Regensburg: Matthias Müller 1621
Wien, Österreichische Nationalbibliothek, Sammlung von Handschriften und alten Drucken, Sign. 40358-B Alt.Mag
¶ Die 1609 erlassene *Kapitulationsresolution* des Erzherzog Matthias eröffnete den Jörgern von Hernals die Möglichkeit, in ihrer Herrschaft ein reges evange-

lisches Gemeindeleben aufzubauen. Um die sieben Prädikanten wirkten zwischen 1609 und 1625 in der Bartholomäuskirche zu Hernals, zumeist zu dritt, um den großen Andrang evangelischer Gläubiger zu meistern. Neben dem Abhalten von Gottesdiensten, die von tausenden Bürgerinnen und Bürgern der Stadt Wien besucht wurden, reichten sie das Abendmahl, tauften, verheirateten, machten Krankenbesuche und beerdigten. Hernals funktionierte wie eine Pfarre. Das religiöse Bedürfnis war enorm. (LJ)

¶ Lit.: Mecenseffy, Rassl, Die evangelischen Kirchen; Mayr, Wiener Protestantengeschichte, S. 41–127.

← 9.19

Johann Mülberger
Scaturigo Salutis Das ist Geistliche Betrachtung des Brunnens […], gerichtet auf die aigenschafften des Saurbrunns zu Jormarsdorff und daselbst im Herrn Hauß […] gepredigt
Regensburg: Müller 1621

Reproduktion des Titelblatts
Staatliche Bibliothek Regensburg, Sign. 999/4Hom.157
(VD 17 23:331172U)

¶ Der bei den protestantischen Jörgern tätige Prediger Johann Mülberger litt während seiner gut zehnjährigen Amtszeit in Hernals an einer Reihe schwerer Krankheiten. Sein Leibarzt Matthias Richter (Judex, 1528–1564), dem Mülberger in seiner *Valetpredigt* besonderen Dank für seine Pflege aussprach, empfahl ihm im Jahr 1620 deshalb einen Kuraufenthalt in Jormannsdorf. Das neben dem heutigen Bad Tatzmannsdorf gelegene Jormannsdorf gehört auch heute noch zu einem an Sauerwasserquellen reichen Gebiet. Dort betrieben die Freiherren von Königsberg um 1600 in ihrem Jormannsdorfer Schloss eine Art Kurhotel. Nach einer Woche des für Mülberger heilsamen Aufenthalts bat die Hausherrin, Maria Anna von Königsberg, ihren Kurgast, im Schloss eine Predigt zu halten. Diese widmete Mülberger dem Wasser, das ihm offensichtlich zu neuen Kräften verholfen hatte. Er pries den Sauerbrunnen als Gnadengeschenk Gottes — für das frühe Luthertum nichts Ungewöhnliches: Die Vorstellung, dass Gott durch Wasser Wunder verrichte, wie einst Jesus in den Erzählungen des Neuen Testaments, war im Luthertum weit verbreitet. Sämtliche Krankheiten könnten von solchem Wunderwasser geheilt werden. Ab der Mitte des 17. Jahrhunderts etablierte sich auch eine theologische Praxis der geistlichen Betreuung solcher „Wunder-" oder „Gnadenbrunnen". Mülbergers Predigt hatte schon vergleichbare spirituell-„kurseelsorgliche" Züge. (LJ)

¶ Lit.: Josef Karl Mayr: Weitere dreizehn Predigtdrucke, in: Jahrbuch der Gesellschaft für die Geschichte des Protestantismus in Österreich 73 (1957), S. 61–112; Gert Polster: Die Anfänge des Kurwesens in Bad Tatzmannsdorf, in: Internationales Kulturhistorisches Symposion Mogersdorf 2006, Eisenstadt 2007, S. 30–39; Hartmut Kühne: Frömmigkeit vor und nach der Reformation: Die Wallfahrt zur Heilig-Kreuz-Kapelle und der Leipziger Wunderbrunnen, in: Enno Bünz, Armin Kohnle (Hg.): Das religiöse Leipzig, Leipzig 2013, S. 63–85.

9.20 (Abb. S. 196)

Simon Mann (gest. 1616), evangelischer Prediger in Hernals, nach 1600

Kupferstich, 11,2 × 7,3 cm
Wien Museum, Inv.Nr. 217.668

¶ Simon Mann wirkte nur sehr kurz als Hilfsprediger in Hernals. Er wurde in Steyr geboren und nach seinem Studium Hofprediger der Herren Fenzl von Paumgarten auf Schloss Mühlgrub in Oberösterreich. Diese evangelische Familie war 1601 aus Schlesien nach Österreich gekommen und hatte hier Grundbesitz

9.21

erworben. Im Jahr 1611 ist Manns Tätigkeit im Dienste der Fenzl noch belegt. 1615 erhielt er den Ruf nach Hernals, um gemeinsam mit Johannes Snoilshik dem Hauptprediger Johannes Sartorius unterstützend zur Seite zu stehen. Nach dem Ausscheiden Snoilshiks aus dem Predigtdienst im selben Jahr arbeitete Mann noch kurz mit dessen Nachfolger Johann Mülberger zusammen, bevor er schon 1616 im Jörgerhaus in Hernals starb. Er wurde auf dem Friedhof vor dem Schottentor beigesetzt, jedoch in jenem Teil, der für die Katholiken vorgesehen war. Sein Amtskollege Mülberger lobte Mann später als vortrefflichen Theologen. Erhalten ist uns von Simon Mann eine Hochzeitspredigt für Georg Schütter und Dorothea Fenzl über Psalm 128,1–3, die im Jahr 1611 in Wittenberg gedruckt wurde. (AB)

¶ Lit.: Johann G. A. von Hoheneck: Die löblichen Herren Herren Stände deß Ertz-Hertzogthumb Oesterreich ob der Ennß, Passau 1727–1748, S. 97–99; Raupach, Presbyterologia, S. 112; ders., Erläutertes Evangelisches Österreich, Dritte Fortsetzung, S. 330f.; Westmüller, Helmhard Jörger, S. 167.

|← 9.21

Heinrich Ullrich
Simon Mann und Johann Mülberger, um 1615/16

Kupferstich, 23,2 × 31 cm (Platte), 25,6 × 38 cm (Blatt)
Wien Museum, Inv.Nr. 1.303

¶ Dieses seltene Beispiel eines Doppelporträts zweier evangelischer Pfarrer beschwört mit dem Zitat von Psalm 133,1 in der Bildüberschrift die Eintracht und die gute Zusammenarbeit der beiden Prediger in Hernals: „Sihe wie fein und lieblich ist d(a)s Brüder einträchtig bey einander wohnen." In den Bildumschriften der Porträts werden beide ausdrücklich als Prediger der Jörger in Hernals bezeichnet, was auf die Jörger selbst als Auftraggeber dieses bemerkenswerten Kupferstichs schließen lässt. Die beiden Porträts werden von den drei weiblichen Personifikationen der theologischen Tugenden Glaube (Kelch und Kreuz), Liebe (Kinder) und Hoffnung (Anker) gerahmt. Simon Mann wird dabei der Vers aus dem ersten Timotheusbrief 1,16 zugewiesen, Johannes Mülberger Psalm 119,33. Siehe Kat.Nr. 9.17 und Kat.Nr. 9.20. (RL)

9.22 (Abb. S. 196)

Heinrich Ullrich (ca. 1572–1621)
Elias Ursinus (1579–1627), evangelischer Prediger in Hernals, 1619

Kupferstich, 28,4 × 18,3 cm (Platte), 39 × 27,7 cm (Blatt)
Wien Museum, Inv.Nr. 17.050

¶ Elias Ursinus stammte aus Könnern in der Nähe von Eisleben im heutigen Sachsen-Anhalt.
Um 1600 kam er bereits ein erstes Mal zum Studieren nach Wien, von wo er im Jahr 1604 nach Italien weiterzog, um in Venedig, Mailand, Padua und Florenz seine Studien fortzusetzen. Schon zu dieser Zeit betätigte sich Ursinus als Dichter, was auch daran abzulesen ist, dass ihm 1608 der Ehrentitel *poeta laureatus caesaraeus* verliehen wurde, nachdem er zur Vermählung des Großherzogs der Toskana mit der österreichischen Erzherzogin Maria Magdalena ein Hochzeitslied für das Brautpaar geschrieben hatte. Im Jahr 1609 kehrte er schließlich nach Sachsen zurück und beendete sein Studium in Leipzig. Noch im selben Jahr wurde er im Dienste des Herrn von und zu Traun im niederösterreichischen Maissau als Prediger tätig. Schon 1610 wirkte Ursinus in Rossatz unter Hans Christof von Geymann. Im Jahr 1611 heiratete er hier Sophie Heyden, die offenbar nach kurzer Zeit verstarb, da er sich bereits 1612 mit einer gewissen Salome Lucretia Kapler verehelichte, die acht Kinder gebar.
Als 1618 in Hernals ein dritter Prediger gesucht wurde, befürwortete der Herr von Traun als Verordneter der evangelischen Stände die Berufung Ursinus', die von den Jörgern, die die Grundherren von Hernals waren, bewilligt wurde. Hier wirkte er bis zur Auflösung der Gemeinde im Jahr 1625. Aus seiner Schaffenszeit sind unzählige Leichen- und Passionspredigten erhalten, die sich durch eine äußerst bildreiche und dichterische Sprache auszeichnen. In seinen Schriften spiegelt sich seine streng lutherische Theologie wider, die stark an der Vorstellung der Verbalinspiration der altprotestantischen Orthodoxie orientiert ist. Katholiken wie Reformierte wurden durch Ursinus, der das Abendmahl als Zentrum seiner Theologie formulierte, mit ihren Lehren gleichermaßen als Ketzer dargestellt. Das brachte ihm neben großem Zulauf als Seelsorger auch regelmäßig harsche Kritik ein.
Nach dem Übergang der Herrschaft Hernals in landesherrlichen Besitz und nach der Schließung der Kirche konnte Ursinus, wie auch einige seiner Kollegen, bei dem Herrn von Geyer eine Predigtstelle finden, bevor er das Schicksal aller evangelischen Geistlichen in Niederösterreich teilen und ins Exil nach Regensburg gehen musste. Am 22. Juni 1627 starb er dort und hinterließ seinen Kindern ein beträchtliches Vermögen. (AB)
Der Stich zeigt den Gelehrten Ursinus stehend in seiner Amtstracht. Nach Ausweis der Inschrift steht er in seinem 40. Lebensjahr. Sein rechter Arm ist auf die geöffnete Bibel gelegt, aufgeschlagen ist das Matthäusevangelium Kap. 3,7 (die Strafpredigt Johannes des Täufers an die Pharisäer), wohl eine Anspielung auf die katholischen gegenreformatorischen Maßnahmen. Auch die Bildunterschriften nach dem Buch Jesus Sirach illustrieren das Amtsverständnis von Ursinus. Sie betonen die Demut, die dem Predigeramt geziemt, aber zugleich das Vertrauen in das geistliche Amt selbst in widerwärtigen Zeiten, womit auf die damalige Gegenwart der Gegenreformation und des beginnenden Dreißigjährigen Kriegs angespielt wird. Dies entspricht ganz dem Bußgeist der von Ursinus erhaltenen Predigten. (RL)

¶ Lit.: Raupach, Presbyterologia, S. 196–198; Westmüller, Helmhard Jörger, S. 167–170; Mayr, Von Hernals bis Inzersdorf, S. 37–39.

9.26

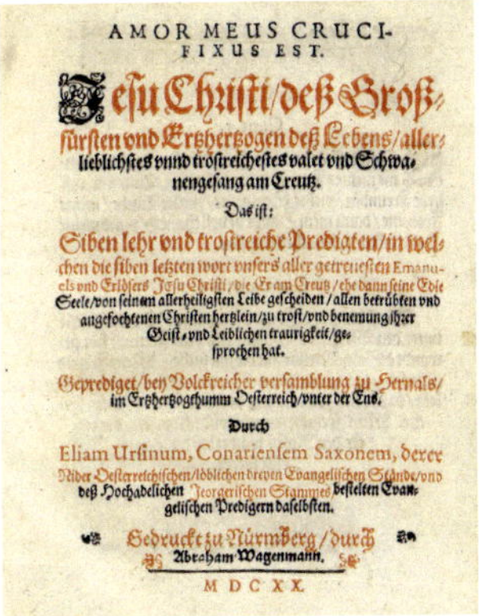
AMOR MEUS CRUCI-
FIXUS EST.
Jesu Christi/deß Groß-
fürsten vnd Ertzhertzogen deß Lebens/aller-
lieblichstes vnnd trostreichestes valet vnd Schwa-
nengesang am Creutz.
Das ist:
Siben lehr vnd trostreiche Predigten/in wel-
chen die siben letzten wort vnsers aller getreuesten Emanu-
els vnd Erlösers Jesu Christi/die Er am Creutz/ehe dann seine Edle
Seele/von seinem allerheiligsten Leibe gescheiden/allen betrübten vnd
angefochtenen Christen hertzlein/zu trost/vnd benemung ihrer
Geist/vnd Leiblichen traurigkeit/ge-
sprochen hat.
Geprediget/bey Volckreicher versamblung zu Hernals/
im Ertzhertzogthumm Oesterreich/vnter der Ens.
Durch
Eliam Ursinum, Conariensem Saxonem, derer
Nider Oesterreichischen/löblichen dreyen Evangelischen Stände/vnd
deß Hochadelichen Jeorgerischen Stammes bestelten Evan-
gelischen Predigern daselbsten.
Gedruckt zu Nürmberg/durch
Abraham Wagenmann.
M D C XX.

9.23
Elias Ursinus (1579–1627)
Amor Meus Crucifixus Est. Jesu Christi, deß Großfürsten und Ertzhertzogen deß Lebens, allerlieblichstes unnd trostreichestes valet und Schwanengesang am Creutz […]
Nürnberg: Wagenmann 1621
Wienbibliothek im Rathaus, Sign. A-205829 (VD17 39:135937N)
¶ Während seiner Dienstzeit in Hernals hielt Elias Ursinus 21 Passionspredigten, die später in Form dreier Predigtsammlungen gedruckt wurden. Die erste Sammlung kam erstmals 1619 heraus und basiert auf einer Zusammenstellung von Predigten über die sieben Worte Jesu am Kreuz. Gemäß seiner dichterischen Begabung nennt Ursinus seine Verkündigung selbst ein „Singen und Sagen", das in sehr bildhafter Sprache gestaltet ist. Wohl mit seelsorglicher Absicht gab Ursinus seine Passionspredigten in Druck und widmete sie 1619 der westungarischen Adeligen Eva Batthyány (geb. Poppel von Lobkowitz, ca. 1585–1640), die in den Herrschaften ihrer Familien in Ungarn das Luthertum stark förderte. Dazu wollte sie die Hernalser Passionspredigten für ihre Untertanen auch ins Ungarische übersetzen lassen. Die reich ausgeschmückte Titelseite des Drucks ist mit einer lateinischen Überschrift überschrieben. Darunter befindet sich der ausführliche und poetische Titel, der Hinweis, dass es sich bei dieser Schrift um Predigten handelt, die vor einer großen Menschenmenge in Hernals auf dem Gut der Jörger im Lande Österreich unter der Enns gehalten worden sein könnten. Thematisch lässt sich in den Predigten stark der historische Kontext erfassen. Der beginnende Dreißigjährige Krieg mit den Auseinandersetzungen in Böhmen und die aufständischen Ungarn unter Gábor Bethlen (1580–1629), die auch Wien heimsuchten, gaben Ursinus Gelegenheit, vor allem gegen Katholiken und Reformierte zu polemisieren, aber auch die Lutheraner Wiens zur Buße aufzurufen und deren Lebensmoral zu beklagen. Wie in all seinen Predigten wechselt er auch hier oft nahtlos von emotional ergreifender zu grotesker Ausdrucksweise. Beeindruckend erscheint dabei die Bildung des Predigers, die nicht nur im theologischen Bereich verhaftet ist. Er verfügt über umfangreiche Kenntnisse in Naturwissenschaften und Geschichtsschreibung und zitiert in lateinischer und griechischer Sprache die Kirchenväter Ambrosius, Augustinus, Hieronymus, Johannes Chrysostomos etc. Er kennt aber auch Kirchenlehrer des Mittelalters wie Anselm von Canterbury oder Bernhard von Clairvaux bis ins Detail und zitiert sogar aus Vergil, Seneca und Ovid. (AB)
¶ Lit.: Mayr, Von Hernals bis Inzersdorf, S. 44f.; ders.: Evangelisches Leben in Wien am Beginn des 17. Jahrhunderts, in: Jahrbuch der Gesellschaft für die Geschichte des Protestantismus in Österreich 68/69 (1953), S. 113–144, hier S. 117–126.

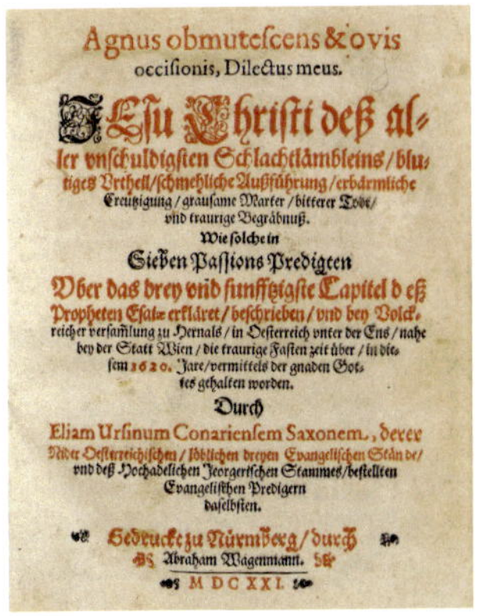
Agnus obmutescens & ovis
occisionis, Dilectus meus.
JEsu Christi deß al-
ler vnschuldigsten Schlachtlämbleins/blu-
tiges Vrtheil/schmehliche Außführung/erbärmliche
Creutzigung/grausame Marter/bitterer Todt/
vnd traurige Begräbnuß.
Wie solche in
Sieben Passions Predigten
Vber das drey vnd funfftzigste Capitel deß
Propheten Esaiae erkläret/beschrieben/vnd bey Volck-
reicher versamlung zu Hernals/in Oesterreich vnter der Ens/nahe
bey der Statt Wien/die traurige Fasten zeit über/in die-
sem 1620. Jare/vermittels der gnaden Got-
tes gehalten worden.
Durch
Eliam Ursinum Conariensem Saxonem, derer
Nider Oesterreichischen/löblichen dreyen Evangelischen Stände/
vnd deß Hochadelichen Jeorgerischen Stammes/bestellten
Evangelischen Predigern
daselbsten.
Gedruckt zu Nürnberg/durch
Abraham Wagenmann.
M DC XXI.

9.24
Elias Ursinus (1579–1627)
Agnus obmutescens & ovis occisionis, Dilectus meus. Jesu Christi deß aller unschuldigsten Schlachtlämbleins, blutiges Urtheil, schmehliche Außführung, erbärmliche Creutzigung […]
Nürnberg: Abraham Wagenmann 1621
Wienbibliothek im Rathaus, Sign. A-205830 (VD17 39:135880M)
¶ Die zweite, erstmals 1620 von Elias Ursinus herausgegebene Passionspredigtsammlung basierte auf Jesaja 53. Wie schon in der Sammlung des vorhergehenden Jahres geht er hier typologisch vor, er betrachtet das Alte Testament als Verheißung, die sich im Neuen Testament erfüllt. Wie viele andere christliche Theologen vor und nach ihm sieht er in dem stumm leidenden Gottesknecht in Jes. 53, in dem Lamm, das freiwillig zur Schlachtbank geführt wird, den gewaltsamen Kreuzestod Christi verheißen. In dieser Predigtreihe tritt das poetische Talent des Hernalser Pfarrers wiederum hervor. Das wird vor allem durch das in die letzte Predigt eingeflossene fünfstrophige Klagelied deutlich. Ebenso wie seine erste gedruckte Reihe von Passionspredigten, die Eva Batthyány (ca. 1585–1640) gewidmet war, fand auch Ursinus' zweite Sammlung einen adeligen Adressaten: Sigmund Adam von Traun (1573–1638), der den Prediger schon auf seinen Gütern in Maissau angestellt und diesen als Verordneter der niederösterreichischen Stände von Rossatz nach Hernals geholt hatte. (AB)
¶ Lit.: Mayr, Von Hernals bis Inzersdorf, S. 44f.; ders., Evangelisches Leben, S. 117–126.

9.25 (Abb. S. 196)

Lucas Kilian (1579–1637)
David Steudlin (1587–1637), evangelischer Prediger in Hernals, 1619

Kupferstich, 28 × 17 cm
Wien Museum, Inv.Nr. 32.794

¶ David Steudlin wurde im Jahr 1587 als Sohn des Superintendenten von Nördlingen, Jacob Steudlin, in Heidenheim im Herzogtum Württemberg geboren. Er studierte ab 1601 in Tübingen und wurde danach ins Pfarramt nach Neidenstein in die Kurpfalz berufen, bevor er 1610 wieder in sein Heimatland zurückkehrte, um in Deckenpfründ zu predigen.
Im Jahr 1618 wurde er durch die niederösterreichischen evangelischen Stände und Helmhard Jörger nach Hernals berufen, wo zu dieser Zeit der Prediger Johann Mülberger nach dem Tod seiner Amtsbrüder die Pfarrstelle gerade allein ausfüllen musste. Der Beginn seiner Tätigkeit, gemeinsam mit Mülberger und dem zusätzlich berufenen Elias Ursinus, gestaltete sich fruchtbringend und vielversprechend. Nach dem frühen Tod seiner ersten Frau im Jahr 1619 heiratete er die Tochter des Pfarrers von Augsburg, mit der er zwei Söhne hatte, die jedoch beide im Säuglingsalter verstarben. Beide Leichenpredigten, die damals Steudlins Amtskollege Mülberger hielt, sind erhalten. 1624 versuchte er trotz Verbots, einem evangelischen Kranken das Abendmahl in die Wiener Innenstadt zu bringen, woraufhin das „Auslaufen" der Wiener nach Hernals zum Gottesdienst untersagt wurde. Die religionspolitischen Entwicklungen der Folgezeit trafen natürlich auch Steudlin, und im Jahr 1625 musste er nach der Enteignung der Jörger in Niederösterreich ebenso wie seine Kollegen Hernals verlassen. In Inzersdorf konnte er fürs Erste seinen Predigtberuf am Schloss des Hans Adam Geyer fortsetzen, bis er 1627 wie alle anderen evangelischen Prediger auf Befehl des Landesherrn ins Exil gezwungen wurde. Steudlin zog mit seiner Familie nach Ulm, bevor er sich 1628 in Backnang niederließ. Vier Jahre später bekleidete er in der Reichsstadt Kempten das Amt des Oberpfarrers. Die Wirren und Zerstörungen des Dreißigjährigen Kriegs setzten Steudlin und seiner Frau sehr zu, und nach dem Tod Letzterer nahm er sich selbst 1637 bei einem unerwarteten Angriff auf Kempten durch die Einnahme von Gift das Leben. (AB)

¶ Lit.: Raupach, Presbyterologia, S. 177–181; ders., Supplement, S. 81; Mayr, Von Hernals bis Inzersdorf, S. 40f.; Westmüller, Helmhard Jörger, S. 168.

⇤ 9.26

Stammbuch für David Steudlin, Prediger in Hernals, 1621–1683

Papier, Pergament, Seide, braunes Maroquin mit Goldprägung; Handschrift, Federzeichnungen, Stickereien, Maroquineinband, 24,7 × 20 cm
Wien, Österreichische Nationalbibliothek, Sammlung von Handschriften und alten Drucken, Sign. Cod. Ser. n. 2637

¶ Die Eintragungen im vorliegenden bemerkenswerten und vorzüglich erhaltenen Stammbuch setzen mit 1621 ein. Das älteste Albumblatt stammt allerdings von 1619 und ist als loses Doppelblatt gesondert erhalten (Österreichische Nationalbibliothek, Sign. Cod. Ser. n. 30514). Jedenfalls beginnen die Eintragungen in Steudlins Stammbuch mit seiner Wirkungszeit als Pfarrer in Hernals. Auch seine weiteren Lebensstationen, die über Ödenburg/Sopron, Backnang in Württemberg und schließlich nach Kempten führen, haben sich im Stammbuch niedergeschlagen. Die letzte Eintragung ließ ein Enkel Steudlins 1683 vornehmen. Heute findet sich am Anfang der Handschrift Steudlins Porträt, das nachträglich um 1630 vorgebunden wurde. Der Band ist mit 173 zum Teil ganzseitigen Miniaturen ausgestattet. Vor allem die in der Wiener Zeit entstandenen Bilder sind teils von hoher Qualität. Insgesamt sind die zahlreichen Bilder vor allem ikonografisch interessant: Neben Wappendarstellungen finden sich biblische, aber auch emblematische Szenen, deren Auswahl und Gestaltung zumeist in lutherischer ikonografischer Tradition stehen. Sie sind oftmals mit einer moralischen Pointe versehen. Mehrmals finden sich Darstellungen von König David — Anspielungen auf Steudlins Vornamen. Die Handschrift enthält am Beginn 30 lateinische Distichen und 234 lateinische Hexameter, die mit Rankenwerk und symbolischen Szenen gerahmt sind, sowie eine Reihe von heute schwer auflösbaren Buchstabenrätseln. Eingetragen haben sich in acht Sprachen viele bedeutende österreichische Adelige, aber auch sächsische, württembergische und pfälzische Fürsten, Offiziere, Mediziner, Pfarrerkollegen, Beichtkinder und viele andere. Die Eintragungen sind durch die Zitate zahlreicher antiker Autoren humanistisch geprägt und zumeist von religiös-ethischem Ernst getragen.
Wie dieses Stammbuch wieder zurück nach Wien — zuerst in die Sammlung von Plastik und Kunstgewerbe des Kunsthistorischen Museums und dann in die Handschriftensammlung der Nationalbibliothek — gelangte, ist bislang unbekannt. Es wurde jedenfalls vom Kunsthistorischen Museum am 16. März 1882 angekauft. (RL)

¶ Lit.: Georg Loesche: Zwei Wiener evangelische Stammbücher. Ein Kulturbild aus dem 30-jährigen Kriege, in: Mitteilungen des Vereines für die Geschichte der Stadt Wien 4 (1923), S. 28–38; ders.: Zwei Wiener evangelische Stammbücher aus der Zeit der Gegenreformation, in: Archiv für Reformationsgeschichte 23 (1926), S. 1–52 (Einträge); Wolfgang Petz, in: Wolfgang Jahn (Hg.): Bürgerfleiß und Fürstenglanz. Reichsstadt und Fürstabtei Kempten (Ausstellungskatalog Haus der Bayerischen Geschichte), Augsburg 1998, S. 143f. (Kat.Nr. 72); Werner Wilhelm Schnabel: Das Stammbuch. Konstitution und Geschichte einer textsortenbezogenen Sammelform bis ins erste Drittel des 18. Jahrhunderts (Frühe Neuzeit, Bd. 78), Tübingen 2003.

Das Ende des protestantischen Zentrums — Hernals wird katholischer Wallfahrtsort

Helmhard Jörger, Besitzer von Hernals, hatte sich am Aufstand des evangelischen Adels gegen Kaiser Ferdinand II. beteiligt und wurde deshalb im Jahr 1622 enteignet. Bis 1625 konnte das evangelische Zentrum in Hernals trotzdem noch in Betrieb bleiben, dann wurde es vom Landesherrn geschlossen. Die evangelischen Prediger mussten Hernals verlassen, die Pfarre wurde dem Wiener Domkapitel übergeben. ◖ Am 24. August 1625, am Festtag des heiligen Bartholomäus, dem Patron der Hernalser Kirche, wurde in Hernals das erste Mal nach langer Zeit wieder ein katholischer Gottesdienst gefeiert. Bald darauf entstand der Plan, einen Kreuzweg zu errichten, der bei St. Stephan beginnen und bei einem Nachbau des Heiligen Grabs in Hernals enden sollte. Am 23. August 1639 wurde dieser unter Teilnahme des Hofs gleichsam mit einem Staatsakt eingeweiht. Kaiser Ferdinand III. selbst setzte den Grundstein für das Heilige Grab, das in der Kirche lag. ◖ Jährlich fand ab nun am Freitag vor Palmsonntag eine Bußprozession auf diesem Kreuzweg statt. Der Weg, den die evangelischen Wienerinnen und Wiener beim „Auslaufen" genommen hatten, wurde so gleichsam „purifiziert" und katholisch überboten. ◖ Nach der Zerstörung von Kirche und Heiligem Grab während der Belagerung von 1683 wurde neben der Kirche ein Kalvarienberg als künstlicher Treppenberg errichtet (1709–1714). Hernals wurde in der Folge zu einem Wallfahrtsort. In den Jahren 1766 bis 1769 erfolgte der Neubau von St. Bartholomäus, der von 1889 bis 1894 noch einmal umgestaltet wurde. (RL)

9.27 (Abb. S. 195)
Elias Ursinus (1579–1627)
Valete und Klaglied der hochbetrübten Turteltauben unnd verlobten Braut Christi, da sie ihre Freudenwohnung Hernals zu Wien in Oesterreich verlassen müssen
Ohne Orts- und Verlagsangabe, 1625
Wienbibliothek im Rathaus, Sign. A-70304
¶ Im April 1625 mussten Ursinus und seine Amtsbrüder die Gemeinde in Hernals verlassen. Noch im selben Jahr erschien ein Klagelied vom genannten Prediger, das in 21 Strophen den „Gottesgarten" Hernals besingt, in dem stets die reine christliche Lehre von der Kanzel geredet worden war. Die Gemeinde wird auch als „Gottessaal" bezeichnet. Dem entspricht die Illustration auf dem Deckblatt des Drucks, die eine versammelte Gemeinde in einem Predigtsaal und Musiker auf einem Balkon zeigt. In äußerst bildreicher Sprache weist Ursinus auf die tägliche Feier des heiligen Abendmahls und die vielen Kindertaufen und Eheschließungen hin. Auch das „Auslaufen" der Wienerinnen und Wiener zum Gottesdienst beschreibt der Pfarrer, indem er meint, die breite Straße nach Hernals habe die große Menge an Menschen kaum fassen können. Trotz der schönen Bilder, die Ursinus von seiner einstigen Wirkungsstätte zeichnet, sind es doch Wehmut und Elend sowie der Trost des fernen Predigers an seine Gemeinde, die im Mittelpunkt der Schrift stehen. Ein angehängtes Bußgebet, das wohl ebenso von Ursinus stammt und in Reimen verfasst ist, lässt die Bitte laut werden, Gott wolle die zahlreichen Sünden der Gemeinde nicht ansehen und die Strafe von ihr nehmen. Gott wird gebeten, um seines Sohnes willen Gnade zu schenken. Allerdings lassen sich aus den Initialen der Strophen die wenig zuversichtlichen Worte „Von Gott bin ich verlassen" bilden. (AB)
¶ Lit.: Mayr, Evangelisches Leben, S. 128.

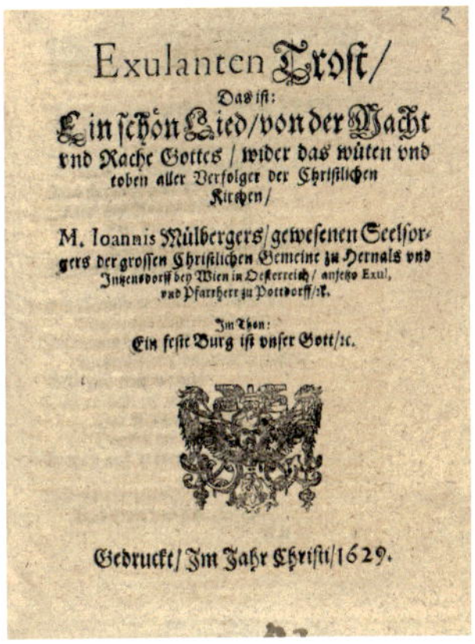

9.28
Johann Mülberger (1586–1630)
Exulanten Trost. Das ist: Ein schön Lied von der Macht und Rache Gottes wider das wüten und toben aller Verfolger der Christlichen Kirchen [...]
Ohne Orts- und Verlagsangabe, 1629

„Von Gott bin ich verlassen, spricht Zion zu dieser Zeit:
Der Herr hat mich vergessen, in meinem großen Leyd,
nach Turteltäubleins Arte, einsam bin worden ich,
Hernals du gottes Garten, dein Leyd betrübet mich.

Nun muß ich dich verlassen / Hernals du Gottes Saal
Da wir beysammen sassen / in Freiden manichsmal
Unter des höchsten Schutze / und seinen Flügeln breit
Wider des Teufels Trutze / yn Freuden lange Zeit

Europa niemals kannte / ein größere Kommun
In ihrem circkh und Landen / an einem Ort sag ich nun,
Als sich hier befunden / bei Wien in Österreich
Wie bald ist sie entschwundn / Und einer Witwen gleich

Nun behüt´dich Gott in Frieden / du liebes Österreich,
Es muß doch sein geschieden / von dannen trauriglich.
Laßt uns das Elend bauen / mit Christo hie ein Zeit,
So werden wir ihn schauen / dort in der Ewign Freid.“

Elias Ursinus → 9.27

München, Bayerische Staatsbibliothek, Sign. ESlg/4 Polem. 1752 a#Beibd. 2 (VD 17 12:112245W)
¶ Der evangelische Prediger Johann Mülberger musste 1625 aufgrund des wachsenden politischen Drucks Hernals verlassen und ließ 1627 — nach Kurzaufenthalten in Inzersdorf und Pottendorf — die habsburgischen Erblande schließlich völlig hinter sich. Der gebürtige Regensburger kehrte in seine Heimatstadt zurück und war damit ein *exul in patria*, als der er auch bessere Chancen auf eine Anstellung hatte. In seinem im Jahr 1629 zu Druck gelegten Trostlied für die protestantischen Glaubensflüchtlinge schwingen sowohl seine Sicht auf die politische Situation als auch seine seelische Gestimmtheit mit. Er zeigt sich äußerst kämpferisch. Voll Gnadengewissheit, Gott an seiner Seite wissend, dichtete er zur Melodie von *Ein feste Burg ist unser Gott*. Die Tyrannen, das heißt, die römisch-katholische Kirche und die kaiserliche Obrigkeit, würde Gott schon strafen, so Mülberger mit einem für die Frühphase des Exulantenschrifttums charakteristischen Optimismus. Später wurde dieser Optimismus von einem Realismus und schlussendlich von einem Rückzug auf eine verinnerlichte Frömmigkeit abgelöst. Exilierten oder geflüchteten Predigern dienten ihre auf das Exulantentum bezogenen Schriften oftmals als Veranschaulichung eines sich durch Taten bewährenden Glaubenslebens. Die Resonanz des Exulantenschrifttums und des in ihm transportierten exulantischen Selbstbildes blieb über Jahrhunderte hinweg aber eher auf kleine, vor allem selbst vom Exulantentum betroffene Gruppen beschränkt. (LJ)
¶ Lit.: Werner Wilhelm Schnabel: Österreichische Exulanten in Oberdeutschen Reichsstädten. Zur Migration von Führungsschichten im 17. Jahrhundert, München 1992, insbes. S. 458–468; Mayr, Evangelisches Leben, S. 113–144.

Inbrünstige
Hertzens Seufftzer.
Das ist ein
Hertzerweychendes Sehnliches Gebett/
welches die Evangelische betrangte Oesterreicher
allenthalben/ sonderlich aber
Zu Hernals nach jhren Predigten / in Kir-
chen/ Schulen vnnd Häusern / zu diesen Gefähr-
lichen Zeiten/ mit Inniglicher Andacht/
Beten vnd verlesen lassen.
Getruckt zu Nürnberg/ bey Caspar Fulden
Anno Christi. 1620.

9.29
Inbrünstige Hertzens-Seufftzer: Das ist ein Hertzerweychendes Sehnliches Gebett, welches die Evangelische betrangte Oesterreicher allenthalben, sonderlich aber zu Hernals […] Beten und verlesen lassen
Nürnberg: C. Fulden 1620
Wienbibliothek im Rathaus, Sign. A-9826 (VD 17 14:007132C)
¶ Das im Jahr 1620 in Nürnberg gedruckte Gebet nennt keinen Verfasser. Dennoch wurde öfter der Hernalser Prediger Elias Ursinus als Autor dieser Schrift angenommen, was auf die Gedankengänge, den Bußcharakter und den vergleichbaren Sprachgebrauch zurückzuführen ist. Gott ist zornig ob all der Sünden der Gemeinde, und so straft er sie nun gerechterweise mit Bedrängnis. Die im Gebet aufgebaute apokalyptisch anmutende Weltstimmung, die Welt- und Wehklagen entsprechen dem Zeitgeist. Starken Einfluss auf den Inhalt des Gebets haben offensichtlich die kriegerischen Ereignisse jener Zeit, teilweise in unmittelbarer Nähe zu Ursinus und seiner Wirkungsstätte. Er spricht vom Schwert Gottes, das sich vom einen Ende des Landes an das andere frisst und Mengen an Leichen zurücklässt. Raub, Plünderung und Mord werden bildhaft geschildert. Feste Städte werden zerstört, und ganze Landstriche brennen nieder: Offensichtlich ist der Dreißigjährige Krieg auch für Wien und seine Umgebung allgegenwärtig. Das Gebet ist getränkt von der Angst vor den Schrecken des beginnenden Krieges. Die heftigen kriegerischen Auseinandersetzungen sowie die mit ihnen einhergehenden Krankheiten und Seuchen werden als Zorn des gerechten

9.31

Gottes gedeutet. Dazu kommen Hungersnöte und Seuchen, die die Christen laut Gebet bußfertig machen und bekennen lassen, dass die Strafe Gottes geringer sei als die maßlose Sünde der Menschen. Gleichsam bittet der Beter um Gnade und Frieden: Gott möge die Gemeinde durch sein Wort und seine Sakramente im rechten Glauben erhalten. Landesherr und Stände werden ebenso in das Gebet eingeschlossen. Der Herr solle der Gemeinde Geduld in der Zeit der Bedrängnis und wahre Reue über ihre Sünden geben. Ein ähnliches Gebet, das vom Linzer Landhausprediger Johannes Caementarius verfasst wurde, begegnet einem etwa in der sogenannten *Theninger Landhausbibel* in Oberösterreich. Auch in diesem Beispiel beten sich in Bedrängnis fühlende Protestanten in finsteren Zeiten zu Gott, erflehen Frieden und seine Vergebung. Das blühende Hernalser Gemeindeleben unterlag bereits den ersten spürbaren Repressalien der Gegenreformation. Auch hier fürchtete man das tatsächlich kurz bevorstehende Ende der protestantischen Gemeinde. Es besteht die Vermutung, dass das Gebet der Feder des als feinfühlig charakterisierten Hernalser Prädikanten Elias Ursinus entstammt. Im Jahr 1625 musste er mit seinen Predigerkollegen Johann Mülberger und David Steudlin Hernals verlassen. (AB/LJ)

¶ Lit.: Mayr, Evangelisches Leben, S. 129; ders., Wiener Protestantengeschichte, S. 41–127; Astrid Schweighofer: Lutherbibel — „Landhausbibel“, in: Vocelka, Leeb, Scheichl, Renaissance und Reformation, S. 606–608 (Kat.Nr. 22.15).

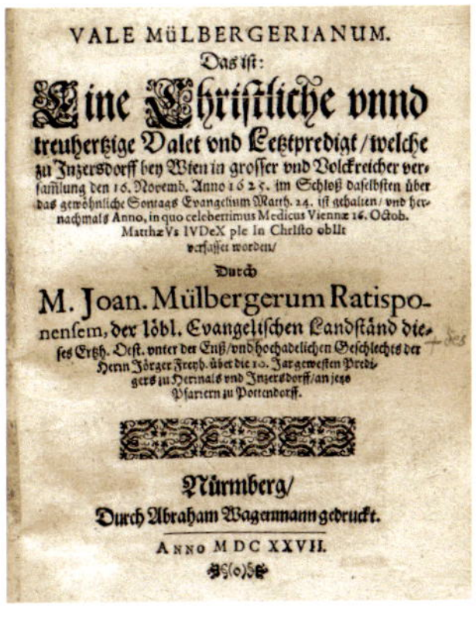
VALE MüLBERGERIANUM.
Das ist:
Eine Christliche vnnd
treuhertzige Valet vnd Letztpredigt/welche
zu Inzersdorff bey Wien in grosser vnd Volckreicher versamlung den 16. Novemb. Anno 1625. im Schloß daselbsten über
das gewöhnliche Sontags Evangelium Matth. 24. ist gehalten/ vnd her-
nachmals Anno, in quo celeberrimus Medicus Viennæ 16. Octob.
MatthæVs IVDeX pIe In ChrIsto obIIt
verfasset worden/
Durch
M. Joan. Mülbergerum Ratispo-
nensem, der löbl. Evangelischen Landständ die-
ses Ertzh. Oest. vnter der Enß/vnd hochadelichen Geschlechts der
Herrn Jörger Freyh. über die 10. Jar gewesten Predi-
gers zu Hernals vnd Inzersdorff/anjetzo
Pfarrern zu Pottendorff.
Nürnberg/
Durch Abraham Wagenmann gedruckt.
ANNO MDC XXVII.

↙ 9.30
Johann Mülberger (1586–1630)
Vale Mülbergerianum.
Das ist: Eine Christliche unnd treuhertzige Valet und Letztpredigt, welche zu Inzersdorff bey Wien [...] den 16. Novemb. Anno 1625. im Schloß [...]
Nürnberg: Wagenmann 1627
Staatliche Bibliothek Regensburg, Sign. 999/4Hom.157 (VD 17 14:018689Y)

¶ Nachdem die Jörger von Hernals im Jahr 1625 enteignet worden waren, flohen die drei Prediger Johann Mülberger, Elias Ursinus und David Steudlin von Hernals über Vösendorf nach Inzersdorf, wo sie jeweils von den Hausherren Henckel von Donnersmarck und Geyer von Osterburg aufgenommen wurden. Der Freiherr von Inzersdorf, Hans Adam Geyer, verfügte schließlich, dass die Religionsexerzitien der Hernalser Gemeinde — zumindest für eine kurze Zeit — nach Inzersdorf verlegt werden konnten. Mülberger wurde allerdings schon bald nach Pottendorf berufen. Mit seiner *Valetpredigt* im November 1625 nahm der Regensburger Prädikant schließlich Abschied von seiner mittlerweile schon zerstreuten Hernalser Gemeinde, der er über zehn Jahre hinweg gedient hatte. Seine Predigt verrät viel über seine Gemütsstimmung: Der Abschied von den zahlreich erschienenen Hörerinnen und Hörern fällt ihm schwer, Pottendorf nennt er sein „Totendorf“, er richtet seinen Dank an viele verschiedene Leute. Die zunehmende gegenreformatorische Bedrängnis, die ihn und seine Kollegen den Posten in Hernals gekostet hatte, wird allerdings kaum thematisiert. Er polemisiert zwar gegen Türken, Papst und Calvinisten, will die Stimmung in der Gemeinde aber offensichtlich optimistisch halten. So dankt er gar seinen Feinden, die ihn mit ihren „Blutpredigten“ dem Evangelium von Mal zu Mal nähergetrieben haben sollen. Im Jahr 1627 musste er ob der verschärften Konfessionspolitik den habsburgischen Erblanden schließlich den Rücken kehren. Er folgte seiner bereits 1625 nach Regensburg geflohenen Familie

9.32

nach, wo er 1630 als 43-Jähriger verstarb. (LJ)

¶ Lit.: Mayr, Von Hernals bis Inzersdorf, S. 37–53; ders., Weitere dreizehn Predigtdrucke, S. 61–112.

⇤ 9.31
Georg Daniel Heumann (1691–1759) nach Salomon Kleiner (1700–1761)
Der Kalvarienberg in Hernals, 1724
Aus: Wahrhafte und genaue Abbildung aller Kirchen und Klöster […], 1. Teil, Blatt 29
Kupferstich, 23 × 33,5 cm
Wien Museum, Inv.Nr. 19.248

↑ 9.32
J. Wagner
„Voriger Calvarie-Berg zu Herrnals" und „Heütiger Calvarie-Berg daselbst", 1767
Kupferstich, 15,3 × 8,9 cm
Wien Museum, Inv.Nr. 45.130

¶ Der Kalvarienberg zu Hernals befindet sich (auch heute noch) an jener Stelle, an der einst das Schloss der Jörger von Hernals gestanden ist. Nachdem die protestantischen Jörger fünf Jahre nach der sieglosen Schlacht am Weißen Berg (1620) enteignet worden waren, ging die Herrschaft Hernals an das Domkapitel von St. Stephan. Hernals wurde auf schnellstem Wege rekatholisiert. Dem Jesuiten Carolus Mussart kam schließlich die Idee, zur inneren Erneuerung der Gläubigen und zur Festigung des katholischen Glaubens einen Kreuzweg zu errichten: Ausgangspunkt war der Fronleichnamsaltar in St. Stephan, von dem aus man über sieben weitere Leidensstationen ausgerechnet zur ehemals protestantischen Hernalser Kirche gelangte; dort war nach dem Jerusalemer Vorbild ein Heiliges Grab errichtet worden. Im Jahr 1639 fand im Beisein Kaiser Ferdinands III. sowie allerlei höchster Würdenträger die erste Prozession statt, die in ihrer Länge der Via Dolorosa nachbemessen war. Viele weitere, mit Sündenablässen belohnte Wallfahrten folgten. Nachdem Kirche und Grab 1683 von den Türken zerstört worden waren, finanzierten reiche Hernalser Bürger bis 1714 die Errichtung eines Kalvarienbergs neben der Kirche. Dieser künstlich angelegte Treppenweg war für Bußgänge der Katholiken gedacht. In den Jahren 1766 bis 1769 ließ der die Kirche und den Kalvarienberg betreuende Paulinerorden die Kirche erneut ausbauen, auch um das rege Wallfahrtswesen noch weiter zu beleben. Dieses erlosch erst nach der Auflösung des Paulinerordens und nach dem Verbot der Bußprozessionen durch den aufklärerischen Kaiser Joseph II. nach und nach. Auch das Schloss wurde abgerissen. Eine letzte tiefgreifende Neugestaltung der von Bombentreffern beschädigten katholischen Hernalser Kirche erfolgte schließlich nach 1945.
Der seit 1720 in Wien wirkende Vedutenzeichner und Kupferstecher Salomon Kleiner (1700–1761) fertigte ein umfassendes Vedutenwerk zahlreicher Sakral- und Profanbauten der Kaiserstadt an, darunter auch einen Stich des Kalvarienbergs und der Hernalser Kirche von 1724. Wie viele Vorlagen Kleiners wurde auch diese Ansicht vom Nürnberger Georg Daniel Heumann in einen Kupferstich umgesetzt.
Der deutsche Kupferstecher Joseph Wagner (1706–1780) stellt in seinem Stich die bereits 1714 angefertigte, aus einer Weck- und Zeiguhr übernommene Darstellung des Kalvarienbergs seiner Darstellung von 1767 gegenüber. (LJ)

¶ Lit.: Hyacinth Holland: Artikel Wagner, Joseph, in: Allgemeine Deutsche Biographie, Bd. 40, Leipzig 1896, S. 521f.; Hans Reuther: Artikel Kleiner, Salomon, in: Allgemeine Deutsche Biographie, Bd. 11, Berlin 1977, S. 749f.; Franz Zabusch, Josef F. Aumann: 200 Jahre Kalvarienberg-Kirche in Hernals. Führer durch die Ausstellungen: „Kalvarienberg und Kirchen in Hernals", „So war's einmal draußen an der Als", „Christliche Briefmarkenmotive" (Schriften des Hernalser Heimatmuseums), Wien 1969; Uhl, Hernals; Mecenseffy, Rassl, Die evangelischen Kirchen Wiens.

Geistliche Musik der Reformationszeit in Wien

Die musikalische Entwicklung in der Reformationszeit war eng mit der Entstehung und Entwicklung von Pfarrgemeinden und kirchlichen Strukturen verbunden. Das hat in Österreich zu einigen beeindruckenden Zentren evangelischer Musikkultur geführt: Linz, Graz und Steyr führen die Liste an. Das Stadtgebiet von Wien wird man hier vergeblich suchen, obwohl die Haupt- und Residenzstadt an der Wende vom 16. zum 17. Jahrhundert ein europäischer Brennpunkt der Renaissance gewesen ist — auch in musikalischer Hinsicht. ◖ Der Aufbau evangelischer Gemeinden und Schulen und damit die Musikpflege im Stadtgebiet wurden verhindert, auch ein Eindringen der protestantisch geprägten Meistersingerkultur wurde schon in den Anfängen unterbunden. ◖ Lediglich in den Umlandgemeinden wie Hernals, Inzersdorf, Vösendorf und anderen konnten sich unter der Schirmherrschaft des evangelischen Adels Gemeinden mit eigener Kirchenmusik entwickeln. Besonders hervorzuheben ist hier Hernals, wo mit dem Organisten und Kantor Andreas Rauch (1592–1656) auch eine der wichtigsten Persönlichkeiten der evangelischen Musikgeschichte in Österreich lebte und arbeitete. (HS)

9.33 (Abb. S. 209)
Heinrich Ullrich
Musikalischer Neujahrswunsch der niederösterreichischen Stände aus Hernals („Gratulatio Zum Ein und Außgang eines Frid unnd Freudenreichen Neuen Jahrs [...]"), um 1620
Kupferstich, 28 × 22,1 cm
Nürnberg, Germanisches Nationalmuseum, Inv.Nr. HB 2307
¶ Die evangelische Gemeinde in Hernals war für einige Zeit das wichtigste geistliche und musikalische Zentrum der Protestanten im Umfeld von Wien. Davon zeugen auch musikalische Einblattdrucke mit Neujahrswünschen in Form kurzer Motetten. Sie zeigen eine Momentaufnahme evangelischer Kirchenmusik am Vorabend der Gegenreformation. (HS)

9.34 (Abb. S. 210)
Andreas Rauch (1592–1656)
Thymiaterium musicale. Daß ist Musicalisches Rauchfäßleinn (für 4–8 Stimmen und B. c.), 1625
Handschrift, 19,1 × 15,4 cm (geschlossen)
Bischöfliche Zentralbibliothek Regensburg, Proskesche Musikabteilung, Sign. A.R. 718-720
¶ Der Titel „Musikalisches Rauchfäßlein" ist ein Wortspiel mit dem Namen des Komponisten. Die Sammlung von 25 geistlichen Kompositionen mit deutschen und lateinischen Texten zumeist aus Bibel und Gesangsbuch ist ein eindrucksvolles Zeugnis der Blütezeit evangelischer Kirchenmusik in Hernals. Die damals namhaftesten Prediger der Gemeinde, Johann Mülberger, Elias Ursinus und David Steudlin, treten als Widmungsträger auf. Das großzügig gestaltete Vorwort ist eine wichtige Quelle zum Wirken von Rauch in Hernals und zum musikalischen Leben der Gemeinde. Text und Musik zeugen aber auch von der bedrückenden Situation der Verfolgung und der ständigen Bedrohung, der die Gemeinde ausgesetzt war. (HS)

9.35 (Abb. S. 212)
Andreas Rauch
Zwey Christlich: Musicalische Gesänglein [...] so den 16. Novembris deß 1625. Jars im Schloß zu Inzersdorff bey Wien [...] gehalten worden
Nürnberg: Wagenmann 1627
Reproduktion der Titelseite
Staatliche Bibliothek Regensburg, Sign. 999/4Hom. 157
¶ Der Abschied von Hernals ist Andreas Rauch sicherlich nicht leichtgefallen. Seit seinem 18. Lebensjahr war er in dieser Gemeinde als Organist, Komponist und wohl auch als Kantor in der Schule tätig. Ein wichtiger Teil seines Lebenswerks war in dieser Zeit entstanden und begründete seinen Ruf als einer der wichtigsten Komponisten der Reformationszeit in Österreich. Bevor er nach Ödenburg auswanderte, fand er in Inzersdorf Aufnahme, wo er die beiden geistlichen Gesänge, die noch in Hernals entstanden waren, 1625 zur Aufführung brachte. (HS)
¶ Lit.: Hans Joachim Moser: Die Musik im frühevangelischen Österreich, Kassel 1954; Josef Pausz: Andreas Rauch. Ein evangelischer Musiker — 1592 bis

9.37

1656, Wien 1992; Josef Pausz (Hg.): Andreas Rauch und seine Zeit (Ausstellungskatalog), Pottendorf 1992.

9.36 (Abb. S. 213)
Andreas Rauch
Concentus votivus (für 12 Singstimmen auf drei Chöre verteilt, begleitet von 2 Violinen, 2 Hörnern, 2 Trombonen und Orgel), gewidmet Ferdinand II., „anno 1634, 18. Dec."
Handschrift (Abschrift des 19. Jh.s), 28 × 39 cm
Wien, Österreichische Nationalbibliothek, Musiksammlung, Sign. Mus.Hs. 19233
¶ Andreas Rauch musste im Jahr 1625 Hernals mit der Schließung der Gemeinde verlassen und ging nach einem kurzen Aufenthalt in Inzersdorf nach Ödenburg. Dort war er wohl gezwungen, eine pompöse Staatsmusik auf den Besuch Ferdinands II. in Ödenburg zu komponieren: sicherlich keine leichte Aufgabe, den Urheber von eigener Verfolgung und Not auf diese Weise empfangen und ehren zu müssen. Rauch schrieb zu diesem Anlass ein prunkvolles, pompöses Werk ohne erkennbare persönliche Note. (HS)

↑ 9.37 (Abb. S. 211)
Andreas Rauch
Newes Thymiaterium oder Rauchfäßlein (für 3–4 Stimmen, 2 Violinen, Fagott und B. c.), Stimmbücher Wien/Luzern: David Hautten 1651
Gesellschaft der Musikfreunde in Wien, Archiv, Bibliothek und Sammlungen, Sign. II 14015 (105)
¶ Das *Newe Thymiaterium* ist wohl das letzte Werk des Andreas Rauch. Er starb 1656 in Ödenburg als hoch angesehener Organist und Komponist an der Kirche St. Ulrich. Die Sammlung enthält Messen und geistliche Concerte mit drei- bis vierstimmigen Vokalsätzen und zwei Violinen, Fagott und B. c. Rauch gelangt hier am Ende seines Schaffens stilistisch zu frühbarocker Schreibweise, die sich auch an den geistlichen Konzerten von Heinrich Schütz orientiert. (HS)

10

Die katholische Kirche zwischen Defensive und Offensive

Die katholische Reform

Schon vor der Reformation gab es zahlreiche Stimmen, die eine Reform der Kirche „an Haupt und Gliedern" forderten. Kritisiert wurden die Veräußerlichung der Frömmigkeit, das Versagen wichtiger Teile des kirchlichen Systems und der damit verbundene Fiskalismus. Diese Gruppen strebten nach einer verinnerlichten Frömmigkeit sowie nach einer Theologie, die den Erfordernissen des praktischen Lebens entsprach. Diese Reformbemühungen fanden aber im späten Mittelalter kaum Anknüpfungspunkte in der kirchlichen Hierarchie und im kirchlichen System. ◖ Erst der Aufstieg der Reformation und die durch die Spaltung der Christenheit ausgelöste Krise bewirkten, dass die innerkirchliche Reform zum Hauptanliegen der gesamten katholischen Kirche wurde. Ein Prozess der inneren Erneuerung wurde eingeleitet, Predigtsammlungen, Katechismen und liturgische Texte wurden publiziert, die geregelte, solide Ausbildung des Klerus war nun ein wichtiges Anliegen. Die mittelalterliche Tradition und die überlieferten religiösen Praktiken wurden dabei nirgendwo aufgegeben, sondern wiederbelebt, zuvor aber von Missbräuchen gereinigt und ab nun von den Bischöfen verstärkt kontrolliert. ◖ Die wichtigste dieser Reforminitiativen war das Konzil von Trient, das zwischen 1545 und 1563 tagte. Den Neuerungen der Reformation in Lehrfragen wurde in Trient in keinem Punkt recht gegeben, Fehlentwicklungen wurden aber konzediert und Maßnahmen zu ihrer Beseitigung ergriffen. Offenbarungsquelle sei nicht, wie die Protestanten behaupteten, allein die Heilige Schrift, sondern zusätzlich die Tradition der Kirche. Als Folge dieser Selbstbesinnung entstand innerhalb der katholischen Kirche eine selbstbewusste Dynamik, die alle Bereiche des kirchlichen Lebens erfasste. (RL)

10.1 →

Darstellung einer Sitzung des Konzils von Trient (1545–1563), nach 1562 (?)
Druckgrafische Vorlage mit handgezeichneten Veränderungen, koloriert, geklebt, 28,3 × 41,8 cm
Ursprünglich zugebunden in: Matthias Burgklehner: Der tirolerische Adler (1619–1639)
Wien, Österreichisches Staatsarchiv, Abteilung Haus-, Hof- und Staatsarchiv, Sign. HS W 231/9

¶ Das Bild zeigt eine Arbeitssitzung des Konzils von Trient in der Kirche Santa Maria Maggiore, in der das Konzil seit 1545 tagte. Das Konzil war von Papst Paul III. einberufen worden und tagte in drei Sessionen (1545–1547, 1551–1552 und 1562–1563). Zwar blieb es weit hinter den ursprünglichen Zielen zurück, doch setzte es eine Reihe von Reforminitiativen, die in der Zukunft Früchte trugen. Den Neuerungen der Reformation in Lehrfragen wurde auf dem Konzil in keinem Punkt recht gegeben, es bestätigte die überlieferten kirchlichen Sakramente, Riten und Traditionen, die allerdings einer stärkeren Kontrolle durch die Bischöfe unterworfen wurden. Die im Mittelalter aufgetretenen Missstände und Missbräuche der Tradition wurden verurteilt. Gegen die Reformation wurde die apostolische Tradition betont: Die Tradition und der Lehrschatz der katholischen Kirche seien durch Christus und die Apostel begründet und in der Kirche durch die Geschichte im Kern treulich bewahrt worden. Offenbarungsquelle sei nicht nur die Heilige Schrift, sondern auch diese Tradition der Kirche, womit eine deutliche Gegenposition zur Reformation, insbesondere dem Augsburger Bekenntnis, formuliert wurde, die davon ausgeht, dass sich die Kirche im Mittelalter unter dem Papsttum von den Idealen der apostolischen Zeit bzw. der Zeit der alten Kirche entfremdet und diese durch „Menschenwerk" verdunkelt habe. Bei der Rechtfertigung lehrte Trient eine aktive Mitwirkung der Menschen beim Rechtfertigungsgeschehen. Großes Augenmerk legte das Konzil auf die Ausbildung des Klerus, die bislang nicht geregelt war. Man ordnete die Einrichtung von Priesterseminaren an, die Priesterkandidaten wurden dabei vor allem auf ihre künftigen pastoralen Aufgaben vorbereitet und das Priesteramt von diesen her definiert. Die Durchsetzung und Rezeption der Reformbeschlüsse des Konzils benötigten geraume Zeit. Typisch für die Arbeitssitzungen des Konzils war die amphitheatralische Anordnung des Gestühls. Die recht zahlreichen Darstellungen gehen letztlich alle auf einen venezianischen Stich des Jahres 1563 zurück, der im Jahr 1565 wieder aufgelegt wurde und weite Verbreitung fand, sodass Darstellungen des Konzils leicht als solche zu erkennen sind. Auch die hier gezeigte Abbildung im Tirolischen Adler geht auf diesen Stich zurück. Ein Kennzeichen dieser Konzilsbilder ist ihre historische und topografische Genauigkeit. (RL)

¶ Lit.: Hubert Jedin: Geschichte des Konzils von Trient, 3 Bde., Freiburg 1973–1975; Gerhard Müller: „Tridentinum", in: Theologische Realenzyklopädie, Bd. 34, Berlin/New York 2002, S. 62–74;

10.1

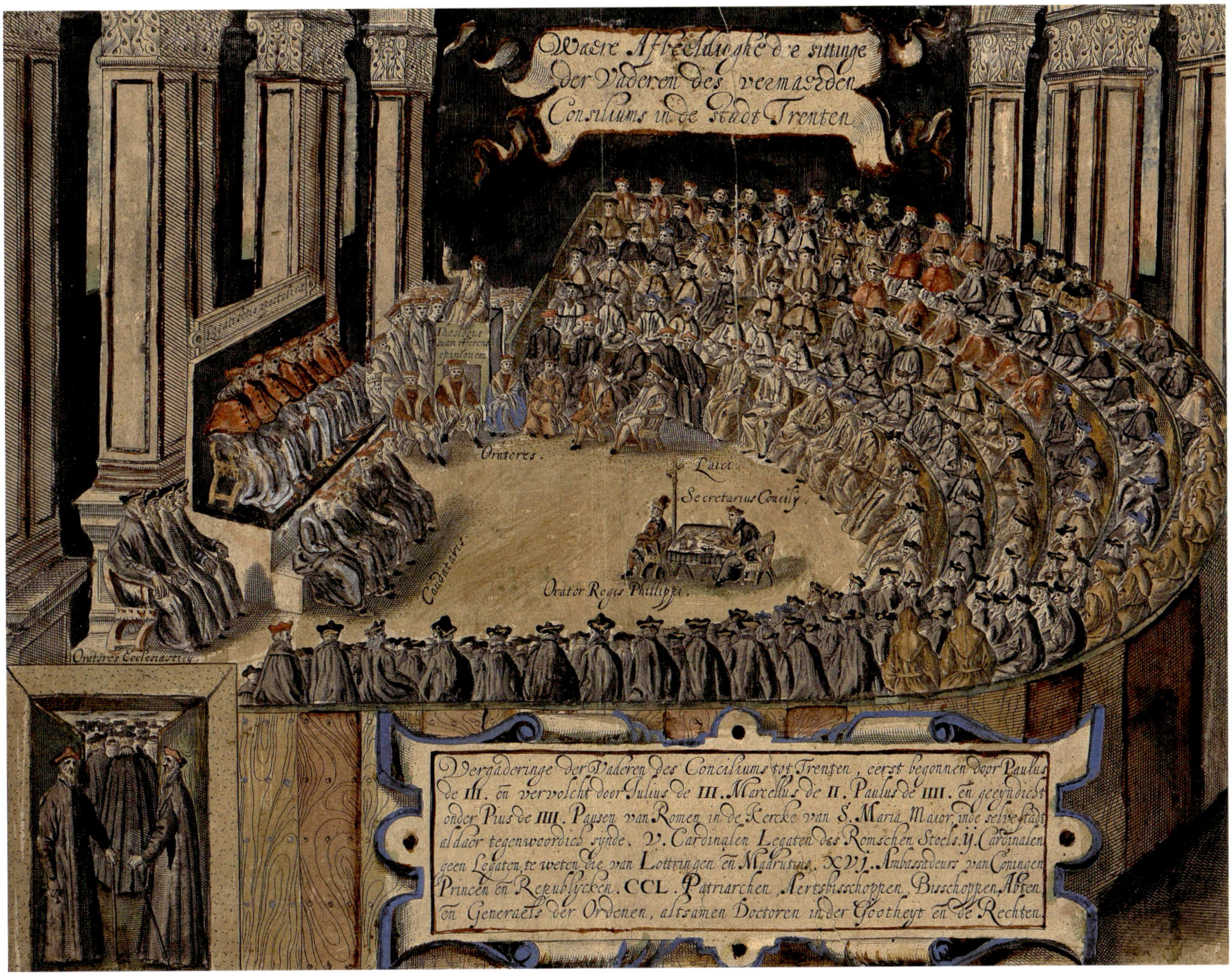

Peter Walter, Günther Wassilowsky (Hg.): Das Konzil von Trient und die katholische Konfessionskultur (1563–2013). Wissenschaftliches Symposium aus Anlass des 450. Jahrestages des Abschlusses des Konzils von Trient (Reformationsgeschichtliche Studien und Texte, Bd. 163), München 2016; Lukas Rangger: Matthias Burgklehner, in: Forschungen und Mitteilungen zur Geschichte Tirols und Vorarlbergs 3 (1906), S. 185–221; Gabriele Wimböck, in: Reinhold Baumstark (Hg.): Rom in Bayern. Kunst und Spiritualität der ersten Jesuiten (Ausstellungskatalog Bayerisches Nationalmuseum), München 1997, S. 282–284 (Kat.Nr. 10).

10.2 (Abb. S. 225)
Bischof Johann Fabri (1478–1541)
Kupferstich (Reproduktion)
Wien, Österreichische Nationalbibliothek, Bildarchiv und Grafiksammlung, Sign. PORT_00128481_01
¶ Der im Allgäu geborene und in Baden bei Wien verstorbene Johann Fabri machte sich als Bischof von Wien (1530–1541) vor allem als Prediger und konsequenter Verteidiger der alten Kirche einen Namen. (AS)
¶ Lit.: Annemarie Fenzl: Johann Fabri (1530–41), Bischof und Domprediger von Wien, in: Beiträge zur Wiener Diözesangeschichte 35 (1994) 1, S. 9–11; Leo Helbling: Dr. Johann Fabri. Generalvikar von Konstanz und Bischof von Wien. 1478–1541. Beiträge zu seiner Lebensgeschichte, Münster 1941, S. 136; Herbert Immenkötter: Artikel Fabri, Johann, in: Theologische Realenzyklopädie, Bd. 10, Berlin/New York 1982, S. 784–788; Christian Radey: Dr. Johann Fabri, Bischof von Wien (1530–1541), Wegbereiter der katholischen Reform, Rat König Ferdinands, unveröff. Diss. Univ. Wien 1976, S. 331–333.

10.3 (Abb. S. 226)
Johann Fabri (1478–1541)
Sermones consolatorii reverendiss in Christo Patris […]
Wien: Johann Singriener 1532
Wienbibliothek im Rathaus, Sign. A-73327
¶ Schon als Rat Erzherzog Ferdinands I. (ab 1523) war Johann Fabri auf diplomatischer Ebene mit dem Kampf gegen den türkischen „Erzfeind" beschäftigt. Anfang der 1530er-Jahre wandte sich der nunmehrige Wiener Bischof angesichts der drohenden Gefahr einer zweiten Belagerung Wiens durch die Osmanen mit sogenannten Türkenpredigten an das Volk. In den 37 im Jahr 1532 im Druck erschienenen Predigten ruft Fabri eindringlich zur Buße auf und stellt die auf die Buße folgende Errettung durch Gott in Aussicht. (AS)
¶ Lit.: Fenzl, Fabri, S. 10; Damaris Grimmsmann: Krieg mit dem Wort. Türkenpredigten des 16. Jahrhunderts im Alten Reich (Arbeiten zur Kirchengeschichte, Bd. 131), Berlin/Boston 2016, S. 224–228.

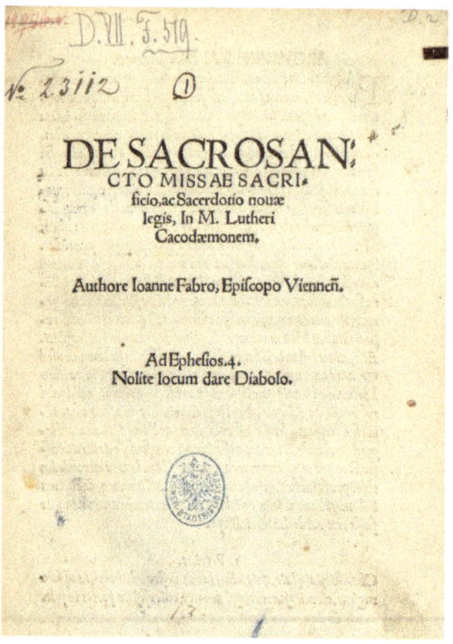
DE SACROSAN:
CTO MISSAE SACRI-
ficio, ac Sacerdotio nouæ
legis, In M. Lutheri
Cacodæmonem.

Authore Ioanne Fabro, Episcopo Viennēs.

Ad Ephesios. 4.
Nolite locum dare Diabolo.

10.4
Johann Fabri
De sacrosancto missae sacrificio, ac Sacerdotio novae legis, In M. Lutheri Cacodaemonem
Wien: Johann Singriener 1534
Wienbibliothek im Rathaus, Sign. A-14596

¶ Der Wiener Bischof Johann Fabri unternahm in der vermutlich 1534 erschienenen Schrift eine Verteidigung des katholischen Messopfers und des Priesteramts. Anlass dazu dürfte die kurz zuvor publizierte Abhandlung Luthers *Von der Winkelmesse und Pfaffenweihe* gewesen sein. Im Vorwort geht Fabri auf das nicht namentlich genannte Luther-Buch ein und unterstellt dem Reformator, vom Teufel angeleitet worden zu sein. Der Schrift ist ein Vers aus dem Epheserbrief (Eph. 4,27) vorangestellt: „Nolite locum dare Diabolo" („Gebt dem Teufel keinen Raum"). (AS)

¶ Lit.: Helbling, Dr. Johann Fabri; Martin Luther: Von der Winckelmesse vnd pfaffen weihe, Wittenberg 1534, in: ders.: Weimarer Ausgabe, Bd. 38, S. 171–256 [VD16 L 7243].

10.5 (Abb. S. 227)
Friedrich Nausea (ca. 1496–1552), Bischof von Wien
Holzschnitt, 14,3 × 15 cm
Wien Museum, Inv.Nr. 43.488

¶ Friedrich Nausea wurde in Oberfranken geboren. Nach juristischen Studien in Deutschland und Italien wandte er sich Mitte der 1520er-Jahre der Theologie zu und stellte sein Leben fortan in den Dienst der römischen Kirche. Er war Teilnehmer an den Reichstagen von Nürnberg (1524), Speyer (1529) und Augsburg (1530), hatte Einfluss auf die gegen die Reformation gerichteten Beschlüsse des Regensburger Konvents von 1524 und mischte 1540/41 bei den Religionsgesprächen in Hagenau und Worms mit. Im Jahr 1534 wurde Nausea, der seit 1526 das Amt des Dompredigers in Mainz bekleidete, zum Hofprediger und Rat König Ferdinands I. bestellt. Ab 1538 wirkte er als Koadjutor des Wiener Bischofs Johann Fabri, bis er diesem 1541 im Bischofsamt nachfolgte. Als eifriger Verteidiger der alten Kirche und ihrer Lehren stand Nausea den auf Ausgleich bedachten Religionsgesprächen insgesamt ablehnend gegenüber — sein Ziel war es, die Protestanten wieder in den Schoß der römischen Kirche zurückzuholen. Dazu bedurfte es jedoch kirchlicher Reformen. Nausea machte umfassende Reformvorschläge und forderte wiederholt die Einberufung eines Konzils. Im Jahr 1551 nahm er selbst am Konzil von Trient teil, wo er sich (erfolglos) für die Zulassung des Laienkelchs aussprach. Nausea erwarb sich als Diplomat, Bischof und Prediger hohes Ansehen. Er starb 1552 in Trient und ist im Wiener Stephansdom begraben. (AS)

¶ Lit.: Remigius Bäumer: Friedrich Nausea, in: Katholische Theologen der Reformationszeit, Bd. 2 (Katholisches Leben und Kirchenreform im Zeitalter der Glaubensspaltung, Bd. 45), Münster 1985, S. 92–103; Herbert Immenkötter: Artikel Nausea, Friedrich, in: Theologische Realenzyklopädie, Bd. 24, Berlin/New York 1994, S. 230–235; Heinz Scheible: Artikel Nausea, Friedrich, in: Religion und Geschichte und Gegenwart (RGG4), Bd. 6, Tübingen 2003, Sp. 158f.; Theodor Wiedemann: Geschichte der Reformation und Gegenreformation im Lande unter der Enns, Bd. 1, Prag 1879, S. 227–231; ebd., Bd. 2, Prag 1880, S. 26–64.

10.6 (Abb. S. 228)
Friedrich Nausea
Sacris studijs & Cõsilijs in LXXVIII. psalmũ [...]
Wienbibliothek im Rathaus, Sign. A-84378

¶ Der in katholischen Kreisen hochgeschätzte Prediger und Diplomat Friedrich Nausea hat zahlreiche Predigten (auch aus seiner Zeit als Domprediger in Mainz ab 1526), Briefe und Schriften hinterlassen. Der vorliegende Text ist eine Abhandlung über Psalm 78 der lateinischen Bibelübersetzung Vulgata (Psalm 79 in der Luther-Übersetzung). (AS)

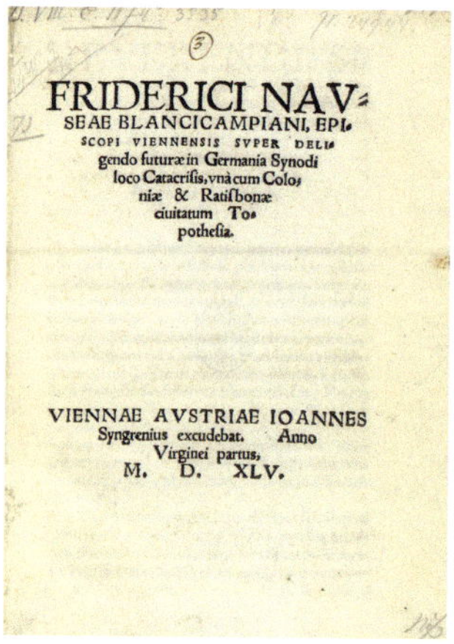
FRIDERICI NAV-
SEAE BLANCICAMPIANI, EPI-
SCOPI VIENNENSIS SVPER DELI-
gendo futuræ in Germania Synodi
loco Catacrisis, vnà cum Colo-
niæ & Ratisbonæ
ciuitatum To-
pothesia.

VIENNAE AVSTRIAE IOANNES
Syngrenius excudebat. Anno
Virginei partus,
M. D. XLV.

10.7
Friedrich Nausea
Super deligendo futurae in Germania Synodi loco Catacrisis una cum Coloniae & Ratisbonae civitatum Topothesia
Wien: Johann Singriener 1545
Wienbibliothek im Rathaus, Sign. A-18000

¶ Mit dieser Schrift schaltete sich der um eine Kirchenreform bemühte Nausea in die seit Längerem laufenden Debatten um die Wahl eines Ortes für ein künftiges Konzil ein und schlug die Städte Köln und Regensburg vor. Das Konzil trat schließlich in Trient zusammen. Nausea nahm im Jahr 1551 an den dortigen Beratungen teil, verstarb aber nur wenige Monate später. (AS)

¶ Lit.: Bäumer, Friedrich Nausea, S. 92–103; Immenkötter, Artikel Nausea, S. 230–235; Hubert Jedin: Geschichte des Konzils von Trient, Bd. 1: Der Kampf um das Konzil, Freiburg i. Breisgau 1951, S. 435f., S. 617, Anm. 4; Wiedemann, Reformation und Gegenreformation, Bd. 1, S. 227–231.

Die Jesuiten

Die Jesuiten stellten eines der wirkungsvollsten Instrumente der katholischen Gegenreformation und der katholischen Erneuerung dar. Der im Jahr 1540 vom Papst bestätigte neue Orden, der in seine Gelübde den unbedingten Gehorsam gegenüber dem Papst aufgenommen hatte, wurde von diesem bald zur Bekämpfung der Reformation eingesetzt. ◖ Auf Bitten von Ferdinand I. sandte der Ordensgründer Ignatius von Loyola die Jesuiten Jay und Salmerón nach Wien, wo 1551 das erste Jesuitenkolleg im Reich gegründet wurde. Bald darauf versetzte der Orden Petrus Canisius nach Wien. Das Kolleg wuchs rasch. Mit den Jesuiten kamen stets dialogbereite, aber kompromisslose Vertreter eines neuen, romanisch geprägten Katholizismus nach Wien. Auch wenn das Wirken der Jesuiten anfangs nicht von Erfolg gekrönt war, wirkten sie vor allem im Schulwesen mit tiefem religiösem Ernst und mit größter Konsequenz und Beharrlichkeit. Durch ihre Kollegien gingen die künftigen katholischen Eliten und Entscheidungsträger. ◖ Im Jahr 1555 veröffentlichte Canisius die erste Auflage seines *Großen Katechismus,* der als Arbeitsinstrument der katholischen Seelsorge über Jahrhunderte hinweg rege Verwendung fand. Er wurde von Kaiser Ferdinand I. sogar zur Pflichtlektüre in allen lateinischen und deutschen Schulen erhoben. (RL)

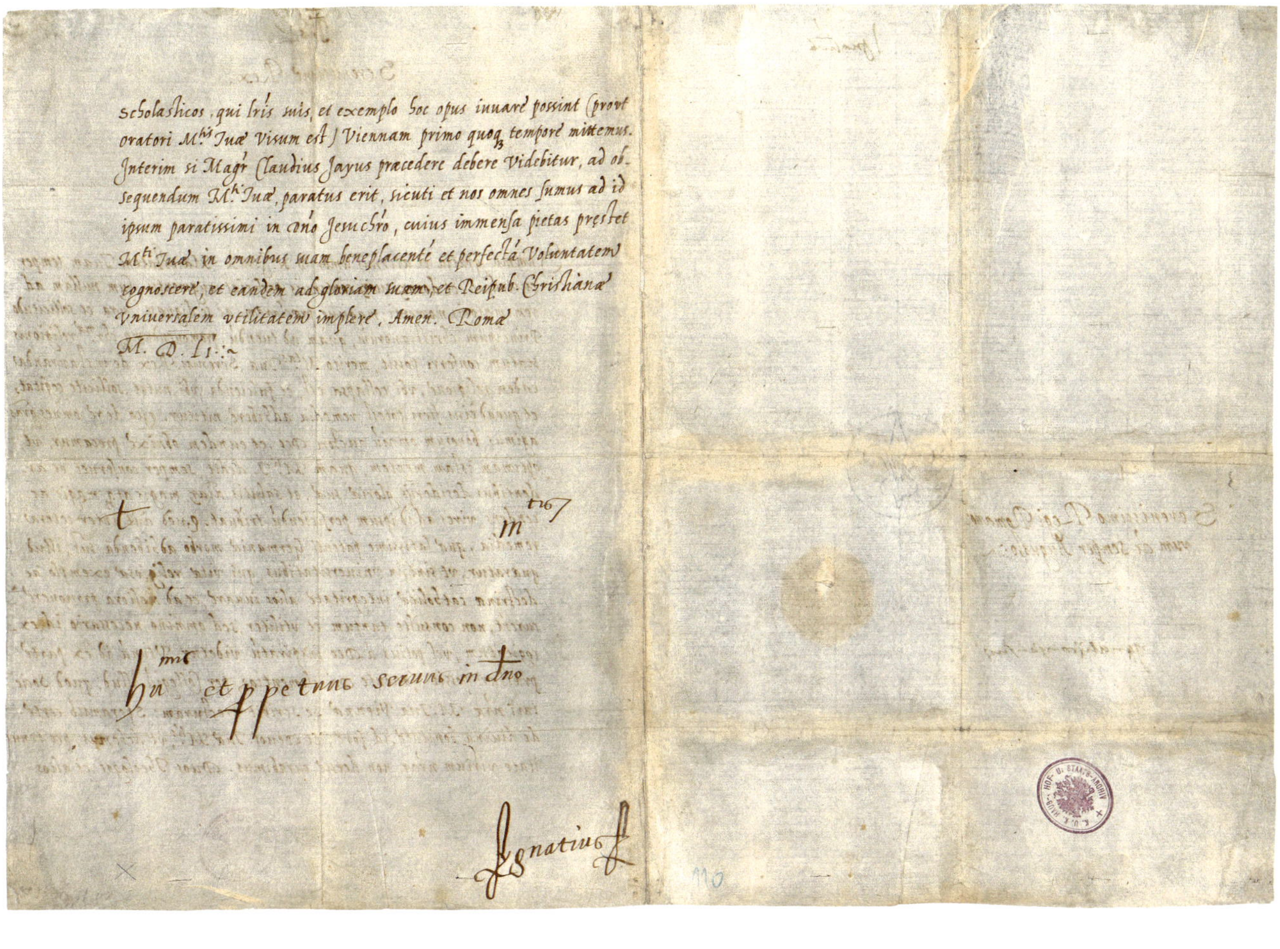

scholasticos, qui lris suis, et exemplo hoc opus iuvare possint (prout
oratori M^tis V^rae visum est) Viennam primo quoque tempore mittemus.
Interim si Magr Claudius Jayus praecedere debere videbitur, ad ob-
sequendum M^ti V^rae paratus erit, sicuti et nos omnes sumus ad id
ipsum paratissimi in dno Jesu Chro, cuius immensa pietas praestet
M^ti V^rae in omnibus suam beneplacentem et perfectam voluntatem
cognoscere, et eandem ad gloriam suam, et Reipub. Christianae
universalem utilitatem implere. Amen. Romae
M.D.LI.

hu[mi]l[is] et perpetuus servus in dno

Ignatius

10.8

|← 10.8
Ignatius von Loyola (1491–1556)
Eigenhändiger Brief an Ferdinand I., Rom, 1551
Handschrift, 28,5 × 21 cm (gefaltet)
Wien, Österreichisches Staatsarchiv, Abteilung Haus-, Hof- und Staatsarchiv, Sign. HA Fam. Korr. A 1-5-20

¶ Ignatius von Loyola war einer der Gründer und der maßgeblichen Gestalter der in den 1530er-Jahren ins Leben gerufenen *Societas Jesu*. 1540 wurde die Gemeinschaft der Jesuiten von Papst Paul III. bestätigt. Ein großes Sendungsbewusstsein und eine damit einhergehende hohe Mobilität, die Ausrichtung auf die Heranbildung katholischer Eliten sowie der unbedingte Gehorsam gegenüber dem Papst waren Hauptmerkmale ihres Wesens und Wirkens. In den 1550er-Jahren wies ihr Papst Julius III. eine weitere Aufgabe zu: die Verteidigung der römisch-katholischen Kirche und die Abwehr des Protestantismus. Bald entsandte der mittlerweile in Rom tätige Ordensvater Ignatius von Loyola Jesuiten ins Heilige Römische Reich, die dort zu entscheidenden Betreibern der Gegenreformation wurden. Sie arbeiteten zunächst in der Diaspora, errichteten sodann in unterschiedlichen Städten Kollegs, um dort schließlich eine neue katholische Elite heranzubilden, die ganz im Stil des Trienter Konzils dachte und wirkte.

Im Zusammenhang mit der Errichtung des Wiener Jesuitenkollegs sandte Ignatius von Loyola im Jahr 1551 diesen Brief an Kaiser Ferdinand I. Er pries darin den „Römerkönig“ sowie dessen Idee, die „sehr weit verbreitete Krankheit Deutschlands“ (= den Protestantismus) mittels der Heranbildung katholischer Eliten abzuwehren. Die „Religion“ solle da erneuert werden, „wo sie zusammengebrochen ist“, und da gestützt werden, „wo sie schwankt“. Die ersten Grundlagen für die österreichische Gegenreformation sollten geschaffen werden; im selben Jahr wurde auch das erste Wiener Jesuitenkolleg gegründet. Ignatius entsandte dafür zunächst Claude Jay (ca. 1505–1552) und Alfonso Salmerón (1515–1585) nach Wien und versprach in seinem Brief zwei weitere Theologen und „andere Scholastiker“. Die Leitung des Kollegs übernahm kurz darauf der einflussreiche Petrus Canisius, unter dessen Ägide bald 25 Ordensbrüder in Wien wirken konnten. Die Zusammenarbeit von Papst und Kaiser über den Jesuitenorden machte sich allmählich bezahlt. (LJ)

> „Dafür danken wir alle dem Urheber aller Güter und bitten ihn inſtändig, er möge diese beſte Gesinnung, die er Euer Majeſtät gegeben hat, immer erhalten und, indem er sie mehr und mehr mit dem brennenden Verlangen nach seiner Ehre und dem Heil der Seelen entzündet, die Kräfte verleihen, um es zu vollenden.“
>
> Ignatius von Loyola → 10.8

¶ Lit.: Ignatius von Loyola: Briefe und Unterweisungen. Deutsche Werkausgabe, Bd. 1, übersetzt von Peter Knauer, Würzburg 1993, S. 336f.; Helmut Feld: Ignatius von Loyola. Gründer des Jesuitenordens, Köln 2006; Rudolf Leeb: Der Streit um den wahren Glauben — Reformation und Gegenreformation in Österreich, in: ders., Maximilian Liebmann, Georg Scheibelreiter u. a.: Geschichte des Christentums in Österreich. Von der Spätantike bis zur Gegenwart (Österreichische Geschichte, hg. von Herwig Wolfram, Ergänzungsbd.), Wien 2003, S. 145–279, insbes. S. 241–243.

10.9 (Abb. S. 229)
Petrus Canisius (1521–1597)
Kupferstich, 13 × 11 cm (Platte), 24,5 × 18,5 cm (Blatt)
Wien Museum, Inv.Nr. 34.491

¶ Der Jesuit Petrus Canisius war ein einflussreicher Theologe und Kirchenpolitiker. Sein Leben und Wirken stand ganz im Zeichen der Gegenreformation: Hier sind etwa seine Teilnahme am Konzil von Trient, seine maßgebliche Rolle bei unterschiedlichen Reichstagen und Religionsgesprächen sowie seine beratende Funktion und prägende Position als Hofprediger Kaiser Ferdinands I. in Wien und Erzherzog Ferdinands II. in Innsbruck herauszustellen. Im Jahr 1555 veröffentlichte er das erste Mal seinen immer wieder nachbearbeiteten *Großen Katechismus*, der als Arbeitsinstrument der katholischen Seelsorge über Jahrhunderte hinweg rege Verwendung fand. Dieses bedeutendste Werk des Petrus Canisius wurde von Kaiser Ferdinand I. zur Pflichtlektüre in allen lateinischen und deutschen Schulen erhoben. Ziel war die Reintegration der vom katholischen Glauben „abgefallenen“ Protestanten in die

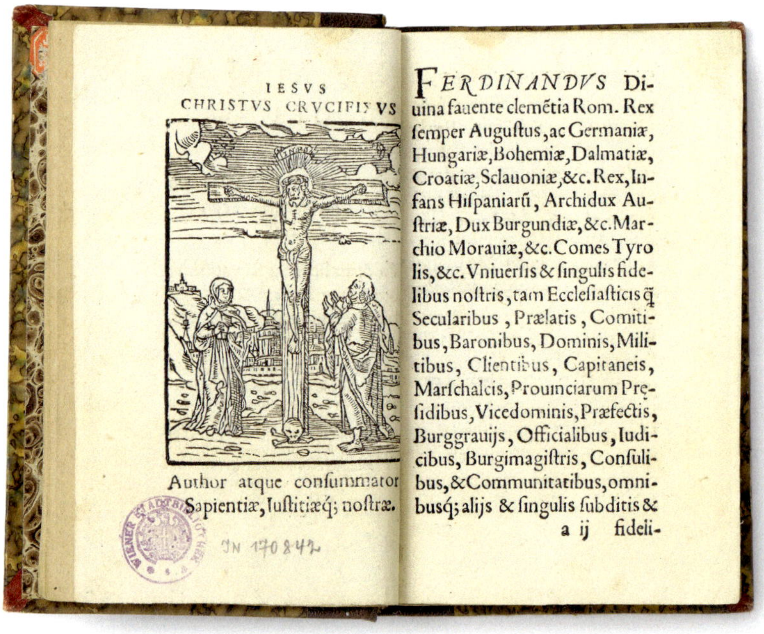
IESVS
CHRISTVS CRVCIFIXVS
Author atque conſummator Sapientiæ, Iuſtitiæq; noſtræ.

FERDINANDVS Diuina fauente clemētia Rom. Rex ſemper Auguſtus, ac Germaniæ, Hungariæ, Bohemiæ, Dalmatiæ, Croatiæ, Sclauoniæ, &c. Rex, Infans Hiſpaniarū, Archidux Auſtriæ, Dux Burgundiæ, &c. Marchio Morauiæ, &c. Comes Tyrolis, &c. Vniuerſis & ſingulis fidelibus noſtris, tam Eccleſiaſticis q̃ Secularibus, Prælatis, Comitibus, Baronibus, Dominis, Militibus, Clientibus, Capitaneis, Marſchalcis, Prouinciarum Præſidibus, Vicedominis, Præfectis, Burggrauijs, Officialibus, Iudicibus, Burgimagiſtris, Conſulibus, & Communitatibus, omnibusq; alijs & ſingulis ſubditis &
a ij fideli-

10.10

römisch-katholische Kirche. Der Katechismus wurde von protestantischer Seite auch heftig angefeindet.
Der von unbekannter Hand gefertigte Kupferstich geht wahrscheinlich auf eine Nachzeichnung des kurz vor Canisius' Tod gemalten Altersbildnisses zurück, das über den Augsburger Kupferstecher Dominicus Custos (1560–1612) wirkmächtige druckgrafische Verbreitung fand. (LJ)
¶ Lit.: Annemarie Fenzl, Johann Weißensteiner: Petrus Canisius in Wien (Ausstellungskatalog Dom- und Diözesanmuseum Wien), Wien 1997; Baumstark, Rom in Bayern.

↙ 10.10
Petrus Canisius
Summa doctrinae christianae per Quaestiones tradita, et in usum Christianae pueritiae nũc primùm edita
Wien: Michael Zimmermann 1555
Wienbibliothek im Rathaus, Sign. A-125459
¶ Die *Summa doctrinae christianae* oder der *Große Katechismus* (*Catechismus major*) aus dem Jahr 1555 war der erste von drei Katechismen des Petrus Canisius, erstellt auf Anordnung König Ferdinands I. und bestimmt als theologisches Handbuch für Studierende und Absolventen der Kollegien. 1556 folgte der *Kleine Katechismus* (*Catechismus minimus*), 1558/59 der *Mittlere Katechismus* (*Parvus catechismus catholicorum*). Alle drei Werke stehen in einer Reihe katholischer Katechismen, die als Reaktion auf jene der Reformatoren verfasst worden waren. Sie folgen einem Frage-Antwort-Schema und bestechen durch ihre präzisen Formulierungen, ihren schlichten, allen zugänglichen Sprachstil und ihre nüchterne, unpolemische Darlegung der katholischen Glaubenslehre. Den Katechismen des Canisius war bis ins 19. Jahrhundert hinein ein außerordentlicher Erfolg beschieden. (AS)
¶ Lit.: Petrus Canisius: Der Große Katechismus. Summa doctrinae christianae (1555). Ins Deutsche übertragen und kommentiert von Hubert Filser und Stephan Leimgruber (Jesuitica, Bd. 6), Regensburg 2003, vor allem S. 19f., S. 33; Franz Josef Kötter: Die Eucharistielehre in den katholischen Katechismen des 16. Jahrhunderts bis zum Erscheinen des Catechismus Romanus (1566) (Reformationsgeschichtliche Studien und Texte, H. 98), Münster 1969, S. 85–95; Hans Wolter: Artikel Canisius, Petrus, in: Theologische Realenzyklopädie, Bd. 7, Berlin/New York 1981), S. 611–614.

↘ 10.11
Petrus Canisius
Frag und Antwurt christlicher Leer […] der christlichen Jugent unnd allen ainfaltigen zu Nutz […]
Wien: Michael Zimmermann 1556
Universitätsbibliothek Wien, Sign. AC05966616
¶ Die im Jahr 1556 in Wien gedruckte *Frag und Antwurt christlicher Leer […]* ist eine deutsche Übersetzung der *Summa doctrinae christianae* (*Großer Katechismus*) des Jesuiten Petrus Canisius aus dem Jahr 1555 (Kat.Nr. 10.10). (AS)
¶ Lit.: Kötter, Eucharistielehre, S. 90.

„Was Glaubens bist du?: Ich bin ein Catholischer Christ. Wer ist ein Catholischer Christ?: Der ists, welcher nach empfangenem heiligen Tauff durchaus glaubet und bekennet, was die alte Catholische Römische Kirch glaubet und bekennet, es sey eben in der Bibel geschriben, oder nit.

Bey was zaichen erkennt man ein Catholischen Christen?: Bey dem zaichen des heiligen Creutzes, unnd daß er meidet alle Ketzerey unnd Irrthumb, so die Prelaten und Lehrer der Catholischen Kirchen eintrechtiglich verwerffen und verdammen."

Petrus Canisius → 10.11

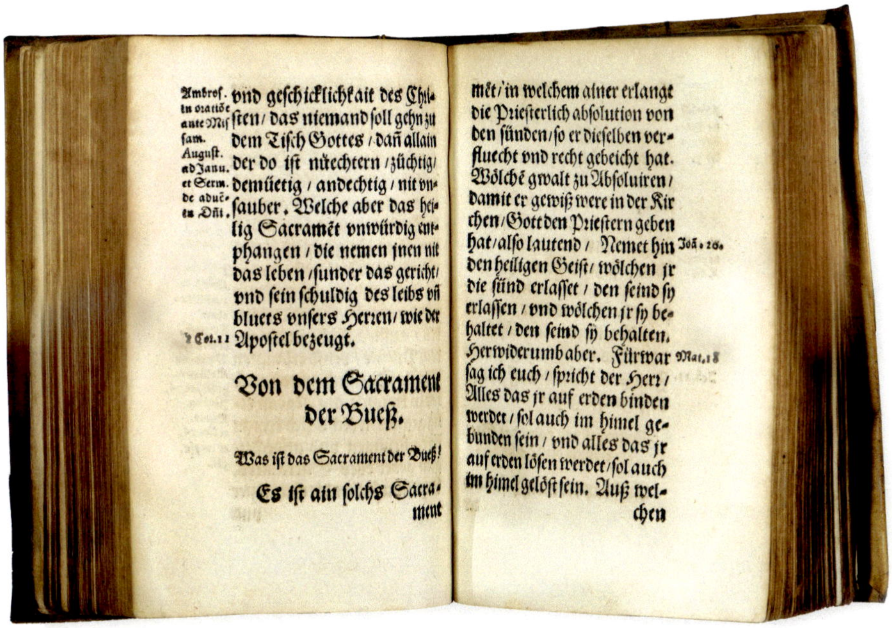

10.11

Melchior Khlesl

Obwohl mit Johannes Fabri, Friedrich Nausea, Urban Sagstetter und Caspar von Neubeck reformgesinnte und zum Teil auch bedeutende Gestalten das Bischofsamt in Wien innehatten, konnten sie das Vordringen der Reformation nicht eindämmen. ◖ Dies änderte sich erst mit Melchior Khlesl. Khlesl war wie fast alle führenden Gestalten der Gegenreformation als Zögling des Wiener Jesuitenkollegs im wahrsten Sinn des Wortes durch die Schule der Jesuiten gegangen und trat selbst in den Jesuitenorden ein. Er stellte sein Wirken von Beginn an aus innerster Überzeugung in den Dienst der katholischen Sache und stieg aufgrund seiner Fähigkeiten und seines Einsatzes rasch auf. Als Generalvikar des Passauer Bischofs war er die treibende Kraft der Gegenreformation in Niederösterreich. Die dortige Rekatholisierung der Städte und Märkte ist vor allem sein Werk. Im Jahr 1588 wurde er Bischof von Wiener Neustadt, 1598 Bischof von Wien, 1616 Kardinal. Unter seiner Ägide kam es zu einer „Klosteroffensive". Zahlreiche Reformorden wurden nach Wien berufen (Kapuziner, Barmherzige Brüder, Unbeschuhte Karmeliten, Paulaner und Barnabiten). Unter Kaiser Matthias führte er phasenweise praktisch die Regierungsgeschäfte. Khlesl wurde 1618 wegen seiner Reichspolitik von den Erzherzögen Maximilian und Ferdinand inhaftiert und daraufhin über Innsbruck nach Rom verbracht. Im Jahr 1623 wurde er freigelassen. Ab 1527 wirkte er wieder als Bischof von Wien. (RL)

10.12 (Abb. S. 230)
ang. Annibale Carracci (1560–1609)
Kardinal Melchior Khlesl (1552–1630)
Öl auf Leinwand, 88,3 × 71,3 cm
Dom Museum Wien, Leihgabe der Domkirche St. Stephan, Inv.Nr. L-65

¶ Melchior Khlesl war als Sohn eines evangelischen Wiener Bäckermeisters noch evangelisch erzogen worden. Nachdem er aber als Schüler des Jesuitenkollegs in Wien im Jahr 1574 unter dem Eindruck jesuitischer Predigten zum Katholizismus übergetreten und daraufhin in den Jesuitenorden eingetreten war, war ihm sowohl in der Kirche als auch am kaiserlichen Hof eine überaus steile Karriere beschieden. In seinem bald sehr breiten Wirkungskreis fungierte Khlesl — als Bischof und Kardinal — als wesentlicher Betreiber und Stratege der katholischen Gegenreformation. Hier engagierte er sich unermüdlich insbesondere bei der Rekatholisierung der Städte und Märkte. Im Jahr 1612 unterstützte er Erzherzog Matthias als Direktor von dessen Geheimem Rat maßgeblich bei der Wahl zum Kaiser des Heiligen Römischen Reichs.
Danach wandelte sich der rigide Gegenreformator allerdings zum Ausgleichspolitiker: Um die Wahl seines Gönners zu gewährleisten, aber auch aus Angst vor den Türken und in Sorge um die innere Stabilität des Reichs, sorgte Khlesl für großzügige Kompromisse in den Verhandlungen mit den deutschen protestantischen Fürsten. Dies verschaffte dem einflussreichen Kirchen- und Staatsmann Feinde. Khlesl wurde 1618 — gleichsam am Höhepunkt seiner Macht — von den Erzherzögen Maximilian und Ferdinand inhaftiert und daraufhin in Innsbruck und Rom gefangen gehalten. In Rom wurde er unter anderem wegen seiner protestantenfreundlichen Reichspolitik zu lebenslänglichem Gewahrsam

10.13

verurteilt. Unverhofft durfte Khlesl im Jahr 1627 aber nach Wien zurückkehren und auch seine Amtsgeschäfte wieder aufnehmen. Die alte (gegenreformatorische) Position war bald wiederhergestellt. 1630 starb er schließlich in Wiener Neustadt. Das Gemälde wurde lange fälschlicherweise dem italienischen Künstler Annibale Carracci zugeschrieben; es zeigt Khlesl als Kardinal (also nach 1615, wahrscheinlich 1628). (LJ)

¶ Lit.: Anton Kerschbaumer: Kardinal Khlesl. Eine Monographie, Wien, 2. Aufl. 1905; Alois Eder: Kardinal Khlesl und sein Werk, unveröff. Diss. Univ. Wien 1950; Johann Weißensteiner: Artikel Khlesl, Melchior, in: Erwin Gatz (Hg.): Die Bischöfe des Heiligen Römischen Reiches. 1448 bis 1648: ein biographisches Lexikon, Berlin 1996, S. 367–370; Waltraut Kuba-Hauk, Arthur Salinger: Porträt Kardinal Melchior Khlesl, 1628, in: Katalog des Erzbischöflichen Dom- und Diözesanmuseums Wien, Wien 1987, S. 272f. (Nr. 159).

↓ 10.13

Unbekannt
Spottgedicht über Kardinal Melchior Khlesl, Innsbruck 1619

Holzschnitt und Typendruck, 16 × 10,5 cm (geschlossen)
Wien Museum, Inv.Nr. 92.580

¶ Das anonyme, im Jahr 1619 in Innsbruck gedruckte Spottgedicht verdeutlicht, dass Kardinal Melchior Khlesl wegen seines kirchen- und staatspolitischen Handelns umstritten war. Als kompromissloser Beförderer der Gegenreformation und als einflussreicher und friedensorientierter Berater nach dem Böhmenaufstand hatte er sich auch Feinde gemacht. Die Tatsache, dass Khlesl zunächst Wien den Rücken kehren musste und sodann vorübergehend in Innsbruck gefangen gehalten wurde, hätte sowohl Protestanten wie auch machtpolitische Gegner in Kirche und Staat dazu veranlassen können, dieses Spottgedicht zu verfassen. (LJ)

¶ Lit.: Kerschbaumer, Khlesl; Weißensteiner, Artikel Khlesl.

1
„Wien ich muss dich lassen
Ich fahr jetzt hin mein Strassen
Wol in ein ander Landt
Mein Geist muß ich auffgeben
Dazu mein Schandloß Leben
Mit grossem Spott und Schand."

3
„Bin Lutherisch gewesen
Habs gesungen und gelesen
Zu Welß wol in der Statt
Thät mich aber bald verkehren
Dem Bapsthumb nuhr zu ehren
Daß war damals mein Raht."

4
„Ein Bischoff bin ich worden
Inn dem Päpstischen Orden
Unnd gar ein Cardinal
Durch meiner Mutter kunste
Bekam ich grosse gunste
Im Lande uberal."

17
„O Keyser lieber Herre,
Traw keim solchen Pfaffen mehre,
Schaw selber auff dein Sach,
Uns Pfaffen dürst nur nach Blute,
Halt traw und glaub in hute,
Sonst bleibt nicht aus die straff."

→ 10.13

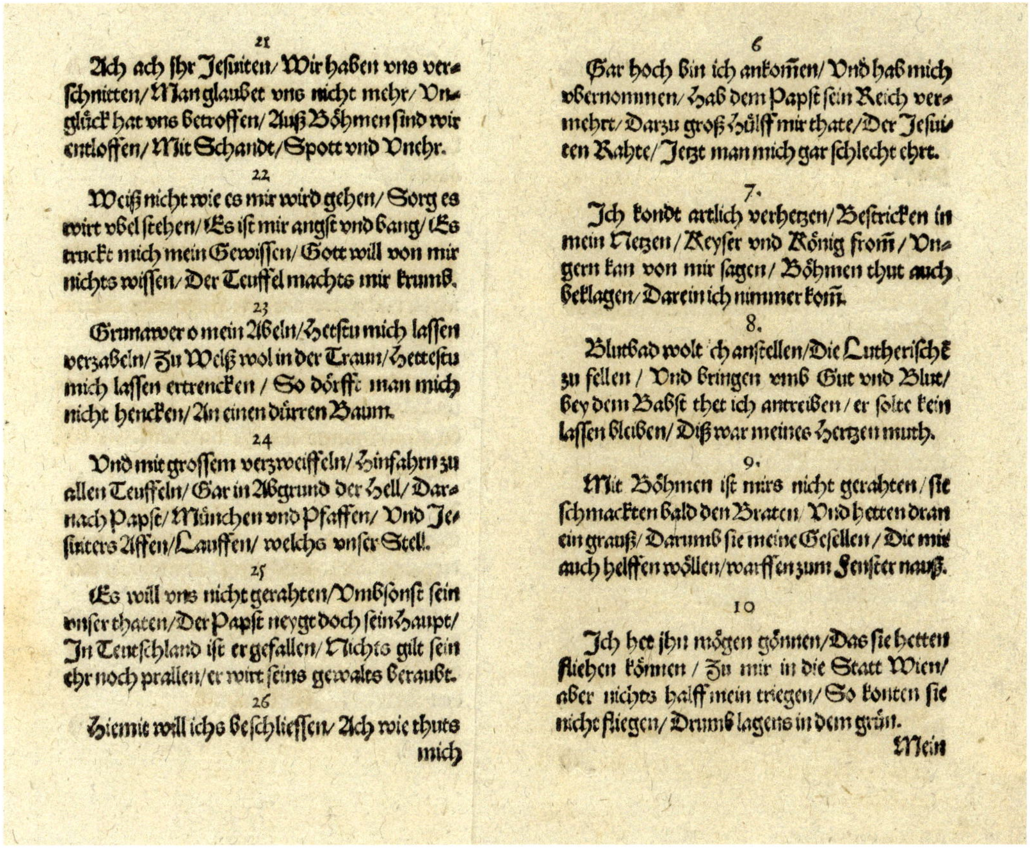
21
Ach ach ihr Jesuiten/ Wir haben vns verschnitten/ Man glaubet vns nicht mehr/ Vnglück hat vns betroffen/ Auß Böhmen sind wir entloffen/ Mit Schandt/ Spott vnd Vnehr.

22
Weiß nicht wie es mir wird gehen/ Sorg es wirt vbel stehen/ Es ist mir angst vnd bang/ Es truckt mich mein Gewissen/ Gott will von mir nichts wissen/ Der Teuffel machts mir krumb.

23
Grunawer o mein Abeln/ Hetstu mich lassen verzabeln/ Zu Welß wol in der Traun/ Hettestu mich lassen ertrencken / So dörfft man mich nicht hencken/ An einen dürren Baum.

24
Vnd mit grossem verzweiffeln/ Hinfahrn zu allen Teuffeln/ Gar in Abgrund der Hell/ Darnach Papst/ München vnd Pfaffen/ Vnd Jesuiters Affen/ Lauffen/ welchs vnser Stell.

25
Es will vns nicht gerahten/ Vmbsonst sein vnser thaten/ Der Papst neygt doch sein Haupt/ In Teutschland ist er gefallen/ Nichts gilt sein ehr noch prallen/ er wirt seins gewalts beraubt.

26
Hiemit will ichs beschliessen/ Ach wie thuts
mich

6
Gar hoch bin ich ankommen/ Vnd hab mich vbernommen/ Hab dem Papst sein Reich vermehrt/ Darzu groß Hülff mir thate/ Der Jesuiten Rahte/ Jetzt man mich gar schlecht ehrt.

7.
Ich kondt artlich verhetzen/ Bestricken in mein Netzen/ Keyser vnd König fromm/ Vngern kan von mir sagen/ Böhmen thut auch beklagen/ Darein ich nimmer komm.

8.
Blutbad wolt ich anstellen/ Die Lutherischen zu fellen / Vnd bringen vmb Gut vnd Blut/ bey dem Babst thet ich antreiben / er solte kein lassen bleiben/ Diß war meines Hertzen muth.

9.
Mit Böhmen ist mirs nicht gerahten / sie schmackten bald den Braten/ Vnd hetten dran ein grauß/ Darumb sie meine Gesellen / Die mir auch helffen wöllen/ warffen zum Fenster nauß.

10
Ich het jhn mögen gönnen/ Das sie hetten fliehen können / Zu mir in die Statt Wien/ aber nichts halff mein triegen/ So konten sie nicht fliegen/ Drumb lagens in dem grün.
Mein

10.13

Barocke Frömmigkeit

Die barocken Frömmigkeitsformen waren mannigfach und in Wien bestens vertreten. Im Zentrum all dieser Aktivitäten stand der Gedanke des Ablasses, den man dabei gewinnen konnte. Mitglied einer Bruderschaft zu sein, die Teilnahme an Wallfahrten und Prozessionen oder die Verehrung von Reliquien führten nach der Lehre der katholischen Kirche zum Nachlass zeitlicher Sündenstrafen im Fegefeuer. ◖ Die beiden Bücher von Johann Baptist Schönwetter stellen das katholische Angebot des jeweiligen Jahres zusammen und bieten damit eine Möglichkeit, möglichst intensiv an diesen Ritualen Anteil haben zu können. ◖ Auch andere Gelegenheiten bestanden, um die Gläubigen anzulocken, dabei kam dem Schultheater, das später auch von den Jesuiten erfolgreich eingesetzt wurde, eine wichtige Funktion zu. (KV)

10.14

← 10.14
Leonhard Umbach (Meister 1589–ca. 1593) Jakobspilger mit Hund, Trinkgefäß, Augsburg, 1590–1594
Silber vergoldet, teilweise emailliert, Höhe: 20,5 cm, Durchmesser: 8,2 cm
Kunsthistorisches Museum Wien, Kunstkammer, Inv.Nr. KK 1059

10.15 →
Leonhard Umbach Jakobspilgerin mit Knaben, Trinkgefäß, Augsburg, 1590–1594
Silber vergoldet, teilweise emailliert, Höhe: 20,5 cm, Durchmesser: 8,2 cm
Kunsthistorisches Museum Wien, Kunstkammer, Inv.Nr. KK 1064

¶ Der Augsburger Silberschmied Leonhard Umbach, zu dem kaum biografische Daten überliefert sind, hat die beiden Figuren eines Mannes und einer Frau, die nach Santiago de Compostela in der Provinz Galicien im Nordwesten Spaniens pilgern, geschaffen. Pilgerreisen, durch die man natürlich auch Ablass gewann, und lokale Wallfahrten waren für die katholischen Christen ein wesentlicher Bestandteil ihrer Frömmigkeit, wenn auch nur wenige die großen Pilgerreisen unternehmen konnten. Neben dem „Heiligen Land", das in der Hand der Osmanen und daher schwer zu bereisen war, stellten Rom und Santiago de Compostela die wichtigsten großen Pilgerziele für die Europäer dar. Die Jakobsmuschel, die beide Figuren tragen, wurde zum Symbol der Pilgerfahrt schlechthin. (KV)

¶ Lit.: Ilja Mieck: Wallfahrt nach Santiago de Compostela zwischen 1400 und 1650. Resonanz, Strukturwandel und Krise, in: Spanische Forschungen der Görres-Gesellschaft, Gesammelte Aufsätze zur Kulturgeschichte Spaniens, Reihe 1, Bd. 29, Münster 1982, S. 483–533.

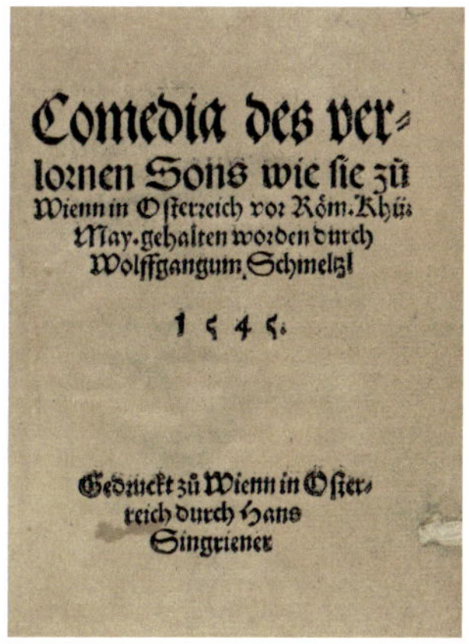
Comedia des ver-
lornen Sons wie sie zů
Wienn in Osterreich vor Röm. Khü.
May. gehalten worden durch
Wolffgangum Schmeltzl
1545.

Gedruckt zů Wienn in Osterreich durch Hans
Singriener

10.16
Wolfgang Schmeltzl (ca. 1500–ca. 1564)
Comedia des verlornen Sons wie sie zu Wienn in Österreich vor Röm. Khü. May. gehalten worden
Wien: Johann Singriener 1545
Wien, Österreichische Nationalbibliothek, Sammlung von Handschriften und alten Drucken, Sign. *38.Cc.109 Alt.Prunk

¶ Der aus der Oberpfalz stammende Schulmeister im Schottenstift und Pfarrer Wolfgang Schmeltzl war Komponist und Dichter und ist eine der herausragenden literarischen Gestalten Wiens am Beginn des 16. Jahrhunderts. Schmeltzl verfasste jedes Jahr ein Schuldrama, das aufgeführt wurde. Die Komödie vom verlorenen Sohn — ein in dieser Zeit sehr häufig, unter anderem von Hans Sachs (1494–1576) verwendetet Stoff — wurde im Jahr 1540 vor König Ferdinand und seinem Hof aufgeführt. Die Auslegung des Gleichnisses Jesu (Lukasevangelium 15,11–32) spielte auch in der konfessionellen Diskussion der Zeit eine Rolle. (KV)

¶ Lit.: Franz Spengler: Wolfgang Schmeltzl. Zur Geschichte der deutschen Literatur im XVI. Jahrhundert (Beiträge zur Geschichte der deutschen Literatur und des geistigen Lebens in Österreich, Bd. 3), Wien 1883; Cora Dietl: Wolfgang Schmeltzl und die Anfänge des katholischen Schultheaters am Wiener Schottenstift, in: Österreich in Geschichte und Literatur 46 (2002), S. 287–294; Manfred Knedlik: Wolfgang Schmeltzl. Schuldramatiker, Chronist und Musiker im Reformationszeitalter, in: Österreich in Geschichte und Literatur 37 (1993), S. 92–104.

10.15

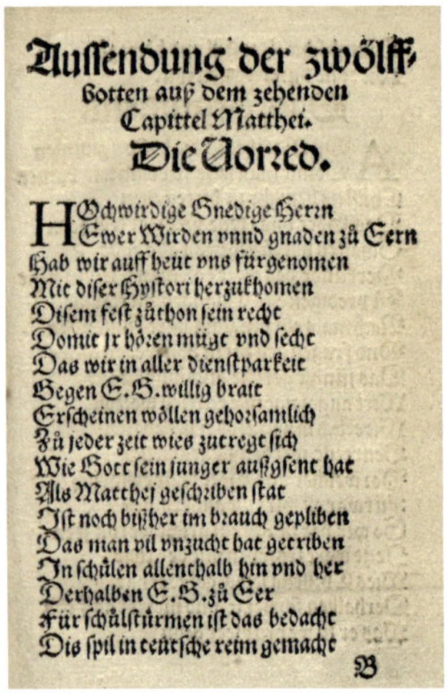
Aussendung der zwölff-
botten auß dem zehenden
Capittel Matthei.
Die Vorred.

HOchwirdige Gnedige Herrn
Ewer Wirden vnnd gnaden zů Eern
Hab wir auff heüt vns fürgenomen
Mit diser Hystori herzukhomen
Disem fest zůthon sein recht
Domit jr hören mügt vnd sech
Das wir in aller dienstparkeit
Gegen E.G. willig brait
Erscheinen wöllen gehorsamlich
Zů jeder zeit wies zutregt sich
Wie Gott sein junger außgsent hat
Als Matthej geschriben stat
Ist noch bißher im brauch gepliben
Das man vil vnzucht hat getriben
In schůlen allenthalb hin vnd her
Derhalben E.G. zů Eer
Für schůlstürmen ist das bedacht
Dis spil in teütsche reim gemacht
B

10.17
Wolfgang Schmeltzl
Aussendung der Zwelffpoten und die frag des Reichen jünglings
Wien: Johann Singriener 1542
Wien, Österreichische Nationalbibliothek, Sammlung von Handschriften und alten Drucken, Sign. 78.W.73 Alt.Prunk

¶ Dieses Schuldrama verbindet zwei Stoffe der Bibel, die auf die Nachfolge Christi eingehen, einerseits die Aussendung der Apostel (darum gehet hin und lehret alle Völker, Matthäus 28,19) und andererseits die Antwort Christi auf die Frage des reichen Jünglings (Matthäus 19,16–24), wie er ins Himmelreich kommen kann. Die Aussage über diesen Jüngling an die Apostel ist ein oft zitierter Spruch aus der Bibel: „Es ist leichter, dass ein Kamel durch ein Nadelöhr geht, als dass ein Reicher in das Reich Gottes hineinkommt!“ (KV)

„Ir werdet christen al geleich
Geistlich weltlich arm und reich
Ir man vnd frawen junckfraw zart
Das Wort gots wirt durch manche art
Gepredigt / gsungen / spielweiß zeigt
Zu hörn dasselb ist jeder geneigt.“

Wolfgang Schmeltzl → 10.16

„Auß Mattheo ist die Hystori gnumen
Domit man jetzt für euch wir kumen
Christus beuilcht zu bitten eben
Das Gott vns treue prediger wöl geben
Schaffts hinzuziehen on alle endt
Verkünden des wort den man Jesum nent
Zu predigen das Euangelium clar
Nach mals ein jüngling wirt kumen dar
Vnd fragen den herrn von wegen gsetz
Das jüngst gericht auch auff die lecz
Wirt angezaigt mit kurzen worten
Wie etlich in hymel oder hellenporen
Geurteilt werden schnellighklich
Vor welch vns Gott bhüt ewigklich.“

Wolfgang Schmeltzl → 10.17

10.18 →
Johann Baptist Schönwetter (1671–1741)
Wienerisches Andachts-Büchl Oder Fest-Calender, Vor das Jahr M.DCC.XVI. Darin die an den gewissen Tägen hier sich ereignende Andachten, Fest- und Denkwürdigkeiten angemerkt: und auf vieles Verlangen, nebst einer Verzeichnus deren im Jahr 1715. in den allhiesigen Kirchen und Capellen gelesen, heiligen Messen, und sich eingefundenen Communicanten, wie auch aller dieses Jahr 1716. gegenwärtig-befindlichen Predigern
Wien: Johann Baptist Schönwetter 1716
Wienbibliothek im Rathaus, Sign. G-77360

¶ Johann Baptist Schönwetter, der als Autor oder Drucker des Werks angegeben wird, war vermutlich beides in einer Person. Er kam um 1700 aus Frankfurt nach Wien und wurde kaiserlicher Hofbuchdrucker, der auch das Privileg hatte, das *Wiennerische Diarium* (heute *Wiener Zeitung*), die älteste noch erscheinende Zeitung Österreichs, zu drucken. Schönwetter hatte seine Offizin in der Gegend der Tuchlauben und des Wildpretmarkts. Das *Andachts-Büchl* erschien vermutlich über mehrere Jahre, allerdings sind nur die Ausgaben für 1706 und 1716 erhalten. Neben diesem Buch druckte Schönwetter auch andere religiöse Schriften, z. B. Heiligenlegenden. (KV)

↓ 10.19
Johann Baptist Schönwetter
Wiennerisches Andachts-Büchl, Oder Fest-Calender Vor das Jahr M.DCC.VII. Worinnen Die an gewissen Tägen allhier sich ereignende Andachten, Fest und Denckwürdigkeiten angemercket, und auff vieles Verlangen in Druck gegeben worden
Wien: Johann Baptist Schönwetter 1706
Wienbibliothek im Rathaus, Sign. G-160433

¶ Das *Andachts-Büchl* stellt minutiös für jeden Tag alle Messen, Prozessionen oder Zurschaustellungen von Reliquien zusammen, wobei immer wieder die Angabe des für die Teilnahme an einem solchen Ereignis gewährten Ablasses hervorgehoben wird. Das *Andachts-Büchl* macht es jedenfalls möglich, das religiöse Leben der Stadt für das jeweilige Jahr genau nachzuvollziehen. Es stellt also eine Art Programmvorankündigung des katholischen Wien dar. (KV)

¶ Lit.: Herbert Antos: Die Volksfrömmigkeit nach der zweiten Türkenbelagerung in Wien unter Einbeziehung der historischen Voraussetzungen an Hand der in einem „Wienerischen Andachtsbüchl“ aus dem Jahre 1703 angekündigten kirchlichen Feiern zur Anrufung und Ehre Gottes und der Heiligen, unveröff. Diss. Univ. Wien 1994.

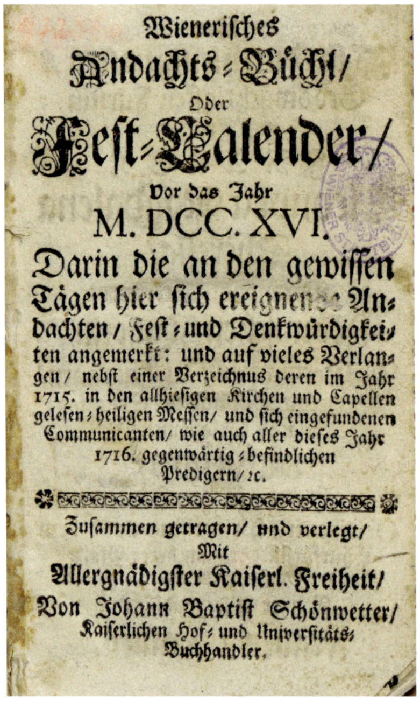
Wienerisches
Andachts-Büchl/
Oder
Fest-Calender/
Vor das Jahr
M. DCC. XVI.
Darin die an den gewissen
Tägen hier sich ereignen[de] An-
dachten/ Fest- und Denkwürdigkei-
ten angemerkt: und auf vieles Verlan-
gen/ nebst einer Verzeichnus deren im Jahr
1715. in den allhiesigen Kirchen und Capellen
gelesen-heiligen Messen/ und sich eingefundenen
Communicanten/ wie auch aller dieses Jahr
1716. gegenwärtig-befindlichen
Predigern/ etc.
Zusammen getragen/ und verlegt/
Mit
Allergnädigster Kaiserl. Freiheit/
Von Johann Baptist Schönwetter/
Kaiserlichen Hof- und Universitäts-
Buchhandler.

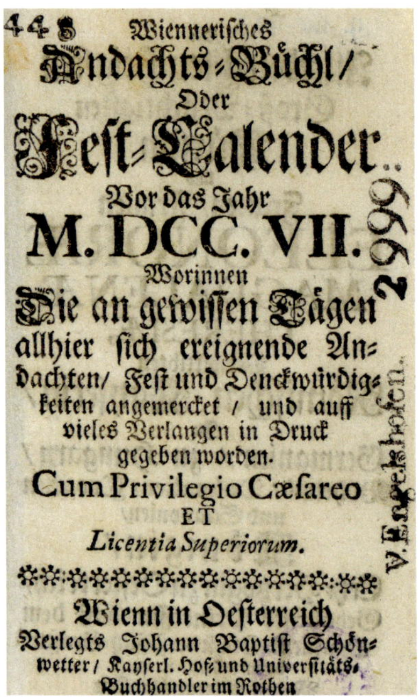
Wiennerisches
Andachts-Büchl/
Oder
Fest-Calender
Vor das Jahr
M. DCC. VII.
Worinnen
Die an gewissen Tägen
allhier sich ereignende An-
dachten/ Fest und Denckwürdig-
keiten angemercket / und auff
vieles Verlangen in Druck
gegeben worden.
Cum Privilegio Cæsareo
ET
Licentia Superiorum.
Wienn in Oesterreich
Verlegts Johann Baptist Schön-
wetter/ Kayserl. Hof- und Universitäts-
Buchhandler im Rothen

10.18
10.19

11

Augsburg 1555: Der Religionsfrieden

Der Augsburger Religionsfrieden

Der Augsburger Religionsfrieden von 1555 setzte sich den andauernden Frieden im Reich zum Ziel, verstanden als friedliche Koexistenz der Konfessionen, die durch die Territorien repräsentiert wurden. Die Landesherren bekamen das Recht zugesprochen, die Konfession in ihrem Land bestimmen zu dürfen. Damit waren zwei Konfessionen und zwei religiöse Wahrheitsansprüche im Reich legalisiert worden. Diejenigen, die der Konfession ihres Landesherrn nicht folgen wollten oder konnten, durften auswandern oder konnten ausgewiesen werden. Der Augsburger Religionsfrieden von 1555 vermochte zunächst den Frieden im Reich bis zum Jahr 1618 zu sichern. Noch im Westfälischen Frieden von 1648 gab es keinen anderen Weg als jenen, den der Augsburger Religionsfrieden vorgezeichnet hatte. Dieser Frieden von 1555 ist wesentlich dafür verantwortlich, dass noch in unseren Tagen jenseits aller Kirchenzugehörigkeiten von einem kulturell mehrheitlich protestantisch geprägten Norddeutschland, einem katholisch geprägten (Alt-)Bayern oder von einem „katholischen" Österreich gesprochen werden kann. (RL)

11.1 →
Der Augsburger Religionsfrieden von 1555
Pergamentlibell mit 8 Siegeln an schwarz-gelben Seidenschnüren, 32 Blatt, 56 × 35 cm
Wien, Österreichisches Staatsarchiv, Abteilung Haus-, Hof- und Staatsarchiv, Sign. AUR 1555 IX 25
¶ Die Reformation kann auch als eine fundamentale Verfassungskrise des Heiligen Römischen Reichs verstanden werden. Das damalige Reichsrecht stellte nämlich ein über die Jahrhunderte organisch gewachsenes, unlösbares Ineinander von römischem, also „weltlichem", und kanonischem, „kirchlichem" Recht dar. Die konfessionellen und religionspolitischen Gegensätze führten in den Jahren 1546/47 zu einem Krieg, der politisch letztlich erst im Passauer Vertrag von 1552 zu seinem Ende kam. Damals übergab Karl V. seine Geschäfte im Reich an seinen Bruder Ferdinand I.
Der Augsburger Religionsfrieden von 1555 stellt die verfassungsrechtliche Antwort auf die neue religionspolitische und konfessionelle Situation dar. Er setzte sich den andauernden Frieden im Reich zum Ziel, verstanden als friedliche Koexistenz der Konfessionen, die durch die Territorien repräsentiert wurden. Aus religiösen bzw. konfessionellen Gründen durfte nach § 13 des Augsburger Religionsfriedens ab nun kein Krieg mehr geführt werden. Die Landesherren bekamen das Recht zugesprochen, die Konfession in ihrem Land bestimmen zu dürfen: „Ubi unus dominus, ibi una sit religio" lautete die Formel in den Verhandlungen, die später von der bekannteren „cuius regio, eius religio" („wessen die Herrschaft, dessen die Religion") abgelöst wurde. Damit waren zwei Konfessionen und damit zwei religiöse Wahrheitsansprüche im Reich legalisiert worden. Jedes Territorium hatte entweder der katholischen oder der lutherischen Konfession zu folgen, die Reformierten waren davon zunächst noch ausgeschlossen, aber im Jahr 1566 realpolitisch eingeschlossen. Eine individuelle Religionsfreiheit innerhalb eines Staates im modernen Sinn war zu dieser Zeit noch nicht vorstellbar. Die Idee von der Zugehörigkeit von Regierenden, Geistlichen und Untertanen zu der einen, wahren Religion als Voraussetzung für ein funktionierendes Gemeinwesen konnte damals noch nicht aufgegeben werden. Diejenigen, die der Konfession ihres Landesherrn nicht folgen wollten oder konnten, bekamen nun ein Auswanderungsrecht zugesprochen, das *beneficium emigrandi*. Der jeweilige Untertan durfte ohne Verlust der Ehre und des Vermögens in ein Territorium seiner Konfession und seiner Wahl auswandern. Gemessen an modernen Toleranzvorstellungen mag man sich die Frage stellen, ob die Bezeichnung *beneficium* (Wohltat) hier gerechtfertigt ist. Doch wurde damit hier erstmals ein Ersatz für das mittelalterliche Ketzerrecht geschaffen, das ja für den notorischen Ketzer die Todesstrafe vorsah. Martin Heckel (geb. 1929), mit dessen Namen die Erforschung des Augsburger Religionsfriedens, seiner Wirkungsgeschichte und seiner Bedeutung für die mitteleuropäische Geschichte untrennbar verbunden ist, urteilte deshalb, dass das Vertragswerk eine erste schmale grundrechtliche Garantie der Religionsfreiheit in neuzeitlich-modernem Sinn darstellt. Erst die diversen Toleranzedikte des späten 18. Jahrhunderts begannen diese Situation zu beenden.
Ferdinand I. hängte an das Vertragswerk einseitig noch den sogenannten geistlichen Vorbehalt *(reservatum ecclesiasticum)* an. Er bezog sich auf die geistlichen Fürstentümer (also jene Ter-

11.1

ritorien, in denen ein Bischof oder Abt zugleich weltlicher Regent war) und legte fest, dass im Fall einer Konversion des geistlichen Landesherrn dieser seiner weltlichen Ämter verlustig gehen sollte. Damit wurde der Verbleib der geistlichen Fürstentümer bei der katholischen Partei erreicht. Die bereits zum Protestantismus gewechselten norddeutschen geistlichen Fürstentümer konnten damit katholischerseits jedoch nicht mehr gerettet werden. Diese Bestimmung des „geistlichen Vorbehalts" wurde von der protestantischen Seite nie anerkannt und war von Beginn an umstritten.
Die Protestanten erlangten dafür von Ferdinand die sogenannte *Declaratio Ferdinandea,* die separat einen Tag vor Unterzeichnung des Vertragswerks gleichsam als Nebendeklaration von Ferdinand I. erlassen wurde und die ihrerseits dem Adel und den Städten in geistlichen Fürstentümern die

Religionsfreiheit garantierte. Diese Bestimmungen des Augsburger Religionsfriedens hatten auch für die Geschichte Österreichs große Bedeutung. Der Religionsfrieden von 1555 war letztlich im Verein mit dem Sieg der katholischen Partei in der Schlacht am Weißen Berg von 1620 entscheidend dafür, dass die im Reformationsjahrhundert evangelisch dominierten Länder Ober- und Niederösterreich, Kärnten und Steiermark nach langem Ringen wieder fast zur Gänze rekatholisiert werden konnten. Eine Folge des Religionsfriedens war zugleich die sehr hohe Zahl an freiwilligen und vom Landesherrn befohlenen Emigrationen.
Der Augsburger Religionsfrieden vermochte zunächst den Frieden im Reich bis zum Jahr 1618 zu sichern, also für den beträchtlichen Zeitraum von über 60 Jahren. Und selbst, als man nach dem Dreißigjährigen Krieg im Westfälischen Frieden von 1648 das Reichsrecht neu regelte, gab es keinen anderen Weg als jenen, den der Augsburger Religionsfrieden vorgezeichnet hatte. Dessen Bestimmungen und Weichenstellungen wurden darin im Großen und Ganzen bestätigt. Der Religionsfrieden von 1555 ist deshalb wesentlich dafür verantwortlich, dass im Reich monokonfessionell geprägte Territorien entstanden, in denen sich eine entsprechende katholische oder evangelische Kultur entwickelte, die praktisch alle Lebensbereiche erfasste. Noch in unseren Tagen kann jenseits aller Kirchenzugehörigkeit von einem kulturell protestantisch geprägten Norddeutschland, einem katholisch geprägten (Alt-)Bayern und einem „katholischen" Österreich gesprochen werden. (RL)

¶ Lit.: Martin Heckel: Autonomia und Pacis Compositio. Der Augsburger Religionsfriede in der Deutung der Gegenreformation, in: ders.: Gesammelte Schriften 1 (Jus ecclesiasticum, Bd. 38), Tübingen 1989, S. 1–82; ders.: Der Augsburger Religionsfriede, in: Roman Herzog (Hg.): Evangelisches Staatslexikon, Bd. 2: N–Z, Stuttgart 1987, S. 111–117; Bernd Christian Schneider: Jus reformandi (Jus ecclesiasticum, Bd. 68), Tübingen 2001; Axel Gotthard: Der Augsburger Religionsfrieden, Münster 2004; Carl A. Hoffmann (Hg.): Als Frieden möglich war. 450 Jahre Augsburger Religionsfrieden (Ausstellungskatalog Maximilianmuseum Augsburg), Regensburg 2005; Rudolf Leeb: Der Augsburger Religionsfriede und die österreichischen Länder, in: Jahrbuch für die Geschichte des Protestantismus in Österreich 122 (2006), S. 23–54.

„Und damit sölcher Fried auch der spaltigen religion halben [...] desto bestendiger zwischen der Römisch Kaiserlichen Majestät, uns, auch Kurfürsten, Fürsten, Stende des heil. Reichs Teutscher Nation angestelt, aufgericht und erhalten werden möchte, so sollen die Kaiserliche Majestät, wir, auch Kurfürsten, Fürsten, Stende des heil. Reichs keinen Stand des Reichs von wegen der Augspurgischen Confession und derselbigen Lehr, Religion, Glaubens halb mit der Tat gewaltiger Weis überziehen, beschädigen, vergewaltigen oder in anderer Wege wider sein Conszienz, Gewissen und Willen von dieser Augspurgischen Confessions Religion, Glauben, Kirchengebräuchen, Ordnungen, Ceremonien, so sie aufgericht oder nochmals aufrichten möchten in iren Fürstentumben, Landen und Herrschaften, dringen oder durch Mandat oder in einiger anderer Gewalt beschwären oder verachten, sonder bei sölcher Religion, Glauben, Kirchengebräuchen, Ordnungen und Ceremonien, auch iohren Haabgütern, liegend und fahrend, Land, Leuten, Herrschaften, Obrigkeiten, Herrlichkeiten und Gerechtigkeiten rüglich und friedlich bleiben lassen, und soll die streitig Religion nicht anderst, dann durch Christliche, freundliche, friedliche Mittel und Wege zu einhelligem, christlichen Verstand und Vergleichung gebracht werden [...]"

aus Artikel 3 → 11.1

12

Protestanten im Wien der Gegenreformation

Die Gegenreformation

Den ersten machtpolitischen Ansatzpunkt für die katholische Gegenbewegung boten die landesfürstlichen Städte und Märkte, in denen nach dem Buchstaben der *Religionskonzession* von 1568 evangelischer öffentlicher Kultus verboten war. Rudolf II. befahl im Jahr 1578 deshalb als Erstes die Einstellung der evangelischen Gottesdienste in den Städten und Märkten. In Wien wurde das Landhausministerium in der Herrengasse gegen großen politischen Widerstand geschlossen. Der Stadtrat wurde gezielt mit Katholiken besetzt, Soldaten wurden innerhalb der Stadtmauern stationiert. ◖ Im Jahr 1579 fielen 5.000 Wiener vor Erzherzog Ernst auf die Knie und forderten vergeblich Religionsfreiheit. In der Folge wurde das „Auslaufen" verboten und das Bürgerrecht an die katholische Konfession gebunden. Am Ende dieser Entwicklung erklärte der bedingungslose Gegenreformator Ferdinand II. alle früheren Zugeständnisse an die Protestanten für nichtig. ◖ Der Sieg der katholischen Partei in der Schlacht am Weißen Berg 1620 brachte den Sieg der Gegenreformation. Im Jahr 1627 mussten sämtliche evangelischen Prediger und Lehrer Niederösterreich verlassen. Es folgte die Ausweisung oder Rekatholisierung der politischen Eliten: Adelige, aber auch führende evangelische Wiener Bürger wurden enteignet und vertrieben, Konvertiten wurden belohnt. Zuletzt widmete man sich den unteren sozialen Schichten. Um 1654 waren es so nur mehr 112 „halsstarrige" Personen, die unerlaubterweise Protestanten waren. Auch gegen sie erging der Ausweisungsbefehl. Danach setzten verstärkt innerkirchliche katholische Reformbemühungen ein, die ohne Gewalt um die Seelen der „häretischen" Untertanen und ihrer Kinder warben. (RL)

12.1 (Abb. S. 255)
Giovanni Pietro de Pomis (1565–1633)
Ferdinand II. siegt über die Ketzerei (Allegorie des Erzherzogs Ferdinand als Gegenreformator), 1614
Öl auf Leinwand (Reproduktion)
Graz, Alte Galerie/Universalmuseum Joanneum

¶ Der Grazer Hofmaler Giovanni Pietro de Pomis malte wohl um 1614 gleichsam *das* Bild der Gegenreformation: Auf ihm wird der gerade in Innerösterreich erfolgreich gewesene spätere Kaiser Ferdinand II. allegorisch als Gegenreformator dargestellt. In voller Kampfmontur, Pallas Athene, die Göttin der Staatskunst, im Rücken, steht er auf einer Wolke und tritt mit dem linken Fuß auf die Personifikation der Heuchelei, die im Begriff ist zu stürzen. Wahrheit und Zeit entreißen ihr Maske und Mantel und enthüllen ihre Fratze. In der Hand hält Ferdinand die Insignien des gerechten Herrschers: Waage und Degen. Ikonografisch erinnert die Szene an den Engelssturz. Luzifer, der mit der Häresie gleichgesetzt wird, wird in diesem Bild durch die Heuchelei ersetzt. Das Bild wurde als Fresko in der Kuppel des Mausoleums für Ferdinand im Dom zu Graz wiederholt. Für Ferdinand war es der bildgewordene Ausdruck seines Selbstverständnisses als Herrscher. Das Bild repräsentiert eindrücklich sein katholisches Sendungsbewusstsein, wie es auch in seinen Mandaten zum Ausdruck kommt. (AB)

¶ Lit.: Thomas Winkelbauer: Ständefreiheit und Fürstenmacht. Länder und Untertanen des Hauses Habsburg im konfessionellen Zeitalter, Teil 2 (Österreichische Geschichte, hg. von Herwig Wolfram, 1522–1699), Wien 2003, S. 53f.; Rudolf Leeb: Der Streit um den wahren Glauben — Reformation und Gegenreformation in Österreich, in: ders., Maximilian Liebmann, Georg Scheibelreiter u. a.: Geschichte des Christentums in Österreich. Von der Spätantike bis zur Gegenwart (Österreichische Geschichte, hg. von Herwig Wolfram, Ergänzungsbd.), Wien 2003, S. 145–279, hier S. 249f.; Kurt Woisetschläger (Hg.): Der innerösterreichische Hofkünstler Giovanni Pietro de Pomis (Joannea. Publikation des steiermärkischen Landesmuseums Joanneum, Bd. 4), Graz/Wien/Köln 1974, S. 163f.; Reinhold Baumstark (Hg.): Rom in Bayern. Kunst und Spiritualität der ersten Jesuiten (Ausstellungskatalog Bayerisches Nationalmuseum), München 1997, S. 412–434, insbes. S. 429–431 (Kat.Nr. 124).

12.2 →
Pieter Snayers (1592–ca. 1667)
Die Belagerung Wiens im Jahre 1619 durch Heinrich Matthias von Thurn, um 1620
Öl auf Leinwand, 175 × 260 cm
Graf Harrach'sche Familiensammlung, Schloss Rohrau, NÖ

¶ Als Kaiser Matthias 1619 kinderlos starb, setzten die oberösterreichischen evangelischen Stände alles daran, ihre Position gegenüber dem entschlossen katholischen Thronfolger, dem Gegenreformator Ferdinand von Innerösterreich, zu stärken. Angestrebt wurde ein Bund der ober- und niederösterreichischen

Stände mit jenen von Ungarn und Böhmen. Ziel war der Schutz des Landes und der Religionsfreiheit. Man wandte sich damit gegen die gegenreformatorische Politik der Habsburger. Ferdinand wurde im Konflikt mit dem böhmischen Adel um einen „Verzichtfrieden" und ein Entgegenkommen in Fragen der Religion gebeten. Als diese Bitte abgewiesen wurde, zog die Armee der böhmischen Stände unter der Führung von Heinrich Matthias Graf Thurn (1567–1640) nach Wien und belagerte die Stadt. Aufgrund mangelhafter Ausrüstung, fehlender Unterstützung durch die österreichischen Stände, die sich nicht gegen das Haus Habsburg wenden wollten, und militärischer Niederlagen in Südböhmen musste Thurn jedoch die Belagerung nach wenigen Tagen abbrechen. (AB)
¶ Lit.: Winkelbauer, Ständefreiheit und Fürstenmacht, Teil 2, S. 61f.

12.3 →|
Reformationspatent Kaiser Ferdinands II. mit dem Verbot der evangelischen Prädikanten Augsburgischen Bekenntnisses, der „verdammten" Calviner sowie der Schulmeister, Wien 14. September 1627
Druck, 34,5 × 51,5 cm
Wiener Stadt- und Landesarchiv (MA 8), Sign. Patente, A1: 304
¶ Der Sieg der kaiserlich-katholischen Partei in der Schlacht am Weißen Berg bei Prag am 2. November 1620 bedeutete für die evangelischen Stände der böhmischen und österreichischen Länder eine politische Katastrophe. In Oberösterreich, das an der Rebellion gegen Ferdinand II. wesentlich beteiligt war, wurden die Prediger bereits am 4. Oktober 1624 ausgewiesen. Im Jahr 1626, nachdem auch noch der Bauernaufstand blutig niedergeschlagen worden war, wurde der dort ansässige protestantische Adel im darauffolgenden Jahr vor die Wahl gestellt, entweder zu konvertieren oder auszuwandern. In Wien wurde vom Magistrat am 20. März 1620 den evangelischen Bürgern befohlen, innerhalb von vier Monaten zu konvertieren, sonst würden sie alle bürgerlichen Rechte und auch ihr Gewerbe verlieren, also ein Berufsverbot auferlegt bekommen. Erst 1627 wurden dann durch das vorliegende Patent Ferdinands II. sämtliche evangelischen Prediger und Lehrer in den Pfarren aus dem Land unter der Enns ausgewiesen — sie hatten bis zum 28. September Niederösterreich zu verlassen und durften die Erblande nie wieder betreten. Den Betroffenen sollten für ihren Abzug von den Magistraten Pässe ausgestellt werden. Im Patent wird auch vermerkt, dass überall im Land „Insonderheit in unser Stadt Wien" sich Menschen zu in den Augen der Obrigkeit gefährlichen und aufrührerischen „Conventicula" träfen, die deshalb verboten werden. Die Ausweisung wird gegenüber dem Adel im Dekret ausführlich begründet. Die verwaisten Pfarren danach mit geeigneten katholischen Priestern zu besetzen, erwies sich in der Praxis wegen des Priestermangels jedoch als sehr schwierig. (RL)
¶ Lit.: Der Text des Mandats bei Bernhard Raupach: Erläutertes Evangelisches Österreich, oder Dritte und letzte Fortsetzung, Hamburg 1740, Beylagen Nr. XLVI, S. 254–258; Theodor Wiedemann: Geschichte der Reformation und Gegenreformation im Lande unter der Enns, Bd. 1, Prag 1879, S. 597–601; Winkelbauer, Ständefreiheit und Fürstenmacht, Teil 2, S. 58f.

12.4 →|
Patent: Das Aufenthaltsverbot für die Wiedertäufer wird neuerlich betont, 23. März 1601
Druck, 35 × 51 cm
Wiener Stadt- und Landesarchiv (MA 8), Sign. Patente, A1: 229
¶ Nach anfänglichem Erfolg der täuferischen Reformation in Wien mussten bereits ab Ende der 1520er-Jahre die meisten Wiener Täufer fliehen, zahlreich waren die Hinrichtungen. Viele von ihnen gingen nach Mähren, die Region der Toleranz in der Zeit

12.2

N. 57.

Wir Ferdinand der Ander/von Gottes Gnaden/Erwöhlter Römischer Kayser/zu allen Zeitten Mehrer deß Reichs/in Germanien/zu Hungarn/Böhaimb/Dalmatien/Croatien/vnd Sclavonien/rc. König/Ertzhertzog zu Osterreich/Hertzog zu Burgundi/Steyr/Kärndten/Krain/vnd Würtemberg/in Ober vnd Nider Schlesien/Marggraffe zu Mähren/in Ober vnd Nider Laußnitz/Grafe zu Habspurg/Tyrol vnd Görtz/rc.

Ad Mandatum Sac: Cæs: Majestatis proprium.

12.3

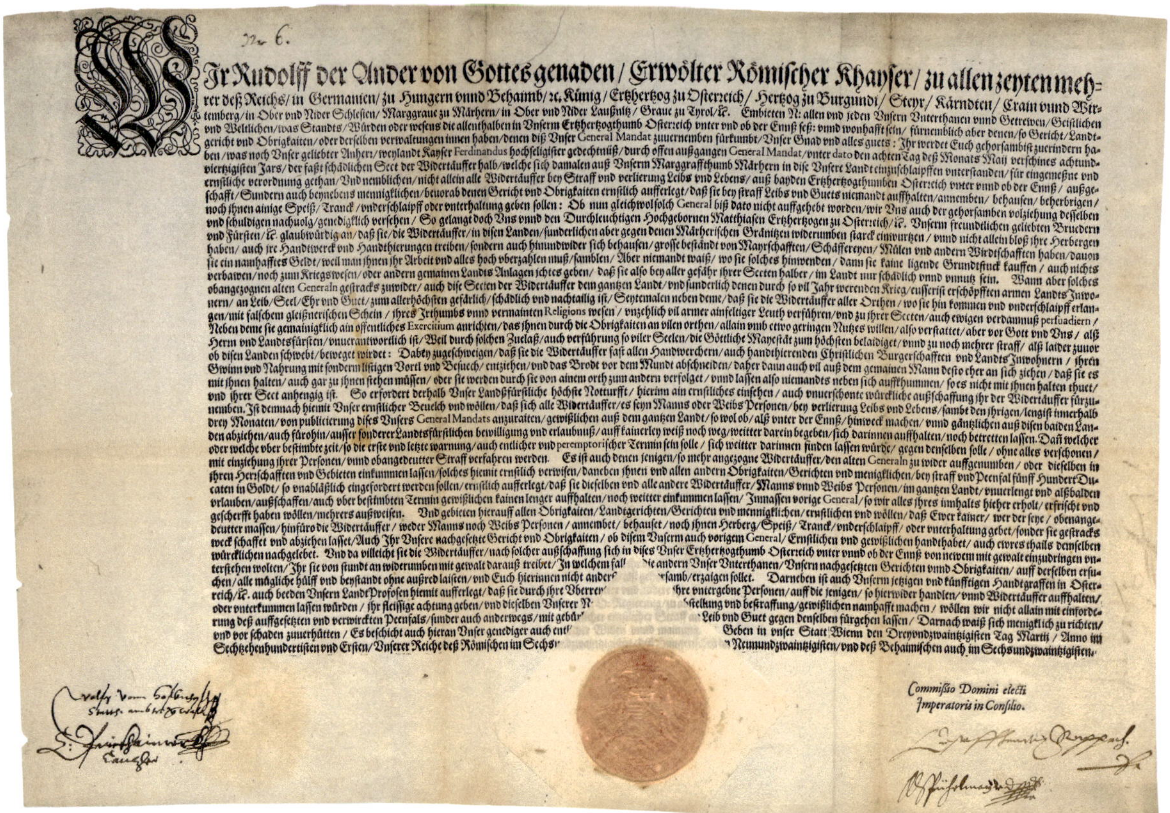

N. 6.

Wir Rudolff der Ander von Gottes genaden/Erwölter Römischer Khayser/zu allen zeyten Mehrer deß Reichs/in Germanien/zu Hungern vnnd Behaimb/rc. Künig/Ertzhertzog zu Osterreich/Hertzog zu Burgundi/Steyr/Kärndten/Crain vnnd Wirtemberg/in Ober vnd Nider Schlesien/Marggraue zu Märhern/in Ober vnd Nider Laußnitz/Graue zu Tyrol/rc.

Commissio Domini electi Imperatoris in Consilio.

12.4

bis zum Dreißigjährigen Krieg. In Mähren waren die Täufer unter dem Schutz des ansässigen Adels geduldet, der Landesherr hatte kaum Eingriffsrechte. Obwohl um die Mitte des 16. Jahrhunderts in Wien schon keine Täufer mehr nachweisbar sind, war die geringe Entfernung zu Mähren wohl als Grund ausreichend, im Jahr 1601 noch ein Patent herauszugeben, das den Täufern den Aufenthalt in der Residenzstadt verbot. (AB)
¶ Lit.: Siehe den Beitrag von Martin Rothkegel im vorliegenden Katalog.

↓ 12.5
Heinrich Ulrich
Gedenkblatt aus Anlass der Wiedereinführung des öffentlichen Versehganges unter Kaiser Matthias, 1614
Kupferstich, 41,4 × 49,3 cm
Wien Museum, Inv.Nr. 228.826
¶ Schon seit dem Hochmittelalter wurde der Versehgang öffentlich zelebriert. Dabei handelte es sich um den Gang des Priesters zu den Kranken, um ihnen die Sakramente (Eucharistie bzw. bei Todesnähe die Krankensalbung) zu spenden. Im 13. Jahrhundert wurde der Umzug mit dem „Allerheiligsten" vor den Kirchenmauern durch die Institutionalisierung des Fronleichnamsfests intensiviert und in seiner Bedeutung aufgeladen. In der Zeit der Gegenreformation schließlich wurden der öffentliche Versehgang sowie die Fronleichnamsprozession als allgemein sichtbare Demonstrationen katholischer Frömmigkeit zum Politikum. In ihrer Bedeutung auch für die katholischen Habsburger war vor allem die Fronleichnamsprozession von St. Stephan — die das Gedenkblatt zeigt — kaum zu unterschätzen. Die Wiedereinführung des öffentlichen Versehganges durch Kaiser Matthias verdeutlicht deshalb zunächst das Festhalten der Landesherren an der katholischen Tradition und Frömmigkeit. Damals wurde auch sichtbar, dass der katholischen Partei die konfessionspolitische Spaltung des ständischen Adels bereits gelungen war. Öffentliche Prozessionen und insbesondere die Fronleichnamsprozession sollten in der Folge im katholischen Wien wichtige Ereignisse des öffentlichen Lebens werden. (LJ)
¶ Lit.: Sabine Fellner: Sakramentsprozession vor Sankt Stephan, Wien 1614, in: Herbert Knittler (Hg.): Adel im Wandel. Politik, Kultur, Konfession, 1500–1700 (Ausstellungskatalog Niederösterreichisches Landesmuseum), Wien 1990, S. 224f. (Kat.Nr. 9.17); Peter Browe: Die Eucharistie im Mittelalter. Liturgiehistorische Forschungen in kulturwissenschaftlicher Absicht, Münster u. a., 6. Aufl. 2011.

12.5

Die Gesandtschaftskapellen — evangelischer Gottesdienst in Wien nach der Gegenreformation

In Wien existierte eine Reihe von diplomatischen Vertretungen (Gesandtschaften) aus evangelischen Ländern. Dänemark, Schweden und die Niederlande nahmen von ihrem Recht Gebrauch und richteten in ihren Gesandtschaften in Wien Gesandtschaftskapellen ein, in denen fähige und gelehrte evangelische Pfarrer ihren Dienst versahen. Es handelte sich um regelrechte Pfarren mit 600 bis 800 Gläubigen und einem regen evangelischen Gemeindeleben. Was eigentlich für die Angehörigen der Gesandtschaften und für einzelne Personen, die Ausnahmeregelungen genossen, gedacht war, wurde zum Sammelpunkt aller in Wien lebenden Protestanten. Nicht selten erschienen sogar Geheimprotestanten aus den ländlichen Regionen der habsburgischen Länder. Pietistisch gesinnte, fromme Gesandtschaftspfarrer scheinen dies gefördert zu haben. Dies führte in den 1730er-Jahren zum Protest des Wiener Erzbischofs Sigismund von Kollonitsch beim Kaiser. (RL)

12.6 →
Johann Heinrich Menzel (ca. 1685–1750), Augsburg
Abendmahlsgerät: Kelch, Patene, zwei Kannen und Hostienbehälter (Pyxis) aus der dänischen Gesandtschaftskapelle, 1728
Silber vergoldet, Kelch: Höhe: 25 cm, Durchmesser: 13,7 cm (Fuß); Patene: Durchmesser: 17,6 cm; Kannen: Höhe: 35 cm, Durchmesser: 11 cm (Fuß); Pyxis: 13,5 × 8,7 × 8 cm
An den Seiten der Pyxis Bibelzitate, auf der Rückseite Stifterinschrift: Pia Donatio / Johannis Dieterici à Notebohm / Civum Francofurten fium an Monad / Aulam Caesarem Viennensem Deputai / facta A. O. R. MDCCXXVIII
Evangelische Pfarrgemeinde A. B. Wien — Innere Stadt
¶ Das barocke lutherische Abendmahlsgerät befand sich ursprünglich in der dänischen Gesandtschaftskapelle. Mit ihrer Auflösung und ihrem Aufgehen in die Evangelische Gemeinde A. B. in der Dorotheergasse kam auch das Abendmahlsgerät dorthin. Bis zur Vollendung des Baus des neuen lutherischen Bethauses durfte — ohne Gegenleistung — die Gemeinde ihre Gottesdienste in der dänischen Gesandtschaftskapelle feiern. Darüber hinaus wurde der Gemeinde über den Gesandten Baron Vieregg vom dänischen König mitgeteilt, dass die Abendmahlsgeräte, die Kirchenbibliothek und sämtliche Kapitalien der überflüssig gewordenen Gesandtschaftsgemeinde an die Evangelische Gemeinde A. B. übergehen sollten.
Von besonderem Interesse ist die Pyxis, die unter anderem eine Stifterinschrift von 1728 trägt (Johann Dietrich à Notebohm), womit wohl ein Hinweis auf die Datierung des gesamten Geräts gegeben ist. Die Pyxis ist in Form der Bundeslade gestaltet, was bei lutherischem Abendmahlsgerät öfter belegt ist. Sie signalisiert damit, dass während der Feier des Abendmahls oder der Feier des Gottesdienstes Gott selbst im Kirchenraum in den Herzen der Gläubigen und „in, mit und unter Brot und Wein“ anwesend ist. (RL)
¶ Lit.: Evangelisch in Wien. 200 Jahre Evangelische Gemeinden (Ausstellungskatalog Historisches Museum der Stadt Wien), Wien 1982, S. 51f.; Alfred Raddatz, Reinhard Mühlen: Die lutherische Pyxis in Form der Bundeslade 1728 in Wien, in: Wiener Jahrbuch für Theologie 6 (2006), S. 113–124; allgemein zum lutherischen Altargerät: Johann Michael Fritz: Das evangelische Abendmahlsgerät in Deutschland, Leipzig 2004; Rudolf Leeb: Die Heiligkeit des reformatorischen Kirchenraumes oder: Was ist heilig? Über Sakralität im Protestantismus, in: Jan Harasimowicz (Hg.): Protestantischer Kirchenbau der Frühen Neuzeit in Europa. Grundlagen und neue Forschungskonzepte, Regensburg 2015, S. 37–48, insbes. S. 47f.

12.7 (Abb. S. 256)
Johann Hieronymus Chemnitz (1730–1800)
Vollständige Nachrichten von dem Zustande der Evangelischen und insonderheit von ihrem Gottesdienste bey der Königlich Dänischen Gesandschafts Capelle in der Kayserlichen Haupt und Residenzstadt Wien
Ohne Orts- und Verlagsangabe, 1761
Universitätsbibliothek Erlangen-Nürnberg, Sign. H00/DISS.A.S 37
¶ Nachdem die Eliten Wiens und das Bürgertum rekatholisiert worden waren, widmete sich die katholische Obrigkeit ab der ersten Hälfte des 17. Jahrhunderts den unteren Schichten. Handwerker, Dienstboten oder Weingartenknechte waren bis dahin in konfessioneller Hinsicht unbehelligt geblieben. Die „rechtliche“ Rekatholisierung vollzog sich rasch, wie lange die „innere“ brauchte, das heißt, wie schnell und ob sich auch die religiösen Überzeugungen der Menschen änderten, bleibt weitgehend im Dunkeln. In der Folge war es nur mehr einer kleinen Gruppe erlaubt, in Wien als Protestanten zu leben. Es waren

evangelische Beamte, Händler (Niederleger), ausländische Unternehmer und Angehörige des Militärs, die dieses Privileg besaßen. Wichtig waren dabei die Gesandtschaftskapellen der dänischen, schwedischen und niederländischen Gesandtschaft, wo mit öffentlicher Duldung evangelische Gottesdienste gefeiert wurden. Es handelte sich um die Kirchengemeinden für die Angehörigen der ausländischen Botschaften evangelischer Länder, zu denen auch die in der Stadt lebenden anerkannten Protestanten kommen konnten. Taufen und Trauungen fanden ebenfalls dort statt. Evangelische Eltern schickten ihre Kinder hier in den Unterricht. Die evangelischen Personen, die nicht dieser privilegierten Gruppe angehörten und die es in der Stadt ebenso gab, mussten bzw. sollten den dortigen Gottesdiensten fernbleiben. Die bedeutendsten dieser Gesandtschaftskapellen waren in Wien die niederländische Gesandtschaftskapelle (für die Calvinisten) und die dänische (für die Lutheraner). Aus beiden sollten nach dem *Toleranzpatent* von 1781 die ersten Wiener evangelischen Pfarrgemeinden entstehen.
Der Verfasser dieses Buchs war der dänische Gesandtschaftsprediger Johann Hieronymus Chemnitz, der zwischen 1757 und 1768 in Wien weilte. Er war ein international bedeutender Gelehrter, der ab 1780 Mitglied der Königlich Dänischen Akademie der Wissenschaften, ab 1782 Mitglied der Akademie gemeinnütziger Wissenschaften in Erfurt und Ehrenmitglied der Regensburgischen Botanischen Gesellschaft war. Das Ansehen dieses sogenannten Physikotheologen gründete sich auf seinen Untersuchungen und Beschreibungen der Muscheln, die er in zwölf Bänden publizierte. Es sind aber von ihm auch theologische Schriften, insbesondere Predigten zu diversen Anlässen, gedruckt worden. Im hier ausgestellten (sehr seltenen Druck) beschreibt Chemnitz das religiöse und kirchliche Leben in der und im Umfeld der dänischen Gesandtschaftskapelle in Wien, das er für so interessant erachtete, dass er ihm eine eigene Schrift widmete. (AB)
¶ Lit.: Martin Scheutz: Legalität und unterdrückte Religionsausübung. Niederleger, Reichshofräte, Gesandte und Legationsprediger. Protestantisches Leben in der Haupt- und Residenzstadt Wien im 17. und 18. Jahrhundert, in: ders., Rudolf Leeb, Dietmar Weikl (Hg.): Geheimprotestantismus und evangelische Kirchen in der Habsburgermonarchie und im Erzstift Salzburg (17./18. Jahrhundert) (Veröffentlichungen des Instituts für Österreichische Geschichtsforschung, Bd. 51), Wien/München 2009, S. 209–236 (Lit.).

12.8 →|
M. Z. L. Schmid nach Johann Sollerer (1747–1809) / Johann Georg Fock (1757–1835), 1785
Kupferstich, 16,8 × 11,6 cm (Platte), 20,3 × 14,2 cm (Blatt)
Wien Museum, Inv.Nr. 84.559
¶ Der aus Holstein gebürtige deutschsprachige dänische Theologe Johann Georg Fock kam bereits nach dem Erlass des *Toleranzpatents* nach Wien und wirkte als lutherischer Prediger in der dänischen Gesandtschaftskapelle. Nach Gründung der Evangelischen Gemeinde A. B. wurde Fock zu ihrem ersten Pfarrer berufen, da seine Stelle als Gesandtschaftsprediger damit obsolet geworden war. Im Jahr 1783 wurde er zum Superintendenten von Nieder- und Innerösterreich ernannt, 1785 wurde er erster geistlicher Rat im Consistorium A. C. Nachdem er im Jahr 1794 mit seinem reformierten Amtskollegen an der Gründung einer evangelischen Schule für Wien beteiligt gewesen war, ging er zwei Jahre später wieder in seine Heimat und predigte bis zu seinem Tod 1835 als angesehener Propst und Hauptpastor an der Nikolaikirche in Kiel. Fock hat eine Reihe von Schriften publiziert. (AB)
¶ Lit.: Gustav Reingrabner: Aus der Kraft des Evangeliums. Geschehnisse und Personen aus der Geschichte des österreichischen Protestantismus, Erlangen/Wien 1986, S. 70–72; Gottfried Ernst Hoffmann: Johann Georg Fock als Gegner von Claus Harms, in: Schriften des Vereins für Schleswig-Holsteinische Kirchengeschichte, 2. Reihe 10 (1950), S. 65–85; Grete Mecenseffy, Hermann Rassl: Die evangelischen Kirchen Wiens (Wiener Geschichtsbücher, Bd. 24), Wien/Hamburg 1980, S. 55.

12.9 →|
Paul Malvieux (1763–1791) Carl Wilhelm Hilchenbach (1749–1816), um 1780
Kupferstich, 12,7 × 8,7 cm
Wien Museum, Inv.Nr. 212.607/2
¶ Carl Wilhelm Hilchenbach wurde als Pfarrerssohn in Frankfurt am Main geboren. Auf einer Reise lernte er die Wiener niederländische Gesandtschaftsgemeinde und deren Prediger Mieg kennen, dessen Nachfolge er im Jahr 1776 antrat. Nach der Gründung der Evangelischen Gemeinde H. B. in Wien, bei der einfach die niederländische Gesandtschaftskapelle umgewandelt bzw. als Toleranzgemeinde neu gegründet wurde, wurde er ihr erster Pfarrer und ab 1785 Konsistorialrat und reformierter Superintendent. Gemeinsam mit seinem Kollegen und

12.6

12.8

12.9

Nachbarn, dem lutherischen Superintendenten Johann Georg Fock, arbeitete er an der Einrichtung einer evangelischen Schule für Wien. Er war Mitglied der Wiener Freimaurerloge *Zur wahren Eintracht und zur Wahrheit*. Hilchenbach verstarb 1816 und wurde auf dem Matzleinsdorfer Friedhof beerdigt. (AB)
¶ Lit.: Österreichisches Biographisches Lexikon, Bd. 2, Wien 1959, S. 315; Ursula Rumpler: Karl (Carl) Wilhelm Hilchenbach, in: Biographisch-Bibliographisches Kirchenlexikon, Bd. 27, Nordhausen 2007, S. 650–661; Peter Karner: Reformierte Pfarrer und Lehrer, in: ders. (Hg.): Die evangelische Gemeinde H. B. in Wien, Wien 1986, S. 124–127.

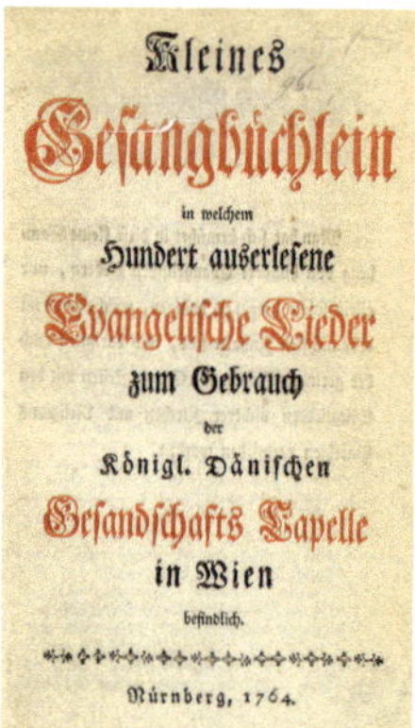
Kleines Gesangbüchlein in welchem Hundert auserlesene Evangelische Lieder zum Gebrauch der Königl. Dänischen Gesandschafts Capelle in Wien befindlich. Nürnberg, 1764.

12.10

↙ 12.10
Kleines Gesangbüchlein, in welchem hundert auserlesene Evangelische Lieder zum Gebrauch der Königl.-Dänischen Gesandtschafts-Capelle in Wien befindlich
Nürnberg, ohne Verlagsangabe, 1764
Wienbibliothek im Rathaus, Sign. A-10662
¶ Für die Gottesdienste der dänischen Gesandtschaftskapelle wurde ein eigenes Gesangs- und Gebetbuch gedruckt und genutzt, das die sogenannten Stuhlsetzer (Platzanweiser) den Besucherinnen und Besuchern austeilten. Die enthaltenen 100 Lieder wurden nach ihrer Erbaulichkeit ausgewählt und sind weitgehend frei von Polemik, um Streitigkeiten mit Angehörigen anderer Konfessionen oder Religionen weitestgehend zu vermeiden. (AB)
¶ Lit.: Scheutz, Legalität, insbes. S. 222.

12.11 (Abb. S. 259)
Sigismund von Kollonitsch (1677–1751)
Gravamina Religionis Catholicae & in specie Archi-Dioeceseos Viennensis Contra Haereticos accrescentes
Wien, ohne Verlagsangabe, 1736
Wienbibliothek im Rathaus, Sign. B-6132
¶ Unter Leopold I. wurden Zugangsbeschränkungen für die Gesandtschaftskapellen eingeführt. Trotzdem gab es auch in dieser Zeit immer wieder Konversionen zum evangelischen Glauben, vor allem unter Handwerkern oder Bediensteten, die bei protestantischen Unternehmern Anstellung fanden. Aus diesem Grund beschwerte sich der damalige Erzbischof von Wien, Sigismund von Kollonitsch, bei Kaiser Karl VI. über das Luthertum in Wien, das überhandnehme. Er beanstandete die evangelischen Handwerker in den Vorstädten, die Missachtung der Zunftordnung zum Messbesuch, die Teilnahme vieler Gewerbetreibender an den Gottesdiensten in den Gesandtschaftskapellen, die Einfuhr protestantischer Literatur nach Wien sowie die angeblich zahlreichen Konversionen zum Luthertum. (AB)
¶ Lit.: Scheutz, Legalität, S. 227–232 (Lit.).

„Drittens vermeſt sich allhier alles, was aus dem proteſtantischen Hauffen nur gehen oder kriechen kan(n), in die allhiesige Beth-Häuser und Privat-Oratorien derer proteſtantischen Gesandten ganz ohngescheuet und mit aller ersinnlichen Freyheit zu gehen, da es doch von Oeſterreichischen Landes-Gebothen so hoch verboten, und den allhiesigen Gesandtschaften in Ansehen ihrer hohen Principalen nur verſtattet iſt, daß selbe mit ihrer Familie und Dienerschafft in der Stille und geheim ihrem gewöhnlichen Andachts-Wesen abwarten, nicht aber daß sie alle in der Stadt befindliche Foraſtieri, Passagier, Fremdlinge, Kunſt- und Handwerks-Leuthe darzu einladen zu lassen oder ihnen freyen Zutritt bewilligen können."

Sigismund von Kollonitsch → 12.11

Evangelische Personen in der katholischen Stadt

Auch nach der Gegenreformation und der Rekatholisierung der Wiener Bürger gab es weiterhin Protestanten in der Stadt. Die wichtigste Gruppe waren die mit kaiserlichen Privilegien ausgestatteten Niederleger: Großkaufleute und Fernhändler, die in Wien Warenlager betrieben und die Waren den Wiener Händlern zum Kauf anboten. Auch einzelne Fabrikbesitzer und Teile ihrer Belegschaft sowie Buchhändler waren evangelisch. Diese Gruppen durften legal als Protestanten in der Stadt leben. Ihre Duldung war für die wachsende Metropole Wien eine wirtschaftliche Notwendigkeit. Sie durften aber ihr evangelisches Bekenntnis nicht öffentlich zur Schau stellen. Durch den starken Zuzug ist mit einer Dunkelziffer von Protestanten zu rechnen, die sich still verhielten. Gäste, Durchreisende, Künstler, Facharbeiter, manchmal auch Dienstboten waren — wie die Totenbeschauprotokolle zeigen — oft evangelisch. Für die Verstorbenen gab es den evangelischen Friedhof vor dem Schottentor. Im 18. Jahrhundert schätzte man die Zahl der Protestanten auf 2.000 Personen bei einer Bevölkerungszahl von 50.000. (RL)

12.12

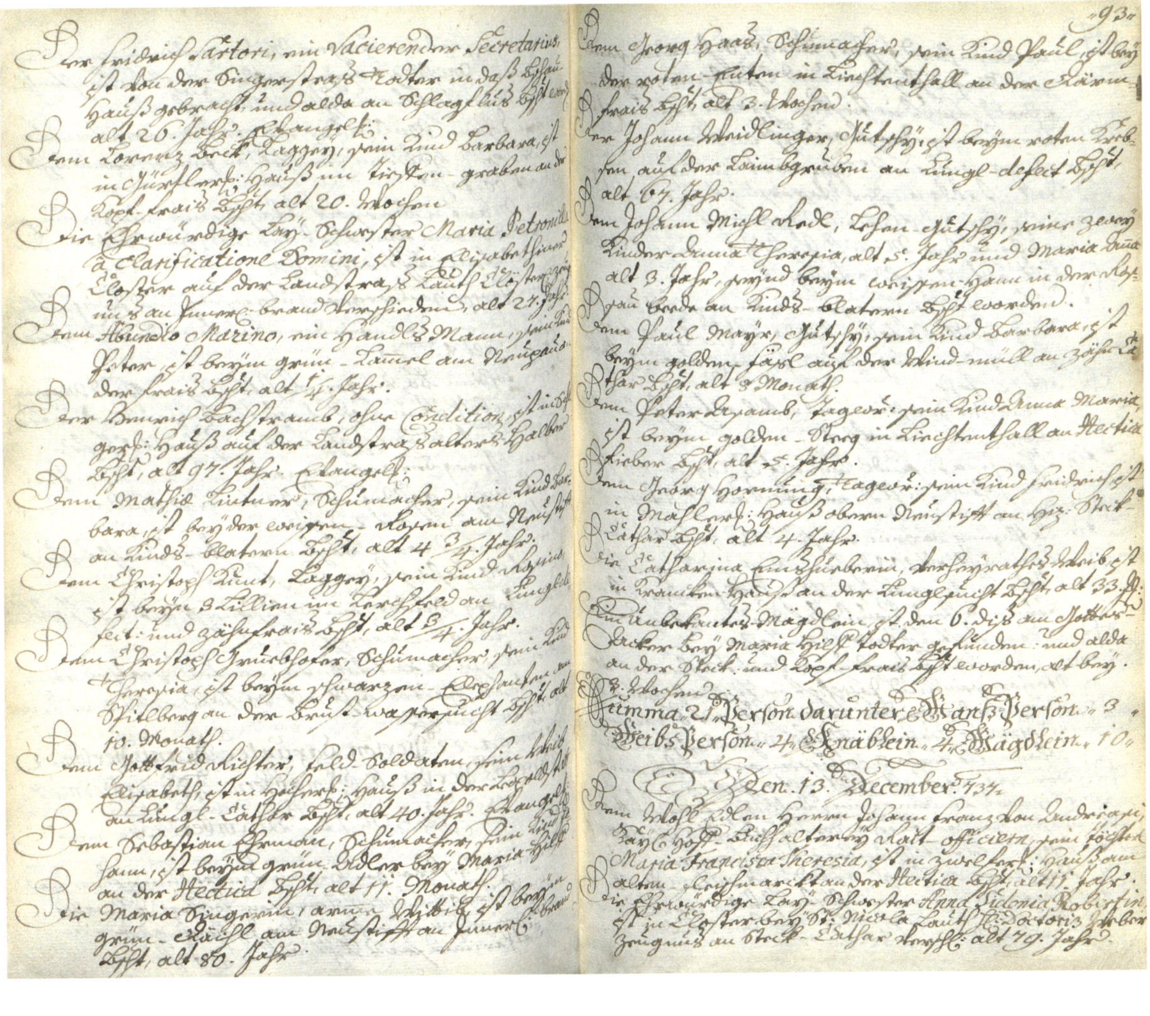

Totenbeschauprotokoll, 12. Dezember 1737: „Evangelisch“

⇤ 12.12

Totenbeschauprotokoll der Stadt Wien mit Einträgen vom 12. und 13. Dezember 1737

Handschrift, 32,3 × 23 × 10 cm (geschlossener Band)

Wiener Stadt- und Landesarchiv (MA 8), Sign. Totenbeschreibamt: 12./13. Dezember 1737

¶ Das im 16. Jahrhundert eingerichtete Totenbeschreibamt erfüllte in Wien die Aufgabe des Magistrats zur Totenbeschau. Im 18. Jahrhundert war das Amt im Heiltumsstuhlhaus am Tiefen Graben beheimatet und neben dem Stadtgebiet auch für alle Vorstädte innerhalb des Linienwalls zuständig. Aufgabe der Totenbeschauer war die Ausstellung eines Totenscheins, auf dem die Daten des Toten und die Todesursache festgehalten wurden. Ohne dieses Schriftstück war seit dem 18. Jahrhundert keine Beerdigung mehr möglich. Seit 1607 wurden die Toten protokollarisch erfasst, doch beginnen die Aufzeichnungen erst mit dem Jahr 1648. Ab der Mitte des 18. Jahrhunderts sind die Protokolle alphabetisch nach den Anfangsbuchstaben des Nachnamens sortiert und über einen Zeitraum von ein bis zwei Jahren zusammengefasst.

Neben grundlegenden Daten wie Name, Alter und Beruf wurde auch oft die Konfession der Toten vermerkt, weshalb sich in den Totenbeschauprotokollen immer wieder Spuren evangelischen Lebens in der Zeit des Geheimprotestantismus finden lassen. Dazu zählten solche Personen, die anerkannt als Protestanten in Wien leben konnten (wie Händler, Angehörige des Militärs, Angehörige der Botschaften), aber auch solche, die sich im Untergrund still verhielten. Die evangelischen Spuren finden sich allerdings erst ab 1736.

Am 12. und 13. Dezember 1737 findet man bei fünf Verstorbenen den Vermerk „Evangelisch" — eine auffallende Häufung.

(SK)

¶ Lit.: https://www.wien.gv.at/wiki/index.php?title=Totenbeschauprotokolle (12.11.2016).

12.13 (Abb. S. 203)

Der Evangelische Friedhof vor dem Schottentor, 1778
Ausschnitt aus der Vogelschau der Stadt Wien mit ihren Vorstädten von Joseph Daniel von Huber

Kupferstich und Radierung (Reproduktion)

Wien Museum, Inv.Nr. 196.846/11 (Ausschnitt)

¶ Der Friedhof vor dem Schottentor wurde im Jahr 1570 angelegt. Er bestand aus einem katholischen Teil und einem, der für Christen anderer Konfessionen, vornehmlich Protestanten, vorgesehen war. Das änderte sich auch nicht mit der Gegenreformation. Der Friedhof war bekannt für seine kunstvollen Arkadengänge, aufwendigen Epitaphe und für das turmförmige Portal mit großer Kuppel. Im 17. Jahrhundert ging er in die Zuständigkeit der Benediktiner im Schwarzspanierkloster über, die sich dazu verpflichteten, auch evangelische Begräbnisse ohne Erhöhung der Gebühren, ohne Diskussionen oder gar Diskreditierung zuzulassen: ein Zeichen der öffentlichen Duldung evangelischen Lebens für bestimmte Personengruppen im katholischen Wien. Über Zeremonien und Ablauf der evangelischen Begräbnisse, aber auch die Namen der Bestatteten sind wir durch die Studie von Leopold Senfelder, *Der kaiserliche Gottesacker vor dem Schottentor* aus dem Jahr 1902, gut unterrichtet. Im Jahr 1783 wurde der Friedhof aufgelöst und das Gelände mit Teilen des alten Allgemeinen Krankenhauses überbaut. Wie auf dem Plan ersichtlich, war der Friedhof in zwei Hälften geteilt. In der größeren, katholischen befand sich eine Friedhofskapelle. Der evangelische Friedhof wird durch die Beischrift eigens ausgewiesen. Auch der Friedhof zeigt, dass — wie nicht anders zu erwarten — gar nicht so wenige Protestanten nach der Zeit der Gegenreformation in Wien lebten und starben. (AB)

¶ Lit.: Leopold Senfelder: Der kaiserliche Gottesacker vor dem Schottentor, in: Berichte und Mitteilungen des Altertums-Vereines zu Wien 36/37 (1902), S. 215ff.

12.14

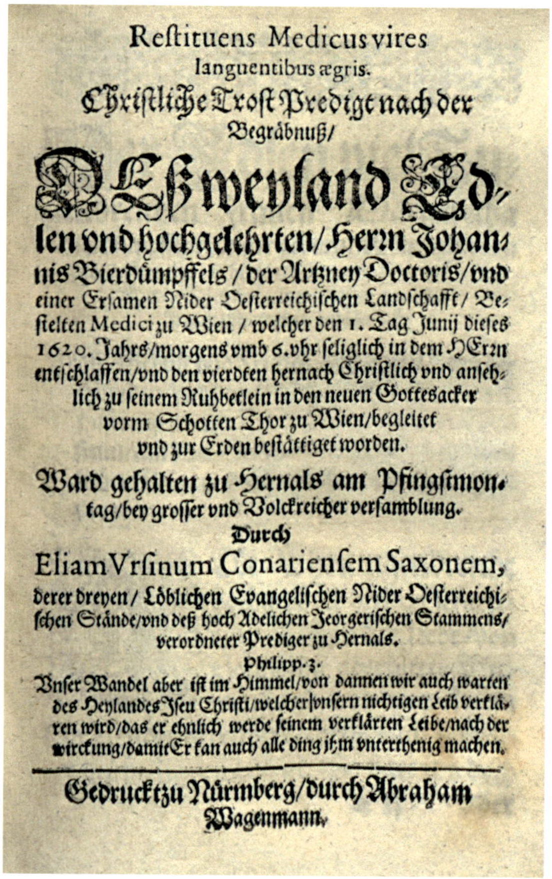
Restituens Medicus vires
languentibus ægris.
Christliche Trost Predigt nach der
Begräbnuß/
Deß weyland Ed-
len vnd hochgelehrten/ Herrn Johannis Bierdümpffels / der Artzney Doctoris/ vnd
einer Ersamen Nider Oesterreichischen Landschafft/ Bestelten Medici zu Wien / welcher den 1. Tag Junij dieses
1620. Jahrs/ morgens vmb 6. vhr seliglich in dem HErrn
entschlaffen/ vnd den vierdten hernach Christlich vnd anseh-
lich zu seinem Ruhbetlein in den neuen Gottesacker
vorm Schotten Thor zu Wien/ begleitet
vnd zur Erden bestättiget worden.
Ward gehalten zu Hernals am Pfingstmon-
tag/ bey grosser vnd Volckreicher versamblung.
Durch
Eliam Vrsinum Conariensem Saxonem,
derer dreyen/ Löblichen Evangelischen Nider Oesterreichischen Stände/ vnd deß hoch Adelichen Jeorgerischen Stammens/
verordneter Prediger zu Hernals.
Philipp. 3.
Vnser Wandel aber ist im Himmel/ von dannen wir auch warten
des Heylandes Jesu Christi/ welcher vnsern nichtigen Leib verklä-
ren wird/ das er ehnlich werde seinem verklärten Leibe/ nach der
wirckung/ damit Er kan auch alle ding jhm vnterthenig machen.
Gedruckt zu Nürmberg/ durch Abraham
Wagenmann.

↑ 12.14

Elias Ursinus
Restituens Medicus vires languentibus aegris. Christliche Trost Predigt nach der Begräbnuß, Deß [...] Herrn Johannis Bierdümpffels, der Artzney Doctoris, [...] welcher [...] in den neuen Gottesacker vorm Schotten Thor zu Wien, begleitet [...]
Nürnberg: Wagenmann 1620

Reproduktion (Titelblatt)

Forschungsbibliothek Gotha der Universität Erfurt, Sign. Theol. 4 899-900 (4)

¶ Mit der Leichenpredigt für den verstorbenen Ständemedikus Dr. Johann Bierdümpfel, die Elias Ursinus am 8. Juni 1620 hielt, wird einmal mehr die enge Verbindung zwischen den Predigern im evangelischen Zentrum Hernals und namhaften Wiener Bürger- und Adelsfamilien klar. Ursinus gibt uns dadurch auch einen kleinen Einblick darin, welche Berufsgruppen in der Gemeinde in Hernals vertreten waren. Neben einem Arzt, gleichsam Universitätsmitglied, sind auch ein „Grenzkriegsunterzahlmeister", ein Sekretär und andere Beamte der niederösterreichischen Landschaft bekannt. Mit Apollonia von Gruenthal (1574–1621) gibt es ebenso Verbindungen zum Reichshofrat. In dieser Leichenpredigt wird ausdrücklich im Titel erwähnt, dass Bierdümpfel auf dem evangelischen Friedhof vor dem Schottentor bestattet wurde. (AB)

¶ Lit.: Josef Karl Mayr: Von Hernals bis Inzersdorf, in: Jahrbuch der Gesellschaft für die Geschichte des Protestantismus in Österreich 76 (1960), S. 43f.; Senfelder, Der kaiserliche Gottesacker, S. 215ff.

Pietas Austriaca — Die habsburgische Frömmigkeit

In der Zeit der Gegenreformation entwickelten die Habsburger spezifische Frömmigkeitsformen, die vom Volk zum Teil übernommen wurden. Eine besondere Verehrung des Kreuzes grenzte sie vom Islam ab, mit dessen Vertretern, den Osmanen, sie im Krieg standen. Die besondere Verehrung des Altarsakraments, in dem Christus der Auffassung des Katholizismus nach präsent ist, und die besondere Verehrung Marias unterschied sie von den Protestanten. Die Teilnahme an der Fronleichnamsprozession bekam einen politischen Charakter, und die Marienverehrung war allgegenwärtig: in Gebeten, Wallfahrten, Wegsäulen und (wundertätigen) Bildern. ◖ Dazu kam noch eine besondere Verehrung spezieller Heiliger, wie etwa des heiligen Joseph, dessen Namen auch barocke Habsburger trugen. Neben ihm wurde vielen anderen Heiligen, wie etwa dem böhmischen heiligen Johann von Nepomuk, speziell gehuldigt. (KV)

12.16

12.15 (Abb. S. 250)
Elias Nessenthaler (1664–1702)
Kaiser Leopold I. kniet als Schutzherr seines Landes vor der Wiener Pest- und Dreifaltigkeitssäule
Titelkupfer in: Johann Ludwig Schönleben: Annus Sanctus Habspurgo-Austriacus, Salzburg: Johann Baptist Mayr 1696
Wien, Österreichische Nationalbibliothek, Sammlung von Handschriften und alten Drucken, Sign. 39.Q.7 Alt.Prunk

¶ Einen festen Platz in der barocken katholischen Frömmigkeit in der Zeit der Gegenreformation hatte in Österreich die Verehrung der „Allerheiligsten Dreifaltigkeit", die einen wichtigen Teil der religiös aufgeladenen habsburgischen Staatsidee bildete. Besonders anschaulich wird diese Frömmigkeit in der Errichtung der Dreifaltigkeitssäule auf dem Wiener Graben durch Leopold I. Nach dem Ende einer Pestepidemie wurde eine provisorische Holzsäule errichtet, die von einer klassischen Gnadenstuhldarstellung bekrönt war. Bis 1693 wurde an demselben Ort die heute zu sehende Marmorsäule errichtet. Innerhalb der langen Bauzeit ereigneten sich bedeutende historische Ereignisse, wie etwa die Zweite Wiener Türkenbelagerung, wodurch sich die ursprüngliche Votivsäule in ihrer Bedeutung zu einem Siegesmonument Leopolds wandelte. Bekannt ist vor allem die Figurengruppe am Fuß der Säule: Die *Fides*, der personifizierte Glaube, überwindet die Gestalt der Pest; diese stand in damaliger Zeit gleichsam für Ketzerei und Unglauben. Das Programm der Dreifaltigkeitssäule implizierte also den Sieg des Kaisers über die drei großen Bedrohungen der habsburgischen Herrschaft: Pest, Protestantismus und Türkengefahr waren durch den unerschütterlichen Glauben des Kaisers, der auf der Säule kniend dargestellt wurde, überwunden worden. (AB)

¶ Lit.: Winkelbauer, Ständefreiheit und Fürstenmacht, Teil 2, S. 188–193; Felix Czeike: Historisches Lexikon Wien, Bd. 2., Wien 2004, S. 97f.

⇤ 12.16
Wien, Gesamtansicht mit elf Marienmedaillons von Gnadenbildern in Kirchen Wiens und der Umgebung, um 1735
Kupferstich, 39 × 27 cm
Wien, Österreichische Nationalbibliothek, Kartensammlung und Globenmuseum, Sign. Vues III 78139

¶ In der *Pietas Austriaca*, der österreichisch-habsburgischen Frömmigkeit der Barockzeit, spielte vor allem die Marienverehrung eine große Rolle. Ferdinand II. und seine Nachfolger verehrten die Jungfrau Maria vor allem als „Generalissima", als oberste Heerführerin ihrer Armeen. Maria auf Feldzeichen und in Schlachtrufen wurde zum Charakteristikum der kaiserlichen Truppen dieser Zeit. Die Mariensäule am Hof ist ein Beispiel für diese Anschauung, ein anderes die „Maria Pötsch": Als im Jahr 1697 Prinz Eugen in der Schlacht bei Zenta einen vernichtenden Sieg über die Osmanen errang, wurde dieser dem Wunderwirken des Marienbildes von Pócs, einem Ort in Oberungarn, zugeschrieben. Dieses Bild war schon vor der Schlacht nach Wien überführt und in den Wiener Kirchen zur Anbetung ausgestellt worden. Als man dem Gnadenbild dann den Sieg bei Zenta zuschrieb, wurde es in den Stephansdom gebracht, wo es sich noch heute befindet. In der Folgezeit entwickelte sich die „Maria Pötsch" zum städtischen und staatlichen Heiligtum Wiens und der Habsburger. Ein weiteres wichtiges Mariengnadenbild in Wien war jenes von Maria Hilf, ein anderes befand sich in der Kirche des Königinklosters (die nach 1781 zur lutherischen Kirche umgewandelt wurde). (AB)

¶ Lit.: Winkelbauer, Ständefreiheit und Fürstenmacht, Teil 2, S. 194–201; Gustav Gugitz: Österreichische Gnadenstätten in Kult und Brauch. Ein Topographisches Handbuch zur religiösen Volkskunde in fünf Bänden, Bd. 1: Wien, Wien 1955, S. 39; Peter Bernhard Steiner: Mariahilf — Stationen eines Kults zwischen Passau, Amberg, Innsbruck, München und Wien, in: Rupert Klieber, Hermann Hold (Hg.): Impulse für eine religiöse Alltagsgeschichte des Donau-Alpenraumes, Wien/Köln/Weimar 2005, S. 109–127, insbes. S. 114f.

Das Toleranzpatent

Im Jahr 1780 übernahm Joseph II. die Regierungsgeschäfte. Geleitet von den Ideen der Aufklärung, sprach er sich in Religionsfragen gegen einen Gewissenszwang aus und veröffentlichte im Jahr 1781 das *Toleranzpatent*. Ab nun durften Lutheraner, Reformierte und auch orthodoxe Christen ihre Religion im privaten Raum ausüben. Ab einer gewissen Anzahl von Personen konnten sie eine Gemeinde mit Predigern, Lehrern und einem „Bethaus" gründen. Die Bethäuser durften von außen nicht als Kirche erkennbar sein. Die Protestanten mussten weiterhin Gebühren für Taufe, Heirat und Bestattung an die katholische Pfarre entrichten und hatten Nachteile bei gemischtkonfessionellen Ehen. Das *Toleranzpatent* bedeutete demnach keine völlige Gleichstellung des Protestantismus mit der katholischen Kirche, die noch immer in öffentlich-rechtlicher Hinsicht als die einzig wirkliche „Kirche" galt. (RL)

12.17 (Abb. S. 260)
„Toleranzpatent", Circulare Josephs II., 13. Oktober 1781
Druck, 31,5 × 21 cm
Wien, Österreichisches Staatsarchiv, Abteilung Haus-, Hof- und Staatsarchiv, Sign. KA StR Patente und Zirkulare 20

¶ Schon bald nach dem Tod seiner Mutter Maria Theresia gewährte der aufgeklärte Kaiser Joseph II. den Evangelischen in seinen Ländern Toleranz. Für Österreich wurde das *Toleranzpatent* am 13. Oktober 1781 veröffentlicht. Das Patent erlaubte Lutheranern, Reformierten und auch orthodoxen Christen eine private Ausübung („Privatexerzitium") ihrer Religion. Wo 100 Familien oder 500 Personen einer der genannten Konfessionen angehörten, waren sie dazu berechtigt, eine Gemeinde zu gründen, Prediger und Lehrer anzustellen sowie eine Schule (!) und ein Bethaus zu errichten. Türme, Glocken, Langfenster und öffentliche Ein-

12.18

gänge von der Straße aus blieben jedoch katholischen Kirchenbauten vorbehalten. Evangelische Bethäuser mussten von außen wie bürgerliche Häuser aussehen — alle architektonischen Merkmale, die eine Kirche repräsentierten, waren verboten. Die Protestanten mussten weiter Stolgebühren an die katholische Pfarre zahlen, damit dort keine Einkommensverluste entstanden, das heißt, sie hatten doppelte Stolgebühren (für Taufe, Heirat und Bestattung) zu entrichten. Im Patent wurde auch die konfessionelle Erziehung der Kinder geregelt. Bei einem katholischen Vater wurden alle Kinder katholisch getauft, war der Vater evangelisch und die Mutter katholisch, folgten die Söhne der Konfession des Vaters und die Töchter jener der Mutter. Da die katholische Kirche in öffentlich-rechtlicher Hinsicht als die einzig wirkliche „Kirche" galt, wurden die Protestanten in der öffentlichen Amtssprache mit dem Begriff „Akatholiken" bezeichnet, sie wurden also indirekt negativ von der katholischen Kirche her definiert. (RL)

¶ Lit.: Peter F. Barton (Hg.): Im Zeichen der Toleranz. Aufsätze zur Toleranzgesetzgebung des 18. Jahrhunderts im Reiche Josephs II. (Studien und Texte zur Kirchengeschichte und Geschichte, 2. Reihe, Bd. 8), Wien 1981; ders. (Hg.): Im Lichte der Toleranz. Aufsätze zur Toleranzgesetzgebung des 18. Jahrhunderts im Reiche Josephs II. (Studien und Texte zur Kirchengeschichte und Geschichte, 2. Reihe, Bd. 9), Wien 1981; Peter G. Tropper: Von der katholischen Erneuerung bis zur Säkularisation. 1648–1815, in: Rudolf Leeb, Maximilian Liebmann, Georg Scheibelreiter u. a.: Geschichte des Christentums in Österreich. Von der Spätantike bis zur Gegenwart (Österreichische Geschichte, hg. von Herwig Wolfram, Ergänzungsbd.), Wien 2003, S. 296–299; Reinhard Stauber: Umbruch zur Toleranz — Die Rahmenbedingungen der josephinischen Reformen, in: Wilhelm Wadl (Hg.): Glaubwürdig bleiben. 500 Jahre protestantisches Abenteuer (Ausstellungskatalog Kärntner Landesausstellung Fresach), Klagenfurt 2011, S. 326–338; Rudolf Leeb: Josephinische Toleranz, Toleranzgemeinden und Toleranzkirchen, Toleranzbethaus, in: Joachim Bahlcke, Stefan Rohdewald, Thomas Wünsch (Hg.): Religiöse Erinnerungsorte in Ostmitteleuropa. Konstitution und Konkurrenz im nationen- und epochenübergreifenden Zugriff, Berlin 2013, S. 965–977.

↑ 12.18
Johann Lederwasch (1755–1827)
Allegorie auf das Toleranzpatent Kaiser Josephs II., um 1782
Gouache, 16,3 × 21,5 cm, auf Karton 24 × 31 cm
Wien Museum, Inv.Nr. 75.984

¶ Unter dem Gekreuzigten — und vor der Silhouette Wiens — sind Vertreter der verschiedenen Glaubensbekenntnisse versammelt: „Zwickälaner", „Herrenhuthner", „Grieche", „huss", „Jud", „Kalvin", „Evangelist", „Christ". Joseph II. weist auf den sterbenden Christus hin, unter seiner Darstellung die Beschriftung „Wir gehören alle Gott Joseph der IIte", ganz unten der Titel des Bildes „Tolleranz". (WÖ)

¶ Lit.: Evangelisch in Wien, S. 47–48 (Kat.Nr. 94), nach S. 32 (Abb.).

Die beiden neu gegründeten evangelischen Gemeinden in der Dorotheergasse

Die Wiener Protestanten, die sich bis dahin in den Gesandtschaftskapellen versammelt hatten, gründeten im Jahr 1783 die Evangelischen Gemeinden A. B. (Augsburger Bekenntnis) und H. B. (Helvetisches Bekenntnis). Im Grunde handelte es sich um eine Umwandlung der Gesandtschaftskapellen, ihre ersten Pfarrer waren die alten Gesandtschaftsprediger. Noch heute befindet sich das alte Abendmahlsgerät der dänischen Gesandtschaftskapelle in der lutherischen Gemeinde Wien Innere Stadt. Gemeinsam ersteigerten die neu konstituierten Gemeinden das Areal des aufgelassenen ehemaligen Königinklosters in der Dorotheergasse. Die Lutheraner richteten sich in der alten Klosterkirche ein, die Reformierten bauten ihre Kirche neu. Vor den Kirchen wurde eine Fassade hochgezogen, da nach dem *Toleranzpatent* evangelische Bethäuser nicht als Kirche erkennbar sein durften bzw. von außen wie bürgerliche Häuser aussehen mussten. Alle architektonischen Merkmale, die eine Kirche signalisieren konnten, wie Türme, Glocken, Langfenster und öffentliche Eingänge von der Straße, waren verboten. (RL)

12.19

← 12.19
Franz Leopold Schmittner
Das Kloster „Maria Königin der Engel" (Königinkloster), Ansicht von der Dorotheergasse, 1740
Kupferstich, 21 × 18,3 cm
Wien Museum,
Inv.Nr. 76.615/190
¶ Das Königinkloster wurde von Elisabeth, der zweiten Tochter Kaiser Maximilians II., gestiftet. Als Gattin des französischen Königs Karl IX. erlebte sie die *Bartholomäusnacht* im Jahr 1572 mit und wurde zwei Jahre später mit nur 20 Jahren Witwe. Sie kehrte 1581 nach Wien zurück und stiftete hier ein Klarissinnenkloster, das nach dem Patrozinium der Klosterkirche („Maria Königin der Engel") und vielleicht auch wegen der Stifterin *Königinkloster* hieß. Elisabeth lebte bis zu ihrem Tod in dem von ihr gestifteten Kloster und ließ sich in der Kirche vor dem Altar beisetzen. Im Kirchenraum befand sich eine Kopie der Marienikone von Santa Maria Maggiore in

Rom, kostbarer Reliquienbesitz war das Haupt der heiligen Elisabeth. In einer Nische in der Chorwand waren die Herzen von Kaiser Matthias und dem Gegenreformator Ferdinand II. beigesetzt. Die Herzbecher befinden sich heute in der Augustinerkirche, ebenso das Marienbild.

Nach heutigen topografischen Begriffen befand sich das Kloster zwischen Josefsplatz 5, Dorotheergasse 16–18 und Bräunerstraße 11–13. Die Ansicht zeigt die Anlage von Osten, das heißt, von der Dorotheergasse aus. Die Klosterkirche ist mit ihren drei Türmen gut zu erkennen. Rechts neben dem barock gestalteten Eingang befand sich wohl die Küsterwohnung, anschließend das ehemalige Pögel'sche Haus, das zu Verwaltungs- und Wirtschaftszwecken diente. Der dahinterliegende Klostergarten mit der Lorettokapelle grenzt an den Kreuzgang mit dem Heiligen Grab, dessen Turmspitze auf der Abbildung sichtbar ist. Im Süden schloss sich das Konventgebäude an.

Das Kloster wurde trotz seiner Würde am 22. Jänner 1782 von Joseph II. aufgehoben. Das Gelände samt den Gebäuden wurde danach von den beiden nach dem *Toleranzpatent* von 1781 neu konstituierten Wiener evangelischen Gemeinden gemeinsam ersteigert und untereinander aufgeteilt. Die Gemeinden richteten sich im Gebäudekomplex ein. Die Lutheraner übernahmen das Kirchengebäude des 16. Jahrhunderts, die Reformierten bauten ihre Kirche neu. Reste der Glasmalerei mit der Inschrift der Stifterin sind heute in der Sakristei der lutherischen Kirche erhalten. (AB/RL)

¶ Lit.: Evangelisch in Wien, S. 50f.; Mecenseffy, Rassl: Die evangelischen Kirchen Wiens, S. 38–40; Hannelore Köhler: 225 Jahre lutherische Stadtkirche 1783–2008, Wien 2008.

12.20 (Abb. S. 261)

Die zwei nach den Vorschriften des Toleranzpatents gebauten Bethäuser in der Dorotheergasse, 1785
Ausschnitt aus der Vogelschau der Inneren Stadt von Joseph Daniel von Huber (ca. 1730/31–1788)

Kupferstich (Reproduktion)
Wien Museum, Inv.Nr. 19.524/2 (Ausschnitt)

¶ Die Bestimmungen des *Toleranzpatents* Josephs II. sahen bauliche Einschränkungen im Hinblick auf die Errichtung evangelischer Bethäuser vor. Davon waren auch jene in der Dorotheergasse betroffen. Demnach durften sich die Bethäuser von gewöhnlichen Wohnhäusern nicht unterscheiden. Alle architektonischen Elemente, die in der Öffentlichkeit einen Kirchenbau signalisierten, wie Turm und Glocken, ein repräsentativer Eingang von der Straße aus oder lange, „nachgotische" Kirchenfenster, waren verboten. Nach dem *Toleranzpatent* handelte es sich beim Protestantismus nur um ein religiöses „Privatexerzitium", aber nicht um eine „Kirche", denn auch in staatlicher Hinsicht galt nur die katholische Kirche als „Kirche" — hier schlug sich das Selbstverständnis des Katholizismus nieder. Die offizielle Bezeichnung für die Protestanten lautete bezeichnenderweise „Akatholiken".

Die alte Klosterkirche, die nun von der lutherischen Gemeinde genutzt wurde, musste hinter einer hochgezogenen Wohnhausfassade verschwinden. Erst einige Zeit nach dem Fall der Einschränkungen für die Bethäuser und Kirchen im Jahr 1848 wurde die Straßenfassade 1876 so weit umgestaltet, dass die Kirche auch als solche erkennbar war. Sie erfuhr seitdem einige Umgestaltungen. Die reformierte Kirche, die ursprünglich ebenfalls hinter einer gewöhnlichen Wohnhausfassade verborgen lag, erhielt durch Ignaz Sowinski (1858–1917) im Jahr 1887 eine neobarocke Schauseite — einschließlich eines Turms. Der Innenraum wurde um 180 Grad gedreht, um einen Zugang von der Straße her möglich zu machen. 1907 musste aus feuerpolizeilichen Gründen auch die lutherische Kirche von Osten nach Westen umorientiert werden. Die Anlage bildet noch heute ein evangelisches Areal inmitten der Innenstadt. (AB)

¶ Lit.: Evangelisch in Wien, S. 17f.

12.21

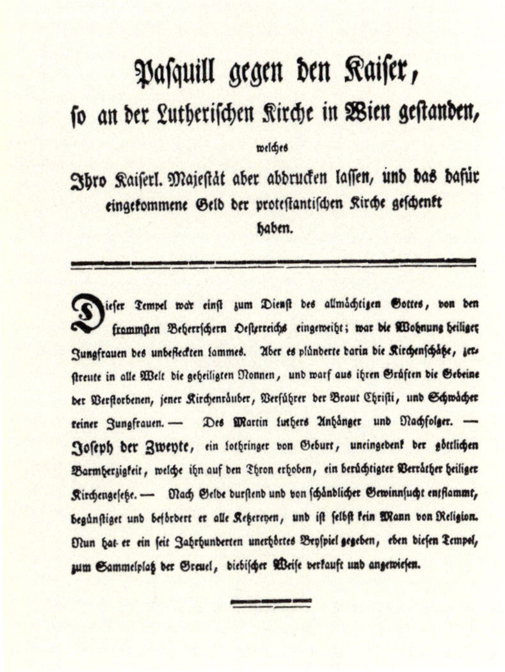

Pasquill gegen den Kaiser,
so an der Lutherischen Kirche in Wien gestanden,
welches
Ihro Kaiserl. Majestät aber abdrucken lassen, und das dafür eingekommene Geld der protestantischen Kirche geschenkt haben.

Dieser Tempel war einst zum Dienst des allmächtigen Gottes, von den frommsten Beherrschern Oesterreichs eingeweiht; war die Wohnung heiliger Jungfrauen des unbefleckten Lammes. Aber es plünderte darin die Kirchenschätze, zerstreute in alle Welt die geheiligten Nonnen, und warf aus ihren Grüften die Gebeine der Verstorbenen, jener Kirchenräuber, Verführer der Braut Christi, und Schwächer reiner Jungfrauen. — Des Martin Luthers Anhänger und Nachfolger. — **Joseph der Zweyte**, ein Lothringer von Geburt, uneingedenk der göttlichen Barmherzigkeit, welche ihn auf den Thron erhoben, ein berüchtigter Verräther heiliger Kirchengesetze. — Nach Gelde durstend und von schändlicher Gewinnsucht entflammt, begünstiget und befördert er alle Ketzereyen, und ist selbst kein Mann von Religion. Nun hat er ein seit Jahrhunderten unerhörtes Beyspiel gegeben, eben diesen Tempel, zum Sammelplatz der Greuel, diebischer Weise verkauft und angewiesen.

↗ 12.21

„Pasquill gegen den Kaiser, so an der Lutherischen Kirche in Wien gestanden, welches Ihro Kaiserl. Majestät aber abdrucken lassen, und das dafür eingekommene Geld der protestantischen Kirche geschenkt haben", 1783

Reproduktion aus: Peter Karner (Hg.): Die evangelische Gemeinde H. B. in Wien, Wien 1986

¶ Die Auflösung des Königinklosters hatte für Aufsehen gesorgt, da es in besonderer Weise mit dem Haus Habsburg verbunden gewesen war. Neben der Stifterin waren die Herzurnen mehrerer Kaiser in der Kirche bestattet, auch jene des großen Gegenreformators Ferdinand II. Maria Theresia hatte die Kirche zu gewissen Feiertagen gern aufgesucht. Nun aber hatten die Evangelischen den Gebäudekomplex ersteigert und führten Umbauarbeiten durch. Währenddessen nagelte ein Unbekannter eine Schmähschrift gegen Joseph II. an die Tür der Kirche. Nachdem man diese dem Kaiser überbracht hatte, ließ er sie drucken und auf den Straßen verkaufen. Den Erlös ließ er der evangelischen Gemeinde zukommen. Diese Reaktion des Kaisers erregte Aufsehen und wurde von Reisenden (in J. H. G. Schlegels *Reise durchs mitternächtliche Deutschland*) eigens erwähnt und das Pasquill dort im Wortlaut zitiert. Das einzig bekannte Exemplar des Pasquills lag im Archiv der lutherischen Gemeinde Wien Innere Stadt, heute ist es verschollen. (AB)

¶ Lit.: Köhler, Lutherische Stadtkirche.

12.22 →|

Moritz Leybold (1806–1857)
„Innere Ansicht des evangelischen Bethhauses H. C. in Wien", 1. Hälfte 19. Jh.

Kupferstich, 35,1 × 23,9 cm (Platte), 39,5 × 28,2 cm (Blatt)
Wien Museum, Inv.Nr. 14.068

¶ Nach der Auflösung des Königinklosters in der Dorotheergasse ersteigerte die junge reformierte Gemeinde in Wien die „Parcelle Nr. 3", auf der sich das ehemalige Verwaltungsgebäude des Klosters befand. Nach dessen Abriss konnte am 26. März 1783 die Grundsteinlegung und zum Weihnachtsfest 1784 die Einweihung des neuen Bethauses stattfinden. Hofarchitekt Gottlieb Nigelli (1746–1812) leitete den Bau von Pfarr- und Bethaus, deren Fassade sich nach den Bestimmungen des *Toleranzpatents* von 1781 von gewöhnlichen Wohnhäusern nicht unterscheiden, also keine Merkmale einer Kirche aufweisen durfte (siehe Kat.Nr. 12.20).

12.22

Das calvinistisch nüchterne, bilderlose, klassizistische Innere der Kirche war für Wiener Verhältnisse sehr modern und stellt eines der Hauptwerke österreichischer Sakralbauten des Klassizismus dar. In den beiden flach überkuppelten Jochen sind mit Dekormalerei rosettenförmige Stuckelemente vorgetäuscht. Der Raum wird in typisch reformierter Weise von der Kanzel dominiert. Die Herkunft von Kanzel und Abendmahlstisch ist nicht geklärt. Die streng klassizistische Architektur, die sich unter den damals errichteten evangelischen Toleranzbethäusern nur hier findet, könnte eine bewusste Rezeption des gleichzeitigen reformierten Kirchenbaus in Frankreich und der Schweiz darstellen, wo der Klassizismus vorherrschte. Mit der Wahl dieses Stilmodus wollte man vielleicht einen konfessionellen Kontrast zum Barockkatholizismus setzen. Es handelt sich in kunsthistorischer Hinsicht um das bedeutendste aller Toleranzbethäuser. (AB/RL)

¶ Lit.: Mecenseffy, Rassl, Die evangelischen Kirchen Wiens, S. 62–66; Martha Grüll: Die reformierte Stadtkirche in der Dorotheergasse, in: Karner, Die evangelische Gemeinde H. B. in Wien, S. 105–117; Peter Karner: Die Gründung der Evangelischen Gemeinde H. C. zu Wien, in: ders., Die evangelische Gemeinde H. B. in Wien, S. 46–71; Françoise Härtl: Die reformierte Stadtpfarrkirche in der Dorotheergasse Wien I., unveröff. Dipl.-Arb. Univ. Wien 2000.

12.23 →

Moritz Leybold
„Innere Ansicht des evangelischen Bethhauses A. C. in Wien", 1. Hälfte 19. Jh.

Kupferstich, 39,2 × 26 cm (Platte), 50,2 × 35,9 cm (Blatt)
Wien Museum,
Inv.Nr. 76.615/190

¶ Die neu gegründete lutherische Gemeinde in Wien erwarb am 13. März 1783 die „Parcelle Nr. 2" mitsamt der alten Klosterkirche des aufgelösten Königinklosters in der Dorotheergasse. Da das *Toleranzpatent* bauliche Einschränkungen für evangelische Bethäuser vorsah, beauftragte man Adalbert Hild mit dem Umbau der Kirche aus dem 16. Jahrhundert, die aber dabei in ihrer Grundsubstanz erhalten blieb. Zuvor hatte man eigens eine Erlaubnis für die Übernahme des ehemals katholischen Gotteshauses beim Kaiser eingeholt. So kam es, dass der Kirchenbau, wo einst für kurze Zeit der Leichnam Ferdinands II. bestattet und längere Zeit sein Herzbecher aufbewahrt worden war, nun zu einem evangelischen Sakralraum umgewandelt wurde. Zur Gasse hin wurde die Kirche durch einen errichteten zweigeschoßigen Trakt mit Wohnhausfassade verdeckt, und die Türme mussten abgetragen werden. Die unauffälligen Eingänge von der Straße führten in einen Hof, von dem man erst von der Seite in den Kirchenraum gelangen konnte. Es war damit gemäß den Bestimmungen des *Toleranzpatents* tatsächlich kein repräsentativer Eingang in die Kirche vorhanden. Im Inneren baute man zwei Geschoße hölzerner Emporen in das Querschiff und den Altarraum. Über dem neuen Hochaltar mit überragendem Strahlenkranz und einer Kopie der „Kreuzigung Christi" von Van Dyck als Altarbild brachte man hoch oben eine Gedenktafel für Kaiser Joseph II. an, die sich heute an der Wand des Altarraums befindet und ein eindrucksvolles Zeugnis für die Verehrung dieses Kaisers seitens der evangelischen Bevölkerung darstellt. (AB)

¶ Lit.: Mecenseffy, Rassl, Die evangelischen Kirchen Wiens, S. 54–57; Evangelisch in Wien, S. 16f.; Köhler, Lutherische Stadtkirche.

12.23

Anhang

Autorinnen und Autoren

Gerard van Bussel
Dr., 1984–1994 tätig am Rijksmuseum voor Volkenkunde in Leiden, seit 1994 Kurator für Nord- und Mittelamerika im Weltmuseum Wien.

Ulrike Denk
Dr.[in], MAS, Historikerin, Studium an der Universität Wien, 2008–2012 Mitarbeiterin des Österreichischen Biographischen Lexikons, seit 2012 Mitarbeiterin des Archivs der Universität Wien, Publikationen zur Universitäts- und Studentengeschichte, v. a. zur studentischen Armut.

Martina Fuchs
Mag.[a] Dr.[in], Studium der Geschichte und Deutschen Philologie, Mitarbeiterin am Institut für Geschichte der Universität Wien, Forschungsschwerpunkte u. a.: Rezeption frühneuzeitlicher Personen und Phänomene in historischer Belletristik, Geschichte des Heiligen Römischen Reichs Deutscher Nation.

Markus Jeitler
Mag. Dr., Studium der Geschichte und Ur- & Frühgeschichte in Wien, 2005–2010 Mitarbeiter am Hofburgprojekt der Österreichischen Akademie der Wissenschaften, Schwerpunkt mittelalterliche und neuzeitliche Geschichte bzw. historische Bauforschung, Publikationen zur Wiener Stadtgeschichte und zur niederösterreichischen und steirischen Landesgeschichte.

Christopher F. Laferl
Univ.-Prof. Dr., Professor für iberoromanische Literatur- und Kulturwissenschaft an der Universität Salzburg, Forschungsschwerpunkte: spanische Kultur der Frühen Neuzeit, lateinamerikanische Literatur und Kultur des 20./21. Jahrhunderts, Kulturbeziehungen zwischen Spanien und Österreich, Theorie der (Auto-)biographie.

Helmut W. Lang
HR Prof. Dr., Studium der Publizistik und Germanistik an der Universität Wien, 1972 Promotion zum Dr. phil., 1963–2007 Bibliothekar an der Österreichischen Nationalbibliothek, davon 24 Jahre Generaldirektor-Stellvertreter, 1973–1993 Lektor am Institut für Publizistik der Universität Wien, Publikationen zur Medien- und Kommunikationsgeschichte und zu Thonet.

Rudolf Leeb
Univ.-Prof. Dr. Dr., Studium der Evangelischen Theologie und Kunstgeschichte an den Universitäten Wien und Tübingen. Prof. am Institut für Kirchengeschichte, Christliche Archäologie und Kirchliche Kunst der Evangelisch-Theologischen Fakultät der Universität Wien. Publikationen zur Reformations- und Protestantismusgeschichte Österreichs bzw. der Habsburgermonarchie, zu Christlicher Archäologie und Kunst im Protestantismus.

Thomas Maisel
HR Mag., MAS, Studium der Geschichte an der Universität Wien, Ausbildungslehrgang am Institut für Österreichische Geschichtsforschung, seit 1988 im Archiv der Universität Wien beschäftigt, 2010 mit der Leitung betraut.

Walter Öhlinger
Mag., Studium der Geschichte und Deutschen Philologie in Wien, seit 1989 Mitarbeiter des Wien Museums mit den Schwerpunkten politische Geschichte und Sammlungen des ehemaligen Wiener Bürgerlichen Zeughauses, Kurator im Department Geschichte und Stadtleben 1500–1918, Bücher und Aufsätze zur Wiener Stadtgeschichte.

Josef Pauser
Dr., Studium der Rechtswissenschaften in Wien, 2001 Promotion, 2015 MSc Library and Information Studies, 1994–2001 diverse wissenschaftliche Tätigkeiten im rechtshistorischen Bereich. 2001–2003 Stellvertretender Leiter der Fakultätsbibliothek für Rechtswissenschaften der Universität Wien, seit 2004 Leiter der Bibliothek des Verfassungsgerichtshofs, Wien.

Angelika Petritsch
Mag.[a], Studium der Geschichte und evangelischen Theologie mit besonderem Schwerpunkt auf Kirchengeschichte, Diplomarbeit über Johann Sebastian Pfauser, seit 2010 Religionslehrerin und Pfarrerin in Wiener Neustadt.

Peter Rauscher
Priv.-Doz. Mag. Dr., Dozent für Neuere Geschichte an der Universität Wien, Forschungsschwerpunkte: Heiliges Römisches Reich und Habsburgermonarchie, Jüdische Geschichte sowie Finanz-, Verwaltungs- und Wirtschaftsgeschichte.

Martin Rothkegel
Univ.-Prof. Dr. Dr., Studium der Klassischen Philologie und Evangelischen Theologie in Hamburg, Thessaloniki, Wien und Prag (Th. D. 2001, Dr. phil. 2005), seit 2007 Professor für Kirchengeschichte an der Theologischen Hochschule Elstal (bei Berlin) des Bundes Evangelisch-Freikirchlicher Gemeinden.

Martin Scheutz
Univ.-Prof. Dr., Studium der Germanistik und Geschichte in Wien, Mitglied des Instituts für Österreichische Geschichtsforschung, Forschungsschwerpunkt: Geschichte der Frühen Neuzeit, Stadtgeschichte, Selbstzeugnisse, Kriminalitätsgeschichte, Spitalsgeschichte.

Astrid Schweighofer
MMag.[a] Dr.[in], Assistentin am Institut für Kirchengeschichte, Christliche Archäologie und Kirchliche Kunst der Evangelisch-Theologischen Fakultät der Universität Wien. Studium Geschichte/Französisch (Lehramt), Evangelische Theologie, freie Mitarbeiterin bei Ö1, Abteilung Religion. Forschungsschwerpunkte: Reformationsgeschichte, Judentum und Protestantismus in Wien um 1900.

Barbara Staudinger
Mag.[a] Dr.[in], Studium der Geschichte, Theaterwissenschaft und Judaistik, seit 2013 freie Kuratorin in Wien, forscht zu jüdischer Geschichte, u. a. im Kuratorenteam für die neue österreichische Ausstellung in der Gedenkstätte Auschwitz-Birkenau.

Hanns Christian Stekel
Dr., Studium der Musik und evangelischen Theologie in Wien und Leipzig, Gründung und Leitung der Johann Sebastian Bach Musikschule Wien, Lehrauftrag an der Universität für Musik Wien (mdw), Veröffentlichungen zu musikpädagogischen und musiktheologischen Themen.

Karl Vocelka
Univ.-Prof. Dr., Promotion und Habilitation für das Fach Österreichische Geschichte an der Universität Wien, langjähriger Institutsvorstand des Instituts für Geschichte bis zur Pensionierung 2012, Vortragender bei verschiedenen amerikanischen Universitätsprogrammen und vielfacher wissenschaftlicher Ausstellungsleiter, Präsident des Instituts für die Erforschung der Frühen Neuzeit.

Andreas Weigl
Dr., Studium der Geschichte und Wirtschaftsinformatik an der Universität Wien, Promotion 1991, Mitarbeiter des Wiener Stadt- und Landesarchivs, Vorsitzender des Österreichischen Arbeitskreises für Stadtgeschichtsforschung, Privatdozent am Institut für Wirtschafts- und Sozialgeschichte der Universität Wien, Arbeiten zur Stadtgeschichte, Konsumgeschichte und historischen Demografie.

Johann Weißensteiner
HR Mag., Studium der Geschichte und Klassischen Philologie an der Universität Wien, Mitglied des Instituts für Österreichische Geschichtsforschung, seit 1981 Mitarbeiter im Diözesanarchiv Wien, seit 2013 dessen Leiter.

Leihgeber

- Albertina, Wien
- Gesellschaft der Musikfreunde in Wien, Archiv, Bibliothek und Sammlungen
- Archiv der Universität Wien
- Bayerische Staatsbibliothek München
- Bezirksmuseum Hernals
- Bischöfliche Zentralbibliothek Regensburg, Proskesche Musikabteilung
- Diözesanarchiv Wien
- Diözesanmuseum St. Pölten
- Dom Museum Wien, Leihgabe der Domkirche St. Stephan
- Evangelische Pfarrgemeinde Wien A. B. — Innere Stadt
- Evangelisches Diözesanmuseum Villach
- Germanisches Nationalmuseum, Nürnberg
- Germanisches Nationalmuseum, Nürnberg, Leihgabe Museen der Stadt Nürnberg, Kunstsammlungen
- Graf Harrach'sche Familiensammlung, Schloss Rohrau, NÖ
- KHM-Museumsverband:
  - Kunsthistorisches Museum Wien, Gemäldegalerie
  - Kunsthistorisches Museum Wien, Hofjagd- und Rüstkammer
  - Kunsthistorisches Museum Wien, Kunstkammer
  - Weltmuseum Wien
- Kunstsammlungen und Museen Augsburg
- Hofrat Prof. Dr. Helmut W. Lang
- MAK — Österreichisches Museum für angewandte Kunst / Gegenwartskunst, Wien
- Niederösterreichisches Landesarchiv, St. Pölten
- Österreichische Nationalbibliothek, Bildarchiv und Grafiksammlung
- Österreichische Nationalbibliothek, Kartensammlung und Globenmuseum
- Österreichische Nationalbibliothek, Musiksammlung
- Österreichische Nationalbibliothek, Sammlung von Handschriften und alten Drucken
- Österreichisches Staatsarchiv, Abteilung Haus-, Hof- und Staatsarchiv
- Pfarrarchiv Hall in Tirol
- Salzburg Museum
- Staatliche Bibliothek Regensburg
- Stadtmuseum Wiener Neustadt
- Stiftsbibliothek Melk
- Universitätsbibliothek Erlangen-Nürnberg
- Universitätsbibliothek Wien / Vienna University Library
- Wienbibliothek im Rathaus
- Wiener Stadt- und Landesarchiv (MA 8)
- Zentralbibliothek Zürich, Graphische Sammlung und Fotoarchiv

---

Abbildungsnachweis

- Albertina, Wien: S. 24, 165, 270, 285, 286, 289, 306, 331
- Alte Galerie / Universalmuseum Joanneum GmbH: S. 255
- Archiv der Gesellschaft der Musikfreunde in Wien: S. 211
- Archiv der Universität Wien / Foto: René Steyer; Institut f. Kunstgeschichte d. Universität Wien: S. 18
- Archiv der Universität Wien: S. 233, 234, 237, 239, 323, 324, 326
- Bayerische Staatsbibliothek München: S. 159, 288, 367
- Bezirksmuseum Hernals / Foto: faksimile digital — Birgit und Peter Kainz: S. 358, 361
- Bischöfliche Zentralbibliothek Regensburg, Proskesche Musikabteilung: S. 210
- bpk / Staatliche Museen zu Berlin, Kupferstichkabinett, SMB / Foto: Jörg P. Anders: S. 290
- bpk / Staatsbibliothek zu Berlin: S. 267
- Diözesanarchiv Wien: S. 152, 159, 223, 282, 283
- Diözesanmuseum St. Pölten / Foto: U. Thomann Restaurierungswerkstätte, S. 281
- Dom Museum Wien, Leihgabe der Domkirche St. Stephan: S. 230
- Evangelische Pfarrgemeinde Wien / Foto: faksimile digital — Birgit und Peter Kainz: S. 395
- Evangelische Sammlungen Sopron: S. 145
- Forschungsbibliothek Gotha der Universität Erfurt: S. 398
- Germanisches Nationalmuseum, Nürnberg: S. 209, 290, 356
- Germanisches Nationalmuseum, Nürnberg, Leihgabe Museen der Stadt Nürnberg, Kunstsammlungen: S. 305
- Graf Harrach'sche Familiensammlung, Schloss Rohrau, NÖ: S. 166, 391
- KHM-Museumsverband: S. 17, 21, 23, 31, 33, 34, 35, 73, 75, 76, 79, 113, 252, 274, 275, 282, 316, 339, 360, 382, 383
- Kunstsammlungen und Museen Augsburg: S. 309
- Landessammlungen Niederösterreich, Foto: Peter Böttcher: S. 178
- Landessammlungen Niederösterreich, Foto: Christoph Fuchs: S. 91
- Helmut W. Lang / Foto: faksimile digital — Birgit und Peter Kainz: S. 132, 134, 135, 295
- MAK / Foto: Georg Mayer: S. 316
- Niederösterreichisches Landesarchiv, St. Pölten: S. 176, 180
- Niederösterreichische Landesbibliothek: S. 90
- ÖAW, Institut für Mittelalterforschung, Arbeitsgruppe Inschriften / Foto: Michael Malina: S. 262, 325
- Österreichische Nationalbibliothek, Bildarchiv und Grafiksammlung: S. 40, 121, 178, 179, 196, 225, 319
- Österreichische Nationalbibliothek, Kartensammlung und Globenmuseum: S. 276, 399
- Österreichische Nationalbibliothek, Sammlung von Handschriften und alten Drucken: S. 16, 44, 61, 115, 131, 132, 133, 146, 147, 148, 155, 160, 161, 250, 269, 273, 276, 277, 287, 288, 297, 315, 316, 329, 344, 349, 355, 359, 362, 364, 365, 383, 384
- Österreichische Nationalbibliothek, Musiksammlung: S. 39, 213
- Österreichisches Staatsarchiv, Abteilung Haus-, Hof- und Staatsarchiv: S. 2, 108, 127, 154, 183, 260, 300, 303, 317, 375, 377, 387
- Pfarrarchiv Hall in Tirol: S. 281
- Salzburg Museum: S. 20
- Staatliche Bibliothek Regensburg: S. 212, 362, 369
- Stadtmuseum Wiener Neustadt: S. 68
- Stiftsbibliothek Melk / Foto: faksimile digital — Birgit und Peter Kainz: S. 350
- Stiftung Dome und Schlösser in Sachsen-Anhalt: S. 291
- Universitätsbibliothek Erlangen-Nürnberg: S. 256
- Universitätsbibliothek Wien / Vienna University Library: S. 157, 379
- Volkskundemuseum Wien / Foto: Christa Knott: S. 251
- Christoph Waghubinger (Lewenstein) CC BY-SA 3.0: S. 204
- Wienbibliothek im Rathaus / Foto: faksimile digital — Birgit und Peter Kainz: S. 54, 70, 80, 107, 119, 124, 125, 156, 171, 195, 200, 219, 226, 228, 259, 268, 289, 296, 297, 315, 324, 325, 329, 335, 336, 337, 355, 365, 368, 376, 378, 384, 396
- Wien Museum / Foto: faksimile digital — Birgit und Peter Kainz: S. 42, 47, 48, 50, 52, 53, 66, 76, 78, 81, 82, 83, 85, 86, 91, 97, 98, 102, 103, 105, 109, 110, 114, 169, 173, 185, 186, 190, 192, 196, 203, 227, 229, 238, 261, 271, 299, 310, 311, 312, 313, 314, 318, 319, 320, 322, 324, 327, 328, 330, 331, 332, 333, 334, 340, 341, 342, 343, 346, 363, 369, 370, 380, 381, 393, 396, 401, 402, 404, 405
- Wiener Stadt- und Landesarchiv: S. 56, 60, 71, 109, 244, 392, 397
- Winterthur, Sammlung Oskar Reinhart „Am Römerholz“, S. 42 li.
- Herbert Wittine, Institut für Örtliche Raumplanung, TU Wien: S. 88
- Zentralbibliothek Zürich, Graphische Sammlung und Fotoarchiv: S. 99, 242

S. 253 aus: Peter G. Tropper: Staatliche Kirchenpolitik, Geheimprotestantismus und katholische Mission in Kärnten (1752–1780) (Das Kärntner Landesarchiv 16), Klagenfurt 1989, S. 206

Dank

- Andreas Paul Binder, Institut für Kirchengeschichte, Christliche Archäologie und Kirchliche Kunst an der Evangelisch-Theologischen Fakultät der Universität Wien
- Gerard van Bussel, Weltmuseum Wien
- Richard Gamauf, Universität Wien, Institut für römisches Recht
- Andrea Harrandt, Österreichische Nationalbibliothek, Musiksammlung
- Wolfgang Huber, Diözesanmuseum St. Pölten
- Sabine Imp, Wienbibliothek im Rathaus
- Leonhard Jungwirth, Institut für Kirchengeschichte, Christliche Archäologie und Kirchliche Kunst an der Evangelisch-Theologischen Fakultät der Universität Wien
- Monika Kiegler-Griensteidl, Österreichische Nationalbibliothek, Sammlung von Handschriften und alten Drucken
- Kathrin Kininger, Österreichisches Staatsarchiv, Abteilung Haus-, Hof- und Staatsarchiv
- Franz Kirchweger, Kunsthistorisches Museum Wien, Kunstkammer
- Siegfried Kröpfel
- Thomas Maisel, Archiv der Universität Wien
- Gerhard Milchram, Wien Museum
- Ernst Dieter Petritsch, Österreichisches Staatsarchiv, Abteilung Haus-, Hof- und Staatsarchiv
- Matthias Pfaffenbichler, Kunsthistorisches Museum Wien, Hofjagd- und Rüstkammer
- Astrid Schweighofer, Institut für Kirchengeschichte, Christliche Archäologie und Kirchliche Kunst an der Evangelisch-Theologischen Fakultät der Universität Wien
- Alexandra Smetana, Österreichische Nationalbibliothek, Bildarchiv und Grafiksammlung
- Elisabeth Zeilinger, Österreichische Nationalbibliothek, Kartensammlung und Globenmuseum